Offermann-Burckart

Fachanwalt werden und bleiben

Fachanwalt werden und bleiben

von

Dr. Susanne Offermann-Burckart
Rechtsanwältin
Düsseldorf

3., völlig neu bearbeitete Auflage

2012

otto schmidt
Verlag
Dr. Otto Schmidt
Köln

Bibliografische Information
der Deutschen Nationalbibliothek

Die Deutsche Nationalbibliothek verzeichnet diese Publikation in der Deutschen Nationalbibliografie; detaillierte bibliografische Daten sind im Internet über http://dnb.d-nb.de abrufbar.

Verlag Dr. Otto Schmidt KG
Gustav-Heinemann-Ufer 58, 50968 Köln
Tel. 02 21/9 37 38-01, Fax 02 21/9 37 38-943
info@otto-schmidt.de
www.otto-schmidt.de

ISBN 978-3-504-18058-4

Das verwendete Papier ist aus chlorfrei gebleichten Rohstoffen hergestellt, holz- und säurefrei, alterungsbeständig und umweltfreundlich.

Einbandgestaltung: Jan P. Lichtenford, Mettmann
Satz: A. Quednau, Haan
Druck und Verarbeitung: Betz, Darmstadt
Printed in Germany

Vorwort

Der Trend zur Fachanwaltschaft ist ungebrochen. Die Großen Mitgliederstatistiken der Bundesrechtsanwaltskammer vom 19.3.2010 und vom 11.4.2011 weisen aus, dass die Zahl der Fachanwälte im Jahr 2009 um 7,87 % und im Jahr 2010 um 7,29 % gestiegen ist.

Darin schlägt sich nach Ansicht von BRAK-Präsident Axel C. Filges das ständig wachsende Qualitätsbewusstsein der deutschen Anwaltschaft nieder. Die fortschreitende Verrechtlichung des Alltags, so Filges, erfordere mehr und mehr spezialisierte, hoch kompetente anwaltliche Beratung. Da die gesetzlich vorgeschriebene regelmäßige Fortbildung der Fachanwälte durch die Rechtsanwaltskammern streng kontrolliert werde, bleibe gewährleistet, dass dieser besondere Beratungsbedarf auch weiterhin gedeckt werde.

Fest steht, dass der Erwerb einer Fachanwaltsbezeichnung aus Sicht der Fachanwälte wie des rechtsuchenden Publikums eine klassische Win-Win-Situation schafft: Der Fachanwaltstitel hilft dem Rechtsanwalt, seine Marktchancen zu verbessern und möglichst effizient zu arbeiten, und versetzt potenzielle Mandanten in die Lage, den für ihr Problem „richtigen" Anwalt zu finden.

Hommerich und Kilian wollen im Rahmen einer Studie herausgefunden haben, dass Fachanwälte „glücklicher sind und mehr verdienen" (AnwBl. 2010, 495).

Das vorliegende Buch beantwortet alle Fragen, die in Zusammenhang mit dem Erwerb, aber auch dem Erhalt einer Fachanwaltschaft auftauchen.

Seit der Vorauflage sind zwei neue Fachanwaltschaften, die für Bank- und Kapitalmarktrecht und die für Agrarrecht hinzugekommen. Außerdem hat die Satzungsversammlung in ihrer vierten Legislaturperiode eine Reihe von Anpassungen und Klarstellungen der FAO vorgenommen. Neu und bemerkenswert ist vor allem die Verlängerung des Drei-Jahres-Zeitraums des § 5 Abs. 1 um Mutterschutz- und Elternzeiten sowie um Zeiten einer eingeschränkten Anwaltstätigkeit aufgrund eines besonderen Härtefalls. Erneut geändert und präzisiert wurde § 4 Abs. 2, der die Fortbildungspflicht angehender Fachanwälte regelt. Und schließlich hat die allgemeine Fortbildungsnorm, der § 15, einige Klarstellungen erhalten. Alle Änderungen werden in der Neuauflage behandelt und anhand von Beispielsfällen dezidiert erklärt.

Auch die wichtigen Verfahrensänderungen, die durch das „Gesetz zur Modernisierung von Verfahren im anwaltlichen und notariellen Berufsrecht, zur Errichtung einer Schlichtungsstelle der Rechtsanwaltschaft sowie zur Änderung sonstiger Vorschriften" vom 30.7.2009 (BGBl. 2009 I S. 2449 ff.) und das „Gesetz zur Umsetzung der Dienstleistungsrichtlinie in der Justiz und zur Änderung weiterer Vorschriften" vom 22.12.2010 (BGBl. 2010 I S. 2248 ff.) eingeführt wurden, sind berücksichtigt.

In einem neuen Kapitel wird schließlich beleuchtet, wie der Fachanwalt mit seinem Titel werben kann.

Die Autorin ist Hauptgeschäftsführerin der Rechtsanwaltskammer Düsseldorf. In der vierten, am 30.6.2011 zu Ende gegangenen Legislaturperiode der Satzungsversammlung war sie Vorsitzende des für das Thema „Fachanwaltschaften" zuständigen Ausschusses 1.

Das vorliegende Buch soll eine „Gebrauchsanleitung" sein, die den möglichst sicheren Weg zum Erwerb (und zum Erhalt) der gewünschten Fachanwaltsbezeichnung aufzeigt. Das Werk begleitet den Leser von der Entscheidung, ob eine Fachanwaltserlaubnis überhaupt angestrebt werden soll, über die Schaffung der Voraussetzungen, durch das Antragsverfahren (und auch durch ein mögliches Rechtsmittelverfahren) bis hin zu den Fragen, wie mit einem Fachanwaltstitel geworben werden kann, und was getan werden muss, um die Erlaubnis auf Dauer zu behalten. Zugleich liefert das Buch einen Überblick über den aktuellen Meinungsstand in Rechtsprechung und Literatur.

Düsseldorf, im September 2011 — Susanne Offermann-Burckart

Inhaltsverzeichnis

C. Die Entscheidungsgremien

D. Das Antragsverfahren

E. Rechtsmittel bei Zurückweisung des Antrags

F. Werbung mit Fachanwaltsbezeichnungen

G. Die Fortbildungspflicht nach § 15 FAO

H. Rücknahme und Widerruf der Fachanwaltsbezeichnung

I. Ausblick

J. Anhang

Literaturverzeichnis

Ahlers, Dieter, Ahndung schuldhafter Verletzung der Fortbildungspflicht, BRAK-Mitt. 1995, 46

Ahrens, Hans-Jürgen, Anwaltsrecht, München 1996

Bader, Johann / Ronellenfitsch, Michael, Kommentar zum Verwaltungsverfahrensgesetz, 1. Aufl., München 2010

Brouwer, Jeroen H., 5. Europäische Konferenz „Qualitätssicherung durch überprüfbare Pflichtfortbildung?" – Steigt die Qualität der anwaltlichen Arbeit durch überprüfbare Pflichtfortbildung?, BRAK-Mitt. 2005, 100

Busse, Felix, Gedanken zur anwaltlichen Berufsordnung, NJW 1999, 3017

Busse, Felix, Kehrtwendung der Satzungsversammlung zur Fachanwaltschaft, AnwBl. 2005, 29

Eichele, Wolfgang / Odenkirchen, Eric, Qualitätssicherung durch überprüfbare Pflichtfortbildung, BRAK-Mitt. 2005, 103

Eyermann, Erich, Kommentar zur Verwaltungsgerichtsordnung, 13. Aufl., München 2010

Feuerich, Wilhelm E. / Braun, Anton, Kommentar zur Bundesrechtsanwaltsordnung, 5. Aufl., München 2000

Feuerich, Wilhelm E. / Weyland, Dag, Kommentar zur Bundesrechtsanwaltsordnung, 6. Aufl., München 2003; 7. Aufl., München 2008

Finzel, Dieter, Aktuell (Editorial), KammerReport Hamm 4/2006, 3

Franz, Kurt, Qualitätssicherung aus Sicht des Bundesministeriums der Justiz, BRAK-Mitt. 2005, 106

Gaier, Reinhard / Wolf, Christian / Göcken, Stephan, Kommentar zum anwaltlichen Berufsrecht, 1. Aufl., Köln 2010

Gehrmann, Renaissance des Fachgesprächs? – Anmerkung zum Urteil des BGH vom 25.2.2008 – AnwZ (B) 14/07, AnwBl. 2008, 467

Gerold, Wilhelm / Schmidt, Herbert, Kommentar zum Rechtsanwaltsvergütungsgesetz, 18. Aufl., München 2008

Grunewald, Barbara, Die Entwicklung der Rechtsprechung im anwaltlichen Berufsrecht in den Jahren 1999 und 2000, NJW 2002, 188

Härting, Niko, Fachausbildung statt Fachanwalt, Anwaltsreport 2001, 13

Hartstang, Gerhard, Anwaltsrecht, 1. Aufl., Köln, Berlin, Bonn, München 1991

Hartstang, Gerhard, Der deutsche Rechtsanwalt, Heidelberg 1986

Hartung, Wolfgang, Anmerkung zum Beschluss des BGH vom 3.9.1999, MDR 2000, 300

Hartung, Wolfgang, Die anwaltliche Fortbildungspflicht, MDR 2001, 1038

Hartung, Wolfgang, Inkrafttreten der Berufsordnung gefährdet?, AnwBl. 1997, 65

Hartung, Wolfgang, Kommentar zur anwaltlichen Berufsordnung, 3. Aufl., München 2006

Hartung, Wolfgang / Holl, Thomas, Kommentar zur anwaltlichen Berufsordnung, 2. Aufl., München 2001

Hartung, Wolfgang / Schons, Herbert P. / Enders, Horst-Reiner, Kommentar zum Rechtsanwaltsvergütungsgesetz, 1. Aufl., München 2011

Hartung, Wolfgang / Römermann, Volker, Kommentar zur anwaltlichen Berufsordnung, 4. Aufl., München 2008

Henssler, Martin, Die Personengesellschaft – das Stiefkind des deutschen Gesellschaftsrechts, BB-Special LLP, 2

Henssler, Martin / Prütting, Hanns, Kommentar zur Bundesrechtsanwaltsordnung, 1. Aufl., München 1997; 2. Aufl., München 2004; 3. Aufl., München 2010

Hülsmann, Christoph, Verwertungsverbot bei einem zu Unrecht angeordneten Fachgespräch – Zugleich Anmerkung zur Rechtsprechungsänderung des Anwaltssenates beim BGH vom 21.6.1999 – AnwZ (B) 91/98, AnwBl. 2000, 192

Huff, Martin, Die Anwälte und ihre Fachkompetenz, KammerMitteilungen Rechtsanwaltskammer Düsseldorf 2005, 70

Jährig, Natascha, Fachanwaltschaften: Entstehung, Entwicklung und aktuelle Fragen, Schriftenreihe des Instituts für Anwaltsrecht an der Universität zu Köln, Bd. 51, Bonn 2002

Jung, Michael / *Horn, Jan,* Syndikusanwälte und die gesetzliche Rentenversicherung – Die gegenwärtige Situation, KammerMitteilungen Rechtsanwaltskammer Düsseldorf 2010, 317

Kellner, Martin, Die Fortbildungspflicht der Rechtsanwälte und Fachanwälte, NJW 2002, 1372

Kilger, Hartmut, Fortbildung des Rechtsanwalts, AnwBl. 1995, 435

Kilger, Hartmut, Generalist oder Spezialist? DAV-Ratgeber für junge Rechtsanwältinnen und Rechtsanwälte, 12. Aufl., Berlin 2008, 91

Kilger, Hartmut, Zum zukünftigen Fachanwaltskonzept des Deutschen Anwaltvereins, AnwBl. 1999, 675

Kilian, Matthias / Offermann-Burckart, Susanne / vom Stein, Jürgen, Praxishandbuch Anwaltsrecht, 2. Aufl., Bonn 2010

Kilian, Matthias / vom Stein, Jürgen, Praxishandbuch für Anwaltskanzlei und Notariat, 1. Aufl., Bonn 2005

Kleine-Cosack, Michael, Aktuelle Probleme der Fachanwaltsverleihung, AnwBl. 2005, 593

Kleine-Cosack, Michael, Berufs- und Fachanwaltsordnung für Rechtsanwälte, NJW 1997, 1257

Kleine-Cosack, Michael, Kommentar zur Bundesrechtsanwaltsordnung, 1. Aufl., München 1993; 3. Aufl., München 1997; 4. Aufl., München 2003; 5. Aufl., München 2008

Kleine-Cosack, Michael, Neuordnung des anwaltlichen Berufsrechts, NJW 1994, 2249

Kleine-Cosack, Michael, Vom Universalanwalt zum Spezialanwalt – Zur Neuregelung der Fachanwaltschaften und zur Zulassung der Angabe von Tätigkeitsschwerpunkten, NJW 1992, 785

Kleine-Cosack, Michael, Zusammenbruch der Stufenleiter – Verabschiedung von Tätigkeits- und Interessenschwerpunkten, AnwBl. 2005, 275

Knack, Hans Joachim/Henneke, Hans-Günter, Kommentar zum Verwaltungsverfahrensgesetz, 9. Aufl., Köln 2010

Kopp, Ferdinand / Schenke, Wolf-Rüdiger, Kommentar zur Verwaltungsgerichtsordnung, 16. Aufl., München 2009

Kopp, Ferdinand/Ramsauer, Ulrich, Kommentar zum Verwaltungsverfahrensgesetz, 11. Aufl., München 2010

Krach, Tillmann, Ist ein „Fachanwalt für Verkehrsrecht" sinnvoll?, BRAK-Mitt. 2000, 52

Lingenberg, Joachim / Hummel, Fritz / Zuck, Rüdiger / Eich, Alexander, Kommentar zu den Grundsätzen des anwaltlichen Standesrechts, 2. Aufl., Köln 1988

Lührig, Nicolas, Anmerkung zu BGH vom 13.9.2010 – AnwZ (B) 1/09, AnwBl. 2010, 875

Netzband, Jürgen W., Bundesverfassungsgericht zum Anwalt-Suchservice, MDR 1992, 338

Offermann-Burckart, Susanne, Anmerkung zu den Beschlüssen des BGH vom 6.3.2006, BGHReport 2006, 823

Offermann-Burckart, Susanne, Anmerkung zum Beschluss des BGH vom 7.3.2005, BRAK-Mitt. 2005, 126

Offermann-Burckart, Susanne, Anmerkung zum Urteil des AGH Nordrhein-Westfalen vom 2.5.2011, BRAK-Mitt. 2011, 204

Offermann-Burckart, Susanne, Anwaltsrecht in der Praxis – Berufsrecht, Kanzlei, Vergütung, 1. Aufl., München 2010

Offermann-Burckart, Susanne, Brauchen Rechtsanwälte Zertifizierungen und brauchen Verbraucher zertifizierte Rechtsanwälte?, FS Rechtsanwaltskammer Brandenburg 2011, S. 69

Offermann-Burckart, Susanne, Der Spezialist – ein besserer Fachanwalt?, NJW 2004, 2617

Offermann-Burckart, Susanne, Die Fortbildungspflicht nach der Fachanwaltsordnung, FA-Spezial, Beilage zu Fachanwalt Arbeitsrecht 10/2005, 1

Offermann-Burckart, Susanne, Syndikusanwälte und die Befreiung von der Versicherungspflicht in der BfA, KammerMitteilungen Rechtsanwaltskammer Düsseldorf 2005, 142

Offermann-Burckart, Susanne, Zu den Risiken und Nebenwirkungen des neuen § 7 BORA, KammerMitteilungen Rechtsanwaltskammer Düsseldorf 2006, 35, und BRAK-Mitt. 2006, 154

Offermann-Burckart, Susanne, Zwischenruf – Die Fakten bitte!, AnwBl. 2010, XII ff.

Palandt, Otto, Kommentar zum Bürgerlichen Gesetzbuch, 70. Aufl., München 2011

Pausenberger, Max, Zum Nachweis der „praktischen Erfahrungen" bei der Fachanwaltschaft, AnwBl. 1994, 13

Praefcke, Michael, Fall und Gewichtung nach § 5 FAO, BRAK-Mitt. 1999, 158

Prasser, Georg, Zum zukünftigen Fachanwaltskonzept des Deutschen Anwaltvereins, AnwBl. 1999, 676

Prütting, Hanns / Wegen, Gerhard / Weinreich, Gerd, Kommentar zum Bürgerlichen Gesetzbuch, 6. Aufl., Köln 2011

Quaas, Michael, Empfiehlt sich die Einführung neuer Fachanwaltschaften?, BRAK-Mitt. 2000, 211

Redeker, Konrad / von Oertzen, Hans-Joachim, Kommentar zur Verwaltungsgerichtsordnung, 15. Aufl., Stuttgart 2010

Römermann, Volker, Anwaltliche Berufsordnung – Ende oder Neuanfang?, NJW 1998, 2249

Römermann, Volker / Hartung, Wolfgang, Anwaltliches Berufsrecht, München 2002

Schardey, Günter, Fachanwaltschaften oder Spezialisierungshinweise anderer Art?, AnwBl. 1978, 41

Schardey, Günter, Fachgebietsbezeichnungen – eine Zwischenbilanz, in: 25 Jahre Bundesrechtsanwaltskammer, München 1984

Schardey, Günter, Spezialisierung von Rechtsanwälten – auch als Werbung, AnwBl. 1986, 274

Schardey, Günter, Werbung und Fachgebietsbezeichnung, AnwBl. 1979, 256

Scharmer, Hartmut, Anmerkung zum Beschluss des BGH vom 25.2.2008, BRAK-Mitt. 2008, 133

Scharmer, Hartmut, Es empfiehlt sich die Einführung neuer Fachanwaltschaften, BRAK-Mitt. 2001, 5

Schmidt, Günter / Gräser-Hermann, Jan-Michael, Fortbildung des Fachanwalts durch Veröffentlichungen – Fragen zu § 15 FAO, AnwBl. 2001, 560

Schmucker, Alexandra / Spengler, Anja, STAR: Rechtsanwälte mit fachlichen Spezialisierungen und Zusatzqualifikationen im Einkommensvergleich, BRAK-Mitt. 2000, 118

Schneider, Norbert / Wolf, Hans-Joachim, AnwaltKommentar zum Rechtsanwaltsvergütungsgesetz, 5. Aufl., Bonn 2010

Schoch, Friedrich / Schmidt-Aßmann, Eberhard / Pietzner, Rainer, Kommentar zur Verwaltungsgerichtsordnung, Band I und Band II Stand: Juli 2009, München

Stückemann, Wolfgang, Erfahrungen mit der Fachanwaltsordnung, Fachanwalt Arbeitsrecht 1998, 276

Tilch, Horst / Arloth, Frank, Deutsches Rechts-Lexikon, 3. Aufl., München 2001

Wellensiek, Jobst, Die Fachanwaltschaft für Insolvenzrecht, NZI 1999, 169

Zimmerling, Wolfgang / Brehm, Robert, Rechtsschutzfragen der „Fachanwaltszulassung", AnwBl. 1998, 119

Zöller, Richard, Kommentar zur Zivilprozessordnung, 26. Aufl., Köln 2007

Zuck, Rüdiger, Verfassungsrechtliche Rahmenbedingungen für die Auslegung und Anwendung der §§ 5, 7 FAO – zugleich zu BGH, Beschluss vom 20.4.2009 – AnwZ (B) 43/08, BRAK-Mitt. 2009, 150

Abkürzungsverzeichnis

a. A.	anderer Ansicht
a. a. O.	am angegebenen Ort
abl.	ablehnend
ABl.	Amtsblatt der Europäischen Union
Abs.	Absatz
ABV	Arbeitsgemeinschaft Berufsständischer Versorgungswerke
a. D.	außer Dienst
ADSp	Allgemeine Deutsche Spediteur-Bedingungen
a. E.	am Ende
a. F.	alte Fassung
AFG	Arbeitsförderungsgesetz
AG	Aktiengesellschaft
AGB	Allgemeine Geschäftsbedingungen
AGH	Anwaltsgerichtshof
AGH NRW	Anwaltsgerichtshof des Landes Nordrhein-Westfalen
AKB	Allgemeine Bedingungen für die Kraftfahrtversicherung
Alt.	Alternative
Anm.	Anmerkung
AnwBl.	Anwaltsblatt
ARB	Allgemeine Bedingungen für die Rechtsschutz-Versicherung
ArbGG	Arbeitsgerichtsgesetz
Art.	Artikel
AVB	Allgemeine Versicherungsbedingungen
BAFin	Bundesanstalt für Finanzdienstleistungsaufsicht
BetrVG	Betriebsverfassungsgesetz
BfA	Bundesversicherungsanstalt für Angestellte
BGB	Bürgerliches Gesetzbuch
BGBl.	Bundesgesetzblatt
BGH	Bundesgerichtshof
BGHZ	Entscheidungen des Bundesgerichtshofes in Zivilsachen
BMJ	Bundesministerium der Justiz
BORA	Berufsordnung der Rechtsanwälte
BRAGO	Bundesrechtsanwaltsgebührenordnung
BRAK-HV	Hauptversammlung der Bundesrechtsanwaltskammer
BRAK-Mitt.	Mitteilungen der Bundesrechtsanwaltskammer
BRAO	Bundesrechtsanwaltsordnung
BT-Drucks.	Bundestags-Drucksache
Buchst.	Buchstabe
BVerfG	Bundesverfassungsgericht
BVerfGE	Entscheidungen des Bundesverfassungsgerichts
BVerfGG	Bundesverfassungsgerichtsgesetz
BVerwG	Bundesverwaltungsgericht

CIM	Internationales Übereinkommen über den Eisenbahnfrachtverkehr
CMR	Übereinkommen über den Beförderungsvertrag im internationalen Straßengüterverkehr
COTIF	Übereinkommen über den internationalen Eisenbahnverkehr
COV	Einheitliche Rechtsvorschriften für Verträge über die Verwendung von Wagen im internationalen Eisenbahnverkehr
DDR	Deutsche Demokratische Republik
d. h.	das heißt
d.J.	des Jahres
DM	Deutsche Mark
DPMA	Deutsches Patent- und Markenamt
DR Bund	Deutsche Rentenversicherung des Bundes
DTV Güter 2000	DTV-Güterversicherungsbedingungen 2000
DVD	Digital Versatile Disk
E	Entwurf
EGBGB	Einführungsgesetz zum Bürgerlichen Gesetzbuch
EGH NRW	Ehrengerichtshof des Landes Nordrhein-Westfalen
EGVVG	Einführungsgesetz zum Gesetz über den Versicherungsvertrag
ErbStG	Erbschaftsteuergesetz
EStG	Einkommensteuergesetz
etc.	et cetera
EU	Europäische Union
e.V.	eingetragener Verein
evtl.	eventuell
EWIV	Europäische Wirtschaftliche Interessenvereinigung
f., ff.	folgende, fortfolgende
FamFG	Gesetz über das Verfahren in Familiensachen und in den Angelegenheiten der freiwilligen Gerichtsbarkeit
FAO	Fachanwaltsordnung
FAO-E	Entwurf der Fachanwaltsordnung
FIATA	Fédération Internationale des Associations de Transporteurs et Assimilés
Fn.	Fußnote
gem.	gemäß
GG	Grundgesetz
ggf.	gegebenenfalls
GmbH	Gesellschaft mit beschränkter Haftung
GOÄ	Gebührenordnung für Ärzte
GOZ	Gebührenordnung für Zahnärzte
GVG	Gerichtsverfassungsgesetz
GWB	Gesetz gegen Wettbewerbsbeschränkungen

HGB	Handelsgesetzbuch
Hs.	Halbsatz
HOAI	Honorarordnung für Architekten und Ingenieure
HWS	Halswirbelschleudertrauma
inkl.	inklusive
insbes.	insbesondere
InsO	Insolvenzordnung
i. S.	im Sinne
IT	Informationstechnologie
i. V. m.	in Verbindung mit
jew.	jeweils
KG	Kommanditgesellschaft
KStG	Körperschaftsteuergesetz
lit.	Litera
LLP	Limited Liability Partnership
LLPA	Limited Liability Partnership Act 2000
m.	mit
m. Anm.	mit Anmerkung
MDR	Monatsschrift für Deutsches Recht
MiFID-Richtlinie	Markets in Financial-Intruments-Directive-Richtlinie
MPU	Medizinisch-psychologische Untersuchung
m. w. Nachw.	mit weiteren Nachweisen
m. zahlr. w. Nachw.	mit zahlreichen weiteren Nachweisen
Nachw.	Nachweise
n. F.	neuer Fassung
NJW	Neue Juristische Wochenschrift
Nr.	Nummer
Nrn.	Nummern
NZI	Neue Zeitschrift für das Recht der Insolvenz und Sanierung
oHG	offene Handelsgesellschaft
OLG	Oberlandesgericht
OVG	Oberverwaltungsgericht
PflVG	Pflichtversicherungsgesetz
RAFachAnwV	Verordnung über Fachanwaltsbezeichnungen nach dem RAG
RAFachBezG	Gesetz über Fachanwaltsbezeichnungen
RAG	Rechtsanwaltsgesetz
RichtlRA (RiLi)	Richtlinien des anwaltlichen Standesrechts
RVG	Rechtsanwaltsvergütungsgesetz
Rz.	Randziffer

s.	siehe
S.	Seite
S.A.	Société anonyme
S.A.R.L.	Société à responsabilité limitée
SGB	Sozialgesetzbuch
SMGS	Abkommen über den internationalen Eisenbahngüterverkehr osteuropäischer Länder
sog.	so genannte/r
STAR	Statistisches Berichtssystem für Rechtsanwälte
StGB	Strafgesetzbuch
StVG	Straßenverkehrsgesetz
StVO	Straßenverkehrsordnung
StVZO	Straßenverkehrszulassungsordnung
TQM	Total Quality Management
u.a.	unter anderem
u.Ä.	und Ähnliche/s
UrhG	Urheberrechtsgesetz
UrhSchVO	Urheberrechtsschutzverordnung
UrhWG	Urheberrechtswahrnehmungsgesetz
Urt.	Urteil
UStG	Umsatzsteuergesetz
u.U.	unter Umständen
UWG	Gesetz gegen den unlauteren Wettbewerb
v.	vom
VAG	Gesetz über die Beaufsichtigung der Versicherungsunternehmen
VG-Wort	Verwertungsgesellschaft Wort
vgl.	vergleiche
VOL	Verdingungsordnung für Leistungen, ausgenommen Bauleistungen
VOP	Verdingungsordnung für Bauleistungen
VSV	Vertrauensschadenversicherung
VVG	Gesetz über den Versicherungsvertrag
VwGO	Verwaltungsgerichtsordnung
VwVfG	Verwaltungsverfahrensgesetz
WEG	Gesetz über das Wohnungseigentum und das Dauerwohnrecht (Wohnungseigentumsgesetz)
z.B.	zum Beispiel
Ziff.	Ziffer
ZPO	Zivilprozessordnung
z.T.	zum Teil
zust.	zustimmend

A. Einleitung

Das Institut der Fachanwaltschaft, das bereits eine **wechselvolle Geschichte** hinter sich hat, blieb auch nach dem **Inkrafttreten der Fachanwaltsordnung** am **11. März 1997** umstritten. Im Fokus der Diskussion stand lange die Frage, ob der Kanon der Fachanwaltsbezeichnungen erweitert werden solle. Kein anderes Thema hat die Anwaltschaft so in zwei nahezu gleich große Lager gespalten, deren Positionen kompromisslos aufeinander trafen, wie dieses. Nachdem die Zahl der Fachanwaltschaften nun doch deutlich erhöht wurde, haben sich die Gemüter beruhigt. 1

Auch eine Reihe materieller Probleme konnte die Satzungsversammlung inzwischen lösen. Die Diskussion hat sich jetzt zu der Frage hin verlagert, ob das rein formale Verfahren, das die Fachanwaltsordnung vorsieht und das paradoxerweise ebenso streng wie oberflächlich ist, einen ausreichenden Qualitätsstandard gewährleistet. 2

Trotz oder gerade wegen des Wandels, den die Fachanwaltsordnung und die zu ihr ergangene Rechtsprechung in den letzten Jahren erfahren haben, stellt sich für diejenigen, die eine Fachanwaltsbezeichnung anstreben, und für die, die bereits Fachanwalt sind, eine Fülle von Fragen, die im Verlauf der Abhandlung beantwortet werden.

I. Geschichtlicher Überblick

Da es hier um die Anwendung der geltenden Fachanwaltsordnung in der Praxis geht, kann und soll auf eine umfassende Darstellung der historischen Entwicklung des Instituts der Fachanwaltschaft verzichtet werden.[1] Die nachfolgende Darstellung beschränkt sich darauf, zum besseren Verständnis des Status quo die wichtigsten Stationen in der Entwicklung der Fachanwaltschaften zu beleuchten. 3

1. Der „erste" Fachanwalt der Nachkriegszeit

Nachdem verschiedene, eher halbherzige Versuche der Anwaltschaft (und des Gesetzgebers) zur Einführung und Manifestierung von Fachanwaltsbezeichnungen (z.B. für Steuerrecht, Urheber- und Verlagsrecht, Gewerblichen Rechtsschutz, Staats- und Verwaltungsrecht, Ausländerrecht, Arbeitsrecht 4

1 Ausführliche Darstellungen der Entstehungsgeschichte der Fachanwaltschaften finden sich bei Feuerich, in: Feuerich/Weyland, Kommentar zur Bundesrechtsanwaltsordnung, § 43c BRAO Rz. 1 ff.; Hartstang, Anwaltsrecht, S. 118 ff.; Jährig, Fachanwaltschaften, S. 29 ff.; Offermann-Burckart, in: Henssler/Prütting, Kommentar zur Bundesrechtsanwaltsordnung, § 43c BRAO Rz. 1 ff.; Quaas, in: Gaier/Wolf/Göcken, Kommentar zum anwaltlichen Berufsrecht, § 43c BRAO Rz. 1 ff.; Römermann/Hartung, Anwaltliches Berufsrecht, S. 51 ff.; und Scharmer, in: Hartung/Römermann, Kommentar zur anwaltlichen Berufsordnung, FAO Einführung Rz. 1 ff.

und Sozialversicherungsrecht) letztlich in den zwanziger und dreißiger Jahren des vorigen Jahrhunderts gescheitert waren, beschloss die **13. Hauptversammlung der Bundesrechtsanwaltskammer** am **4./5.5.1964** in Düsseldorf die **„Richtlinien für die Gestattung der Bezeichnung ‚Fachanwalt für Steuerrecht'"**. Diese lauteten:

1. Auf Antrag kann einem Rechtsanwalt durch die für ihn zuständige Rechtsanwaltskammer die Führung dieser Bezeichnung gestattet werden.
2. Diese Gestattung kann nur erteilt werden, wenn folgende Voraussetzungen erfüllt sind:
   a) Der Antragsteller soll in der Regel eine mindestens dreijährige praktische anwaltliche Tätigkeit nachweisen können. Es dürfen bei ihm keine Gründe vorliegen, die eine einwandfreie Berufsführung in Zweifel ziehen lassen.
   b) Der Antragsteller muss eingehende Spezialkenntnisse auf dem Gebiet des Steuerrechts besitzen und mit dem Problem der Buchführung und Bilanzierung vertraut sein.
   c) Der Antragsteller muss in nachprüfbarer Weise dartun, dass er mindestens drei Jahre auf dem Gebiet des Steuerrechts praktisch tätig gewesen ist oder sich während einer gleichen Zeit wissenschaftlich hervorgetan hat.
3. Bieten die von dem Rechtsanwalt vorgelegten Unterlagen oder sonst erbrachten Nachweise für den Kammervorstand keine ausreichende Grundlage für eine Entscheidung, so hat der Kammervorstand dem Antragsteller unter Setzung einer angemessenen Frist anheim zu stellen, sich einem Kolloquium zu unterziehen.
4. Das Kolloquium findet vor einem vom Kammervorstand zu bildenden Prüfungsausschuss statt.

   Es steht den Rechtsanwaltskammern frei, Ausschussmitglieder auch aus anderen Kammerbezirken im Einvernehmen mit dem anderen Kammervorstand zur Durchführung eines solchen Kolloquiums heranzuziehen.
5. Vor der Entscheidung des Kammervorstandes ist – wenn der Kammervorstand nicht von sich aus zur Ablehnung des Antrages kommt – die zuständige Finanzverwaltung zu hören.
6. Die Entscheidung erfolgt in jedem Fall abschließend allein durch den Kammervorstand.
7. Die Berechtigung zur Führung der Bezeichnung wird durch einen Wechsel der Zulassung im Gültigkeitsbereich der Bundesrechtsanwaltsordnung nicht berührt.
8. Die Gestattung kann zurückgenommen werden, wenn sich ergibt, dass die bei ihrer Erteilung angenommenen Voraussetzungen in Wirklichkeit nicht vorgelegen haben, oder dass sie späterhin nicht mehr vorliegen.

5 Wer diese Formulierungen mit der heutigen Fachanwaltsordnung vergleicht, mag finden, dass sich seit damals nicht viel verändert hat.

6 Die Legitimation für die Einführung des „Fachanwalts für Steuerrecht" und die Verabschiedung der entsprechenden Richtlinien ergab sich aus § 68 der anwaltlichen Standesrichtlinien von 1957, der es der Entscheidung der Bundesrechtsanwaltskammer vorbehielt, die Sondergebiete zu bezeichnen, für die es eine Fachbezeichnung geben sollte, und der es zugleich dem jeweiligen Kammervorstand überließ, dem einzelnen Rechtsanwalt die Führung der Fachbezeichnung zu gestatten.[1] In der Fassung der anwaltlichen Standesricht-

1 Vgl. hierzu nur Scharmer, in: Hartung/Römermann, a. a. O., FAO Einführung Rz. 15.

linien von 1963 wurde diese Regelung als § 67, in der von 1973 als § 76 übernommen.[1]

Außer „Fachanwälten für Steuerrecht" gab es noch einige wenige „Fachanwälte für Verwaltungsrecht", die die Bezeichnung auf Grund der Beschlussfassung des 24. Deutschen Anwaltstags in Hamburg am 11.9.1929[2] vor 1955 erworben hatten. Am 27.8.1955 hatte die Arbeitsgemeinschaft der Anwaltsvorstände in Bamberg u. a. beschlossen, das Institut der Fachanwaltschaft für Verwaltungsrecht nicht beizubehalten, den existierenden „Fachanwälten für Verwaltungsrecht" die Berechtigung zum Führen der Bezeichnung allerdings nicht zu entziehen.[3] 7

2. Der Beschluss der 60. Hauptversammlung der Bundesrechtsanwaltskammer vom 10.10.1986

Nachdem einerseits der Ruf nach weiteren Fachanwaltsbezeichnungen immer lauter wurde, sich andererseits aber der Gesetzgeber den Appellen der Anwaltschaft, das Institut der Fachanwaltschaft in die BRAO aufzunehmen und dort zu regeln, verschloss[4], landete die Bundesrechtsanwaltskammer im Jahr 1986 (also mehr als 22 Jahre nach Einführung des „Fachanwalts für Steuerrecht") einen Befreiungsschlag. In ihrer **60. Hauptversammlung** am **10.10.1986** in Freiburg beschloss sie die Einführung der weiteren Fachanwaltsbezeichnungen Arbeitsrecht, Sozialrecht und Verwaltungsrecht, die Neufassung von **§ 76 der anwaltlichen Standesrichtlinien** sowie die **„Richtlinien für die Gestattung der Bezeichnung Fachanwalt für Verwaltungsrecht – Steuerrecht – Arbeitsrecht – Sozialrecht"**. 8

Der neu gefasste **§ 76 RichtlRA** lautete unter der Überschrift „Bezeichnung als Fachanwalt": 9

Die Bezeichnung ‚Fachanwalt für ...' darf ein Rechtsanwalt nur führen, wenn es sich um Sondergebiete handelt, die die Bundesrechtsanwaltskammer bestimmt hat, und wenn die zuständige Rechtsanwaltskammer es ihm gestattet hat. Als Sondergebiete werden von der Bundesrechtsanwaltskammer Verwaltungsrecht, Steuerrecht, Arbeitsrecht und Sozialrecht bestimmt. Die Fachanwaltsbezeichnung darf nur für höchstens zwei Gebiete geführt werden. Das Nähere wird in den Fachanwalts-Richtlinien der Bundesrechtsanwaltskammer geregelt.

Die Kernaussagen der Fachanwalts-Richtlinien[5] waren folgende: 10

2. Die Gestattung ist auszusprechen, wenn der Rechtsanwalt die für die Führung der Bezeichnung erforderlichen besonderen Kenntnisse nachgewiesen hat.

4.1 (1) Besondere Kenntnisse hat der Rechtsanwalt, wenn seine Kenntnisse auf dem Fachgebiet erheblich das Maß der Kenntnisse übersteigen, das üblicherweise durch die berufliche Ausbildung und praktische Erfahrung im Beruf vermittelt wird.

---

1 Jährig, a. a. O., S. 40.
2 AnwBl. 1929, 245.
3 Feuerich, a. a. O., § 43c BRAO Rz. 8.
4 Vgl. hierzu z. B. Zuck, in: Lingenberg/Hummel/Zuck/Eich, Kommentar zu den Grundsätzen des anwaltlichen Standesrechts, § 76 Rz. 12 ff.
5 Im Volltext nachzulesen bei Zuck, a. a. O., § 76 Rz. 20 ff.

(2) Die nach Absatz 1 erforderlichen Kenntnisse müssen Kenntnisse des Verfassungsrechts, soweit sie für das Fachgebiet wesentlich sind, einschließen.

4.6 (1) Zum Nachweis der erforderlichen Kenntnisse sind Zeugnisse, Bescheinigungen oder andere geeignete Unterlagen vorzulegen. Aus ihnen muss hervorgehen, dass der Rechtsanwalt in der Regel drei Jahre, davon ein Jahr unmittelbar vor seinem Antrag, freiberuflich, in einem Dienstverhältnis oder als Lehrer an einer deutschen wissenschaftlichen Hochschule oder Fachhochschule eine nach Art und Umfang nicht unerhebliche Tätigkeit auf den für den Nachweis der Kenntnisse maßgeblichen Bereichen des Fachgebiets ausgeübt hat. Er soll seit mindestens zwei Jahren als Rechtsanwalt tätig sein.

(2) Der Rechtsanwalt soll in der Regel während der letzten zwei Jahre vor seinem Antrag erfolgreich an einem insgesamt mindestens zweiwöchigen Lehrgang teilgenommen haben, der von den Organisationen der Anwaltschaft zur Vorbereitung auf den Erwerb der Fachanwaltsbezeichnung veranstaltet wird.

4.7 (1) Kann der Ausschuss der Rechtsanwaltskammer seine Stellungnahme gegenüber dem Vorstand nicht allein auf Grund der vom Rechtsanwalt vorgelegten schriftlichen Unterlagen abgeben, lädt er diesen zu einem Fachgespräch.

(2) Bei dem Fachgespräch sind an den Rechtsanwalt Fragen aus dem Fachgebiet zu richten. Die auf den einzelnen Rechtsanwalt entfallende Befragungszeit soll nicht weniger als 45 und nicht mehr als 60 Minuten betragen.

3. Das Urteil des Bundesgerichtshofs vom 14.5.1990

11 Nach den Beschlüssen der BRAK-HV vom 10.10.1986 begannen die Fachanwaltschaften zu boomen. Sie stießen sowohl in der Anwaltschaft als auch beim Publikum auf **hohe Akzeptanz**.[1]

12 Doch die Begeisterung sollte nur von kurzer Dauer sein: In seinem Urteil vom **14.5.1990** stellte der **Bundesgerichtshof** fest, dass es an einer hinreichend bestimmten gesetzlichen Grundlage für die Verleihung von Fachanwaltsbezeichnungen durch die Rechtsanwaltskammern fehle und die Verleihung mithin unzulässig sei.[2]

Der BGH führt aus:

Das Führen einer entsprechenden Fachanwaltsbezeichnung beschränkt sich nach seinem Sinngehalt ausschließlich auf den an das rechtsuchende Publikum gerichteten Hinweis auf Spezialkenntnisse, die der betreffende Anwalt hat. Die Fachanwaltsbezeichnung steht deshalb in unmittelbarem Bezug zum anwaltlichen Werbeverbot (...). So hat es der Senat als Verstoß gegen das Verbot unerlaubter Werbung angesehen, wenn ein Rechtsanwalt zusätzliche Berufsbezeichnungen führt, die auf einer Eigenbewertung besonderer Fähigkeiten beruhen (...).

Das Werbeverbot ist in seinem Kernbereich durch die Generalklausel des § 43 BRAO erfasst. Den Standesrichtlinien, die von der Bundesrechtsanwaltskammer nach § 177 Abs. 2 Nr. 2 BRAO festzustellen sind, kam dabei nach der früheren Rechtsprechung des BVerfG (...) und des Senats (...) im Wesentlichen die Funktion zu, als Hilfsmittel zu dienen, wenn die Generalklausel des § 43 BRAO anzuwenden und durch Auslegung zu konkretisieren war. Vor dem Hintergrund dieser Rechtsprechung sind die Regelungen

1 Feuerich, a. a. O., § 43c BRAO Rz. 13 ff.
2 BGHZ 111, 229 ff. = NJW 1990, 1719 f., m. Anm. Kewenig = AnwBl. 1990, 320 f. = BRAK-Mitt. 1990, 108 ff.

zu § 76 RiLi zu sehen. Mit der Zulassung entsprechender Fachgebietsbezeichnungen wurde das in § 2 Abs. 1 RiLi unbeschränkte Werbeverbot für den Anwalt insoweit modifiziert, als er berechtigt ist, nach Feststellung der besonderen Kenntnisse eine entsprechende Fachgebietsbezeichnung zu führen und damit werbend auf seine diesbezüglichen Spezialkenntnisse hinweisen zu können.

(...) Nach der mittlerweile geänderten Rechtsprechung des BVerfG (...), an die der Senat gebunden ist (§ 31 BVerfGG), kommt den Standesrichtlinien keine unmittelbar rechtserhebliche Wirkung mehr zu. Sie sind allenfalls für eine Übergangsfrist noch anzuwenden, soweit sie den materiellen Anforderungen an Grundrechtseinschränkungen genügen und soweit dies zur Aufrechterhaltung einer funktionsfähigen Rechtspflege unerlässlich ist (...).

Die Voraussetzungen für eine übergangsweise Anwendung der Richtlinien wegen der Führung von Fachanwaltsbezeichnungen liegen jedoch nicht vor. Die Geltung der zu § 76 RiLi erlassenen Grundsätze ist zur Aufrechterhaltung einer funktionsfähigen Rechtspflege nicht unerlässlich.

Und weiter:

Die Vergabe von Fachgebietsbezeichnungen ist rechtswidrig.

Nach Art. 12 Abs. 1 Satz 2 GG kann die Berufsausübung nur durch Gesetz oder auf Grund eines Gesetzes geregelt werden. Die von der Bundesrechtsanwaltskammer festgelegten Standesrichtlinien sind, soweit sie die Vergabe von Fachanwaltsbezeichnungen regeln, weder für sich genommen noch im Zusammenhang mit anderen gesetzlichen Vorschriften – ... – eine ausreichende normative Grundlage. ... Der Senat kann hierbei dahinstehen lassen, ob Entscheidungen über die Verleihung von Fachgebietsbezeichnungen überhaupt ein Eingriffscharakter zukommt, indem sie im Falle einer Verweigerung der Gestattung Konkurrenznachteile für den Betroffenen begründen oder im Falle des unbefugten Führens einer Fachgebietsbezeichnung ehrengerichtliche Sanktionen nach sich ziehen können. Jedenfalls ist der Bedeutungsgehalt dieser Regelung so weittragend, dass der Gesetzgeber auf eine Regelung nicht verzichten konnte. Die Gestattung zum Führen von Fachgebietsbezeichnungen wäre im Anwaltsrecht die einzige positiv zugelassene Ausnahme vom generellen Verbot der gezielten Werbung um Praxis. Damit hat eine entsprechende Erlaubnis erhebliche Wirkung auf das zwischen den anwaltlichen Berufskollegen bestehende Konkurrenzverhältnis. Insoweit berührt die Verleihung der Fachgebietsbezeichnungen unter Umständen erheblich die anwaltliche Berufstätigkeit und damit auch die Grundrechtsausübung der Anwälte insgesamt. So kann eine entsprechende Vergabepraxis den Rechtsanwalt dazu nötigen, seine anwaltliche Praxis so einzurichten, dass er in der Lage ist, die geforderte Anzahl bearbeiteter Fälle nachzuweisen, um die für ihn aus Wettbewerbsgründen erforderliche Fachanwaltsbezeichnung führen zu dürfen. Die generelle Verleihung von Fachanwaltsbezeichnungen führt möglicherweise auch dazu, dass auf einzelne Anwälte mittelbar Druck ausgeübt wird, sich mit anderen Rechtsanwälten zur gemeinsamen Berufsausübung zusammenzuschließen, weil größere Sozietäten durch die Angabe verschiedener Fachanwaltsbezeichnungen sinnfällig einen hohen Grad an Spezialisierung werbewirksam nach außen zum Ausdruck bringen können. Aus diesem Grunde könnten sich jüngere Anwälte abschrecken lassen, eine selbständige Existenz als Rechtsanwalt aufzubauen.

Die Erteilung von Erlaubnissen zum Führen von Fachgebietsbezeichnungen betrifft auch das Verhältnis des Rechtsanwalts zum rechtsuchenden Bürger. Dieser könnte sich durch die Fachanwaltsbezeichnungen veranlasst sehen, Rechtsangelegenheiten aus den entsprechenden Gebieten vordringlich solchen Anwälten zu übergeben, die eine entsprechende Fachanwaltsbezeichnung führen. Insbesondere der Schutz des Rechtsuchenden, der die wesentliche Rechtfertigung des anwaltlichen Werbeverbots darstellt (...), erfordert, dass der Gesetzgeber Regelungen trifft, wonach die Fachanwaltsbezeichnungen tatsächlich nur unter solchen Voraussetzungen verliehen werden, dass die Gefahr unrichtiger Erwartungen bei den Rechtsuchenden möglichst gering gehalten werden kann.

Eine wesentliche Bedeutung kann der Entscheidung über die Einführung von Fachanwaltsbezeichnungen auch deshalb zukommen, weil auf Grund der sich im Laufe der Zeit herausbildenden Verkehrsanschauung und des Nachfrageverhaltens des rechtsuchenden Publikums die Fachgebiete weitgehend den jeweiligen Fachanwälten vorbehalten sein werden. So könnte faktisch eine Entwicklung eintreten, dass die jeweiligen Rechtsuchenden hauptsächlich nur noch Anwälte in Anspruch nehmen, die über eine entsprechende Fachanwaltsbezeichnung verfügen. Dies hätte erhebliche Auswirkungen auf das anwaltliche Berufsbild, wie es der Gesetzgeber in § 3 Abs. 1 BRAO festgelegt hat, wonach der Rechtsanwalt der Vertreter in allen Rechtsangelegenheiten ist. Die Verleihung von Fachanwaltsbezeichnungen hat folglich derart erhebliche rechtspolitische Auswirkungen, dass die Entscheidung über ihre Einführung nur dem Gesetzgeber überlassen bleiben darf. Dieser hat die in diesem Zusammenhang wesentlichen Leitentscheidungen zu treffen. Hierzu gehören die Fragen, ob und für welche Rechtsgebiete Fachanwaltsbezeichnungen vergeben werden dürfen, welche Voraussetzungen hierfür im Wesentlichen erforderlich sind und wie diese Voraussetzungen verfahrensrechtlich festgestellt werden müssen.

13 Auch wenn die Anwaltschaft bestürzt auf die Entscheidung des BGH reagierte, so war diese vor dem Hintergrund der „Bastille-Entscheidungen" des Bundesverfassungsgerichts vom 14.7.1987[1] letztlich keine Überraschung. Denn nachdem das BVerfG den Richtlinien des anwaltlichen Standesrechts insgesamt die **Legitimation versagt** und nur noch **ihren wesentlichen Teilen für eine Übergangsfrist Gültigkeit zugebilligt** hatte, musste klar sein, dass auch § 76 RichtlRA nicht mehr geeignet sein würde, die Verleihung der Fachanwaltsbezeichnungen für Verwaltungsrecht, Steuerrecht, Arbeitsrecht und Sozialrecht zu sanktionieren.[2]

---

1 BVerfGE 76, 171 ff. = NJW 1988, 191 ff.

2 Zuck (a. a. O., N Rz. 155 ff.) schreibt schon 1988 in Bezug auf die (Fort-)Geltung von § 76 RichtlRA:
„Wie sieht es nun mit den ‚neuen' Bezeichnungen (Arbeitsrecht/Sozialrecht/Verwaltungsrecht) aus? Sie sind allein auf § 76 gestützt. Ein Rückgriff auf anerkannte Rechtsprechung zu § 43 BRAO oder auf vorkonstitutionelles Gewohnheitsrecht scheidet aus. Handelt es sich also um erlaubte Feststellungen? Das ist zu verneinen, wie allein schon die Tatsache zeigt, dass es bis 1987 – ohne Schaden für die Rechtspflege – solche Feststellungen nicht gegeben hat. Zusätzliche Berufsbezeichnungen können infolgedessen seit 19. November 1987 nicht mehr verliehen werden.
Das gilt auch für den Fachanwalt für Steuerrecht. Um vorkonstitutionelles Gewohnheitsrecht handelt es sich nicht. Das Steuerrecht nimmt keine Sonderstellung ein, sodass es auch insoweit an der Unerlässlichkeit fehlt.
Ob die bisher gestatteten Berufsbezeichnungen Besitzstandsschutz genießen, erscheint mir nicht verlässlich sicher. Für den Fachanwalt für Steuerrecht möchte ich das bis 1986 bejahen. Ab 1987 und für alle anderen Bezeichnungen gehe ich davon aus, dass alle diejenigen, die von der Bezeichnung bisher nach außen keinen Gebrauch gemacht haben, an ihrer Verwendung gehindert sind. Meines Erachtens kann aber niemand auf Dauer einen rechtswidrigen Zustand aufrechterhalten. Kommt es zu einer Fachbezeichnungsregelung, sollten die Übergangsbezeichnungen zwar erhalten bleiben. Verweigert der Gesetzgeber jedoch entsprechende ausdrückliche Vorgaben, so kann, vom Fachanwalt für Steuerrecht (und den überlebenden ‚alten' Fachanwälten für Verwaltungsrecht) abgesehen, niemand seine Zusatzbezeichnung behalten. Bis zu dieser Entscheidung, also für die Übergangszeit, gehe ich von Besitzstand aus."

4. Die Änderung der Bundesrechtsanwaltsordnung und das Gesetz über Fachanwaltsbezeichnungen (RAFachBezG)

Nach der Entscheidung des BGH vom 14.5.1990 verfiel der Gesetzgeber in **hektische Aktivitäten**, die zusätzlich durch die Turbulenzen der Wiedervereinigung, konkret dadurch angeheizt wurden, dass das noch von der Volkskammer beschlossene **Rechtsanwaltsgesetz (RAG)** vom **13.9.1990**[1] für das Gebiet der neuen Bundesländer eine Grundlage für die Verleihung von Fachanwaltsbezeichnungen schuf. 14

In der DDR hatte es keine Spezialisierungsmöglichkeiten für Rechtsanwälte gegeben. Diese Ungleichbehandlung sollte nun beseitigt werden. Allerdings sah das RAG, das bis zum Inkrafttreten einer Neufassung der Bundesrechtsanwaltsordnung gelten sollte, für den Erwerb einer Fachanwaltsbezeichnung nicht ein drei-, sondern ein fünfjähriges Tätigsein auf dem jeweiligen Fachgebiet vor.[2] **§ 15 RAG** enthielt eine Anordnungsermächtigung für den Minister der Justiz, an dessen Stelle später die Bundesregierung trat. Diese machte mit Erlass der **„Verordnung über Fachanwaltsbezeichnungen nach dem RAG (RAFachAnwV)“** vom **23.2.1992**[3] von der Ermächtigung Gebrauch.[4] 15

Der Bundestag zog – auf der Grundlage von Vorarbeiten der Bundesrechtsanwaltskammer und des Deutschen Anwaltvereins – nach und verabschiedete am **29.1.1991** das **„Gesetz zur Änderung des Berufsrechts der Notare und der Rechtsanwälte“**.[5] Dieses Gesetz sah die neu einzufügenden **§§ 42a bis 42d** sowie einen neuen **§ 210** vor. § 42d ermächtigte die Bundesregierung, durch **Rechtsverordnung** mit Zustimmung des Bundesrates Vorschriften zu erlassen, durch die im Interesse der Rechtspflege die Anforderungen an den Nachweis der besonderen Kenntnisse und Erfahrungen oder an eine auf dem Fachgebiet notwendige Fortbildung geregelt werden sollten. Die Bundesregierung machte von der Ermächtigung Gebrauch und legte den Entwurf einer Rechtsverordnung über Fachanwaltsbezeichnungen vor.[6] 16

Jetzt war es der **Bundesrat**, der der Anwaltschaft einen Strich durch die Rechnung machte. Er versagte am **27.9.1991** dem **Entwurf einer „Verordnung über Fachanwaltsbezeichnungen“** (für die westlichen Bundesländer) seine Zustimmung. Die Kritik des Bundesrats richtete sich nicht gegen die Verleihung von Fachanwaltsbezeichnungen. Im Gegenteil: Die Länderkammer rügte die zu weit gehenden Einflüsse des Bundestags auf Erlass und Inhalt der Verordnung, konkret die Ermächtigungsnorm des § 42d und das in seinem Satz 5 vorgesehene Änderungs- oder Ablehnungsrecht des Bundestags. Dieser **Mitwirkungs-** 17

---

1 BGBl. 1990 I S. 1504 ff.
2 Vgl. zu den hieraus resultierenden verfassungsrechtlichen Bedenken Kleine-Cosack, Kommentar zur Bundesrechtsanwaltsordnung, 1. Aufl., § 42b BRAO Rz. 3; Kleine-Cosack, Vom Universalanwalt zum Spezialanwalt – Zur Neuregelung der Fachanwaltschaften und zur Zulassung der Angabe von Tätigkeitsschwerpunkten, NJW 1992, 785, 787.
3 BGBl. 1992 I S. 379 ff.
4 Vgl. zum Ganzen nur Jährig, a. a. O., S. 51 f.
5 BGBl. 1991 I S. 150 ff.
6 BRAK-Mitt. 1991, 26.

vorbehalt führe zu einer vom Grundgesetz nicht vorgesehenen und daher **unzulässigen Mischform der Normsetzung**. Das Konkretisierungsgebot des Art. 80 Abs. 1 GG zeige deutlich, dass der Verfassungsgeber eine Mitwirkung des Bundestags bei der Formulierung konkreter Verordnungsinhalte nicht habe zulassen wollen.[1]

18 Erforderlich wurde somit der Erlass eines weiteren Gesetzes zur Regelung der näheren Anforderungen für die Verleihung einer Fachanwaltsbezeichnung. Was lange währte, wurde am **27.2.1992** endlich gut, als das **„Gesetz über Fachanwaltsbezeichnungen nach der Bundesrechtsanwaltsordnung und zur Änderung der Bundesrechtsanwaltsordnung (RAFachBezG)“**[2] verkündet wurde. Die Fachanwaltschaften **Steuerrecht**, **Verwaltungsrecht**, **Arbeitsrecht** und **Sozialrecht** konnten von diesem Tag an wieder verliehen werden.

19 Die zentralen Vorschriften des Gesetzes über Fachanwaltsbezeichnungen lauteten in Anlehnung an die früheren Richtlinien:

§ 2

(1) Besondere Kenntnisse (§ 42a Abs. 1 Satz 1 der Bundesrechtsanwaltsordnung) hat der Rechtsanwalt, wenn seine Kenntnisse auf dem Fachgebiet erheblich das Maß der Kenntnisse übersteigen, das üblicherweise durch die berufliche Ausbildung und praktische Erfahrung im Beruf vermittelt wird.

(2) Die nach Absatz 1 erforderlichen Kenntnisse müssen Kenntnisse des Verfassungsrechts, soweit sie für das Fachgebiet wesentlich sind, einschließen.

§ 7

(1) Zum Nachweis der besonderen theoretischen Kenntnisse und praktischen Erfahrungen sind Zeugnisse, Bescheinigungen oder andere geeignete Unterlagen vorzulegen.

(2) Bei Antragstellung muss der Bewerber in der Regel mindestens zwei Jahre als Rechtsanwalt tätig gewesen sein.

§ 8

(1) Der Nachweis der besonderen theoretischen Kenntnisse wird in der Regel erbracht durch die Teilnahme an einem auf den Erwerb der jeweiligen Fachanwaltsbezeichnung vorbereitenden Lehrgang, der die gesamten relevanten Teilbereiche des Fachgebiets umfasst und dessen Erfolg durch mehrere Klausuren bestätigt wird. Die Gesamtdauer des Lehrgangs muss mindestens drei Wochen betragen.

(2) Die Lehrgangsteilnahme soll regelmäßig nicht länger als zwei Jahre vor der Antragstellung liegen. Liegt sie länger als zwei Jahre zurück, ist eine angemessene zwischenzeitliche Fortbildung – in der Regel durch Teilnahme an Fortbildungskursen – nachzuweisen. Dies gilt nicht für Anträge, die vor dem 1. Januar 1992 gestellt worden sind.

(3) Ausnahmsweise kann der Nachweis anderweitig erworbener besonderer theoretischer Kenntnisse im Fachgebiet genügen, wenn diese mindestens das im jeweiligen Lehrgang vermittelte Wissen umfassen.

§ 9

(1) Der Nachweis besonderer praktischer Erfahrungen ist in der Regel erbracht, wenn der Bewerber im Fachgebiet

1 Pressemitteilung des Bundesrats vom 27.9.1991, NJW 1991, 3204.
2 BGBl. 1992 I S. 369 ff.

a) Verwaltungsrecht aus den in § 3 bestimmten Bereichen 80 Fälle, davon mindestens 1/3 gerichtliche Verfahren,

b) Steuerrecht 50 Fälle aus mehreren, in § 4 bestimmten Bereichen, davon mindestens 1/10 gerichtliche Verfahren,

c) Arbeitsrecht 80 Fälle aus mehreren, in § 5 bestimmten Bereichen, davon mindestens 1/3 gerichtliche Verfahren,

d) Sozialrecht 40 Fälle aus mehreren, in § 6 bestimmten Bereichen, davon mindestens 1/3 gerichtliche Verfahren,

als Rechtsanwalt selbstständig bearbeitet hat. Die Bedeutung einzelner Fälle (Beratungen, außergerichtliche und gerichtliche Tätigkeit) kann zu einer anderen Gewichtung führen.

(2) Ausnahmsweise können die besonderen praktischen Erfahrungen durch eine andere fachgebietsbezogene Tätigkeit nachgewiesen werden, wenn diese nach Umfang, Dauer und Inhalt dem in Absatz 1 verlangten Maßstab entspricht.

§ 10

(1) Kann der Ausschuss der Rechtsanwaltskammer seine Stellungnahme gegenüber dem Vorstand nicht allein auf Grund der vom Rechtsanwalt vorgelegten schriftlichen Unterlagen abgeben, lädt er diesen zu einem Fachgespräch.

(2) Bei dem Fachgespräch sind an den Rechtsanwalt Fragen aus dem Fachgebiet zu richten. Die auf den einzelnen Rechtsanwalt entfallende Befragungszeit soll nicht weniger als 45 und nicht mehr als 60 Minuten betragen.

(...)

5. Die neue Bundesrechtsanwaltsordnung und die Fachanwaltsordnung

1994 gelang es dem Gesetzgeber endlich, den **Auftrag des Bundesverfassungsgerichts aus dem Jahre 1987**[1] zu erfüllen und in Gestalt des **„Gesetzes zur Neuordnung des Berufsrechts der Rechtsanwälte und der Patentanwälte“** vom **2.9.1994**[2] ein neues anwaltliches Berufsrecht zu schaffen. 20

Das neue Gesetz sah in **Art. 21 Abs. 11 Satz 1** die **Aufhebung des RAFachBezG** vom 27.2.1992 vor. Nach Art. 21 Abs. 11 Satz 2 sollten die Bestimmungen des RAFachBezG allerdings bis zum Erlass der Berufssatzung weiter anzuwenden sein.[3]

Die **bisherigen §§ 42a bis 42d BRAO** wurden in einem neuen **§ 43c BRAO** zusammengefasst. Inhaltlich wurden die früheren Regelungen im Wesentlichen übernommen. § 42d BRAO a.F. wurde durch **§ 59b Abs. 2 Nr. 2a und b BRAO** ersetzt. Nach dieser Vorschrift obliegt es nunmehr der **Satzungsversammlung** (also dem frei gewählten Anwaltsparlament),[4] „die besonderen Berufspflichten im Zusammenhang mit dem Führen der Fachanwaltsbezeichnung“ zu regeln, also die „Rechtsgebiete, in denen weitere Fachanwaltsbezeichnungen verliehen werden können“, zu bestimmen und die „Voraus- 21

---

1 BVerfGE 76, 171 ff. = NJW 1988, 191 ff.
2 BGBl. 1994 I S. 2278 ff.
3 BGBl. 1994 I S. 2278, 2294.
4 Kritisch zur Definition der Satzungsversammlung als „Anwaltsparlament“ vgl. Lührig, Anm. zu BGH vom 13.9.2010 – AnwZ (B) 1/09, AnwBl. 2010, 875.

setzungen für die Verleihung der Fachanwaltsbezeichnung und des Verfahrens der Erteilung, der Rücknahme und des Widerrufs der Erlaubnis" festzulegen.

22 Die Satzungsversammlung, die erstmals vom 7. bis 9.9.1995 in Berlin tagte, benötigte nochmals viel Zeit, um sich auf die neue anwaltliche Berufsordnung (BORA) und die Fachanwaltsordnung (FAO)[1] zu einigen. Besonders umkämpft war die Regelung der Fachanwaltschaften, also die FAO.[2]

23 In Kraft getreten sind **BORA** und **FAO** endlich am **11.3.1997**. Beide sind seit ihrem Entstehen von der Satzungsversammlung (gemäß deren gesetzlichem Auftrag) **kontinuierlich fortentwickelt** worden. Die vor Redaktionsschluss letzten Änderungen nahm die Vierte Satzungsversammlung in ihrer sechsten Sitzung am 6.12.2010 vor.

II. Exkurs: Schwerpunktangaben „unterhalb" einer Fachanwaltsbezeichnung

24 Das Thema Fachanwaltschaft ist eng mit dem Thema **sonstige Spezialisierungshinweise** verknüpft, weshalb auch deren wechselvolle Geschichte hier kurz beleuchtet werden soll.

25 Das Bundesverfassungsgericht hatte in seinen schon erwähnten **„Bastille-Entscheidungen"** vom **14.7.1987**[3] die **„Richtlinien des anwaltlichen Standesrechts (RichtlRA)"** und damit auch das in § 2 dieser Richtlinien verankerte **Werbeverbot**[4] aufgehoben. In einem der erwähnten Beschlüsse[5] spricht sich das BVerfG ausdrücklich für die **Zulässigkeit von Informationswerbung** durch Anwälte aus, indem es feststellt, grundsätzlich sei davon auszugehen, dass die freiberuflich tätigen Rechtsanwälte wie alle anderen Staatsbürger befugt seien, sich mit Informationen an die Öffentlichkeit zu wenden.[6]

26 Beim rechtsuchenden Publikum wuchs das Bedürfnis, den „richtigen" Anwalt gerade für den eigenen Fall zu finden. Der mündige Verbraucher, informiert und sensibilisiert durch umfassende Berichterstattung in den Medien, wollte auch bei der Anwaltssuche nichts mehr dem Zufall überlassen. Die ersten sog. **Anwalt-Suchdienste** entstanden[7]; viele Rechtsanwaltskammern und Anwaltvereine führten Spezialisten-Listen.

Schon früh kursierten die Begriffe **„Interessenschwerpunkt"** und **„Tätigkeitsschwerpunkt"**. Die Satzungsversammlung griff diese Nomenklatur auf und schuf den **§ 7 BORA a.F.**[8] Die **dreistufige Qualifikationsleiter** (Interessen-

---

1 Abgedruckt unten im Anhang unter I.
2 Vgl. zum Verlauf der Beratungen Scharmer, in: Hartung/Römermann, a.a.O., FAO Einführung Rz. 35 ff.
3 BVerfG NJW 1988, 191 ff.; 1988, 194 ff.
4 § 2 Abs. 2 RichtlRA lautete: „Der Rechtsanwalt handelt standeswidrig, wenn er um Praxis wirbt. Er darf eine ihm verbotene Werbung auch durch andere nicht dulden."
5 BVerfG NJW 1988, 194 ff.
6 Vgl. hierzu Zuck, a.a.O., N Rz. 20.
7 Netzband, Bundesverfassungsgericht zum Anwalt-Suchservice, MDR 1992, 338.
8 Vgl. zur Entstehungsgeschichte von § 7 BORA ausführlich Römermann, in: Hartung/Römermann, a.a.O., § 7 BORA Rz. 1 ff.

schwerpunkte – Tätigkeitsschwerpunkte – Fachanwaltsbezeichnungen) war geboren und beherrschte – allen Unkenrufen zum Trotz – fast eineinhalb Jahrzehnte lang die Anwaltswerbung.

Daran änderte sich erst etwas, nachdem das **Bundesverfassungsgericht**, das 27
sich bereits mehrfach mit der Verfassungsmäßigkeit von § 7 BORA a.F. auseinandergesetzt hatte[1], in der **Spezialisten-Entscheidung** vom **28.7.2004**[2] feststellte, § 7 Abs. 1 und § 6 Abs. 2 BORA, die die Informationsmöglichkeiten des Anwalts teilweise einschränkten, seien „nach ihrem Wortlaut zu restriktiv gefasst". Sie seien weder zur Erreichung der mit ihnen verfolgten Gemeinwohlzwecke erforderlich, noch wahrten sie den Grundsatz der Verhältnismäßigkeit. Verfassungskonform seien die Vorschriften nur dann, „wenn sie dahingehend ausgelegt werden, dass auch im Zusammenhang mit anderen als den in § 6 Abs. 2 BORA genannten Medien lediglich eine berufswidrige Werbung unzulässig ist". Konkret hat das BVerfG entschieden, dass ein Rechtsanwalt, der seit mehreren Jahrzehnten ausschließlich und erfolgreich auf dem Gebiet des Verkehrsrechts tätig ist, die Bezeichnung **„Spezialist für Verkehrsrecht"** (in seinem Briefkopf) führen darf. Eine solche Selbstbezeichnung stelle für den Rechtsrat Suchenden grundsätzlich eine **interessengerechte und sachangemessene Information** dar.

Die Entscheidung, die den „Spezialisten" als eine Art **aliud** neben den „Fach- 28
anwalt" setzt, schien geeignet, den Wert der Fachanwaltschaften zu relativieren.[3] Das BVerfG stellt nämlich fest,

- Fachanwälte seien nicht notwendig Spezialisten, da § 43c Abs. 1 BRAO (a.F.) die Führung von zwei (heute: drei) Fachanwaltsbezeichnungen erlaube und die Tätigkeitsfelder, für die die Fachanwaltschaften eingerichtet seien, angesichts ihrer Weite nicht zwangsläufig eine Spezialisierung voraussetzten

und

- die mit der Verwendung der Bezeichnung „Spezialist" verbundene dauerhafte Einengung der Berufstätigkeit könne mit einer Fachanwaltsbezeichnung nicht ausgedrückt werden.

Die Satzungsversammlung tat sich mit der durch die Entscheidung erforder- 29
lich gewordenen Neufassung der Vorschrift außerordentlich schwer. Nachdem dann am 21.2.2005 endlich ein entsprechender Beschluss gefasst worden war, gerieten die Dinge erneut ins Stocken, weil das Bundesjustizministerium einem Absatz der neuen Vorschrift die Genehmigung versagte und der Präsident der Bundesrechtsanwaltskammer daraufhin die für ein Inkrafttreten notwendige Veröffentlichung aussetzte.[4] In ihrer Sitzung am **7.11.2005** hat die

1 BVerfG NJW 2001, 2461; NJW 2001, 3324, 3325 = AnwBl. 2002, 60, 61.
2 BVerfG NJW 2004, 2656 ff. = AnwBl. 2004, 586 ff., m. Anm. Hamacher = BRAK-Mitt. 2004, 231 ff.; vgl. hierzu ausführlich Offermann-Burckart, Der Spezialist – ein besserer Fachanwalt?, NJW 2004, 2617.
3 Sie gilt daher manchen als eigentliches Motiv für die neue Beweglichkeit der Satzungsversammlung bei der Verabschiedung weiterer Fachanwaltsbezeichnungen in ihrer dritten Legislaturperiode. – Vgl. hierzu etwa Busse, Kehrtwendung der Satzungsversammlung zur Fachanwaltschaft, AnwBl. 2005, 29.
4 BRAK-Mitt. 2005, 183, 184.

Satzungsversammlung schließlich endgültig die **Neufassung von § 7 BORA** beschlossen. Dieser ist am **1.3.2006** in Kraft getreten.

30 Die Vorschrift lautet unter der Überschrift **„Benennung von Teilbereichen der Berufstätigkeit“**:

(1) Unabhängig von Fachanwaltsbezeichnungen darf Teilbereiche der Berufstätigkeit nur benennen, wer seinen Angaben entsprechende Kenntnisse nachweisen kann, die in der Ausbildung, durch Berufstätigkeit, Veröffentlichungen oder in sonstiger Weise erworben wurden. Wer qualifizierende Zusätze verwendet, muss zusätzlich über entsprechende theoretische Kenntnisse verfügen und auf dem benannten Gebiet in erheblichem Umfang tätig gewesen sein.

(2) Benennungen nach Abs. 1 sind unzulässig, soweit sie die Gefahr einer Verwechslung mit Fachanwaltschaften begründen oder sonst irreführend sind.

(3) Die vorstehenden Regelungen gelten für Berufsausübungsgemeinschaften nach § 9 entsprechend.[1]

31 § 7 BORA erlaubt also die Benennung von **„Teilbereichen der Berufstätigkeit“ ohne und mit qualifizierende(n) Zusätze(n)** und legt damit – zumindest hinsichtlich der Anforderungen, die an den Nachweis der jeweils geltenden Voraussetzungen gestellt werden – eine **neue dreiteilige Stufenleiter** fest[2], die lautet:

- Teilbereiche der Berufstätigkeit ohne qualifizierende Zusätze
- Teilbereiche der Berufstätigkeit mit qualifizierenden Zusätzen
- Fachanwaltsbezeichnungen.

32 Den **Versuch einer Definition** des Begriffs „Teilbereiche der Berufstätigkeit“ unternimmt § 7 BORA nicht. Auch in der **„amtlichen“ Begründung**, mit der der zuständige Ausschuss 2 der Satzungsversammlung die Änderungen von § 7 (und § 6 Abs. 2) BORA versehen hat,[3] findet sich keine Definition oder nähere Umschreibung dessen, was unter „Teilbereiche der Berufstätigkeit“ zu verstehen sein soll. An einer Stelle wird der Begriff mit dem Terminus „Teilrechtsgebiet“ gleichgesetzt.[4] Ansonsten wird auf die Begrifflichkeiten aus dem alten § 7 BORA rekurriert, wenn es heißt, die Neufassung der Bestimmung gebe die bisher verbindliche Verwendung der Begriffe „Interessenschwerpunkt“ und „Tätigkeitsschwerpunkt“ für die Werbung des Rechts-

1 Die Vierte Satzungsversammlung hat in ihrer 7. und letzten Sitzung am 1.4.2011 beschlossen, § 7 Abs. 3 BORA wie folgt zu ändern:
„Die vorstehenden Regelungen gelten bei gemeinschaftlicher Berufsausübung und bei anderer beruflicher Zusammenarbeit entsprechend.“
Grund für diese Änderung war eine zuvor erfolgte Neufassung von § 9 BORA, der früher eine Art Legaldefinition der „gemeinschaftlichen Berufsausübung“ enthalten hatte, jetzt aber nur noch vorschreibt, dass eine Kurzbezeichnung einheitlich geführt werden muss. Der Verweis auf „Berufsausübungsgemeinschaften nach § 9“ war damit sinnlos geworden.

2 A. A. Finzel, Aktuell (Editorial), KammerReport Hamm 4/2006, 3, 4, der das Vorhandensein einer neuen Stufenleiter mit dem Hinweis auf den gegenteiligen Willen der Satzungsversammlung und darauf negiert, dass z. B. der „Spezialist“ nach der Spezialisten-Entscheidung des BVerfG auch über dem „Fachanwalt“ stehen könne.

3 BRAK-Mitt. 2006, 212.

4 BRAK-Mitt. 2006, 212, rechte Spalte, 2. Abs.

anwalts mit Teilbereichen der Berufstätigkeit auf und stelle es dem Anwalt nunmehr frei, auf Teilbereiche seiner Berufstätigkeit und auf die den entsprechenden Angaben zugrunde liegende Qualifizierung hinzuweisen, ohne dass die Berufsordnung insoweit eine zahlenmäßige oder terminologische Beschränkung vorgebe.[1]

Der Begriff „Teilbereiche der Berufstätigkeit"übernimmt in § 7 BORA eine **doppelte Funktion**, indem er einerseits **umfassend und neutral** die Angabe von **Spezialisierungshinweisen** beschreibt, andererseits aber in § 7 Abs. 1 Satz 1 BORA eine eigenständige Begrifflichkeit für die Art der Darstellung in Abgrenzung zu den (Teilbereichen der Berufstätigkeit mit) qualifizierenden Zusätzen bildet. 33

Damit stellen die „Teilbereiche der Berufstätigkeit" nicht nur den **Oberbegriff**, sondern – wenn man die Einschränkung „ohne qualifizierende Zusätze" hinzudenkt – zugleich die **unterste Stufe der neuen Qualifikationsleiter** dar. Gemeint ist dann die schlichte, also neutrale Angabe von Rechtsgebieten, auf denen der Anwalt überwiegend oder zumindest verstärkt (oder auch nur „auch") tätig ist, ohne die – ausdrückliche – Berühmung einer wirklichen Schwerpunktbildung und/oder besonderen Qualifikation. Einen Teilbereich der Berufstätigkeit benennt etwa, wer auf seinem Briefbogen angibt „Rechtsanwalt XY Arbeitsrecht". 34

„Qualifizierende Zusätze" i. S. von § 7 Abs. 1 Satz 2 BORA stellen die **zweite Stufe der Qualifikationsleiter** dar. Zusätze in diesem Sinne sind etwa die Benennungen „Spezialist", „Experte", „Fachmann" oder auch „Fachgebiet: ..." oder „Schwerpunkt: ...". Auch die früheren Bezeichnungen „Interessenschwerpunkt" und „Tätigkeitsschwerpunkt", an die sich der eine oder andere gewöhnt hatte, dürfen als qualifizierende Zusätze weiter verwendet werden.[2] 35

Die **einzige Grenze** bei der Benennung von Teilbereichen der Berufstätigkeit verläuft gem. **§ 7 Abs. 2 BORA** dort, wo die **Gefahr einer Verwechslung mit Fachanwaltschaften** begründet wird oder eine **sonstige Irreführung** des rechtsuchenden Publikums zu besorgen ist. Bedurft hätte es dieser Klarstellung nicht, weil sich – zumindest Letzteres – bereits aus dem **UWG** ergibt. Die Frage, wann die Gefahr einer Irreführung oder gar einer Verwechslung mit Fachanwaltschaften besteht, lässt sich kaum verlässlich beantworten. **Empirische Untersuchungen** darüber, wie das rechtsuchende Publikum bestimmte „Spezialisierungshinweise" von Rechtsanwälten interpretiert, fehlen. 36

1 BRAK-Mitt. 2006, 212, linke Spalte.

2 Vgl. zum Ganzen Offermann-Burckart, Zu den Risiken und Nebenwirkungen des neuen § 7 BORA, KammerMitteilungen Rechtsanwaltskammer Düsseldorf 2006, 35 ff., und BRAK-Mitt. 2006, 154 ff.; Offermann-Burckart, in: Kilian/Offermann-Burckart/vom Stein, Praxishandbuch Anwaltsrecht, § 8 Rz. 36 ff.; Offermann-Burckart, Anwaltsrecht in der Praxis, § 9 Rz. 150 ff.; Offermann-Burckart, Brauchen Rechtsanwälte Zertifizierungen und brauchen Verbraucher zertifizierte Rechtsanwälte?, in: FS Rechtsanwaltskammer Brandenburg 2011, S. 69.

37 Nach *Feuerich*,[1] besteht die Gefahr der Verwechslung mit einer Fachanwaltsbezeichnung, wenn für den benannten Teilbereich eine Fachanwaltsbezeichnung verliehen werden kann, der Rechtsanwalt weitgehend das gesamte Fachgebiet benennt und dabei auch noch eine Formulierung wählt, die Anklang an die Bezeichnung „Fachanwalt" nimmt, wie z. B. „Fachmann für ..." oder „Fachfrau für ...". Benenne der Rechtsanwalt nur einen eng begrenzten Teil eines Fachgebiets (z. B. „Umweltrecht") als Teilbereich, obwohl das Fachgebiet „Verwaltungsrecht" wesentlich umfangreicher sei, und verwende er keinen an die Bezeichnung „Fachanwalt" anklingenden Begriff, dann bestehe keine Verwechslungsgefahr. Je mehr von einem Fachgebietsbereich als Teilbereich benannt werde, und je geringer die Unterscheidbarkeit des Qualifizierungszusatzes von einer Fachanwaltsbezeichnung sei, umso größer werde im Einzelfall die Verwechslungsgefahr sein. *Römermann*[2] warnt davor, die bewusst liberale Entscheidung der Satzungsversammlung „durch interessengeleitete Argumentationsansätze hinweg zu interpretieren". Welche Bezeichnung konkret die Gefahr der Verwechslung mit Fachanwaltschaften mit sich bringen könne, sei nicht leicht erkennbar. Die Satzungsversammlung habe bei Verabschiedung der Norm keine Beispiele vor Augen gehabt. Der bloße Umstand, dass durch eine Bezeichnung eine besondere Qualifikation des Berufsträgers hervorgehoben werde, könne nicht zu einer Verwechslungsgefahr führen, da sonst qualifizierende Zusätze nach § 7 Abs. 1 Satz 2 BORA stets gesperrt wären, wo eine Fachanwaltsbezeichnung existiere. Als verwechslungsfähig könne aber etwa gelten „Fachrechtsanwalt" oder „Fachmann".[3]

38 Eine **sprachliche Nähe** des verwendeten Begriffs zum „Fachanwalt" führt sicher zu einer Verwechslungsgefahr, sodass eine **Verwendung des Wortbestandteils „Fach..."** weitgehend ausscheidet.[4] Der Hinweis „Rechtsanwalt für ..." birgt jedenfalls dann eine Verwechslungsgefahr, wenn der weitere Text mit der Bezeichnung einer Fachanwaltschaft **wörtlich übereinstimmt**.[5] Wegen der Verwechslungsgefahr wird es bis heute von vielen Rechtsanwaltskammern auch für unzulässig gehalten, die Bezeichnung **„Spezialist"** auf einem Rechtsgebiet zu führen, das von einer Fachanwaltsbezeichnung belegt ist.[6]

39 Wie schwer es ist, die Frage, ob Teilbereichsbenennungen die Gefahr einer Verwechslung mit Fachanwaltschaften begründen (oder sonst irreführend sind), richtig zu beantworten, zeigt sich am Beispiel der in letzter Zeit häufig diskutierten Angabe **„Erfolgreicher Absolvent des Fachanwalts-Lehrgangs XY"**. Umfragen unter den deutschen Rechtsanwaltskammern haben wiederholt ein völlig uneinheitliches und leider auch wechselndes Bild ergeben: Einige Kammern glauben, der Hinweis werde von den angesprochenen Verkehrs-

1 A. a. O., § 7 BORA Rz. 30.

2 In: Hartung/Römermann, a. a. O., § 7 BORA Rz. 87.

3 Vgl. in diesem Sinne schon Kleine-Cosack, Zusammenbruch der Stufenleiter – Verabschiedung von Tätigkeits- und Interessenschwerpunkten, AnwBl. 2005, 275, 277.

4 So auch Huff, in: Gaier/Wolf/Göcken, a. a. O., § 43b BRAO/§ 7 BORA Rz. 65 f.

5 So OLG Bamberg, Urt. vom 29.7.2009 – 3 U 71/09 – „Rechtsanwalt für Bau- und Architektenrecht".

6 Vgl. z. B. die Grundsätze, die die Rechtsanwaltskammer Düsseldorf im Jahr 2006 als „Antwort" auf die Spezialisten-Entscheidung aufstellte – wiedergegeben bei Offermann-Burckart, a. a. O., BRAK-Mitt. 2006, 154, 156.

kreisen richtig in der Weise verstanden, dass der so Werbende zwar schon einen Fachanwalts-Lehrgang absolviert habe (und damit die für den Erwerb der entsprechenden Fachanwaltsbezeichnung erforderlichen besonderen theoretischen Kenntnisse nachweisen könne), aber eben noch kein Fachanwalt sei. Andere Kammern meinen, beim mit den Modalitäten der Fachanwaltstitel-Verleihung nicht vertrauten Publikum könne der Eindruck entstehen, ein „erfolgreicher Absolvent" einer Ausbildungsmaßnahme befinde sich nicht erst im Durchgangsstadium zum Fachanwalt, sondern sei sogar mehr als ein „einfacher" Fachanwalt, weil er kundtue, dass er die Maßnahme eines ganz besonders herausragenden Anbieters durchlaufen habe.

Wie die dargestellten Auslegungsschwierigkeiten zeigen, ist der neue § 7 40
BORA wenig geglückt. Die Satzungsversammlung hat, nachdem zwischenzeitlich auch die **ersatzlose Streichung** der Vorschrift zur Disposition gestanden hatte, eine Regelung getroffen, die eine Lehrformel hätte sein können (und sollen), die sich in ihrer jetzigen Ausgestaltung aber als **Leerformel** erweist. Aus Sorge, doch nicht jeden denkbaren Einzelfall regeln zu können, hat der Satzungsgeber gar nicht erst den Versuch unternommen, die **relativ klaren Vorgaben**, die das Bundesverfassungsgericht in seiner Spezialisten-Entscheidung (und schon in seiner Entscheidung vom 12.9.2001 zum Interessenschwerpunkt[1]) gemacht hat, aufzugreifen. Statt konkret zu umschreiben, wie (besondere) Kenntnisse erworben und nachgewiesen werden können, in welchem Umfang welche praktischen Erfahrungen gesammelt worden sein müssen und wie z. B. der „Spezialist" vom Fachanwalt abzugrenzen ist, und ohne zumindest für bestimmte qualifizierende Zusätze (etwa für den Spezialisten) zahlenmäßige Obergrenzen festzulegen, hat die Satzungsversammlung eine Norm geschaffen, die im Wesentlichen aus **unbestimmten Rechtsbegriffen** besteht und dadurch eher zur Verwirrung als zur Klarstellung führt.[2]

Neue Nahrung hat die Diskussion um § 7 BORA und die Verwechslungs- 41
gefahr bestimmter Spezialisierungshinweise mit Fachanwaltschaften durch das erstmals im Jahr 2008 virulent gewordene Thema der **„Zertifizierung"** erhalten. Dabei sorgte – wegen der befürchteten **Sogwirkung** der **Marke DEKRA** – das in **zwei „Versuchsreihen"** gestartete **DEKRA-Zertifikat** für besondere Unruhe. Hinter dem Geschäftsmodell standen die DEKRA-Certification GmbH und das sog. Deutsche AnwaltsZentrum (DAZ).

Zunächst hatten die DEKRA-Certification GmbH und das DAZ Zertifikate 42
auf den Gebieten des Arbeitsrechts, Strafrechts, Familienrechts und Erb-

1 BVerfG NJW 2001, 3324, 3325 = AnwBl. 2002, 60, 61.

2 Bemerkenswert ist dabei, dass die Vorschrift in ihrer ursprünglich vorgesehenen Fassung mit breiter Mehrheit abgelehnt, in einer geänderten Fassung dann jedoch mit breiter Mehrheit angenommen wurde. Ursprünglich hatte § 7 Abs. 1 Satz 1 BORA heißen sollen:
„Unabhängig von Fachanwaltsbezeichnungen darf Teilbereiche der Berufstätigkeit nur benennen, wer seinen Angaben entsprechende besondere Kenntnisse nachweisen kann, die in der Ausbildung, durch Berufstätigkeit, Veröffentlichungen oder in sonstiger Weise erworben wurden."
Entfallen ist der Zusatz „besondere" vor dem Wort „Kenntnisse"; aus „entsprechende besondere Kenntnisse" wurde also „entsprechende Kenntnisse".

rechts[1] anbieten wollen, die derjenige erhalten sollte, der einen Multiple-Choice-Test von 2,5 Stunden Dauer ablegen und eine mindestens zwei Jahre ausgeübte Tätigkeit als Rechtsanwalt nachweisen würde.

43 Die Bewerbung dieses Zertifikats war am **12.11.2008** vom **Landgericht Köln** per einstweiliger Verfügung untersagt worden,[2] wobei die 33. Zivilkammer auf einen **Verstoß gegen § 7 Abs. 1 Satz 2 BORA** abhob. Der Bürger gehe davon aus, dass ein Anwalt, der das Zertifikat führe, nicht nur theoretische Kenntnisse besitze, sondern auch über hinreichende praktische Erfahrungen auf dem ausgewiesenen Rechtsgebiet verfüge, die nach der Ausgestaltung des Angebots aber gerade nicht erforderlich seien. Insofern werde ein falscher Anschein erweckt. Durch Urteil vom **13.1.2009** bestätigte das Landgericht die einstweilige Verfügung, verlagerte dabei allerdings den **Fokus der Begründung**. Das Zertifikat suggeriere, so hieß es jetzt, den angesprochenen Verkehrskreisen, dass es auf der Grundlage **neutraler, allgemein anerkannter Prüfungsbedingungen** unter Beteiligung der **betroffenen Fachkreise** (also der Anwaltschaft) erteilt worden sei. Im Termin vor dem OLG gaben die DEKRA-Certification GmbH und das DAZ eine strafbewehrte Unterlassungserklärung ab.

44 Auch der Versuch einer Nachbesserung scheiterte. Die DEKRA-Certification GmbH und das DAZ hatten im Rahmen eines neuen Anlaufs ein Modell ersonnen, das die Bereiche Kündigungsschutz, Marken- und Patentrecht, Ehescheidung und Unterhaltsrecht, Presse- und Medienrecht, Handelsrecht, Insolvenzverwaltung, Internetrecht sowie Fahrerlaubnisrecht umfasste. Zertifizierungsvoraussetzungen sollten diesmal der Nachweis praktischer Erfahrungen durch Einreichung anonymisierter Falllisten (wobei die Zahl der geforderten Fälle je nach Gebiet von zehn bis dreißig variierte), eine zweijährige anwaltliche Zulassung sowie das Ablegen eines zweistündigen Multiple-Choice-Tests sein. Das **Landgericht Köln** hatte am **13.10.2009** erneut eine einstweilige Verfügung erlassen, die durch Urteil vom **26.11.2009** bestätigt wurde.[3] Das DEKRA-Siegel „Zertifizierter Anwalt im Rechtsgebiet ..." werde, so führte die Kammer erneut aus, den **Erwartungen des Verkehrs** an neutrale, allgemein anerkannte Prüfungsbedingungen unter Beteiligung der betroffenen Fachkreise nicht gerecht. Denn an einer ausreichend breit angelegten Beteiligung dieser Fachkreise, die allein eine **allgemein anerkannte Auswahl der Prüfungsinhalte** sicherstellen könne, fehle es. Die DEKRA-Certification GmbH und das DAZ haben auf die Einlegung von Rechtsmitteln verzichtet und die Abschlusserklärung abgegeben. Von erneuten Überlegungen der DEKRA ist bislang nichts bekannt geworden, was möglicherweise auch auf ein nur begrenztes Interesse der Anwaltschaft an dem Angebot zurückzuführen ist.[4]

---

1 Diese „DEKRA-Zertifikate" sind bzw. waren nicht zu verwechseln mit der – ebenfalls von der DEKRA und sonstigen Anbietern vorgenommenen – Zertifizierung nach den DIN ISO 9000 ff.-Normen, die mit dem Thema „Spezialisierung" nichts zu tun haben, sondern nur bestimmte Organisationsabläufe in den Kanzleien betreffen.

2 Az.: 33 O 353/08 – AnwBl. 2009, 226 f. = BRAK-Mitt. 2009, 91 f.

3 Az.: 31 O 607/09.

4 Durch Urteil vom 9.6.2011 (I ZR 113/10) hat der BGH festgestellt, dass die Verwendung der Bezeichnung „zertifizierter Testamentsvollstrecker" grundsätzlich zulässig ist. Die Entscheidungsgründe lagen bei Manuskriptschluss noch nicht vor.

Die beiden großen Anwaltsorganisationen **Bundesrechtsanwaltskammer** und **Deutscher Anwaltverein** bieten ebenfalls Fortbildungszertifikate an. Bislang sind diese, ebenso wie das Fortbildungssiegel des **Deutschen Anwaltsinstituts** (DAI), unangefochten geblieben.[1] Allerdings gilt für das **Q-Siegel der BRAK** (Q = Qualität durch Fortbildung) und die **„Fortbildungsbescheinigung des DAV"** die Besonderheit, dass durch dieses Siegel bzw. diese Bescheinigung nur **allgemein ausgewiesen** wird, dass sein/ihr Träger regelmäßige Fortbildung, die in Art und Umfang bestimmten Anforderungen genügt, betreibt. Wer das Q-Siegel bzw. die Fortbildungsbescheinigung führt, weist nicht auf eine besondere Qualifikation auf einem bestimmten Rechtsgebiet hin. 45

III. Die Rechtsgrundlagen der Fachanwaltsbezeichnungen

Bestimmungen über die Rechtsgebiete, für die es Fachanwaltsbezeichnungen gibt, und über die Verleihung von Fachanwaltsbezeichnungen und ihren Entzug finden sich in der **Bundesrechtsanwaltsordnung** und in der **Fachanwaltsordnung**. 46

1. § 43c BRAO

Die grundsätzliche Regelung des Instituts der Fachanwaltschaft nimmt **§ 43c der Bundesrechtsanwaltsordnung** vor, der an die Stelle der früheren §§ 42a bis 42d BRAO getreten ist. § 43c lautet: 47

„Fachanwaltschaft

(1) Dem Rechtsanwalt, der besondere Kenntnisse und Erfahrungen in einem Rechtsgebiet erworben hat, kann die Befugnis verliehen werden, eine Fachanwaltsbezeichnung zu führen. Fachanwaltsbezeichnungen gibt es für das Verwaltungsrecht, das Steuerrecht, das Arbeitsrecht und das Sozialrecht sowie für die Rechtsgebiete, die durch Satzung in einer Berufsordnung nach § 59b Abs. 2 Nr. 2 Buchst. a bestimmt sind. Die Befugnis darf für höchstens drei Rechtsgebiete erteilt werden.

(2) Über den Antrag des Rechtsanwalts auf Erteilung der Erlaubnis entscheidet der Vorstand der Rechtsanwaltskammer, nachdem ein Ausschuss der Kammer die von dem Rechtsanwalt vorzulegenden Nachweise über den Erwerb der besonderen Kenntnisse und Erfahrungen geprüft hat.

(3) Der Vorstand der Rechtsanwaltskammer bildet für jedes Fachgebiet einen Ausschuss und bestellt dessen Mitglieder. Einem Ausschuss gehören mindestens drei Rechtsanwälte an; diese können Mitglieder mehrerer Ausschüsse sein. Die §§ 75 und 76 sind entsprechend anzuwenden. Mehrere Rechtsanwaltskammern können gemeinsame Ausschüsse bilden.

(4) Die Erlaubnis zum Führen der Fachanwaltsbezeichnung kann mit Wirkung für die Zukunft von dem Vorstand der Rechtsanwaltskammer zurückgenommen werden, wenn Tatsachen nachträglich bekannt werden, bei deren Kenntnis die Erlaubnis hätte versagt werden müssen. Sie kann widerrufen werden, wenn eine in der Berufsordnung vorgeschriebene Fortbildung unterlassen wird.

---

1 Huff, in: Gaier/Wolf/Göcken, a. a. O., § 43b BRAO/§ 7 BORA Rz. 69, führt das darauf zurück, dass der Verbraucher im Internet jeweils die Grundlagen für die Verleihung nachlesen könne, wodurch die Irreführungsgefahr gebannt werde.

48 § 43c BRAO ist in Zusammenhang mit **§ 59b Abs. 2 Nr. 2a und b BRAO** zu lesen, der, wie bereits ausgeführt, die Satzungsversammlung autorisiert, die **besonderen Berufspflichten im Zusammenhang mit dem Führen von Fachanwaltsbezeichnungen** zu regeln, die **Rechtsgebiete** zu bestimmen, in denen **weitere** (als die in § 43c Abs. 1 Satz 2 BRAO ausdrücklich genannten) Fachanwaltsbezeichnungen verliehen werden können, und die **Voraussetzungen für die Verleihung der Fachanwaltsbezeichnung und des Verfahrens der Erteilung, der Rücknahme und des Widerrufs der Erlaubnis** festzulegen.

2. Die FAO

49 Die Satzungsversammlung ist ihrem Auftrag aus § 59b Abs. 2 Nr. 2 BRAO durch Verabschiedung der **Fachanwaltsordnung (FAO)** nachgekommen, die am **11.3.1997** in Kraft trat.[1] Bereits bei der ersten Fassung der Fachanwaltsordnung hatte die Satzungsversammlung durch Aufnahme des **Familienrechts** und des **Strafrechts** von der Kompetenz zur Bestimmung weiterer Rechtsgebiete, in denen Fachanwaltsbezeichnungen verliehen werden können, Gebrauch gemacht. In der nächsten Fassung vom **22.3.1999** kam das **Insolvenzrecht** hinzu. Es folgten – in der **zweiten Legislaturperiode** – das **Versicherungsrecht** (Beschlussfassung vom **7.11.2002**), in der **dritten Legislaturperiode** das **Medizinrecht**, das **Miet- und Wohnungseigentumsrecht**, das **Verkehrsrecht**, das **Bau- und Architektenrecht**, das **Erbrecht** sowie das **Transport- und Speditionsrecht** (Beschlussfassung vom **22./23.11.2004**), der **Gewerbliche Rechtsschutz** sowie das **Handels- und Gesellschaftsrecht** (Beschlussfassung vom **7.11.2005**), das **Urheber- und Medienrecht** sowie das **Informationstechnologierecht** (Beschlussfassung vom **3.4.2006**) und das **Bank- und Kapitalmarktrecht** (Beschlussfassung vom **11.6.2007**) und in der **vierten Legislaturperiode** schließlich das **Agrarrecht** (Beschlussfassung vom **14.11.2008**).

50 Materiell hat die FAO seit ihrer Entstehung zahlreiche Veränderungen erfahren, wie eine **Chronologie der wichtigsten Beschlüsse aus den letzten Jahren** zeigt:

a) Beschlüsse der Zweiten Satzungsversammlung

51 Weit reichende Neuerungen gehen auf die Beschlussfassung in der **4. Sitzung der Zweiten Satzungsversammlung am 25./26.4.2002** zurück.[2]

---

1 Das wirksame Inkrafttreten der FAO am 11.3.1997 wurde teilweise in Zweifel gezogen, weil das Bundesjustizministerium den in der ursprünglichen Fassung enthaltenen § 15, der die Anwendung von Teilen der Fachanwaltsordnung auf Rechtsanwälte aus anderen Staaten und Rechtsbeistände regelte, als rechtswidrig ansah und seine Aufhebung verfügte. Vgl. zum Meinungsstreit Hartung, Inkrafttreten der Berufsordnung gefährdet?, AnwBl. 1997, 65 f.; und Römermann, Anwaltliche Berufsordnung – Ende oder Neuanfang?, NJW 1998, 2249 ff.
Durch die – ordnungsgemäße – Ausfertigung und Bekanntmachung einer neuen Fassung der FAO am 22.3.1999 in den BRAK-Mitt. 1999, 121 ff., wurde der Meinungsstreit hinfällig. Vgl. insofern Busse, Gedanken zur anwaltlichen Berufsordnung, NJW 1999, 3017, 3018.

2 BRAK-Mitt. 2002, 219 f.; vgl. hierzu auch KammerForum (Mitteilungen der Rechtsanwaltskammer Köln) 2002, 154 f.

Um der Problematik zu begegnen, dass die Anwaltsgerichtshöfe und insbesondere der BGH das Führen des in **§ 7 FAO** (ursprünglich für Zweifelsfälle) vorgesehenen **Fachgesprächs** nur unter engen Voraussetzungen akzeptierten, führte die Satzungsversammlung ein für sämtliche Antragsteller **obligatorisches Fachgespräch** ein. Nur, wenn die vom Bewerber vorgelegten Unterlagen überzeugend sind, soll von dem Fachgespräch abgesehen werden können.[1] 52

Eine **Verschärfung** wurde außerdem für **§ 5 FAO** beschlossen. Durch **Streichung der Worte „in der Regel“** in Satz 1 (jetzt Abs. 1) wurde das Erfordernis der Bearbeitung einer bestimmten Anzahl von Fällen aus dem Fachgebiet innerhalb der letzten drei Jahre vor Antragstellung zur **Muss-Vorschrift**. 53

§ 3 FAO erfuhr dagegen eine leichte **„Entschärfung“**. Voraussetzung für die Verleihung einer Fachanwaltsbezeichnung ist nach der Neufassung nicht mehr eine unmittelbar vor Antragstellung liegende mindestens dreijährige ununterbrochene Zulassung und Tätigkeit als Rechtsanwalt, sondern nur noch „eine dreijährige Zulassung und Tätigkeit **innerhalb der letzten sechs Jahre vor Antragstellung**“. 54

Eine deutliche **Erleichterung** wurde außerdem für den Bereich der **Fortbildungspflicht** beschlossen, indem man als mögliche Form der Fortbildung auch das **wissenschaftliche Publizieren** aufnahm. 55

Eine weitere bedeutende Änderung nahm die **Zweite Satzungsversammlung** in ihrer **5. Sitzung am 7.11.2002** vor. In **§ 5 Satz 1 (jetzt Abs. 1) FAO** wurde die Voraussetzung der „selbständigen“ Fall-Bearbeitung durch die der **„persönlichen und weisungsfreien“ Bearbeitung** ersetzt, um **Syndikusanwälten** den Erwerb einer Fachanwaltsbezeichnung zu erleichtern.[2] 56

b) Beschlüsse der Dritten Satzungsversammlung

Die – besonders aktive – **Dritte Satzungsversammlung** hat in ihrer **6. Sitzung am 3.4.2006** ein ganzes **„Paket“ von Neuerungen** beschlossen. Dieses basiert auf den Vorarbeiten eines eigens eingesetzten Unterausschusses des Ausschusses 1 „zur Überarbeitung der FAO“. 57

Verschärft wurde die Fortbildungspflicht in **§ 4 Abs. 2 FAO** für diejenigen Absolventen eines Fachanwalts-Lehrgangs, die den Antrag nicht schon in dem Kalenderjahr stellten, in dem der Kurs beendet wurde. Sie mussten ab dem **Folgejahr** (und nicht erst – wie bis dahin – nach vier Jahren) Fortbildung in Art und Umfang von § 15 FAO betreiben und nachweisen. 58

In **§ 5 Satz 1 (jetzt Abs. 1) FAO** wurden für diejenigen Fachgebiete, für die eine bestimmte Zusammensetzung der nachzuweisenden Fälle vorgeschrieben ist, **konkrete Fallquoren** festgelegt. Auf diese Weise wurde die leidige Diskussion 59

---

1 Allerdings lässt der BGH das Bemühen der Satzungsversammlung in seinen Entscheidungen vom 7.3.2005 (BRAK-Mitt. 2005, 123 ff.) und 6.3.2006 (BGHReport 2006, 819, 821) als untauglichen Versuch erscheinen. Vgl. hierzu näher unten unter B. IV. 3.

2 Auch diese Absicht stößt nicht auf ungeteilte Gegenliebe des BGH, wie die Entscheidung vom 6.3.2006 (BGHReport 2006, 821 ff. = BRAK-Mitt. 2006, 314 ff.) zeigt.

beendet, wie sich die Fälle konkret auf einzelne Bereiche eines Gebiets verteilen müssen.[1]

60 Besonders wichtig ist die Klarstellung in **§ 5 Satz 2 (jetzt Abs. 2) FAO**, wonach unter bestimmten Voraussetzungen als Fälle i. S. von Satz 1 (jetzt Abs. 1) auch solche gelten, die der Rechtsanwalt als **Anwaltsnotar** bearbeitet hat. Diese Regelung war notwendig geworden, weil einige Rechtsanwaltskammern, zu deren Mitgliedern Anwaltsnotare gehören, die Notarfälle anerkannten und andere nicht. Besonders virulent war die Problematik im Erbrecht. Sie stellte sich aber auch im Baurecht und in anderen Rechtsgebieten.

61 Außerdem wurde in **§ 5 Satz 3 (jetzt Abs. 4) FAO** die Klarstellung aufgenommen, dass „Bedeutung, Umfang und Schwierigkeit einzelner Fälle" nicht nur zu einer **höheren**, sondern auch zu einer **niedrigeren Gewichtung** führen können.

62 Schließlich wurde durch Schaffung eines neuen **§ 4a FAO** und **„Entrümpelung"** des bisherigen **§ 6** die **Systematik** der Fachanwaltsordnung korrigiert. Die **schriftlichen Leistungskontrollen** sind jetzt dort geregelt, wo sie hingehören, nämlich im unmittelbaren Anschluss an § 4 FAO, der sich mit dem Nachweis der besonderen theoretischen Kenntnisse und insbesondere mit den Fachanwalts-Lehrgängen befasst. Früher war das wichtige Thema der Klausuren – wie zufällig – in § 6 in Zusammenhang mit den einzureichenden Unterlagen geregelt.[2]

c) Beschlüsse der Vierten Satzungsversammlung

63 Auch die **Vierte Satzungsversammlung** hat noch einmal grundsätzlich und systematisch Hand an die Fachanwaltsordnung gelegt und dabei neben „Aufräumarbeiten" auch einige inhaltlich wesentliche Beschlüsse gefasst.

64 So trägt ein in der **3. Sitzung am 15.6.2009** beschlossener und am 1.3.2010 in Kraft getretener neuer **§ 5 Abs. 3 FAO** der schwierigen Situation von Rechtsanwältinnen und Rechtsanwälten, die wegen der **Betreuung kleiner Kinder** vorübergehend gar nicht oder nur eingeschränkt dem Anwaltsberuf nachgehen können (und **weiteren Härtefällen**) Rechnung, indem er bestimmt, dass sich der **Drei-Jahres-Zeitraum** des § 5 Abs. 1 um Zeiten eines Beschäftigungsverbots nach den Mutterschutzvorschriften, Zeiten der Inanspruchnahme von Elternzeit oder Zeiten, in denen der Antragsteller wegen besonderer Härte in seiner anwaltlichen Tätigkeit eingeschränkt war, um bis zu 36 Monate verlängert.

65 Eine Änderung, die zur Beseitigung von Missverständnissen beiträgt, hat **§ 4 Abs. 2 FAO**, der die **Fortbildungspflicht angehender Antragsteller** regelt, durch Beschlussfassung ebenfalls vom **15.6.2009** erfahren. Seit dem **1.1.2011** ist Anknüpfungspunkt für die Fortbildungspflicht nicht mehr das – mitunter schwer zu bestimmende – Ende, sondern der **Beginn des Fachanwalts-Lehrgangs**. Wird

---

1 Vgl. hierzu näher unten unter B. III. 3.

2 Vgl. zu den Beschlüssen vom 3.4.2006 BRAK-Mitt. 2006, 168 f., und ausführlich KammerMitteilungen Rechtsanwaltskammer Düsseldorf 2006, 97 ff.

der Antrag auf Verleihung der Fachanwaltschaft nicht in dem Kalenderjahr gestellt, in dem der Lehrgang begonnen hat, ist ab diesem Jahr Fortbildung in Art und Umfang von § 15 FAO nachzuweisen, wobei allerdings Lehrgangszeiten angerechnet werden. Außerdem stellt ein neuer **§ 4 Abs. 3 Satz 2 FAO** klar, dass die Fortbildungspflicht auch für solche Antragsteller gilt, die die besonderen theoretischen Kenntnisse nicht durch Absolvierung eines Fachanwalts-Lehrgangs, sondern auf sonstige Weise erworben haben.

Auch **§ 15 FAO** erhielt am **15.6.2009** verschiedene Klarstellungen, darunter 66
als wichtigste, dass auch Nicht-Präsenzveranstaltungen als Fortbildungsveranstaltungen akzeptiert werden, sofern sie bestimmte Voraussetzungen erfüllen.

Die FAO ist **in der Fassung vom 1.7.2011** unten im Anhang unter J. I. abge- 67
druckt.

d) Die „Berliner Empfehlungen"

Die Satzungsversammlung ist nicht das einzige Gremium, das sich mit der 68
Fachanwaltsordnung befasst. In unregelmäßigen Abständen treffen sich Vertreter aller Rechtsanwaltskammern und der bei den Kammern eingerichteten Vorprüfungsausschüsse zum **Erfahrungsaustausch**, der in die Verabschiedung sog. **„Empfehlungen"** mündet, die je nach dem Ort der Tagung z. B. als „Bochumer Empfehlungen" oder „Berliner Empfehlungen" bezeichnet werden.

Die letzte Zusammenkunft dieser Art, der **Siebte Erfahrungsaustausch**, fand 69
am **23. und 24.11.2009** in Berlin statt. Die erzielten Ergebnisse, eben die **„Berliner Empfehlungen 2009"** sind im Anhang unter IV. abgedruckt und an vielen Stellen dieses Buches in Bezug genommen. Da auch die im Anschluss an den **Sechsten Erfahrungsaustausch** vom **9. und 10.10.2006** und an den **Fünften Erfahrungsaustausch** vom **30.11. und 1.12.2001** veröffentlichten **„Berliner Empfehlungen 2006"** und **„Berliner Empfehlungen 2001"** zum Teil nach wie vor aktuell sind und deshalb im Text Erwähnung finden, bleiben diese im Anhang unter II. erhalten.

IV. Der Kanon der Fachanwaltsbezeichnungen

Die Zahl der Rechtsgebiete, in denen Fachanwaltsbezeichnungen verliehen 70
werden können, ist seit der Vorauflage von 18 auf 20 gestiegen.

1. Die Klassiker (Steuerrecht, Verwaltungsrecht, Arbeitsrecht, Sozialrecht)

Die **beiden ältesten** Fachanwaltsbezeichnungen sind die für **Steuerrecht** und 71
Verwaltungsrecht. Später kamen das **Arbeitsrecht** und das **Sozialrecht** hinzu.[1] Diese vier **„klassischen"** Fachanwaltsbezeichnungen sind **ausdrücklich** in **§ 43c Abs. 1 Satz 2 BRAO** erwähnt.

Wie aus der von der Bundesrechtsanwaltskammer regelmäßig veröffentlichten 72
Fachanwalts-Statistik[1] hervorgeht, gab es zum Stichtag 1.1.2011 bundesweit

1 Vgl. hierzu die Darstellung oben unter A. I. 1. u. 2.

4615 „Fachanwälte für Steuerrecht", 1416 „Fachanwälte für Verwaltungsrecht", 8701 „Fachanwälte für Arbeitsrecht" und 1346 „Fachanwälte für Sozialrecht".

2. Die Erweiterungsbeschlüsse der Ersten Satzungsversammlung

73 Die Erste Satzungsversammlung nahm schon in die **Ursprungs-Fassung** der Fachanwaltsordnung die weiteren Rechtsgebiete Familienrecht und Strafrecht auf und folgte damit nachhaltigen Forderungen aus der Anwaltschaft.

74 Mit der Einführung der Fachanwaltschaften für **Familienrecht** und **Strafrecht** wurde die bis dahin geltende **Orientierung der Fachanwaltsbezeichnungen an den Gerichtsbarkeiten** aufgegeben. Gemeinsam war den damit existierenden sechs Fachanwaltschaften allerdings nach wie vor das Zugrundeliegen von eigenen **Fachgerichten mit besonderen Verfahrensordnungen**.[2]

75 Beide Bezeichnungen wurden von Beginn an gut angenommen. Zum 1.1.2011 gab es bundesweit 8373 „Fachanwälte für Familienrecht" und 2596 „Fachanwälte für Strafrecht".[3] Die Fachanwaltschaft für Familienrecht, die sich in kürzester Zeit an die Spitze aller Fachanwaltsbezeichnungen katapultiert hatte und diesen Platz lange behauptete, ist inzwischen wieder leicht hinter das Arbeitsrecht zurückgefallen.

76 Das **Insolvenzrecht** wurde auf Grund des Beschlusses der Satzungsversammlung vom 21./22.3.1999 in die Fachanwaltsordnung aufgenommen. Dies geschah in der Hoffnung, die **closed-shop-Praxis** der Gerichte bei der Vergabe von Insolvenzverfahren an immer dieselben Rechtsanwälte einzudämmen.[4]

77 Zunächst sah es so aus, als würde die Fachanwaltschaft für Insolvenzrecht sowohl in der Anwaltschaft als auch bei den Insolvenzrichtern (was die Vergabepraxis anging) auf wenig Resonanz stoßen. Sie wurde deshalb von vielen, auch von manchem Mitglied der Satzungsversammlung, das ursprünglich für die Einführung votiert hatte, als Flop bezeichnet.

78 Inzwischen haben sich die Dinge geändert. Zum 1.1.2011 gab es im Bundesgebiet immerhin 1261 „Fachanwälte für Insolvenzrecht".[5] Die Fachanwaltschaft für Insolvenzrecht hat damit ihr Schattendasein aufgegeben und beinahe die für Sozialrecht eingeholt. Auch die Vergabepraxis der Gerichte hat sich – wie Eingeweihte berichten – inzwischen deutlich verändert.

---

1 BRAK-Mitt. 2011, 71, 72.

2 So z.B. Busse, Gedanken zur anwaltlichen Berufsordnung, NJW 1999, 3017, 3022; Krach, Ist ein „Fachanwalt für Verkehrsrecht" sinnvoll?, BRAK-Mitt. 2000, 52; Prasser, Zum zukünftigen Fachanwaltskonzept des Deutschen Anwaltvereins, AnwBl. 1999, 676; differenzierend Quaas, Empfiehlt sich die Einführung neuer Fachanwaltschaften?, BRAK-Mitt. 2000, 211 f.

3 BRAK-Mitt. 2011, 71, 72.

4 Vgl. hierzu Wellensiek, Die Fachanwaltschaft für Insolvenzrecht, NZI 1999, 169, 171.

5 BRAK-Mitt. 2011, 71, 72.

3. Der Erweiterungsbeschluss der Zweiten Satzungsversammlung

Nach **zähem Ringen** verabschiedete die Zweite Satzungsversammlung als **einzige weitere Fachanwaltschaft** mit hauchdünner Mehrheit (nämlich mit einer Stimme mehr als gem. § 191d Abs. 3 Satz 1 BRAO für eine Satzungsänderung benötigt wurde) den Fachanwalt für **Versicherungsrecht**. Die Befürworter dieser Fachanwaltschaft ließen sich von den Überlegungen leiten, dass das Versicherungsrecht eine **Spezialmaterie** sei, die hohe Fachkompetenz erfordere, und dass es der Anwaltschaft nur durch die Möglichkeit zu entsprechender Außendarstellung gelingen könne, die in den Rechtsberatungssektor vordringende Versicherungswirtschaft in die Schranken zu weisen. 79

Am 1.1.2011 gab es bundesweit nur 967 „Fachanwälte für Versicherungsrecht"[1], was zeigt, dass das Gebiet in der Anwaltschaft bislang bei weitem nicht die ursprünglich erwartete Akzeptanz gefunden hat. 80

4. Die Erweiterungsbeschlüsse der Dritten Satzungsversammlung

Nach der Stagnation in der zweiten Legislaturperiode wagte die Dritte Satzungsversammlung den **Befreiungsschlag** und beschloss **elf neue Fachanwaltsbezeichnungen**. Es waren dies in der 3. Sitzung am 22./23.11.2004 die Fachanwaltschaften für **Medizinrecht**, **Miet- und Wohnungseigentumsrecht**, **Verkehrsrecht**, **Bau- und Architektenrecht**, **Erbrecht** sowie **Transport- und Speditionsrecht**, in der 5. Sitzung am 7.11.2005 die Fachanwaltschaften für **Gewerblichen Rechtsschutz** sowie **Handels- und Gesellschaftsrecht**, in der 6. Sitzung am 3.4.2006 die Fachanwaltschaften für **Urheber- und Medienrecht** sowie **Informationstechnologierecht** und in der 7. und letzten Sitzung am 11.6.2007 die Fachanwaltschaft für **Bank- und Kapitalmarktrecht**. 81

Am 1.1.2011 gab es im Bundesgebiet 1052„Fachanwälte für Medizinrecht", 2441 „Fachanwälte für Miet- und Wohnungseigentumsrecht", 2744 „Fachanwälte für Verkehrsrecht", 2163 „Fachanwälte für Bau- und Architektenrecht", 1205 „Fachanwälte für Erbrecht", 150 „Fachanwälte für Transport- und Speditionsrecht", 652 „Fachanwälte für Gewerblichen Rechtsschutz", 891 „Fachanwälte für Handels- und Gesellschaftsrecht", 154 „Fachanwälte für Urheber- und Medienrecht", 244 „Fachanwälte für Informationstechnologierecht" und 515 „Fachanwälte für Bank- und Kapitalmarktrecht".[2] Die Nachfrage nach der Fachanwaltschaft für Verkehrsrecht ist angesichts des Nachdrucks, mit dem die Bezeichnung von weiten Teilen der Anwaltschaft gefordert worden war, vergleichsweise gering. Die Fachanwaltschaften für Bau- und Architektenrecht und für Erbrecht entwickeln sich dagegen besser als erwartet. Das Transport- und Speditionsrecht führt bislang ein Nischendasein, was für die Berechtigung der Fachanwaltsbezeichnung aber nicht ausschlaggebend ist. Nicht sehr stark frequentiert sind auch der Gewerbliche Rechtsschutz und das Urheber- und Medienrecht und – allen anderslautenden Vorhersagen zum Trotz – das IT-Recht. 82

1 Wie zuvor.
2 Wie zuvor.

83 Die **enorme Ausweitung der Fachanwaltsbezeichnungen** durch die Dritte Satzungsversammlung mutet – insbesondere im Vergleich zur Zurückhaltung der Zweiten Satzungsversammlung – so überraschend und möglicherweise auch zufällig an, dass es hierzu einer kurzen Erläuterung bedarf.

84 Wie in der Einleitung schon erwähnt, hatte die Diskussion über die Frage einer Erweiterung des Kanons der Fachanwaltsbezeichnungen die Anwaltschaft lange in zwei nahezu gleich große Lager, nämlich in das der glühenden Befürworter und das der strikten Gegner geteilt, die sich zunächst unversöhnlich oder, besser gesagt, unvereinbar gegenüberstanden. Schon während der vom 1.7.1999 bis zum 30.6.2003 dauernden zweiten Legislaturperiode der Satzungsversammlung wurden aus der Mitte der Anwaltschaft zahlreiche Rechtsgebiete als neue Fachanwaltsbezeichnungen vorgeschlagen.[1]

85 Die von den Mitgliedern der Satzungsversammlung vertretenen Auffassungen waren – trotz der Polarisierung des Themas in der Öffentlichkeit – sehr differenziert und reichten von einer Ablehnung der Einführung neuer Fachanwaltsbezeichnungen über die Befürwortung einer maßvollen Erweiterung bis hin zu der Forderung nach einer weit gehenden Freigabe der Fachgebiete. Einige Mitglieder tendierten sogar zu der von *Scharmer*[2] vorgeschlagenen **„Atomisierung" der Fachanwaltschaften** in der Weise, dass der fest umrissene Kanon der Bezeichnungen aufgegeben werden und jeder Rechtsanwalt sein Fachgebiet nach eigenem Gusto wählen sollte. Je nach konkreter Ausrichtung dürfe er sich „Fachanwalt für Verwaltungsrecht" oder auch nur „Fachanwalt für öffentliches Baurecht" oder „Fachanwalt für Beamtenrecht" (oder z. B. „Fachanwalt für Kleingartenrecht") nennen. Es obliege den Rechtsanwaltskammern für die Verleihung all dieser – ungezählten – „Fachanwaltsbezeichnungen" (ggf. in Zusammenarbeit mit anderen Kammern) die erforderlichen Voraussetzungen zu schaffen.

86 Die Tatsache, dass in der zweiten Legislaturperiode lange keine und insgesamt nur eine neue Fachanwaltsbezeichnung beschlossen wurde, führte zu zum Teil heftiger Kritik an der Satzungsversammlung, der Konservatismus, Borniertheit, Abschottungspolitik und insbesondere Konkurrenzangst und Konkurrenzneid vorgeworfen wurden. Wer die Diskussionen in der Satzungsversammlung (und im für die Fachanwaltschaften zuständigen Ausschuss 1) verfolgt hat, weiß allerdings, dass das Nichtzustandekommen einer ausreichenden Mehrheit für neue Fachanwaltsbezeichnungen auf der ernsten Sorge vieler Mitglieder beruhte, das Institut der Fachanwaltschaft durch eine ungehemmte Ausdehnung der Gebiete ad absurdum zu führen und zugleich den nicht spezialisierten Anwälten die Lebensgrundlage zu entziehen.

87 Auch unter den Befürwortern einer Erhöhung der Zahl der Fachanwaltschaften hatte sich die Erkenntnis durchgesetzt, dass einer Ausweitung ein tragfähiges Konzept zugrunde liegen müsse, das gewährleiste, dass Fachanwaltschaften nur in sinnvoller Zahl und Zuordnung geschaffen würden.

---

1 Vgl. hierzu die 1. Auflage, Rz. 604.

2 Es empfiehlt sich die Einführung neuer Fachanwaltschaften, BRAK-Mitt. 2001, 5 ff.; und in: Hartung/Römermann, a. a. O., FAO Einführung Rz. 55.

Das war der Grund, warum die Zweite Satzungsversammlung – basierend auf Vorschlägen von *Quaas*[1] – ein sog. **Fachanwaltskonzept**, also einen **Kriterienkatalog**, beschlossen hatte, anhand dessen festgestellt werden sollte, ob ein Rechtsgebiet sich zur Fachanwaltsbezeichnung eignet oder nicht. 88

Der Katalog beinhaltete folgende Kriterien: 89

1. Ist das Fachgebiet nach seinem Aufgabenspektrum hinreichend breit, vielfältig und als eigenständiges Rechtsgebiet von anderen Rechtsgebieten, insbesondere den bestehenden Fachanwaltschaften, abgrenzbar?
2. Erfasst das Fachgebiet eine hinreichend breite Nachfrage potenzieller Mandanten?
3. Dient die Anerkennung des Fachgebiets der Erhaltung oder Ausweitung anwaltlicher Tätigkeitsfelder im Wettbewerb mit Dritten?
4. Erfordert das Fachgebiet auf Grund des rechtlichen Schwierigkeitsgrades und wegen der Komplexität der Lebenssachverhalte, etwa auf Grund interdisziplinärer Bearbeitungsnotwendigkeit oder sonstiger „Querschnittsbereiche", für eine sachgerechte Bearbeitung und Vertretung der Mandanten den Spezialisten?[2]

Ursprünglich war als weiteres 5. Kriterium noch vorgesehen:

5. Soll die Bezeichnung „Fachanwalt für …" eingeführt werden?

Dieses Kriterium wurde, weil es die übrigen letztlich aushebelte, schnell wieder fallen gelassen.

Allerdings versagten auch die Kriterien 1 bis 4 in der praktischen Anwendung. 90 Das hatte seinen Grund darin, dass auf das „Durchprüfen" des Kriterienkatalogs für ein vorgeschlagenes Rechtsgebiet stets eine Schlussabstimmung (nämlich die Beschlussfassung über die Frage, ob diese oder jene Fachanwaltsbezeichnung denn nun tatsächlich eingeführt werden solle) folgte, und viele Mitglieder der Satzungsversammlung dabei nicht wirklich die Konsequenzen aus ihrem Abstimmungsverhalten zu den einzelnen Kriterien zogen, sondern ihrer „grundsätzlichen" Haltung treu blieben.

Die Verfasserin schlug deshalb in der 2. Sitzung des Ausschusses 1 der Dritten 91 Satzungsversammlung vor, das Fachanwaltskonzept unter Anwendung einer Art **„Gewichtungs- und Additionsmethode"** nutzbar zu machen. Zu diesem Zweck müssten zunächst die einzelnen Kriterien entsprechend ihrer Bedeutung gewichtet werden, nämlich das Kriterium 1 mit 15 %, das Kriterium 2 mit 30 %, das Kriterium 3 mit 15 % und das Kriterium 4 mit 40 %. Nach dieser Festlegung sollten für jedes als Fachanwaltsbezeichnung vorgeschlagene Rechtsgebiet zu den Einzelkriterien abgestimmt und dann anhand des Bewertungsschlüssels die erzielten Einzelergebnisse rechnerisch zusammengefasst werden. Ein Rechtsgebiet solle den Test bestanden haben, wenn nach Addition der Einzelergebnisse mehr als 50 % erreicht worden seien. Habe ein

1 A. a. O., BRAK-Mitt. 2000, 211, 213.
2 Protokoll der 4. Sitzung der Zweiten Satzungsversammlung vom 25./26.4.2002, S. 29 f.

Rechtsgebiet den Test bestanden, solle zunächst ein Unterausschuss aus fachkundigen Kollegen gebildet werden, der die Aufgabe erhalte, Vorschläge für die besonderen theoretischen Kenntnisse und praktischen Erfahrungen zu erarbeiten, die für den Erwerb der jeweiligen neuen Fachanwaltsbezeichnung vorausgesetzt werden müssten. Dabei solle der Ausschuss auch nochmals kritisch prüfen, ob sich das positiv getestete Gebiet tatsächlich zur Fachanwaltschaft eigne, oder ob sich bei dem Versuch, konkrete Kriterien festzulegen, herausstelle, dass dies – z. B. wegen fehlender Abgrenzbarkeit oder fehlenden Schwierigkeitsgrades – nicht der Fall sei.

92 Der Ausschuss 1 folgte dem Vorschlag[1] und auch die Dritte Satzungsversammlung stimmte der „grundsätzlichen Weichenstellung" zu.[2]

93 Auf dieser Basis kam es dann zu den dargestellten Beschlussfassungen in der dritten Legislaturperiode. Eine Vielzahl von Rechtsgebieten (wie das Allgemeine Zivilrecht, das Umweltrecht, das Finanzdienstleistungsrecht, das Europarecht, das Verbraucherrecht, das Wirtschaftsrecht, das Internationale Recht, das Reiserecht und das Vergaberecht) fielen bei der „Verprobung" im Ausschuss 1 durch.

5. Der Erweiterungsbeschluss der Vierten Satzungsversammlung

94 Nicht am Unwillen der Satzungsversammlung, sondern am **Fehlen entsprechender Anträge** oder Anregungen lag es, dass die Vierte Satzungsversammlung, deren Legislaturperiode am 30.6.2011 zu Ende gegangen ist, nur eine einzige neue Fachanwaltschaft, nämlich die in der 2. Sitzung am 14.11.2008 beschlossene Fachanwaltschaft für **Agrarrecht** geschaffen hat. In der dritten Legislaturperiode war das Agrarrecht bei einer ersten „Verprobung" im Ausschuss 1 noch durchgefallen,[3] setzte sich mit neuer Ausgestaltung und neuer Begründung schließlich aber doch noch durch.

95 Am 1.1.2011 gab es bundesweit nur 83 „Fachanwälte für Agrarrecht",[4] was kaum der erforderlichen Mindestbesetzung der Vorprüfungsausschüsse entspricht.

96 Außer dem Antrag zur Einführung des Fachanwalts für Agrarrecht lag dem Ausschuss 1 in der vierten Legislaturperiode nur noch ein Antrag zur Einführung eines Fachanwalts für Energierecht vor, der ausführlich diskutiert wurde, bei der „Verprobung" aber daran scheiterte, dass das 2. Kriterium (hinreichend breite Nachfrage) und das 4. Kriterium (Schwierigkeitsgrad) nicht die erforderliche Mehrheit erzielten.[5]

1 Protokoll der 2. Sitzung des Ausschusses 1 der Dritten Satzungsversammlung vom 25.4.2004, S. 6 ff.

2 Vgl. hierzu nur Scharmer, in: Hartung/Römermann, a. a. O., FAO Einführung Rz. 59.

3 Protokoll der 10. Sitzung des Ausschusses 1 der Dritten Satzungsversammlung vom 6.11.2006, S. 19 f.

4 BRAK-Mitt. 2011, 71, 72.

5 Protokoll der 11. Sitzung des Ausschusses 1 der Vierten Satzungsversammlung vom 17.5.2011, S. 9 ff.

Eher inoffiziell wurde noch einmal ein Fachanwalt für Verbraucherrecht diskutiert, der allerdings eine gänzliche Abkehr vom bisherigen System der Verknüpfung der Fachanwaltschaften mit einem bestimmten Rechtsgebiet darstellen würde. Da sich jeder unter „Verbraucherrecht" und darunter, welche Rechtsfragen für Verbraucher von besonderer Bedeutung sind, etwas anderes vorstellt, wäre ein solcher Fachanwalt auch nur von geringer Werbewirksamkeit. 97

Die Entwicklung in den letzten vier Jahren zeigt, dass die in der Vorauflage gewagte Prognose, dass mit den Erweiterungsbeschlüssen der Dritten Satzungsversammlung das Bedürfnis nach neuen Fachanwaltschaften weitgehend befriedigt sei, richtig war.[1] 98

V. Vor- und Nachteile des Führens einer Fachanwaltsbezeichnung

Schon seit den 30er Jahren des vorigen Jahrhunderts wird aus verschiedenen Blickwinkeln über das **Für und Wider** von Fachanwaltsbezeichnungen gestritten. Da die meisten Leser dieses Buches die Entscheidung für das Führen einer Fachanwaltsbezeichnung bereits getroffen haben dürften oder sogar schon Fachanwälte sind, soll an dieser Stelle nur kurz hierauf eingegangen werden.[2] 99

Die Frage nach dem Pro und Contra des Erwerbs und Führens einer Fachanwaltsbezeichnung ist immer auch die Frage nach dem **Pro und Contra von Spezialisierungen**. Die **Vorteile** jeder Spezialisierung liegen auf der Hand: Wer sich bei seiner Tätigkeit auf ein einziges oder wenige Spezialgebiet(e) beschränkt, wird nach einer gewissen Anlaufzeit zum Experten, der die gestellten Anforderungen **schneller**, **müheloser** und meist auch **besser** erfüllt als andere. Ein Rechtsanwalt, der seine Tätigkeit auf wenige Rechtsgebiete fokussiert, kann in derselben Zeit mehr Fälle bearbeiten als ein Kollege, der annimmt, was kommt, und der deshalb mit Problemstellungen aus vielen verschiedenen Bereichen des Rechts konfrontiert ist. Um es auf eine Formel zu bringen: Der Spezialist erzielt mit einem **Minimum an Einsatz** ein **Maximum an Ergebnis**. 100

Ob auf der anderen Seite der Gleichung ein **höherer wirtschaftlicher Erfolg** steht, hängt allerdings von weiteren Faktoren ab. Insbesondere davon, wie es der spezialisierte Rechtsanwalt versteht, sich **am Markt zu positionieren**. Das Gelingen dieser Positionierung hängt u. a. davon ab, dass es der spezialisierte Anwalt schafft, das rechtsuchende Publikum auf seine Spezialisierung aufmerksam zu machen. Und eben dies setzt nach Ansicht vieler, die der seit langem in § 7 BORA vorgesehenen Möglichkeit einer Angabe von Schwer- 101

1 Vgl. die 2. Auflage, Rz. 1019.

2 Nähere Ausführungen hierzu finden sich u. a. bei Ahrens, Anwaltsrecht, Rz. 254; Härting, Fachausbildung statt Fachanwalt, Anwaltsreport 2001, 13; Hartstang, Der deutsche Rechtsanwalt, S. 208; Kilger, Zum zukünftigen Fachanwaltskonzept des Deutschen Anwaltvereins, AnwBl. 1999, 675 f.; Schardey, Fachgebietsbezeichnungen – eine Zwischenbilanz, 25 Jahre Bundesrechtsanwaltskammer, S. 41, 43; Schardey, Fachanwaltschaften oder Spezialisierungshinweise anderer Art?, AnwBl. 1978, 41, 43 ff.; und ausführlich bei Jährig, S. 191 ff. u. insbes. S. 200 ff.

punkthinweisen (früher in Form von „Interessen- und/oder Tätigkeitsschwerpunkten", heute in Form von „Teilbereichen der Berufstätigkeit" ohne und mit qualifizierenden/m Zusatz) kritisch gegenüberstehen, voraus, dass der spezialisierte Anwalt auf eine entsprechende Fachanwaltsbezeichnung verweisen kann.[1]

102 Richtig ist, dass der Begriff „Fachanwalt für ..." und seine Bedeutung inzwischen im öffentlichen Bewusstsein verfestigt sind, und das rechtsuchende Publikum die Werteskala Fachanwaltsbezeichnungen – sonstige Schwerpunktangaben kennt.[2] Wer sich auf ein Rechtsgebiet spezialisieren will, in dem eine Fachanwaltsbezeichnung etabliert ist (was insbesondere im Arbeits-, Familien- und Steuerrecht der Fall ist), wird deshalb gut beraten sein, nicht nur auf einen entsprechenden „Teilbereich der Berufstätigkeit" hinzuweisen, sondern über kurz oder lang auch die Fachanwaltsbezeichnung zu erwerben und zu pflegen. Die Rechtsanwaltskammern, die mit einer Vielzahl von Anfragen nach spezialisierten Anwälten konfrontiert sind, machen die Erfahrung, dass gerade im Arbeitsrecht und im Familienrecht in der Regel nicht undifferenziert nach einem einschlägig tätigen Rechtsanwalt, sondern **gezielt** nach einem „Fachanwalt" gefragt wird.[3]

---

1 Vgl. hierzu nur Schardey, Werbung und Fachgebietsbezeichnung, AnwBl. 1979, 256 ff.; und Schardey, Spezialisierung von Rechtsanwälten – auch als Werbung, AnwBl. 1986, 274 ff.

2 Eine im Jahre 1991 von der Rechtsanwaltskammer Köln in Auftrag gegebene Umfrage des emnid-Instituts hatte noch ergeben, dass das rechtsuchende Publikum zwischen Fachanwaltsbezeichnungen und sonstigen Schwerpunktangaben nicht differenzieren konnte und insbesondere nicht erkannte, dass das Führen einer Fachanwaltsbezeichnung höher einzuschätzen sei als ein sonstiger Spezialisierungshinweis.

3 Wie aus dem vom Institut für Freie Berufe in Nürnberg erstellten STAR-Bericht 2008 (STAR = Statistisches Berichtssystem für Rechtsanwälte) für das Wirtschaftsjahr 2006 hervorgeht, erzielten Fachanwälte im Durchschnitt deutlich bessere Betriebsergebnisse als Nicht-Fachanwälte. So lag der „durchschnittliche persönliche Honorarumsatz aus selbständiger Tätigkeit" im Jahr 2006 von Fachanwälten in den westlichen Bundesländern bei 195 000,00 Euro, von „spezialisierten" Anwälten (ohne Fachanwaltsbezeichnung) bei 145 000,00 Euro und von Anwälten ohne jede Spezialisierung bei 111 000,00 Euro. Der „durchschnittliche persönliche Überschuss aus selbständiger Tätigkeit" betrug im Jahr 2006 in den westlichen Bundesländern bei Fachanwälten 83 000,00 Euro, bei „spezialisierten" Anwälten (ohne Fachanwaltsbezeichnung) 48 000,00 Euro und bei Anwälten ohne Spezialisierung 33 000,00 Euro. Bei der „Abrechnung über Zeithonorare" lagen 2006 in den westlichen Bundesländern die „durchschnittlichen Regelstundensätze" von Fachanwälten bei 179,00 Euro, von „spezialisierten" Anwälten (ohne Fachanwaltsbezeichnung) bei 154,00 Euro und von nicht spezialisierten Anwälten bei 150,00 Euro. Die „durchschnittlichen höchsten Stundensätze" lagen für Fachanwälte bei 215,00 Euro, für „spezialisierte" Anwälte (ohne Fachanwaltsbezeichnung) bei 189,00 Euro und für nicht spezialisierte Anwälte bei 163,00 Euro. Interessant ist auch ein Blick auf die gebietsspezifischen Unterscheidungen, wobei sich hier die STAR-Anlayse leider nicht an den Fachanwaltschaften orientiert. Der „durchschnittliche persönliche Überschuss pro Mandat aus selbständiger Tätigkeit" lag in den westlichen Bundesländern im Jahr 2006 im Arbeitsrecht bei 306,00 Euro, im Sozialrecht bei 240,00 Euro, im Bürgerlichen Recht bei 315,00 Euro, im Handels- und Wirtschaftsrecht bei 614,00 Euro, im Steuerrecht bei 727,00 Euro, im Ausländer- und Asylrecht bei 217,00 Euro, im öffentlichen Recht bei 381,00 Euro und im Strafrecht bei 329,00 Euro. Vgl. hierzu die STAR Ergebnis-

Wenn von Positionierung am Markt die Rede ist, darf allerdings nicht nur die Angebotsseite beleuchtet werden. Von ausschlaggebendem Interesse ist vor allem die **konkrete Nachfragesituation**. Der Nachteil jeder Spezialisierung liegt nicht nur darin, dass Bereiche außerhalb des Spezialgebietes vernachlässigt werden und man – im durchaus positiven Sinne – zum „Fachidioten" wird, sondern auch und gerade darin, dass Dritte glauben, der Spezialist beherrsche **nichts außer** „seinem" Gebiet. Dies hat für einen Fachanwalt, der von den Mandaten, die auf sein Rechtsgebiet entfallen, nicht leben kann, durchaus fatale Auswirkungen. Wenn potenzielle Mandanten glauben, ein Fachanwalt z. B. „für Verwaltungsrecht" sei nicht in der Lage, eine Nebenkostenabrechnung zu überprüfen oder einen Unfallschaden zu regulieren, werden entsprechende Aufträge ausbleiben, obwohl möglicherweise gerade sie dringend benötigt würden, um die Kanzlei aus den roten Zahlen zu führen. Das ist der Grund, warum mancher Fachanwalt seinen Titel im Branchenfernsprechbuch, auf dem Kanzleischild und den Briefbögen lieber **verschweigt** und nur auf ausdrückliches Befragen preisgibt. Hinzu kommt, dass der **Einzugsbereich** der Kanzlei und die Fachgebietsbezeichnung zueinander passen müssen. Ein (am Markt noch nicht etablierter) „Fachanwalt für Familienrecht", der sich inmitten eines Gewerbegebietes niederlässt, muss sich fragen lassen, warum er entweder diese Fachgebietsbezeichnung oder diesen Kanzleistandort gewählt hat. Und ein „Fachanwalt für Sozialrecht" oder „für Strafrecht" ist sicher in der Großstadt besser aufgehoben als auf dem Land. 103

Den größten Nutzen aus einer Fachanwaltsbezeichnung wird zum einen der Rechtsanwalt ziehen, dem es gelungen ist, eine wirkliche Spezialkanzlei aufzubauen und am Markt zu etablieren, und zum anderen derjenige, der Mitglied einer Sozietät ist, in der mehrere Spezialgebiete vereint sind und in deren Kontext er sich gut einfügt. 104

Fazit: Das Führen einer Fachanwaltsbezeichnung kann ein **wichtiges Marketing-Instrument** sein. Der Fachanwaltstitel allein ist allerdings noch kein Garant für wirtschaftlichen Erfolg. Deshalb sollte – das ist eigentlich eine Binsenweisheit – jeder Entscheidung für den Erwerb einer Fachanwaltsbezeichnung die genaue **Analyse** der individuellen Situation und die ehrliche Beantwortung der Fragen vorangehen, welche Fachanwaltschaft am besten zur eigenen Person, zum Kanzleistandort und zum bereits vorhandenen oder anvisierten Mandantenstamm passt.[1] 105

---

dokumentation 2008, Ziff. 4.1.6, 3.3.6, 3.6.19, 3.6.20 und 3.5.1. Aktuelleres Zahlenmaterial lag bei Manuskriptschluss nicht vor. Zu den Ergebnissen einer früheren STAR-Analyse vgl. Schmucker/Spengler, STAR: Rechtsanwälte mit fachlichen Spezialisierungen und Zusatzqualifikationen im Einkommensvergleich, BRAK-Mitt. 2000, 118, 119 f.

1 Vgl. in diesem Sinne auch Kilger, Generalist oder Spezialist?, DAV-Ratgeber, 91, 93 ff.

B. Voraussetzungen für die Verleihung einer Fachanwaltsbezeichnung

I. Zulassung und Tätigkeit als Rechtsanwalt

§ 3 FAO stellt die grundsätzliche Forderung auf, dass jeder, der eine Fachanwaltsbezeichnung erwerben will, **innerhalb der letzten sechs Jahre** vor Antragstellung **drei Jahre** zur Anwaltschaft **zugelassen** und als Rechtsanwalt **tätig** gewesen sein muss. 106

1. Mindestdauer der Zulassung

Gem. **§ 3 FAO** ist Voraussetzung für die Verleihung einer Fachanwaltsbezeichnung „eine **dreijährige Zulassung** innerhalb der letzten sechs Jahre vor Antragstellung". 107

Durch das Erfordernis einer mindestens dreijährigen Zulassung zur Anwaltschaft (und einer ebenso langen Tätigkeit als Rechtsanwalt) wollte die Satzungsversammlung klarstellen, dass Fachanwalt nur derjenige werden kann, der über besondere **anwaltsspezifische** Kenntnisse und Erfahrungen verfügt. Anders als vor Inkrafttreten der FAO kann z. B. auch ein früherer Richter am Arbeitsgericht oder Verwaltungsgericht, der nach seinem Eintritt in den Ruhestand noch den Anwaltsberuf ergreift, die Bezeichnung „Fachanwalt für Arbeitsrecht" oder „Fachanwalt für Verwaltungsrecht" frühestens dann erwerben, wenn er drei Jahre als Rechtsanwalt zugelassen und tätig gewesen ist (und die nach § 5 FAO erforderliche Zahl von Mandaten bearbeitet hat). 108

Allerdings ist die Satzungsversammlung mit Beschlussfassung vom 25./26.4.2002 von der starren Forderung einer **ununterbrochenen** dreijährigen Zulassung (und Tätigkeit) **unmittelbar** vor Antragstellung abgerückt. Diese Voraussetzung hatte eine erhebliche Erschwernis für solche Rechtsanwälte bedeutet, die freiwillig oder erzwungenermaßen (z. B. wegen Aus- oder Fortbildung im Ausland, einer Babypause oder einer schwerwiegenden Erkrankung) vorübergehend auf die Zulassung zur Anwaltschaft verzichtet (und/oder ihre Tätigkeit als Rechtsanwalt unterbrochen) hatten. Wer also z. B. zunächst zwei Jahre zugelassen, dann in ein Probe-Richterverhältnis gewechselt und danach in den Anwaltsberuf zurückgekehrt war, musste nach seiner Wiederzulassung nochmals drei Jahre warten, bevor er einen Fachanwaltsantrag stellen konnte. 109

Diese Regelung war in verfassungsrechtlicher Hinsicht äußerst bedenklich und dürfte gegen **Art. 12 Abs. 1 GG**[1] und – bei einer Unterbrechung wegen Mutterschaft – wohl auch gegen **Art. 6 Abs. 1 GG** verstoßen haben. Dem Vorschlag, § 3 FAO verfassungskonform dahin auszulegen, dass die Voraussetzung einer ununterbrochenen Zulassung (und Tätigkeit) unmittelbar vor Antrag- 110

---

1 Kleine-Cosack, Berufs- und Fachanwaltsordnung für Rechtsanwälte, NJW 1997, 1257, 1262.

stellung nur „in der Regel" gelten solle[1], stand der eindeutige Wortlaut von § 3 FAO a. F. entgegen.

111 Der aktuelle § 3 FAO behält die Forderung nach einer dreijährigen Zulassung (und Tätigkeit) als Rechtsanwalt bei, begnügt sich allerdings damit, dass diese **„innerhalb der letzten sechs Jahre vor Antragstellung"** liegt (liegen). Der oben erwähnte Anwalt, der nach einigen Monaten als Probe-Richter erkennt, dass der Anwaltsberuf doch die bessere Wahl war, kann also – sofern er die übrigen Voraussetzungen erfüllt – ein Jahr nach seiner Wiederzulassung einen Antrag auf Verleihung einer Fachanwaltsbezeichnung stellen. Und die Rechtsanwältin, die zwei Jahre zur Anwaltschaft zugelassen war, danach wegen eines Babys ein Jahr pausiert und auf die Zulassung verzichtet hat, dann wieder zwei Jahre zugelassen gewesen ist und anschließend wegen eines weiteren Kindes nochmals ein Jahr ausgesetzt hat, könnte unmittelbar nach ihrer Rückkehr in den Anwaltsberuf einen Antrag stellen.

112 Durch das Erfordernis, dass die dreijährige Zulassung (und Tätigkeit) innerhalb eines Zeitraums von sechs Jahren vor Antragstellung liegen muss (müssen), wird sichergestellt, dass der Antragsteller über **immer noch aktuelle** und nicht etwa nur über lange zurückliegende anwaltliche Berufserfahrungen verfügt. Jemand, der nach einer anfänglichen dreijährigen Zulassung zur Anwaltschaft zehn Jahre in einem anderen Beruf gearbeitet hat und danach die Wiederzulassung erhält, muss drei Jahre warten, bevor er den Antrag auf Verleihung einer Fachanwaltsbezeichnung stellen kann.

113 Die großzügigere Fassung von § 3 FAO hat nichts an der in **§ 5 Abs. 1 FAO** enthaltenen Forderung geändert, dass der Antragsteller **„innerhalb der letzten drei Jahre vor der Antragstellung"** in seinem Fachgebiet eine **bestimmte Anzahl von Fällen** bearbeitet haben muss. Auch bei dem vorerwähnten Anwalt, der in ein Probe-Richter-Verhältnis gewechselt ist, werden also Fälle, die außerhalb dieses Drei-Jahres-Zeitraums liegen, nicht berücksichtigt.

114 Allerdings schafft der am 1.3.2010 in Kraft getretene **neue § 5 Abs. 3 FAO** eine deutliche Erleichterung für solche Antragsteller, die wegen der Geburt und/oder Erziehung eines Kindes oder wegen eines besonderen Härtefalls vorübergehend an der – vollschichtigen – Ausübung des Anwaltsberufs gehindert sind.[2]

115 **Frage:** Kann jemand, der zwei Jahre und neun Monate zur Anwaltschaft zugelassen ist, den Antrag auf Verleihung einer Fachanwaltsbezeichnung stellen, in der Erwartung, dass die Bearbeitung und abschließende Bescheidung des Antrags ohnehin länger als drei Monate dauern werden?

Antwort: Grundsätzlich nein. Die Voraussetzungen der Fachanwaltsordnung, also auch die des § 3 FAO, müssen **im Zeitpunkt der Antragstellung** vorliegen.

---

1 So z. B. Jährig, a. a. O., S. 89 ff.
2 Wie zuvor.

Der **BGH** hat in einem Beschluss vom **29.5.2000**[1] entschieden, dass die Rechtsanwaltskammer in der Regel befugt sei, einen Fachanwaltsantrag **ohne weiteres zurückzuweisen**, solange die Drei-Jahres-Frist nicht erfüllt sei. 116

Weiter stellt der BGH fest, dass die Kammer nach Ablauf der Drei-Jahres-Frist zwar das Gesuch nicht mehr allein wegen eines Verstoßes gegen § 3 FAO ablehnen dürfe. Doch sei der Antrag verfahrensmäßig so zu behandeln, als wäre er erst zu einem Zeitpunkt eingereicht worden, zu dem der Bewerber bereits drei Jahre als Rechtsanwalt gearbeitet habe. Demjenigen, der die Verleihung einer Fachanwaltsbezeichnung verfrüht beantrage, dürfe daraus kein (gegenüber „geduldigeren" Mitbewerbern ungerechter) Vorteil erwachsen.[2] 117

Bleibt ein zu früh gestellter Antrag zunächst „liegen" und wird anschließend auf der jetzt aktuellen Grundlage entschieden, können unerwartete Zweifelsfragen auftauchen. 118

Beispiel: 119

Ein Rechtsanwalt stellt den Antrag auf Verleihung einer Fachanwaltsbezeichnung am 1.11.2011, obwohl er zu diesem Zeitpunkt erst zwei Jahre und neun Monate zugelassen (und tätig) ist. Zum 1.1.2012 tritt eine Verschärfung der Fachanwaltsordnung in Kraft (entsprechend etwa der seit dem 1.1.2011 geltenden Neufassung des § 4 Abs. 2 und des § 4 Abs. 3 Satz 2). Der Antragsteller kann sich nicht auf § 16 Abs. 1 Satz 1 FAO berufen, wonach Anträge „nach dem zum Zeitpunkt der Antragstellung" geltenden Recht zu entscheiden sind, wenn dies für den Antragsteller günstiger ist. Denn es wird eine Antragstellung erst zum 1.2.2012, dem Zeitpunkt, in dem die Voraussetzungen des § 3 FAO erfüllt sind, fingiert.

Allein schon dieses Beispiel zeigt, dass ein zu früh gestellter Antrag **keinen Vorteil** mit sich bringt und im Gegenteil zu unnötiger Verwirrung führen kann. Die Drei-Jahres-Frist des § 3 FAO sollte deshalb stets eingehalten werden. 120

Außerdem droht – sanktioniert durch die zitierte Rechtsprechung des BGH – immer auch eine **sofortige Zurückweisung** des zu früh gestellten Antrags, die (da die Rechtsanwaltskammern für die Bearbeitung von Fachanwaltsanträgen Gebühren erheben) **unnötige Kosten** (und unnötigen Ärger) verursachen würde. 121

Seit ein durch das „Gesetz zur Umsetzung der Dienstleistungsrichtlinie in der Justiz und zur Änderung weiterer Vorschriften"[3] vom 22.12.2010 eingefügter und am 28.12.2010 in Kraft getretener **§ 32 Abs. 2 Satz 1 BRAO** den Rechtsanwaltskammern auferlegt, über Fachanwaltsanträge grundsätzlich **innerhalb von drei Monaten** abschließend zu entscheiden,[4] werden die Kammern noch weniger als bisher geneigt sein, sich durch die Entgegennahme verfrühter Anträge selbst in eine zeitliche Bredouille zu begeben. 122

1 BGH AnwBl. 2000, 688 f.
2 BGH AnwBl. 2000, 688, 689.
3 BGBl. 2010 I S. 2248 ff.
4 Vgl. hierzu näher unten unter D.V.

2. Mindestdauer und Art der Tätigkeit

123 Nach **§ 3 FAO** ist Voraussetzung für die Verleihung einer Fachanwaltsbezeichnung neben der dreijährigen Zulassung außerdem „eine **dreijährige Tätigkeit** innerhalb der letzten sechs Jahre vor Antragstellung".[1] Hinsichtlich der zeitlichen Komponente gilt für die Tätigkeit das Gleiche wie für die Zulassung, weshalb auf die vorstehenden Ausführungen verwiesen werden kann.

124 § 3 FAO setzt **originär anwaltliche** Tätigkeit voraus. Mit **§ 46 BRAO** macht der Gesetzgeber deutlich, dass die Wesensmerkmale des Anwaltsberufs in der Stellung des Rechtsanwalts als Organ der Rechtspflege (§ 1 BRAO) und in der Freiheit und Unabhängigkeit des Anwalts (§§ 2, 3 Abs. 1 BRAO) liegen.[2] Nach Ansicht des BGH[3] darf „die besondere Qualifikation und Reputation als Anwalt" nicht aus berufsfremden Erfahrungen gespeist werden.

125 Auch **Syndikustätigkeit**, also die Tätigkeit für einen nicht-anwaltlichen Arbeitgeber i. S. von § 46 BRAO ist Anwaltstätigkeit, sofern sie als **rechtsberatend**, **rechtsentscheidend**, **rechtsgestaltend** und **rechtsvermittelnd** qualifiziert werden kann.[4] Wer dagegen einen nicht-anwaltlichen Zweitberuf ausübt, also

---

1 Die in § 3 FAO enthaltene Formulierung „eine dreijährige Zulassung und Tätigkeit innerhalb der letzten sechs Jahre vor Antragstellung" ist selbstverständlich im Sinne einer „dreijährigen Zulassung und dreijährigen Tätigkeit" und nicht etwa im Sinne einer „dreijährigen Zulassung und einer Tätigkeit" zu verstehen. Das Wort „dreijährige" ist also – wie in dem früheren § 3 FAO auch – vor die Klammer gezogen.

2 Vgl. hierzu z. B. Feuerich, a. a. O., § 46 BRAO Rz. 5 u. 10; BGH NJW 2001, 3130.

3 BGH NJW 2000, 1645 = AnwBl. 2000, 628 = MDR 2000, 671.

4 So die Beschlussfassung der 105. Hauptversammlung der Bundesrechtsanwaltskammer am 16.9.2005 in Düsseldorf. – Vgl. ausführlich Jung/Horn, Syndikusanwälte und die gesetzliche Rentenversicherung – Die gegenwärtige Situation, KammerMitteilungen Rechtsanwaltskammer Düsseldorf 2010, 317 ff., und schon Offermann-Burckart, Syndikusanwälte und die Befreiung von der Versicherungspflicht in der BfA, KammerMitteilungen Rechtsanwaltskammer Düsseldorf 2005, 142 f.
Die Arbeitsgemeinschaft Berufsständischer Versorgungseinrichtungen e. V. (ABV) definiert in einem für nicht-anwaltliche Arbeitgeber von Rechtsanwälten entwickelten Hinweisblatt die Tätigkeitsfelder Rechtsberatung, Rechtsentscheidung, Rechtsgestaltung und Rechtsvermittlung wie folgt:
Rechtsberatung ist
- die unabhängige Analyse von betriebsrelevanten konkreten Rechtsfragen
- die selbständige Herausarbeitung und Darstellung von Lösungswegen und Lösungsmöglichkeiten vor dem spezifischen betrieblichen Hintergrund
- das unabhängige Bewerten der Lösungsmöglichkeiten.

Rechtsentscheidung ist
- das außenwirksame Auftreten als rechtskundiger Entscheidungsträger verbunden mit einer von Arbeitgeberseite umschriebenen eigenen Entscheidungskompetenz. Neben einer von allen Weisungen unabhängigen Alleinentscheidungsbefugnis ist auch eine wesentliche Teilhabe an Abstimmungs- und Entscheidungsprozessen im Unternehmen ausreichend.

Rechtsgestaltung ist
- das selbständige Führen von Vertrags- und Einigungsverhandlungen mit den verschiedenen Partnern des Arbeitgebers.

Rechtsvermittlung ist
- das mündliche Darstellen abstrakter Regelungskomplexe vor größeren Zuhörerkreisen

z.B. Leiter der Marketingabteilung eines Unternehmens ist, und auch nach „Feierabend" nicht als Rechtsanwalt tätig wird, genügt den Anforderungen von § 3 FAO nicht.

Auch wenn Syndikustätigkeit unter den genannten Voraussetzungen als Anwaltstätigkeit zu werten ist, stellt sich im Rahmen von **§ 5 Abs. 1 FAO** stets die weitere Frage, ob und inwieweit Fälle, die ein Antragsteller als Syndikusanwalt bearbeitet hat, zum Nachweis der besonderen praktischen Erfahrungen auf seinem Fachgebiet **geeignet** sind.[1] 126

Die Voraussetzung der dreijährigen anwaltlichen Tätigkeit ist in der Praxis ohne große Relevanz. Vorprüfungsausschüsse und Kammervorstände gehen üblicherweise von der **Vermutung** aus, dass derjenige, dem es gelingt, die in § 5 Abs. 1 FAO geforderten Fallzahlen zu erreichen, zwangsläufig auch lange genug anwaltlich tätig war.[2] 127

3. Anwendbarkeit der Fachanwaltsordnung auf verkammerte Rechtsbeistände

§ 3 FAO meint eine dreijährige **anwaltliche** Zulassung und Tätigkeit.[3] Der **verkammerte (Voll)Rechtsbeistand** findet weder hier noch an einer anderen Stelle der Fachanwaltsordnung Erwähnung. 128

Allerdings bestimmt **§ 209 Abs. 1 Satz 4 BRAO**, dass verkammerte (Voll-) Rechtsbeistände auf besondere Kenntnisse in einem der in § 43c Abs. 1 Satz 2 BRAO genannten Gebiete durch den **Zusatz „Fachgebiet"** hinweisen können. Da in § 43c Abs. 1 Satz 2 BRAO bis vor kurzem nur die **Alt-Fachanwaltschaften** Verwaltungsrecht, Steuerrecht, Arbeitsrecht und Sozialrecht ausdrücklich benannt waren, löste die Verweisungsnorm die Diskussion aus, ob eine Fachgebietsbezeichnung auch auf den neuen, nur in § 1 FAO benannten Gebieten erfolgen dürfe.[4]

Die Unklarheit ist jetzt beseitigt, weil § 43c Abs. 1 Satz 2 BRAO n.F. inzwischen lautet: „Fachanwaltsbezeichnungen gibt es für das Verwaltungsrecht, das Steuerrecht, das Arbeitsrecht und das Sozialrecht sowie für die Rechtsgebiete, die durch Satzung in einer Berufsordnung nach § 59b Abs. 2 Nr. 2 Buchst. a bestimmt sind".[5] Vollrechtsbeistände können also eine Fachgebiets- 129

- die schriftliche Aufarbeitung abstrakter Regelungskomplexe
- die Bekanntgabe und Erläuterung von Entscheidungen im Einzelfall.

1 Vgl. hierzu näher unten unter B. III. 4.

2 Der Verfasserin ist bislang nur ein einziger Fall bekannt geworden, in dem das Fehlen einer vollen dreijährigen Anwaltstätigkeit (wegen eines Auslandsaufenthalts zu Weiterbildungszwecken) als zusätzliches Argument für die auch aus anderen Gründen negative Beurteilung eines Antrags angeführt wurde.

3 Der in § 3 FAO a.F. noch ausdrücklich enthaltene Zusatz „als Rechtsanwalt" ist in der geltenden Fassung aus sprachlichen Gründen weggelassen worden.

4 Vgl. hierzu ausführlich die 2. Auflage, Rz. 76, und BGH AnwZ (B) 45/01.

5 BGBl. 2009 I S. 2449 ff.

bezeichnung auf all denjenigen Rechtsgebieten erwerben, für die es auch Fachanwaltschaften gibt.[1]

II. Besondere theoretische Kenntnisse

130 Gem. **§ 2 Abs. 1 1. Alt. FAO** ist Voraussetzung für die Verleihung einer Fachanwaltsbezeichnung der Nachweis **besonderer theoretischer Kenntnisse**. Nach **§ 2 Abs. 2 FAO** liegen besondere theoretische Kenntnisse vor, „wenn diese auf dem Fachgebiet **erheblich das Maß dessen übersteigen, das üblicherweise durch die berufliche Ausbildung (und praktische Erfahrung im Beruf) vermittelt wird**".

131 § 2 Abs. 3 FAO bestimmt, dass die besonderen theoretischen Kenntnisse (und zwar Kenntnisse auf dem hohen in § 2 Abs. 2 geforderten Niveau) „die **verfassungs- und europarechtlichen Bezüge** des Fachgebiets" umfassen müssen. Diese Bestimmung gilt – vor die Klammer gezogen – für jede der 20 Fachanwaltschaften und bedarf deshalb keiner gesonderten Erwähnung in den §§ 8 bis 14m FAO.

Durch die Regelung hat der Satzungsgeber der ständig wachsenden Bedeutung des Europarechts auch für die Anwendung deutschen Rechts Rechnung getragen.[2]

132 Wie die besonderen theoretischen Kenntnisse erworben werden können, ist in **§ 4 FAO** geregelt, der grundsätzlich zwischen den **innerhalb eines Fachanwalts-Lehrgangs** und den **außerhalb** eines solchen Lehrgangs erworbenen Kenntnissen unterscheidet.

1. Die Anforderungen in den einzelnen Fachgebieten

133 Welche konkreten theoretischen Kenntnisse in den einzelnen Fachbereichen erworben und nachgewiesen werden müssen, ergibt sich aus den **§§ 8 bis 14m FAO**.

a) Verwaltungsrecht

134 **§ 8 FAO** unterscheidet als einzige der Vorschriften, die die nachzuweisenden besonderen theoretischen Kenntnisse regeln, zwischen **Pflichtbereichen** (Nr. 1) und **Wahlpflichtbereichen** (Nr. 2). Es ist auch schlechterdings kein Fachanwalts-Lehrgang denkbar, dem es gelingen könnte, in nur 120 Zeitstunden sämtliche Bereiche des Besonderen Verwaltungsrechts abzudecken.

---

1 Versäumt wurde, § 209 Abs. 1 Satz 4 BRAO, wo es nach wie vor heißt, der Zusatz „Fachgebiet" dürfe für höchstens zwei Gebiete geführt werden, an die Neufassung von § 43c Abs. 1 Satz 3 BRAO, wonach inzwischen drei Fachanwaltschaften zulässig sind, anzupassen.

2 Stobbe, in: Henssler/Prütting, a. a. O., § 2 FAO Rz. 18; Vossebürger, in: Feuerich/Weyland, a. a. O., § 2 FAO Rz. 2.

aa) Die Pflichtbereiche

§ 8 Nr. 1 FAO schreibt **zwingend** vor, dass für das Fachgebiet Verwaltungsrecht besondere Kenntnisse nachzuweisen sind in den Bereichen 135

- Allgemeines Verwaltungsrecht
- Verfahrensrecht

und

- Recht der öffentlich-rechtlichen Ersatzleistung.

Zum **Allgemeinen Verwaltungsrecht** gehören die für **alle** Gebiete des Besonderen Verwaltungsrechts gleichermaßen gültigen Rechtsnormen, die als Ganzes nicht kodifiziert sind. Hierzu zählen insbesondere das **Recht der Verwaltung im System der Gesamtrechtsordnung**, d.h. im Verhältnis zu Gesetzgebung und Rechtsprechung, die **Arten öffentlicher Verwaltung**, das **allgemeine und das besondere materielle Verwaltungsrecht**, das Verhältnis des Allgemeinen Verwaltungsrechts zum **Verwaltungsverfahrensrecht** und zum **Verwaltungsprozessrecht** sowie die verwaltungsrechtliche Situation nach dem **Einigungsvertrag**. Außerdem gehören dazu die **Grundsätze rechtsstaatlichen Verwaltungshandelns**, insbesondere der Grundsatz der **Gesetzmäßigkeit der Verwaltung** (also des Vorbehalts des Gesetzes und des Vorrangs des Gesetzes), die **Rechtsquellen des Verwaltungsrechts**, die **Handlungsformen öffentlicher Verwaltung**, die **Abgrenzung öffentlich-rechtlichen Handelns** von privatrechtlichem Handeln, die **Grundsätze eines rechtsstaatlichen Verwaltungsverfahrens**, die **Grundrechtsrelevanz des Verwaltungsverfahrens** sowie Fragen der **Freiheit und Bindung der öffentlichen Verwaltung**. Einen weiteren Schwerpunkt bilden die **Lehre vom Verwaltungsakt** und die damit zusammenhängenden Themenbereiche wie Begriffsmerkmale und Funktion, Nebenbestimmungen, Bestimmtheit, Form, Begründung und Bekanntgabe, Wirksamkeit, Fehlerhaftigkeit und Aufhebung durch Rücknahme bzw. Widerruf. Schließlich sind dem Allgemeinen Verwaltungsrecht auch das Handeln durch **öffentlich-rechtlichen Vertrag**, die **besonderen Verfahrensarten** des Verwaltungsverfahrensgesetzes, das **förmliche Verfahren** und das **Planfeststellungsverfahren** sowie neuerdings die **Umweltverträglichkeitsprüfung** zuzuordnen.[1] 136

Das **Verfahrensrecht** umfasst das unmittelbare **Verwaltungsverfahren** und **allgemeine Verfahrensgrundsätze**. Außerdem schließt § 8 Nr. 1 lit. b FAO über den unmittelbaren Wortlaut der Vorschrift hinaus auch das **Verwaltungsprozessrecht** ein, und zwar insbesondere die Themenbereiche praktische Klagevorbereitung, Anforderungen an die Klageschrift, Klagearten, Fragen des Prozessverlaufs, allgemeine Verfahrensgrundsätze, Rechtsmittelrecht und vorläufiger Rechtsschutz.[2] 137

Das **Recht der öffentlich-rechtlichen Ersatzleistung** umfasst das **frühere Staatshaftungsrecht** mit seinen Schwerpunkten Amtshaftung, Haftung in öffentlich-rechtlichen Schuldverhältnissen, Folgenbeseitigungsanspruch, Staatshaftung 138

---

1 Vgl. hierzu Vossebürger, a.a.O., § 8 FAO Rz. 2.
2 Vgl. hierzu Vossebürger, a.a.O., § 8 FAO Rz. 3.

in den neuen Bundesländern, Enteignung, enteignungsgleicher Eingriff, Enteignungsentschädigung, enteignender Eingriff und Planungsschadensrecht.[1]

bb) Die Wahlpflichtbereiche

139 Außer in sämtlichen Pflichtbereichen von § 8 Nr. 1 FAO muss der Bewerber besondere Kenntnisse in **zwei Bereichen** des **Besonderen Verwaltungsrechts** belegen. Dabei muss zwingend **ein Bereich** aus den in Nr. 2 ausdrücklich genannten Gebieten stammen. Der Bewerber kann allerdings auch beide Pflichtbereiche aus den dort aufgeführten Gebieten wählen. Das „muss" bedeutet lediglich, dass **mindestens** einer der gewählten Bereiche im Katalog der Nr. 2 enthalten sein muss.[2]

140 **§ 8 Nr. 2 FAO** nennt die Gebiete

- öffentliches Baurecht
- Abgabenrecht, soweit die Zuständigkeit der Verwaltungsgerichte gegeben ist
- Wirtschaftsverwaltungsrecht (einschließlich des Gewerberechts, des Handwerksrechts, des Wirtschaftsförderungsrechts, des Gaststättenrechts sowie des Berg- und Energierechts)
- Umweltrecht (einschließlich des Immissionsschutzrechts, des Abfallrechts, des Wasserrechts sowie des Natur- und Landschaftsschutzrechts)

und

- öffentliches Dienstrecht.

141 Bestandteile des **öffentlichen Baurechts** sind die Bereiche Bauleitplanung, Sicherung der Bauleitplanung und Zulässigkeit von Bauvorhaben, das Denkmalschutzrecht, das Ordnungsrecht und der Nachbarschutz sowie die Besonderheiten des Rechtsschutzes.[3]

142 Besondere Kenntnisse im **Abgabenrecht** sind nur nachzuweisen, soweit die Zuständigkeit der Verwaltungsgerichte gegeben ist.

143 Die Gebiete **Wirtschaftsverwaltungsrecht** und **Umweltrecht** werden durch die Klammerzusätze umschrieben und entsprechend beschränkt. Es wird allerdings grundsätzlich **nicht verlangt**, dass sämtliche in den Klammern aufgeführten Teilkomplexe nachgewiesen werden. Andererseits würde es nicht ausreichen, aus den Klammerzusätzen in § 8 Nr. 2 lit. c und d nur einen einzigen eng umgrenzten Bereich – im Wirtschaftsverwaltungsrecht etwa das Gaststättenrecht – abzudecken.[4]

---

1 Vgl. hierzu Vossebürger, a.a.O., § 8 FAO Rz. 4.
2 So z.B. Vossebürger, a.a.O., § 8 FAO Rz. 5.
3 Vgl. hierzu Scharmer, in: Hartung/Römermann, a.a.O., § 8 FAO Rz. 10.
4 In einem – früheren – Merkblatt des Vorprüfungsausschusses der Rechtsanwaltskammer Düsseldorf für Verwaltungsrecht hieß es hierzu: „Bei den Pflichtwahlfächern gem. § 8 Nr. 2c) und d) sind nach Auffassung des Ausschusses besondere Kenntnisse nicht in allen durch die Klammerzusätze genannten Materien zu belegen; die ganz überwiegende Breite des Pflichtwahlfaches ist jedoch abzudecken.
Damit wird im Interesse der Rechtsuchenden, denen hier wie in anderen Sondergebieten die Auswahl eines geeigneten Anwalts durch die Fachanwaltsbezeichnung

Das **öffentliche Dienstrecht** umfasst Fragen der Begründung und Beendigung des Dienstverhältnisses sowie die Rechte und Pflichten aus dem Dienstverhältnis.[1] 144

b) Steuerrecht

Gem. **§ 9 FAO** sind für das Fachgebiet Steuerrecht besondere Kenntnisse nachzuweisen in den Bereichen 145

- Buchführung und Bilanzwesen, einschließlich des Rechts der Buchführung und des Jahresabschlusses
- Allgemeines Abgabenrecht, einschließlich Bewertungs- und Verfahrensrecht
- Besonderes Steuer- und Abgabenrecht in den Gebieten
  - Einkommen-, Körperschaft- und Gewerbesteuer
  - Umsatzsteuer- und Grunderwerbsteuerrecht

  sowie
  - Erbschaft- und Schenkungsteuerrecht

und

- Steuerstrafrecht sowie Grundzüge des Verbrauchsteuer- und internationalen Steuerrechts, einschließlich des Zollrechts.

Der besonderen Bedeutung des Themenkomplexes **„Buchführung und Bilanzwesen“** wird zusätzlich dadurch Rechnung getragen, dass der Fachanwalts-Lehrgang gem. § 4 Abs. 1 Satz 3 FAO im Fachgebiet Steuerrecht außer den üblichen 120 Zeitstunden **weitere 40 Zeitstunden** für Buchhaltung und Bilanzwesen umfassen muss. 146

Das **Allgemeine Abgabenrecht** ist insbesondere in der **Abgabenordnung** geregelt. Es umfasst die **Organisation und Zuständigkeit der Finanzbehörden**, das **Verhältnis des Steuerrechts zum Zivilrecht**, Fragen des **steuerlichen Ermittlungsverfahrens** (Mitwirkungspflichten, Beweisregelungen, Steuergeheimnis), besondere **Ermittlungsformen** (wie Außenprüfung und Steuerfahndung), Fragen des **Steuerfestsetzungsverfahrens** sowie die **Vollstreckung** und den **Rechtsschutz** in Steuersachen. Das gesondert erwähnte **Bewertungsrecht** bezieht sich vornehmlich auf die Vorschriften des **Bewertungsgesetzes** mit seinen Regelungen zur steuerlichen Bewertung von Wirtschaftsgütern. Die entscheidenden Verfahrensvorschriften finden sich (hinsichtlich der Finanzverwaltung) in der **Abgabenordnung** und (hinsichtlich der Finanzgerichtsbarkeit) in der **Finanzgerichtsordnung**.[2] 147

erleichtert werden soll, eine erhebliche Breite besonderer Kenntnisse des Verwaltungsrechts gefordert. Die Führung der Fachanwaltsbezeichnung kann also nicht demjenigen Anwalt gestattet werden, der nur auf eng eingegrenzten Gebieten des Verwaltungsrechts über besondere (womöglich gar exzeptionelle) Kenntnisse verfügt.“

1 Vgl. hierzu Scharmer, in: Hartung/Römermann, a. a. O., § 8 FAO Rz. 14.

2 Vgl. hierzu Scharmer, in: Hartung/Römermann, a. a. O., § 9 FAO Rz. 4.

148 § 9 Nr. 3 FAO benennt die Gebiete des **Besonderen Steuer- und Abgabenrechts**, in denen der Fachanwaltsbewerber überdurchschnittliche Kenntnisse nachweisen muss.

149 Das **Einkommensteuerrecht** ist im **Einkommensteuergesetz** geregelt und umfasst neben den Grundsätzen der Einkommensbesteuerung Fragen wie Veranlagung, Tarif, tarifliche Freibeträge, Sonderausgaben, außergewöhnliche Belastungen, Einkünfte aus Kapitalvermögen, Einkünfte aus Vermietung und Verpachtung, Steuerbegünstigung des selbstgenutzten Wohneigentums, Baukindergeld, Renteneinkünfte, Einkünfte aus Gewerbebetrieb, Veräußerung von Anteilen an Kapitalgesellschaften, Einkünfte aus Spekulationsgeschäften, freiberufliche Einkünfte und auch Fragen der Erbfolge und der Erbauseinandersetzung.

150 Das **Körperschaftsteuerrecht** findet sich vor allem im **Körperschaftsteuergesetz**, das die Steuerpflicht von inländischen Körperschaften, Personenvereinigungen und Vermögensmassen behandelt. Die besonderen Kenntnisse müssen sich auf die Grundlagen der Besteuerung und die Ermittlung des Einkommens sowie auf die Fragenkomplexe verdeckte Gewinnausschüttungen, verdeckte Einlagen, nicht abziehbare Aufwendungen, steuerfreie Erträge und Spendenabzüge erstrecken.

151 Das **Gewerbesteuerrecht** ist im **Gewerbesteuergesetz** geregelt. Die besonderen Kenntnisse sollten den Steuergegenstand sowie die Besteuerungsgrundlagen (Gewerbeertragsteuer, Freibeträge beim Gewerbeertrag und Gewerbesteuerrückstellung) umfassen.

152 Das **Umsatzsteuerrecht** bezieht sich insbesondere auf die Vorschriften des **Umsatzsteuergesetzes**. Besondere Kenntnisse sind erforderlich hinsichtlich der Grundtatbestände des § 1 UStG, der Besteuerung des Eigenverbrauchs, des Unternehmerbegriffs nach § 2 UStG, der Steuerbefreiung, des Vorsteuerabzugs und seiner Berichtigung, der Besteuerung der Kleinunternehmer und der grenzüberschreitenden Umsätze im Gemeinschaftsgebiet.

153 Das **Grunderwerbsteuerrecht** ist im **Grunderwerbsteuergesetz** geregelt und verlangt besondere Kenntnisse über den Steuergegenstand, Steuervergünstigungen, die Bemessungsgrundlage, die Steuerberechnung, die Steuerschuld und besondere Verfahrensfragen.

154 Das **Erbschaft- und Schenkungsteuerrecht** ist im **Erbschaft- und Schenkungsteuergesetz** geregelt und umfasst insbesondere Fragen der sachlichen und persönlichen Steuerpflicht, der Wertermittlung, der Berechnung der Steuer sowie der Steuerfestsetzung und -erhebung.[1]

155 § 9 Nr. 4 FAO wurde in der 3. Sitzung der Vierten Satzungsversammlung am 15.6.2009 neu gefasst.[2] Für das zunehmend an Bedeutung gewinnende **Steuerstrafrecht** werden jetzt nicht mehr nur Grundzüge verlangt. Das Steuerstrafrecht umfasst insbesondere das in der Abgabenordnung geregelte **materielle**

1 Vgl. zum Ganzen Scharmer, in: Hartung/Römermann, a. a. O., § 9 FAO Rz. 5 ff.
2 Protokoll der 3. Sitzung der Vierten Satzungsversammlung vom 15.6.2009, S. 35 ff.

Steuerstrafrecht und das **Steuerstrafverfahrensrecht** sowie die Regeln des Allgemeinen Teils des Strafgesetzbuches und des Strafprozessrechts.[1] Von wachsender Bedeutung ist die **strafbefreiende Selbstanzeige** bei Steuerhinterziehung gem. § 371 AO, die durch den Beschluss des BGH vom 20.5.2010[2] und insbesondere durch die Neufassung der Norm aufgrund des am 3.5.2011 in Kraft getretenen Schwarzgeldbekämpfungsgesetzes[3] neue Brisanz erhalten hat. Das in § 9 Nr. 4 FAO a.F. enthaltene Außensteuerrecht wurde durch den klareren Terminus **„Internationales Steuerrecht"**, der das **Außensteuergesetz** und das **Doppelbesteuerungsabkommen** umfasst, ersetzt. Neu hinzugekommen ist das **Zollrecht**, geregelt im **Zollkodex**, im **Zollverwaltungsgesetz** und in der **Zollverordnung**. Der Zoll ist eine Steuer im Sinne der Abgabenordnung (§ 3 Abs. 1 Satz 2 AO). Das Verbrauchsteuer-, Internationale Steuer- und Zollrecht müssen nur in ihren **Grundzügen** vermittelt werden.

c) Arbeitsrecht

§ 10 FAO hat durch Beschlussfassung der Vierten Satzungsversammlung vom 15.6.2009 eine **klarere Struktur** erhalten, indem die früheren Klammerzusätze zum Individualarbeitsrecht einerseits und zum kollektiven Arbeitsrecht andererseits aufgelöst und die auch bei den meisten anderen Fachgebieten übliche Buchstaben-Unterteilung gewählt wurden. 156

Gem. **§ 10 FAO** sind für das Fachgebiet Arbeitsrecht besondere Kenntnisse nachzuweisen in den Bereichen 157

- Individualarbeitsrecht, einschließlich
  - des Abschlusses, des Inhalts[4] und der Änderung des Arbeits- und Berufsbildungsvertrags
  - der Beendigung des Arbeits- und Berufsbildungsverhältnisses, einschließlich des Kündigungsschutzes
  - der Grundzüge der betrieblichen Altersversorgung
  - des Schutzes besonderer Personengruppen, insbesondere der Schwangeren und Mütter, der Schwerbehinderten und Jugendlichen

  sowie
  - der Grundzüge des Arbeitsförderungs- und des Sozialversicherungsrechts
- Kollektives Arbeitsrecht, einschließlich
  - des Tarifvertragsrechts
  - des Personalvertretungs- und Betriebsverfassungsrechts

  sowie

---

1 Vgl. Scharmer, in: Hartung/Römermann, a.a.O., § 9 FAO Rz. 12.
2 Wistra 2010, 304.
3 BGBl. I S. 676 f. Durch den neu gefassten § 371 Abs. 1 AO wurde die Teilselbstanzeige abgeschafft.
4 Die vom Sprachlogischen her erforderliche Verschiebung des „Inhalts" des Arbeits- und Berufsbildungsvertrags aus lit. b in lit. a wurde in der 6. Sitzung der Vierten Satzungsversammlung am 6.12.2010 beschlossen (vgl. Protokoll der 6. Sitzung der Vierten Satzungsversammlung, S. 38 f.) und ist am 1.7.2011 in Kraft getreten.

– der Grundzüge des Arbeitskampf- und Mitbestimmungsrechts

und

– Verfahrensrecht.

158 Das **Individualarbeitsrecht**, das den **Schwerpunkt** der nachzuweisenden besonderen Kenntnisse im Arbeitsrecht ausmacht, ist durch lit. a bis e des § 10 Nr. 1 FAO konkretisiert.

159 Der Themenkomplex **„Abschluss, Inhalt und Änderung des Arbeitsvertrags"** umfasst die bei **Einstellung** eines Arbeitnehmers (einschließlich der leitenden Angestellten) zu beachtenden Regelungen und Möglichkeiten der **Vertragsgestaltung**. Im einzelnen geht es um die Stichworte **Grundrechte im Arbeitsrecht**, **Arbeitnehmerbegriff** (Abgrenzung zum Selbständigen, Problem der Scheinselbständigkeit), **Einstellung** (Stellenausschreibung, Einstellungsgespräch, Fragerecht des Arbeitgebers), Diskriminierung von Bewerbern und **Allgemeines Gleichbehandlungsgesetz** (AGG), **Form des Vertragsschlusses** und Bedeutung des Nachweisgesetzes (NachweisG), **inhaltliche Ausgestaltung des Vertrags** und Durchführung des Arbeitsverhältnisses (Arbeitszeit, Zulässigkeit und Voraussetzungen von Befristungen, Arbeitspflicht und Nebenpflichten des Arbeitnehmers, Arbeitnehmerhaftungsprivileg, Entgeltzahlungspflicht des Arbeitgebers, Gratifikationen und Zulagen, Beschäftigungspflicht und arbeitsvertragliche Nebenpflichten, Nichtleistung und Schlechtleistung, Annahmeverzug des Arbeitgebers, Betriebsrisiko, Entgeltfortzahlung, Urlaub, Gleichbehandlung und Gleichberechtigung), **Inhaltsänderung** (Widerrufs- und Anrechnungsrechte), **besondere Arbeitsverhältnisse** (Teilzeit-, Heim-, Tele-, Leiharbeit, leitende Angestellte, Minderjährige), **Betriebsübergang**.

160 Zur **Beendigung des Arbeitsverhältnisses**, einschließlich des **Kündigungsschutzes** gehören insbesondere das **Kündigungsschutzgesetz** sowie die beim Abschluss von **Aufhebungsverträgen** zu beachtenden Rechtsfragen. Im einzelnen geht es um die Stichworte **Tod** von Arbeitnehmer/-geber, **Aufhebungs- und Abwicklungsvertrag**, einschließlich der steuer- und sozialversicherungsrechtlichen Konsequenzen, **Befristungen**, **ordentliche und außerordentliche Kündigung**, **Änderungskündigung**, **besonderer Kündigungsschutz** (z.B. beim Betriebsübergang in der Insolvenz oder für **besondere Personengruppen** wie Schwangere und Mütter, Schwerbehinderte, Wehrpflichtige sowie betriebsverfassungsrechtliche bzw. personalvertretungsrechtliche Amtsinhaber), **Anzeigepflicht von Massenentlassungen** und die daraus folgenden Besonderheiten für Kündigungsfristen, **nachvertragliche Wettbewerbsverbote**, **Zeugnis**.

161 Das **Berufsbildungsrecht** nach dem **Berufsbildungsgesetz** umfasst die Begründung des Ausbildungsverhältnisses, seinen Inhalt, die Pflichten des Auszubildenden und des Ausbilders, das Prüfungswesen, die Beendigung des Berufsausbildungsverhältnisses, den Übergang des Ausbildungsverhältnisses in ein Arbeitsverhältnis sowie Fragen der Fortbildung.

162 Bei den **Grundzügen der betrieblichen Altersversorgung** geht es im einzelnen um Begriffe und Rechtsgrundlagen, den **persönlichen Anwendungsbereich** und Durchführungswege, **Entgeltumwandlung**, einvernehmliche, einseitige oder kollektivrechtliche Änderungen (insbesondere Anpassungsrechte), **Insolvenz-**

schutz, Besonderheiten beim Betriebsübergang, betriebliche Altersversorgung und Versorgungsausgleich sowie Beendigung des Ruhestandsverhältnisses.

Die **Personengruppen**, die **verstärkten arbeitsrechtlichen Schutz** genießen, 163
sind insbesondere die in § 10 Nr. 1 lit. d FAO bereits ausdrücklich erwähnten **Schwangeren**, **Mütter**, **Schwerbehinderten** und **Jugendlichen**, darüber hinaus aber auch die Eltern während der Elternzeit, Erziehungsurlaubsberechtigte sowie in Heimarbeit Beschäftigte. Es geht um die Themen Arbeitsplatzschutz (besonderer Kündigungsschutz), Gesundheitsschutz, Leistungen.

Zu den **Grundzügen des Arbeitsförderungsrechts** gehört das **SGB III**. Umfasst 164
sind die Stichworte Allgemeine Grundzüge, sozialrechtliche Fragen, die sich auch bei arbeitsrechtlichen Mandaten – etwa der Gestaltung eines Aufhebungsvertrags – auswirken, wie Insolvenzgeld, Kurzarbeitsgeld, Arbeitslosengeld (einschließlich Ruhen und Verkürzung des Anspruchs, Verhängung von Sperrzeiten), und weiter **Arbeitslosenhilfe** bzw. **Arbeitslosengeld II**, steuer- und sozialversicherungsrechtliche Behandlung von **Abfindungen**, **beschäftigungsfördernde Maßnahmen** (Eingliederungsvertrag, ABM). Vom Stichwort **„Grundzüge des Sozialversicherungsrechts"** sind umfasst gesetzliche Krankenversicherung, Unfallversicherung, Rentenversicherung, Pflegeversicherung.[1]

Das **kollektive Arbeitsrecht** umfasst gem. § 10 Nr. 2 lit. a bis c FAO das Ta- 165
rifvertragsrecht, das Personalvertretungs- und Betriebsverfassungsrecht sowie das Arbeitskampf- und Mitbestimmungsrecht.

Das **Tarifvertragsrecht** umfasst die Stichworte **Begriff und Parteien des Tarif-** 166
vertrags, **Arbeitnehmer- und Arbeitgebervereinigungen**, **Recht der Koalitionen** (Art. 9 Abs. 3 GG), insbesondere Koalitionsfreiheit, **Tarifautonomie**, Gestaltung und Inhalt von Tarifverträgen, Tariffähigkeit und Tarifzuständigkeit, Tarifbindung, Allgemeinverbindlicherklärung, Geltungsbereich und Wirkung auf das Arbeitsverhältnis, Tarifbindung bei Unternehmensumstrukturierung, **Auswirkungen auf den Arbeitsvertrag**, vor allem bei Änderungen des Vertragsinhalts und beim Austritt aus einem Verband bzw. Wechsel des Verbands, Wechselbeziehungen zur Betriebsverfassung.

Das **Personalvertretungs- und Betriebsverfassungsrecht** umfasst Grundbegriffe 167
des **Betriebsverfassungsgesetzes (BetrVG)**, **Organe der Betriebsverfassung**, Wahlverfahren, **Beteiligung des Betriebsrats** an den Entscheidungen des Arbeitgebers und **erzwingbare Mitbestimmungsrechte** in personellen, sozialen und wirtschaftlichen Angelegenheiten, **Einigungsstelle**, Interessenausgleich und Sozialplan, **Gestaltung von Betriebsvereinbarungen**, Entsprechungen im Personalvertretungsrecht.[2]

Die **Grundzüge des Arbeitskampf- und Mitbestimmungsrechts** umfassen die 168
Themenbereiche **Rechtsgrundlagen des Arbeitskampfrechts**, verfassungsrecht-

1 Vgl. zum Ganzen Scharmer, in: Hartung/Römermann, a. a. O., § 10 FAO Rz. 5 ff.

2 Scharmer, in: Hartung/Römermann, a. a. O., § 10 FAO Rz. 15, erwähnt hier auch die verschiedenen kirchlichen Mitarbeitervertretungsgesetze, hinsichtlich derer zwar konkrete Kenntnisse nicht erforderlich seien, weil es sich um eine Spezialmaterie handele, von deren Existenz der Fachanwalt aber wissen sollte.

liche Absicherung, Rechtmäßigkeitsvoraussetzungen der verschiedenen Formen von **Streik** (Erzwingungsstreik, Warnstreik, Wellenstreik) und **Aussperrung** (Angriffs- und Abwehraussperrung), Rechtsfolgen rechtmäßiger und rechtswidriger Arbeitskämpfe, Maßregelungsverbot, Boykott, Schlichtungswesen, **Grundlagen der Unternehmensmitbestimmung** (BetrVG 1952, MitbestG 1976). Verlangt werden hier – wie auch bei der betrieblichen Altersversorgung und dem Sozialrecht – nur **Grundzüge**, sodass Detailwissen nicht erforderlich ist. Während arbeitskampfrechtliche Fragen auch in der täglichen Praxis gelegentlich eine Rolle spielen können (Lohnansprüche bei Arbeitskampfmaßnahmen), wird der Fachanwalt mit unternehmensmitbestimmungsrechtlichen Fragen nur in wenigen Großkanzleien konfrontiert werden. Grundkenntnisse gehören gleichwohl zur juristischen Allgemeinbildung.[1]

169 Zum **Verfahrensrecht** gem. § 10 Nr. 3 FAO gehören insbesondere das **Urteilsverfahren** (insbesondere Güteverfahren, Berufung, Revision, Beschwerde, Wiedereinstellungsanspruch), die **einstweilige Verfügung**, das **Beschlussverfahren** und **Streitigkeiten aus der Berufsbildung** sowie die Themen arbeitsgerichtliche Wertfestsetzung und Kostentragungspflicht im Urteilsverfahren der ersten Instanz. Den wichtigsten Teilbereich des Verfahrensrechts stellt die **Kündigungsschutzklage** nach dem **Kündigungsschutzgesetz** (einschließlich ihrer möglichen betriebsverfassungsrechtlichen Implikationen) dar.

d) Sozialrecht

170 Gem. **§ 11 FAO** sind für das Fachgebiet Sozialrecht besondere Kenntnisse nachzuweisen in den Bereichen

- Allgemeines Sozialrecht, einschließlich Verfahrensrecht

und

- Besonderes Sozialrecht, einschließlich
  - des Arbeitsförderungs- und Sozialversicherungsrechts (einschließlich der Krankenversicherung, der Unfallversicherung, der Rentenversicherung sowie der Pflegeversicherung)
  - des Rechts der sozialen Entschädigung bei Gesundheitsschäden
  - des Rechts des Familienlastenausgleichs
  - des Rechts der Eingliederung Behinderter
  - des Sozialhilferechts

  sowie
  - des Ausbildungsförderungsrechts.

171 Das **Allgemeine Sozialrecht** ist insbesondere im **Allgemeinen Teil des Sozialgesetzbuches (SGB I)** geregelt, das die sozialen Rechte beschreibt und einen Katalog von sozialrechtlichen Anspruchsnormen enthält. Hierzu gehört ferner das **SGB IV** mit seinen gemeinsamen Vorschriften für die **Sozialversicherung**.

1 Vgl. Scharmer, in: Hartung/Römermann, a. a. O., § 10 FAO Rz. 13 ff.

Das **Verfahrensrecht** ist hinsichtlich des Verwaltungsverfahrens im **Zehnten Teil des Sozialgesetzbuches (SGB X)** geregelt, hinsichtlich des Gerichtsverfahrens im **Sozialgerichtsgesetz**.[1] 172

§ 11 Nr. 2 FAO legt – jetzt in den Buchstaben a bis f – die Teilbereiche des **Besonderen Sozialrechts** fest, deren überdurchschnittliche Kenntnis der Fachanwaltsbewerber nachzuweisen hat. 173

Das **Arbeitsförderungsrecht** umfasst in erster Linie das **SGB III** mit den Regelungen über das **Arbeitslosengeld**, die Arbeitslosenhilfe bzw. das **Arbeitslosengeld II**, die berufliche Rehabilitation, das Kurzarbeitergeld, einschließlich der sog. Transferleistungen, die Winterbauförderung, die **Maßnahmen zur Arbeitsbeschaffung**, das Insolvenzgeld sowie die **Arbeitsvermittlung**, die Förderung von Eingliederungsmaßnahmen und die Berufsberatung. 174

Das **Sozialversicherungsrecht** schließt das **Recht der gesetzlichen Krankenversicherung (SGB V)**, das **Unfallversicherungsrecht**, das **Rentenversicherungsrecht (SGB VI)** und die **Pflegeversicherung (SGB XI)** ein. 175

Das **Recht der sozialen Entschädigung bei Gesundheitsschäden** umfasst Fragen des **geschützten Personenkreises**, des schädigenden Tatbestandes, des ursächlichen Zusammenhangs und des Umfangs der Versorgung. 176

Beim **Recht des Familienlastenausgleichs (SGB VIII)** handelt es sich insbesondere um die Regelungen des Bundeserziehungsgeldgesetzes und des Bundeskindergeldgesetzes. 177

Das **Recht der Eingliederung Behinderter** ist im **SGB IX** geregelt. 178

Die Kenntnisse im **Sozialhilferecht** müssen sich beziehen auf die **sozialstaatlichen Grundlagen** der Sozialhilfe, das **materielle Sozialhilferecht**, den Grundsatz der Nachrangigkeit und die einschlägigen Anspruchsgrundlagen sowie auf Fragen der Hilfe zum Lebensunterhalt, des Einsatzes von Einkommen und Vermögen bei der Hilfe zum Lebensunterhalt, der Hilfe in besonderen Lebenslagen, des Einsatzes von Einkommen und Vermögen bei der Hilfe in besonderen Lebenslagen, der Wiederherstellung des Nachrangs und der Auskunftsverpflichtung. Hierzu gehören auch die im Zuge der **Zusammenlegung von Arbeitslosenhilfe und Sozialhilfe** entstandenen Neuregelungen und Probleme. 179

Zum **Ausbildungsförderungsrecht** gehören neben den allgemeinen Vorschriften die individuelle berufliche Förderung, die institutionelle Förderung der beruflichen Bildung und die Förderung der Arbeitsaufnahme.[2] 180

e) Familienrecht

Gem. **§ 12 FAO** sind für das Fachgebiet Familienrecht besondere Kenntnisse nachzuweisen in den Bereichen 181

- materielles Ehe-, Familien- und Kindschaftsrecht, unter Einschluss familienrechtlicher Bezüge zum Erb-, Gesellschafts-, Sozial-, Schuld-, Steuer- und

1 Vgl. hierzu Scharmer, in: Hartung/Römermann, a. a. O., § 11 FAO Rz. 5 f.
2 Vgl. zum Ganzen Scharmer, in: Hartung/Römermann, a. a. O., § 11 FAO Rz. 7 ff.

Vollstreckungsrecht und zum öffentlichen Recht, der nichtehelichen Lebensgemeinschaft und der eingetragenen[1] Lebenspartnerschaft
- familienrechtliches Verfahrens- und Kostenrecht
- Internationales Privatrecht im Familienrecht

und
- Theorie und Praxis familienrechtlicher Mandatsbearbeitung und Vertragsgestaltung.

182 Durch die **Ausprägung seiner Nr. 1** unterscheidet sich § 12 FAO von den §§ 8 bis 11 sowie 13 bis 14m FAO, die die einzelnen Teilbereiche des jeweiligen Fachgebiets bzw. die jeweiligen Gesetzesmaterien voneinander abgrenzen und differenziert darstellen. § 12 dagegen vereint in seiner Nr. 1 sämtliche in Betracht kommenden materiellen Gebiete des deutschen Rechts **unter einem Gliederungspunkt**. Der ausführliche Katalog wurde in der 3. Sitzung der Vierten Satzungsversammlung am 15.6.2009 noch um die Bezüge zum Schuldrecht und zum Vollstreckungsrecht ergänzt.[2]

183 Das **Eherecht** umfasst Themen wie Ehename, Staatsangehörigkeit und Pflichten der Eheschließenden, das **Scheidungsrecht** Themen wie Scheidungsvoraussetzungen und Scheidungsvereinbarung und das **Sorgerecht** die Frage der elterlichen Sorge für das eheliche und für das nichteheliche Kind.

184 Zum **materiellen Familienrecht** gehören außerdem das **eheliche Güterrecht** (mit den Themenbereichen Ehevertrag, Zugewinngemeinschaft, Gütertrennung, Gütergemeinschaft, Auseinandersetzung nichtehelicher Lebensgemeinschaften durch Trennung der Partner oder durch den Tod eines Partners sowie erbrechtliche Bezüge von Trennung und Scheidung) und das **Unterhaltsrecht**, das wiederum die Ermittlung des unterhaltsrechtlichen Einkommens sowie die Komplexe Kindesunterhalt und Ehegattenunterhalt umfasst, und schließlich das **Recht des Versorgungsausgleichs**. Zum Familienrecht gehören außerdem die Bereiche **Vormundschaft**, **Pflegschaft** und **Betreuung**.[3]

185 Durch Aufnahme des Zusatzes „sowie der **Lebenspartnerschaften**" in § 12 Nr. 1 FAO a. E. trug die Satzungsversammlung in ihrer Sitzung am 7.11.2002 der Verabschiedung des „Gesetzes zur Beendigung der Diskriminierung gleichgeschlechtlicher Gemeinschaften: Lebenspartnerschaften" vom 16.2.2001[4] Rechnung. Die Vierte Satzungsversammlung stellte durch entsprechende Ergänzung klar, dass natürlich nur „eingetragene", nicht jedwede unverbind-

1 Die von der Vierten Satzungsversammlung in ihrer 3. Sitzung am 15.6.2009 vorgenommene Klarstellung, dass es sich bei der Lebenspartnerschaft um die „eingetragene" Lebenspartnerschaft handelt (vgl. Protokoll der 3. Sitzung der Vierten Satzungsversammlung, S. 42), findet sich nicht in allen Textveröffentlichungen wieder.

2 Protokoll der 3. Sitzung der Vierten Satzungsversammlung vom 15.6.2009, S. 42.

3 Vgl. zum Ganzen Scharmer, in: Hartung/Römermann, a. a. O., § 12 FAO Rz. 6 f.

4 BGBl. 2001 I S. 266 ff. – Die Verfassungsmäßigkeit des Gesetzes war zunächst umstritten, wurde vom Bundesverfassungsgericht am 18.7.2001 (NJW 2001, 2457 ff.) jedoch bestätigt.

lichen Lebenspartnerschaften gemeint sind.[1] Neu aufgenommen wurden auch die Bezüge zum Vollstreckungsrecht, weil das Vollstreckungsrecht im Hinblick auf die sehr häufig im Streit befindlichen Unterhaltsforderungen, auf den Zugewinnausgleich und auf die Probleme des Aufenthaltsbestimmungs- und Sorgerechts eine besondere Rolle spielt.

Die **„Bezüge zum öffentlichen Recht"** wurden durch Beschluss der Satzungs- 186
versammlung vom 20.3.2003 in den Katalog der Rechtsgebiete aufgenommen. Gemeint sind die **verfassungs- und verwaltungsrechtlichen Bezüge**.

Der Bereich **familienrechtliches Verfahrens- und Kostenrecht** gem. § 12 Nr. 2 187
FAO beinhaltet neben den allgemeinen verfahrensrechtlichen Regeln insbesondere das **Verbundverfahren**. Beherrscht werden müssen auch die prozessualen Besonderheiten des **Unterhaltsprozesses**. Die relevanten Fragen des Kostenrechts erstrecken sich auf isolierte Familiensachen, Verbundverfahren und den vorläufigen Rechtsschutz im Hinblick auf beide Bereiche sowie auf die außergerichtliche Tätigkeit. Von besonderer Bedeutung sind auch Fragen der **Prozesskostenhilfe**.[2] Nicht nur, aber gerade im Familienrecht spielt das Thema **Mediation** eine immer wichtigere Rolle. Zwar muss der Fachanwalt für Familienrecht nicht zugleich ausgebildeter Mediator (vgl. § 7a BORA) sein, doch sollten seine Kenntnisse über Mediation ausreichen, um entscheiden zu können, ob im konkreten Fall der Partei zur Teilnahme an einem Mediationsverfahren zu raten ist, und um die Partei ggf. in einem solchen Verfahren anwaltlich zu begleiten. Welch hohen Stellenwert der Gesetzgeber einer Mediation in familienrechtlichen Angelegenheiten beimisst, zeigt **§ 135 Abs. 1 Satz 1 FamFG**, der bestimmt, dass in Scheidungssachen und Folgesachen das Gericht anordnen kann, dass die Ehegatten einzeln oder gemeinsam an einem **kostenfreien Informationsgespräch** über Mediation oder eine sonstige Möglichkeit der außergerichtlichen Streitbeilegung anhängiger Folgesachen einer von dem Gericht benannten Person oder Stelle teilnehmen und eine Bestätigung hierüber vorlegen.

Nach § 12 Nr. 3 FAO müssen die besonderen Kenntnisse außerdem die 188
Rechtsquellen und die grundlegenden Begriffe des **Internationalen Privatrechts** umfassen. Die wichtigsten Regelungsgegenstände sind hier die **Ehe mit Auslandsberührung**, das **Kindschaftsrecht außerhalb des Scheidungsverbunds** und die **Inlandsvollstreckung ausländischer Unterhaltstitel** sowie die Vollstreckung inländischer Titel im (vor allem) europäischen Ausland.[3] Die Rechtsentwicklung ist dabei sehr im Fluss. So gilt etwa seit dem 1.3.2005 in allen EU-Mitgliedstaaten (außer Dänemark) die „Verordnung über die elterliche Verantwortung"[4], nach der Umgangsrechtsentscheidungen künftig ungehindert zwischen den Mitgliedstaaten „zirkulieren". Am 20.12.2010 hat der Europäische Rat offiziell die Verordnung für eine **Verstärkte Zusammenarbeit**

1 Protokoll der 3. Sitzung der Vierten Satzungsversammlung vom 15.6.2009, S. 42. Erstaunlicherweise findet sich diese Ergänzung nicht in sämtlichen Textfassungen wieder.
2 Scharmer, in: Hartung/Römermann, a. a. O., § 12 FAO Rz. 9.
3 Vgl. hierzu Scharmer, in: Hartung/Römermann, a. a. O., § 12 FAO Rz. 10.
4 ABl. L 338 vom 23.12.2003.

im Bereich des auf die Ehescheidung und Trennung ohne Auflösung des Ehebandes anzuwendenden Rechts (**ROM III**) angenommen. Die Verordnung ist am 30.12.2010 in Kraft getreten und gilt im Wesentlichen ab dem 21.6.2012.[1] Die Länder, die zurzeit an dieser Verstärkten Zusammenarbeit teilnehmen, sind Belgien, Bulgarien, Deutschland, Frankreich, Italien, Lettland, Luxemburg, Malta, Österreich, Portugal, Rumänien, Slowenien, Spanien und Ungarn. Den übrigen Mitgliedstaaten der EU steht es offen, sich der Verordnung jederzeit anzuschließen. Die Verordnung sieht vor, dass Ehepaare, die für ihre Scheidung geltende Rechtsordnung selbst aussuchen können. Eine Rechtswahlvereinbarung kann bis zum Zeitpunkt der Anrufung des Gerichts vorgenommen oder geändert werden. Sie bedarf der Schriftform und der Unterzeichnung beider Ehegatten.

189 § 12 Nr. 4 FAO ist bewusst vage formuliert. Fest steht allerdings, dass hier besondere Kenntnisse hinsichtlich der Gestaltung der **gängigen Verträge** im familienrechtlichen Bereich (insbesondere hinsichtlich der Gestaltung von Eheverträgen und Scheidungsfolgenvereinbarungen) vorhanden sein müssen.[2]

f) Strafrecht

190 Gem. **§ 13 FAO** sind für das Fachgebiet Strafrecht besondere Kenntnisse nachzuweisen in den Bereichen

- Methodik und Recht der Strafverteidigung und Grundzüge der maßgeblichen Hilfswissenschaften
- materielles Strafrecht, einschließlich Jugend-, Betäubungsmittel-, Verkehrs-, Wirtschafts- und Steuerstrafrecht

und

- Strafverfahrensrecht, einschließlich Jugendstraf- und Ordnungswidrigkeitenverfahren sowie Strafvollstreckungs- und Strafvollzugsrecht.

191 Zu **„Methodik und Recht der Strafverteidigung“** und den **„Grundzügen der maßgeblichen Hilfswissenschaften“** gehören die Themenkomplexe **Mandatsübernahme** und **Ermittlungsverfahren** (mit den in seinem Rahmen ergriffenen Zwangsmaßnahmen) sowie Fragen der **notwendigen Verteidigung** und der **Pflichtverteidigerbeiordnung**. Der Bedarf an Pflichtverteidigern hat in der letzten Zeit deutlich zugenommen, nachdem das „Gesetz zur Änderung des Untersuchungshaftrechts“ vom 29.7.2009,[3] das am 1.1.2010 in Kraft getreten ist, den in § 140 StPO aufgeführten Gründen für eine Pflichtverteidigerbestellung einen wichtigen neuen, nämlich die **Vollstreckung von Untersuchungshaft oder einer einstweiligen Unterbringung**, beigefügt hat. Wichtige Teilbereiche des Ermittlungsverfahrens sind **Untersuchungshaft** und gegenüber dem Beschuldigten ergriffene **Maßnahmen zur Aufklärung des Sachverhalts**. Außerdem spielen **Beweisfragen** und **Vernehmungsgrundsätze** eine Rolle. Von besonderer Bedeutung sind daneben die Bereiche Vorbereitung und Durchfüh-

1 ABl. L 343 vom 29.12.2010.
2 Vgl. Scharmer, in: Hartung/Römermann, a. a. O., § 12 FAO Rz. 11.
3 BGBl. 2009 I S. 2274 ff.

rung der Hauptverhandlung, das Strafzumessungsrecht und das **Rechtsmittelrecht**. Immer wichtiger wird – insbesondere nach Wegfall der Kronzeugenregelung – auch der **„Deal“** im Strafverfahren. Maßgebliche Hilfswissenschaft des Strafrechts ist insbesondere die **Psychologie**. Der Fachanwaltsbewerber sollte über **psychologische Grundkenntnisse** verfügen. Daneben spielen auch die Medizin und die Soziologie eine Rolle.[1]

Kernbereiche des **materiellen Strafrechts** sind der **Allgemeine und der Besondere Teil des Strafgesetzbuches**, die beide bereits weitgehend von § 13 Nr. 1 FAO erfasst sind. Daneben hebt § 13 Nr. 2 wichtige strafrechtliche **Nebengebiete** hervor, nämlich das im Jugendgerichtsgesetz geregelte **Jugendstrafrecht**, das im **Gesetz über den Verkehr mit Betäubungsmitteln** und im **Gesetz zur Bekämpfung des illegalen Rauschgifthandels und anderer Erscheinungsformen der organisierten Kriminalität** geregelte **Betäubungsmittelstrafrecht**, das **überwiegend im Strafgesetzbuch** geregelte **Verkehrsstrafrecht** sowie das **Wirtschaftsstrafrecht** und das **Steuerstrafrecht**.[2] 192

Das im Wesentlichen in der **Strafprozessordnung** geregelte **Strafverfahrensrecht** wird bereits zum größten Teil durch den Bereich „Methodik und Recht der Strafverteidigung“ abgedeckt. Sonderbestandteile des Strafverfahrensrechts sind das im **Jugendgerichtsgesetz** geregelte **Jugendstrafverfahrensrecht** und das im **Gesetz über Ordnungswidrigkeiten** geregelte **Verfahrensrecht im Hinblick auf Ordnungswidrigkeiten**. Schließlich gehören hierzu das **Strafvollstreckungsrecht** und das im **Strafvollzugsgesetz** geregelte **Strafvollzugsrecht**.[3] 193

g) Insolvenzrecht

Gem. **§ 14 FAO** sind für das Fachgebiet Insolvenzrecht besondere Kenntnisse nachzuweisen in den Bereichen 194

- materielles Insolvenzrecht, wiederum unterteilt in
  - Insolvenzgründe und Wirkungen des Insolvenzantrags
  - Wirkungen der Verfahrenseröffnung
  - das Amt des vorläufigen Insolvenzverwalters oder des Insolvenzverwalters
  - Sicherung und Verwaltung der Masse
  - Aussonderung, Absonderung und Aufrechnung im Insolvenzverfahren
  - Abwicklung der Vertragsverhältnisse
  - Insolvenzgläubiger
  - Insolvenzanfechtung
  - Arbeits- und Sozialrecht in der Insolvenz
  - Steuerrecht in der Insolvenz
  - Gesellschaftsrecht in der Insolvenz
  - Insolvenzstrafrecht

---

1 Vgl. hierzu Scharmer, in: Hartung/Römermann, a. a. O., § 13 FAO Rz. 6 ff.
2 Vgl. Scharmer, in: Hartung/Römermann, a. a. O., § 13 FAO Rz. 10.
3 Vgl. Scharmer, in: Hartung/Römermann, a. a. O., § 13 FAO Rz. 11.

sowie
- Grundzüge des internationalen Insolvenzrechts

- Insolvenzverfahrensrecht, wiederum unterteilt in
  - Insolvenzeröffnungsverfahren
  - Regelverfahren
  - Planverfahren
  - Verbraucherinsolvenz
  - Restschuldbefreiungsverfahren

  sowie
  - Sonderinsolvenzen

und
- betriebswirtschaftliche Grundlagen, wiederum unterteilt in
  - Buchführung, Bilanzierung und Bilanzanalyse
  - Rechnungslegung in der Insolvenz

  sowie
  - betriebswirtschaftliche Fragen des Insolvenzplans, der Sanierung, der übertragenden Sanierung und der Liquidation.

195 Das **materielle Insolvenzrecht** ist durch die einzelnen Buchstaben des § 14 Nr. 1 FAO bereits weitgehend konkretisiert.

196 Das **Arbeits- und Sozialrecht in der Insolvenz** umfasst die Stichworte Kündigung von Arbeitsverhältnissen und Betriebsvereinbarungen, Problematik der Personalanpassung im eröffneten Insolvenzverfahren und im Insolvenzplanverfahren, Interessenausgleich und Sozialplan, Betriebsübergang.

197 Das **Gesellschaftsrecht in der Insolvenz** umfasst die Stichworte Kapitalherabsetzung und -erhöhung, Eigenkapitalersatzrecht, Geschäftsführer- und Gesellschafterhaftung, insbesondere Insolvenzverschleppungshaftung, Durchgriffshaftung, Übertragung, Umwandlung.

198 Das **Insolvenzstrafrecht** umfasst die verspätete Insolvenzanmeldung und die Bankrottdelikte.[1]

199 Die Grundzüge des **Internationalen Insolvenzrechts** umfassen die Auslandswirkungen einer Inlandsinsolvenz und die Inlandswirkungen einer Auslandsinsolvenz.

200 Zum **materiellen Insolvenzrecht** gehören außer den **in § 14 Nr. 1 lit. a bis m FAO ausdrücklich genannten Teilbereichen** auch Fragen der Klauselerteilung, der Auswirkungen der Insolvenzordnung auf die Zwangsvollstreckung, der Versteigerung durch den Verwalter und/oder die Gläubiger sowie der Zwangsverwaltung bzw. der Zwangsversteigerung durch den Insolvenzverwalter. Weiterhin umfasst das materielle Insolvenzrecht die Themenkomplexe Abwicklung des Zahlungsverkehrs im Insolvenzverfahren und Rolle der Kredit-

1 Vgl. hierzu Scharmer, in: Hartung/Römermann, a. a. O., § 14 FAO Rz. 6.

institute, Bestellung und Verwertung von Kreditsicherheiten in der Insolvenz sowie Restschuldbefreiung.

Auch das **Insolvenzverfahrensrecht** ist durch die Buchstaben des § 14 Nr. 2 FAO bereits weitgehend konkretisiert. Im einzelnen sind umfasst Eröffnung, Durchführung, Beendigung, **Insolvenzplan** (Inhalt, Verfahren), **Verbraucherinsolvenz** (Anwendungsbereich, Verfahren), **Restschuldbefreiung** (begünstigter Personenkreis, Voraussetzungen, Verfahren), Sonderinsolvenzen (Nachlassinsolvenz, Gesamtgutinsolvenz). 201

Entgegen dem Wortlaut („Grundlagen") wird insbesondere aus der Zusammenschau mit § 4 Abs. 1 Satz 4 FAO deutlich, dass es sich bei den **betriebswirtschaftlichen Kenntnissen** nicht nur um Grundkenntnisse, sondern um ein **vertieftes Wissen**, insbesondere über die eine Insolvenz betreffenden Fragen (Sanierung im Rahmen eines Insolvenzplans, übertragende Sanierung, Liquidation) handelt. Immerhin muss der Lehrgang im Insolvenzrecht außer den üblichen 120 Zeitstunden **weitere 60 Zeitstunden** für die betriebswirtschaftlichen Grundlagen umfassen. Gerechtfertigt ist das durch die verantwortungsvollen betriebswirtschaftlichen Aufgaben, die dem Fachanwalt als Insolvenzverwalter übertragen werden können. Dabei ist zu beachten, dass der Insolvenzverwalter nach der InsO weit stärker als nach altem Recht gefordert ist, nicht nur die Insolvenz abzuwickeln, sondern alle Sanierungsmöglichkeiten auszuschöpfen. Um diesem Umstand Rechnung zu tragen, hatten die „Berliner Empfehlungen 2001" den Vorschlag enthalten, die Fachanwaltsbezeichnung in „Fachanwalt für Insolvenz- und Sanierungsrecht" umzubenennen.[1] Diese Überlegung ist von der Satzungsversammlung allerdings nicht aufgegriffen worden. 202

Allein der Umstand, dass von dem Fachanwalt auch die **Fähigkeit zur Bilanzanalyse** verlangt wird, verdeutlicht, dass die Kenntnisse der §§ 238 ff. HGB vertieft sein müssen. Auch Grundkenntnisse der internationalen Bilanzierungsvorschriften (IAS, US-GAAP) wird man verlangen müssen. Da für die Bilanzanalyse bei konzernverbundenen Unternehmen ausschließlich die Konzernbilanz von Bedeutung ist, sind auch Grundkenntnisse der konsolidierten Bilanz (§§ 290 ff. HGB),[2] nicht aber der Sonderregeln für Kredit- und Versicherungsunternehmen zu fordern. 203

Zu den **betriebswirtschaftlichen Grundlagen** gehören die Grundlagen der Buchführung, insbesondere die Buchführungspflichten nach dem Handelsrecht und dem Steuerrecht, die Gewinnermittlungsmethoden im Steuerrecht, die Grundlagen der sog. „doppelten Buchführung", die Buchung von Geschäftsvorfällen, die Grundsätze ordnungsgemäßer Buchführung und Bilanzierung sowie die Gewinnermittlung bei Mitunternehmerschaften und bei Kapitalgesellschaften. Weiterhin sind umfasst die Grundlagen der Bilanzierung, die Bilanzierung von Anlage- und Umlaufvermögen sowie von Eigen- und Fremdkapital, die 204

1 „Berliner Empfehlungen 2001" Ziff. IV. 1.2.

2 Zuletzt geändert durch Art. 1 des „Gesetzes zur Modernisierung des Bilanzrechts (Bilanzrechtsmodernisierungsgesetz – BilMoG)" vom 25.5.2009 – BGBl. 2009 I S. 1102, 1108 ff.

Rechnungslegung des Konzerns und Fragen der internationalen Rechnungslegung. Zu den betriebswirtschaftlichen Grundlagen gehören ferner die Rechnungslegung in der Insolvenz, d.h. die insolvenzrechtliche Rechnungslegung sowie die handelsrechtliche und die steuerrechtliche Rechnungslegung. Außerdem fallen in den Regelungszusammenhang der betriebswirtschaftlichen Grundlagen wirtschaftliche Fragen des Insolvenzplans, der übertragenden Sanierung und der Liquidation. Darunter werden insbesondere die Bereiche frühzeitige Krisenerkennung, Möglichkeiten und Mechanismen der Unternehmensreorganisation, Analyse der Krisenursachen, Erfolgsfaktoren einer Sanierung, Entwicklung und Umsetzung des Restrukturierungs- bzw. Sanierungskonzeptes sowie Verhältnis von Sanierungskonzept und Insolvenzplan zusammengefasst.[1]

205 Die Vierte Satzungsversammlung hat im Zuge ihrer „Aufräumarbeiten" in § 14 Nr. 3 lit. c FAO eine Klarstellung vorgenommen, indem das Stichwort **„Sanierung"** aus dem Klammerzusatz zu „betriebswirtschaftliche Fragen des Insolvenzplans" herausgelöst und **eigenständig** aufgeführt wurde.[2] Nach der bisherigen Fassung sah es so aus, als würde sich ein Insolvenzplan immer mit dem Thema „Sanierung" befassen. Tatsächlich kann aber im Insolvenzplan **jegliche „abweichende Regelung"** bei der Abwicklung eines Insolvenzverfahrens getroffen werden. Es war deshalb richtig, das Bemühen um eine Sanierung des Unternehmens neben der Tätigkeit im Rahmen der Abwicklung eines Insolvenzplans, aber auch der übertragenden Sanierung und der Liquidation aufzuführen.

h) Versicherungsrecht

206 Gem. **§ 14a FAO** sind für das Fachgebiet Versicherungsrecht besondere Kenntnisse nachzuweisen in den Bereichen

- Allgemeines Versicherungsvertragsrecht und Besonderheiten der Prozessführung
- Recht der Versicherungsaufsicht
- Grundzüge des internationalen Versicherungsrechts
- Transport- und Speditionsversicherungsrecht
- Sachversicherungsrecht (insbesondere Recht der Fahrzeug-, Gebäude-, Hausrat-, Reisegepäck-, Feuer-, Einbruchdiebstahl- und Bauwesenversicherung)
- Recht der privaten Personenversicherung (insbesondere Recht der Lebens-, Kranken-, Reiserücktritts-, Unfall- und Berufsunfähigkeitsversicherung)
- Haftpflichtversicherungsrecht (insbesondere Recht der Pflichtversicherung, privaten Haftpflicht-, betrieblichen Haftpflicht-, Haftpflichtversicherung der Freien Berufe, Umwelt- und Produkthaftpflicht, Bauwesenversicherung)
- Rechtsschutzversicherungsrecht

1 Vgl. Scharmer, in: Hartung/Römermann, a.a.O., § 14 FAO Rz. 8 ff.
2 Protokoll der 6. Sitzung der Vierten Satzungsversammlung vom 6.12.2010, S. 39.

und
- Grundzüge des Vertrauensschaden- und Kreditversicherungsrechts.

Die Satzungsversammlung hat bewusst auf die Bezugnahme auf einzelne versicherungsrechtliche Gesetze (z.B. das VVG oder das PflichtversicherungsG) verzichtet und **abstraktere Begrifflichkeiten** (wie Versicherungsvertragsrecht oder Pflichtversicherungsrecht) gewählt, um bei Gesetzesreformen nicht zu Anpassungen gezwungen zu sein.[1] 207

Zum Themenkomplex **Allgemeines Versicherungsvertragsrecht** und **Besonderheiten der Prozessführung** gehören Streitigkeiten zwischen Versichertem und Versicherer über die Deckungspflicht sowie Deckungsklagen, einschließlich des Problemkreises der Prozessführungsbefugnis und des Bestimmungsrechts des Versicherers. Es geht um die Grundbegriffe des Versicherungsrechts und um Themen wie Besonderheiten bei der Vertragsgestaltung, Prämienzahlung, Bereicherungsverbot, Risikoausschlüsse und Obliegenheiten, Haftung für Repräsentanten und Mitversicherte, Haftung des Versicherers für Agenten sowie Eigenhaftung des Versicherungsagenten und des Versicherungsmaklers. In Zusammenhang mit den Obliegenheiten des Versicherungsnehmers und dem Bestimmungsrecht des Versicherers sollte sich der Fachanwalt für Versicherungsrecht in Grundzügen auch mit dem Thema **Interessenkollision** auskennen, in die er z.B. geraten kann, wenn Parteien wechselseitig Schadensersatzansprüche aus einem Verkehrsunfall geltend machen und auf beiden Seiten derselbe Kfz-Haftpflichtversicherer hinter den Schädigern steht.[2] 208

Das **Recht der Versicherungsaufsicht** bezieht sich auf die Rechtsverhältnisse der **Bundesanstalt für Finanzdienstleistungsaufsicht (BAFin)**. Die Aufgaben der BAFin finden sich im VAG. Die in § 14a Nr. 2 FAO verlangten Kenntnisse beziehen sich lediglich auf die Aufsicht nach nationalem Recht.[3] 209

Das **internationale Versicherungsrecht**, das in Grundzügen beherrscht werden soll, ist im **EGVVG** und hier insbesondere in **Art. 7** geregelt. Bekannt sein sollte das System **„Grüne Karte"**. Die Kenntnis europarechtlicher Bezüge wird über § 2 Abs. 3 FAO verlangt.[4] 210

In § 14a Nr. 4 FAO wurde auf die ausdrückliche Erwähnung der Seeversicherung verzichtet. Sie ist aber vom Begriff der **Transportversicherung** mit umfasst.[5] Die Verwendung des Begriffs **„Speditionsversicherungsrecht"** in § 14a Nr. 4 FAO ist unpräzise, weil die früher in der Speditionsversicherung geregelten Sachverhalte heute durch das VVG, die DTVVAV 2003 in ihrer jeweiligen Fassung sowie die DTV Güter 2000 in ihrer jeweiligen Fassung normiert sind. Wegen der „Griffigkeit" der Bezeichnung wurde allerdings keine Änderung ins Auge gefasst.[6] 211

1 SV-Mat. 2/2003, S. 6.
2 Vgl. hierzu z.B. BGH NJW 1991, 1176.
3 SV-Mat. 2/2003, S. 5.
4 Wie zuvor.
5 Wie zuvor.
6 Vgl. hierzu Scharmer, in: Hartung/Römermann, a.a.O., § 14a FAO Rz. 12.

212 Das **Sachversicherungsrecht** ist einer der Kernbereiche des Fachgebiets, der durch die detaillierte Untergliederung in § 14a Nr. 5 FAO hinreichend umschrieben wird. Durch den Klammerzusatz „insbesondere" ist klargestellt, dass die Aufzählung der einzelnen Versicherungsarten **nicht abschließend** ist.[1] Erfasst sind trotz der bereits recht detaillierten Auflistung auch nicht ausdrücklich erwähnte Versicherungen.

213 Was unter **Recht der privaten Personenversicherung** und **Haftpflichtversicherungsrecht** zu verstehen ist, verdeutlichen ebenfalls die ausführlichen Klammerzusätze in § 14a Nr. 6 und 7 FAO. Das **Recht der Pflichtversicherung** in § 14a Nr. 7 FAO erfasst die Versicherung nach dem Pflichtversicherungsgesetz, während die berufsrechtlich obligatorische Versicherung der Freien Berufe über die „Haftpflichtversicherung der Freien Berufe" abgedeckt ist.

214 Das **Rechtsschutzversicherungsrecht** gehört zum täglichen Brot jedes Rechtsanwalts. Es geht um Themen wie Deckungsumfang in der Rechtsschutzversicherung, Auslegung und Verständnis der ARB, versicherte Risiken und Risikoausschlüsse, Versicherungsnehmer und mitversicherte Personen sowie Obliegenheiten. Eine zentrale Rolle spielt die Klage gegen den Rechtsschutzversicherer. Hier sollte der Fachanwalt für Versicherungsrecht das richtige Rollenverständnis entwickeln und sich nicht vom Mandanten in das „Lager" des Versicherers stellen lassen. Dem Mandanten sollte insbesondere vermittelt werden, dass sowohl die Einholung der Deckungszusage als auch entsprechende Verhandlungen bis hin zur Klage selbstverständlich **eigenständige Dienstleistungen** des Rechtsanwalts sind, die **Gebührenansprüche** auslösen.

215 Das **Vertrauensschaden- und Kreditversicherungsrecht**, das der Vollständigkeit halber in den Themenkatalog aufgenommen wurde, umfasst in Grundzügen die Gegenstände und Produktformen der Vertrauensschadenversicherung (VSV) sowie die Themen Umfang des Versicherungsschutzes, versicherte Vertrauenspersonen, mitversicherte Unternehmen, versicherter Zeitraum, Versicherungssumme und Selbstbeteiligung sowie nicht erstattungsfähige Schäden. Bei der Kreditversicherung geht es insbesondere um ihre Arten und die Abgrenzung zur Kautionsversicherung, um die gesetzlichen Grundlagen und um den Inhalt des Versicherungsschutzes.

i) Medizinrecht

216 Gem. **§ 14b FAO** sind für das Fachgebiet Medizinrecht besondere Kenntnisse nachzuweisen in den Bereichen

- Recht der medizinischen Behandlung, insbesondere
  - zivilrechtliche Haftung

  sowie
  - strafrechtliche Haftung
- Recht der privaten und gesetzlichen Krankenversicherung, insbesondere Vertragsarzt- und Vertragszahnarztrecht sowie Grundzüge der Pflegeversicherung

---

1 Wie zuvor.

- Berufsrecht der Heilberufe, insbesondere
  - ärztliches Berufsrecht

  sowie
  - Grundzüge des Berufsrechts sonstiger Heilberufe
- Vertrags- und Gesellschaftsrecht der Heilberufe, einschließlich Vertragsgestaltung
- Vergütungsrecht der Heilberufe
- Krankenhausrecht, einschließlich Bedarfsplanung, Finanzierung und Chefarztvertragsrecht
- Grundzüge des Arzneimittel- und Medizinprodukterechts
- Grundzüge des Apothekenrechts

und

- Besonderheiten des Verfahrens- und Prozessrechts.

Das **Recht der medizinischen Behandlung** umfasst „insbesondere", also nicht abschließend, die zivilrechtliche und die strafrechtliche Haftung. 217

Die **zivilrechtliche Haftung** als Teilbereich des Rechts der medizinischen Behandlung entspricht dem **klassischen Arzthaftungsrecht** mit den Themenbereichen Aufklärung und Einwilligung, Diagnose-, Aufklärungs-, Behandlungs- und Organisationsfehler, Haftungsgrundlagen, Kausalität und Schaden sowie ärztliche Dokumentation. Zum Recht der medizinischen Behandlung gehört auch die Behandlung durch Psychotherapeuten, Physiotherapeuten, Hebammen, Heilpraktiker und Angehörige weiterer Heilberufe.[1] 218

Die **strafrechtliche Haftung** umfasst neben dem **Deliktsrecht** (§ 823 Abs. 2 BGB) die **originär strafrechtliche Verantwortung**, also das **Spannungsfeld** von ärztlicher Heilbehandlung und Körperverletzung oder Tötung. Außerdem geht es um Vermögensdelikte wie Abrechnungsbetrug und Verordnungsuntreue. 219

Beim **Recht der privaten und gesetzlichen Krankenversicherung**, der durch den „Insbesondere-Zusatz" konkretisiert wird, gibt es **Überschneidungen mit den Fachgebieten Versicherungsrecht und Sozialrecht**, die allerdings zwangsläufig und im Hinblick auf die eigenständige Bedeutung und Berechtigung der Fachanwaltschaft Medizinrecht völlig unschädlich sind. Im Bereich der privaten Krankenversicherung sind Kenntnisse der **AVB** und der Grundlagen aus dem **VVG** erforderlich.[2] Im Fokus stehen die Rechtsverhältnisse der Beteiligten, die Fragen von Leistungspflicht und Leistungseinschränkungen und insbesondere Obliegenheitsverletzungen des Versicherungsnehmers, etwa durch Nichtanzeige von Vorerkrankungen. Das **Recht der gesetzlichen Krankenversicherung** ist im **SGB V** geregelt. Es existiert ein kompliziertes Normengeflecht von Gesetzen, Verordnungen, Satzungen, Richtlinien, Kollektiv- und Einzelverträgen sowie Qualitätsvereinbarungen. Im Mittelpunkt stehen das **Vertragsarztrecht** und hier insbesondere die **Zulassung als kassenärztlicher** 220

1 Scharmer, in: Hartung/Römermann, a. a. O., § 14b FAO Rz. 4.
2 Scharmer, in: Hartung/Römermann, a. a. O., § 14b FAO Rz. 7.

Vertragsarzt, die Rechtsbeziehungen zwischen den Beteiligten, belegärztliche Streitigkeiten, Auseinandersetzungen um die Honorarverteilung innerhalb der Vertragsärzteschaft und auch das Disziplinarrecht der Kassenärztlichen Vereinigungen. Die Grundzüge des Rechts der Pflegeversicherung müssen ebenfalls bekannt sein. Von besonderer Aktualität und Brisanz ist seit dem 1.1.2009 das Thema Gesundheitsfonds.

221 Zum **Berufsrecht der Heilberufe** gehören die **Berufsordnungen** der Ärzte, Zahnärzte, Psychotherapeuten, Physiotherapeuten, Hebammen und Heilpraktiker, die in Weiterbildungsordnungen der Ärztekammern geregelte **Fortbildungspflicht der Mediziner** sowie das **Approbationsrecht**.

222 Beim **Vertrags- und Gesellschaftsrecht der Heilberufe** geht es u.a. um die erforderlichen Kenntnisse des **Gesellschaftsrechts des BGB** und des **Partnerschaftsgesellschaftsgesetzes** sowie des **GmbH-Rechts**.

223 Das **Vergütungsrecht der Heilberufe** betrifft im Wesentlichen die Privatliquidation, also die Bereiche GOÄ und GOZ, aber auch das zurzeit in der Öffentlichkeit viel diskutierte Thema der individuellen Gesundheitsleistungen (IGeL).

224 Das **Krankenhausrecht** umfasst das im **SGB V** geregelte Rechtsverhältnis zwischen den einzelnen Krankenhäusern und der „Planbehörde“.[1] Weiter geht es um die Themenbereiche Verträge des Krankenhausträgers, sonstige Einrichtungen des Krankenhausträgers (wie etwa Krankenhausapotheken), Krankenhausfinanzierungsrecht, Chefarztvertrag, Krankenhausbehandlungsvertrag und Abrechnung stationärer Krankenhausleistungen.

225 Die **Grundzüge des Arzneimittel- und Medizinprodukterechts** umfassen den Arzneimittelbegriff und die wichtige Abgrenzung zwischen Medizinprodukten und Lebensmitteln, die Zulassung von Medizinprodukten, die Werbung, die Arzneimittelhaftung, die Apothekenpflicht und den Versandhandel.

226 Das **Apothekenrecht** muss nur in seinen Grundzügen bekannt sein. Hierzu gehören die Themenbereiche Erlaubniserteilung, Leitung der Apotheke, gemeinsamer Betrieb von Apotheken, Verbot der Drittbeteiligung und Drittbegünstigung sowie Werbung. In Zeiten von Doc Morris gewinnen diese Themen eine eigene Brisanz und Bedeutung. Auch die Einführung des Versandhandels[2] (§§ 47 Abs. 1 Satz 1 AMG, 11a ApOG, 17 Abs. 2a ApBetrO) und die grundsätzliche Zulässigkeit der Abgabe verschreibungspflichtiger Arzneimittel über ein Apothekenterminal[3] sind im Begriff, die deutsche Apothekenlandschaft nachhaltig zu verändern.

227 Bei den **Besonderheiten des Verfahrens- und Prozessrechts** geht es um die Ausgestaltung des Sozialgerichtsverfahrens, um das Schlichtungsverfahren vor den Schiedsstellen für Arzthaftpflichtfragen der Ärztekammern und der ärzt-

---

1 Scharmer, in: Hartung/Römermann, a.a.O., § 14b FAO Rz. 13.
2 BVerwG NVwZ 2005, 1198.
3 BVerwG NVwZ-RR 2010, 809.

lichen Haftpflichtversicherungen und auch um die berufsgerichtlichen Verfahrensordnungen.[1]

j) Miet- und Wohnungseigentumsrecht

Gem. **§ 14c FAO** sind für das Fachgebiet Miet- und Wohnungseigentumsrecht 228
besondere Kenntnisse nachzuweisen in den Bereichen

- Recht der Wohnraummietverhältnisse
- Recht der Gewerberaummietverhältnisse und Pachtrecht
- Wohnungseigentumsrecht
- Maklerrecht, Nachbarrecht und Grundzüge des Immobilienrechts
- miet- und wohnungseigentumsrechtliche Bezüge zum öffentlichen Recht, einschließlich Steuerrecht

und

- miet- und wohnungseigentumsrechtliche Besonderheiten des Verfahrens- und Vollstreckungsrechts.

Das **Recht der Wohnraummietverhältnisse** ist in den **§§ 535 bis 577a BGB** 229
geregelt. Von besonderer Bedeutung sind die Themen **Abschluss des Mietvertrags** unter Berücksichtigung des Rechts der Allgemeinen Geschäftsbedingungen bei Formularmietverträgen, **Nebenkosten**, **Mieterhöhung**, Modernisierung und Instandhaltung von Wohnraum, Schönheitsreparaturen, Mietsicherheiten und **Vermieterpfandrecht** sowie **Beendigung und Abwicklung des Mietverhältnisses**.

Beim **Recht der Gewerberaummietverhältnisse** geht es um die Abgrenzung 230
zur Wohnraummiete, um Mischmietverhältnisse, um die Besonderheiten bei der Verteilung der Instandsetzungs- und Instandhaltungspflichten zwischen Mieter und Vermieter, bei Mieterhöhungen und beim Kündigungsrecht und auch um die Insolvenz der Mietvertragsparteien und die Zwangsverwaltung des Mietobjekts. Beim **Pachtrecht** ist u. a. die Abgrenzung zum Gewerberaummietverhältnis von Bedeutung. Zum Pachtrecht gehört auch das im BKleinGG geregelte Recht der **Kleingartenpachtverträge**. Das BKleinGG ist privatrechtlich ein Sondergesetz zum Pachtrecht des BGB. Außerdem gehören zum Pachtrecht die Bestimmungen über den Landpachtvertrag (§§ 585 ff. BGB).

Das **Wohnungseigentumsrecht** ist im **WEG** geregelt. Hier geht es insbesondere 231
um die Themen Begründung des Wohnungseigentums, Sonder- und Gemeinschaftseigentum, **Rechte und Pflichten der Wohnungseigentümer**, Finanz- und Rechnungswesen der Gemeinschaft, **Eigentümerversammlung**, Verwaltungsbeirat und Verwalter. Der Rechtsanwalt, der häufig für die Mitglieder einer Wohnungseigentümergemeinschaft und/oder den Verwalter tätig wird, sollte auch mit den besonderen kollisionsrechtlichen Problemen, die sich hier stellen können, vertraut sein.

1 Scharmer, in: Hartung/Römermann, a. a. O., § 14b FAO Rz. 17.

232 Das **Maklerrecht** ist zum Teil im BGB, daneben aber auch im Wohnungsvermittlungsgesetz sowie in der Makler- und Bauträgerverordnung kodifiziert. Das **Nachbarrecht** findet sich in den **§§ 806 ff. BGB**. Häufige Rechtsgrundlagen für die Entscheidung nachbarrechtlicher Streitigkeiten sind außerdem das Recht zum Besitz sowie die Abwehr von Besitzstörungen gem. **§ 1004 BGB**.[1] Das **Immobilienrecht** umfasst den Erwerb, die Übertragung und die Belastung von Grundeigentum, den wichtigen Bereich der Grundstücksbelastungen und auch das Grundbuchrecht.

233 Bei den **miet- und wohnungseigentumsrechtlichen Bezügen zum öffentlichen Recht** geht es um Themen wie das Wohnungsbauförderungsrecht, das Zweckentfremdungsrecht, das Bauplanungs- und Bauordnungsrecht, aber auch das Straßenrecht. Die **Bezüge zum Steuerrecht** umfassen die Besteuerung der Veräußerung und des Erwerbs von Immobilien, die Besteuerung der Vermietung und Verpachtung sowie die Grundsteuer und die Grunderwerbsteuer.

234 Bei den **miet- und wohnungseigentumsrechtlichen Besonderheiten des Verfahrens- und Vollstreckungsrechts** geht es um die besonderen gerichtlichen Zuständigkeiten bei Wohnraum- und Gewerbemietverhältnissen, um die Regelungen über Räumungsfristen und Vollstreckungsschutz in den §§ 721 und 794 ZPO sowie um die besonderen Verfahrensregeln des WEG und des FamFG.[2]

k) Verkehrsrecht

235 Gem. **§ 14d FAO** sind für das Fachgebiet Verkehrsrecht besondere Kenntnisse nachzuweisen in den Bereichen

- Verkehrszivilrecht, insbesondere Verkehrshaftungsrecht und Verkehrsvertragsrecht
- Versicherungsrecht, insbesondere Recht der Kraftfahrtversicherung, der Kaskoversicherung sowie Grundzüge der Personenversicherungen
- Verkehrsstraf- und Ordnungswidrigkeitenrecht
- Recht der Fahrerlaubnis

und

- Besonderheiten der Verfahrens- und Prozessführung.

236 Von zentraler Bedeutung ist der – mit dem **Verkehrsvertragsrecht** zum **Oberbegriff Verkehrszivilrecht** zusammengefasste – Bereich des **Verkehrshaftungsrechts**, das das im **BGB** und im **StVG** geregelte **Schadensersatzrecht** umfasst. Grundsätzlich zu unterscheiden sind Fahrzeugschäden und Personenschäden, wobei es im Einzelnen um die Themen normativer Schadensbegriff, Restwert, Totalschaden, Leasingunfall, Abschleppkosten, Nutzungsausfall, Mietwagen, Erwerbsschaden, Heilbehandlungskosten, HWS-Problematik, Haushaltsführungsschaden und Unterhalt bei Tötung geht. Das der Vollständigkeit halber mit aufgenommene Verkehrsvertragsrecht umfasst **alle zivilrechtlichen Nor-**

1 Scharmer, in: Hartung/Römermann, a. a. O., § 14c FAO Rz. 8.
2 Scharmer, in: Hartung/Römermann, a. a. O., § 14c FAO Rz. 10.

men, die **„etwas" mit dem Auto zu tun haben**. Es geht hier im Wesentlichen um das Recht des Autokaufs, die Fahrzeugreparatur sowie das Leasen und Mieten von Kraftfahrzeugen.

Beim Verkehrsrecht kommt es zu **Überschneidungen mit dem Versicherungsrecht**. Die von der Zweiten Satzungsversammlung geschaffene Fachanwaltschaft für Versicherungsrecht wurde vielfach als Auffangbecken oder Trostpflaster für diejenigen gewertet, die eigentlich lieber die Verabschiedung der Fachanwaltschaft für Verkehrsrecht gesehen hätten. Das **Recht der Kraftfahrt- und der Kaskoversicherung** sind im **VVG** und im **PflVG** geregelt. Es geht um die Themen Vertragsschluss, vorläufige Deckungszusage, Risikoausschlüsse, Obliegenheiten vor und nach dem Versicherungsfall sowie Regress des Haftpflichtversicherers und Regress des Kaskoversicherers. Auch Kenntnisse der verschiedenen **Allgemeinen Geschäftsbedingungen der Versicherungen (AKB)** sind erforderlich. Zu den **Grundzügen der Personenversicherungen** gehören die Unfallversicherungen und die Insassen-Unfallversicherungen sowie ihre Wechselbeziehungen zur öffentlich-rechtlichen Sozialversicherung, insbesondere zur Kranken- und Rentenversicherung.[1] 237

Von besonderer Bedeutung ist das **Verkehrsstraf- und Ordnungswidrigkeitenrecht** mit den Themen Geschwindigkeitsüberschreitung, Rotlichtverstoß, Fahrverbot, Punktesystem, Nötigung, fahrlässige Körperverletzung, fahrlässige Tötung, Unfallflucht. 238

Das **Recht der Fahrerlaubnis** umfasst verwaltungsrechtliche ebenso wie strafrechtliche Normen, die in der **Fahrerlaubnisverordnung** und in der **StVZO** geregelt sind. Im Einzelnen geht es um den Erwerb, um die Entziehung und um die Wiedererteilung der Fahrerlaubnis mit der entsprechenden Begutachtung, insbesondere der **MPU**. Angesichts eines gewissen „Führerschein-Tourismus", von dem sich mancher eine Umgehung der MPU verspricht, sollte der Fachanwalt für Verkehrsrecht auch wissen, unter welchen Voraussetzungen ein im (europäischen) Ausland erworbener Führerschein in Deutschland Gültigkeit beanspruchen kann. 239

Bei den **Besonderheiten der Verfahrens- und Prozessführung** geht es um die Kenntnis der einschlägigen zivil- und strafprozessualen sowie verwaltungsgerichtlichen und auch sozialgerichtlichen Normen. Im Bereich der zivilrechtlichen Haftung spielen der **Direktanspruch gegen den Versicherer** und die hieraus resultierenden Auswirkungen auf die Prozessführung die zentrale Rolle.[2] In Zusammenhang mit den Obliegenheiten des Versicherungsnehmers und dem Bestimmungsrecht des Versicherers sollte der Fachanwalt für Versicherungsrecht sich in Grundzügen auch mit dem Thema Interessenkollision auskennen, in die er z.B. geraten kann, wenn Parteien wechselseitig Schadensersatzansprüche aus einem Verkehrsunfall geltend machen und auf beiden Seiten derselbe Kfz-Haftpflichtversicherer hinter den Beteiligten steht.[3] 240

1 Scharmer, in: Hartung/Römermann, a.a.O., § 14d FAO Rz. 8 f.
2 Scharmer, in: Hartung/Römermann, a.a.O., § 14d FAO Rz. 12.
3 Vgl. hierzu z.B. BGH NJW 1991, 1176.

l) Bau- und Architektenrecht

241 Gem. **§ 14e FAO** sind für das Fachgebiet Bau- und Architektenrecht besondere Kenntnisse nachzuweisen in den Bereichen

- Bauvertragsrecht
- Recht der Architekten und Ingenieure
- Recht der öffentlichen Vergabe von Bauaufträgen
- Grundzüge des öffentlichen Baurechts

und

- Besonderheiten der Verfahrens- und Prozessführung.

242 Das **Bauvertragsrecht** ist in den **werkvertragsrechtlichen Bestimmungen** des **BGB** und in der **VOB** geregelt. Im Einzelnen geht es um die Themen Vertragsabschluss, Vertragsbestandteile, Abrechnung und Zahlung von Bauleistungen, Kündigung, Abnahme, Mängelansprüche sowie Baumängel und ihre Zurechnung. Von besonderer Bedeutung ist der Bauträgervertrag mit den Themenbereichen Rechtsnatur, Erfüllungs- und Gewährleistungsansprüche des Erwerbers sowie Vergütung und Abschlagszahlungsvereinbarungen. Auch das AGB-Recht spielt eine Rolle.

243 Beim **Recht der Architekten** geht es um das Architektenvertragsrecht, das Architektenhaftungsrecht und das in der **HOAI** geregelte Architektenhonorarrecht. Das **Recht der Ingenieure** ist in den Teilen VII und VIII der HOAI normiert.[1]

244 Das **Recht der öffentlichen Vergabe von Bauaufträgen** umfasst das materielle Vergaberecht ebenso wie das Vergabeverfahrensrecht. Dieses ist in den §§ 97 ff. GWB, in der Vergabeverfahrensordnung und in den einzelnen Vergabeverordnungen (VOB/A, VOL/A und VOF) geregelt. Umfasst sind außerdem das Nachprüfungsrecht und das Nachprüfungsverfahren und schließlich die neue **Vergabeverordnung**.

245 Die **Grundzüge des öffentlichen Baurechts** umfassen im Wesentlichen das **Bauplanungs- und Bauordnungsrecht** mit den Bezügen zum Straßen- und Wasserrecht sowie zum Denkmal-, Natur- und Landschaftsschutzrecht und das in jüngster Zeit virulent gewordene Thema „Bürgerbeteiligung“.[2]

246 Mit **Besonderheiten der Verfahrens- und Prozessführung** sind u. a. das **selbständige Beweisverfahren** und die einstweilige Verfügung im Bauprozess, das Schiedsgerichtsverfahren nach der ZPO und den verschiedenen Schiedsgerichtsordnungen sowie die Themen Schlichtung, **Mediation** (Stichwort: Suttgart 21) und **Adjudikation** gemeint. Auch die vergaberechtlichen Sonderregelungen des GWB und die Verwaltungsgerichtsordnung fallen hierunter.[3]

---

1 Scharmer, in: Hartung/Römermann, a. a. O., § 14e FAO Rz. 6.
2 Scharmer, in: Hartung/Römermann, a. a. O., § 14e FAO Rz. 10 f.
3 Vgl. Scharmer, in: Hartung/Römermann, a. a. O., § 14e FAO Rz. 12.

m) Erbrecht

Gem. **§ 14f FAO** sind für das Fachgebiet Erbrecht besondere Kenntnisse nachzuweisen in den Bereichen 247

- materielles Erbrecht, unter Einschluss erbrechtlicher Bezüge zum Schuld-, Familien-, Gesellschafts-, Stiftungs- und Sozialrecht
- Internationales Privatrecht im Erbrecht
- vorweggenommene Erbfolge, Vertrags- und Testamentsgestaltung
- Testamentsvollstreckung, Nachlassverwaltung, Nachlassinsolvenz und Nachlasspflegschaft
- steuerrechtliche Bezüge zum Erbrecht

und

- Besonderheiten der Verfahrens- und Prozessführung.

Das **materielle Erbrecht** ist im **5. Buch des BGB** geregelt und umfasst die 248 Themenbereiche **gesetzliche Erbfolge**, **Pflichtteilsrecht**, Annahme und Ausschlagung der Erbschaft, Erbenhaftung, **Erbengemeinschaft**, Auseinandersetzung des Nachlasses, Teilungsversteigerung, Nachlassverwaltung, Nachlasspflegschaft und Nachlassinsolvenzverfahren. Die **erbrechtlichen Bezüge zum Familienrecht** betreffen im Wesentlichen das Thema Güterstand. Bei den **gesellschaftsrechtlichen Bezügen** geht es vor allem um die **Unternehmensnachfolge**. Bei den **Bezügen zum Stiftungsrecht** geht es um die Errichtung und Verwaltung einer Stiftung, aber auch um die Stiftungsaufsicht. Die **Bezüge zum Sozialrecht** betreffen insbesondere die Geltendmachung von Erstattungsansprüchen der Sozialleistungsträger gegenüber den Erben bei Gewährung von Sozialhilfe oder Arbeitslosengeld II an den Erblasser.[1] Wegen der zahlreichen schuldrechtlichen Implikationen hat die Vierte Satzungsversammlung in § 14f Nr. 1 FAO (ebenso wie schon die familienrechtlichen Bezüge zum Schuldrecht in § 12 Nr. 1 FAO) auch die **erbrechtlichen Bezüge zum Schuldrecht** ausdrücklich aufgenommen.[2] Hier geht es um Themen wie Verträge über den Nachlass (§ 311b BGB), Verträge zugunsten Dritter, Leistung nach Todesfall (§ 331 BGB) und Schenkung unter Lebenden.

Beim **Internationalen Privatrecht im Erbrecht** geht es um internationale Ver- 249 einbarungen, um die Anerkennung ausländischer Entscheidungen und deutsches Kollisionsrecht und insbesondere um die Art. 3 ff. und 25 ff. des EGBGB.

Der Komplex **vorweggenommene Erbfolge** sowie **Vertrags- und Testaments-** 250 **gestaltung** umfasst die Themenbereiche Gestaltung von Übergabe- und Schenkungsverträgen, Schenkungen und ehebezogene Zuwendungen, Altenteilsverträge, dingliche Sicherung und Versorgungsrechte, Vermächtnisse, Übertragungsverträge zu Lebzeiten und Erb-, Erbverzichts- und Pflichtteilsverzichtsverträge sowie Testamentsformen, Zentrales Testamentsregister, Wirksamkeitshindernisse, Auslegungsgrundsätze und Grundsätze der Anfechtung.

1 Vgl. Scharmer, in: Hartung/Römermann, a. a. O., § 14f FAO Rz. 4.
2 Protokoll der 3. Sitzung der Vierten Satzungsversammlung vom 15.6.2009, S. 44.

251 Bei der **Testamentsvollstreckung**, die in den **§§ 2197 ff. BGB** geregelt ist, geht es um deren Arten und Anordnungen sowie um die Aufgaben und Pflichten, die Haftung und die Vergütung des Testamentsvollstreckers. Die Nachlassverwaltung ist in den §§ 1975 ff. BGB, die Nachlassinsolvenz in der Insolvenzordnung und die Nachlasspflegschaft in den §§ 1960 ff. BGB geregelt.

252 Die **steuerrechtlichen Bezüge zum Erbrecht** sind vielfältig und umfassen das Erbschaft- und Schenkungsteuerrecht ebenso wie die erbschaft- und ertragsteuerlichen Folgen der Unternehmensnachfolge.

253 Bei den **Besonderheiten der Verfahrens- und Prozessführung** geht es in erster Linie um das **4. Buch des FamFG** (§§ 342 ff.), einschließlich des **Erbscheinsverfahrens**, um das Nachlassverfahrensrecht und um **besondere Regelungen in der ZPO**, wie z.B. die Stufenklage in der Form der Auskunfts- und anschließenden Zahlungsklage. Im Erbrecht spielt auch das Thema **Mediation** eine immer wichtigere Rolle. Zwar muss der Fachanwalt für Erbrecht nicht zugleich ausgebildeter Mediator (vgl. § 7a BORA) sein, doch sollten seine Kenntnisse über Mediation ausreichen, um entscheiden zu können, ob im konkreten Fall der Partei zur Teilnahme an einem Mediationsverfahren zu raten ist, und um die Partei ggf. in einem solchen Verfahren anwaltlich zu begleiten.

n) Transport- und Speditionsrecht

254 Gem. **§ 14g FAO** sind für das Fachgebiet Transport- und Speditionsrecht besondere Kenntnisse nachzuweisen in den Bereichen

- Recht des nationalen und grenzüberschreitenden Straßentransports, einschließlich des Rechts der Allgemeinen Geschäftsbedingungen und der Transportversicherungsbedingungen
- Recht des nationalen und grenzüberschreitenden Transports zu Wasser, auf der Schiene und in der Luft
- Recht des multimodalen Transports
- Recht des Gefahrguttransports, einschließlich diesbezüglicher Straf- und Bußgeldvorschriften
- Transportversicherungsrecht
- Lagerrecht
- Internationales Privatrecht
- Zollrecht und Zollabwicklung im grenzüberschreitenden Verkehr sowie Verkehrssteuern

und

- Besonderheiten der Prozessführung und Schiedsgerichtsbarkeit.

255 Der **zentrale Komplex** des Transport- und Speditionsrechts ist das **Recht des nationalen und grenzüberschreitenden Straßentransports**. Dieses umfasst die einschlägigen Vorschriften des **HGB**, der **CMR** und der **ADSp**. Konkret geht es z.B. um den **Frachtvertrag** und seine Abgrenzung zu anderen Vertragstypen, um Inhalt und Funktion von Frachtbrief und Ladeschein sowie um Fragen der **Haftung**, der Haftungsbeschränkung und des Organisationsverschuldens. Zu

den **Transportversicherungsbedingungen**, die ausdrücklich mit erwähnt sind, gehören die AVB der Güterschadenversicherung ebenso wie die Regeln der Verkehrshaftungsversicherung der Frachtführer, die die vertragliche oder gesetzliche Haftpflicht der Frachtführer regeln.[1]

Das **Recht des Transports zu Wasser** gliedert sich in das Recht der **Binnenschifffahrt** und das des **Seetransports**. Hier geht es in erster Linie um Frachtverträge und um die Haftung für Güterschäden, aber auch um besondere außervertragliche Haftungsnormen des Seerechts, die etwa die Haftung für Ölschäden regeln. Auch die Bereiche Schiffsbauverträge, Schiffsüberlassungsverträge und das Schiffssachenrecht sind mit umfasst. Das **Recht des nationalen Schienentransports** ist im **HGB** geregelt, für den **grenzüberschreitenden Eisenbahntransport** existieren eine Reihe internationaler Übereinkommen (COTIF, CIM, CUV, CUI, SMGS). Das **Recht des nationalen Lufttransports** findet sich im **HGB**. **Internationale Lufttransporte** sind nach dem Warschauer Abkommen und dem Montrealer Übereinkommen abzuwickeln.[2] 256

Der sog. **multimodale Transport** ist in **§ 452 HGB** geregelt. Hier geht es um die Themenbereiche Inhalt der Haftungsregelung, Möglichkeiten vertraglicher Abbedingung der Haftungsregelung, Behandlung der besonders schadensträchtigen Umschlagstätigkeiten im Rahmen von Multimodalverträgen, Notwendigkeit von Allgemeinen Geschäftsbedingungen sowie deren Gestaltung und Berücksichtigung gebräuchlicher Bedingungen wie des FIATA-Durchfrachtkonnossements. 257

Das zunehmend an Bedeutung gewinnende **Recht des Gefahrguttransports** ist im **Gesetz über die Beförderung gefährlicher Güter**, in den dieses ergänzenden Ausführungsbestimmungen[3] und in europarechtlichen und internationalen Normen geregelt. 258

Da es seit Anfang 2003 ein **Speditionsversicherungsrecht** nicht mehr gibt, hat die Vierte Satzungsversammlung die erforderliche Anpassung vorgenommen und den Begriff durch „Transportversicherungsrecht" ersetzt.[4] Es geht um das **Recht der Verkehrshaftungsversicherung der Spediteure und Frachtführer** und um die **Güterschadenversicherung**. 259

Im ursprünglichen Katalog des § 14g FAO fehlte das **Lagerrecht**.[5] Die Vierte Satzungsversammlung hat das Versehen inzwischen durch Schaffung eines 260

1 Vgl. hierzu Scharmer, in: Hartung/Römermann, a. a. O., § 14g FAO Rz. 5.
2 Vgl. Scharmer, in: Hartung/Römermann, a. a. O., § 14g FAO Rz. 9.
3 Vgl. aktuell die „Erste Verordnung zur Änderung der Gefahrgutverordnung See" vom 3.12.2007 – BGBl. 2007 I S. 2813 f., und die entsprechende Bekanntmachung der Neufassung der „Verordnung über die Beförderung gefährlicher Güter mit Seeschiffen (Gefahrgutverordnung See – GGVSee)" vom 3.12.2007 – BGBl. 2007 I S. 2815 ff.
4 Protokoll der 3. Sitzung der Vierten Satzungsversammlung vom 15.6.2009, S. 46.
5 Das Bundesjustizministerium führte dies auf ein Redaktionsversehen der Satzungsversammlung zurück und wies in seinem Bescheid vom 25.2.2005, durch den neben anderen Vorschriften § 14g FAO genehmigt wurde, darauf hin, dass das Lagerrecht nach der einhelligen Auffassung der Fachwelt im Transportrecht enthalten sei. – BRAK-Mitt. 2005, 78.

neuen § 14g Nr. 6 FAO behoben.[1] Inhaltlich geht es um das in den **§§ 467 bis 475h HGB** geregelte **Lagergeschäft** mit den Themen Lagerformen, Lagerpapiere, Rechte und Pflichten des Einlagerers sowie Rechte, Pflichten und Haftung des Lagerhalters.

261 Das **Internationale Privatrecht** umfasst die für den Bereich des Transport- und Speditionsrechts einschlägigen Normen des **EGBGB** sowie die Sondervorschriften in einer Reihe **internationaler Abkommen**.

262 Der Bereich **Zollrecht** und **Zollabwicklung im grenzüberschreitenden Verkehr** umfasst die verschiedenen europarechtlich geregelten Zollversandverfahren und die Vorschriften des **europäischen Zollkodex**. Zu den Verkehrssteuern gehören insbesondere die Umsatzsteuer, Beförderungssteuern und Straßengüterverkehrssteuern. Auch Straßenbenutzungsgebühren (Maut) fallen hierunter.[2]

263 **Besonderheiten der Prozessführung und Schiedsgerichtsbarkeit** ergeben sich insbesondere für **grenzüberschreitende Transporte**, bei denen stets die Frage im Raum steht, nach welcher Rechtsordnung oder welchem Übereinkommen sie zu beurteilen sind. Besonders problematisch ist dies bei Schäden mit unbekanntem Schadensort.

o) Gewerblicher Rechtsschutz

264 Gem. **§ 14h FAO** sind für das Fachgebiet Gewerblicher Rechtsschutz besondere Kenntnisse nachzuweisen in den Bereichen

- Patent-, Gebrauchsmuster- und Sortenschutzrecht, einschließlich des Arbeitnehmererfindungsrechts, des Rechts der europäischen Patente und des europäischen Sortenschutzrechts
- Geschmacksmusterrecht, einschließlich des Rechts der europäischen Geschmacksmuster
- Recht der Marken und sonstigen Kennzeichen, einschließlich des Rechts der europäischen Marken
- Recht gegen den unlauteren Wettbewerb
- urheberrechtliche Bezüge des Gewerblichen Rechtsschutzes

und

- Verfahrensrecht und Besonderheiten des Prozessrechts.

265 Die **ersten vier Nummern** von § 14h FAO wurden durch die Vierte Satzungsversammlung **neu „sortiert"**.[3] Die Neufassung ist am 1.7.2011 in Kraft getreten. Von Praktikern war bemängelt worden, dass das **Patentrecht** und das **Geschmacksmusterrecht**, die nichts miteinander zu tun hätten, in § 14h Nr. 1 FAO a. F. in einen Topf geworfen worden seien, wogegen auf der anderen Seite das **Recht der Marken** und das **Recht der europäischen Marken** in verschiede-

1 Protokoll der 3. Sitzung der Vierten Satzungsversammlung vom 15.6.2009, S. 46.
2 Vgl. zum Ganzen Scharmer, in: Hartung/Römermann, a. a. O., § 14g FAO Rz. 14.
3 Protokoll der 6. Sitzung der Vierten Satzungsversammlung vom 6.12.2010, S. 39 f.

nen Ziffern auftauchten. Um diese Unstimmigkeit zu beseitigen, wurde dem Geschmacksmusterrecht, einschließlich des Rechts der europäischen Geschmacksmuster eine eigene Ziffer (Nr. 2) zugewiesen, wohingegen das Recht der Marken und sonstigen Kennzeichen, einschließlich des Rechts der europäischen Marken in einer Ziffer (Nr. 3) zusammengezogen wurden. Nachdem dann auch noch das Recht der europäischen Patente sowie das europäische Sortenschutzrecht konsequenterweise der Nr. 1 zugeschlagen worden waren, konnte die bisherige Nr. 4 entfallen. Da mit dem Geschmacksmusterrecht eine neue eigenständige Ziffer hinzugekommen ist, hat sich die Zahl der insgesamt sechs Ziffern in § 14h FAO nicht geändert.

Das **Patent-, Gebrauchsmuster- und Sortenschutzrecht** ist in den jeweiligen **Spezialgesetzen**, nämlich im **Patentgesetz**, im **Gebrauchsmustergesetz** und im **Sortenschutzgesetz** geregelt. Für die Abgrenzung gilt: Gegenstand eines Patents können ein technisches Herstellungs- oder Anwendungsverfahren oder ein Erzeugnis und dessen Einrichtung sein. Das Gebrauchsmuster setzt an „Erfindungshöhe" und technischem Fortschritt weniger voraus als das Patent. Als Gebrauchsmuster schützbar ist jede Sache, die einen wirtschaftlichen oder technisch nutzbaren Zweck hat. Ein europäisches Gebrauchsmusterrecht gibt es übrigens nicht. **Sorten** im Sinne des Sortenschutzgesetzes sind Pflanzenzüchtungen. Wegen seiner zunehmenden Bedeutung wurde das **Arbeitnehmererfindungsrecht** neu in § 14h Nr. 1 FAO aufgenommen.[1] 266

Die im **Geschmacksmustergesetz** geregelten **Geschmacksmuster** sind „Muster" (in Flächenform) und „Modelle" (in Raumform), die ästhetisch wirken und als neues und eigentümliches Erzeugnis anzusehen sind. 267

Das **Recht der Marken und sonstigen Kennzeichen** ist im **Markengesetz** geregelt. Geschützt werden Marken (für Dach- und Spitzenverbände auch Verbandszeichen, sog. Kollektivmarken), geschäftliche Bezeichnungen und geographische Herkunftsangaben. Im Zuge des **europäischen Einigungsprozesses** und der **Globalisierung** gewinnt das Recht der europäischen Patente, des europäischen Sortenschutzes, der europäischen Geschmacksmuster und der europäischen Marken zunehmend an Bedeutung. Für die Begrifflichkeiten gilt das oben Gesagte entsprechend. 268

Das **Recht gegen den unlauteren Wettbewerb** ist im **UWG** kodifiziert. 269

§ 14h Nr. 5 FAO spricht von den **„urheberrechtlichen Bezügen"** des Gewerblichen Rechtsschutzes. Ursprünglich sollte das Urheberrecht in seiner Gesamtheit ein **Bestandteil der Fachanwaltschaft für Gewerblichen Rechtsschutz** und damit auch des § 14h sein. Auf Grund des **großen Spektrums des Urheberrechts**, das weit über den originären Gewerblichen Rechtsschutz hinausreicht, entschloss sich der Ausschuss 1 der Satzungsversammlung allerdings, eine **eigene** Fachanwaltsbezeichnung für das Urheberrecht (jetzt „Medien- und Urheberrecht") zu schaffen und deshalb in § 14h FAO das Urheberrecht nur in seinen unmittelbaren Bezügen zum Gewerblichen Rechts- 270

1 Wie zuvor.

schutz aufzunehmen.[1] Konkret geht es um den **Schutz von Software** und um sonstige **gewerbliche Rechte**, insbesondere um den ergänzenden wettbewerbsrechtlichen Leistungsschutz, der vor allem die unerlaubte Imitation von Werbung und Produktgestaltung verhindern soll.[2]

271 Im Zentrum des **Verfahrensrechts und der Besonderheiten des Prozessrechts** steht die **einstweilige Verfügung**, weil der weitaus größte Teil von Wettbewerbsstreitigkeiten im Eilverfahren ausgetragen und dort auch beendet wird.[3]

p) Handels- und Gesellschaftsrecht

272 Gem. **§ 14i FAO** sind für das Fachgebiet Handels- und Gesellschaftsrecht besondere Kenntnisse nachzuweisen in den Bereichen

- materielles Handelsrecht, einschließlich
  - des Rechts des Handelsstandes (§§ 1 bis 104 HGB)
  - des Rechts der Handelsgeschäfte (§§ 343 bis 406 HGB)

  sowie
  - des internationalen Kaufrechts, insbesondere des UN-Kaufrechts
- materielles Gesellschaftsrecht, insbesondere
  - Recht der Personengesellschaften
  - Recht der Kapitalgesellschaften
  - internationales Gesellschaftsrecht, insbesondere Grundzüge des europäischen Gesellschaftsrechts sowie der europäischen Aktiengesellschaft
  - Konzernrecht, insbesondere Recht der verbundenen Unternehmen
  - Umwandlungsrecht
  - Grundzüge des Bilanz- und Steuerrechts

  sowie
  - Grundzüge des Dienstvertrags- und Mitbestimmungsrechts
- Bezüge des Handels- und Gesellschaftsrechts zum Arbeitsrecht, Kartellrecht, Handwerks- und Gewerberecht, Erb- und Familienrecht, Insolvenz- und Strafrecht sowie Bezüge des Rechts der Aktiengesellschaften zum Wertpapiererwerbs- und Übernahmerecht

und

- Besonderheiten der Verfahrens- und Prozessführung.

273 Die **beiden Säulen** des Fachgebiets, nämlich das **materielle Handelsrecht** einerseits und das **materielle Gesellschaftsrecht** andererseits, sind in den – teilweise sogar mit Gesetzes- und Paragraphenangaben versehenen – Buch-

1 Protokoll der 5. Sitzung des Ausschusses 1 der Dritten Satzungsversammlung vom 4.4.2005, S. 10 f.
2 Scharmer, in: Hartung/Römermann, a. a. O., § 14h FAO Rz. 9.
3 Vgl. Scharmer, in: Hartung/Römermann, a. a. O., § 14h FAO Rz. 10.

staben-Untergliederungen[1] in § 14i Nr. 1 und 2 FAO so plastisch umschrieben, dass es eigentlich keiner weiteren Erläuterungen bedarf.

Das **Recht der Personengesellschaften** ist im **BGB** (für die Gesellschaft bürgerlichen Rechts), im **HGB** (für die oHG, die KG und die stille Gesellschaft), im **Partnerschaftsgesellschaftsgesetz** (für die Partnerschaftsgesellschaft) und im **Genossenschaftsgesetz** (für die Genossenschaft) geregelt. 274

Das **Recht der Kapitalgesellschaften** ergibt sich im Wesentlichen aus dem **GmbH-Gesetz** und dem **Aktiengesetz** sowie verschiedenen Nebengesetzen. 275

Im Zuge des europäischen Einigungsprozesses und der Globalisierung gewinnt das **internationale Gesellschaftsrecht** zunehmend an Bedeutung. Zu den wichtigsten ausländischen Gesellschaftsformen gehören die **englische** und die **amerikanische Ltd. und LLP**, die **französische S.A.R.L. bzw. S.A.** sowie die **spanische S.R.L. bzw. S.A.**[2] In Deutschland findet die **englische Limited Liability Partnership (LLP)** zunehmend Anhänger. Es handelt sich um eine **hybride Gesellschaftsform**. Obwohl die LLP nach der eindeutigen Anordnung des LLP Act 2000 (LLPA) körperschaftlich geprägt ist, weil sie eine eigene Rechtspersönlichkeit besitzt, weist sie neben Wesenszügen einer Körperschaft spezifische Eigenschaften einer Personengesellschaft auf, kombiniert also körperschaftliche und personengesellschaftliche Elemente. Nach ihrer Konzeption steht die LLP als Mischform zwischen den beiden klassischen Gesellschaftsformen des englischen Rechts, der company und der partnership.[3] Die dogmatischen, gesellschaftsrechtlichen und vor allem haftungsrechtlichen Konsequenzen dieser Zwitterstellung sind bislang umstritten. Für Freiberufler-Zusammenschlüsse in Form einer LLP wird von der h. M. die **Eintragung ins deutsche Partnerschaftsregister** (neben der Registrierung beim britischen Companies House) verlangt. 276

Die **Grundlagen des Konzernrechts** sind in den **§§ 15 ff. Aktiengesetz** geregelt. 277

Das **Umwandlungsrecht** findet sich im **Umwandlungsgesetz**. 278

Wenn § 14i Nr. 2 lit. f FAO von den **Grundzügen des Steuerrechts** spricht, sind damit die relevanten Bestimmungen des EStG, des KStG, des KEStG, des UStG und auch des ErbStG gemeint.[4] 279

Zum Bereich des **Dienstvertragsrechts** gehören das Recht der Dienstverträge von Geschäftsführern von Gesellschaften mit beschränkter Haftung und Vorständen von Aktiengesellschaften, die Zuständigkeitsregelungen betreffend den Aufsichtsrat im Verhältnis zum Vorstand der Aktiengesellschaft und die sich aus der Organstellung der Vorstände und Geschäftsführer ergebenden Abweichungen vom allgemeinen Arbeitsrecht. Die **Grundzüge des Mitbe-** 280

1 Die Untergliederung von § 14i Nr. 1 FAO erfolgte erst durch die Vierte Satzungsversammlung. – Protokoll der 3. Sitzung der Vierten Satzungsversammlung vom 15.6.2009, S. 47 f.
2 Vgl. hierzu ausführlich Scharmer, in: Hartung/Römermann, a. a. O., § 14i FAO Rz. 13.
3 Vgl. hierzu ausführlich Henssler, Die Personengesellschaft – das Stiefkind des deutschen Gesellschaftsrechts, BB-Special LLP, 2, 5.
4 Vgl. hierzu Scharmer, in: Hartung/Römermann, a. a. O., § 14i FAO Rz. 16.

stimmungsrechts beziehen sich auf die Mitbestimmung der Arbeitnehmer im Aufsichtsrat nach dem **Betriebsverfassungsgesetz**, dem **Mitbestimmungsgesetz** und dem Drittelbeteiligungsgesetz.[1]

281 In **§ 14i Nr. 3 FAO** geht es um die **Bezüge** des Handels- und Gesellschaftsrechts zu einer Reihe anderer Rechtsgebiete. Die **Bezüge zum Arbeitsrecht** betreffen die Themen Betriebsübergang und Betriebsumwandlung sowie den betriebsverfassungsrechtlichen Bereich. Bei den **Bezügen zum Kartellrecht** geht es um Kartellabsprachen und Fusionskontrolle. Aus dem **Handwerks- und Gewerberecht** ist die Thematik Kaufmannseigenschaft des Gewerbetreibenden hervorzuheben. Bei den **Bezügen zum Erb- und Familienrecht** geht es um die Gestaltung von Eheverträgen und den wichtigen Problembereich der Unternehmensnachfolge. Die **Bezüge zum Insolvenz- und Strafrecht** beziehen sich insbesondere auf die Insolvenzstraftaten (§§ 283 ff. StGB) und den Subventionsbetrug, aber auch auf „normale" Vermögensdelikte.[2] Die Vierte Satzungsversammlung hat in § 14i Nr. 3 FAO zusätzlich die **Bezüge des Rechts der Aktiengesellschaften zum Wertpapiererwerbs- und Übernahmerecht** aufgenommen.[3] Dadurch wurde dem Umstand Rechnung getragen, dass das **Aktienrecht** als Teil des Rechts der Kapitalgesellschaften neben dem GmbH-Recht und dem Recht der Personengesellschaften zum absoluten Kernbereich des Gesellschaftsrechts gehört, dem die Fachanwaltschaft neben dem Handelsrecht ihren Namen verdankt. Im Aktienrecht ist eine verantwortliche Beratung ohne Kenntnisse des Wertpapiererwerbs- und Übernahmerechts schlichtweg unmöglich, da jede börsennotierte Aktiengesellschaft dem Anwendungsbereich des Wertpapiererwerbs- und Übernahmerechts unterfällt.

282 Bei den **Besonderheiten der Verfahrens- und Prozessführung** geht es u.a. um die Zuständigkeiten der **Kammern für Handelssachen** und die Regeln des **einstweiligen Rechtsschutzes**.

q) Urheber- und Medienrecht

283 Gem. § 14j FAO sind für das Fachgebiet Urheber- und Medienrecht besondere Kenntnisse nachzuweisen in den Bereichen

- Urheberrecht, einschließlich des Rechts der Wahrnehmungsgesellschaften, Leistungsschutzrechte, Urhebervertragsrecht, internationale Urheberrechtsabkommen
- Verlagsrecht, einschließlich des Musikverlagsrechts und des Musikvertragsrechts
- Recht der öffentlichen Wort- und Bildberichterstattung
- Rundfunkrecht
- wettbewerbsrechtliche und werberechtliche Bezüge des Urheber- und Medienrechts, Titelschutz

1 Scharmer, in: Hartung/Römermann, a.a.O., § 14i FAO Rz. 17.
2 Vgl. zum Ganzen Scharmer, in: Hartung/Römermann, a.a.O., § 14i FAO Rz. 23.
3 Protokoll der 6. Sitzung der Vierten Satzungsversammlung vom 6.12.2010, S. 37.

- Grundzüge des Mediendienste-, Teledienste- und Telekommunikationsrechts, des Rechts der Unterhaltungs- und Kulturveranstaltungen sowie des Rechts der deutschen und europäischen Kulturförderung

und

- Verfahrensrecht und Besonderheiten des Prozessrechts.

Wie oben[1] schon ausgeführt, sollte das Urheberrecht **ursprünglich** ein **Teilbereich des Gewerblichen Rechtsschutzes** werden. Wegen der nur teilweisen Überschneidung und der besonderen Bedeutung des Urheberrechts wurde allerdings eine **eigene** Fachanwaltschaft geschaffen, die **zusätzlich das Medienrecht** umfasst. Zwar unterfällt das Medienrecht nicht zwingend dem Urheberrecht, doch hat es sich im Laufe der Zeit so entwickelt, dass beide Rechtsgebiete in der Praxis gemeinsam wahrgenommen werden. Mittlerweile gibt es Zeitschriften zum Urheber- und Medienrecht und Institute für Urheber- und Medienrecht.[2] 284

Die von manchen geforderte **Einbeziehung des Informationstechnologierechts** in das Fachgebiet Urheber- und Medienrecht wurde von der Satzungsversammlung abgelehnt. Vom rechtsuchenden Publikum würden beide Bereiche nicht zusammen abgefragt, weshalb es auch keine Rechtsanwälte gebe, die entsprechende Kenntnisse und Erfahrungen auf sich vereinten.[3] Wegen des Umfangs und der besonderen Bedeutung des IT-Rechts wurde hierfür eine **eigene** Fachanwaltschaft geschaffen. 285

Das **originäre Urheberrecht** umfasst die Themenbereiche **Urhebervertragsrecht (§§ 28 ff. UrhG)**, Übertragbarkeit des Urheberrechts, System der Nutzungsrechte, Zweckübertragungslehre, unbekannte Nutzungsarten, Rückrufrechte, Vergütung. 286

In den Bereich des Urheberrechts wurde bewusst auch das **Recht der Wahrnehmungsgesellschaften** aufgenommen, die – wie z.B. die VG-Wort – durch die Erhebung von Kopierabgaben, Bibliotheksgroschen etc. die Rechte der Urheber wahrnehmen.[4] Es geht um die Themenbereiche existierende deutsche **Verwertungsgesellschaften**, Kooperation deutscher mit ausländischen Verwertungsgesellschaften, Vor- und Nachteile der kollektiven Rechtewahrnehmung sowie Monopolstellung bzw. marktbeherrschende Stellung einzelner Verwertungsgesellschaften. Von Bedeutung ist die Unterscheidung zwischen dem Innen- und dem Außenverhältnis. Hinsichtlich des Innenverhältnisses geht es um den Wahrnehmungszwang und die Vertretung von Nichtmitgliedern (§ 6 UrhWG), den Wahrnehmungsvertrag, die Verteilung der Einnahmen und die Mitwirkungsrechte der Mitglieder. Hinsichtlich des Außenverhältnisses spielen eine Rolle die Auskunftspflicht (§ 10 UrhWG), der Abschlusszwang (§ 11 UrhWG), die Verpflichtung zum Abschluss von Gesamtverträgen 287

1 Unter B. II. 1.o.
2 Protokoll der 6. Sitzung der Dritten Satzungsversammlung vom 3.4.2006, S. 30 f.
3 Protokoll der 7. Sitzung des Ausschusses 1 der Dritten Satzungsversammlung vom 16.1.2006, S. 15; Protokoll der 6. Sitzung der Dritten Satzungsversammlung vom 3.4.2006, S. 31.
4 Protokoll der 6. Sitzung der Dritten Satzungsversammlung vom 3.4.2006, S. 28.

(§ 12 UrhWG), die Pflicht zur Aufstellung von Tarifen (§ 13 Abs. 1 UrhWG) und die Tarifüberprüfung durch die Schiedsstelle beim DPMA (§§ 14 bis 14c UrhWG, UrhSchVO). Die Tätigkeit und Schlagkraft der Wahrnehmungsgesellschaften erlangen zunehmende Bedeutung im „Abwehrkampf" der Autoren, Musiker pp. gegenüber den Begehrlichkeiten des Internets.

288 Beim **Verlagsrecht** geht es insbesondere um Fragen der Vervielfältigung. Dies betrifft die Themen Verlagsgesetz, Pflicht des Verfassers zur Manuskriptablieferung und Rechteeinräumung, Pflicht des Verlegers zur Vervielfältigung, Verbreitung und Zahlung einer Vergütung sowie Möglichkeiten der Vertragsbeendigung. In der seit dem 1.7.2011 geltenden Fassung von § 14j ist in Nr. 2 außer dem **Musikverlagsrecht** auch ausdrücklich das **Musikvertragsrecht** erwähnt.[1] Diese Ergänzung geht auf eine Anregung von Vertretern von Vorprüfungsausschüssen für Urheber- und Medienrecht im Rahmen des Erfahrungsaustauschs zur Fachanwaltsordnung am 23./24.11.2009 zurück. Obwohl § 14j Nr. 1 FAO das Urhebervertragsrecht benennt, wurde die Ergänzung für notwendig gehalten, weil der Umgang mit Musik auch andere vertragliche Beziehungen als nur Urheberverträge kenne. Von Branchenkennern wird das Musikvertragsrecht insbesondere als das Recht der Platten-, Künstler- und z. B. Bandübernahmeverträge verstanden, weshalb es systematisch zum Musikverlagsrecht passe.

289 Ein Kernbereich des Fachgebiets ist das unter dem Begriff **Recht der öffentlichen Wort- und Bildberichterstattung** geregelte **Presserecht**, bei dem es materiell-rechtlich insbesondere um den Schutz der persönlichen und geschäftlichen Ehre gegenüber den Massenmedien geht. Umfasst sind die Themen Berichterstattung und **allgemeines Persönlichkeitsrecht** mit den Stichworten **Person der Zeitgeschichte**, Recht am eigenen Bild, Meinungsäußerungen, unwahre Behauptungen, Auslegung inkriminierter Berichte, Einwilligung, Unterlassung, Richtigstellung, Gegendarstellung und Schadensersatz.

290 Unter den Terminus **Rundfunkrecht** fallen sowohl **Hörfunk** als auch **Fernsehen**. Gem. **§ 2 Abs. 1 RStV** ist Rundfunk die für die Allgemeinheit bestimmte Veranstaltung und Verbreitung von Darbietungen aller Art in Wort, Ton und Bild unter Benutzung elektromagnetischer Schwingungen ohne Verbindungsleitung oder längs oder mittels eines Leiters. **Rundfunk** ist damit der **Oberbegriff** von Hör- und Fernsehfunk. Es geht hier u. a. um die verfassungsrechtlichen Grundlagen, insbesondere den Rundfunkstaatsvertrag, sowie um den Konfliktbereich zwischen privaten und öffentlichen Sendern. Umfasst sind natürlich auch die Themenbereiche Verträge aus dem Bereich der Funk-, Fernseh- und Filmproduktion, Verträge im Bereich Vertrieb und Finanzierung (z. B. internationaler Filmlizenzvertrag), Rechtsprechung zur Vertragsgestaltung, Filmförderung, Zensur, Steuern sowie Arbeitsrecht für Unternehmen in den Bereichen Funk, Fernsehen und Film. Zu den Themen, die bekannt sein sollten, gehört auch die in der letzten Zeit heftig diskutierte Frage der **Rundfunkgebührenpflicht für internetfähige PC**.[2]

---

1 Protokoll der 6. Sitzung der Vierten Satzungsversammlung vom 6.12.2010, S. 40 f.
2 Vgl. etwa BVerwG vom 27.10.2010 – 6 C 12/09, 6 C 17/09, 6 C 21/09. Die Entscheidung 6 C 12/09 ist im Volltext abgedruckt in der NJW 2011, 946.

Ebenso wie das Fachgebiet Gewerblicher Rechtsschutz in § 14h Nr. 5 FAO Kenntnisse der entsprechenden urheberrechtlichen Bezüge voraussetzt, fordert § 14j Nr. 5 Kenntnisse der **wettbewerbsrechtlichen und werberechtlichen Bezüge des Urheber- und Medienrechts**. Hier geht es etwa um die Themen Anzeigenrecht, Pressevertriebsrecht, Slogans, Schleichwerbung, aber auch Buchpreisbindung. Im Bereich des Titelschutzes gibt es ausgeprägtes Richterrecht, das bekannt sein sollte. 291

Mit den **Grundzügen des Mediendienste-, Teledienste- und Telekommunikationsrechts, des Rechts der Unterhaltungs- und Kulturveranstaltungen sowie des Rechts der deutschen und europäischen Kulturförderung** sind **besondere Teilrechtsgebiete** des Urheber- und Medienrechts bzw. mit diesem verwandte Rechtsgebiete angesprochen. 292

Beim **Verfahrensrecht und den Besonderheiten des Prozessrechts** geht es u.a. um die Zuständigkeitsregelung der **§§ 104 f. UrhG** und um den **einstweiligen Rechtsschutz**, der im Urheber- und Medienrecht (wie schon im Gewerblichen Rechtsschutz) eine herausragende Rolle spielt. 293

r) Informationstechnologierecht (IT-Recht)

Gem. **§ 14k FAO** sind für das Fachgebiet Informationstechnologierecht besondere Kenntnisse nachzuweisen in den Bereichen 294

- Vertragsrecht der Informationstechnologien, einschließlich der Gestaltung individueller Verträge und AGB
- Recht des elektronischen Geschäftsverkehrs, einschließlich der Gestaltung von Provider-Verträgen und Nutzungsbedingungen (Online-/Mobile Business)
- Grundzüge des Immaterialgüterrechts im Bereich der Informationstechnologien, Bezüge zum Kennzeichenrecht, insbesondere Domainrecht
- Recht des Datenschutzes und der Sicherheit der Informationstechnologien, einschließlich Verschlüsselungen und Signaturen sowie deren berufsspezifischer Besonderheiten
- Recht der Kommunikationsnetze und -dienste, insbesondere Recht der Telekommunikation und deren Dienste
- öffentliche Vergabe von Leistungen der Informationstechnologien (einschließlich e-Government) mit Bezügen zum europäischen und deutschen Kartellrecht
- internationale Bezüge, einschließlich des Internationalen Privatrechts
- Besonderheiten des Strafrechts im Bereich der Informationstechnologien

und

- Besonderheiten der Verfahrens- und Prozessführung.

Wie oben[1] ausgeführt, ist der Bereich der **technischen Spezialkenntnisse**, die im Urheber- und Medienrecht eine Rolle spielen, und der damit einhergehenden rechtlichen Gebiete zusammen mit einer Fülle weiterer Themenkomplexe 295

1 Unter B. II. 1. q.

nicht in das Urheber- und Medienrecht aufgenommen, sondern in eine **eigene** Fachanwaltschaft gegossen worden.

296 Der Katalog des § 14k Nr. 1 bis 9 FAO ist so ausführlich und plastisch gestaltet, dass es näherer Erläuterungen kaum bedarf.

297 Gegenstand des **Vertragsrechts der Informationstechnologien** sind insbesondere **Hardware** und **Software**. Es geht etwa um Softwareüberlassungs- und Providerverträge.

298 Zu den **Grundzügen des Immaterialgüterrechts im Bereich der Informationstechnologien** gehören auch das **Patentrecht** und der **Titelschutz**. Es geht u. a. um den Schutz des geistigen Eigentums, nämlich um die Themenbereiche Urheberrecht mit Spezialregelungen für Computerprogramme, tatsächlicher Schutz durch technische Vorkehrungen, dingliche und schuldrechtliche Vereinbarungen, vertragliche Beschränkungen der Nutzung und Weitergabeverbote.

299 Das **Recht des Datenschutzes** umfasst insbesondere das **Bundesdatenschutzgesetz** und die **Datenschutzgesetze der Länder**, aber auch die einschlägigen **EU-Richtlinien**. Bei der **Sicherheit der Informationstechnologien** geht es um die Ordnungsmäßigkeit der Datenverarbeitung und die einschlägigen Vorschriften aus den Bereichen der Produkthaftung und -sicherheit. Das **Recht der elektronischen Signaturen** umfasst die Themen Lizensierung und Anzeigepflicht, Frequenzzuordnung, besonderer Kundenschutz, wirtschaftliche Grundlagen und regulatorischer Rahmen (Stichwort: Bundesnetzagentur).

300 Unter **Besonderheiten des Strafrechts im Bereich der Informationstechnologien** sind die speziellen Straftatbestände und Besonderheiten des Strafverfahrens zu verstehen, die insgesamt als **Computerstrafrecht** bezeichnet werden.[1]

301 Zu den **Besonderheiten der Verfahrens- und Prozessführung** gehören insbesondere die im IT-Recht häufigen **Schlichtungs- oder Schiedsverfahren**, die im Klammerzusatz des § 5 Abs. 1 lit. r Satz 3 FAO als Konkretisierung der rechtsförmlichen Verfahren ausdrücklich erwähnt werden.

s) Bank- und Kapitalmarktrecht

302 Gem. **§ 14l FAO** sind für das Fachgebiet Bank- und Kapitalmarktrecht besondere Kenntnisse nachzuweisen in den Bereichen

- Geschäftsverbindung zwischen Bank und Kunden, insbesondere
  - Allgemeine Geschäftsbedingungen
  - Bankvertragsrecht

  sowie
  - das Konto und dessen Sonderformen
- Kreditvertragsrecht und Kreditsicherung, einschließlich Auslandsgeschäft
- Zahlungsverkehr, insbesondere

1 Protokoll der 8. Sitzung des Ausschusses 1 der Dritten Satzungsversammlung vom 20.2.2006, S. 17.

  - Überweisungs-, Lastschrift-, Wechsel- und Scheckverkehr
  - EC-Karte und Electronic-/Internet-Banking

  sowie

  - Kreditkartengeschäft
- sonstige Bankgeschäfte – insbesondere i. S. von § 1 Abs. 1 Satz 2 KWG – z. B. Pfandbriefgeschäft, Finanzkommissionsgeschäft, Depotgeschäft, Garantiegeschäft, Emissionsgeschäft, Konsortialgeschäft, einschließlich Auslandsgeschäft
- Kapitalmarkt- und Kapitalanlagerecht, insbesondere Wertpapierhandel, Investmentgeschäft, alternative Anlageformen, Vermögensverwaltung, Vermögensverwahrung
- Factoring/Leasing
- Geldwäsche, Datenschutz sowie Bankentgelte
- Recht der Bankenaufsicht, Bankenrecht der Europäischen Gemeinschaft und Kartellrecht
- steuerliche Bezüge zum Bank- und Kapitalmarktrecht

und

- Besonderheiten des Verfahrens- und Prozessrechts.

Im Plenum der Satzungsversammlung war kontrovers diskutiert worden, ob 303 die Fachanwaltschaft nur „Bankrecht" oder „Bank- und Kapitalmarktrecht" heißen sollte. Man gab der zweiten Variante den Vorzug, weil andernfalls beim rechtsuchenden Publikum der Eindruck hätte entstehen können, die Fachanwaltschaft betreffe nur Fälle, in denen Banken vertreten werden, stattdessen aber deutlich werden soll, dass der wichtige Bereich der Anlageberatung mit umfasst ist.[1]

Der Katalog des § 14l Nr. 1 bis 10 FAO ist sehr dezidiert und weitgehend 304 selbsterklärend.

Zum Themenkomplex **Geschäftsverbindung zwischen Bank und Kunden** ge- 305 hören außer den Spezifizierungen in lit. a bis c die Stichworte Grundlagen, Rechtsquellen, Organisation und Einrichtung der Kreditwirtschaft und auch Datenschutz.

Allgemeine Geschäftsbedingungen dienen im Wirtschaftsbereich der verein- 306 fachten Abwicklung von **Massenverträgen**. Ursprünglich gab es AGB, die sämtliche Geschäftsbereiche zwischen der Bank und ihren Kunden regelten. Da diese nicht die notwendige Transparenz aufwiesen, sind sie zum 1.1.1993 völlig überarbeitet und neu gefasst worden. Die **Allgemeinen Geschäftsbedingungen „Banken" und „Sparkassen"** beschränken sich jetzt entsprechend ihrer Aufgabenstellung auf die Festlegung des allgemeinen Rahmens für die Geschäftsverbindung zwischen der Bank und den Kunden. Die in den früheren AGB enthaltenen Teile II (Handel in Wertpapieren, Devisen und Sorten) und Teil III (Verwahrungsgeschäfte) sind bei der grundlegenden Überarbeitung neu

1 Protokoll der 7. Sitzung der Dritten Satzungsversammlung vom 11.6.2007, S. 18 ff.

formuliert worden und tragen heute die Bezeichnung **„Sonderbedingungen für Wertpapiergeschäfte"**, die in der Kreditwirtschaft einheitlich verwendet werden.

307 Der **Bankvertrag** wird nach überwiegender Auffassung als **Rahmenvertrag** verstanden. Die einzelnen Pflichten der Vertragsparteien werden durch den Einzelvertrag mit dem Kunden konkretisiert. Zum **Bankvertragsrecht** gehört auch das Stichwort **Bankentgelte**.

308 Das **Konto** ist ein **Handelsbuch** i.S. der **§§ 238 ff. HGB**, das die Geschäftsbeziehung zwischen dem Kontoinhaber und der Bank buch- und rechnungsmäßig darstellt und somit die Rechtsposition der beteiligten Vertragspartner widerspiegelt. Bei den **Sonderformen des Kontos** unterscheidet man u.a. das Einzelkonto, das Oderkonto, das Undkonto, das Sparkonto sowie das Treuhand- und Anderkonto.[1]

309 Der **„Kredit"** wird betriebswirtschaftlich als eine zeitweise Überlassung von Kaufkraft angesehen. Eine einheitliche Definition des Begriffs im Rechtssinne fehlt, weil der Terminus „Kredit" in einer Vielzahl von Gesetzen Erwähnung findet. Das **Kreditvertragsrecht** umfasst das Zustandekommen, den Inhalt und die Beendigung des Kreditvertrags, den Einfluss des **KWG** auf das Kreditgeschäft, die unterschiedlichen **Kreditformen** (z.B. Baufinanzierung) und den Verbraucherkredit sowie **Leistungsstörungen**. Die **Kreditsicherung** hat das Ziel, die Risiken der Gläubiger zu begrenzen. Hier geht es um Stichworte wie Sicherungsvertrag, von Dritten bestellte Sicherheiten, Anfechtung von Sicherungsverträgen, Poolung und Verwertung von Sicherheiten, Formen der Sicherheitenstellung, nämlich dingliche Sicherheiten, Sicherungsübereignung und Sicherungsabtretung, Bürgschaft, Kreditauftrag, Garantie und Schuldbeitritt, Pfandrechte. Das **Auslandsgeschäft** umfasst **weitere Sonderformen der Kreditabsicherung** wie die In- und Exportsicherung durch Bankgarantien, das Dokumentenakkreditiv, das Inkassogeschäft und Ausfuhrgarantien sowie Ausfuhrbürgschaften.[2]

310 § 14l Nr. 3 FAO erfasst den gesamten **unbaren Zahlungsverkehr**. Wegen der Vielfalt seiner Erscheinungsformen wurde eine eigenständige Regelung für erforderlich gehalten. Um welche Themenbereiche es konkret geht, ergibt sich aus Nr. 3 lit. a bis c.

311 Einer der Schwerpunkte der Fachanwaltschaft ist der **Wertpapierhandel**, der Themen umfasst wie **Wertpapierarten**, **Depotgeschäft**, **Investmentgeschäft**, Konsortial-/Emissionsgeschäft, Auslandsgeschäft, Termingeschäft, **Prospektrecht und Prospekthaftung**, Geldwäsche, Anlegerschutz, Bankenrecht der EG, Grauer Kapitalmarkt. Die **Sonderbedingungen für Wertpapiergeschäfte** sind insbesondere im **Wertpapierhandelsgesetz** erfasst. Zum Wertpapierhandel gehören auch **Grundzüge des Börsenrechts**. Die Vierte Satzungsversammlung hat § 14l Nr. 4 FAO **auf sonstige Bankgeschäfte erweitert**, also umfassender

1 Vgl. zum Ganzen Protokoll der 7. Sitzung der Dritten Satzungsversammlung vom 11.6.2007, S. 14 f.

2 Vgl. Protokoll der 7. Sitzung der Dritten Satzungsversammlung vom 11.6.2007, S. 15.

formuliert. Dadurch wird klargestellt, dass neben dem Bankgeschäft i.S. von **§ 1 Abs. 1 des Gesetzes über das Kreditwesen (KWG) auch das Kapital- und das Kapitalanlagerecht** von der Norm umfasst werden und damit auch Geschäfte einbezogen sind, an denen zwar Kapitalanleger, nicht aber Kreditinstitute unmittelbar beteiligt sind. Nach § 1 Abs. 1 Nr. 6 KWG a.F. gehörten Investmentgeschäfte entsprechend der Begriffsbestimmung zu den Bankgeschäften. Nach der Änderung des KWG ist die Nr. 6 des § 1 Abs. 1 entfallen und dadurch klargestellt worden, dass das Investmentgeschäft nicht mehr zu den Bankgeschäften gehört. Das Investmentgeschäft ist deswegen jetzt in den Bereich des Kapitalmarkt- und Kapitalanlagerechts (Nr. 5) eingeordnet. Außerdem wurde in § 14l Nr. 5 FAO der Begriff **„Kapitalmarktrecht"** aufgenommen. Nach der bisherigen Textfassung konnte man der Auffassung sein, dass der Bereich des neuen **Wertpapiererwerbs- und Übernahmegesetzes (WpÜG)** nicht erfasst sei, weil es sich bei dem WpÜG nicht um Wertpapierhandel handelt. Denn in der bisherigen Fassung von § 14l Nr. 4 FAO war der Begriff „Kapitalmarktrecht" nicht enthalten. Stattdessen war nur von „Wertpapierhandel" die Rede. Da das WpÜG zum „Kapitalmarktrecht" zählt, wird durch die Aufnahme des Begriffs „Kapitalmarktrecht" in Ziff. 5 jetzt klargestellt, dass auch das WpÜG mit umfasst ist.[1]

Vermögensverwaltung ist die vertragliche Dienstleistung der Banken, die in der Verwaltung von Vermögen besteht, das dem Verwaltenden wirtschaftlich nicht als eigenes zusteht. Die **Vermögensverwahrung** vollzieht sich z.B. in Bankfächern und Tresoren. 312

Das **Factoring** hat sich ursprünglich in den USA entwickelt und wird seit den 60er Jahren des vorigen Jahrhunderts von Kreditinstituten und Factoring-Gesellschaften verstärkt betrieben. Es stellt eine besondere Form von Finanzierungs-, Dienst- und Garantieleistungen dar und ist ein **Instrument der Absatzfinanzierung**, bei dem Forderungen in liquide Mittel umgewandelt werden.[2] Als Factoring bezeichnet man grundsätzlich den Vertrag, durch den ein Unternehmer seine gesamten auf Geldzahlung gerichteten Forderungen an einen Dritten (meist ein Finanzunternehmen) überträgt, der die Forderungen einzieht. Der Dritte (der sog. **„Factor"**) zahlt dem Unternehmer nach Entstehung der Forderung deren Betrag, abzüglich seiner Provision. Man unterscheidet das **echte** und das **unechte Factoring**. Beim echten Factoring trägt der Factor das **Risiko des Forderungsausfalls**. Lässt sich die Forderung nicht realisieren, kann er keinen Rückgriff nehmen. Das echte Factoring ist ein **Forderungskauf**.[3] Kennzeichen des unechten Factorings ist es, dass der Unternehmer das Risiko des Forderungsausfalls trägt. Er erhält vom Factor zwar sofort den Gegenwert der Forderung, wird bei deren Ausfall aber in Höhe des erhaltenen Werts wieder belastet. Wirtschaftlich ähnelt das unechte Factoring damit einer **Darlehensgewährung mit Sicherungsabtretung** aller künftig entstehenden Forderungen des Unternehmers.[4] 313

1 Protokoll der 6. Sitzung der Vierten Satzungsversammlung vom 6.12.2010, S. 41 f.
2 Vgl. Protokoll der 7. Sitzung der Dritten Satzungsversammlung vom 11.6.2007, S. 16.
3 BGHZ 69, 254, 257 = NJW 1977, 2207.
4 Vgl. zum Ganzen Tilch/Arloth, Bd. 1, Stichwort: „Factoring".

314 Das **Leasing** stellt sich in verschiedenen Facetten dar, insbesondere in Gestalt von Mobilien-, Gebäude-, Flugzeug- oder Schiffs-Leasing.[1] Ein **Leasingvertrag** (to lease = vermieten, verpachten) liegt vor, wenn der **Leasinggeber** dem **Leasingnehmer** eine Sache oder Sachgesamtheit gegen ein in Raten gezahltes Entgelt zum Gebrauch überlässt, wobei die Gefahr und Haftung für Instandhaltung, Sachmängel, Untergang und Beschädigung der Sache allein den Leasingnehmer treffen. Der Leasinggeber überlässt dafür seine Ansprüche gegen Dritte (insbesondere gegen den Lieferanten) dem Leasingnehmer. Der **Leasingvertrag** ist, jedenfalls in Form des **Finanzierungsleasings**, ein **atypischer Mietvertrag**. Leasingverträge können auch unter der Bezeichnung „Fondsmodell" oder „Kooperationsmodell" auftreten oder mit sog. „Betreibermodellen" verbunden sein. Die Bezeichnung ändert nichts an der Bewertung als Leasingvertrag.[2]

315 Das Thema **Geldwäsche** (geregelt im **GwG**) ist nicht nur für den Fachanwalt für Bank- und Kapitalmarktrecht, sondern für jeden Rechtsanwalt von besonderer Brisanz.[3]

316 § 14l Nr. 8 FAO betrifft das **öffentliche Bankrecht**. Das **Bankenrecht der Europäischen Gemeinschaft** besteht insbesondere aus **Richtlinien**, die in den einzelnen Ländern umzusetzen sind. So hat beispielsweise das Anlegerschutzverbesserungsgesetz vom 27.4.2004 die Vorschriften über die Zuständigkeiten und Aufgaben der **Bundesanstalt für Finanzdienstleistungsaufsicht (BAFin)** in den §§ 4 bis 9 WPHG neu gefasst. Die BAFin wurde entsprechend den europäischen Vorgaben mit zusätzlichen Überwachungs- und Untersuchungsbefugnissen ausgestattet. In letzter Zeit wurde u. a. die sog. „MiFID (= Markets in Financial-Instruments-Directive)-Richtlinie"[4] diskutiert. Diese dient der Harmonisierung der Finanzmärkte im europäischen Binnenraum, nimmt u. a. eine Neuordnung der Wohlverhaltensregeln vor und war bis zum 1.11.2007 umzusetzen.[5]

317 Die **steuerlichen Bezüge zum Bank- und Kapitalmarktrecht** umfassen die Stichworte steuerliche Auswirkungen im Rahmen der Anlageberatung und bei Festdarlehen mit Lebensversicherungen, Besteuerung der Erträge aus ausländischen und EG-Investmentanteilen, von ausländischen und inländischen Investmentfonds etc.

318 Bei den **Besonderheiten des Verfahrens- und Prozessrechts** ist besonders das **Kapitalanleger-Musterverfahrens-Gesetz (KapMuG)** zu erwähnen.

---

1 Vgl. Protokoll der 7. Sitzung der Dritten Satzungsversammlung vom 11.6.2007, S. 16.

2 Vgl. zum Ganzen Elzer, in: Prütting/Wegen/Weinreich, Kommentar zum Bürgerlichen Gesetzbuch, § 535 BGB Rz. 9.

3 Vgl. die Anordnung der Bundesrechtsanwaltskammer nach § 9 Abs. 4 Satz 2 GwG – BRAK-Mitt. 2009, 21.

4 Richtlinie 2004/39/EG vom 21.4.2004.

5 Das erfolgte durch das „Gesetz zur Umsetzung der Richtlinie über Märkte für Finanzinstrumente und der Durchführungsrichtlinie der Kommission (Finanzmarktrichtlinie-Umsetzungsgesetz)" vom 16.7.2007 – BGBl. 2007 I S. 1330 ff.

t) Agrarrecht

Gem. **§ 14m FAO** sind für das Fachgebiet Agrarrecht besondere Kenntnisse nachzuweisen in den Bereichen 319

- agrarspezifisches Zivilrecht, wiederum unterteilt in
  - agrarspezifische Fragen des Besonderen Schuldrechts (z. B. Landpachtrecht)
  - Produkthaftungsrecht i. V. m. Grundzügen des Lebensmittelrechts
  - Jagd- und Jagdpachtrecht
  - Besonderheiten des Erb- und Familienrechts
  - Besonderheiten der Vertragsgestaltung und besondere Vertragstypen (z. B. landwirtschaftliche Kooperationen, Maschinengemeinschaften, Absatz- und Einkaufsverträge inkl. AGB, Gesellschaften, Bewirtschaftungsverträge, Erwerb landwirtschaftlicher Betriebe)

  sowie
  - Besonderheiten des Arbeitsrechts
- agrarspezifisches Verwaltungsrecht, wiederum unterteilt in
  - Recht der Genehmigungsverfahren (z. B. BImSchG, BauGB, Anlagen zur Verarbeitung nachwachsender Rohstoffe und agrarrechtliche Besonderheiten erneuerbarer Energien)
  - Grundzüge des Umweltrechts
  - Natur- und Pflanzenschutzrecht
  - Düngemittel- und Saatgutverkehrsrecht, Sortenschutzrecht
  - Tierschutz-, -zucht- und -seuchenrecht
  - Flurbereinigung und Flurneuordnungsverfahren
  - Grundstücksverkehrs- und Landpachtverkehrsrecht
  - Weinrecht, Forstrecht, Jagd- und Fischereirecht
  - landwirtschaftliches Steuerrecht
  - Besonderheiten des Sozialversicherungsrechts

  sowie
  - Staatsbeihilfenrecht, Agrarbeihilfenrecht, Cross-Compliance-Verpflichtungen
- agrarspezifisches Ordnungswidrigkeiten- und Strafrecht
- agrarspezifisches EU-Recht, einschließlich seiner Umsetzung in nationales Recht, wiederum unterteilt in
  - EG-Vertrag (Landwirtschaft, Umwelt)
  - EG-Wettbewerbsrecht, Kartellrecht

  sowie
  - EU-Verordnungen, Richtlinien

und

- agrarspezifisches Verfahrensrecht, wiederum unterteilt in
  - Landwirtschaftsverfahrensrecht

sowie
- Grundzüge der EU-Gerichtsbarkeit

320 Die Fachanwaltschaft Agrarrecht schlägt einen **weiten Bogen** über alle Ausprägungen landwirtschaftlicher Betätigungsformen von Ackerbau und Viehzucht über Weinanbau bis hin zu Jagd und Fischerei und von den zivilrechtlichen Implikationen über das agrarspezifische Verwaltungsrecht mit Umweltrecht und Subventionswesen bis hin zu den einschlägigen Verordnungen und Richtlinien der Europäischen Union.

321 Der Katalog des § 14m Nr. 1 bis 5 FAO ist äußerst dezidiert und weitgehend selbsterklärend.

322 Zum Themenkomplex **agrarspezifisches Zivilrecht** gehören die Spezifizierungen in lit. a bis f, nämlich die agrarspezifischen Fragen des **Besonderen Schuldrechts** (wie etwa das in den §§ 585 ff. BGB geregelte **Landpachtrecht**), das **Produkthaftungsrecht** i. V. m. den Grundzügen des Lebensmittelrechts, das Jagd- und Jagdpachtrecht, die Besonderheiten des Erb- und Familienrechts mit dem wichtigen Stichwort **Höfeordnung**, die Besonderheiten der Vertragsgestaltung und besondere Vertragstypen, die in dem Klammerzusatz von § 14m Nr. 1 lit. e näher bestimmt werden, sowie Besonderheiten des Arbeitsrechts. Unter Nr. 1 lit. a fällt u. a. das **agrarspezifische Kaufrecht**, also der Blumenhandel mit den Niederlanden oder der Tierhandel, bei dem die Frist für Mängelrügen 14 Tage beträgt.[1] Nr. 1 lit. e umfasst auch Zulieferverträge.[2]

323 Das **agrarspezifische Verwaltungsrecht** umfasst in lit. a bis k die Grundzüge des Umweltrechts, das Natur- und Pflanzenschutzrecht, das Düngemittel- und Saatgutverkehrsrecht sowie das Sortenschutzrecht, das Tierschutz-, Tierzucht- und Tierseuchenrecht, die Themen Flurbereinigung und Flurneuordnungsverfahren, das Grundstücksverkehrsrecht und das Landpachtverkehrsrecht, das Weinrecht, Forstrecht sowie das Jagd- und Fischereirecht, das landwirtschaftliche Steuerrecht, die Besonderheiten des Sozialversicherungsrechts, und das Staatsbeihilfenrecht, also das **Recht der Subventionen**, das Agrarbeihilfenrecht sowie Cross-Compliance-Verpflichtungen. Unter Nr. 2 lit. a fallen Probleme wie der Schattenwurf von Windkraftanlagen, bei lit. c geht es z. B. um die Frage, welche Mittel gespritzt werden dürfen, lit. d bezieht sich u. a. auf den Schutz von Sorten (etwa der Kartoffel „Linda"), lit. e umfasst Problemfälle wie den Umgang mit der Maul- und Klauenseuche oder ganz allgemein das Thema Quarantäne und zu lit. i gehört z. B. die Beratung zum „abweichenden Wirtschaftsjahr".[3]

324 Unter **„Compliance"** werden ganz grundsätzlich organisatorische Maßnahmen zur Sicherstellung eines rechtskonformen Verhaltens im Hinblick auf rechtliche Gebote und Verbote verstanden. Durch eine entsprechende Organisation sollen bereits im Vorfeld Gesetzesverstöße verhindert werden. Allein die Ein-

1 Vgl. Protokoll der 2. Sitzung der Vierten Satzungsversammlung vom 14.11.2008, S. 10.
2 Wie zuvor.
3 Vgl. Protokoll der 2. Sitzung der Vierten Satzungsversammlung vom 14.11.2008, S. 11.

haltung der **Cross-Compliance-Verpflichtungen**, die Voraussetzung für den Erhalt von **EU-Fördermitteln** ist, stellt an den Landwirt Anforderungen, die ohne juristischen Berater kaum zu meistern sind. Seit dem Jahr 2005 ist gem. der Verordnung (EG) Nr. 1732/2003[1] die Gewährung von Direktzahlungen an Landwirte auch an die Einhaltung von Vorschriften in den Bereichen Umwelt, Lebensmittel- und Futtermittelsicherheit sowie Tiergesundheit und Tierschutz geknüpft. Verstöße gegen die entsprechenden Vorschriften führen zu einer Kürzung der Direktzahlungen. Insgesamt umfassen die Cross-Compliance-Bestimmungen Regelungen zur Erhaltung landwirtschaftlicher Flächen in gutem landwirtschaftlichen und ökologischen Zustand, Regelungen zur Erhaltung von Dauergrünland sowie 19 einschlägige, schon bestehende EU-Regelungen. Aufgrund der Obst- und Gemüsemarktreform sind ab dem 1.1.2008 auch mit Obst- und Gemüsedauerkulturen bepflanzte Flächen sowie Beet- und Baumschulflächen beihilfeberechtigte Flächen. Die wesentlichen Durchführungsbestimmungen zu den Cross-Compliance-Verpflichtungen finden sich in der Verordnung (EG) Nr. 796/2004.[2] Außerdem sind – über die Fachgesetze hinaus – das Direktzahlungen-Verpflichtungengesetz sowie die Direktzahlungen-Verpflichtungenverordnung einschlägig. Die Cross-Compliance-Regelungen gehen von einem gesamtbetrieblichen Ansatz aus. Das bedeutet, dass ein Betrieb, der Direktzahlungen erhält, in allen Produktionsbereichen (z.B. Ackerbau, Viehhaltung, Gewächshäuser, Sonderkulturen) und allen seinen Betriebsstätten Cross-Compliance-Verpflichtungen einhalten muss. Da die Cross-Compliance-Regelungen nicht das deutsche Fachrecht ersetzen, sind Verpflichtungen, die sich aus dem nationalen Fachrecht ergeben, auch weiterhin einzuhalten, selbst wenn sie die Cross-Compliance-Anforderungen übersteigen. Ahndungen nach dem deutschen Fachrecht erfolgen unabhängig. Verstöße gegen das deutsche Fachrecht lösen nur dann eine Kürzung der EU-Zahlungen aus, wenn gleichzeitig auch gegen die Cross-Compliance-Verpflichtungen verstoßen wird.

Beim Themenkomplex **agrarspezifisches Ordnungswidrigkeiten- und Strafrecht** geht es z.B. um Verstöße gegen Cross-Compliance-Verpflichtungen und ganz allgemein gegen Umweltrecht und z.B. auch um das Stichwort Subventionsbetrug. Beim Inverkehrbringen verunreinigter und/oder verdorbener Lebensmittel stehen außerdem Delikte wie (fahrlässige) Körperverletzung und (fahrlässige) Tötung in Rede. 325

Unter das **agrarspezifische EU-Recht**, **einschließlich seiner Umsetzung in nationales Recht** fallen die in § 14m Nr. 4 lit. a bis c FAO genannten Regelwerke, nämlich der EG-Vertrag, soweit er die Themen Landwirtschaft und Umwelt betrifft, das EG-Wettbewerbsrecht und Kartellrecht sowie die EU-Verordnungen und -Richtlinien. 326

Zum **agrarspezifischen Verfahrensrecht** gehören die in § 14m Nr. 5 lit. a und b FAO benannten Bereiche des Landwirtschaftsverfahrensrechts und der Grundzüge der EU-Gerichtsbarkeit. 327

1 Vom 29.9.2003 – ABl. L 270 vom 21.10.2003, S. 1 ff.
2 Vom 21.4.2004 – ABl. L 141 vom 30.4.2004, S. 18 ff.

2. Fachanwalts-Lehrgänge

328 Der **übliche Weg**, die besonderen theoretischen Kenntnisse in einem Fachgebiet zu erwerben, ist die Teilnahme an einem „auf die Fachanwaltsbezeichnung vorbereitenden anwaltsspezifischen Lehrgang, der alle relevanten Bereiche des Fachgebiets umfasst" (§ 4 Abs. 1 Satz 1 FAO).

a) Allgemeines

329 Das Angebot an Fachanwalts-Lehrgängen ist – wie jeder Rechtsanwalt allein bei Sichtung der täglichen Post erfährt – groß. Auch **örtliche Anwaltvereine** bieten von Zeit zu Zeit Lehrgänge an, weshalb es sich für denjenigen, der die Ausbildung möglichst in der Nähe seiner Kanzlei betreiben will, lohnt, auch hier nachzufragen.

330 **Frage:** Nehmen die Rechtsanwaltskammern im Vorfeld der Durchführung von Fachanwalts-Lehrgängen Qualitätsprüfungen vor, und gibt es Lehrgänge, die von den Kammern zertifiziert wurden?

Antwort: Nein. An die Rechtsanwaltskammern und Vorprüfungsausschüsse wird häufig die Bitte herangetragen, doch vorab mitzuteilen, ob ein angebotener Lehrgang (oder eine Fortbildungsveranstaltung) den Anforderungen von § 4 FAO (bzw. von § 15 FAO) genüge. Bislang entsprechen die Kammern dieser Bitte – so berechtigt das Anliegen auf den ersten Blick auch zu sein scheint – nicht.

Abgesehen davon, dass weder die Fachanwaltsordnung noch die Bundesrechtsanwaltsordnung eine Rechtsgrundlage für die **„allgemeine" Zertifizierung** von Lehrgängen und Fortbildungsveranstaltungen enthalten, gibt es **gewichtige praktische Gründe**, die dem entgegenstehen. Die Kammern haben nämlich keine Möglichkeit, Einfluss darauf zu nehmen, dass eine vorab zertifizierte Maßnahme auch tatsächlich in der Weise und Qualität durchgeführt wird, wie dies ursprünglich angekündigt war. Werden z. B. kurzfristig Dozenten ausgetauscht oder müssen Kursteile – z. B. wegen Erkrankung des Dozenten – entfallen oder gekürzt werden, kann sich die Qualität eines Lehrgangs erheblich verschlechtern. Hätte in einem solchen Fall der Lehrgangsanbieter mit einer offiziellen Zertifizierung geworben, und würde die Maßnahme im späteren Antragsverfahren von der befassten Rechtsanwaltskammer gleichwohl nicht anerkannt, so wären dem Antragsteller ein schlechter Dienst erwiesen und zugleich schwierige Haftungsfragen heraufbeschworen worden. Auch umgekehrt hat es sich schon als problematisch erwiesen, dass Rechtsanwaltskammern vom Besuch einzelner Lehrgänge abgeraten haben, was von den konkret betroffenen Anbietern natürlich als geschäftsschädigend empfunden wurde. In Einzelfällen kam es hierüber auch schon zu gerichtlichen Auseinandersetzungen.[1]

331 **Frage:** Wie erkenne ich denn einen „guten" Lehrgangsanbieter?

Antwort: Die Qualität eines Fachanwalts-Lehrgangs (und einer Fortbildungsmaßnahme i. S. von § 15 FAO) steht und fällt mit den **Dozenten**. Bei der Auswahl

---

1 Die Zertifizierung eines Fachanwalts-Lehrgangs durch eine sonstige (auch staatliche) Stelle ist weder in der BRAO noch in der FAO vorgesehen und entfaltet für die Rechtsanwaltskammern deshalb keinerlei Bindungswirkung.

eines Kurses sollte deshalb besonderes Augenmerk darauf gelegt werden, wer die Dozenten sind. Handelt es sich hierbei – jedenfalls teilweise – um renommierte Hochschullehrer, Richter oder Rechtsanwälte dürfte die Gefahr, Zeit und Geld zu verschwenden, gering sein. Auch wenn natürlich ständig „neue Sterne" am Dozenten-Himmel erstrahlen, sollte der eine oder andere bekannte Name schon vertreten sein. Wenn in Veranstaltungshinweisen die Namen der Dozenten noch gänzlich oder zu einem überwiegenden Teil offen gelassen sind, ist von einer Anmeldung abzuraten. Hier würde man die „Katze im Sack" kaufen.

Frage: Kommt es häufig vor, dass ein Vorprüfungsausschuss oder Kammervorstand einen Fachanwalts-Lehrgang (oder eine Fortbildungsveranstaltung) nicht anerkennt? 332

Antwort: Nein. Dies kommt nur in sehr seltenen Ausnahmefällen vor. Auf dem hart umkämpften Aus- und Fortbildungsmarkt trennt sich die „Spreu" schnell vom „Weizen".

Auch sog. **„In-house-Seminare"**, die Kanzleien für ihre eigenen Mitglieder durchführen, können grundsätzlich als Fachanwalts-Lehrgang anerkannt werden. Voraussetzung ist natürlich, dass diese Veranstaltungen qualitativ ebenso hochwertig sind wie die von professionellen Anbietern durchgeführten Kurse, und dass alle relevanten Bereiche eines Fachgebiets abgedeckt werden. 333

In den „Berliner Empfehlungen 2006" heißt es hierzu unter Ziff. II. 1.:

„Der Anerkennung eines Fachanwalts-Lehrgangs steht grundsätzlich nicht seine Durchführung als In-house-Veranstaltung entgegen."

Allerdings wird man fordern müssen, dass die Klausuren (§ 4a FAO) in einer Weise gestellt und korrigiert werden, die keine Zweifel an der erforderlichen Objektivität aufkommen und nicht den Eindruck entstehen lässt, dass **Gefälligkeitstestate** erteilt wurden. Dies kann z.B. dadurch gewährleistet werden, dass die Klausuren von externen Personen (etwa Universitätsprofessoren) gestellt und korrigiert werden. Stammen auch die Klausuren und ihre Korrekturen aus der eigenen Kanzlei, muss zumindest eine strenge Anonymisierung des gesamten Verfahrens sichergestellt sein. 334

b) Präsenz- oder Fernlehrgang?

Da der Begriff des „Lehrgangs" in § 4 FAO **nicht näher definiert** ist, stellt sich die Frage, um welche Art von Lehrgang es sich handeln muss. Zu unterscheiden sind grundsätzlich **Präsenz- und Fernlehrgänge**. 335

Zunächst verstand man den Begriff des „Lehrgangs" restriktiv im Sinne einer **Präsenzveranstaltung**, also einer Veranstaltung, in der sowohl die Dozenten als auch die Teilnehmer körperlich anwesend sind. In den „Bochumer Empfehlungen" von 1993 wird der „Lehrgang" i.S. von § 4 FAO als Unterrichtsveranstaltung definiert, die in Anwesenheit der Teilnehmer von qualifizierten Dozenten abgehalten wird und anwaltsspezifisch ausgerichtet ist.[1] 336

1 BRAK-Mitt. 1993, 83 f.

337 Dieser **traditionelle Lehrgangsbegriff** dürfte heute überholt sein.[1] Wenn ganze Hochschulstudien „aus der Ferne", also ohne Präsenz des Studierenden an einer Universität, absolviert werden können und das Hochschulrahmengesetz sogar ausdrücklich die Nutzung der Möglichkeiten eines Fernstudiums vorsieht (**§ 13 HRG**), muss dies auch für Lehrgänge nach der Fachanwaltsordnung gelten.

338 Allerdings müssen Fernlehrgänge so konzipiert sein, dass der **Umfang der Stoffvermittlung** dem entspricht, was ein Präsenzlehrgang von 120 Zeitstunden Dauer leistet. Dabei muss die **Umrechnung von Lerneinheiten in Zeiteinheiten** nachvollziehbar sein.

In den „Berliner Empfehlungen 2009" heißt es hierzu unter Ziff. II. 1:

„Fernlehrgänge können dann anerkannt werden, wenn aus den Zeugnissen gem. § 6 Abs. 2 FAO ersichtlich ist, dass das Zeitvolumen 120 Stunden entspricht und der Umrechnungsschlüssel aus den Unterlagen nachvollziehbar ersichtlich ist."

339 Bei dem Fernlehrgang muss es sich um ein **geschlossenes Unterrichtskonzept** handeln. Es reicht nicht aus, dass sich die 120 Zeitstunden aus dem Durcharbeiten eines Skripts **und** dem Studium von **Sekundärliteratur** (z.B. von Gerichtsentscheidungen, Kommentaren und Lehrbüchern) addieren. Denn das Wiederholen und Vertiefen des „gehörten" Stoffs im Selbststudium ist natürlich auch beim Besuch eines Präsenzlehrgangs – zusätzlich zu den 120 Stunden – erforderlich.

340 Die bislang akzeptierten Fernlehrgänge „erkaufen" sich die Anerkennung überdies dadurch, dass **zusätzlich** zu den in § 4a FAO geforderten Leistungskontrollen **Zwischenklausuren** als Lernkontrollen geschrieben und bestanden werden müssen.

341 Auch bei Fernlehrgängen müssen die Klausuren i.S. von § 4a FAO **im Rahmen von Präsenzterminen** geschrieben werden, weil sich nur so feststellen lässt, dass der Teilnehmer die Lösung tatsächlich selbst verfasst, sich keiner unzulässigen Hilfsmittel bedient und das angesetzte Zeitkontingent nicht überschritten hat.

342 In neuerer Zeit hat das Modell eines **kombinierten Fern-Präsenz-Lehrgangs** für Diskussionsstoff gesorgt.[2] Wenn komplette Fernlehrgänge anerkannt werden, gilt nach dem Grundsatz a maiore ad minus natürlich, dass auch Lehrgänge, die Nicht-Präsenz- und Präsenz-Teile kombinieren, anerkennungsfähig sind. Für die im Rahmen des Fernstudiums angebotenen Teile gilt allerdings das im Vorhergehenden zu Vergleichbarkeit und zeitlicher Umrechnung Gesagte.

343 ➲ **Praxis-Tipp:** Da die Auffassung der Rechtsanwaltskammern zur Anerkennungsfähigkeit einzelner Fernlehrgänge und Kombinationsmaßnahmen unterschiedlich ist und zum Teil – wegen der konkreten inhaltlichen Ausgestaltung – auch von Rechtsgebiet zu Rechtsgebiet variiert, ist derjenige,

1 In diesem Sinne auch Quaas, in: Gaier/Wolf/Göcken, a.a.O., § 4 FAO Rz. 10; und Scharmer, in: Hartung/Römermann, a.a.O., § 4 FAO Rz. 13 ff.

2 Vgl. etwa Kammerreport der Rechtsanwaltskammer Hamburg 1/2011, 5.

der einen von der Norm abweichenden Kurs buchen will, gut beraten, sich zunächst bei seiner Kammer nach der dortigen Auffassung zu erkundigen.

Die **strengen Anforderungen**, die der die Fortbildung regelnde **§ 15 FAO** seit seiner letzten Neufassung aufstellt,[1] **gelten für Fernlehrgänge nach wie vor nicht**. Der Ausschuss 1 der Satzungsversammlung hat sich intensiv mit der Frage befasst, ob § 4 FAO um eine entsprechende Formulierung ergänzt werden müsse. Er hat die Frage verneint, weil ein gradueller Unterschied gesehen wurde zwischen Fortbildungsveranstaltungen, deren „Erfolg" praktisch nicht messbar ist, und Lehrgängen, bei denen schon die in § 4a FAO geforderten Klausuren (und die zusätzlich eingestreuten Lernkontrollen) eine – zumindest gewisse – Überprüfung des „Lernresultats" gewährleisten.[2] 344

In der Vorauflage[3] wurde berichtet, dass mehrere Lehrgangsveranstalter und juristische Fachverlage an der Entwicklung von Konzepten zur Online-Fortbildung (z. B. unter Einbeziehung einer sog. „Bio-Maus") arbeiteten. Die messbaren Resultate dieser Bemühungen halten sich bislang allerdings sehr in Grenzen. 345

c) Dauer des Fachanwalts-Lehrgangs

Gem. § 4 Abs. 1 Satz 2 FAO muss die **Gesamtdauer** des Lehrgangs mindestens **120 Zeitstunden** betragen, wobei die Leistungskontrollen (also die Klausuren – § 4a FAO) nicht mitberechnet werden. 346

Zu beachten ist, dass § 4 Abs. 1 Satz 2 FAO 120 Zeitstunden und **nicht** etwa die ansonsten im Ausbildungswesen üblichen **Unterrichtseinheiten von 45 Minuten** fordert. Es hat einen Fall gegeben, in dem allen Beteiligten erst nach Abschluss des Lehrgangs auffiel, dass 120 mal 45 Minuten und nicht 120 mal 60 Minuten absolviert worden waren. Dies bedeutete für die Kursteilnehmer „nachsitzen" und führte zu erheblichen zeitlichen und logistischen Problemen.

Nach § 4 Abs. 1 Satz 3 und 4 FAO muss der Lehrgang für das **Fachgebiet Steuerrecht** weitere **40 Zeitstunden** (für Buchhaltung und Bilanzwesen) und für das **Fachgebiet Insolvenzrecht** weitere **60 Zeitstunden** (für betriebswirtschaftliche Grundlagen) umfassen. 347

Frage: Wird die Teilnahme an einem Fachanwalts-Lehrgang auch dann anerkannt, wenn dieser zwar 120 Zeitstunden gedauert hat, aber Teile (z. B. wegen einer Verspätung oder Erkrankung) versäumt wurden? 348

Antwort: § 4 Abs. 1 Satz 2 FAO schreibt natürlich nicht nur vor, dass der Lehrgang auf 120 Zeitstunden angelegt ist, sondern impliziert zugleich, dass diese

1 „Bei Fortbildungsveranstaltungen, die nicht in Präsenzform durchgeführt werden, müssen die Möglichkeit der Interaktion des Referenten mit den Teilnehmern sowie der Teilnehmer untereinander während der Dauer der Fortbildungsveranstaltung sichergestellt sein und der Nachweis der durchgängigen Teilnahme erbracht werden."

2 Vgl. Protokoll der 6. Sitzung der Vierten Satzungsversammlung vom 6.12.2010, S. 44 f.

3 Rz. 249.

Stunden auch in vollem Umfang absolviert werden müssen. Versäumnisse mögen dann tolerabel sein, wenn sie nur geringfügig sind (nicht mehr als 5 % der Gesamtdauer) und auf einem unabwendbaren Ereignis (z. B. Stau auf der Autobahn) oder einem wichtigen Grund (z. B. einer Erkrankung) beruhen.[1]

Wer unsicher ist, ob seine Fehlzeiten den vertretbaren Rahmen sprengen, sollte entweder einen Kurs-Baustein nachholen oder Fortbildung betreiben. Nicht möglich ist es, versäumte Lehrgangsteile einfach durch Selbststudium zu ersetzen.

d) Kontinuität des Fachanwalts-Lehrgangs

349 In engem Zusammenhang mit der Dauer steht die Frage, ob ein Lehrgang stets als Einheit absolviert werden muss, oder ob auch der Besuch von **Teilstücken mehrerer Kurse** in Betracht kommt.

350 Da § 4 Abs. 1 Satz 1 FAO zwar von „einem", aber nicht ausdrücklich von „demselben" Lehrgang spricht, muss es möglich sein, die insgesamt 120 Zeitstunden in mehreren Kursen abzuleisten.[2] Jede andere Betrachtungsweise liefe der **praktischen Vernunft** zuwider und würde Bewerber, die ohne eigene Schuld (z. B. wegen Turbulenzen in der Kanzlei oder einer ernsthaften Erkrankung) an dem kontinuierlichen Besuch einer Maßnahme gehindert sind, unangemessen benachteiligen.[3]

351 Eine gewisse Kontinuität sollte allerdings schon deshalb gegeben sein, um nachweisen zu können, dass die erworbenen theoretischen Kenntnisse in vollem Umfang noch vorhanden sind. Wer die 120 Zeitstunden auf mehrere Jahre verteilt, dürfte sicher Schwierigkeiten bei der Anerkennung bekommen. Außerdem besteht immer die Gefahr, dass ein Anschluss-Lehrgang, auf den man sich verlässt, in Ermangelung der erforderlichen Teilnehmerzahl nicht zu Stande kommt und auch von anderen Veranstaltern nicht angeboten wird, und man sich so plötzlich der Möglichkeit beraubt sieht, fehlende Lehrgangs-Blöcke in vertretbarer Zeit nachzuholen.

352 Ein unfreiwilliges „Verschleppen" des Lehrgangs kann schon dadurch bedingt sein, dass eine oder mehrere Klausuren (z. B. wegen einer Erkrankung) nicht geschrieben werden konnte(n) oder nicht bestanden wurde(n). Selbstverständlich muss es in solchen Fällen immer auch möglich sein, **Klausuren nachzuholen**.[4]

e) Inhalt des Fachanwalts-Lehrgangs

353 Welches Wissen in den jeweiligen Lehrgängen vermittelt werden muss, ergibt sich aus den oben unter B. II. 1. im Einzelnen dargestellten **§§ 8 bis 14m FAO**,

---

1 Vgl. in diesem Sinne auch Scharmer, in: Hartung/Römermann, a. a. O., § 4 FAO Rz. 33.

2 So auch Scharmer, in: Hartung/Römermann, a. a. O., § 4 FAO Rz. 35.

3 Sollte eine Kammer dem Durchlaufen einer geteilten Fortbildung die Anerkennung versagen, ließe sich notfalls immer noch argumentieren, man weise „außerhalb eines Lehrgangs erworbene Kenntnisse" i. S. von § 4 Abs. 3 Satz 1 FAO nach.

4 Zu der hiervon unabhängigen Frage, wie hoch der Anteil der bestandenen Klausuren an der Zahl der insgesamt geschriebenen sein muss, vgl. unten unter B. II. 2. g dd.

die für jedes Rechtsgebiet, in dem eine Fachanwaltsbezeichnung erworben werden kann, die „nachzuweisenden besonderen Kenntnisse" detailliert aufführen.[1]

Wer also überprüfen will, ob ein angebotener Kurs inhaltlich den Anforderungen der Fachanwaltsordnung entspricht, kann selbst einen Abgleich mit der **entsprechenden Spezialvorschrift** vornehmen.

Die Lehrgangsanbieter kennen natürlich die Fachanwaltsordnung und richten ihre Kurse danach aus.[2]

§ 4 Abs. 1 Satz 1 FAO verlangt einen **„anwaltsspezifischen"** Lehrgang, also einen Lehrgang, der **auf Rechtsanwälte zugeschnitten** ist und das Know-how vermittelt, das diese für die Bewältigung ihrer besonderen Aufgaben benötigen. Es muss ein „anschaulicher Bezug" zu der Eigenart der anwaltlichen, interessengebundenen Rechtsanwendung bestehen.[3] 354

Deshalb ist es auch nicht unproblematisch, wenn schon **Referendare** einen Fachanwalts-Lehrgang besuchen. Denn Referendare verfügen – zumal, wenn sie noch am Anfang der Ausbildung stehen – naturgemäß nicht über Erfahrungen mit der besonderen Arbeitsweise eines Anwalts und können den Stoff eines anwaltsspezifischen Lehrgangs nicht so erfassen und durchdringen, wie dies wünschenswert wäre. 355

Frage: Ist es schädlich, wenn ein Lehrgang (auch) auf andere, mit dem Rechtsanwalt **verwandte Berufsgruppen** (z. B. Steuerberater oder Wirtschaftsprüfer) zugeschnitten ist? 356

Antwort: Dies ist unschädlich, solange der „Lehrgang" den Anforderungen des § 2 Abs. 2 und 3 und insbesondere denen der §§ 8 ff. FAO entspricht. Im Zweifel wird eine Weiterbildung, die auch oder insbesondere auf andere Berufsgruppen zielt, nicht als Fachanwalts-Lehrgang i.S. von § 4 Abs. 1 FAO, sondern – wie z. B. der mit der **Steuerberaterprüfung** beendete entsprechende Vorbereitungskurs – als Maßnahme zum Erwerb besonderer theoretischer Kenntnisse „außerhalb eines Lehrgangs" i.S. von § 4 Abs. 3 FAO zu werten sein.

➲ **Praxis-Tipp:** Erfüllt eine Maßnahme, wie z. B. ein **LL.M.-Studiengang** im Gewerblichen Rechtsschutz, IT-Recht oder Medizinrecht, die Anforderungen eines „anwaltsspezifischen" Lehrgangs nicht, besteht immer noch die Möglichkeit einer Anerkennung der Maßnahme als Nachweis i. S. von **§ 4 Abs. 3 FAO**. 357

Da § 2 Abs. 2 FAO die Verleihung einer Fachanwaltsbezeichnung an den Nachweis von Kenntnissen knüpft, die auf dem Fachgebiet **„erheblich das Maß dessen übersteigen, das üblicherweise durch die berufliche Ausbildung** 358

1 Vgl. hierzu schon Ziff. II. 1. der „Berliner Empfehlungen 2001".
2 Es ist allerdings auch schon vorgekommen, dass sich neu auf den Markt drängende Anbieter an eine Rechtsanwaltskammer wandten und diese baten, ihnen ein Kursangebot „auszuarbeiten". Glücklicherweise stehen solche Unternehmen in der Regel nicht einmal das Planungsstadium durch.
3 Stobbe, a. a. O., § 4 FAO Rz. 8.

(und praktische Erfahrung im Beruf) vermittelt wird", müssen auch die Lehrgänge ein Wissen vermitteln, das nicht nur anwaltsspezifisch ist und alle relevanten Bereiche des Fachgebiets umfasst, sondern zugleich einem **hohen Qualitätsniveau** entspricht.

359 Allerdings findet eine **Überprüfung** des Qualitätsniveaus durch die Kammern letztlich nicht statt. Die FAO, die ein **rein formalisiertes Prüfungsverfahren** vorsieht und von der Rechtsprechung in diesem Sinne äußerst restriktiv interpretiert wird,[1] bietet dazu keine Möglichkeit. Kleine-Cosack[2] klagt deshalb, das Niveau der Lehrgänge sei leider oftmals schlecht. Die rhetorischen und didaktischen Fähigkeiten zahlreicher Referenten seien zu einem großen Teil gering, sodass die meist nicht zu vermeidende Teilnahme an einem solchen Lehrgang nicht nur erhebliche Unkosten verursache und Zeit verschlinge, sondern auch „physisch nicht selten zur Strapaze" werde. Eine – bisher fehlende – Evaluierung der Lehrgänge würde auch bei manch „renommierten" Anbietern zu wenig erfreulichen Erkenntnissen führen.

360 Ohne hier eine Lanze für sämtliche Fachanwalts-Lehrgänge brechen zu wollen, scheint diese Einschätzung doch deutlich zu negativ. Im Gegenteil äußern sich viele Anwälte geradezu euphorisch über die hohe Qualität des besuchten Lehrgangs und selbst „alte Hasen" schwärmen, wie viel Neues sie noch hätten erfahren können. Demgegenüber sind die kritischen Stimmen und insbesondere die Stimmen, die sich so negativ äußern wie soeben zitiert, in der deutlichen Minderheit. Ein schwierigeres Problem ist das Niveau des Inhalts und der Bewertung der Klausuren, auf das unten unter B. II. 2. g eingegangen wird.

361 Nach § 2 Abs. 3 FAO müssen die besonderen theoretischen Kenntnisse zusätzlich zu den in den §§ 8 bis 14m festgelegten Bereichen „die **verfassungs- und europarechtlichen Bezüge des Fachgebiets**" umfassen. Auch auf diese muss – was sich fast von selbst versteht – im Fachanwalts-Lehrgang also eingegangen werden.

f) Überschneidungen von Lehrgangsinhalten

362 Seit Ausweitung der Fachgebiete wird ein besonderes Problem diskutiert, nämlich die Frage, ob Teile eines Lehrgangs für ein Fachgebiet auch zum Nachweis der theoretischen Kenntnisse **in einem anderen Gebiet** herangezogen werden können. **Inhaltliche Überschneidungen** gibt es insbesondere beim Versicherungsrecht und Verkehrsrecht, beim Strafrecht und Verkehrsrecht und beim Familienrecht und Erbrecht, aber z. B. auch beim Arbeitsrecht und Sozialrecht, beim Steuerrecht und Erbrecht, beim Steuerrecht und Strafrecht, beim Verwaltungsrecht und Bau- und Architektenrecht und beim Verwaltungsrecht und Sozialrecht. Zum Teil stimmen Lehrgangsanbieter bereits **Bausteine** ihrer Kurse aufeinander ab, indem sie Unterrichtseinheiten anbieten, die in exakt gleicher Form Bestandteil sowohl des einen als auch des anderen Fachanwalts-Lehrgangs sind.

1 Vgl. hierzu nur BGH (vom 7.3.2005) BRAK-Mitt. 2005, 123 ff. m.zahlr.w.Nachw.
2 Aktuelle Probleme der Fachanwaltsverleihung, AnwBl. 2005, 593, 594.

Der Ausschuss 1 und das Plenum der Satzungsversammlung haben das Thema diskutiert und sich tendenziell für die Möglichkeit einer Anrechnung ausgesprochen, ohne dass es hierüber allerdings zu einer Abstimmung gekommen wäre. Von einer konkreten Regelung in der Fachanwaltsordnung wurde Abstand genommen, weil man die praktischen Schwierigkeiten für zu groß hielt, und die Beantwortung der Frage, ob denn übergreifend konzipierte Bausteine tatsächlich mehrere Fächerkataloge so umfassend abdecken, wie dies für die einzelnen Gebiete gefordert wird, den Fachausschüssen überlassen werden sollte. 363

Da es in Zusammenhang mit § 4 Abs. 1 FAO nicht um eine „Gehorsamsprüfung", sondern um den Nachweis der besonderen theoretischen Kenntnisse auf einem bestimmten Rechtsgebiet geht, lässt sich – sofern die **vollständige Abdeckung** der jeweiligen Bereiche und die **Kompatibilität** sichergestellt sind – nicht begründen, warum eine Anrechnung nicht möglich sein sollte. Wer sich schon im Rahmen eines Versicherungsrechts-Lehrgangs mit dem Thema der Kraftfahrtversicherung ausführlich befasst hat, muss das Gleiche nicht noch einmal im Rahmen eines Verkehrsrechts-Lehrgangs tun. 364

In den „Berliner Empfehlungen 2006" heißt es unter Ziff. II. 2. denn auch: 365

„Bei inhaltlicher Übereinstimmung können Blöcke und Klausuren aus einem Fachanwalts-Lehrgang für ein Rechtsgebiet auf einen Lehrgang für ein anderes Rechtsgebiet angerechnet werden. Dabei ist § 4 Abs. 2 FAO (a. F.) zu beachten."

Bedenken können sich allenfalls daraus ergeben, dass die Herstellung und insbesondere die Feststellung der vollen inhaltlichen Übereinstimmung in der Praxis schwierig sein mag. So dürfte es leichter sein, kompatible „Blöcke" für das Verkehrsrecht und das Versicherungsrecht als solche z. B. für das Erbrecht und das Steuerrecht zu entwickeln. 366

Zu berücksichtigen ist außerdem, dass die **Klausuren**, die in jedem Lehrgang zu schreiben sind, das Fachgebiet in einer **bestimmten Breite** abdecken müssen (§ 4a Abs. 1 FAO). Die Anerkennung bzw. der Erlass eines schon im Rahmen eines anderen Lehrgangs absolvierten Blockes führt **nicht zwangsläufig** auch zum Erlass einer entsprechenden Klausur in dem weiteren Lehrgang. Dies jedenfalls dann nicht, wenn die zugehörige Klausur Bereiche umfasst, die in dem früheren Lehrgang nicht vermittelt und also auch nicht abgefragt wurden. 367

➲ **Praxis-Tipp:** Wer beabsichtigt, sich im Hinblick auf einen früher bereits für ein anderes Fachgebiet absolvierten Lehrgang einen Baustein eines weiteren Lehrgangs zu sparen, aber Bedenken wegen der Anerkennungsfähigkeit des früheren Bausteins (und/oder einer in diesem Zusammenhang bereits geschriebenen Klausur) hat, sollte vorsichtshalber mit seiner Rechtsanwaltskammer oder dem Vorsitzenden des zuständigen Vorprüfungsausschusses Kontakt aufnehmen, um zu erörtern, ob die Bedenken berechtigt sind. Dadurch lassen sich die erheblichen Probleme, die mit einer späteren Nicht-Anerkennung des Lehrgangs verbunden wären, weitgehend ausschließen. Auch wenn die Vertreter der Kammern und die Mitglieder der Fachausschüsse keine verbindlichen Zwischenbescheide erteilen können, stehen sie doch gerne als Gesprächspartner zur Verfügung. 368

369 Angesichts der seit dem 1.1.2011 geltenden Fassung von § 4 Abs. 2 FAO,[1] nach der jetzt hinsichtlich der Fortbildungspflicht angehender Fachanwälte (wieder) auf den Beginn des Lehrgangs abgestellt wird, stellt sich im Fall des Rückgriffs auf einen anderen schon länger zurückliegenden Fachanwalts-Lehrgang auch die Frage, ob für den Beginn der Fortbildungspflicht nicht schon dieser **frühere Lehrgang** maßgeblich ist.

Beispiel:
Besucht ein Rechtsanwalt ein paar Jahre, nachdem er den Fachanwalts-Lehrgang im Familienrecht absolviert und die Fachanwaltsbezeichnung Familienrecht erworben hat, den Lehrgang im Erbrecht, um später den entsprechenden Antrag zu stellen, und will er sich dabei einen Block des Erbrechts-Lehrgangs, der inhaltlich identisch mit einem Block ist, den er bereits durch den Familienrechts-Lehrgang abgedeckt hat, sparen, taucht die Frage auf, ob er nicht schon seit Beginn des Familienrechts-Lehrgangs auch Fortbildung im Erbrecht hätte betreiben müssen.[2]

370 **Weniger großzügig** als beim Lehrgang wird die Frage einer Anerkennung sich überschneidender Bereiche **für die Fortbildung beantwortet**. Der seit dem 1.3.2010 geltende § 15 Abs. 2 FAO n.F. stellt unmissverständlich klar, dass die Fortbildung „je Fachgebiet" 10 Zeitstunden nicht unterschreiten darf. Diese Regelung steht zwar der Anerkennung von Kombinationsveranstaltungen, etwa im Familien- und Erbrecht, wahlweise für das eine oder das andere Rechtsgebiet nicht entgegen, schließt aber das Abdecken der Fortbildungsverpflichtung für zwei Fachgebiete durch den Besuch einer einzigen zehnstündigen Kombinationsveranstaltung aus.[3]

g) Die Leistungskontrollen (Klausuren)

371 Zur erfolgreichen Teilnahme an einem Fachanwalts-Lehrgang gehört, „dass der Antragsteller sich **mindestens drei schriftlichen Leistungskontrollen** (Aufsichtsarbeiten) aus verschiedenen Bereichen des Lehrgangs erfolgreich unterzogen hat". Dieses wichtige Erfordernis fand sich früher – wie zufällig – in § 6 FAO, der grundsätzliche Bestimmungen über die vom Antragsteller vorzulegenden Unterlagen enthält. Im Interesse der Systematik und besseren Übersichtlichkeit hat die Satzungsversammlung durch Beschluss vom 3.4.2006 die Regelung über die schriftlichen Leistungskontrollen in eine **eigene Vorschrift** gefasst, die als neuer **§ 4a** den Bestimmungen über den Fachanwalts-Lehrgang unmittelbar nachfolgt.[4]

aa) Dauer einer Klausur

372 Gem. § 4a Abs. 1 FAO muss eine Leistungskontrolle **mindestens eine Zeitstunde** dauern und darf zugleich **fünf Zeitstunden nicht überschreiten**.

---

1 Vgl. zum Inkrafttreten der Neuregelung § 16 Abs. 1 Satz 3 FAO n.F. und BRAK-Mitt. 2009, 279, 280.

2 Vgl. hierzu näher unten unter B. II. 5. b. Zu beachten ist, dass die auf den Beginn des Lehrgangs abstellende Fortbildungsregel erst seit dem 1.1.2011 gilt.

3 Vgl. hierzu näher unten unter G. IV. 3.

4 Zur Begründung der Neuregelung siehe KammerMitteilungen Rechtsanwaltskammer Düsseldorf 2006, 97 f.

Auch hier geht es wieder um **Zeitstunden** und nicht um Unterrichtseinheiten (von 45 Minuten Dauer). 373

Auch bei Fernlehrgängen müssen die Klausuren i.S. von § 4a FAO als **Aufsichtsarbeiten**, also **Präsenzklausuren** (und nicht als Einsendeaufgaben) geschrieben werden. Nur so lässt sich feststellen, dass der Proband die Klausurlösung auch tatsächlich selbst verfasst, sich keiner unzulässigen Hilfsmittel bedient und die maximale Bearbeitungszeit nicht überschreitet.

bb) Inhalt der Klausuren

Während § 4 Abs. 1 Satz 1 FAO für den Fachanwalts-Lehrgang insgesamt vorschreibt, dass dieser **„alle" relevanten Bereiche des Fachgebiets** umfasst, müssen die Klausuren lediglich aus **„verschiedenen" Bereichen des Lehrgangs** stammen. Es wäre auch völlig unrealistisch, z.B. im Agrarrecht zu fordern, dass Klausuren geschrieben werden, die sämtliche Bereiche des § 14m FAO abdecken. 374

„Verschiedene" bedeutet aber zumindest **„einige"**, weshalb es nicht ausreichen würde, wenn ein Rechtsanwalt, der die Fachanwaltschaft im Arbeitsrecht anstrebt, drei Klausuren geschrieben und bestanden hätte, die das kollektive Arbeitsrecht gänzlich ausklammern.[1] 375

Auch der Inhalt der Klausuren muss sich an der **hohen Qualitätsanforderung** des § 2 Abs. 2 FAO messen lassen, wonach besondere theoretische Kenntnisse auf dem Fachgebiet nur vorliegen, wenn sie „erheblich das Maß dessen übersteigen, das üblicherweise durch die berufliche Ausbildung (und praktische Erfahrung im Beruf) vermittelt wird". 376

In der Praxis erweist sich der **Qualitätsstandard** der Klausuren als großes Problem. Dies bezieht sich nicht nur auf die **Bewertung**, sondern auch auf die **Aufgabenstellung** und schon auf die **Vorbereitung** in den Lehrgängen. Die Anbieter selbst bewegen sich hier in einem **schwierigen Spannungsfeld**, weil Lehrgänge, die für hohe Durchfallquoten in den Klausuren bekannt sind, natürlich kaum gebucht werden, und Teilnehmer mitunter sogar den Anspruch erheben, mit den Kursgebühren auch die entsprechenden Zertifikate zu „kaufen". Andere – nicht wenige (darunter Mitglieder der Satzungsversammlung) – ehemalige Absolventen von Fachanwalts-Lehrgängen klagen darüber, dass es sich bei den Klausuren um „peinliche Formsachen" gehandelt habe, weil die Fragestellungen im Lehrgang dezidiert besprochen worden seien und/oder es während der Klausuren an jeder Form von Aufsicht oder auch nur der Kontrolle der verwendeten Hilfsmittel (bis hin zum Laptop mit Internetanschluss) gemangelt habe. 377

Die FAO gibt – insbesondere in der restriktiven Auslegung, die sie durch die Gerichte erfährt[2] – den Vorprüfungsausschüssen und Kammervorständen 378

1 So wohl auch Ziff. II. 12.2 der „Berliner Empfehlungen 2001".
2 Vgl. hierzu nur BGH (vom 7.3.2005) BRAK-Mitt. 2005, 123 ff. m. zahlr. w. Nachw.

keine Möglichkeit, das Niveau der Aufgabenstellung und der Benotung zu überprüfen oder gar zu bemängeln.[1]

379 Die Satzungsversammlung diskutiert deshalb aktuell über die Möglichkeit der Einführung einheitlicher Leistungskontrollen.[2] Der Vorschlag, in § 4a FAO festzuschreiben, welche Teilbereiche aus den §§ 8 bis 14m im jeweiligen Fachgebiet durch die Klausuren mindestens abgedeckt sein müssen, und dadurch den Lehrgangsanbietern gewisse Bindungen aufzuerlegen, wurde aus Praktikabilitätsgründen abgelehnt.[3]

cc) Zeitpunkt der Klausuren

380 Die FAO sagt nichts darüber aus, wann die Klausuren geschrieben werden müssen bzw. dürfen. Da das im Lehrgang vermittelte Wissen abgefragt werden soll, standen sie früher meist am Schluss des Kurses.

381 Ein Blick in die Lehrgangsprogramme der Anbieter zeigt allerdings, dass es sich mehr und mehr eingebürgert hat, die Klausuren am Ende einzelner Blöcke zu stellen und konkret auf den Inhalt des jeweiligen, kurz vorher behandelten Blocks abzustimmen. Es stellt sich dabei das gerade schon angesprochene Problem des Niveaus der Klausuren und der Intensität ihrer Vorbereitung.

dd) Verfahrensfragen

382 Während des Fünften Erfahrungsaustauschs Ende 2001 in Berlin wurde die Frage diskutiert, ob bei der Anfertigung der Klausuren außer Gesetzestexten **weitere Hilfsmittel** (z. B. Kommentare) verwendet werden dürften.

Die Teilnehmer sprachen sich mehrheitlich hierfür aus, weil in den Klausuren anwaltsspezifische Fähigkeiten getestet werden sollten, und es der **Arbeitsweise des Rechtsanwalts** entspreche, sich bei der Anfertigung von Schriftsätzen **juristischer Literatur** zu bedienen.

383 Allerdings sollten die Hilfsmittel in einem Klausurtermin **einheitlich vorgegeben**, auf der Klausur vermerkt und ihre Verwendung bei der Benotung berücksichtigt werden.

384 Die Teilnehmer des damaligen Erfahrungsaustauschs beschäftigten sich weiter mit der Frage, ob die Klausuren zwingend mit dem **Namen des Probanden** versehen werden müssten oder auch – wie z. B. die Klausuren in den juristischen Staatsexamen – anonymisiert werden könnten. Das **anonymisierte Erstellen** von Klausuren hat den Vorteil, dass die **Gleichbehandlung** aller Kursteilnehmer gewährleistet und ausgeschlossen ist, dass es auf Grund persönlicher Bekanntschaft zwischen Korrektor und Kandidat zu Verzerrungen kommt.

1 Vgl. hierzu näher unten unter B. II. 2.g ee.
2 Vgl. hierzu unten unter I. I.
3 Protokoll der 7. Sitzung des Ausschusses 1 der Dritten Satzungsversammlung vom 16.1.2006, S. 8 f.

Man war der Auffassung, dass die FAO eine Anfertigung der Klausuren z.B. unter einer Prüfungsziffer nicht ausschließe, und der Klausurensteller deshalb selbst entscheiden könne, ob er offen oder anonymisiert schreiben lasse. Bei der „offenen" Variante müssten die Korrektoren darauf achten, keine Klausuren von Teilnehmern zu bewerten, die ihnen persönlich bekannt seien. **Praktikabilität und Überprüfbarkeit** dieser Forderung dürften gering sein.

ee) Anzahl/Dauer der bestandenen Klausuren

Die Frage, **wie viele** Klausuren bestanden sein müssen, um von einer **„erfolgreichen" Lehrgangsteilnahme** ausgehen zu können, wird in der Fachanwaltsordnung nicht eindeutig beantwortet. § 4a Abs. 2 Satz 2 FAO schreibt lediglich vor, dass die **Gesamtdauer** der **bestandenen Leistungskontrollen** fünfzehn Zeitstunden nicht unterschreiten darf. 385

Werden also drei Klausuren á fünf Zeitstunden angeboten und ist eine davon nicht bestanden, liegt keine „erfolgreiche" Lehrgangsteilnahme vor. 386

Bei der Behandlung einer Klausur als „bestanden" oder „nicht bestanden" kommt es auf die **Gesamtbewertung bzw. -benotung** an. Dies gilt auch dann, wenn eine einheitlich gestellte und geschriebene Klausur in selbständige Teilbereiche untergliedert ist, von denen einige positiv und andere negativ bewertet wurden. Das führt zu der Erkenntnis, dass es schwieriger sein dürfte, 15 Klausuren á 1 Stunde als 3 Klausuren á 5 Stunden zu bestehen. 387

Es stellt sich die Frage, ob auch dann noch von einer erfolgreichen Teilnahme die Rede sein kann, wenn zwar die Dauer der bestandenen Klausuren fünfzehn Zeitstunden beträgt, der **Anteil** der bestandenen Klausuren an den insgesamt geschriebenen aber eher **gering** ist. Werden beispielsweise 10 Aufsichtsarbeiten á 3 Zeitstunden angeboten und besteht der Lehrgangsteilnehmer lediglich die Hälfte, könnte zweifelhaft sein, ob angesichts des Verhältnisses von 50 % bestandenen zu 50 % nicht bestandenen Klausuren eine erfolgreiche Teilnahme am Lehrgang gegeben ist. 388

In einer noch unter der Geltung des RAFachBezG ergangenen Entscheidung vom 11.7.1994 sieht der BGH[1] in einem Fall, in dem von vier gestellten Klausuren nur zwei bestanden wurden, den Nachweis der erfolgreichen Lehrgangsteilnahme als nicht erbracht an. Wie viele Klausuren „ausreichend" sein müssen, um einen Erfolg der Lehrgangsteilnahme bejahen zu können, unterliegt nach Ansicht des BGH der Wertung der zuständigen Rechtsanwaltskammer. Dabei sei einmal zu berücksichtigen, inwieweit die Klausuren die gesamten relevanten Teilbereiche des Fachgebiets abdeckten. Vor allem aber komme es auf die Gesamtzahl der Klausuren an. Wörtlich heißt es hierzu:[2] 389

> „Es leuchtet ohne weiteres ein, dass etwa bei einer Gesamtzahl von acht Klausuren der Nachweis des Erfolges nicht durch drei ausreichende Arbeiten bei fünf nicht ausreichenden erbracht sein kann." 390

1 BGH NJW 1995, 1424 f.
2 BGH NJW 1995, 1424, 1425.

391 Das Problem ist inzwischen **ohne praktische Relevanz**. Die Vorprüfungsausschüsse und Kammervorstände erfahren üblicherweise gar nicht, wie viele Klausuren im Rahmen eines Lehrgangs angeboten wurden, wie viele davon der Antragsteller geschrieben hat und wie viele er bestanden bzw. nicht bestanden hat. Entsprechende Erkenntnisse würden voraussetzen, dass – was natürlich nicht geschieht – die Veranstalter von Fachanwalts-Lehrgängen in ihre Teilnahmebescheinigungen auch Angaben über nicht bestandene Klausuren aufnehmen, oder der Bewerber zusammen mit den Unterlagen nach § 6 Abs. 2 FAO auch die nicht mehr mit „ausreichend" bewerteten Klausuren vorlegt.

ff) Überprüfung der Klausurbewertung durch den Vorprüfungsausschuss bzw. den Kammervorstand?

392 Wie schon erwähnt, gibt das in der Fachanwaltsordnung festgelegte **streng formalisierte Prüfungsverfahren** den Fachausschüssen und Kammervorständen **keine Möglichkeit**, das Niveau der Klausuren, also der Aufgabenstellung und insbesondere der Bewertung, zu überprüfen und etwa eine vom Lehrgangsveranstalter als bestanden gewertete Klausur auf „mangelhaft" bzw. „nicht bestanden" herunterzustufen.

393 In einem prägnanten Fall, in dem eine Antragstellerin nach Auffassung des Vorprüfungsausschusses und des Kammervorstands stark mängelbehaftete, allerdings noch als „bestanden" bewertete Klausuren (und ebenso mängelbehaftete Arbeitsproben) vorgelegt hatte und deshalb zum Fachgespräch geladen worden war, was sie jedoch ablehnte, hat der BGH mit einer bis heute richtungweisenden Entscheidung ein **materielles Prüfungsrecht** der Kammern **ausdrücklich verneint**.[1] Ein solches Prüfungsrecht sei weder § 43c Abs. 2 BRAO noch den Bestimmungen der FAO selbst zu entnehmen. Die dem Fachausschuss obliegende Prüfung der theoretischen Kenntnisse und praktischen Erfahrungen anhand der vorzulegenden Nachweise sei vielmehr weitgehend formalisiert und lasse dem Fachausschuss **keinen Raum für eine eigenständige Beurteilung** der fachlichen Qualifikation eines Bewerbers, der die in den §§ 4 bis 6 FAO geforderten Nachweise erbracht habe. Insbesondere stehe es dem Fachausschuss nicht zu, die durch eine erfolgreiche Lehrgangsteilnahme nachgewiesenen besonderen theoretischen Kenntnisse des Bewerbers anhand der bestandenen Lehrgangsklausuren und der vorgelegten Arbeitsproben zu überprüfen und in Zweifel zu ziehen. Die Kammern sind also machtlos gegen „Kuschelnoten". Kleine-Cosack[2] merkt zu Recht an, dass die damit verbundene aktuelle bzw. **potenzielle Ungleichheit** am Maßstab des Art. 3 Abs. 1 GG kaum hinnehmbar sei, und beklagt in diesem Zusammenhang das Fehlen von

1 BGH BRAK-Mitt. 2003, 25 ff., m. krit. Anm. Offermann-Burckart. So auch BayAGH AnwBl. 2008, 372 ff. = BRAK-Mitt. 2008, 221 ff.
2 A. a. O., AnwBl. 2005, 593, 595.

von den Rechtsanwaltskammern „zumindest vorgegebene(n) oder sogar von ihnen durchgeführte(n) zentrale(n) Leistungskontrollen".[1]

Die in **§ 6 Abs. 2 lit. c FAO** enthaltene Regelung, dass mit dem Fachanwaltsantrag auch die Aufsichtsarbeiten und ihre Bewertungen eingereicht werden müssen, ist damit **praktisch bedeutungslos** und kann – in engen Grenzen – allenfalls der Überprüfung dienen, ob eine Klausur auch tatsächlich vom Antragsteller selbst geschrieben wurde. Nach Ansicht des Bundesgerichtshofs liegt der Sinn der Bestimmung darin, dass der Ausschuss hinsichtlich der Aufsichtsarbeiten nachprüfe, ob die Angaben in dem Zeugnis des Lehrgangsveranstalters über die Gegenstandsbereiche und Bewertungen der Klausuren zutreffend seien und den Anforderungen der §§ 8 ff. FAO entsprächen.[2] 394

Konsequenterweise kommt der BGH in einem interessanten Beschluss vom 21.7.2008[3] auch zu dem – gewissermaßen umgekehrten – Ergebnis, dass der Vorprüfungsausschuss weder berechtigt noch verpflichtet sei, einen nach § 6 Abs. 2 FAO unzureichenden Nachweis etwa dadurch zu „vervollständigen", dass er eine im Fachlehrgang nicht bestandene Klausur selbst nochmals fachlich beurteile und entgegen dem Lehrgangsveranstalter als „bestanden" bewerte. Auch in dem Fall, in dem eine oder mehrere der im Lehrgang angefertigten Klausuren als nicht bestanden bewertet worden seien, gelte, dass die Klausurbewertung einer fachlichen Überprüfung durch die Rechtsanwaltskammer entzogen sei. Die Kompetenz des Fachausschusses beschränke sich auch in dieser Situation auf die Prüfung, ob die vom Antragsteller vorgelegten Zeugnisse den Anforderungen des § 6 Abs. 2 FAO an eine erfolgreiche Lehrgangsteilnahme genügten. Sei dies nicht der Fall, scheide ein Nachweis der besonderen theoretischen Kenntnisse nach § 6 Abs. 2 FAO per se aus. Die Formalisierung des der Verleihung einer Fachanwaltsbezeichnung vorausgehenden Prüfungsverfahrens würde unterlaufen, wenn der Fachausschuss berechtigt oder verpflichtet wäre, die im Rahmen des Lehrgangs als bestanden oder nicht bestanden bewerteten Klausuren nochmals eigenständig zu bewerten. Schützenswerte Interessen des Bewerbers würden dadurch nicht beeinträchtigt. Ihm verbleibe, wenn er auch die Wiederholungsklausuren im Fachlehrgang nicht bestanden habe, die unbeschränkte Möglichkeit, an einem oder mehreren weiteren Fachlehrgängen teilzunehmen oder den Nachweis besonderer theoretischer Kenntnisse in anderer Weise als durch erfolgreiche Lehrgangsteilnahme zu erbringen (§ 4 Abs. 3 FAO). 395

Kürzlich ist in der Praxis der – allerdings nicht zur gerichtlichen Überprüfung gelangte – Fall einer Klausur vorgekommen, die im Multiple-Choice-Verfahren zu erstellen war und auf den ersten Blick so einfach gelagerte Fragen enthielt, dass die veranschlagte Bearbeitungszeit von mehreren Stunden nicht 396

1 Wörtlich führt Kleine-Cosack, a. a. O., AnwBl. 2005, 593, 595, Fn. 20, aus: „Jeder Lehrgangsanbieter wird sich selbstverständlich darum bemühen, keine allzu hohen Anforderungen an das Bestehen der Klausur zu stellen, um nicht einen weitere Teilnehmer abschreckenden Ruf zu erhalten."

2 BGH BRAK-Mitt. 2003, 25, 27, m. krit. Anm. Offermann-Burckart.

3 NJW 2008, 3496 f., m. Anm. Römermann = AnwBl. 2008, 711 ff. = BRAK-Mitt. 2008, 218 ff.

nachvollziehbar war und nicht ansatzweise der Nachweis von besonderen theoretischen Kenntnissen auf dem in § 2 Abs. 2 FAO geforderten Niveau geführt werden musste bzw. konnte. Es wäre interessant zu wissen, ob der Anwaltssenat in einem solchen Extremfall die Versagung der Anerkennung durch die zuständige Rechtsanwaltskammer mitgetragen hätte.

397 Die Teilnehmer des Sechsten Erfahrungsaustauschs zu den Fachanwaltschaften am 9. und 10.10.2006 in Berlin beklagten nachhaltig die mitunter **schlechte Qualität der Klausuraufgaben und/oder -lösungen** und die fehlende Möglichkeit der Vorprüfungsausschüsse bzw. Kammervorstände zur Qualitätskontrolle. Sie sprachen deshalb **gegenüber der Satzungsversammlung** die **Empfehlungen** aus,

„– über eine Änderung des bisherigen Modus im Hinblick auf eine Qualitätsverbesserung der Leistungsnachweise nachzudenken
– die Durchführung des Lehrgangs und die Erstellung und Korrektur der Klausuren institutionell zu trennen
– den Kammervorständen eine Qualitätsprüfung im Sinne einer inhaltlichen Kontrolle der Voraussetzungen der Verleihung der Fachanwaltschaft zu ermöglichen und auf die hierfür erforderliche Gesetzesänderung hinzuwirken".

3. Außerhalb eines Lehrgangs erworbene Kenntnisse

398 Nach **§ 4 Abs. 3 Satz 1 FAO** besteht grundsätzlich auch die Möglichkeit, den erforderlichen Nachweis besonderer theoretischer Kenntnisse im Fachgebiet **ohne** die erfolgreiche Teilnahme an einem Lehrgang zu führen. Allerdings müssen die außerhalb eines Lehrgangs erworbenen Kenntnisse **„dem im jeweiligen Fachlehrgang zu vermittelnden Wissen entsprechen"**. Das bedeutet, dass **ausnahmslos alle der in den §§ 8 bis 14m FAO** für die einzelnen Fachgebiete geforderten Teilbereiche abgedeckt sein müssen. Dies hat der AGH NRW[1] etwa verneint im Fall eines ausgewiesenen Baurechtlers, der zwar auf umfangreiche Publikationstätigkeit und ebenso auf die sowohl hörende als auch dozierende Teilnahme an zahlreichen Fortbildungsveranstaltungen verweisen konnte, aber keine Unterlagen vorgelegt hatte, die den Nachweis besonderer theoretischer Kenntnisse auf den Gebieten „Recht der Architekten und Ingenieure" (§ 14e Nr. 2 FAO), „öffentliches Baurecht" (§ 14e Nr. 4 FAO) sowie „Besonderheiten der Verfahrens- und Prozessführung" (§ 14e Nr. 5 FAO) erbracht hätten.

399 Antragsteller, die die besonderen theoretischen Kenntnisse außerhalb eines Fachanwalts-Lehrgangs erwerben, unterliegen **nicht der Klausurpflicht** des § 4a Abs. 1 FAO. Zwar fehlt es in dieser neuen Norm an der eindeutigen Einschränkung, die § 6 Abs. 2 FAO a. F. („soweit besondere theoretische Kenntnisse durch eine erfolgreiche Lehrgangsteilnahme [§ 4 Abs. 1] dargelegt werden sollen, ...") noch ausdrücklich enthielt. Doch ergibt sich die enge Auslegung aus dem **Sinn der Norm** und der **in § 4a Abs. 1 enthaltenen Formulierung**, dass die mindestens drei schriftlichen Leistungskontrollen „aus verschiedenen Bereichen des Lehrgangs" stammen müssen.

1 BRAK-Mitt. 2007, 78.

Die Frage, **wann** die Voraussetzung von § 4 Abs. 3 Satz 1 FAO erfüllt ist, ist – wenngleich von geringerer praktischer Relevanz – durchaus umstritten. In den „Berliner Empfehlungen 2001" heißt es unter Ziff. II. 3. zum **„Anforderungsprofil der Ersatznachweise"**: 400

„3.1 Ein verallgemeinerungsfähiges Anforderungsprofil bezüglich der Ersatznachweise verbietet sich; die Voraussetzungen sind im Einzelfall zu prüfen. Maßstab sind die Kenntnisse, die im jeweiligen Fachlehrgang oder Teillehrgang vermittelt werden. Gegebenenfalls ersetzen außerhalb eines Lehrgangs erworbene besondere theoretische Kenntnisse auch nur den entsprechenden Teillehrgang.

3.2 Der erfolgreiche Abschluss des Steuerberaterexamens genügt als Nachweis im Sinne von § 4 Abs. 3 FAO (a. F.). Einzelleistungen ohne erfolgreichen Abschluss genügen in der Regel nicht.

Entsprechendes gilt für die Diplom-Finanzwirte (FH) oder gleichwertige Abschlüsse."

Die Teilnehmer an dem Sechsten Erfahrungsaustausch 2006 haben unter Ziff. II. 3. folgende Empfehlung formuliert: 401

„Die Anerkennung anderweitiger Nachweise i. S. von § 4 Abs. 3 FAO (a. F.) hängt davon ab, dass diese das Niveau eines Fachanwalts-Lehrgangs erreichen und alle Bereiche des Fachgebiets (§§ 8 ff. FAO) abgedeckt sind."[1]

Der Ausschuss 1 der Satzungsversammlung hat die von manchen geäußerte Anregung, für die außerhalb eines Lehrgangs erworbenen Kenntnisse konkrete **Fallgruppen** festzulegen, **nicht aufgegriffen**, weil es unmöglich scheint, alle denkbaren Lebenssachverhalte in angemessener und den Anforderungen von Art. 3 und 12 GG entsprechender Weise zu erfassen. 402

Nach den bisherigen Erfahrungen ist im Wesentlichen zwischen **folgenden Fallgruppen** zu unterscheiden: 403

a) Dozententätigkeit

Auch wenn § 4 Abs. 1 FAO – anders als § 15 FAO – nicht ausdrücklich sowohl die „hörende" als auch die **„dozierende" Teilnahme** an einem Fachanwalts-Lehrgang erwähnt, fällt die – umfassende – Dozententätigkeit[2] im Rahmen eines solchen Lehrgangs streng genommen bereits unter Abs. 1. Denn wenn die hörende Teilnahme an einem Lehrgang zum Erwerb der besonderen theoretischen Kenntnisse führen soll, müssen die besonderen Kenntnisse bei der dozierenden Teilnahme als bereits vorhanden unterstellt werden. 404

Allerdings ist Voraussetzung, dass sich die Dozententätigkeit auf das Fachgebiet in seiner nach den §§ 8 bis 14m FAO zu bestimmenden Breite bezieht. Da kein Dozent einen Fachanwalts-Lehrgang alleine bestreiten wird, muss die dozierende Tätigkeit sich entweder auf mehrere Lehrgänge, in denen dann jeweils andere Teilbereiche abgedeckt werden, erstrecken oder durch die – dozierende oder hörende – Teilnahme an sonstigen Weiterbildungsveranstaltungen ergänzt werden. 405

1 Zum Erfordernis der Abdeckung wirklich aller Bereiche des Fachgebiets vgl. auch AGH NRW vom 29.9.2006 – 1 ZU 63/06.
2 BGH BRAK-Mitt. 1995, 73, 75.

406 In einer Entscheidung vom 17.12.1993 hat der EGH NRW[1] den Nachweis der besonderen Kenntnisse eines Antragstellers im Sozialrecht, der als juristischer Dozent in der Versorgungsverwaltung einen „Grundkurs Sozialrecht" abgehalten hatte, als nicht erbracht angesehen, weil weite Teile des Sozialrechts nicht abgedeckt waren.

b) Teilnahme an sonstigen Aus- bzw. Weiterbildungsmaßnahmen

407 In letzter Zeit wurde häufig die Frage aufgeworfen, inwieweit das Absolvieren von Aus- bzw. Weiterbildungsmaßnahmen, die nicht als Fachanwalts-Lehrgänge im strengen Sinne klassifiziert werden können, zu akzeptieren ist. Das Thema steht in engem Zusammenhang mit dem sogleich (siehe Rz. 417 ff.) behandelten Fall der „bestandenen Prüfungen". Grundsätzlich gilt, dass auch die hörende (oder dozierende) Teilnahme an **qualitativ hochwertigen Maßnahmen**, die dem Niveau von Fachanwalts-Lehrgängen entsprechen und sämtliche der in den §§ 8 ff. FAO aufgelisteten Teilgebiete abdecken, anerkannt wird.

408 Das gilt namentlich für **LL.M.-Studiengänge**, deren zeitlicher Umfang und Qualität meist deutlich über dem Umfang eines „normalen" Fachlehrgangs liegen. Die Anerkennungsfähigkeit solcher Maßnahmen scheitert nicht daran, dass sie auch Studierenden zugänglich sind und/oder dass keine Klausuren i. S. von § 4a FAO geschrieben werden. Ohnehin hängt der erfolgreiche Abschluss eines LL.M.-Studiengangs in der Regel ebenfalls vom Bestehen einer Mehrzahl von Klausuren **und** umfangreichen, in häuslicher Arbeit zu erstellenden Seminaraufgaben ab.

409 Natürlich darf § 4 Abs. 3 Satz 1 FAO nicht zur **Umgehung der Klausurpflicht** nach § 4a FAO missbraucht werden. Wer einen Fachanwalts-Lehrgang durchlaufen, aber nicht die entsprechenden Klausuren geschrieben bzw. bestanden hat, kann sich nicht darauf berufen, der reine Lehrgangsbesuch diene zum Nachweis besonderer theoretischer Kenntnisse i. S. von Abs. 3.

410 Auch der Besuch einer größeren Zahl von Fortbildungsveranstaltungen stellt kein Äquivalent zum Besuch eines in sich geschlossenen Lehrgangs dar. Zu reiner Fortbildung müssen deshalb weitere Belege hinzukommen, die die besonderen theoretischen Kenntnisse dokumentieren.[2]

c) Publizierende Tätigkeit

411 Auch derjenige, der **wissenschaftlich publiziert**, beweist, dass er über besondere Kenntnisse betreffend den Gegenstand seiner Veröffentlichung(en) verfügt. Ob er dies auch in der nach § 4 i. V. m. den §§ 8 bis 14m FAO erforderlichen Breite tut, hängt von Art, Umfang und Anzahl der Publikation(en) ab. So werden ein Editorial mit wissenschaftlichem Einschlag, eine Buchbesprechung oder eine kurze Urteilsanmerkung kaum geeignet sein, den Nachweis einer breiten und vertieften Befassung mit einem bestimmten Rechtsgebiet zu

1 EGH NRW AnwBl. 1994, 246.
2 AGH NRW BRAK-Mitt. 2007, 78, 80.

erbringen. Anders sieht es aus beim Verfassen einer **Dissertation**, eines **Kommentars**, eines **Lehrbuchs** oder einer **Vielzahl von Aufsätzen**, die sich mit immer wieder neuen Teilbereichen eines Rechtsgebiets beschäftigen. Aber selbst die Autoren von Kommentaren und umfangreichen Monographien haben in der Praxis Schwierigkeiten, wirklich **jeden Teilbereich**, in dem auf einem Fachgebiet besondere theoretische Kenntnisse nachgewiesen werden müssen, abzudecken.

Die auf § 4 Abs. 2 FAO in seiner Ursprungsfassung fußende Diskussion darüber, **wie alt** Publikationen sein dürfen, um noch als Nachweis i.S. von § 4 Abs. 3 FAO akzeptiert werden zu können,[1] wird durch die – seit dem 1.1.2011 geltende – Erstreckung der Fortbildungspflicht auch auf Antragsteller, die die „alternative" Nachweisführung bevorzugen, bald obsolet sein. 412

d) Bestandene Prüfungen

Die Frage nach der **Vergleichbarkeit** sonstiger **absolvierter Prüfungen** mit einem erfolgreich durchlaufenen Fachanwalts-Lehrgang stellt sich insbesondere im Steuerrecht und zunehmend auch im Insolvenzrecht, und zwar für die **Steuerberaterprüfung**, die **Laufbahnprüfung für den gehobenen Dienst in der Steuerverwaltung** und das **Wirtschaftsprüferexamen**. 413

Da die den genannten Prüfungen vorausgehenden Ausbildungen **deutlich umfassender und schwieriger** sind als die üblichen Fachlehrgänge für Steuer- bzw. Insolvenzrecht, wäre es widersinnig, diese Abschlüsse nicht anzuerkennen und erfolgreiche Absolventen z.B. der Steuerberaterprüfung zusätzlich in einen Fachanwalts-Lehrgang für Steuerrecht zu zwingen.[2] 414

Auch hier werden sich Überlegungen zu dem in der Vorauflage noch problematisierten **Aktualitätserfordernis**[3] über den neuen § 4 Abs. 3 Satz 2 FAO in Kürze erledigt haben. 415

e) Die „alten Hasen"

Indem sie den Nachweis besonderer theoretischer Kenntnisse neben den besonderer praktischer Erfahrungen stellt, hat sich die Satzungsversammlung **bewusst gegen** die Übernahme der **„Alte-Hasen-Regelung"** früherer Zeiten ausgesprochen. Auch **erfahrenen Rechtsanwälten**, die langjährig auf einem Spezialgebiet tätig sind, bleibt es, wenn sie die entsprechende Fachanwaltsbezeichnung erwerben wollen, nicht erspart, einen Lehrgang i.S. von § 4 Abs. 1 FAO zu besuchen oder auf andere Weise die besonderen theoretischen Kenntnisse nachzuweisen.[4] 416

---

1 Vgl. hierzu Stobbe, a.a.O., § 4 FAO Rz. 18, unter Berufung auf AGH Niedersachsen AnwBl. 1999, 562; a.A. AGH Hamburg vom 14.12.1998 – II ZU 7/97.

2 So z.B.Vossebürger, a.a.O., § 4 FAO Rz. 10; und für den Fall der Laufbahnprüfung für den gehobenen Dienst in der Steuerverwaltung BGH BRAK-Mitt. 1999, 271, 272 = AnwBl. 2000, 2002 f., m. zust. Anm. Hülsmann, AnwBl. 2000, 192, 193.

3 Vgl. die 2. Auflage Rz. 303.

4 Vgl. hierzu BGH BRAK-Mitt. 1995, 73, 75; Jährig, a.a.O., S. 99 ff.

417 Beim **Absehen von jeder Sonderregelung** ging es der Satzungsversammlung darum, eine **Gleichbehandlung** aller Antragsteller sicherzustellen. Außerdem folgte man der Überlegung, dass **Theorie und Praxis** zwar untrennbar miteinander verbunden sind, dass praktische Erfahrungen den Nachweis theoretischer Kenntnisse – insbesondere aktueller theoretischer Kenntnisse – aber **nicht ersetzen können**. Über das Für und Wider dieser Argumentation mag man streiten. Berufserfahrene Anwälte, die sich darüber ärgern, zum Zwecke des Erwerbs einer Fachanwaltsbezeichnung noch einmal „die Schulbank drücken" zu müssen, sollten den Lehrgangsbesuch als Chance nutzen, ihr Wissen auf den Prüfstand zu stellen und vielleicht doch die eine oder andere neue Erkenntnis zu gewinnen. Sie tun dabei im Grunde nichts anderes als das, was **§ 43a Abs. 6 BRAO** jedem Anwalt ohnehin vorschreibt, und was im Zuge der aktuellen Qualitätsdebatte zunehmend an Bedeutung gewinnt.

f) „Leumundszeugnisse"

418 In Zusammenhang mit § 4 Abs. 3 FAO verdient eine bemerkenswerte Entscheidung des **BGH** vom 19.6.2000[1] Erwähnung. Der Anwaltssenat akzeptiert darin zum Nachweis der besonderen theoretischen Kenntnisse eines Fachanwaltsbewerbers auch **Stellungnahmen anderer Juristen**, in denen der Bewerber als **ausgewiesener Spezialist** auf seinem Fachgebiet dargestellt wird.

419 Juristen, die in Wahrnehmung ihrer amtlichen Tätigkeit dem Rechtsanwalt bei der Ausübung seines Berufes über einen längeren Zeitraum hinweg begegnet seien, seien regelmäßig in der Lage, **dessen Rechtskenntnisse sachgerecht einzuschätzen**. Erfahrungsgemäß seien sie allenfalls dann bereit, positive und aussagekräftige Stellungnahmen zu den Fachkenntnissen des Anwalts abzugeben, wenn dessen Leistungen nach ihrer Überzeugung deutlich über dem Durchschnitt lägen.[2]

420 Einschränkend heißt es allerdings:

> „Der gleichwohl nicht völlig auszuschließenden Gefahr eines eventuellen Missbrauchs dieser Möglichkeit kann dadurch in geeigneter Weise begegnet werden, dass an einen solchen Nachweis strenge Anforderungen gestellt werden, die allein ein Rechtsanwalt zu erfüllen vermag, der unter den Juristen, mit denen er bei seiner beruflichen Arbeit regelmäßig zusammentrifft, ersichtlich allgemein als ein Spezialist auf dem besagten Fachgebiet anerkannt ist. Das werden in aller Regel nur Rechtsanwälte erreichen, die schon beträchtliche Zeit schwerpunktmäßig auf dem Gebiet gearbeitet haben, für das sie die Fachanwaltsbezeichnung anstreben. Hat der Rechtsanwalt aber ein solches fachliches Ansehen erlangt, sodass er nach Ansicht derjenigen, die seine Arbeit kennen, das erforderliche besondere theoretische Fachwissen unzweifelhaft besitzt, ist es nicht gerechtfertigt, die Verleihung der Fachanwaltsbezeichnung von der Teilnahme an einem Lehrgang abhängig zu machen, dessen Unterrichtsstoff der Rechtsanwalt offenbar schon beherrscht. Bedarf er der Wissensvermittlung nicht mehr, die während eines solchen Lehrgangs üblicherweise erfolgt, würde der Besuch einer solchen Veranstaltung im Wesentlichen nur eine zeitraubende Förmelei darstellen und wäre dem Rechtsanwalt deshalb nicht zumutbar."

---

1 BGH NJW 2000, 3648 f. = MDR 2000, 1340 f.
2 Ablehnend hierzu z. B. Jährig, a. a. O., S. 114.

Soweit ersichtlich, hat dieser Fall **nicht Schule** gemacht. Der BGH lässt auch offen, welche grundsätzlichen Anforderungen er an die **Glaubwürdigkeit** von „Leumundszeugnissen" anderer Juristen stellt, und wie viele entsprechende Aussagen nötig sind, um von einem ausreichenden Nachweis ausgehen zu können. Im konkreten Fall hatte der Bewerber (der die Verleihung der Bezeichnung „Fachanwalt für Strafrecht" beantragt hatte) positive Stellungnahmen von immerhin 26 namhaften Richtern und Staatsanwälten – darunter eine Leitende Oberstaatsanwältin und der Präsident seines „Heimat"-OLGs – vorgelegt. Angesichts des **Aufwands**, der mit dieser „Beweisführung" zwangsläufig verbunden gewesen sein muss, drängt sich die Frage auf, ob eine Lehrgangsteilnahme nicht doch der einfachere Weg gewesen wäre. Der Fall scheint bis heute einmalig geblieben zu sein. 421

4. Kombinationen

Auch die **Kombination verschiedener Nachweise** von außerhalb eines Lehrgangs erworbenen Kenntnissen, also etwa die Kombination von Dozententätigkeit und Publikationen, ist natürlich möglich. Ebenso die Kombination von jeweils auf bestimmte Teilbereiche eines Lehrgangs bezogener dozierender und hörender Teilnahme. Entscheidend ist stets, dass die auf verschiedene Weise erworbenen Kenntnisse in der Summe „dem im jeweiligen Fachlehrgang zu vermittelnden Wissen entsprechen". 422

Frage: Wie viele Klausuren müssen bei einer Kombination von Dozententätigkeit und hörender Teilnahme bestanden werden? 423

Antwort: Das hängt von der konkreten Verteilung des Dozierens und Hörens ab. Umfasst die Dozententätigkeit einen Teilbereich des Kurses, zu dem auch eine Klausur gestellt wird, muss diese Klausur selbstverständlich nicht geschrieben werden. Umfasst die Dozententätigkeit dagegen nur punktuelle Bereiche eines Lehrgangs, sind wie sonst auch Klausuren in dem von § 4a Abs. 2 FAO geforderten Umfang zu bestehen. Bei allen Unklarheiten sollte vorsichtshalber Rückfrage bei der zuständigen Rechtsanwaltskammer gehalten werden.

Frage: Kann im Sinne einer „Kombination" von § 4 Abs. 1 und Abs. 3 FAO eine im Rahmen eines Fachanwalts-Lehrgangs nicht bestandene Klausur durch einen zur selben Thematik verfassten Aufsatz kompensiert werden? 424

Antwort: Diese Frage ist zu verneinen, weil das zu einer Umgehung der konkreten Vorgaben des § 4a FAO führen würde.

5. Die Fortbildungspflicht angehender Fachanwälte

Die FAO trifft keine Regelung darüber, **wann** der Fachanwalts-Lehrgang zu absolvieren ist bzw. **wie alt** er bei Antragstellung sein darf. 425

In der Praxis kommt es häufig vor, dass schon Referendare einen Fachanwalts-Kurs besuchen. Dies ist einerseits sinnvoll, weil die mit einem Lehrgangsbesuch zwangsläufig verbundene zeitliche Belastung für Junganwälte ein Problem darstellen kann, weil eine frühzeitige Spezialisierung mit Wettbewerbsvorteilen bei Bewerbungen verbunden ist, und weil ein Fachanwalts- 426

Lehrgang auch der Vorbereitung auf das zweite Examen dient. Andererseits ist die Ableistung während der Referendarzeit problematisch, weil dem Referendar in aller Regel die anwaltliche Sichtweise und Praxis noch fehlen. Im Ansatz diskutierte Überlegungen, ob in der FAO festgeschrieben werden solle, dass der Lehrgang erst nach Zulassung zur Anwaltschaft abgeleistet werden dürfe, wurden im Ausschuss 1 der Dritten und Vierten Satzungsversammlung allerdings nicht weiterverfolgt.

427 Um ein **„Veralten"** der besonderen theoretischen Kenntnisse zu verhindern, fordert **§ 4 Abs. 2 FAO**, dass dann, wenn der Antrag auf Verleihung der Fachanwaltschaft nicht in dem Kalenderjahr gestellt wird, in dem der Lehrgang **begonnen** hat, **ab diesem Jahr Fortbildung in Art und Umfang von § 15 FAO** nachzuweisen ist. **Lehrgangszeiten** sind dabei **anzurechnen**.

a) § 4 Abs. 2 FAO a. F.

428 Eine konsequente Fortbildungspflicht für angehende Fachanwälte wurde erstmals von der Dritten Satzungsversammlung am 3.4.2006 eingeführt. Dies bedeutete eine erhebliche **Verschärfung** gegenüber der früheren Situation. Nach § 4 Abs. 2 FAO in seiner ursprünglichen Fassung musste ein Fachanwaltschaftsaspirant Fortbildung erst vier Jahre nach Lehrgangsbeginn betreiben. Diese Ungleichbehandlung der Anwärter auf eine Fachanwaltschaft, die sich lange Zeit nicht fortbilden mussten, und der „promovierten" Fachanwälte, die der strengen Pflicht des § 15 FAO unterlagen, schien der Satzungsversammlung nicht mehr akzeptabel. Sie ging davon aus, dass diejenigen, die erst noch Fachanwalt werden wollen, erst recht fortbildungsbedürftig seien.[1]

429 Bis zum 31.12.2010 sah § 4 Abs. 2 FAO a. F. vor, dass Fortbildung „ab dem Kalenderjahr, das auf die Lehrgangsbeendigung folgt" zu betreiben und nachzuweisen war. Die Regelung war bewusst so **„holzschnittartig"** formuliert worden, um einerseits keine überzogenen Anforderungen an die Fortbildungspflicht angehender Fachanwälte zu stellen und andererseits den mit der Überprüfung befassten Rechtsanwaltskammern eine einfache Handhabung zu ermöglichen.

430 Allerdings erwies sich schon bald nach Inkrafttreten der seinerzeitigen Neuregelung, dass die gewählte Formulierung eine Reihe von **Zweifelsfragen** provozierte. So wurde kontrovers diskutiert, was das „Ende" eines Fachanwalts-Lehrgangs sei – die letzte Unterrichtsstunde, die letzte bestandene Klausur oder das Datum der Übersendung des Zertifikats? – und was gelte, wenn ein Lehrgangsteil oder eine Klausur nachgeholt werden müsse.

431 Außerdem gab es Fälle, in denen sich der seinerzeit gewählte Zeitraum als zu weit oder zu eng erwies. Wer etwa im Januar eines Jahres den Lehrgang beendete, brauchte erst im darauf folgenden Jahr Fortbildung zu betreiben, was dazu führen konnte, dass bis zu zwei Jahre nichts getan werden musste. Ande-

1 Protokoll der 7. Sitzung des Ausschusses 1 der Dritten Satzungsversammlung vom 16.1.2006, S. 9; Protokoll der 6. Sitzung der Dritten Satzungsversammlung vom 3.4.2006, S. 14 f.

rerseits musste vom Wortlaut her auch derjenige, der den Lehrgang im Dezember abschloss, bereits im Folgejahr die volle Fortbildung erbringen. Endete der Lehrgang im Dezember und wurde der Antrag im Januar oder Februar gestellt, führte dies zu der weiteren Frage, ob anteilige Fortbildung ausreichend bzw. erforderlich sei oder nicht.

b) § 4 Abs. 2 FAO n.F.

Mit dem **Beginn des Lehrgangs** hat die Satzungsversammlung jetzt einen **konkret bestimmbaren Zeitpunkt** gewählt und damit Klarheit und Gerechtigkeit geschaffen. 432

Die bereits in der 3. Sitzung der Vierten Satzungsversammlung am 15.6.2009 beschlossenen Änderungen[1] entfalten ihre Wirkung nach dem ebenfalls neu gefassten § 16 Abs. 1 Satz 3 FAO **seit dem 1.1.2011**.

Wie sich die Neuregelung in der Praxis auswirkt, zeigen die nachfolgenden Beispielsfälle:

Beispiel: 433
Fachanwalts-Anwärter A absolviert von Juni bis August 2012 den Fachanwalts-Lehrgang und schreibt (und besteht) in dieser Zeit auch drei fünfstündige Klausuren. Fortbildung muss er ab 2013 betreiben und nachweisen.

Dies gilt letztlich unabhängig davon, wann er den Antrag stellt. Wird der Antrag noch im Jahr 2012 gestellt und positiv beschieden, beginnt im Jahr 2013 die „reguläre" Fortbildung gem. § 15 FAO. Wird der Antrag erst im Jahr 2013 oder noch später gestellt, setzt die Fortbildungspflicht nach § 4 Abs. 2 i.V.m. § 15 FAO vom Wortlaut her bereits im Jahr des Lehrgangs, also im Jahr 2012, ein. Da Lehrgangszeiten aber angerechnet werden, muss A eigenständige Fortbildung ab 2013 betreiben. 434

Beispiel:
Fachanwalts-Anwärter A beginnt den Fachanwalts-Lehrgang im November 2012 und absolviert bis zum 31.12.2012 110 Zeitstunden. Er leistet im Januar 2013 die restlichen 10 Zeitstunden ab und stellt den Antrag im Jahr 2014.

Da der Antrag nicht in dem Kalenderjahr gestellt wird, in dem der Lehrgang begonnen hat (nämlich im Jahr 2012), greift die Fortbildungsregelung des § 4 Abs. 2 FAO. Weil aber Lehrgangszeiten angerechnet werden, beginnt die eigentliche Fortbildungspflicht erst im Jahr 2014, denn in 2013 „begleicht" A seine Fortbildungspflicht durch die restlichen 10 Lehrgangsstunden. 435

Beispiel: 436
Fachanwalts-Anwärter A besucht von September bis November 2012 einen Fachanwalts-Lehrgang, absolviert dabei die 120 Zeitstunden und schreibt (und besteht) in 2012 zwei 5-stündige Klausuren. Eine dritte 5-stündige Klausur schreibt (und besteht) er im Februar 2013.

Da auch das Anfertigen der Klausur noch Bestandteil des Lehrgangs und somit Lehrgangszeit i.S. von § 4 Abs. 2 FAO ist, hat er für 2013 bereits die Hälfte der 437

1 BRAK-Mitt. 2009, 279.

in § 4 Abs. 2 i.V.m. § 15 FAO geforderten Fortbildung erbracht. Er muss bis Ende 2013 nur noch weitere 5 Zeitstunden nachweisen.

438 **Beispiel:**
Fachanwalts-Anwärter A hat den Fachanwalts-Lehrgang im Jahr 2009 besucht. Im Jahr 2010 hat er keine Fortbildung betrieben. In 2011 absolviert er 10 Zeitstunden Fortbildung. Bei der Antragstellung im Jahr 2012 macht er geltend, die Fortbildungslücke im Jahr 2010 sei bedeutungslos, weil § 4 Abs. 2 FAO in seiner geltenden Fassung erst zum 1.1.2011 in Kraft getreten sei.

439 A übersieht, dass **bis zum 31.12.2010** § 4 Abs. 2 FAO a.F. galt, der besagte, dass Fortbildung ab dem Kalenderjahr nachzuweisen war, das auf die Lehrgangsbeendigung folgte. Nur wenn A im Jahr 2010 noch einen Lehrgangsrest absolviert (z.B. eine nicht bestandene Klausur nachgeschrieben) hätte, wäre das Fortbildungsdefizit bedeutungslos.

440 Wie die vorstehenden Beispiele zeigen, resultiert aus der Neufassung von § 4 Abs. 2 FAO praktisch keine Erschwernis. Etwas schlechter als bisher sind lediglich die Bewerber gestellt, die in einem Jahr noch ganz geringe Zeitanteile eines Fachanwalts-Lehrgangs ableisten oder eine einzige Klausur schreiben (und bestehen). Während der Fachanwalts-Anwärter im dritten Beispielsfall nach der Neuregelung für 2013 noch fünf Zeitstunden Fortbildung betreiben muss, hätte er nach der alten Regelung (zusätzlich zu der Klausur, die nach h.M. das Ende des Lehrgangs darstellte) keine weiteren Nachweise erbringen müssen.

441 **Frage:** Gilt § 4 Abs. 2 Satz 2 FAO, wonach Lehrgangszeiten angerechnet werden, auch für **Fernlehrgänge**?

Antwort: Auf den ersten Blick ergibt sich in der Tat ein Problem, weil § 4 Abs. 2 FAO Fortbildung in Art und Umfang von § 15 FAO vorschreibt und § 15 Abs. 1 Satz 2 die Anerkennung von Nicht-Präsenzveranstaltungen an ganz bestimmte Vorgaben knüpft, die ein „normaler" Fernlehrgang nicht erfüllt. Allerdings spricht § 4 Abs. 2 Satz 2 FAO von der Anrechnung von „Lehrgangszeiten". Und Lehrgangszeit in diesem Sinne ist natürlich **auch die Zeit eines ansonsten anerkennungsfähigen Fernlehrgangs**. Wer einen Fernlehrgang besucht, muss also nicht noch parallel Fortbildung betreiben. Zu beachten ist natürlich auch hier wieder, dass es hinsichtlich der Zeitvorgabe von 10 Stunden eines nachvollziehbaren Umrechnungsmodus bedarf.[1] Die Frage, ob auch die im Rahmen eines Fernlehrgangs gestellten Lernkontrollaufgaben (nicht zu verwechseln mit den Klausuren i.S. von § 4a FAO) als Lehrgangszeiten anzuerkennen sind, wird eher zu verneinen sein. Denn die für die Bearbeitung dieser Lernkontrollaufgaben aufzuwendende Zeit ist auch nicht Bestandteil der in § 4 Abs. 1 FAO geforderten 120 Zeitstunden.

442 Unerheblich ist, wann (im Jahr, das auf den Lehrgangsbeginn folgt, oder später; zu Beginn oder am Ende eines Kalenderjahres) der Antrag gestellt wird. Wer zu Beginn oder in der Mitte eines Kalenderjahres einen Antrag einreicht, muss

1 Vgl. hierzu oben unter B. II. 2. b.

bis dahin **keine anteilige Fortbildung** nachweisen. Es genügt, wenn Fortbildung bis zum Ende des Jahres, also bis zum **31. Dezember**, betrieben wird.

In den „Berliner Empfehlungen 2009" heißt es unter Ziff. II. 3. (allerdings noch unter der Geltung der Vorläuferbestimmung): 443

„Fortbildung nach § 4 Abs. 2 FAO ist für das Jahr der Antragstellung bis zum 31.12. nachzuweisen."

Beispiel: 444
Fachanwalts-Anwärter A absolviert den Lehrgang im Jahr 2012 und stellt im Oktober 2013 den Antrag. Vorprüfungsausschuss und Rechtsanwaltskammer können nicht verlangen, dass er bei Antragstellung die vollständige oder auch nur eine anteilige Fortbildung für 2013 nachweist. Hierzu hat er bis zum 31.12.2013 Zeit.

Wird dem Antrag noch vor Jahresende stattgegeben und erbringt A bis zum 31.12.2013 keinen Fortbildungsnachweis, kommt nicht eine Rücknahme der Erlaubnis zum Führen der Fachanwaltsbezeichnung gem. § 43c Abs. 4 Satz 1 BRAO, sondern „nur" ein Widerruf gem. § 43c Abs. 4 Satz 2 BRAO in Betracht.

Erfolgt die endgültige Bescheidung des Antrags dagegen erst im Februar 2014 und übersieht der Kammervorstand bei der Verleihung, dass bis zum 31.12.2013 keine Fortbildung für 2013 nachgewiesen wurde, liegt ein Rücknahmegrund i. S. von § 43c Abs. 4 Satz 1 BRAO vor.

Eine **einzige „Lücke"** verbleibt auch nach dem Wortlaut der Neuregelung: 445
Wird ein Antrag noch im Jahr des Lehrgangsbeginns (also z. B. 2012) gestellt, aber weder in diesem Jahr noch im Folgejahr, sondern erst im übernächsten Jahr (also in 2014) positiv beschieden, fällt der Antragsteller streng genommen nicht unter die Regelung des § 4 Abs. 2 FAO. Denn er hat den Antrag ja noch im Jahr des Lehrgangsbeginns gestellt.

Allerdings kommen Fälle, in denen zwischen dem Einreichen und der endgül- 446
tigen Bescheidung eines Antrags mehr als ein Jahr vergeht, praktisch nicht vor. Seit Ende 2010 existiert ohnehin ein neuer § 32 Abs. 2 BRAO, der die Rechtsanwaltskammern verpflichtet, über Anträge (auch über Fachanwalts-Anträge) innerhalb einer Frist von drei Monaten zu entscheiden.[1] Und sollte dennoch einmal ein entsprechender Fall auftreten, weil z. B. der Antragsteller um Aussetzung des Verfahrens bittet, wird der Kammervorstand dem Bewerber den Nachweis kontinuierlicher Fortbildung aufgeben.

Frage: Was gilt, wenn im Jahr des Lehrgangsbeginns weniger als 10 Lehrgangs- 447
stunden absolviert werden? Muss ein Fachanwalts-Bewerber, der im Dezember 2012 mit dem Lehrgang anfängt und in 2012 nur noch 5 Lehrgangsstunden ableistet, schon in 2012 weitere 5 Fortbildungsstunden nachweisen?

Antwort: Dem Wortlaut nach wäre das so. Allerdings führt eine **satzungskonforme Auslegung** zur gegenteiligen Auffassung.

1 Vgl. hierzu näher unten unter D. V.

448 **Frage:** Was gilt in dem schon oben erwähnten[1] **Kombinations-Fall**, also dann, wenn ein Rechtsanwalt im Jahr 2011 den Fachanwalts-Lehrgang im Familienrecht besucht und anschließend die Fachanwaltschaft Familienrecht erworben hat, sich später entschließt, auch noch Fachanwalt für Erbrecht zu werden, deshalb im Jahr 2013 einen Erbrechts-Lehrgang besucht, aber einen Baustein aus dem früheren Familienrechts-Lehrgang angerechnet haben will?

Antwort: Hier wird man wohl das Absolvieren des entsprechenden erbrechtlichen Bausteins im Rahmen des Familienrechts-Lehrgangs als Beginn des (erbrechtlichen) Fachanwalts-Lehrgangs betrachten und Fortbildung auch im Erbrecht ab 2011 (bzw. im Hinblick auf die Anrechnung von Lehrgangszeiten ab 2012) fordern müssen. Würde der spätere Antragsteller den ersten Teil eines Erbrechts-Lehrgangs im Jahr 2011 absolvieren, dann wegen gesundheitlicher oder beruflicher Probleme längere Zeit pausieren und den Erbrechts-Lehrgang später fortsetzen, wäre nicht zweifelhaft, dass hinsichtlich des Beginns der Fortbildungspflicht nach § 4 Abs. 2 FAO n. F. auf den frühen Zeitpunkt abgestellt werden müsste.

449 Hier wie bei allen Zweifelsfragen grundsätzlicher Art gilt, dass man sich lieber bei der zuständigen Rechtsanwaltskammer rückversichern sollte, bevor ein Risiko eingegangen wird.

450 Findet § 4 Abs. 2 FAO Anwendung, ist Fortbildung **in Art und Umfang von § 15**, also durch wissenschaftliche Publikationen oder die dozierende oder hörende Teilnahme an einer anwaltlichen Fortbildungsveranstaltung mit einer Gesamtdauer von jeweils mindestens **10 Zeitstunden** pro Jahr, nachzuweisen.

451 **Frage:** Verfällt der Fachanwalts-Lehrgang irgendwann ganz, d. h. gibt es einen Zeitpunkt, ab dem der Lehrgang **so „alt"** ist, dass auch regelmäßige Fortbildung ihn nicht mehr konservieren kann?

Antwort: Die Fachanwaltsordnung enthält keine Bestimmung, die besagen würde, dass ein Fachanwalts-Lehrgang, dessen Beginn länger als eine gewisse Zeit zurückliegt, ganz verfällt. Deshalb muss – mangels gegenteiliger Regelung – auch ein bei Antragstellung **lange zurückliegender** Lehrgang anerkannt werden, sofern die in § 4 Abs. 2 FAO geforderte Fortbildung absolviert wurde.

In der Praxis kommen solche Fälle letztlich nicht vor, weil jeder, der sich der Mühe eines Fachanwalts-Lehrgangs unterzieht, auch bestrebt ist, sobald wie möglich die übrigen Voraussetzungen der FAO zu erfüllen und die Fachanwaltschaft zu erwerben.

Sollte in Einzelfällen doch einmal ein beträchtlicher Zeitraum zwischen Kurs und Antragstellung liegen, könnte es – schon um sich selbst des aktuellen Vorhandenseins ausreichender theoretischer Kenntnisse im Fachgebiet zu versichern – ratsam sein, noch einmal den einen oder anderen Teil eines Fachlehrgangs zu besuchen.

452 Nicht mehr möglich ist mit der Neufassung von § 4 Abs. 2 FAO die früher von vielen Rechtsanwaltskammern praktizierte Übung, von einem „neuen" Fachanwalt **im Jahr der Verleihung des Titels** gar keine Fortbildung zu verlan-

---

1 Siehe oben unter B. II. 2. f.

gen. Jeder angehende und jeder „promovierte" Fachanwalt unterliegt aufgrund der Neufassung mit Beginn des ersten Lehrgangstags einer **kontinuierlichen** Fortbildungspflicht gem. § 15 FAO.

c) § 4 Abs. 3 Satz 2 FAO

Der ebenfalls neu eingefügte und zum 1.1.2011 in Kraft getretene **§ 4 Abs. 3** 453
Satz 2 FAO sorgt jetzt für die **Gleichbehandlung** der Absolventen von Fachanwalts-Lehrgängen mit solchen Fachanwalts-Bewerbern, die ihre besonderen theoretischen Kenntnisse **auf sonstige Weise nachweisen**. Aufgrund der Platzierung von Abs. 2 vor Abs. 3 und der ausschließlichen Erwähnung des „Lehrgangs" im alten Abs. 2 kam nach früherem Recht eine Erstreckung der Fortbildungspflicht auf diesen Bewerberkreis nicht in Betracht.

Auch bei den sonstigen Nachweisen ist auf den **Beginn des Erwerbs** abzustel- 454
len. Dabei hat es der Antragsteller selbst in der Hand, durch die Auswahl der vorgelegten Nachweise den „Startpunkt" zu bestimmen. Wer seine theoretischen Kenntnisse etwa durch Publikationen (z.B. eine Dissertation und Fachaufsätze) nachweist, legt als Beginn das **Erscheinungsjahr der ersten** als Beleg eingereichten Veröffentlichung fest. Ein eventuelles Fortbildungsdefizit kann durch den Verzicht auf eine Nachweisführung durch „zu frühe" Veröffentlichungen vermieden werden.

Beispiel: 455
Fachanwalts-Anwärter A will bei Antragstellung im Jahr 2015 die besonderen theoretischen Kenntnisse nicht durch einen Lehrgangsbesuch, sondern auf sonstige Weise (durch umfangreiche Veröffentlichungen, Dozententätigkeit etc.) nachweisen. Er hat im Jahr 2011 eine rechtsgebietsspezifische Dissertation veröffentlicht, in 2012 nicht publiziert und in diesem Jahr auch keine Fortbildungsveranstaltung besucht und erst ab 2013 kontinuierliche Fortbildung im Umfang von 10 Zeitstunden pro Jahr betrieben.

A wird demzufolge auf die Vorlage seiner Dissertation verzichten müssen und nur Nachweise anführen können, die aus dem Zeitraum ab dem 1.1.2013 stammen.

Beispiel: 456
Fachanwalts-Anwärter A will die besonderen theoretischen Kenntnisse durch Publikationen nachweisen. Er möchte auch eine Dissertation verwenden, die er im Jahr 2006 verfasst hat. Allerdings hat er in den Jahren 2007 bis 2010 nicht publiziert und auch keine Fortbildung betrieben.

Da § 4 Abs. 3 Satz 2 FAO **erst seit dem 1.1.2011** gilt, ist die Dissertation verwertbar, sofern A ab 2011 kontinuierliche Fortbildung betreibt (und weitere Nachweise sammelt).

Frage: Kann **dieselbe Veröffentlichung** sowohl als Nachweis des Erwerbs be- 457
sonderer theoretischer Kenntnisse i.S. von § 4 Abs. 3 Satz 1 FAO als auch als Fortbildung i.S. von § 4 Abs. 3 Satz 2 FAO dienen? Konkret: Kann Fachanwalts-Anwärter A, der im Verkehrsrecht Kenntnisse im „Recht der Fahrerlaubnis" (§ 14d Nr. 4 FAO) durch einen Fachaufsatz, an dem er 20 Zeitstunden gearbeitet hat, nachweist, mit demselben Aufsatz auch die jährliche Fortbildung erledigen?

Antwort: Da § 4 Abs. 3 Satz 2 FAO die „entsprechende" Geltung von § 4 Abs. 2 vorschreibt, nach dieser Norm Lehrgangszeiten angerechnet werden und § 15 FAO Fortbildung auch durch wissenschaftliche Publikationen zulässt, wird man akzeptieren müssen, dass dieselben Veröffentlichungen sowohl als originäre Nachweise i. S. von § 4 Abs. 3 Satz 1 FAO als auch als Fortbildungsnachweise i. S. von § 4 Abs. 3 Satz 2 i. V. m. § 15 FAO verwendet werden.

d) Die Folgen unterbliebener oder unzureichender Fortbildung

458 Ein **Nachholen** unterbliebener Fortbildung ist in § 4 Abs. 2 FAO nicht vorgesehen und deshalb **grundsätzlich auch nicht möglich**. Die **Folgen** ganz oder teilweise versäumter Fortbildung sind weitreichend. Ein dennoch gestellter Antrag ist **zurückzuweisen**. Der Lehrgang gilt als **„verfallen"** und muss insgesamt (d. h. in voller Länge und mit den entsprechenden Leistungsnachweisen) erneut absolviert werden. Das hat der Anwaltsgerichtshof NRW in einem Beschluss vom 28.8.2009[1] festgestellt, bei dem es um die Zurückweisung eines Antrags auf Verleihung der Fachanwaltschaft im Sozialrecht ging. Der Antragstellerin fehlten für das Jahr 2008 (mindestens) 4 Fortbildungsstunden.

459 Allerdings fordert die **verfassungskonforme Auslegung** von § 4 Abs. 2 FAO, dass es bei einem **unverschuldeten Versäumnis** in besonderen **Härtefällen** (z. B. wegen nachweisbarer schwerwiegender Erkrankung oder auch der unvorhersehbaren kurzfristigen Absage einer bereits fest gebuchten Fortbildungsveranstaltung am Jahresende) Heilungsmöglichkeiten gibt. In den „Berliner Empfehlungen 2009" heißt es hierzu unter Ziff. II. 2.:

> „Fortbildung i. S. von § 4 Abs. 2 FAO (a. F.) kann nur in bestimmten Härtefällen nachgeholt werden. Härtefälle sind nur auf Antrag und bei entsprechendem Nachweis zu berücksichtigen."

460 ➲ **Praxis-Tipp:** Da es immer wieder vorkommt, dass Fortbildungsveranstaltungen (z. B. wegen zu geringer Teilnehmerzahl) kurzfristig abgesagt werden, sollte man mit Buchungen zum Jahresende vorsichtig sein.

461 Außerdem muss u. U. der Nachweis geführt werden können, dass nicht bis zum 31.12. des Jahres **andernorts** noch eine Veranstaltung für das konkrete Rechtsgebiet hätte besucht werden können. Wenn der Rechtsanwaltskammer bekannt ist, dass eine solche Ausweichmöglichkeit bestanden hätte, und der Fachanwalts-Aspirant nicht schlüssig darlegen kann, aus welchem wichtigen Grund er auch diese nicht besuchen konnte, wird die Kammer einen Härtefall-Antrag im Zweifel ablehnen.

III. Besondere praktische Erfahrungen

462 **§ 2 Abs. 1 2. Alt. FAO** schreibt als weitere Voraussetzung für die Verleihung einer Fachanwaltsbezeichnung neben dem Nachweis besonderer theoretischer Kenntnisse den **besonderer praktischer Erfahrungen** vor. Auch diese sind gem. **§ 2 Abs. 2 FAO** gegeben, wenn sie „auf dem Fachgebiet **erheblich das Maß**

1 1 AGH 14/09.

dessen übersteigen, das üblicherweise durch die (berufliche Ausbildung und) praktische Erfahrung im Beruf vermittelt wird".

Den Erwerb besonderer praktischer Erfahrungen (und seinen Nachweis) regelt **§ 5 FAO**. Danach ist Voraussetzung, „dass der Antragsteller innerhalb der letzten drei Jahre vor der Antragstellung im Fachgebiet" eine bestimmte – **für jedes Gebiet gesondert festgelegte – Anzahl und Art von Fällen** als Rechtsanwalt persönlich und weisungsfrei bearbeitet hat. Die früher in § 5 FAO enthaltene Formulierung „Der Erwerb besonderer praktischer Erfahrungen ist in der Regel nachgewiesen, wenn ..." wurde auf Grund eines Beschlusses der Zweiten Satzungsversammlung vom 25./26.4.2002 ersetzt durch die heutige Formulierung. Aus einem Regel-Erfordernis ist damit eine **Muss-Vorschrift** geworden. 463

1. Der Begriff des „Falles"

Der Antragsteller muss den Nachweis führen, dass er je nach Fachgebiet eine **bestimmte Anzahl und Art** von „Fällen" bearbeitet hat. Die zahlenmäßige Spanne reicht von **50 Fällen** im Informationstechnologierecht und im Steuerrecht bis zu **160 Fällen** im Verkehrsrecht. 464

Die Frage, was ein „Fall" i.S. von § 5 FAO ist, gehört – trotz verschiedener Ansätze einer Definition – immer noch zu den **„großen Geheimnissen"** des Anwaltsrechts. Weder die Dritte noch die Vierte Satzungsversammlung haben im Zuge der umfangreichen „Reparatur- und Aufräum-"Arbeiten, die an der FAO vorgenommen wurden, versucht, den Fallbegriff näher zu umschreiben oder einzugrenzen. Und auch der **Siebte Berliner Erfahrungsaustausch 2009**, der einen entsprechenden Anlauf unternommen hat,[1] musste schließlich vor der besonderen Schwierigkeit und Streitbefangenheit des Themas kapitulieren. Es wurden deshalb nur folgende **„Detail-Beschlüsse"** gefasst: 465

Ziff. II. 7.: 466

„Bei Mahnverfahren ist typischerweise die Annahme gerechtfertigt, dass der entsprechende Fall von geringerer Bedeutung, geringerem Umfang und geringerer Schwierigkeit ist. Deshalb ist eine Abgewichtung gerechtfertigt, sofern der Antragsteller nichts Gegenteiliges darlegt."

Ziff. II. 9.:

„Im Bau- und Architektenrecht kann bei selbständigem Beweisverfahren und anschließendem Hauptsacheverfahren eine höhere Gewichtung in Betracht kommen."

---

1 Zunächst favorisiert, dann aber doch wieder verworfen wurde die Formulierung: „Vom Fallbegriff ist die Frage der Gewichtung des einzelnen Falles zu unterscheiden. Bei Massenverfahren und Fällen, deren Parteien teilidentisch sind und die denselben Lebenssachverhalt zum Gegenstand haben, kann die Annahme gerechtfertigt sein, dass der entsprechende Fall von geringerer Bedeutung, geringerem Umfang und geringerer Schwierigkeit ist. Der Antragsteller muss ggf. in seiner Fallliste oder durch sonstige geeignete Unterlagen darlegen, dass im konkreten Einzelfall keine Abgewichtung in Betracht kommt. Nimmt der Vorprüfungsausschuss gleichwohl eine Abgewichtung vor, muss er dies begründen."

Ziff. II. 12.:

„Auch die Geltendmachung von Prämien für den Versicherer gehört zum Versicherungsvertragsrecht und ist somit grundsätzlich ein versicherungsrechtlicher Fall.

Allerdings ist in diesen Fällen stets die Möglichkeit einer Abgewichtung zu berücksichtigen."

In der **Rechtsprechung** und im **Schrifttum** werden vor allem **zwei Ansätze** zur Falldefinition gewählt:

a) Abrechenbare Angelegenheit

467 Nach einer Auffassung ist Fall im Sinne der Fachanwaltsordnung **jede „abrechenbare Angelegenheit"**. Soweit nicht ausdrücklich etwas anderes geregelt sei, würden die Gebühren die gesamte Tätigkeit des Rechtsanwalts vom Auftrag bis zur Erledigung der Angelegenheit entgelten. Ausgehend vom Begriff „Auftrag" sei also jeder Tatbestand als eigener Fall zu behandeln, für den der Rechtsanwalt einen neuen Auftrag benötige und gesondert Abrechnung erteilen könne.[1] Henssler[2] variiert diesen Gedanken allerdings, indem er ausführt, der Fallbegriff sei so zu fassen, dass jeder neue Fall eine neue oder weitere Berufserfahrung des Bewerbers dokumentiere. Allein auf die Anzahl der Klageanträge abzustellen, sei daher ebenso wenig möglich wie eine Orientierung am Begriff des Auftrags, da ein Auftrag mehrere Sachverhalte betreffen könne.

468 Die Orientierung an der Abrechenbarkeit einer Angelegenheit ist vordergründig und ersetzt nur eine Unsicherheit durch eine andere. Denn die Frage, was **„dieselbe Angelegenheit"** etwa i. S. von **§ 15 RVG** ist, ist mindestens so umstritten wie die Frage, was ein „Fall" i. S. von § 5 FAO ist.[3]

469 Ohne große Phantasie lassen sich viele Sachverhalte benennen, bei denen das Abheben auf die abrechenbare Angelegenheit gerade nicht sinnvoll im Hinblick auf die dem § 5 FAO zugrunde liegende Intention ist, das Vorliegen besonderer praktischer Erfahrungen des Bewerbers festzustellen.

470 Um hier nur zwei Grenzfälle von vielen herauszugreifen: Beauftragen in einer Verkehrsunfallsache sowohl der Halter als auch der Fahrer den Anwalt mit der Durchsetzung ihrer Ansprüche, hängt die Abrechnung als eine oder mehrere Angelegenheit(en) vom Willen der Auftraggeber, nämlich davon ab, ob sie dem Anwalt einen einheitlichen Auftrag erteilen wollten, oder ob die Aufträge getrennt durchgeführt werden sollten. Wird der Anwalt von einem Vermieter beauftragt, rückständige Miete für mehrere Monate beizutreiben, so hängt die Frage, ob es sich hierbei um eine oder mehrere Angelegenheit(en)

---

1 So Holl, a. a. O., § 5 FAO Rz. 37; Henssler, in: Henssler/Prütting, a. a. O., 2. Aufl., § 5 FAO Rz. 6 (nicht mehr vertreten von Offermann-Burckart in der 3. Aufl., § 5 FAO Rz. 28 ff.); Pausenberger, Zum Nachweis der „praktischen Erfahrungen" bei der Fachanwaltschaft, AnwBl. 1994, 13; Stückemann, Erfahrungen mit der Fachanwaltsordnung, FA Arbeitsrecht 1998, 276, 277.

2 In: Henssler/Prütting, a. a. O., 2. Aufl., § 5 FAO Rz. 6.

3 Vgl. hierzu nur Enders, in: Hartung/Schons/Enders, Kommentar zum Rechtsanwaltsvergütungsgesetz, § 15 RVG Rz. 4 ff.; und Madert, in: Gerold/Schmidt, Kommentar zum Rechtsanwaltsvergütungsgesetz, § 15 RVG Rz. 5 f.; jew. m. zahlr. w. Nachw.

handelt, davon ab, ob der Anwalt mit einem einheitlichen Auftrag versehen wurde, oder ob sich der Auftrag zunächst nur auf bestimmte Monate bezog und später für weitere Monate ein neuer Auftrag erteilt wurde.[1]

b) Juristische Aufarbeitung eines einheitlichen Lebenssachverhalts

Der **Bundesgerichtshof** versteht unter „Fall" entsprechend dem Verständnis des Begriffs im Rechtsleben und im täglichen Gebrauch „**jede juristische Aufarbeitung eines einheitlichen Lebenssachverhalts**, der sich von anderen Lebenssachverhalten dadurch unterscheidet, dass die zu beurteilenden Tatsachen und die Beteiligten verschieden sind".[2] 471

Auch die „Berliner Empfehlungen 2001" definieren in Ziff. II. 6. 1 Satz 1 den Begriff „Fall" in der dargestellten Weise. Weiter heißt es in Ziff. II. 6. 1: 472

„Eventuelle Besonderheiten bei der Bestimmung des Begriffes Lebenssachverhalt sind für die einzelnen Fachgebiete zu definieren. Stellen Rechtsmittelverfahren besondere und neue Anforderungen gegenüber der bisherigen Tätigkeit im Fall, so kann dies nach § 5 letzter Satz FAO (a. F.) durch Gewichtung berücksichtigt werden."

Und Ziff. II. 6. 2 lautet: 473

„Die mündliche oder telefonische Beratung rechnet als Fall. Ihr Inhalt muss hinreichend dokumentiert sein. Es kann berücksichtigt werden, ob die mündliche oder telefonische Beratung abgerechnet worden ist."

In einer Entscheidung vom **6.3.2006**,[3] deren Einordnung – wie in Zusammenhang mit der Fall-Gewichtung und dem Drei-Jahres-Zeitraum noch zu zeigen sein wird – schwierig ist, **relativiert** der **Bundesgerichtshof** den Fallbegriff trotz grundsätzlichen Festhaltens an der Lebenssachverhalts-Formel stark, indem er auch ein ganz **untergeordnetes Arbeiten an einem Mandat** als Fall-Bearbeitung i. S. von § 5 Satz 1 (jetzt Abs. 1) FAO akzeptiert. So liberal der Anwaltssenat die Dinge in diesem Beschluss bewertet, so „puristisch" geht er bei der Zählweise von **über mehrere Instanzen geführten Mandaten** zu Werke. In einer neueren Entscheidung vom **12.7.2010**[4] hatte er – seit langem[5] – wieder einmal Gelegenheit, sich mit dieser Thematik zu befassen. Der Anwaltssenat präsentiert erneut seine Lebenssachverhalts-Formel und stellt fest, dass die Vertretung in einer höheren Instanz keinen gegenüber dem Ausgangsfall neuen „Fall" i. S. von § 5 Satz 1 FAO (a. F. = § 5 Abs. 1 n. F.) darstelle. Da es bei der Falldefinition nicht auf den Bearbeitungsumfang ankomme, zählten Sachen, die ein Anwalt sowohl außergerichtlich als auch gerichtlich bearbei- 474

1 Beispiele zitiert nach N. Schneider, in: Schneider/Wolf, AnwaltKommentar zum Rechtsanwaltsvergütungsgesetz, § 15 Rz. 24 ff.

2 BGH (vom 21.6.1999) AnwBl. 1999, 563, 564; (vom 21.5.2004) NJW 2004, 2748, 2749; (vom 6.3.2006) BRAK-Mitt. 2006, 131, 132 (= BGHReport 2006, 819 ff. – hier allerdings unvollständig zitiert); so auch Kleine-Cosack, a. a. O., § 5 FAO Rz. 6; Kleine-Cosack, a. a. O., AnwBl. 2005, 593, 595; Vossebürger, a. a. O., § 5 FAO Rz. 4; und wohl auch Präfcke, Fall und Gewichtung nach § 5 FAO, BRAK-Mitt. 1999, 158 f.

3 BGHReport 2006, 819 ff., m. krit. Anm. Offermann-Burckart = BRAK-Mitt. 2006, 131 ff.

4 AnwBl. 2010, 798.

5 AnwBl. 1999, 563.

te, folgerichtig nur einfach, auch wenn sich das Mandat auf mehrere gerichtliche Instanzen erstrecke. Etwa erforderliche Korrekturen würden durch § 5 Abs. 4 FAO ermöglicht, wonach Bedeutung, Umfang und Schwierigkeit einzelner Fälle zu einer höheren (oder niedrigeren) Gewichtung führen könnten. Einer erweiternden Auslegung des Fallbegriffs in § 5 Satz 1 FAO (a.F. = § 5 Abs. 1 n.F.) bedürfe es deshalb nicht.

475 Der Rückgriff auf den „einheitlichen Lebenssachverhalt" erweist sich immer dann als willkürlich oder zumindest unzulänglich, wenn sich die Mandatsbearbeitung inhaltlich splitten ließe und bei der Bearbeitung desselben Lebenssachverhalts durch mehrere Rechtsanwälte automatisch mehrere – durchaus eigenständige – Fälle entstünden. Weist z.B. ein strafrechtliches Mandat enge Verzahnungen mit dem Steuerrecht auf, so ist es denkbar, dass hier statt eines **Steuerstrafrechtlers**, für den das Mandat nach der dargestellten Betrachtungsweise **ein** Fall wäre, ein **Strafrechtler** und ein **Steuerrechtler** zusammenwirken, wodurch aus dem immer noch einheitlichen Lebenssachverhalt dann plötzlich **zwei** Mandate, also zwei Fälle, würden. Solchen Konstellationen kann noch am ehesten durch eine entsprechende Höhergewichtung gem. § 5 Abs. 4 FAO Rechnung getragen werden.[1] Auch die jetzt vom BGH erneut befürwortete Bewertung einer **über mehrere Instanzen geführten Angelegenheit** als nur **ein** Fall ist schon vor dem Hintergrund problematisch, dass oftmals zwei Rechtsanwälte (Stichwort: **Vier-Augen-Prinzip**) beauftragt werden, die dann selbstverständlich beide die Bearbeitung eines vollwertigen Falles für sich reklamieren können. Eine eigenständige Berücksichtigung sollte jedenfalls dann erfolgen, wenn der Vertretung in der höheren Instanz **eigenes Gewicht** zukommt und **neue Aspekte** vorgetragen oder möglicherweise sogar ganz der Blickwinkel geändert werden. Erleichterungen, die sich für den schon eingearbeiteten Anwalt ergeben können, lassen sich – doppelte Zählung vorausgesetzt – im Wege einer leichten Mindergewichtung berücksichtigen. Bei einfacher Zählung bleibt es selbstverständlich dann, wenn eine Berufung **nur fristwahrend** eingelegt und ohne Begründung sogleich wieder zurückgenommen wird.

476 Es wäre sinnvoll, auf den – eher zum Thema „Interessenkollision" passenden – Zusatz „einheitlich" zu verzichten und „Fall" schlicht zu definieren als „Lebenssachverhalt, der einer juristischen Bearbeitung unterzogen wird".

➲ **Praxis-Tipp:** Es gibt Vorprüfungsausschüsse und Kammervorstände, die bei der Zählung von über mehrere Instanzen geführten Mandaten einen **großzügigeren Standpunkt** vertreten als der BGH.[2] Darauf kann sich allerdings kein Antragsteller verlassen. Wer die in § 5 Abs. 1 FAO absolut geforderte Fallzahl nur bei Nichtanwendung der BGH-Rechtsprechung erreicht, sollte deshalb vor Antragstellung bei seiner Heimatkammer nachfragen, wie die dortige Sichtweise ist. Alternativ kann der Bewerber selbst versuchen, **das Problem über die Gewichtung zu lösen**, indem er im Antrag und/oder in

1 Vgl. hierzu sogleich.
2 Vgl. z.B. Merkblatt des Vorprüfungsausschusses für Bau- und Architektenrecht der Rechtsanwaltskammer Düsseldorf unter www.rechtsanwaltskammer-duesseldorf.de, Rubrik „Fachanwaltschaften".

der Fallliste konkret darlegt, welche Mandate seiner Meinung nach mit welchem Faktor **höher zu gewichten** sind und wie dies zu begründen ist. Die Begründung muss sorgfältig und nachvollziehbar sein.[1]

c) Der Fallbegriff in der Praxis

In der Praxis bereitet das **„Zählen"** der von den Antragstellern nachgewiesenen Fälle weit weniger Schwierigkeiten, als das aufgezeigte Meinungsspektrum es vermuten ließe. Die häufigsten Fragen, die auftauchen, sind die 477

- ob auch eine einfache (ggf. sogar nur telefonische) **Beratung** ein Fall i. S. von § 5 FAO ist 478
- ob **umfangreiche und schwierige Angelegenheiten**, zumal wenn sie in mehreren Instanzen geführt werden, einfach oder mehrfach zählen (siehe oben)
- wie sog. **„Massenverfahren"** (also z. B. eine Vielzahl gleich gelagerter Kündigungsschutzklagen bei Massenentlassungen durch ein Großunternehmen oder die von der Europäischen Kommission zunehmend in den Fokus genommenen Sammelklagen) zu bewerten sind
- wie Fälle zu bewerten sind, die vom Antragsteller **nur zum Teil selbst** bzw. **nur zum Teil innerhalb des Drei-Jahres-Zeitraums** bearbeitet wurden

und

- wie **fachgebietsübergreifende Fälle** zu bewerten sind.

Es gibt eine Faustregel: 479

Ein **vollwertiger „Fall"** im Sinne der Fachanwaltsordnung ist **jedenfalls** jede Mandatsbearbeitung von **„mittlerer Art und Güte"**, also mittlerer Bedeutung, mittleren Umfangs und mittleren Schwierigkeitsgrades.

Allerdings kann – insbesondere angesichts der neueren sehr **antragstellerfreundlichen Rechtsprechung** des BGH[2] – auch eine Mandatsbearbeitung von **unterdurchschnittlicher Art und Güte** noch als Fall zu werten sein. 480

Eine telefonische Beratung ist danach ebenso ein Fall wie das Beantragen von Akteneinsicht, dem keine Mandatsfortsetzung folgt, oder eine einfach gelagerte Einkommensteuererklärung. 481

Die Nachweispflicht liegt als **„Bringschuld"** aber selbstverständlich **beim Antragsteller**. Wer es etwa versäumt, telefonische Beratungen durch Anlegen entsprechender Handakten zu **dokumentieren**, dürfte Schwierigkeiten haben, sie mit den in § 6 Abs. 3 FAO geforderten Angaben (Aktenzeichen, Gegenstand, Zeitraum) in seine Fallliste aufzunehmen. 482

➲ **Praxis-Tipp:** Wer Zweifel hat, ob jedes seiner Mandate (mit dem Faktor 1) anerkennungsfähig ist, sollte die geforderte Fallzahl ein wenig überschreiten, also in die Fallliste einige Fälle zum „Streichen" oder Abgewichten aufnehmen. 483

---

1 Vgl. hierzu auch unten unter D. I. 5. c.

2 BGHReport 2006, 819 ff., m. krit. Anm. Offermann-Burckart = BRAK-Mitt. 2006, 131 ff.

d) Qualitätsprüfung durch den Vorprüfungsausschuss bzw. den Kammervorstand?

484 Auf Grund der schon angesprochenen **strengen Formalisierung des Verfahrens** nach der FAO kommt eine **qualitative Überprüfung** der Fälle bzw. der angeforderten Arbeitsproben durch den Vorprüfungsausschuss bzw. den Kammervorstand **nicht in Betracht**.

485 Ein Mandat, dessen Bearbeitung nachgewiesen wird, ist auch dann als „Fall" i. S. von § 5 Abs. 1 FAO zu werten, wenn sich bei Begutachtung einer entsprechenden Arbeitsprobe herausstellt, dass die Mandatsbearbeitung von minderer Qualität oder sogar grob fehlerhaft ist. Zwar heißt es in § 43c Abs. 2 BRAO, dass der Kammervorstand über den Fachanwaltsantrag entscheidet, nachdem der Vorprüfungsausschuss die von dem Rechtsanwalt vorzulegenden Nachweise über den Erwerb der besonderen Kenntnisse und Erfahrungen **„geprüft"** hat. Doch spricht die FAO **nur von Zahlen**, nicht von Qualität.

486 Dies hat der BGH in seiner bereits oben[1] erwähnten Entscheidung vom 23.9.2002[2] ausdrücklich festgestellt. Der Fachausschuss habe hinsichtlich der vorgelegten Lehrgangsklausuren und Arbeitsproben **kein materielles Prüfungsrecht**. Zwar spreche § 43c Abs. 2 BRAO davon, dass ein Ausschuss der Kammer die von dem Rechtsanwalt vorzulegenden Nachweise über den Erwerb der besonderen Kenntnisse und Erfahrungen „geprüft" habe, doch seien die Voraussetzungen für den Erwerb dieser praktischen Erfahrungen in der FAO insoweit **formalisiert**, als hierfür eine quantitativ bestimmte Anzahl selbständiger Fall-Bearbeitungen erforderlich, aber auch ausreichend sei. Es bestehe ein rechtlich durchsetzbarer Anspruch auf die Verleihung der Fachanwaltsbezeichnung, wenn diese Voraussetzungen durch **schriftliche Unterlagen** nachgewiesen seien. Die in § 6 FAO enthaltene Bestimmung, wonach auf Verlangen des Fachausschusses anonymisierte Arbeitsproben vorzulegen seien, diene nur dem Nachweis der in § 5 geregelten Voraussetzungen, ermächtige den Ausschuss aber nicht dazu, den Erwerb der praktischen Erfahrungen trotz des dafür erbrachten – formalisierten – Nachweises materiell zu überprüfen und in Frage zu stellen. Anhand der vorzulegenden Arbeitsproben könne etwaigen Zweifeln an den in den Falllisten enthaltenen Angaben des Bewerbers zu den einzelnen Fällen und deren selbständiger Bearbeitung durch ihn nachgegangen werden. Nicht dagegen sei aus der Bestimmung herzuleiten, dass dem Bewerber auch dann, wenn er die Voraussetzungen erfülle, ein **Rechtsanspruch** auf die Verleihung der Fachanwaltsbezeichnung noch nicht zustehe, sondern dieser darüber hinaus davon abhängen solle, ob der Fachausschuss sich anhand der vorgelegten Nachweise auch persönlich von einer besonderen fachlichen Qualifikation des Bewerbers habe überzeugen können.

487 Der Entscheidung hatte ein sehr speziell gelagerter Fall im Fachgebiet Familienrecht zugrunde gelegen, in dem der Ausschuss bei Durchsicht (der Klausuren und) mehrerer angeforderter Arbeitsproben auf gravierende materiell-rechtliche Mängel gestoßen war. U. a. enthielt ein Merkblatt für scheidungswillige

---

1 Unter B. II. 2.g ee.
2 BGH BRAK-Mitt. 2003, 25, 26 f., m. krit. Anm. Offermann-Burckart.

Mandanten, das sich bei den Arbeitsproben fand und das offenbar in einer Vielzahl von Fällen gleichlautend verwendet wurde, falsche Rechtsausführungen.

Den Kritikern des Fallsystems liefert das Munition für den Vorwurf, die Fallzahlen seien ohne Aussagekraft, weil derjenige, der zwar hundertmal etwas tue, aber auch hundertmal Fehler mache, noch lange kein Fachmann sei. 488

Die Teilnehmer an dem Sechsten Berliner Erfahrungsaustausch zu den Fachanwaltschaften haben – wie bereits ausgeführt – gegenüber der Satzungsversammlung die Empfehlung ausgesprochen, „den Kammervorständen eine Qualitätsprüfung im Sinne einer inhaltlichen Kontrolle der Voraussetzungen der Verleihung der Fachanwaltschaft zu ermöglichen und auf die hierfür erforderliche Gesetzesänderung hinzuwirken." Die Vierte Satzungsversammlung hat dieser Empfehlung entsprochen und auf der Basis eines vom Ausschuss 1 entworfenen **„Klausurenkonzepts"** beim Gesetzgeber die **Änderung von § 43c BRAO** angeregt.[1] 489

2. Die Fall-Gewichtung

In untrennbarem Zusammenhang mit der Frage, was ein „Fall" i.S. von § 5 FAO ist, steht die in **§ 5 Abs. 4** ausdrücklich vorgesehene Fall-Gewichtung. Nach Abs. 4 können „Bedeutung, Umfang und Schwierigkeit einzelner Fälle" zu einer **höheren oder niedrigeren „Gewichtung"** führen. 490

Dies bedeutet, dass nicht jedes nachgewiesene Mandat zwingend mit dem **Faktor 1** zu bewerten ist. In Betracht kommt z.B. auch eine Veranschlagung mit dem Faktor 1,5 oder aber dem Faktor 0,75.

Durch Beschlussfassung vom 3.4.2006 hat die Dritte Satzungsversammlung ausdrücklich klargestellt, dass ebenso eine **Ab- wie eine Aufwertung** möglich ist. Früher wurde gelegentlich die Auffassung vertreten, eine andere Gewichtung als die mit dem Faktor 1 dürfe nur zu Gunsten (also im Wege einer Erhöhung des Faktors), nicht aber zu Ungunsten des Antragstellers (im Wege einer Verringerung des Faktors) geschehen.[2] Es wurde die Befürchtung geäußert, eine Gewichtung von Fällen zu Ungunsten des Antragstellers führe zu einer **beliebigen Veränderbarkeit der Fallzahlen**, die nicht nur verdoppelt, sondern verdrei-, vervier- oder verzehnfacht werden könnten.[3] 491

Die einer Abwertung entgegenstehende Meinung verkennt, dass es besser ist, einen Fall **im Grenzbereich der Anerkennungsfähigkeit** (z.B. eine rudimentäre Beratung, deren Inhalt nicht konkret nachgewiesen werden kann) „zu Ungunsten" des Antragstellers mit einem geringen Faktor (etwa dem Faktor 0,25) als überhaupt nicht zu berücksichtigen. 492

1 Vgl. hierzu näher unten unter I. II.
2 So z.B. Holl, a.a.O., § 5 FAO Rz. 82 ff., unter Hinweis auf verfassungsrechtliche Gründe; Jährig, a.a.O., S. 131 f.; und Praefcke, a.a.O., BRAK-Mitt. 1999, 158, 159.
3 So Holl, a.a.O., § 5 FAO Rz. 83 ff.

493 Nahezu zeitgleich mit der Satzungsversammlung hat sich auch der Bundesgerichtshof zu der Frage einer Abwertung geäußert. In der schon erwähnten Entscheidung vom 6.3.2006[1] verweist der Anwaltssenat hierzu auf eine frühere Entscheidung[2], in der er auf der Basis von § 9 Abs. 1 Satz 2 RAFachBezG unter Hinweis auf die Gesetzesmaterialien davon ausgegangen sei, dass eine Gewichtung zu Ungunsten des Antragstellers zulässig sei. Letztlich lässt er die Frage aber offen.

494 Die Satzungsversammlung hat inzwischen jeden Zweifel an der Möglichkeit einer Abwertung beendet und damit das unter verfassungsrechtlichen Gesichtspunkten wohl Gebotene[3] getan. Eine **Untergrenze** für die Abwertung[4] existiert nicht. Die Festlegung **pauschaler Mindestwerte** wäre beliebig und stünde im Widerspruch zu der Regelung, dass „Bedeutung, Umfang und Schwierigkeit" des einzelnen Falles zu einer anderen Gewichtung führen können.[5] Allenfalls die **praktische Vernunft** dürfte dagegen sprechen, bestimmte Grenzen (etwa die von 0,1) noch zu unterschreiten und Fälle etwa mit Promille-Anteilen zu werten.

495 ➲ **Praxis-Tipp:** Der Antragsteller, der sich durch die Abwertung seiner Fälle ungerecht behandelt fühlt, findet ein gewisses **Regulativ** in **§ 24 Abs. 4 Satz 1 FAO**. Gewichtet der Fachausschuss Fälle zu Ungunsten des Bewerbers, darf er nicht ohne Vorwarnung negativ votieren. Vielmehr muss er dem Antragsteller Gelegenheit geben, **Fälle nachzumelden**.

496 § 5 Abs. 4 FAO stellt auf Bedeutung, Umfang und Schwierigkeitsgrad **„einzelner Fälle"** ab. Damit verbietet sich eine **generalisierende Betrachtungsweise** im Hinblick auf bestimmte Mandats- oder Verfahrensarten. Es ist also nicht zulässig, z. B. einfache Steuererklärungen,[6] Mahnverfahren[7] oder telefonische Beratungen pauschal abzuwerten. Deshalb ist auch die oben zitierte Formulierung der „Berliner Empfehlungen 2009", Ziff. II. 7., wonach bei Mahnverfahren typischerweise die Annahme gerechtfertigt sein soll, dass der entsprechende Fall von geringerer Bedeutung, geringerem Umfang und geringerer Schwierigkeit sei, nicht unproblematisch.

497 Das Abstellen auf den einzelnen Fall bedeutet, wie der BGH[8] in seiner Entscheidung vom 6.3.2006 unmissverständlich klargestellt hat, aber auch, dass Bezugspunkte **weder die Einbettung eines Falles in einen zeitlichen noch die in einen organisatorischen oder thematischen Rahmen** sein dürfen. Eine Ab-

---

1 BGHReport 2006, 819, 820 = BRAK-Mitt. 2006, 131, 132.
2 BGH (vom 18.11.1996) NJW 1997, 1307, 1308.
3 Vgl. BGH BGHReport 2006, 819, 820 = BRAK-Mitt. 2006, 131, 132 f.
4 Noch unter der Geltung der alten, also eine niedrigere Gewichtung nicht ausdrücklich vorsehenden Regelung zieht der AGH Bremen (BRAK-Mitt. 2004, 85) die Untergrenze bei 0,5; der AGH Thüringen (BRAK-Mitt. 2005, 134) lässt sogar nur eine Reduzierung auf 0,75 zu.
5 So zu Recht Scharmer, in: Hartung/Römermann, a. a. O., § 5 FAO Rz. 313.
6 Vgl. hierzu BGH BGHReport 2006, 819, 820 = BRAK-Mitt. 2006, 131, 132 f.
7 Eine Umfrage unter den regionalen Rechtsanwaltskammern aus dem Jahr 2006 hat ergeben, dass einige Kammern Mahnverfahren im Familienrecht grundsätzlich mit einem niedrigeren Faktor, also etwa dem Faktor 0,5, bewerten.
8 BGHReport 2006, 819, 820 f. = BRAK-Mitt. 2006, 131, 132 f.

wertung kommt also nicht deshalb in Betracht, weil Teile der Mandatsbearbeitung nicht in den **Drei-Jahres-Zeitraum** des § 5 Abs. 1 FAO fallen.[1] Auch der Umstand, dass an der Bearbeitung eines Falles **mehrere Rechtsanwälte** beteiligt waren, führt nicht zu einer Mindergewichtung des einzelnen Falles.[2] Und eine Abwertung wegen der Bearbeitung **mehrerer gleich gelagerter Sachverhalte** (z.B. der Abgabe aufeinander folgender Steuererklärungen für denselben Mandanten) ist grundsätzlich ebenfalls nicht möglich. Der Anwaltssenat[3] führt hierzu aus, es könne allgemein nicht davon ausgegangen werden, dass weniger praktische Erfahrungen erlangt würden, wenn sich einem Rechtsanwalt in unterschiedlichen Fällen **wiederholt dieselben Rechtsfragen** stellten. Vielmehr bestehe eine **Wechselwirkung** zwischen der praktischen Erfahrung und der Wiederholbarkeit der Fälle. Je mehr praktische Erfahrungen der Antragsteller habe, umso wahrscheinlicher sei es, dass er wiederholt dieselben Rechtsfragen zu beurteilen habe. Entsprechendes muss dann auch für **Massenverfahren** und **sonstige Serienfälle** gelten.[4]

In der neuen Entscheidung des **BGH** vom **12.7.2010**[5] heißt es bezogen auf 498
einen über mehrere Instanzen geführten Fall, allein daraus, dass ein Fall **in eine höhere Instanz gelange**, folge **nicht zwingend eine höhere Gewichtung**. Bezugspunkte für die Gewichtung seien die Bedeutung, der Umfang und die Schwierigkeit des jeweiligen Falles „mit allen seinen Besonderheiten". Eine **schematische Auf- oder Abwertung** des Falles je nach Verfahrensstand komme deshalb nicht in Betracht. Das gelte auch für die Fall-Bearbeitung in einem Berufungs- oder sonstigen Rechtsmittelverfahren, die nicht schon für sich genommen eine Gewähr dafür biete, dass der Rechtsanwalt hierbei in dem betreffenden Fachgebiet besondere praktische Erfahrungen erwerbe, die über diejenigen eines „durchschnittlichen" Falles hinausgingen. So könne eine Berufung zunächst **fristwahrend eingelegt** und dann zurückgenommen werden.[6] Der Anwalt könne auch mit der Vertretung gegenüber einer vom Gegner nur fristwahrend eingelegten Berufung beauftragt worden sein. Werde bei **unstreitigem Sachverhalt** um Fragen des materiellen Rechts gestritten, bestehe, wenn die Sache in zweiter Instanz nicht gleichsam **rechtlich auf „neue Beine" gestellt** werde, ebenfalls kein Anlass für eine Höhergewichtung. Im Übrigen könne nicht allgemein davon ausgegangen werden, dass das Rechtsmittelverfahren **überhaupt noch einen ausreichenden Bezug** zu dem betreffenden Fachgebiet aufweise. Daran könne es etwa fehlen, wenn infolge einer Beschränkung des Streitstoffs Fragen aus dem betreffenden Fachgebiet nicht mehr erheblich seien.[7]

---

1 So noch die 1. Auflage Rz. 237. – Vgl. ausführlicher unten unter B. III. 9.

2 Vgl. hierzu AGH Hessen, BRAK-Mitt. 2009, 82, 84, der darauf abstellt, dass die „Selbständigkeit" der Bearbeitung ausdrücklich kein Kriterium von § 5 letzter Satz (jetzt Abs. 4) FAO sei.

3 BGHReport 2006, 819, 821 = BRAK-Mitt. 2006, 131, 133 f.

4 Vgl. hierzu schon AGH Niedersachsen BRAK-Mitt. 2002, 242 ff.; AGH Sachsen-Anhalt BRAK-Mitt. 2004, 277; AGH Bremen BRAK-Mitt. 2004, 85. – Siehe näher unten unter B. III. 9.c.

5 AnwBl. 2010, 798, 799.

6 Vgl. hierzu bereits oben unter B. III. 1. b.

7 Vgl. hierzu auch BGH BRAK-Mitt. 2009, 177 ff., m. Anm. Siegmund.

499 Die Überlegung, ob sich hinsichtlich der Gewichtung **Fallgruppen** bilden oder ein **Kriterienkatalog** aufstellen lassen, hat sowohl die Teilnehmer des Sechsten als auch die des Siebten Erfahrungsaustauschs zu den Fachanwaltschaften beschäftigt.

500 In den „Berliner Empfehlungen 2006" heißt es unter Ziff. II. 2. hierzu:

„Die Gewichtung der Fälle kann weder nach Falltypen allgemein vorgegeben noch generell begrenzt werden."

Die aktuellen Beschlussfassungen des Siebten Erfahrungsaustauschs zum Thema „Gewichtung" wurden bereits oben unter B. III. 2. wiedergegeben.

501 In einer interessanten Entscheidung vom 18.1.2010 fragt der **Anwaltsgerichtshof Niedersachsen,**[1] ob die in § 5 Satz 3 FAO (a.F. = § 5 Abs. 4 n.F.) vorgesehene Gewichtung überhaupt **verfassungskonform** ist. Da in dem zu entscheidenden Fall dem Antragsteller, der mit einer Abgewichtung von Fällen im Erbrecht konfrontiert war, keine Gelegenheit zur Nachbesserung gegeben worden war, brauchte der AGH die Frage **nicht abschließend** zu beantworten. Dennoch wirft er in aller Deutlichkeit das Problem auf, ob § 5 Satz 3 (jetzt Abs. 4) FAO einer Überprüfung auf seine Wirksamkeit als **grundrechtseinschränkende Norm** standhalte. Wegen des völligen Fehlens sowohl von **Gewichtungskriterien** als auch von **Grenzen der Gewichtung** nach unten wie nach oben bestünden insoweit Bedenken. Eine Norm, die das Grundrecht eines Rechtsanwalts aus Art. 12 Abs. 1 GG einschränke, müsse **Mindestanforderungen an ihre Bestimmtheit** erfüllen. Ohne ausreichende Bestimmtheit bestünde die Gefahr willkürlicher, weil beliebiger Gewichtungen und damit auch eine Gefahr **sachwidriger Ungleichbehandlungen** zwischen verschiedenen Antragstellern, die den Geboten des Art. 3 Abs. 1 GG zuwiderliefen. Bislang sei in Rechtsprechung und Literatur die grundsätzliche Anwendbarkeit der Vorschrift nicht in Frage gestellt, sondern lediglich der Versuch unternommen worden, die Norm praktisch handhabbar zu machen. Die bisher zu erkennende „Vielstimmigkeit" in dieser Frage zeige das hohe Maß an Unbestimmtheit der Vorschrift des § 5 Satz 3 FAO (a.F.) und lasse Zweifel aufkommen, ob sie bei grundrechtskonformer Auslegung überhaupt als Einschränkung der Berufsfreiheit angewendet werden dürfe und – wenn ja – nach welchen Maßstäben. Dabei falle auf, dass sich die Vorschrift des § 5 Satz 3 FAO (a.F.) im Rahmen des so sehr streng formalisierten Fachanwalts-Zulassungsverfahrens als regelrecht **systemwidrig** abhebe, weil mit dieser Vorschrift ein u.U. stark wirkendes **inhaltliches Korrektiv** geschaffen werde, dessen Zweck und Funktion zwar nicht in Frage stehe, das aber wohl auch stärker in die eigentliche Systematik der Fachanwaltsordnung und des durch sie geregelten Verfahrens eingebunden bleiben müsse. Das ließe sich nach einer vorläufigen Einschätzung des Senats möglicherweise nur dann rechtfertigen, wenn die Vorschrift streng nach ihrem Wortlaut angewandt würde und **lediglich einzelne Fälle** nach Bedeutung, Umfang und Schwierigkeit ggf. anders gewichtet würden.

1 AnwBl. 2010, 715 ff.; so jetzt auch AGH Niedersachsen, Urt. v. 29.8.2011 – AGH 12/10 (II 10) (nicht rechtskräftig).

Die Bedenken des AGH sind nicht gänzlich von der Hand zu weisen. Die **ratio** des § 5 Abs. 4 FAO (= § 5 Satz 3 a. F.) ist eine **antragstellerfreundliche**. Durch die Möglichkeit der Höhergewichtung soll dem Umstand Rechnung getragen werden, dass viele Mandate (man denke nur an umfangreiche, sich teilweise über Jahre hinziehende Verfahren im Verwaltungsrecht oder im Bau- und Architektenrecht) so bedeutend, umfangreich und/oder schwierig sind, dass ihnen die Verbuchung als nur ein Fall nicht gerecht wird. Auf der anderen Seite ist es besser, einen „Fall", der – wie z. B. eine einfache telefonische Beratung – im Randbereich dessen liegt, was überhaupt noch als Mandat definiert werden kann, mit einem niedrigen Faktor als überhaupt nicht zu veranschlagen. Dem AGH Niedersachsen ist aber zuzugeben, dass § 5 Satz 3 bzw. Abs. 4 FAO einer **unterschiedlichen Handhabung** durch Vorprüfungsausschüsse und Kammervorstände und damit einer Ungleichbehandlung von Antragstellern Vorschub leistet. Deshalb soll von der Gewichtungsmöglichkeit auch nur in **Ausnahmefällen** Gebrauch gemacht werden. Keinesfalls darf die Norm dazu führen, dass die in § 5 Abs. 1 FAO konkret festgesetzten Fallzahlen obsolet und mit einer gewissen Regelmäßigkeit unter- oder – schlimmer noch – überschritten werden. Die Formulierung „einzelner Fälle" belegt den **Ausnahmecharakter** der Vorschrift. Ausschüsse und Kammervorstände dürfen sich nicht berufen fühlen, jedes der von einem Antragsteller nachgewiesenen Mandate mit einem **„selbst gewählten"** Faktor zu belegen. 502

➲ **Praxis-Tipp:** Ein Antragsteller sollte zunächst davon ausgehen, dass jedes von ihm nachgewiesene, also in der Fallliste aufgeführte Mandat als ein (= 1) Fall gewertet wird und die eigene Zählung mit der Zählweise von Vorprüfungsausschuss und Kammervorstand übereinstimmt. 503

Da man aber nie weiß, ob tatsächlich jeder Fall berücksichtigt wird, und es immer einmal zu Abgewichtungen kommen kann, sollte die Fallliste stets **ein paar Fälle mehr**, als in den einzelnen Buchstaben des § 5 Abs. 1 FAO mindestens gefordert, enthalten. Dann bleibt man selbst bei Streichungen oder Abgewichtungen auf der sicheren Seite. Wer meint, eigentlich einen vollständigen Praxisnachweis zu erbringen, aufgrund bestimmter Umstände aber dennoch die Verwerfung oder Abgewichtung einzelner Fälle befürchtet, sollte in der Fallliste von vornherein darlegen, warum er eine solche Vorgehensweise für nicht angebracht hielte. 504

Andererseits gibt § 5 Abs. 4 FAO jedem Antragsteller, der die geforderten Fallzahlen bei jeweils einfacher Zählweise nicht erreicht, auch die **Chance**, durch (die Anregung) entsprechende(r) Höhergewichtung doch ans Ziel zu kommen. Dies sollte insbesondere bei Anträgen im Verwaltungsrecht und im Bau- und Architektenrecht immer in Betracht gezogen werden. Wer von vornherein auf eine Höhergewichtung bestimmter Fälle hinaus will, muss seine Sichtweise in der Fallliste durch entsprechende Sachverhaltsschilderung und nachvollziehbare Begründung der besonderen Bedeutung, des besonderen Umfangs und/oder der besonderen Schwierigkeit **glaubhaft** machen. 505

3. Die Fallzahlen

506 Ein Blick in die einzelnen Buchstaben des § 5 Abs. 1 FAO zeigt, dass die Fallzahlen in den Fachgebieten **stark differieren**. Damit soll dem Umstand Rechnung getragen werden, dass die Bearbeitung eines durchschnittlichen Mandats etwa im Verwaltungsrecht oder im Baurecht **mehr Zeit und Aufwand** beansprucht als im Verkehrsrecht.

507 Dabei gehört die Frage, ob die Fallzahlen für die einzelnen Fachgebiete richtig festgesetzt sind, oder ob es hier Herauf- oder auch Herabsetzungen geben sollte, zu den Dauerbrenner-Themen, die in der Satzungsversammlung, in den Vorprüfungsausschüssen und Kammervorständen und in der Kollegenschaft kontrovers diskutiert werden. Der Ausschuss 1, der sich in der dritten und vierten Legislaturperiode der Satzungsversammlung ausführlich mit einer Überarbeitung der Fachanwaltsordnung beschäftigt hat, ging von der Prämisse aus, die Fallzahlen nicht zu verändern und gewisse Korrekturen durch die Festlegung von Fallquoren hinsichtlich der Zusammensetzung der nachzuweisenden Mandate in den einzelnen Gebieten vorzunehmen.[1]

508 In der Vorauflage[2] wurde die Frage aufgeworfen, ob die Einschätzung, dass die Fallzahlen im Großen und Ganzen gut gewählt seien, auch vor dem Hintergrund der Entscheidung des **BGH** vom **6.3.2006**[3] noch zutreffe. In dieser – bereits mehrfach angesprochenen – Entscheidung führt der Bundesgerichtshof im Hinblick auf den **Drei-Jahres-Zeitraum**[4] aus, es komme lediglich darauf an, ob die Sache, also der Fall, während des maßgeblichen Zeitraums **„inhaltlich bearbeitet"** worden sei. Es könne wegen der Formalisierung des Nachweises praktischer Erfahrungen nicht darauf ankommen, ob die **wesentliche Fall-Bearbeitung** innerhalb des Drei-Jahres-Zeitraums liege. Wenn aber hinsichtlich des maßgeblichen Zeitraums schon die Bearbeitung eines **Fallfragments** als Nachweis eines zählbaren Mandats ausreicht, kann kaum einleuchten, warum etwa ein Großmandat mit vielen unterschiedlichen Facetten auch nur ein Fall sein soll. Mit seiner sehr liberalen Betrachtungsweise löst der BGH leider weniger Fragen, als er aufwirft.

509 Die Teilnehmer an dem Sechsten Erfahrungsaustausch im Jahr 2006 sahen sich durch die damals aktuelle Rechtsprechung zu folgenden Beschlussfassungen veranlasst:

> „Die Entscheidung des BGH vom 6.3.2006 zwingt zu einer sorgfältigen Prüfung des Einzelfalls, gleichwohl gilt:
>
> Die Gesamtschau der Bearbeitung der Fälle muss erkennen lassen, dass der Antragsteller im Fachgebiet über besondere praktische Erfahrungen verfügt, die erheblich das Maß dessen übersteigen, das üblicherweise durch die berufliche Ausbildung und praktische Erfahrung im Beruf vermittelt wird (§ 2 Abs. 2 FAO).

---

1 Vgl. hierzu sogleich.

2 Rz. 344.

3 BGHReport 2006, 819 ff., m. krit. Anm. Offermann-Burckart = BRAK-Mitt. 2006, 131 ff.

4 Vgl. hierzu näher unten unter B. III. 9.

Die Empfehlungen zu Ziff. 6 der ‚Berliner Empfehlungen 2001'[1] bleiben aufrecht erhalten.

Der Sechste Berliner Erfahrungsaustausch empfiehlt der Satzungsversammlung im Hinblick auf die Beschlüsse des BGH vom 6.3.2006, die Fallzahlen des § 5 Satz 1 FAO (a. F.) zu überdenken und ggf. zu erhöhen."

Angesichts der erheblichen **Relativierung des Fallbegriffs**, die der Bundesgerichtshof vorgenommen hatte, schien es den Teilnehmern des Erfahrungsaustauschs u. a. angezeigt, die Bestimmung des **§ 2 Abs. 2 FAO**, die in der Wahrnehmung der Vorprüfungsausschüsse, Kammervorstände und auch Gerichte bis dahin ein **Schattendasein** führte (und nach wie vor führt), in den Fokus zu nehmen. Die Vorschrift hebt darauf ab, dass (besondere theoretische Kenntnisse und) besondere praktische Erfahrungen nur vorliegen, wenn sie auf dem Fachgebiet **deutlich über „dem Durchschnitt"** liegen. 510

4. Die Fallquoren

Für die **Mehrzahl der Fachgebiete** (nämlich für das Verwaltungsrecht, Steuerrecht, Arbeitsrecht, Versicherungsrecht, Medizinrecht, Miet- und Wohnungseigentumsrecht, Verkehrsrecht, Bau- und Architektenrecht, Erbrecht, Transport- und Speditionsrecht, Urheber- und Medienrecht sowie Informationstechnologierecht) hat die Dritte Satzungsversammlung durch Beschlussfassung vom 3.4.2006 in den entsprechenden Buchstaben des § 5 Satz 1 FAO a. F. (jetzt § 5 Abs. 1) sog. **Fallquoren** festgelegt. 511

So bestimmt etwa § 5 Abs. 1 lit. a Satz 2 FAO, dass von den 80 im Verwaltungsrecht nachzuweisenden Fällen mindestens 60 Fälle sich auf drei verschiedene Bereiche des Besonderen Verwaltungsrechts beziehen müssen, „dabei auf jeden dieser drei Bereiche mindestens fünf Fälle". Damit hat die Satzungsversammlung insbesondere für das Verwaltungsrecht, das Miet- und Wohnungseigentumsrecht sowie das Bau- und Architektenrecht, aber auch für weitere Gebiete den höchst kontrovers geführten Streit darüber beendet, wie die **konkrete Fallzusammensetzung** aussehen muss. 512

Früher hatte etwa § 5 Satz 1 lit. a Satz 2 FAO für das Verwaltungsrecht nur festgelegt, dass sich von den 80 Fällen „mindestens 60 auf drei verschiedene Bereiche des Besonderen Verwaltungsrechts beziehen (müssen)". Wie sich die 60 Fälle auf die drei verschiedenen Bereiche verteilen sollten, blieb offen. Das veranlasste einige Vorprüfungsausschüsse zu der Forderung, die drei Bereiche müssten je zu einem Drittel vertreten sein.[2] Die „Berliner Empfehlungen 2001" stellten in Ziff. II. 6.3.1.1 das Postulat auf, dass „in der Regel mindestens 15 Fälle aus jedem der drei Bereiche gefordert (werden)". Die andere Extremposition hielt auch eine Verteilung von 1:1:58 für denkbar.[3] 513

---

1 Siehe unten unter J. II. 1.

2 So auch Holl, a. a. O., § 5 FAO Rz. 45.

3 Vgl. in diesem Sinne AGH NRW BRAK-Mitt. 2006, 90, 91, wo es heißt, die Voraussetzungen des § 5 Satz 1 lit. a Satz 2 FAO (a. F.) seien nach dem Wortlaut der Vorschrift bereits dann erfüllt, wenn ein Antragsteller beispielsweise 58 Fälle aus einem Bereich und jeweils nur 1 Fall aus zwei weiteren Bereichen des Besonderen Verwal-

514 Der BGH war mit der Frage der Fallverteilung nie befasst. Er hat lediglich in einer Entscheidung vom 21.6.1999[1] ganz allgemein festgestellt, dass ein Antragsteller, der nur auf einem Teilgebiet des Besonderen Verwaltungsrechts praktische Erfahrungen nachweise, den Anforderungen des RAFachBezG nicht genüge.

515 Die Satzungsversammlung sah **dringenden Handlungsbedarf**, nachdem im Bau- und Architektenrecht und schlimmer noch im Miet- und Wohnungseigentumsrecht vergleichbare Diskussionen wie im Verwaltungsrecht begonnen hatten. So sah § 5 Satz 1 lit. j Satz 2 FAO a. F. für das Miet- und WEG-Recht vor, dass „mindestens 60 Fälle sich auf die in § 14c Nr. 1 und 3 bestimmten Bereiche beziehen (müssen)". Das führte dazu, dass einige Fachausschüsse die Verleihung der Fachanwaltschaft, die ausdrücklich das Wohnungseigentumsrecht in ihrem Titel führt, auch dann vornahmen, wenn der Antragsteller nur einen einzigen Fall aus dem Bereich des WEG-Rechts nachweisen konnte, während andere Ausschüsse 10 oder sogar 15 Fälle im WEG-Recht forderten.

Um dieser **Rechtsunsicherheit** und der damit verbundenen **Ungleichbehandlung** ein Ende zu bereiten, hat die Satzungsversammlung bei allen Fachanwaltschaften, für die die Regelung gilt, dass insgesamt so und so viele Fälle sich auf so und so viele Bereiche oder Gebiete der zugehörigen Vorschrift aus dem Katalog der §§ 8 ff.FAO beziehen müssen, für jeden dieser Bereiche bzw. jedes dieser Gebiete konkrete Mindestzahlen festgelegt.

Für die Fachanwaltschaften Gewerblicher Rechtsschutz und Handels- und Gesellschaftsrecht, die sich zum Zeitpunkt der Sitzung der Dritten Satzungsversammlung am 3.4.2006 gerade im Genehmigungsverfahren befanden, wurden die erforderlichen Fallquoren erst von der Vierten Satzungsversammlung in ihrer dritten Sitzung am 15.6.2009 beschlossen. Bei den neuen Fachanwaltschaften Bank- und Kapitalmarktrecht sowie Agrarrecht wurde das jeweilige Fallquorum (ebenso wie seinerzeit beim Urheber- und Medienrecht sowie beim Informationstechnologierecht) sofort vorgesehen.

516 Der Grund, für einige (die meisten) Fachanwaltschaften überhaupt Vorgaben hinsichtlich der Fallverteilung zu machen, liegt darin, dass bei den umfassender angelegten Rechtsgebieten, allen voran dem Verwaltungsrecht, sichergestellt werden soll, dass nur derjenige Fachanwalt werden kann, der über eine **gewisse Breite** an (Kenntnissen und) Erfahrungen verfügt.

---

tungsrechts nachweise. Es könne nicht verlangt werden, dass ein Fachanwalt für Verwaltungsrecht über besondere Kenntnisse und Erfahrungen im Spektrum des Besonderen Verwaltungsrechts verfüge und nicht nur Spezialist in einem einzigen Bereich sei. Angesichts der eindeutigen Formulierung des § 5 Satz 1 lit. a Satz 2 FAO (a. F.) könne dieses Ziel auch durch eine zu strengeren Anforderungen führende Auslegung der Vorschrift nicht erreicht werden. Das verbiete sich schon im Hinblick auf Art. 12 GG.

1 BGH AnwBl. 1999, 563, 564.

5. Die Unterscheidung zwischen gerichtlichen und rechtsförmlichen Verfahren

Für die meisten Fachgebiete ist vorgesehen, dass es sich bei einem **gewissen Anteil** der nachzuweisenden Fälle um **gerichtliche und/oder rechtsförmliche Verfahren** handelt. 517

Die Unterscheidung bereitet in der Praxis mitunter Schwierigkeiten. Eine Definition der Begriffe hat die Satzungsversammlung nicht vorgenommen. Sie werden auch **nicht ganz einheitlich** verwendet. So stellt etwa der Klammerzusatz in § 5 Abs. 1 lit. b für das Steuerrecht klar, dass mit rechtsförmlichen Verfahren Einspruchs- oder Klageverfahren gemeint sind. Dort, wo von „gerichts- oder rechtsförmlichen Verfahren" die Rede ist, stellen Letztere ein Minus gegenüber Ersteren dar. So sind etwa rechtsförmliche Verfahren im Arbeitsrecht Verfahren vor Schlichtungsstellen, gerichtliche Verfahren sind hier Kündigungsschutzklagen oder Beschlussverfahren. 518

Die „Berliner Empfehlungen 2009" folgen im Wesentlichen der in der Vorauflage[1] versuchten Definition der Begrifflichkeiten und bestimmen in Ziff. II. 6. und II. 13.: 519

„Gerichtliche Verfahren sind Verfahren, die bei Gericht anhängig geworden sind. Als gerichtliche Verfahren gelten dementsprechend auch Fälle, die durch Strafbefehl erledigt werden, sowie gerichtliche Mahnverfahren."

„Rechtsförmliche Verfahren sind Rechtsangelegenheiten, für die bestimmte gesetzlich festgelegte Verfahrens- oder Formvorschriften existieren."

Und konkret auf das Erbrecht und das Urheber- und Medienrecht bezogen heißt es in Ziff. II. 13. Satz 2: 520

„Erbscheinsanträge sind rechtsförmliche Verfahren i. S. von § 5 Satz 1 (jetzt Abs. 1) lit. m FAO."

Und in Ziff. II. 10.: 521

„Verfahren vor der Schiedsstelle nach § 14 Urheberwahrnehmungsgesetz gelten nicht als gerichtliche Verfahren."

6. Verwertbarkeit derselben Fälle für mehrere Fachgebiete

Ähnlich wie schon bei den Lehrgängen[2] stellt sich nach der Erweiterung des Kanons der Fachanwaltschaften drängender als bisher die Frage, ob ein und derselbe Fall, der **Bezüge zu zwei oder sogar drei Fachgebieten** aufweist, auch als Nachweis für beide bzw. alle herangezogen werden kann, oder ob dieser Fall nach einmaliger Benennung **„verbraucht"** ist. Die Dritte und Vierte Satzungsversammlung haben diese Frage in ihren Beratungen offen gelassen. 522

Wenn aber, wie der Bundesgerichtshof[3] festgestellt hat, **ein Fall ein Fall ist**, kann es für seine Berücksichtigung keine Rolle spielen, dass er bereits zum Nachweis der besonderen praktischen Erfahrungen in einem anderen Fach- 523

1 Rz. 353 f.
2 Vgl. oben unter B. II. 2.f.
3 BGHReport 2006, 819 ff. = BRAK-Mitt. 2006, 131 ff.

gebiet verwendet wurde. Streng genommen wäre es danach möglich, dass jemand z.B. mit 80 Fällen den „Fachanwalt für Versicherungsrecht" und mit nur 80 weiteren Fällen zugleich den „Fachanwalt für Verkehrsrecht" erwirbt.

524 Das Thema wird überall dort virulent, wo sich Fachanwaltschaften **deutlich überschneiden**, wie dies insbesondere beim Versicherungsrecht und Verkehrsrecht, beim Strafrecht und Verkehrsrecht und beim Familienrecht und Erbrecht, aber z.B. auch beim Arbeitsrecht und Sozialrecht, beim Steuerrecht und Erbrecht, beim Steuerrecht und Strafrecht, beim Verwaltungsrecht und Bau- und Architektenrecht und beim Verwaltungsrecht und Sozialrecht der Fall sein kann.

525 In den „Berliner Empfehlungen 2006" heißt es hierzu unter Ziff. II. 5.:

> „Derselbe Fall kann, soweit die in den einzelnen Buchstaben des § 5 Satz 1 (jetzt Abs. 1) FAO festgelegten Voraussetzungen erfüllt sind, zum Nachweis der besonderen praktischen Erfahrungen in zwei Fachgebieten verwendet werden."

526 Und in den „Berliner Empfehlungen 2009" wird dies – unter Geltung des neuen § 43c Abs. 1 Satz 3 BRAO – in Ziff. II. 8. nochmals wie folgt bekräftigt:

> „Derselbe Fall kann, soweit die in den einzelnen Buchstaben des § 5 Satz 1 (jetzt Abs. 1) FAO festgestellten Voraussetzungen erfüllt sind, zum Nachweis der besonderen praktischen Erfahrungen in bis zu drei Fachgebieten verwendet werden."

527 ➲ **Praxis-Tipp:** Trotz der eindeutigen Voten der Teilnehmer des Sechsten und Siebten Erfahrungsaustauschs, die Empfehlungscharakter haben, kann es ratsam sein, bei der zuständigen Rechtsanwaltskammer und/oder den Vorsitzenden der betroffenen Fachausschüsse nachzufragen, ob eine „Kombinationslösung" tatsächlich akzeptiert wird. Dies ist, wie schon ausgeführt, bei Unsicherheiten gleich welcher Art immer hilfreich. Die in den Kammern und Ausschüssen tätigen Personen stehen meist gerne für Rückfragen zur Verfügung. Es ist für alle Beteiligten leichter, Dinge im Vorfeld zu diskutieren, als in umfangreichen, möglicherweise unnötigen Schriftverkehr einzutreten.

528 Es soll allerdings auch nicht verschwiegen werden, dass die Möglichkeiten einer Rechtsanwaltskammer, festzustellen, ob im Rahmen verschiedener Antragsverfahren tatsächlich dieselben Fälle verwendet werden, nur begrenzt sind. Denn die Überprüfung der Falllisten nimmt ja nicht der Kammervorstand selbst, sondern ein eigens dazu berufener Vorprüfungsausschuss vor. Und naturgemäß ist jeder Ausschuss nur mit den Falllisten konfrontiert, die das Rechtsgebiet betreffen, für das er eingesetzt ist. Wird vom selben Mitglied ein zweiter (oder auch dritter) Fachanwaltsantrag gestellt, kann also letztlich nur der Vorstand bzw. die die Entscheidung des Vorstands vorbereitende Geschäftsführung prüfen, ob Fälle mehrfach verwendet wurden. Die Wahrscheinlichkeit, dass eine solche Überprüfung akribisch vorgenommen wird, ist nicht sehr hoch.

7. Die Anforderungen in den einzelnen Fachgebieten

529 Anzahl, Art und Zusammensetzung der für den Erwerb der einzelnen Fachanwaltsbezeichnungen nachzuweisenden Fälle ergeben sich aus **§ 5 Abs. 1**

lit. a bis t i.V.m. den §§ 8 bis 14m FAO. Die Überschriften der §§ 8 bis 14m FAO, die von den **„nachzuweisenden besonderen Kenntnissen"** im jeweiligen Fachgebiet sprechen, sind insofern **missverständlich**, als die genannten Vorschriften gerade nicht nur für den Nachweis der theoretischen Kenntnisse, sondern auch für den der praktischen Erfahrungen maßgeblich sind.

Die Vierte Satzungsversammlung hat in ihrer 3. Sitzung am 15.6.2009 in mehreren Buchstaben des § 5 Abs. 1 FAO sprachliche Veränderungen dergestalt vorgenommen, dass nunmehr terminologisch zwischen **„Bereichen"** und **„Gebieten"** unterschieden wird, wobei „Gebiete" die **Untergliederungen** der „Bereiche" sind. Bezogen auf die Darstellung der §§ 8 ff. FAO (oben unter B. II. 1.) bedeutet das, dass die „Haupt-Spiegelstriche" den „Bereichen" und die eingerückten „Unter-Spiegelstriche", also die weiteren Unterteilungen, den „Gebieten" entsprechen. Die Neuregelungen sind am 1.3.2010 in Kraft getreten. 530

Außerdem wurde durch entsprechende Neuformulierungen überall Klarheit geschaffen, ob bei den Fallquoren die so und so viel geforderten Fälle aus **allen** oder nur aus **einigen** der in Bezug genommenen Bereiche bzw. Gebiete stammen müssen. 531

a) Verwaltungsrecht

Gem. **§ 5 Abs. 1 lit. a FAO** sind im Verwaltungsrecht **80 Fälle** nachzuweisen, von denen **mindestens 30 gerichtliche Verfahren** sind. Außerdem müssen sich, wie soeben schon ausgeführt, von den 80 Fällen **mindestens 60** auf **drei verschiedene Bereiche** des Besonderen Verwaltungsrechts beziehen, dabei auf jeden dieser drei Bereiche wiederum **mindestens 5 Fälle**. Von den drei Bereichen muss **einer** zu den in § 8 Nr. 2 aufgeführten Bereichen gehören. 532

§ 8 Nr. 2 FAO nennt 533

- das öffentliche Baurecht
- das Abgabenrecht, soweit die Zuständigkeit der Verwaltungsgerichte gegeben ist
- das Wirtschaftsverwaltungsrecht (Gewerberecht, Handwerksrecht, Wirtschaftsförderungsrecht, Gaststättenrecht, Berg- und Energierecht)
- das Umweltrecht (Immissionsschutzrecht, Abfallrecht, Wasserrecht, Natur- und Landschaftsschutzrecht)

und

- das öffentliche Dienstrecht.[1]

Durch das in § 5 Abs. 1 lit. a Satz 2 FAO vorgesehene **„Fallquorum"** soll sichergestellt werden, dass nur derjenige „Fachanwalt für Verwaltungsrecht" werden kann, der über eine gewisse Breite verwaltungsrechtlicher (Kenntnisse und) Erfahrungen verfügt. Ein Rechtsanwalt, der z.B. ausschließlich im öffentlichen Baurecht tätig ist, hat danach keine Möglichkeit, die Fachanwaltsbezeichnung Verwaltungsrecht zu erwerben. 534

1 Vgl. zur Konkretisierung der einzelnen Teilbereiche oben B. II. 1.a.

535 Die früher hoch streitige[1] Frage, wie sich die 60 Fälle auf die drei verschiedenen Bereiche des Besonderen Verwaltungsrechts verteilen müssen, wird jetzt durch § 5 Abs. 1 lit. a Satz 2 FAO konkret beantwortet. Auf die entsprechenden Ausführungen zu Beginn dieses Kapitels wird, um Wiederholungen zu vermeiden, verwiesen.

Die Verteilung könnte – unter Berücksichtigung auch des Verweises auf § 8 Nr. 2 FAO – wie folgt aussehen: 5 Fälle aus dem öffentlichen Dienstrecht, 5 Fälle aus dem Asylrecht und 50 Fälle aus dem Ausländerrecht.

536 Wenn § 5 Abs. 1 lit. a Satz 3 FAO davon spricht, von den drei Bereichen müsse „einer" zu den in § 8 Nr. 2 aufgeführten Bereichen gehören, ist dies selbstverständlich als Unter-, nicht zugleich auch als Obergrenze zu verstehen. Es wäre also unschädlich, wenn alle drei Bereiche den in § 8 Nr. 2 genannten entstammten.

537 Aus Wortlaut und Systematik von § 5 Satz 1 (jetzt Abs. 1) lit. a und § 8 FAO wurde früher zusätzlich hergeleitet, dass die besonderen theoretischen Kenntnisse und die besonderen praktischen Erfahrungen **kongruent** nachgewiesen werden, sich also auf **dieselben Wahlfächer** beziehen müssen.[2]

538 In den noch unter der Geltung des RAFachBezG erlassenen „Dritten Bochumer Empfehlungen" aus dem Jahre 1993[3] heißt es hierzu unter Ziff. III. 1.:

„Die ‚besonderen Kenntnisse' i. S. von § 2 Abs. 1 RAFachBezG bzw. ‚speziellen Kenntnisse' i. S. von § 1 Abs. 1 RAFachAnwV sind die Einheit von theoretischem Wissen und praktischer Erfahrung. Daraus folgt, dass sich im Verwaltungsrecht der Nachweis theoretischer Kenntnisse und praktischer Erfahrungen im Prinzip auf den für den jeweiligen Antragsteller maßgeblichen Fächerkanon zu erstrecken hat (Kongruenzprinzip). Dabei sind Überschneidungen sowohl im Fächerkanon als auch bei den Fällen zu berücksichtigen."

539 Da § 5 Abs. 1 lit. a FAO keine Formulierung enthält, die eine Kongruenz zwischen den Wahlfächern des Fachanwalts-Lehrgangs und den Fallnachweisen verlangt, es vielmehr ganz neutral nur heißt, von den drei verschiedenen Bereichen des Besonderen Verwaltungsrechts müsse einer zu den in § 8 Nr. 2 FAO aufgeführten Bereichen gehören, wird sich diese Forderung nicht ernsthaft stellen lassen. Inwieweit die Vorgabe von Fachausschüssen tatsächlich gemacht wurde, ist nicht bekannt. Anlass zu gerichtlichen Auseinandersetzungen hat es in diesem Zusammenhang nicht gegeben.

540 Gerichtliche Verfahren i. S. von § 5 Abs. 1 lit. a Satz 1 2. Hs. FAO sind mehr als rechtsförmliche (also etwa Widerspruchs-)Verfahren.

541 Rechtsmittel- und Eilverfahren werden üblicherweise nicht als gesonderte Fälle angesehen.[1] Umfang und Schwierigkeitsgrad können gem. § 5 Abs. 4 FAO insofern allerdings zu einer anderen (also höheren) Gewichtung führen.

---

1 AGH Baden-Württemberg vom 20.7.2002 – AGH 5/2002; AGH NRW (vom 17.6.2005) BRAK-Mitt. 2006, 90 ff.; AGH NRW vom 21.9.2005 – 1 ZU 95/04; AGH Berlin (vom 29.9.2005) BRAK-Mitt. 2006, 86 ff.

2 AGH NRW vom 19.6.1998 – 1 ZU 6/98.

3 BRAK-Mitt. 1993, 83 ff.

Es gibt – im Verwaltungsrecht wie in praktisch allen übrigen Fachgebieten auch – Fälle, die **mehrere Rechtsgebiete** berühren. So spielen etwa bei Sachverhalten aus dem Wirtschaftsverwaltungsrecht (§ 8 Nr. 2 lit. c FAO) häufig Fragen des Handels- und Gesellschaftsrechts eine Rolle. Die Beantwortung der Frage, ob solche Fälle überhaupt dem jeweiligen Fachgebiet zugerechnet werden können, hängt davon ab, ob der **Schwerpunkt der Bearbeitung** im Fachgebiet liegt. Dafür genügt es, wie der BGH[2] klarstellt, dass eine Frage aus dem jeweiligen Fachgebiet **„erheblich ist oder erheblich sein kann"**. Die Grenzziehung kann – insbesondere vor dem Hintergrund der oben dargestellten „gängigen" Falldefinition – schwierig sein. So würde man einen Schwerpunkt im öffentlichen (Bau-)Recht wohl verneinen, wenn im Rahmen eines Mandats aus dem privaten Baurecht ganz am Rande der Inhalt einer Baugenehmigung zu berücksichtigen ist und mit dem Mandanten erörtert wird. Wäre das gleiche Randproblem Gegenstand einer losgelösten anwaltlichen Beratung, müsste diese angesichts der fehlenden Verwobenheit mit anderen Dingen aber als Fall gezählt werden, und es käme allenfalls eine Abwertung über § 5 Abs. 4 FAO in Betracht. 542

Ein Antragsteller, der die Anerkennung von Fällen, die zumindest auf den ersten Blick einem anderen Rechtsgebiet als dem der beantragten Fachanwaltschaft zuzuordnen sind, begehrt, sollte sich die Mühe machen, in der Fallliste oder in einem Begleitschreiben zu erläutern, woraus er die Fachgebietsbezogenheit herleitet. 543

Kontrovers diskutiert wurde zuletzt die Frage, ob **Verfahren nach den §§ 109 ff. StVollzG** dem Verwaltungsrecht zuzuordnen sind. Dagegen spricht, dass der Strafvollzug den ordentlichen Gerichten zugewiesen ist, dafür, dass das zwischen der Justizvollzugsanstalt und ihren Insassen bestehende Sonderverhältnis dem öffentlichen Recht unterfällt. Um die Dinge nicht zu verwischen, sollte man hier allerdings auf den rein formalen Standpunkt und darauf abstellen, dass § 2 Abs. 2 Nr. 2 VwVfG die Strafverfolgung ausdrücklich aus dem Anwendungsbereich des Verwaltungsverfahrensgesetzes ausnimmt. 544

Zur Anerkennung ein und desselben Falles zum Nachweis der besonderen praktischen Erfahrungen in sich überschneidenden Rechtsgebieten (z. B. im Verwaltungsrecht und Bau- und Architektenrecht, im Verwaltungsrecht und Handels- und Gesellschaftsrecht, im Verwaltungsrecht und Medizinrecht oder im Verwaltungsrecht und Sozialrecht) siehe oben unter B. III. 6. 545

b) Steuerrecht

Gem. **§ 5 Abs. 1 lit. b FAO** sind im Steuerrecht **50 Fälle** aus **allen in § 9 FAO genannten Bereichen** nachzuweisen, wobei mit jeweils **mindestens 5 Fällen alle in § 9 Nr. 3 genannten Steuerarten** erfasst sein und mindestens **10 Fälle rechtsförmliche Verfahren** (Einspruchs- oder Klageverfahren) sein müssen. 546

---

1 So auch Ziff. II. 6.3.1.2 der „Berliner Empfehlungen 2001". Vgl. aber die kritische Auseinandersetzung mit dieser Sichtweise oben unter B. III. 1. b.

2 BGHReport 2006, 819, 820 = BRAK-Mitt. 2006, 131, 133.

547 Erforderlich sind somit besondere praktische Erfahrungen

- in der Buchführung und im Bilanzwesen, einschließlich des Rechts der Buchführung und des Jahresabschlusses
- im Allgemeinen Abgabenrecht, einschließlich des Bewertungs- und Verfahrensrechts
- im Besonderen Steuer- und Abgabenrecht, und zwar in allen der in § 9 Nr. 3 genannten Steuerarten (nämlich den „Steuern auf das Einkommen" – lit. a, den „Steuern auf die Verwendung von Einkommen und Vermögen" – lit. b und den „Steuern auf den Vermögenstransfer" – lit. c)

und

- im Steuerstrafrecht sowie in den Grundzügen des Verbrauchsteuer- und internationalen Steuerrechts, einschließlich des Zollrechts.[1]

548 Die Vorschrift hat eine zum 1.3.2010 in Kraft getretene Neufassung erhalten,[2] durch die nicht nur klargestellt wird, dass Nachweise aus **allen vier Ziffern des § 9 FAO** vorgelegt werden müssen, sondern auch, dass **alle der drei in § 9 Nr. 3 enthaltenen Buchstaben** (mit je 5 Fällen) abgedeckt sein müssen. Die Neuregelung hat insofern zu Verwirrung geführt, als von manchen Vorprüfungsausschüssen angenommen wird, es müssten nun sämtliche der in § 9 Nr. 3 lit. a bis c aufgeführten, insgesamt sieben „Steuern" mit jeweils 5 Fällen abgedeckt sein. Das ist selbstverständlich nicht der Fall. Vielmehr wurden die in den einzelnen Buchstaben genannten Steuern zu **„Steuerarten"** zusammengefasst, nämlich die Einkommensteuer, die Körperschaftsteuer und die Gewerbesteuer zu „Steuern auf das Einkommen" (lit. a), die Umsatzsteuer und die Grunderwerbsteuer zu „Steuern auf die Verwendung von Einkommen und Vermögen" (lit. b) sowie die Erbschaftsteuer und die Schenkungsteuer zu „Steuern auf den Vermögenstransfer" (lit. c).[3] Den Kritikern muss eingeräumt werden, dass diese Nomenklatur keineswegs zwingend ist und man ebenso gut oder besser z.B. das Grunderwerbsteuerrecht (aus lit. b) mit dem Erbschaft- und Schenkungsteuerrecht (lit. c) zur Steuerart „Verkehrsteuern" hätte zusammenfassen können. Die neue Formulierung beseitigt aber immerhin die von der alten Fassung erzeugte Verwirrung, die sich ergab, weil die Forderung nach „mindestens drei" Steuerarten von nur drei möglichen Arten (nämlich lit. a bis c a.F.) keinen Sinn machte und deshalb sprachlich wie denklogisch zur Einzelbetrachtung der verschiedenen Steuern zwang.

549 Das schon von der Dritten Satzungsversammlung in ihrer Sitzung am 3.4.2006[4] eingeführte Fallquorum, wonach die in § 9 Nr. 3 genannten Steuerarten mit jeweils mindestens 5 Fällen erfasst sein müssen, wurde beibehalten. Es geht also auch hier darum, dass eine gewisse Schwerpunktbildung erkennbar werden soll.

---

1 Vgl. zur Konkretisierung der einzelnen Teilbereiche oben B. II. 1. b.

2 BRAK-Mitt. 2009, 279.

3 Vgl. hierzu Scharmer, in: Hartung/Römermann, a.a.O., § 5 FAO Rz. 85 ff. u. § 9 FAO Rz. 5 ff.

4 Vgl. hierzu näher oben unter B. III. 4.

Nicht ausreichend wäre etwa, wenn ein eigentlich auf Erbrecht spezialisierter Antragsteller – zusätzlich zu je 1 Fall aus § 9 Nr. 1, 2 und 4 – 45 Fälle aus dem Erbschaftsteuerrecht und nur je 1 Fall z.B. aus dem Einkommensteuerrecht und dem Umsatzsteuerrecht nachweisen würde. Dann wären zwar alle drei der in § 9 Nr. 3 genannten Steuerarten erfasst, aber nicht das nötige Quorum von 5 mal drei erfüllt. 550

In der 1. Auflage[1] wurde unter Hinweis auf Ziff. II. 2.b. des – bis heute verwendeten – Merkblatts des Vorprüfungsausschusses der Rechtsanwaltskammer Düsseldorf für Steuerrecht bzw. auf Ziff. II. 6.3.5.2 der „Berliner Empfehlungen 2001" die Auffassung vertreten, die bloße Vorbereitung einer Steuererklärung sei im Zweifel nicht als Fall anzuerkennen und Steuererklärungen eines Jahres für denselben Mandanten seien ein Fall. Einer solchen Sichtweise hat der Bundesgerichtshof[2] widersprochen, indem er feststellt, grundsätzlich sei **jede Steuererklärung bzw. deren Vorbereitung für ein Jahr** ein Fall. Dies gelte unabhängig davon, ob man für den Fallbegriff auf den einheitlichen Lebenssachverhalt oder auf die Abrechenbarkeit abstelle, denn Steuererklärungen unterschiedlicher Jahre stellten **unterschiedliche Lebenssachverhalte** dar. 551

Auch eine **Abwertung** i.S. von § 5 Satz 3 (a.F. = Abs. 4) FAO lässt der BGH nicht zu. Es könne allgemein nicht davon ausgegangen werden, dass weniger praktische Erfahrungen erlangt würden, wenn sich einem Rechtsanwalt in unterschiedlichen Fällen wiederholt dieselben Rechtsfragen stellten. Vielmehr bestehe eine Wechselwirkung zwischen der praktischen Erfahrung und der Wiederholbarkeit der Fälle. Je mehr praktische Erfahrungen der Antragsteller habe, umso wahrscheinlicher sei es, dass er **wiederholt dieselben Rechtsfragen** zu beurteilen habe. 552

Fälle i.S. von § 5 Abs. 1 lit. b FAO sind auch solche, die der Antragsteller als **Angestellter einer Steuerberatungsgesellschaft** bearbeitet hat. Zwar dürfe, so der BGH[3], ein Rechtsanwalt, der bei einer Steuerberatungsgesellschaft angestellt sei, in dieser Eigenschaft geschäftsmäßig nur Hilfeleistung in Steuersachen, nicht auch andere Rechtsberatung erbringen. Das ändere aber nichts daran, dass die Bearbeitung von steuerrechtlichen Fällen **nicht nur Hilfeleistung in Steuersachen**, sondern auch eine Fall-Bearbeitung als Rechtsanwalt i.S. von § 5 Satz 1 (a.F. – Abs. 1) 1. Hs. FAO darstelle. Die Bearbeitung steuerrechtlicher Fälle sei ein Ausschnitt der dem Rechtsanwalt erlaubten Berufstätigkeit, auf den sich Rechtsanwälte spezialisieren dürften. Der Anwaltssenat grenzt außerdem die Tätigkeit eines bei einer Steuerberatungsgesellschaft angestellten Rechtsanwalts von üblicher Syndikustätigkeit ab, weil ein solcher Anwalt mit der **fachlich unabhängigen und selbständigen Betreuung** von Mandaten seines Arbeitgebers oder Dienstherrn betraut sei. Seine Tätigkeit und die hierbei erreichbaren praktischen Erfahrungen unterschieden sich inhaltlich nicht von denen eines selbständigen Anwalts.[4] 553

1 Rz. 197.
2 BGHReport 2006, 819, 821 = BRAK-Mitt. 2006, 131, 133 f.
3 BGHReport 2006, 821, 822 f. = BRAK-Mitt. 2006, 134, 135 f.
4 Wie zuvor.

554 Nach § 5 Abs. 1 lit. b Satz 3 FAO müssen mindestens 10 der 50 Fälle **rechtsförmliche Verfahren** sein, wobei der Klammerzusatz „Einspruchs- oder Klageverfahren" eine **Legaldefinition** ist.[1] Andere gerichtliche Verfahren (z. B. Steuerstrafverfahren, steuerrechtlich geprägte gesellschaftsrechtliche Prozesse etc.), in denen steuerrechtliche Fragen relevant sind, zählen hier nicht.

555 Schon die „Berliner Empfehlungen 2001" legten in Ziff. II. 6.3.5.1 fest, dass ein Fall dann dem Fachgebiet des Steuerrechts zuzurechnen sei, wenn „ein **Schwerpunkt der Bearbeitung** im Bereich des Steuerrechts" liegt. Dies wird in der schon mehrfach erwähnten Entscheidung des BGH vom 6.3.2006[2] bestätigt. Der Senat lässt es genügen, dass eine Frage aus dem Steuerrecht **„erheblich ist oder wenigstens erheblich sein kann"**. Konkret sei dies etwa der Fall bei einer Beratung, die sich auf ein drohendes Disziplinarverfahren wegen Steuerhinterziehung und die damit verbundene Frage beziehe, ob das Steuergeheimnis der Unterrichtung der zuständigen Stelle entgegenstehe.

556 Ein Antragsteller, der die Anerkennung von Fällen, die zumindest auf den ersten Blick einem anderen Rechtsgebiet als dem der beantragten Fachanwaltschaft zuzuordnen sind, begehrt, sollte sich die Mühe machen, in der Fallliste oder in einem Begleitschreiben zu erläutern, woraus er die Fachgebietsbezogenheit herleitet.

557 Zur Anerkennung ein und desselben Falles zum Nachweis der besonderen praktischen Erfahrungen in sich überschneidenden Rechtsgebieten (z. B. im Steuerrecht und Erbrecht, im Steuerrecht und Handels- und Gesellschaftsrecht oder im Steuerrecht und Strafrecht) siehe oben unter B. III.6.

c) Arbeitsrecht

558 Gem. **§ 5 Abs. 1 lit. c Satz 1 FAO** sind im Arbeitsrecht **100 Fälle** aus **allen der in § 10 Nrn. 1a bis e und 2a und b bestimmten Gebiete**, davon **mindestens 5 Fälle aus dem Bereich des § 10 Nr. 2** und **mindestens 50 gerichts- oder rechtsförmliche Verfahren** nachzuweisen.

559 Erforderlich sind also besondere praktische Erfahrungen

- im Individualarbeitsrecht, einschließlich
  - des Abschlusses, des Inhalts und der Änderung des Arbeits- und Berufsbildungsvertrags
  - der Beendigung des Arbeits- und Berufsbildungsverhältnisses, einschließlich des Kündigungsschutzes
  - der Grundzüge der betrieblichen Altersversorgung
  - des Schutzes besonderer Personengruppen, insbesondere der Schwangeren und Mütter, der Schwerbehinderten und Jugendlichen

  sowie
  - der Grundzüge des Arbeitsförderungs- und des Sozialversicherungsrechts

1 Protokoll der 6. Sitzung der Ersten Satzungsversammlung vom 5./6.11.1998, S. 7.
2 BGH BGH-Report 2006, 819, 820, m. Anm. Offermann-Burckart = BRAK-Mitt. 2006, 131, 133.

und

- im kollektiven Arbeitsrecht, einschließlich
  - des Tarifvertragsrechts

  sowie
  - des Personalvertretungs- und Betriebsverfassungsrechts.[1]

Auch im Arbeitsrecht hat die Vierte Satzungsversammlung in ihrer 3. Sitzung am 15.6.2009 für Klarheit gesorgt, indem sie das frühere „aus den ... Bereichen" durch „aus **allen** der ... **Gebiete**" ersetzt hat. 560

Von der zwingenden Nachweispflicht ausgenommen sind jetzt allerdings die Grundzüge des Arbeitskampf- und Mitbestimmungsrechts (§ 10 Nr. 2 lit. c). 561

Als Fall-Bearbeitung im Arbeitsrecht kann auch eine solche im Arbeitsförderungs- oder Sozialversicherungsrecht angesehen werden, dies allerdings nur dann, wenn sie einen **inhaltlichen Bezug** zum Arbeitsrecht hat.[2] Zwar sind die Grundzüge des Arbeitsförderungsrechts und des Sozialversicherungsrechts in § 10 Nr. 1 lit. e FAO ausdrücklich erwähnt und ist der uneingeschränkten Verweisung in § 5 Abs. 1 lit. c Satz 1 auf § 10 Nr. 1 zu entnehmen, dass die nachzuweisenden Fall-Bearbeitungen auch diese Gebiete berühren können. Doch führt der BGH[3] aus, auf Grundzüge dieser Rechtsgebiete könnten sich solche Fall-Bearbeitungen nur beschränken, wenn sie einen Bezug zum Arbeitsrecht aufwiesen. Nur dieses engere Verständnis entspreche auch dem Zweck der Verweisung in § 5 Satz 1 (a.F. = Abs. 1) lit. c FAO. Die Erwähnung des Arbeitsförderungs- und des Sozialversicherungsrechts in § 10 Nr. 1 trage im Wesentlichen den inhaltlichen Bezügen zwischen dem Arbeitsrecht und dem Arbeitsförderungs- und dem Sozialversicherungsrecht Rechnung. Ohne Grundkenntnisse in diesen beiden Rechtsgebieten könne der Fachanwalt für Arbeitsrecht seiner Aufgabe in vielen Fällen nicht gerecht werden. Sie hätten aber für die Fachanwaltsbezeichnung nur eine **„dienende" Funktion**. Die praktische Erfahrung auf dem Gebiet des Arbeitsrechts könne sinnvoll nur mit arbeitsrechtlichen Fällen nachgewiesen werden. Fälle aus dem Arbeitsförderungs- und dem Sozialversicherungsrecht könnten diesen Zweck nur erfüllen, wenn sie wenigstens einen arbeitsrechtlichen Bezug hätten, bei ihnen also auch arbeitsrechtliche Fragen eine Rolle spielten. 562

Zu den besonders umstrittenen Fragen im Bereich des Fachanwaltschaftsrechts gehörte lange die nach dem Umfang, in dem **kollektives Arbeitsrecht** nachgewiesen werden muss. Eine erste Klarstellung erfolgte durch Aufnahme der Sätze 2 und 3 in § 5 Satz 1 lit. c a.F., in denen festgeschrieben wurde, dass als Fälle des kollektiven Arbeitsrechts **auch solche des Individualarbeitsrechts** gelten, in denen kollektives Arbeitsrecht eine nicht unerhebliche Rolle spielt, und dass **Beschlussverfahren nicht erforderlich** sind. Damit wurde dem Umstand Rechnung getragen, dass viele auf Arbeitsrecht spezialisierte Rechts- 563

1 Vgl. zur Konkretisierung der einzelnen Teilbereiche oben B. II. 1.c.
2 BGH AnwBl. 2008, 371, 372 = BRAK-Mitt. 2008, 135, 136 f.
3 Wie zuvor.

anwälte – insbesondere im ländlichen Raum – nicht in der Lage sind, Mandate im kollektiven Arbeitsrecht zu gewinnen.

564 Wann das kollektive Arbeitsrecht in einem individualarbeitsrechtlichen Fall eine „nicht unerhebliche Rolle" spielt, hängt von den Umständen des jeweiligen Einzelfalls ab.

565 Der BGH hat in einer Entscheidung vom 6.11.2000[1] festgestellt, dass an die Rolle, die das kollektive Arbeitsrecht spielen muss, **keine zu hohen Anforderungen** gestellt werden dürfen. Für den Nachweis der besonderen praktischen Erfahrungen auf dem Gebiet des kollektiven Arbeitsrechts könnten auch Fälle aus dem Individualarbeitsrecht berücksichtigt werden, sofern eine Frage aus dem kollektiven Arbeitsrecht **erheblich werden** könne und **einen wesentlichen Anteil an der argumentativen Auseinandersetzung** habe. Es hindere die Berücksichtigung nicht, dass das kollektive Arbeitsrecht lediglich Anspruchs- oder Regelungsgrundlage für individuelle Ansprüche oder Maßnahmen sei. Wörtlich heißt es in der Entscheidung:

566 „Im Lichte des Grundrechts ist bei der Bewertung der von dem Bewerber vorgelegten Nachweise für den Erwerb der besonderen praktischen Erfahrungen auf seinem Fachgebiet ein um so großzügigerer Maßstab anzulegen, je schwieriger es ist, solche praktischen Erfahrungen zu sammeln. Fachanwaltsbewerber für das Arbeitsrecht stehen häufig vor dem Problem, dass sie die Lehrgänge besucht haben und eine ausreichende Zahl von Fällen aus dem Individualarbeitsrecht nachweisen können, jedoch Defizite im Bereich des kollektiven Arbeitsrechts haben. Dies liegt daran, dass die Zahl der Verfahren im kollektiven Arbeitsrecht sehr begrenzt ist (...) und die wenigen Verfahren hauptsächlich von Gewerkschaften und Arbeitgeberverbänden bearbeitet werden. Gerade im ländlichen Raum ist es vielfach unmöglich, Mandate im kollektiven Arbeitsrecht zu akquirieren (...).

... Aus § 5 Buchst. c Satz 2 FAO ergibt sich, dass sogar alle nachgewiesenen Fälle solche des Individualarbeitsrechts sein dürfen, sofern nur bei einer hinreichenden Anzahl ... kollektives Arbeitsrecht eine ‚nicht unerhebliche Rolle spielt'. Wollte man für den Nachweis nur solche Fälle berücksichtigen, bei denen die kollektiv-arbeitsrechtlichen Fragen im Mittelpunkt stehen, würde dies der von der Satzungsversammlung verfolgten Tendenz zuwiderlaufen. Eine derartige Verschärfung würde das Grundrecht der Berufsfreiheit unverhältnismäßig einschränken. Die Voraussetzungen zum Erwerb der Qualifikation als Fachanwalt für Arbeitsrecht waren bereits Gegenstand verfassungsgerichtlicher Überprüfung. Rechtsgrundlage der Verleihung war damals § 9 Abs. 1 Buchst. c RAFachBezG. Danach musste die Bearbeitung von 80 Fällen, davon mindestens 1/3 gerichtliche Verfahren, nachgewiesen werden. Die Zahlen waren also geringer als nach § 5 Buchst. c FAO. Dennoch hielt es das Bundesverfassungsgericht für angezeigt, darauf hinzuweisen, dass gerade in wenig industrialisierten Gebieten und für Einzelanwälte nicht unerhebliche Schwierigkeiten bestünden, Mandate aus dem Bereich des kollektiven Arbeitsrechts zu bekommen. Indessen eröffne, so bemerkte das Bundesverfassungsgericht weiter, die Möglichkeit, zunächst durch eine andere fachgebietsbezogene Tätigkeit die erforderlichen Anwaltserfahrungen im kollektiven Arbeitsrecht zu ersetzen (§ 9 Abs. 2 RAFachBezG), den Bewerbern zumutbare Alternativen zum Erwerb der Fachanwaltsqualifikation (BVerfG BRAK-Mitt. 1998, 145, 146).

Die Möglichkeit besteht nach der Fachanwaltsordnung nicht mehr (...). Deshalb müssen den Bewerbern andere zumutbare Möglichkeiten offen stehen, den Nachweis praktischer Erfahrungen zu erbringen. Solche Erfahrungen können auch anhand von Fällen

1 BGH NJW 2001, 976 f.

gewonnen werden, bei denen das kollektive Arbeitsrecht **lediglich Anspruchs- oder Regelungsgrundlage für individuelle Ansprüche oder Maßnahmen** ist."

Weiter heißt es jedoch: 567

„Allerdings kann kollektives Arbeitsrecht keine ‚wesentliche Rolle spielen', wenn es im konkreten Fall von vornherein nicht darauf ankommen kann. Mit der Antragsgegnerin ist deshalb davon auszugehen, dass eine Frage aus dem kollektiven Arbeitsrecht erheblich sein muss oder wenigstens erheblich sein kann. Des Weiteren muss das kollektive Arbeitsrecht einen wesentlichen Anteil an der argumentativen Auseinandersetzung haben. Das ist nicht auf den Umfang, sondern auf den Inhalt der Argumentation zu beziehen. Das kollektive Arbeitsrecht muss für den Fall substanzielle Bedeutung haben."

Nicht ausreichend für eine nicht unerhebliche Rolle des kollektiven Arbeits- 568
rechts dürfte z. B. sein, dass in einem Kündigungsschutzverfahren routinemäßig das Erfordernis der **Anhörung des Betriebsrats** geprüft und im Rahmen eines Kündigungsschutzverfahrens die unterlassene Anhörung gerügt wird.[1] Liegt aber der Schwerpunkt des Verfahrens bei der ordnungsgemäßen Betriebsratsanhörung, ist der erforderliche kollektivrechtliche Bezug gegeben.[2] Ist für das Verfahren die **Anwendbarkeit eines bestimmten Tarifvertrags** umstritten und von besonderer Bedeutung, so kommt dieser kollektivarbeitsrechtlichen Frage ebenfalls eine „nicht unerhebliche" Bedeutung zu. Dabei genügt es, wenn der Tarifvertrag nur über eine Bezugnahmeklausel anwendbar ist. Auch kann der Streit über die Auslegung einer einzelnen Tarifvertragsklausel, etwa einer in der Praxis wichtigen Verfallklausel, eine erhebliche Rolle spielen. Der im Rahmen der Schuldrechtsmodernisierung neu eingeführte § 310 Abs. 4 Satz 3 BGB birgt vielfältige Unsicherheiten, deren Klärung die Gerichte einige Zeit in Anspruch nehmen wird.

Unter der Geltung der Ursprungsfassung von § 5 Satz 1 lit. c FAO stellte sich 569
besonders drängend das Problem des Fallquorums. Es war nämlich höchst umstritten, wie viele Fälle dem kollektiven Arbeitsrecht zuzuordnen sein mussten. Für „Gesamtbayern" hatte sich die Handhabung herauskristallisiert, entweder 5 Beschlussverfahren oder 10 Fälle indirekter Anwendung kollektiven Rechts zu fordern.[3] In vielen Kammerbezirken ließ man tatsächliche oder vermeintliche Defizite beim Nachweis kollektiven Arbeitsrechts durch ein entsprechend ausgerichtetes **Fachgespräch** ausgleichen, was im Hinblick auf die frühere und auch auf die aktuelle Rechtsprechung zu § 7 FAO[4] problematisch war und blieb.

Dieses Problem hat die Dritte Satzungsversammlung in ihrer Sitzung am 570
3.4.2006 gelöst, indem sie festlegte, dass **mindestens 5 Fälle dem kollektiven Arbeitsrecht** zuzurechnen sein müssen. Die Vierte Satzungsversammlung hat in ihrer 3. Sitzung am 15.6.2009 dieses Quorum unangetastet gelassen. Die Fälle können nach wie vor dem gesamten Bereich des kollektiven Arbeits-

1 BGH BRAK-Mitt. 2001, 87, 88; Scharmer, in: Hartung/Römermann, a. a. O., § 5 FAO Rz. 106.
2 Vossebürger, a. a. O., § 5 FAO Rz. 34.
3 Ziff. II. 6.3.4.1 der „Berliner Empfehlungen 2001".
4 Vgl. hierzu näher unten unter B. IV.

rechts, also auch den nach § 5 Abs. 1 lit. c Satz 1 FAO n. F. nicht mehr obligatorischen Grundzügen des Arbeitskampf- und Mitbestimmungsrechts (§ 10 Nr. 2 lit. c FAO) entstammen.

571 Schwierig ist die Zählweise von **Massenverfahren**, also z. B. von **gleich gelagerten Kündigungsschutzverfahren bei Massenentlassungen**. Nach Ziff. II. 6.3.4.3 der „Berliner Empfehlungen 2001" muss hier die Lösung „individuell durch die Unterscheidung zwischen Fallzahl und Fall-Gewichtung getroffen werden".[1]

572 Damit ist – weitsichtig – die Problematik angesprochen worden, der sich der BGH in seiner Entscheidung vom 6.3.2006[2] angenommen hat. Unter Zugrundelegung dieser Rechtsprechung kommt man allerdings zu einem anderen Ergebnis als seinerzeit die Vertreter der Vorprüfungsausschüsse in ihrer Sitzung in Berlin. Denn wenn bei der Gewichtung nur der einzelne Fall mit seiner – losgelösten – Bedeutung und Schwierigkeit und nicht eine Gesamtschau, z. B. die Einbettung des Falles in ein größeres Gefüge, zu berücksichtigen ist, müssen auch bei Massenverfahren die Einzelmandate als jeweils ein Fall zu zählen sein ohne die Möglichkeit einer niedrigeren Gewichtung des einzelnen Falles nach § 5 Abs. 4 FAO.

573 Nachzuweisen sind **mindestens 50 gerichts- oder rechtsförmliche Verfahren**, wobei hierfür nicht nochmals ein Fallquorum gilt, das etwa festlegen würde, wie hoch der Anteil der rechtsförmlichen Verfahren maximal sein darf. Rechtsförmliche Verfahren sind z. B. Schlichtungsverfahren gem. § 111 ArbGG und Verfahren vor sonstigen Schlichtungsstellen sowie das Einigungsstellenverfahren nach dem BetrVG. Gerichtliche oder rechtsförmliche Verfahren aus dem kollektiven Arbeitsrecht werden – in Ermangelung einer entsprechenden Regelung – nicht verlangt.[3]

574 Die **Anfechtung des Ergebnisses einer Abschlussprüfung** nach dem Berufsbildungsgesetz ist wegen der ausdrücklichen Einbeziehung des Berufsausbildungsverhältnisses in § 10 Nr. 1 lit. a und b FAO trotz der Einschlägigkeit des Verwaltungsrechtswegs ein arbeitsrechtlicher Fall.

575 Auf Grund der engen Berührungspunkte des Arbeits- und des Sozialrechts (siehe schon oben Rz. 562), können auch **Fälle mit „sozialrechtlichem Einschlag"** zum Nachweis der besonderen praktischen Erfahrungen auf dem Gebiet des Arbeitsrechts herangezogen werden. Nach Ziff. II. 6.3.4.2 der „Berliner Empfehlungen 2001" soll dies allerdings nur dann gelten, „wenn die Bearbeitung im Rahmen arbeitsrechtlicher Fragestellungen stattfindet". Die gerichtliche Zuständigkeit des Sozialgerichts könne nicht den Ausschlag geben. Mit dem Bundesgerichtshof[4] ist ein Fall grundsätzlich dann dem Arbeitsrecht zu-

1 Vgl. hierzu schon oben unter B. III. 1.

2 BGH BGHReport 2006, 819 ff., m. Anm. Offermann-Burckart = BRAK-Mitt. 2006, 131 ff.

3 Quaas, in: Gaier/Wolf/Göcken, a. a. O., § 5 FAO Rz. 39; so jetzt auch Scharmer, in: Hartung/Römermann, a. a. O., § 5 FAO Rz. 101 ff., unter Aufgabe seiner früher vertretenen Auffassung – vgl. hierzu die 2. Auflage Rz. 390.

4 BGHReport 2006, 819, 820 = BRAK-Mitt. 2006, 131, 133.

zuordnen, wenn ein **Schwerpunkt der Bearbeitung** im Bereich des Arbeitsrechts liegt. Dazu genügt, dass eine Frage aus dem Arbeitsrecht **erheblich ist oder wenigstens erheblich sein kann**.

Ein Antragsteller, der die Anerkennung von Fällen, die zumindest auf den ersten Blick einem anderen Rechtsgebiet als dem der beantragten Fachanwaltschaft zuzuordnen sind, begehrt, sollte sich die Mühe machen, in der Fallliste oder in einem Begleitschreiben zu erläutern, woraus er die Fachgebietsbezogenheit herleitet. 576

Zur Anerkennung ein und desselben Falles zum Nachweis der besonderen praktischen Erfahrungen in sich überschneidenden Rechtsgebieten (z.B. im Arbeitsrecht und Sozialrecht) siehe oben unter B. III. 6. 577

d) Sozialrecht

Gem. **§ 5 Abs. 1 lit. d FAO** sind im Sozialrecht **60 Fälle** aus **mindestens drei der in § 11 Nr. 2 FAO bestimmten** Gebiete, davon **mindestens 20 gerichtliche Verfahren** nachzuweisen. 578

Erforderlich sind also besondere praktische Erfahrungen in mindestens dreien der Gebiete 579

- Arbeitsförderungs- und Sozialversicherungsrecht (einschließlich Krankenversicherung, Unfallversicherung, Rentenversicherung, Pflegeversicherung)
- Recht der sozialen Entschädigung bei Gesundheitsschäden
- Recht des Familienlastenausgleichs
- Recht der Eingliederung Behinderter
- Sozialhilferecht

und

- Ausbildungsförderungsrecht.[1]

Auf die Festlegung eines Fallquorums, das näher regeln würde, wie sich die 60 Fälle auf die mindestens drei der in § 11 Nr. 2 FAO bestimmten Gebiete verteilen müssen, **wurde verzichtet**. Es würde demzufolge ausreichen, wenn 58 Fälle aus dem Arbeitsförderungs- und Sozialversicherungsrecht und je 1 Fall aus dem Recht der Eingliederung Behinderter und dem Ausbildungsförderungsrecht stammten. Von Meinungsverschiedenheiten in diesem Zusammenhang ist bisher nichts bekannt geworden. 580

Überschneidungen sind denkbar z.B. mit dem Arbeitsrecht,[2] aber auch mit dem Verwaltungsrecht. Die Anerkennungsfähigkeit eines Falles hängt davon ab, dass der **Schwerpunkt der Bearbeitung** im Sozialrecht liegt, wozu genügt, dass eine Frage aus dem Sozialrecht **erheblich ist oder wenigstens erheblich sein kann**.[3] 581

1 Vgl. zur Konkretisierung der einzelnen Teilbereiche oben B. II. 1.d.
2 Vgl. hierzu näher BGH AnwBl. 2008, 371, 372 = BRAK-Mitt. 2008, 135, 136 f.; und oben Rz. 562.
3 BGH BGHReport 2006, 819, 820 = BRAK-Mitt. 2006, 131, 133.

582 Ein Antragsteller, der die Anerkennung von Fällen, die zumindest auf den ersten Blick einem anderen Rechtsgebiet als dem der beantragten Fachanwaltschaft zuzuordnen sind, begehrt, sollte sich die Mühe machen, in der Fallliste oder in einem Begleitschreiben zu erläutern, woraus er die Fachgebietsbezogenheit herleitet.

583 Zur Anerkennung ein und desselben Falles zum Nachweis der besonderen praktischen Erfahrungen in sich überschneidenden Rechtsgebieten (z.B. im Sozialrecht und Arbeitsrecht, im Sozialrecht und Medizinrecht oder im Sozialrecht und Verwaltungsrecht) siehe oben unter B. III. 6.

e) Familienrecht

584 Gem. **§ 5 Abs. 1 lit. e FAO** sind im Familienrecht – **ohne besondere Bezugnahme auf § 12 FAO – 120 Fälle** nachzuweisen. Mindestens **60 dieser Fälle** müssen **gerichtliche Verfahren** sein, wobei **gewillkürte Verbundverfahren** sowie **Verfahren des notwendigen Verbunds mit einstweiligen Anordnungen doppelt zählen**.

585 Eine in der 4. Sitzung der Zweiten Satzungsversammlung vorgeschlagene Erhöhung der Fallzahl auf 180 fand keine Mehrheit.

586 Da § 5 Abs. 1 lit. e FAO **keine Aussage über die materielle Verteilung** der Fälle trifft, **erübrigte sich** auch die Festlegung eines Fallquorums.

587 Besondere Schwierigkeiten bereitet im Bereich des Familienrechts die Fallzählung, also die Frage, was ein „Fall" i.S. von § 5 Abs. 1 lit. e FAO ist.

588 In Ziff. II. 6.3.3 der „Berliner Empfehlungen 2001" heißt es hierzu:

> „6.3.3.1 Die Teilnehmer des Erfahrungsaustausches aus dem Bereich des Familienrechts haben festgestellt, dass die Definition des Falles in den einzelnen Rechtsanwaltskammern sehr unterschiedlich gehandhabt wurde. Im Interesse einer Gleichbehandlung aller Antragsteller ist eine Vereinheitlichung geboten.
>
> 6.3.3.2 Als einheitlichen Lebenssachverhalt im Familienrecht betrachten die Teilnehmer jeweils Vorgänge aus folgenden Bereichen:
>
> a) das Scheidungsverfahren einschließlich notwendiger Verbundsachen
> b) Unterhalt (minderjährige Kinder und Ehegatten)
> c) Vermögensauseinandersetzung einschließlich Güterrecht und Schuldenregelungen
> d) Hausrat und Ehewohnung
> e) die die Kinder betreffenden Sachen wie elterliche Sorge und Umgang.
>
> 6.3.3.3 Außergerichtliche Beratungen aus diesen Bereichen zählen nur als ein Fall."

589 Und nach Ziff. II. 9.2 der „Berliner Empfehlungen 2001" soll im Familienrecht der Gewichtung nach § 5 Satz 2 (a.F. = Abs. 4) FAO besondere Bedeutung zukommen.

590 Einstweilige Anordnungen, die im Zusammenhang mit einer isolierten Unterhaltsklage beantragt werden (§ 644 ZPO), werden von den meisten Vorprüfungsausschüssen bzw. Kammervorständen nicht doppelt gezählt.

Ein Fall ist dann dem Familienrecht zuzuordnen, wenn ein **Schwerpunkt der Bearbeitung** im Bereich des Familienrechts liegt. Dazu genügt, dass eine Frage aus dem Familienrecht **erheblich ist oder wenigstens erheblich sein kann.**[1] 591

Ein Antragsteller, der die Anerkennung von Fällen, die zumindest auf den ersten Blick einem anderen Rechtsgebiet als dem der beantragten Fachanwaltschaft zuzuordnen sind, begehrt, sollte sich die Mühe machen, in der Fallliste oder in einem Begleitschreiben zu erläutern, woraus er die Fachgebietsbezogenheit herleitet. 592

Zur Anerkennung ein und desselben Falles zum Nachweis der besonderen praktischen Erfahrungen in sich überschneidenden Rechtsgebieten (z.B. im Familienrecht und Erbrecht) siehe oben unter B. III. 6. 593

f) Strafrecht

Gem. **§ 5 Abs. 1 lit. f FAO** sind im Strafrecht – **ohne ausdrückliche Bezugnahme auf § 13 FAO – 60 Fälle** nachzuweisen, wobei **40 Hauptverhandlungstage** vor dem Schöffengericht oder einem übergeordneten Gericht bestritten worden sein müssen. 594

Die Festlegung eines Fallquorums kam auch hier **nicht in Betracht**. 595

Durch das Erfordernis der **40 Hauptverhandlungstage** soll sichergestellt werden, dass die Fachanwaltschaft Strafrecht nicht von Rechtsanwälten erworben werden kann, die ausschließlich Ordnungswidrigkeitsverfahren und Verkehrsstrafsachen bearbeiten. 596

Nicht erforderlich ist, dass die 40 Verhandlungstage aus 40 **verschiedenen Strafverfahren** stammen. Vielmehr reicht es aus, dass sich einige Großverfahren über jeweils mehrere Verhandlungstage erstreckt haben.[2] 597

Da Strafverteidiger Kollegen, die **Nebenklagevertretungen** übernehmen, mitunter nicht als „richtige" strafrechtlich tätige Anwälte, sondern eher als „Hilfspersonen der Staatsanwaltschaft" ansehen, war früher nicht unumstritten, ob auch eine Nebenklagevertretung als Fall im Strafrecht zu werten und die Teilnahme an einer Hauptverhandlung als Nebenklagevertreter im Hinblick auf die 40 geforderten Hauptverhandlungstage zu akzeptieren ist.[3] 598

Durch eine Entscheidung vom 8.11.2004[4] hat der BGH die bestehenden Unsicherheiten beendet, indem er feststellt, dass auch die Teilnahme an einer Hauptverhandlung als Vertreter der Nebenklage zu berücksichtigen sei. Dies folge zunächst unmittelbar aus dem Wortlaut der Norm, die nicht eine Fall-Bearbeitung „als Strafverteidiger" fordere, sondern eine solche „als Rechtsanwalt" genügen lasse. Auch **substanziell** stehe die Tätigkeit des Nebenkläger- 599

1 BGH BGHReport 2006, 819, 820 = BRAK-Mitt. 2006, 131, 133.
2 Vgl. hierzu Scharmer, in: Hartung/Römermann, a.a.O., § 5 FAO Rz. 121.
3 Nach Ziff. II. 9.1 der „Berliner Empfehlungen 2001" sollten Nebenklagevertretungen zwar berücksichtigt, allerdings nicht als vollwertiger Fall i.S. von § 5 Satz 1 lit. f FAO (a.F.) gewertet werden.
4 BGH BRAK-Mitt. 2005, 85 f.

vertreters der des Strafverteidigers gleich. Eine pauschale Abwertung komme nicht in Betracht.

600 Entsprechendes gilt für den Zeugenbeistand. In den „Berliner Empfehlungen 2009" heißt es unter Ziff. II. 11. hierzu:

„Die Tätigkeit als Zeugenbeistand wird als Fall i. S. von § 5 Satz 1 (a. F.) lit. f FAO anerkannt.

Die Tätigkeit als Zeugenbeistand kann als Hauptverhandlungstag i. S. von § 5 Satz 1 (a. F.) lit. f FAO anerkannt werden."

601 Auch Ordnungswidrigkeitenverfahren sind – wie sich schon aus der ausdrücklichen Einbeziehung des Ordnungswidrigkeitenverfahrensrechts in § 13 Nr. 3 FAO ergibt – Fälle i. S. von § 5 Abs. 1 lit. f FAO.

602 Ein Fall ist dann dem Strafrecht zuzuordnen, wenn ein **Schwerpunkt der Bearbeitung** im Bereich des Strafrechts liegt. Dazu genügt, dass eine Frage aus dem Strafrecht **erheblich ist oder wenigstens erheblich sein kann.**[1]

603 Ein Antragsteller, der die Anerkennung von Fällen, die zumindest auf den ersten Blick einem anderen Rechtsgebiet als dem der beantragten Fachanwaltschaft zuzuordnen sind, begehrt, sollte sich die Mühe machen, in der Fallliste oder in einem Begleitschreiben zu erläutern, woraus er die Fachgebietsbezogenheit herleitet.

604 Zur Anerkennung ein und desselben Falles zum Nachweis der besonderen praktischen Erfahrungen in sich überschneidenden Rechtsgebieten (z. B. im Strafrecht und Insolvenzrecht, im Strafrecht und Steuerrecht oder im Strafrecht und Verkehrsrecht) siehe oben unter B. III. 6.

g) Insolvenzrecht

605 Äußerst **kompliziert** ist die Regelung der besonderen praktischen Erfahrungen und ihres Nachweises im Insolvenzrecht. Gem. § 5 Abs. 1 lit. g Nr. 1 und 2 FAO sind nachzuweisen **mindestens 5 eröffnete Verfahren** aus dem Ersten bis Sechsten Teil der InsO, die der Antragsteller als Insolvenzverwalter bearbeitet hat, und bei deren **zweien** der Schuldner bei Eröffnung **mehr als fünf Arbeitnehmer** beschäftigen muss, sowie **60 Fälle** aus **mindestens sieben der in § 14 Nr. 1 und 2 FAO bestimmten Gebiete**.

606 Diese Gebiete umfassen

- aus dem materiellen Insolvenzrecht
  - die Insolvenzgründe und die Wirkungen des Insolvenzantrags
  - die Wirkungen der Verfahrenseröffnung
  - das Amt des vorläufigen Insolvenzverwalters oder des Insolvenzverwalters
  - die Sicherung und die Verwaltung der Masse
  - die Aussonderung, Absonderung und Aufrechnung im Insolvenzverfahren
  - die Abwicklung der Vertragsverhältnisse

1 BGH BGHReport 2006, 819, 820 = BRAK-Mitt. 2006, 131, 133.

- die Insolvenzgläubiger
- die Insolvenzanfechtung
- das Arbeits- und Sozialrecht in der Insolvenz
- das Steuerrecht in der Insolvenz
- das Gesellschaftsrecht in der Insolvenz
- das Insolvenzstrafrecht

sowie

- die Grundzüge des internationalen Insolvenzrechts

und

- aus dem Insolvenzverfahrensrecht
  - das Insolvenzeröffnungsverfahren
  - das Regelverfahren
  - das Planverfahren
  - die Verbraucherinsolvenz
  - das Restschuldbefreiungsverfahren

  sowie

  - Sonderinsolvenzen.[1]

§ 5 Abs. 1 lit. g Nr. 3 FAO sieht vor, dass die in Nr. 1 bezeichneten Verfahren (also die mindestens 5 als Insolvenzverwalter bearbeiteten eröffneten Verfahren) **ersetzt** werden können, und zwar Verfahren mit mehr als fünf Arbeitnehmern durch **3 Verfahren** als Sachwalter nach § 270 InsO, als vorläufiger Insolvenzverwalter oder als Vertreter des Schuldners in der Verbraucherinsolvenz bis zum Abschluss des Gerichtsverfahrens und jedes sonstige Verfahren durch **2** der soeben genannten Verfahren. Außerdem sind gem. § 5 Abs. 1 lit. g Nr. 4 FAO für jedes auf diese Weise zu ersetzende Verfahren **weitere 8 Fälle** aus den in § 14 Nr. 1 und 2 bestimmten Bereichen nachzuweisen. Schließlich regelt § 5 Abs. 1 lit. g Nr. 4 Satz 2 FAO, dass Verwalter in Konkurs-, Gesamtvollstreckungs- und Vergleichsverfahren dem Insolvenzverwalter gleichstehen. 607

Die umfangreiche Regelung der besonderen praktischen Erfahrungen im Insolvenzrecht mit **zahlreichen Substitutionsmöglichkeiten** spiegelt das Ringen der Satzungsversammlung um einen Konsens wider. 608

Die Festlegung eines Quorums hinsichtlich der Frage, wie sich die in § 5 Abs. 1 lit. g Nr. 2 FAO erwähnten 60 Fälle auf die „mindestens sieben der in § 14 Nr. 1 und 2 bestimmten Gebiete" verteilen müssen, wurde **nicht in Betracht** gezogen, weil hierfür kein Bedürfnis erkennbar war und jede zusätzliche Regelung zu einer **weiteren Verkomplizierung** der Vorschrift geführt hätte. Manche Rechtsanwaltskammern beziehen die 5 eröffneten Insolvenzverfahren der Nr. 1 in die 60 Fälle der Nr. 2 ein, andere addieren die geforderten Fallzahlen, verlangen insgesamt also 65 Fälle. 609

In den „Berliner Empfehlungen 2001" heißt es in Ziff. II. 6.3.2 zum Insolvenzrecht u. a.: 610

---

1 Vgl. zur Konkretisierung der einzelnen Teilbereiche oben B. II. 1.g.

„6.3.2.1 Jedes vorläufige und jedes eröffnete Insolvenzverfahren kann eine Mehrzahl von Fällen des § 5g Ziff. 2 FAO beinhalten.

6.3.2.2 Bei der Berechnung der Fälle gem. § 5g Ziff. 2 FAO zählen Gutachten, vorläufiges Insolvenzverfahren und eröffnetes Insolvenzverfahren jeweils als eigene Fälle.

6.3.2.3 Jedes zum Nachweis des § 5g Ziff. 1 FAO ersetzte Verfahren ist nicht mehr zum Nachweis eines Falles gem. Ziff. 2 geeignet, jedoch können Einzelbereiche aus diesen Verfahren zum weiteren Nachweis eines Falles verwendet werden."

611 Das Kriterium der **selbständigen Bearbeitung** erlangt im Insolvenzrecht eine besondere Bedeutung, weil der Bewerber – unbeschadet der Ersetzungsmöglichkeiten – in mehreren Verfahren zum Insolvenzverwalter bzw. zum vorläufigen Insolvenzverwalter bestellt worden sein muss. Diese strenge Voraussetzung wurde bewusst gewählt. Nur die eigenverantwortliche Bearbeitung biete die Gewähr für die besondere Qualifikation des Insolvenzverwalters. Nicht nur im Hinblick auf den zunehmenden Beratungsbedarf in der Verbraucherinsolvenz, sondern auch wegen der Konkurrenz zu anderen Berufsgruppen, die in das Geschäft drängten, müsse ein qualifizierter Insolvenzverwalter ausgebildet werden. Die faktische Bearbeitung unter der auch nur formellen Aufsicht des Seniorsozius soll im Insolvenzrecht nicht genügen, weil hier die Gefahr von Gefälligkeitsbescheinigungen durch den zum Insolvenzverwalter bestellten Sozius bestehe.[1] Vor diesem Hintergrund haben der **AGH NRW**[2] und der **AGH Thüringen**[3] in Entscheidungen vom **19.1.2001** bzw. vom **26.1.2006** die von **„Verwaltern hinter dem Verwalter"** gestellten Anträge auf gerichtliche Entscheidung als unbegründet zurückgewiesen.

612 Trotz des eindeutigen Wortlauts und des feststehenden Willens der Satzungsversammlung wurde die Möglichkeit der Anerkennung des „Verwalters hinter dem Verwalter" weiter diskutiert.[4] Für die Berücksichtigung entsprechender Fälle konnte angeführt werden, dass sich die Tätigkeit des „Verwalters hinter dem Verwalter" häufig nicht von der des Insolvenzverwalters unterscheidet, er also unabhängig von dem formalen Erfordernis der Bestellung zum Insolvenzverwalter dem in § 5 Abs. 1 lit. g Nr. 1 FAO aufgestellten **Qualitätserfordernis** genügt. Nach Henssler führt das Erfordernis einer Tätigkeit als Insolvenzverwalter dazu, dass § 5 Satz 1 (jetzt Abs. 1) lit. g bei allem Verständnis um die Sorge einer hinreichenden Qualifizierung von Fachanwälten für Insolvenzrecht als missglückt anzusehen sei. Die Bestellungspraxis der Insolvenzgerichte, die regelmäßig mit nur wenigen etablierten Insolvenzverwaltern zusammenarbeiteten, erschwere den Erwerb des Fachanwaltstitels für Rechtsanwälte, die dem closed-shop nicht angehörten, in kaum noch zumutbarer Weise.[5]

---

1 Protokoll der 7. Sitzung der Ersten Satzungsversammlung vom 21./22.3.1999, S. 5 ff.; ausführlicher und kritisch dazu Henssler, Aktuelle Probleme des neuen Insolvenzrechts, 2000, S. 72 ff.; Wellensiek, Die Fachanwaltschaft für Insolvenzrecht, NZI 1999, 169.

2 1 ZU 49/00.

3 AGH 3/05.

4 Vgl. hierzu die 2. Auflage Rz. 416.

5 Vgl. Henssler, a.a.O., ZIP 2002, 1053; Henssler, in: Henssler/Prütting, a.a.O., § 5 FAO Rz. 14.

Allerdings hat der BGH inzwischen für endgültige Klarstellung gesorgt.[1] Er greift die Formulierung „Verwalter hinter dem Verwalter" auf und stellt fest, die entsprechende Tätigkeit sei **keine Fall-Bearbeitung** i.S. von § 5 S. 1 (a.F. = Abs. 1) lit. g Nr. 1 und auch nicht geeignet, eine solche Fall-Bearbeitung zu ersetzen. Die Verantwortung und die Haftung für etwaige Versäumnisse verblieben bei dem förmlich bestellten Verwalter, der den in seinem Auftrag tätig werdenden Rechtsanwalt zu beaufsichtigen habe. Damit erfülle der „Verwalter hinter dem Verwalter" schon nicht das Merkmal „selbständiger und unabhängiger" Fall-Bearbeitung, wie § 5 Satz 1 (a.F. = Abs. 1) FAO es verlange. 613

In derselben Entscheidung verneint der Anwaltssenat auch die Frage, ob eine Tätigkeit als **Treuhänder im Verbraucherinsolvenzverfahren** im Rahmen der in § 5 Satz 1 (a.F. = Abs. 1) lit. g Nr. 3 vorgesehenen Ersetzungsmöglichkeiten zu berücksichtigen sei.[2] Nach dem eindeutigen Wortlaut der Nr. 3a komme nur eine Ersetzung von Fällen der Nr. 1 durch Verfahren in Betracht, in denen der Rechtsanwalt als Sachwalter nach § 270 InsO, als vorläufiger Insolvenzverwalter oder als Vertreter des Schuldners in der Verbraucherinsolvenz tätig geworden sei. Der BGH stuft die Tätigkeit eines Treuhänders nach ihrem Umfang und Inhalt als gegenüber den genannten Funktionen **minderwertig** ein. Auch eine Berücksichtigung im Rahmen einer **Mindergewichtung** nach § 5 Satz 3 (a.F. = Abs. 4) FAO kommt nach seiner zutreffenden Ansicht nicht in Betracht, weil die Gewichtung selbstverständlich erst dann ansetzen kann, wenn eine Sachbearbeitung **überhaupt als Fall** i.S. von § 5 zu werten ist. 614

Der AGH Hamburg hat sich in einem Beschluss vom 19.11.2004[3] mit der Frage beschäftigt, ob § 5 Satz 1 (a.F. = Abs. 1) lit. g FAO angesichts seiner **hohen Anforderungen** überhaupt mit höherrangigem Recht, insbesondere mit **Art. 12 GG** vereinbar sei. Er bejaht diese Frage, indem er darauf hinweist, dass der Erwerb praktischer Erfahrungen auf dem Gebiet des Insolvenzrechts zwar schwierig sei, da die Verwalterbestellung nicht im Einflussbereich des Fachanwaltsbewerbers liege und die Fallzahlen in diesem Bereich ohnehin begrenzt seien. Doch würden diese Schwierigkeiten durch die Ersetzungsmöglichkeiten in § 5 Satz 1 (a.F. = Abs. 1) lit. g Nrn. 3 und 4 FAO **ausreichend korrigiert**, da bei deren **vollständiger Ausschöpfung** die praktischen Erfahrungen **auch ohne eine einzige Bestellung zum Insolvenzverwalter** im eröffneten Verfahren nachgewiesen werden könnten. Auch der Einwand des Antragstellers, die Ersetzungsmöglichkeiten würden unverhältnismäßig hohe und damit gegen **Art. 3 GG** verstoßende Anforderungen an den Nachweis der besonderen praktischen Erfahrungen stellen, vermochte den AGH nicht zu überzeugen. Bei Ausschöpfung aller Substitutionsmöglichkeiten ergäben sich **112 nachzuweisende Fälle**. Diese Fallzahl sei im Vergleich zu den Fachanwaltschaften für Arbeitsrecht oder Familienrecht nicht unverhältnismäßig hoch, sodass eine verfassungsrechtlich relevante Ungleichbehandlung im Bereich der Fachanwaltschaft für Insolvenzrecht verneint werden müsse. 615

1 BGH BRAK-Mitt. 2007, 166, 167, m. Anm. Offermann-Burckart.

2 BGH BRAK-Mitt. 2007, 166, 167 f., m. Anm. Offermann-Burckart. Zur Unbeachtlichkeit von Fall-Bearbeitungen als „Schattenverwalter" vgl. auch AGH Hessen, BRAK-Mitt. 2010, 83 (LS).

3 II ZU 11/03.

616 In der Praxis werden eine Reihe weiterer Fragen diskutiert. So z. B. die von der Rechtsanwaltskammer München im Jahr 2003 aufgeworfenen, ob **„Arbeitnehmer“** i. S. von § 5 Abs. 1 lit. g Nr. 1 FAO auch solche seien, deren Beschäftigungsverhältnisse bereits gekündigt seien und die lediglich noch Lohn- und Gehaltsansprüche geltend machten, ob im Hinblick auf Nr. 3a nur die Tätigkeit als sog. **starker vorläufiger Insolvenzverwalter** zu berücksichtigen sei, und ob ein Verfahren, das der Ersetzung diene, **auch noch** zum Nachweis eines Falles gem. § 5 Abs. 1 lit. g Nr. 2 FAO herangezogen werden könne.[1] Die meisten Fachausschüsse behandeln diese Problemstellungen **antragstellerfreundlich**. Auch sog. **Kleinverfahren**, also Regelinsolvenzverfahren von Kleingewerbetreibenden, sind ungeachtet ihres Umfangs als Fälle i. S. von § 5 Abs. 1 lit. g Nr. 1 FAO zu werten. Ein Regulativ ergibt sich hier aus der Forderung, dass in zweien der mindestens 5 nachzuweisenden Verfahren i. S. der Nr. 1 der Schuldner bei Eröffnung mehr als fünf Arbeitnehmer beschäftigen muss. Darüber hinaus ist es nicht möglich, noch jenseits der grundsätzlichen Unterscheidung zwischen Regelinsolvenzen, den sog. IN-Verfahren, und Verbraucherinsolvenzen, den sog. IK-Verfahren, weiter zu differenzieren.

617 Die Frage, ob eine **Schuldnervertretung in der Insolvenz** nur dann zum Ersatz eines Falles nach § 5 Abs. 1 lit. g Nr. 1 FAO geeignet ist, wenn sie sich zeitlich über die gesamte Verfahrensdauer erstreckt, wird wohl zu verneinen sein.[2] Dies insbesondere im Lichte der neueren Rechtsprechung des BGH, der – in Zusammenhang mit dem Drei-Jahres-Zeitraum – nur darauf abstellt, ob die Sache inhaltlich überhaupt bearbeitet wurde.[3]

618 Zur Anerkennung ein und desselben Falles zum Nachweis der besonderen praktischen Erfahrungen in sich überschneidenden Rechtsgebieten (z. B. im Insolvenzrecht und Steuerrecht) siehe oben unter B.III.6.

h) Versicherungsrecht

619 Gem. **§ 5 Abs. 1 lit. h FAO** sind im Versicherungsrecht **80 Fälle**, davon **mindestens 10 gerichtliche Verfahren** nachzuweisen. Die Fälle müssen sich auf **mindestens drei verschiedene Bereiche des § 14a FAO** beziehen, dabei auf jeden dieser drei Bereiche **mindestens 5 Fälle**.

620 Erforderlich sind also besondere praktische Erfahrungen in mindestens dreien der Bereiche

- allgemeines Versicherungsvertragsrecht und Besonderheiten der Prozessführung
- Recht der Versicherungsaufsicht
- Grundzüge des internationalen Versicherungsrechts

---

1 Vgl. hierzu die „Berliner Empfehlungen 2001“, wo es in Ziff. II. 6.3.2.3 heißt: „Jedes zum Nachweis des § 5g Ziff. 1 FAO ersetzte Verfahren ist nicht mehr zum Nachweis eines Falles gem. Ziff. 2 geeignet, jedoch können Einzelbereiche aus diesen Verfahren zum weiteren Nachweis eines Falles verwendet werden.“

2 Vgl. hierzu Scharmer, in: Hartung/Römermann, a. a. O., § 5 FAO Rz. 136 ff.

3 BGH BGHReport 2006, 819, 820, m. krit. Anm. Offermann-Burckart = BRAK-Mitt. 2006, 131, 132 f. – Siehe hierzu näher unten unter B. III. 5.

- Transport- und Speditionsversicherungsrecht
- Sachversicherungsrecht (insbesondere Recht der Fahrzeug-, Gebäude-, Hausrat-, Reisegepäck-, Feuer-, Einbruchdiebstahl- und Bauwesenversicherung)
- Recht der privaten Personenversicherung (insbesondere Recht der Lebens-, Kranken-, Reiserücktritts-, Unfall- und Berufsunfähigkeitsversicherung)
- Haftpflichtversicherungsrecht (insbesondere Recht der Pflichtversicherung, privaten Haftpflicht-, betrieblichen Haftpflicht-, Haftpflichtversicherung der Freien Berufe, Umwelt- und Produkthaftpflicht, Bauwesenversicherung)
- Rechtsschutzversicherungsrecht

und

- Grundzüge des Vertrauensschaden- und Kreditversicherungsrechts.[1]

Auch für das Versicherungsrecht wurde durch Beschlussfassung der Dritten Satzungsversammlung vom 3.4.2006 ein **Fallquorum** eingeführt, das jetzt vorschreibt, dass von drei verschiedenen Bereichen des § 14a FAO jeder einzelne mit mindestens 5 Fällen belegt sein muss. Die nach der früheren Regelung denkbare Verteilung 1:1:78 kommt deshalb nicht mehr in Betracht. Möglich ist es z.B., 5 Fälle aus dem Sachversicherungsrecht, 5 Fälle aus dem Recht der privaten Personenversicherung und 70 Fälle aus dem Rechtsschutzversicherungsrecht nachzuweisen. 621

Anlass zu Diskussionen im Ausschuss 1, im Plenum der Satzungsversammlung und zwischen den Fachausschüssen der Regionalkammern gab die Frage, ob bzw. unter welchen Voraussetzungen **Verkehrsunfallmandate** dem Bereich des § 14a Nr. 7 FAO zuzurechnen sind. Solange es um das schlichte Geltendmachen von **Schadensersatzansprüchen** geht, wird diese Frage verneint.[2] Als versicherungsrechtlicher Fall muss ein Unfallmandat aber immer dann gelten, wenn ein **Schwerpunkt der Bearbeitung** im Versicherungsrecht liegt, wofür wiederum ausreicht, dass eine Frage aus dem Versicherungsrecht **„erheblich ist oder erheblich werden kann“**.[3] Das ist etwa dann der Fall, wenn es um den Direktanspruch gegen den Haftpflichtversicherer oder um die versicherungsrechtlichen Besonderheiten bei Verkehrsunfällen mit Auslandsbezug geht. Dass auf der Grundlage der neueren Rechtsprechung „Art und Umfang des versicherungsrechtlichen Inhaltes“ im Rahmen einer vorzunehmenden Gewichtung Rechnung getragen werden kann,[4] muss bezweifelt werden. Wenn für einen Bezug zum Fachgebiet schon ausreicht, dass eine diesem Gebiet zuzurechnende Frage „erheblich sein kann“, ist eine Abwertung wegen eines nur geringeren fachspezifischen Bezugs kaum noch möglich. Die Abwertung kann nur dann erfolgen, wenn der Fall als solcher, unabhängig von einem 622

---

1 Vgl. zur Konkretisierung der einzelnen Teilbereiche oben B. II. 1.h.

2 Protokoll der 8. Sitzung des Ausschusses 1 der Zweiten Satzungsversammlung vom 11.12.2002, S. 11 f.; Protokoll der 1. Sitzung der Dritten Satzungsversammlung vom 19.11.2003, S. 14.

3 Vgl. in diesem Sinne BGH BGH-Report 2006, 819, 820 = BRAK-Mitt. 2006, 131, 133; so wohl auch Scharmer, in: Hartung/Römermann, a.a.O., § 5 FAO Rz. 150.

4 So Scharmer, in: Hartung/Römermann, a.a.O., § 5 FAO Rz. 150.

fachspezifischen Bezug, nach „Bedeutung, Umfang und Schwierigkeit" von minderer Qualität bzw. von minderem Gewicht ist.

623 Die vorgerichtliche Korrespondenz mit verschiedenen Haftpflichtversicherern, deren Eintrittspflicht im Rahmen eines Verkehrsunfalls ausgelotet werden soll, führt nicht zur Anerkennung der Vertretung des Geschädigten im nur noch gegen den Unfallverursacher gerichteten Schadensersatzprozess als gerichtliches Verfahren im Versicherungsrecht.[1] Entsprechendes gilt für die vorgerichtliche Korrespondenz mit zwei Versicherungen im Vorfeld eines Klageverfahrens, bei dem selbst es nur um die Geltendmachung eines Restwerklohnanspruchs geht, gegen den sich der Beklagte mit dem Vortrag wehrt, der Unternehmer habe einen Schaden verursacht.[2]

624 Der Ausschuss 1 der Zweiten Satzungsversammlung sprach sich mehrheitlich dagegen aus, **Deckungsanfragen bei der Rechtsschutzversicherung** als Fall des § 14a Nr. 8 FAO zu werten.[3] Auch diese Auffassung dürfte angesichts der neueren BGH-Rechtsprechung nicht haltbar sein, dies jedenfalls dann nicht, wenn das Schreiben an die Versicherung – wie üblich – konkrete Ausführungen zum Sachverhalt und Ansätze einer rechtlichen Würdigung enthält.[4]

625 Auch das **Prämienwesen** gehört zum Versicherungsrecht. In den „Berliner Empfehlungen 2009" heißt es deshalb unter Ziff. II. 12.:

> „Auch die Geltendmachung von Prämien für den Versicherer (Anm.: z. B. im Mahnverfahren) gehört zum Versicherungsvertragsrecht und ist somit grundsätzlich ein versicherungsrechtlicher Fall.
>
> Allerdings ist in diesen Fällen stets die Möglichkeit einer Abgewichtung zu berücksichtigen."

626 Ein Antragsteller, der die Anerkennung von Fällen, die zumindest auf den ersten Blick einem anderen Rechtsgebiet als dem der beantragten Fachanwaltschaft zuzuordnen sind, begehrt, sollte sich die Mühe machen, in der Fallliste oder in einem Begleitschreiben zu erläutern, woraus er die Fachgebietsbezogenheit herleitet.

627 § 5 Abs. 1 lit. h Satz 1 FAO fordert **10 gerichtliche Verfahren**. Rechtsförmliche Verfahren, also z. B. Schlichtungsverfahren nach § 18 ARB reichen nicht aus.

628 Zur Anerkennung ein und desselben Falles zum Nachweis der besonderen praktischen Erfahrungen in sich überschneidenden Rechtsgebieten (also z. B. im Versicherungsrecht und Verkehrsrecht) siehe oben unter B. III. 6.

---

1 Vgl. hierzu AGH Baden-Württemberg NJW 2009, 858, 859.

2 AGH Baden-Württemberg NJW 2009, 858 f.

3 Protokoll der 8. Sitzung des Ausschusses 1 der Zweiten Satzungsversammlung vom 11.12.2002, S. 9.

4 In dem Merkblatt für Antragsteller des Vorprüfungsausschusses der Rechtsanwaltskammer Düsseldorf für das Versicherungsrecht heißt es:
„Fälle des Versicherungsrechts (§ 5h FAO) sind in der Regel nur Fälle aus dem Versicherungsvertragsrecht.
Keine Versicherungsfälle sind daher z. B.: Geltendmachung von Schadensersatzansprüchen aus unerlaubter Handlung (u. a. Verletzung der Verkehrssicherungspflicht, Tierhalterhaftung, Aufsichtspflichtverletzung u. Ä.) oder Geltendmachung von Schadensersatzansprüchen aus Verkehrsunfällen gegen den Unfallgegner."

i) Medizinrecht

Gem. **§ 5 Abs. 1 lit. i FAO** sind im Medizinrecht **60 Fälle**, davon **mindestens 15 rechtsförmliche Verfahren**, von denen wiederum **mindestens 12 gerichtliche Verfahren** sein müssen, nachzuweisen. Die Fälle müssen sich auf **mindestens drei verschiedene Bereiche des § 14b Nr. 1 bis 8 FAO** beziehen, dabei auf jeden dieser drei Bereiche **mindestens 3 Fälle**. 629

Erforderlich sind also besondere praktische Erfahrungen in mindestens dreien der Bereiche 630

- Recht der medizinischen Behandlung, insbesondere zivilrechtliche Haftung sowie strafrechtliche Haftung
- Recht der privaten und gesetzlichen Krankenversicherung, insbesondere Vertragsarzt- und Vertragszahnarztrecht, sowie Grundzüge der Pflegeversicherung
- Berufsrecht der Heilberufe, insbesondere ärztliches Berufsrecht sowie Grundzüge des Berufsrechts sonstiger Heilberufe
- Vertrags- und Gesellschaftsrecht der Heilberufe, einschließlich Vertragsgestaltung
- Vergütungsrecht der Heilberufe
- Krankenhausrecht, einschließlich Bedarfsplanung, Finanzierung und Chefarztvertragsrecht
- Grundzüge des Arzneimittel- und Medizinprodukterechts

und

- Grundzüge des Apothekenrechts.[1]

Auch für das Medizinrecht wurde in der Sitzung der Dritten Satzungsversammlung am 3.4.2006 ein **Fallquorum** festgelegt, wonach sich die Fälle – im Extremfall – wie folgt verteilen könnten: 54 Fälle aus dem Berufsrecht der Heilberufe, 3 Fälle aus dem Vertrags- und Gesellschaftsrecht der Heilberufe und 3 Fälle aus dem Vergütungsrecht der Heilberufe. 631

Die Satzungsversammlung wollte allerdings erreichen, dass auch die klassischen **„Patientenanwälte“**, die dem entsprechen, was das rechtsuchende Publikum gemeinhin unter einem „Fachanwalt für Medizinrecht" versteht, die Fachanwaltschaft erwerben können, und hat – was durch die moderaten Untergrenzen zum Ausdruck kommt – dem **Recht der medizinischen Behandlung** (§ 14b Nr. 1 FAO) besondere Bedeutung beigemessen.[2] Auch einem reinen Patientenanwalt dürfte es nicht schwerfallen, außer 54 Fällen aus dem Arzthaftungsrecht, je 3 Fälle aus dem Recht der privaten und gesetzlichen Krankenversicherung und dem Vergütungsrecht der Heilberufe nachzuweisen. 632

Ein Bereich der Nrn. 1, 2, 3, 4, 6 und 7 des § 14b FAO gilt **nach dem Wortsinn** (z. B. nach der in den Nrn. 1 bis 3 verwendeten Formulierung „insbesondere") 633

1 Vgl. zur Konkretisierung der einzelnen Teilbereiche oben B. II. 1.i.
2 Protokoll der 3. Sitzung der Dritten Satzungsversammlung vom 22./23.11.2004, S. 10 ff.

schon dann als abgedeckt, wenn nur **einer der Teilbereiche** der jeweiligen Nummer (aus dem Recht der medizinischen Behandlung also etwa nur die zivilrechtliche oder nur die strafrechtliche Haftung) abgedeckt ist.

634 § 5 Abs. 1 lit. i Satz 1 FAO schreibt **mindestens 15 rechtsförmliche Verfahren** vor, schränkt diese großzügige Regelung aber sogleich wieder ein, indem durch Klammerzusatz klargestellt wird, dass **mindestens 12** dieser Fälle **gerichtliche Verfahren** sein müssen. Nur **3** der 15 Fälle dürfen also tatsächlich rechtsförmliche Verfahren, etwa Verfahren vor den von den Ärztekammern gebildeten Schlichtungsstellen für Arzthaftungssachen, Widerspruchsverfahren im sozialrechtlichen Bereich oder berufsrechtliche Aufsichtsverfahren sein.

635 Ein Fall ist dann dem Medizinrecht zuzuordnen, wenn ein **Schwerpunkt der Bearbeitung** im Bereich des Medizinrechts liegt. Dazu genügt, dass eine Frage aus dem Medizinrecht **erheblich ist oder wenigstens erheblich sein kann.**[1]

636 Ein Antragsteller, der die Anerkennung von Fällen, die zumindest auf den ersten Blick einem anderen Rechtsgebiet als dem der beantragten Fachanwaltschaft zuzuordnen sind, begehrt, sollte sich die Mühe machen, in der Fallliste oder in einem Begleitschreiben zu erläutern, woraus er die Fachgebietsbezogenheit herleitet.

637 Zur Anerkennung ein und desselben Falles zum Nachweis der besonderen praktischen Erfahrungen in sich überschneidenden Rechtsgebieten (z. B. im Medizinrecht und Sozialrecht oder im Medizinrecht und Verwaltungsrecht) siehe oben unter B. III. 6.

j) Miet- und Wohnungseigentumsrecht

638 Gem. **§ 5 Abs. 1 lit. j FAO** sind im Miet- und Wohnungseigentumsrecht **120 Fälle**, davon **mindestens 60 gerichtliche Verfahren** nachzuweisen. **Mindestens 60 Fälle** müssen sich **auf die in § 14c Nr. 1 bis 3 FAO bestimmten Bereiche** beziehen, dabei auf jeden dieser drei Bereiche **mindestens 5 Fälle**.

639 Erforderlich sind also besondere praktische Erfahrungen (mindestens) in den Bereichen

- Recht der Wohnraummietverhältnisse
- Recht der Gewerberaummietverhältnisse und Pachtrecht

und

- Wohnungseigentumsrecht.[2]

640 Das in der 6. Sitzung der Dritten Satzungsversammlung am 3.4.2006 eingeführte **Fallquorum**, wonach jeder der genannten Bereiche mit mindestens 5 Fällen abgedeckt sein muss, ist im Miet- und WEG-Recht von besonderer Bedeutung. Dies deshalb, weil der vorher bestehende Interpretationsspielraum der Fachanwaltschaft den Vorwurf eintrug, man könne sich im Extremfall

---

1 BGH BGHReport 2006, 819, 820 = BRAK-Mitt. 2006, 131, 133.

2 Vgl. zur Konkretisierung der einzelnen Teilbereiche oben B. II. 1.j.

auch mit nur einem einzigen Mandat aus dem **Wohnungseigentumsrecht** als Fachanwalt für eben dieses Gebiet „ausgeben", was einem **Etikettenschwindel** gleichkomme.

Die Überlegung, dass nicht sein könne, was nicht sein dürfe, führte dazu, dass einige Fachausschüsse (mit Billigung ihrer Kammervorstände) Mindestquoten für das WEG-Recht festschrieben, wonach regional unterschiedlich 10, 12, 15 oder auch 18 Fälle diesem Gebiet entstammen sollten. Den hierdurch bedingten Unsicherheiten und Ungleichbehandlungen bereitete die Satzungsversammlung durch das Quorum ein Ende. 641

Möglich ist eine Verteilung von 110 Fällen aus dem Recht der Wohnraummietverhältnisse, 5 Fällen aus dem Recht der Gewerberaummietverhältnisse und – immerhin – 5 Fällen aus dem Wohnungseigentumsrecht. Da der **Schwerpunkt** der Fachanwaltschaft, die ursprünglich nur das Mietrecht benennen sollte, eindeutig im Mietrecht liegt, und viele Mietrechtler nur ganz am Rande mit WEG-Recht zu tun haben, wurde die Forderung nach einer höheren Quote für überzogen gehalten.

Die **60 gerichtlichen Verfahren**, die nachzuweisen sind, müssen sich nicht besonders verteilen, also z.B. nicht auch das Wohnungseigentumsrecht umfassen. Rechtsförmliche Verfahren (etwa ein Widerspruchsverfahren in Zusammenhang mit einer Abrissverfügung, die auch miet- und wohnungseigentumsrechtliche Implikationen hat) genügen nicht. 642

Am 3.4.2006 nahm die Dritte Satzungsversammlung bei § 5 Satz 1 (a.F. = Abs. 1) lit. j FAO noch eine weitere, nämlich eine materielle Änderung im Fächerkatalog vor, indem aus der ursprünglichen Formulierung „auf die in § 14c Nr. 1 und 3 bestimmten Bereiche" die Formulierung „auf die in § 14c Nr. 1 **bis** 3 bestimmten Bereiche" wurde. Der Ausschuss 1 ging beim Vorschlag dieser Änderung davon aus, dass die ursprüngliche Fassung auf einem **redaktionellen Versehen** beruhte, weil es nicht gewollt gewesen sein könne, ausgerechnet das in § 14c Nr. 2 FAO geregelte **Recht der Gewerberaummietverhältnisse** (und das Pachtrecht) auszuklammern.[1] Unter das Pachtrecht fallen auch Sachverhalte aus dem in einem Spezialgesetz geregelten **Kleingartenrecht**.[2] 643

Ein Fall ist dann dem Miet- und Wohnungseigentumsrecht zuzuordnen, wenn ein **Schwerpunkt der Bearbeitung** im Bereich des Miet- und WEG-Rechts liegt. Dazu genügt, dass eine Frage aus dem Miet- und WEG-Recht **erheblich ist oder wenigstens erheblich sein kann**.[3] Das kann auch bei der Beratung über den **Kauf einer Eigentumswohnung** der Fall sein, wenn dabei vertieft allgemeine Probleme des WEG-Rechts erörtert werden und die Mandantschaft ihre Kaufentscheidung zumindest auch vom Ergebnis dieser Erörterung abhängig 644

1 Protokoll der 8. Sitzung des Ausschusses 1 der Dritten Satzungsversammlung vom 20.2.2006, S. 8.
2 Vgl. hierzu näher oben unter B. II. 1. j.
3 BGH BGHReport 2006, 819, 820 = BRAK-Mitt. 2006, 131, 133.

macht.[1] Die **Korrespondenz mit der Rechtsschutzversicherung** über eine Deckungszusage für einen Miet- oder WEG-Streit wird in der Regel kein Fall aus dem Miet- und WEG-Recht sein.[2] Etwas anderes könnte nur gelten, wenn bereits im Rahmen dieser Korrespondenz vertieft z. B. auf mietrechtliche Spezialfragen eingegangen wird.

645 Ein Antragsteller, der die Anerkennung von Fällen, die zumindest auf den ersten Blick einem anderen Rechtsgebiet als dem der beantragten Fachanwaltschaft zuzuordnen sind, begehrt, sollte sich die Mühe machen, in der Fallliste oder in einem Begleitschreiben zu erläutern, woraus er die Fachgebietsbezogenheit herleitet.

k) Verkehrsrecht

646 Gem. **§ 5 Abs. 1 lit. k FAO** sind im Verkehrsrecht **160 Fälle**, davon **mindestens 60 gerichtliche Verfahren** nachzuweisen. Die Fälle müssen sich **auf mindestens drei verschiedene Bereiche des § 14d Nr. 1 bis 4 FAO** beziehen, dabei auf jeden dieser drei Bereiche **mindestens 5 Fälle**.

647 Erforderlich sind also besondere praktische Erfahrungen in mindestens dreien der Bereiche

- Verkehrszivilrecht, insbesondere Verkehrshaftungsrecht und Verkehrsvertragsrecht
- Versicherungsrecht, insbesondere Recht der Kraftfahrtversicherung, der Kaskoversicherung sowie Grundzüge der Personenversicherungen
- Verkehrsstraf- und Ordnungswidrigkeitenrecht

und

- Recht der Fahrerlaubnis.[3]

648 Auch für das Verkehrsrecht legte die Dritte Satzungsversammlung am 3.4.2006 ein **Fallquorum** fest, das so zugeschnitten wurde, dass einerseits eine **gewisse Breite** der Fall-Bearbeitung gewährleistet ist, andererseits aber **keine überzogenen Anforderungen** gestellt werden. So ist also der reine Verkehrszivilrechtler nicht gezwungen, mehr als ein Mindestmaß von Fällen z. B. aus dem Bereich des Verkehrsstrafrechts nachzuweisen. Es genügt eine Verteilung von 150 Fällen aus dem Verkehrszivilrecht und weiteren je 5 Fällen aus dem Versicherungsrecht und dem Verkehrsstraf- und Ordnungswidrigkeitenrecht.

649 Geht ein Strafverfahren ins **Bußgeldverfahren** über, so handelt es sich grundsätzlich um zwei Fälle.

650 Auch **Fälle mit Auslandsbezug**, also die Vertretung eines deutschen Mandanten, dem ein Verkehrsverstoß im Ausland zur Last gelegt wird, sind zu akzeptieren.

---

1 Anders wohl das Merkblatt des Vorprüfungsausschusses für Mietrecht der Rechtsanwaltskammer Düsseldorf unter www.rechtsanwaltskammer-duesseldorf.de, Rubrik „Fachanwaltschaften".

2 Wie zuvor.

3 Vgl. zur Konkretisierung der einzelnen Teilbereiche oben B. II. 1.k.

Das für das Versicherungsrecht diskutierte Problem,[1] ob und inwieweit Fälle aus dem Verkehrszivilrecht mit berücksichtigt werden können, stellt sich beim Fachgebiet Verkehrsrecht – mit umgekehrten Vorzeichen – nicht, weil hier das **Versicherungsrecht ausdrücklich in den Katalog der Kernbereiche** mit aufgenommen wurde. Grundsätzlich ist ein Fall dann dem Verkehrsrecht zuzuordnen, wenn ein **Schwerpunkt der Bearbeitung** im Bereich des Verkehrsrechts liegt. Dazu genügt nach der Rechtsprechung des BGH, dass eine Frage aus dem Verkehrsrecht **erheblich ist oder wenigstens erheblich sein kann**.[2] 651

Allerdings heißt es in Ziff. II. 8. der „Berliner Empfehlungen 2006": 652

„Fälle i. S. von § 5 Satz 1 (a. F.) lit. k i. V. m. § 14d Nr. 2 FAO müssen einen eindeutigen verkehrsrechtlichen Bezug aufweisen."

Ein Antragsteller, der die Anerkennung von Fällen, die zumindest auf den ersten Blick einem anderen Rechtsgebiet als dem der beantragten Fachanwaltschaft zuzuordnen sind, begehrt, sollte sich die Mühe machen, in der Fallliste oder in einem Begleitschreiben zu erläutern, woraus er die Fachgebietsbezogenheit herleitet. 653

Erforderlich sind mindestens **60 gerichtliche Verfahren**, für deren Verteilung keine Vorgaben festgeschrieben sind und deshalb auch nicht aufgestellt werden können.[3] Rechtsförmliche Verfahren (etwa ein Widerspruchsverfahren im Bereich des Fahrerlaubnisrechts) genügen nicht. 654

Im Verkehrsrecht und im Versicherungsrecht stellt sich besonders deutlich die oben unter B. III. 6. diskutierte Frage, ob ein und derselbe Fall, der Bezüge zu beiden Fachgebieten aufweist, auch als Nachweis für beide herangezogen werden kann. Überschneidungen sind außerdem denkbar zwischen dem Verkehrsrecht und dem Strafrecht. 655

l) Bau- und Architektenrecht

Gem. **§ 5 Abs. 1 lit. l FAO** sind im Bau- und Architektenrecht **80 Fälle**, davon **mindestens 40 gerichtliche Verfahren**, von denen wiederum **mindestens 6 selbständige Beweisverfahren** sein müssen, nachzuweisen. **Mindestens jeweils 5 Fälle** müssen sich **auf die Bereiche des § 14e Nr. 1 und 2 FAO** beziehen. 656

---

1 Siehe oben unter B. III. 7.h.

2 BGH BGHReport 2006, 819, 820 = BRAK-Mitt. 2006, 131, 133.

3 So jetzt auch Scharmer, in: Hartung/Römermann, a. a. O., § 5 FAO Rz. 164 f., der in der Vorauflage (§ 5 FAO Rz. 106) noch die Auffassung vertreten hatte, zum Nachweis der überdurchschnittlichen praktischen Erfahrungen, die § 2 Abs. 2 FAO fordere, sei es notwendig, dass sich die forensisch bearbeiteten Fälle ebenfalls über mindestens drei verschiedene Bereiche des § 14d Nr. 1 bis 4 erstreckten. Da bei der Festlegung der Fallquoren im Jahr 2006 – so Scharmer jetzt – davon abgesehen worden sei, eine Verteilungsvorgabe auch für die Gerichtsfälle zu verankern, müsse es im Ergebnis ausreichen, dass die Gerichtsfälle sich im Extremfall nur auf einen Teilbereich des § 14d FAO bezögen. Allerdings sei den Kritikern dieser Auffassung zuzugeben, dass dem Sinn und Zweck und dem besonderen Anforderungsprofil eines Fachanwalts für Verkehrsrecht ein Praxisbild ohne Erfahrungen im Verkehrszivilrecht nicht genügen könne.

657 Erforderlich sind also besondere praktische Erfahrungen (mindestens) in den Bereichen

- Bauvertragsrecht

und

- Recht der Architekten und Ingenieure.[1]

658 Das ebenfalls auf die Beschlussfassung der Dritten Satzungsversammlung vom 3.4.2006 zurückgehende **Fallquorum** im Bau- und Architektenrecht ist etwas anders gestaltet als das in den meisten übrigen Gebieten. Grundsätzlich können die nachzuweisenden Fälle aus sämtlichen der fünf Bereiche des § 14e FAO stammen. Vorgeschrieben wird nach der Neuregelung lediglich, dass die **beiden Kernbereiche**, nämlich das **Bauvertragsrecht** und das **Recht der Architekten und Ingenieure**, mit jeweils mindestens 5 Fällen erfasst sind.

659 Von verschiedenen Vorprüfungsausschüssen und sonstigen Experten auf dem Gebiet des Baurechts war moniert worden, dass die Fachanwaltschaft nach der Ursprungsfassung auch mit 80 Fällen aus einem einzigen Bereich, z. B. dem Bauvertragsrecht, erworben werden konnte. Dies war um so problematischer, als die Fachanwaltsbezeichnung „Bau- und Architektenrecht" heißt, es also kaum möglich ist, das Recht der Architekten aus dem Bereich der nachzuweisenden praktischen Erfahrungen auszuklammern. Den Bedenken wurde Rechnung getragen. Möglich ist jetzt z. B. eine Zusammensetzung von 75 Fällen aus dem Bauvertragsrecht und 5 Fällen aus dem Recht der Architekten und Ingenieure.

660 Im Baurecht stellt sich in besonderer Weise die Frage nach einer **Gewichtung** gem. § 5 Abs. 4 FAO – und zwar die nach einer **höheren** Gewichtung. Denn Baurechtsmandate sind häufig so breit gefächert, umfangreich und schwierig, dass es als wenig angemessen erscheint, jedes Mandat nur als einen Fall zu bewerten. Da nach der gängigen Falldefinition auf den einheitlichen Lebenssachverhalt abgestellt wird, kommt die **Aufsplittung eines Mandats in mehrere Fälle** als Alternative zu einer Höhergewichtung wohl nicht ernsthaft in Betracht. Dies erscheint in den – in der Praxis allerdings nicht häufigen – Fällen bedenklich, in denen derselbe Anwalt nicht nur die privatrechtliche Seite eines Bauvorhabens betreut, sondern auch im öffentlich-rechtlichen Bereich tätig wird, also etwa die Baugenehmigung beantragt oder immissionsschutzrechtliche Sonderfragen klärt. Würden hier – wie meist üblich – zwei Anwälte, nämlich ein Zivilrechtler und ein Verwaltungsrechtler, mandatiert, bestünden keinerlei Bedenken, jedem das Mandat als einen Fall zuzurechnen. Es macht wenig Sinn, diese Aufsplittung in völlig unterschiedliche Bereiche nur deshalb zu versagen, weil es sich um einen „einheitlichen Lebenssachverhalt" handelt, der zufälligerweise von demselben Rechtsanwalt bearbeitet wird.

661 Nach den Berichten, die bislang über die Arbeit der Fachausschüsse für Bau- und Architektenrecht vorliegen, geht man hier bei Vorliegen solcher Kon-

---

1 Vgl. zur Konkretisierung der einzelnen Teilbereiche oben B. II. 1.l.

stellationen praxisnah und im Wesentlichen **antragstellerfreundlich** mit der aufgezeigten Problematik um.[1]

Nachzuweisen sind **mindestens 40 gerichtliche Verfahren**, von denen **mindestens 6 selbständige Beweisverfahren** sein müssen, für deren Verteilung auf die fünf Teilbereiche des § 14e FAO keine Vorgaben gemacht werden. Als Gerichtsverfahren sind auch **Schiedsgerichtsverfahren** zu werten, an denen der Antragsteller entweder als Parteivertreter oder als Schiedsrichter beteiligt war, und (neben Verfahren vor den Vergabesenaten) auch Verfahren vor den Vergabekammern.[2] Die Kompensation eines selbständigen Beweisverfahrens durch ein reguläres Streitverfahren mit Beweiserhebung kommt nicht in Betracht, weil für selbständige Beweisverfahren **eigene, besondere Verfahrensgrundsätze** gelten, deren Beherrschung nachgewiesen werden muss. Rechtsförmliche Verfahren, also etwa das Widerspruchsverfahren vor einer Verwaltungsbehörde, finden keine Berücksichtigung. 662

Ob ein selbständiges Beweisverfahren und das anschließende Hauptverfahren ein einheitlicher Fall oder zwei separate Fälle sind, ist umstritten. 663

Die Teilnehmer an dem letzten Erfahrungsaustausch gingen von nur einem Fall aus, wenn es in den „Berliner Empfehlungen 2009" unter Ziff. II. 9. heißt: 664

„Im Bau- und Architektenrecht kann bei selbständigem Beweisverfahren und anschließendem Hauptsacheverfahren eine höhere Gewichtung in Betracht kommen."[3]

Als separate Fälle werden im Baurecht z. T. – trotz der entgegenstehenden Rechtsprechung des BGH[4] – auch die erste Instanz und das Berufungsverfahren gewertet.[5] 665

Ein Fall ist dann dem Bau- und Architektenrecht zuzuordnen, wenn ein **Schwerpunkt der Bearbeitung** im Bereich des Bau- und Architektenrechts 666

---

1 Der Vorprüfungsausschuss der Rechtsanwaltskammer Düsseldorf für Bau- und Architektenrecht formuliert in seinem Merkblatt für Antragsteller:
„Eine Sache, die der Anwalt sowohl außergerichtlich als auch gerichlich bearbeitet hat, zählt nur einfach als gerichtliches Verfahren.
Der Fachanwaltsausschuss behandelt folgende gerichtliche Verfahren als separate Fälle:
– erste Instanz und Berufungsverfahren
– selbständiges Beweisverfahren und Hauptverfahren.
Die besonders schwierige oder besonders langwierige Bearbeitung von Fällen kann höher (d. h. mehrfach) gewichtet werden, wie einfache Fälle (z. B. Einzug einer unstreitigen Werklohnvergütung durch Mahnbescheid [= Gerichtsverfahren], kurze telefonische Beratung) geringer gewichtet werden können."

2 Merkblatt des Vorprüfungsausschusses für Bau- und Architektenrecht der Rechtsanwaltskammer Düsseldorf unter www.rechtsanwaltskammer-duesseldorf.de, Rubrik „Fachanwaltschaften".

3 Für die Annahme separater Fälle vgl. z. B. das Merkblatt des Vorprüfungsausschusses für Bau- und Architektenrecht der Rechtsanwaltskammer Düsseldorf unter www.rechtsanwaltskammer-duesseldorf.de, Rubrik „Fachanwaltschaften".

4 Vgl. hierzu oben unter B. III. 1. b.

5 Merkblatt des Vorprüfungsausschusses für Bau- und Architektenrecht der Rechtsanwaltskammer Düsseldorf unter www.rechtsanwaltskammer-duesseldorf.de, Rubrik „Fachanwaltschaften".

liegt. Dazu genügt, dass eine Frage aus dem Bau- und Architektenrecht **erheblich ist oder wenigstens erheblich sein kann**.[1]

667 Ein Antragsteller, der die Anerkennung von Fällen, die zumindest auf den ersten Blick einem anderen Rechtsgebiet als dem der beantragten Fachanwaltschaft zuzuordnen sind, begehrt, sollte sich die Mühe machen, in der Fallliste oder in einem Begleitschreiben zu erläutern, woraus er die Fachgebietsbezogenheit herleitet.

668 Zur Anerkennung ein und desselben Falles zum Nachweis der besonderen praktischen Erfahrungen in sich überschneidenden Rechtsgebieten (z.B. im Bau- und Architektenrecht und Verwaltungsrecht) siehe oben unter B. III. 6.

m) Erbrecht

669 Gem. **§ 5 Abs. 1 lit. m FAO** sind im Erbrecht **80 Fälle** nachzuweisen, davon **mindestens 20 rechtsförmliche Verfahren**, von denen wiederum **höchstens 10 Verfahren der freiwilligen Gerichtsbarkeit** sein dürfen. Die Fälle müssen sich auf **alle in § 14f Nr. 1 bis 5 FAO bestimmten Bereiche** beziehen, wobei aus drei Bereichen **mindestens jeweils 5 Fälle** stammen müssen.

670 Erforderlich sind also besondere praktische Erfahrungen in den Bereichen

- materielles Erbrecht, unter Einschluss erbrechtlicher Bezüge zum Schuld-, Familien-, Gesellschafts-, Stiftungs- und Sozialrecht
- Internationales Privatrecht im Erbrecht
- vorweggenommene Erbfolge, Vertrags- und Testamentsgestaltung
- Testamentsvollstreckung, Nachlassverwaltung, Nachlassinsolvenz und Nachlasspflegschaft

und

- steuerrechtliche Bezüge zum Erbrecht.[2]

671 Auch im Erbrecht war die – in der 6. Sitzung der Dritten Satzungsversammlung am 3.4.2006 erfolgte – Festlegung eines **Fallquorums** erforderlich. Ursprünglich hatte § 5 Satz 1 lit. m Satz 2 FAO a.F. dabei aber nur festgelegt, dass sich die Fälle auf die in § 14f Nr. 1 bis 5 bestimmten Bereiche beziehen müssen. Das führte unter den Fachausschüssen zu der Diskussion, ob alle fünf Bereiche (zumindest mit jeweils 1 Fall) abgedeckt sein müssten. Dass dies so sei, legte insbesondere ein Vergleich mit der Formulierung für das Bau- und Architektenrecht in § 5 Satz 1 lit. l FAO a.F. nahe, für das ohne jede Zuordnung 80 Fälle gefordert wurden. Im Umkehrschluss konnte dies sprachlogisch für das Erbrecht nur bedeuten, dass die ausdrücklich benannten Bereiche des § 14f Nr. 1 bis 5 auch sämtlich abgedeckt sein mussten. Durch Beschlussfassung der Vierten Satzungsversammlung in ihrer 3. Sitzung am 15.6.2009 und die Ersetzung der Formulierung „auf die in § 14f Nr. 1 bis 5 bestimmten Bereiche" durch „auf **alle** in § 14f Nr. 1 bis 5 bestimmten Bereiche" wurde auch die letzte diesbezügliche Unklarheit[3] beseitigt. Die Ände-

---

1 BGH BGHReport 2006, 819, 820 = BRAK-Mitt. 2006, 131, 133.
2 Vgl. zur Konkretisierung der einzelnen Teilbereiche oben B. II. 1.m.
3 Vgl. hierzu die 2. Auflage Rz. 457.

rung ist am 1.3.2010 in Kraft getreten.[1] Um nicht nur eine Vielschichtigkeit, sondern auch eine gewisse Tiefe der Nachweise sicherzustellen, wird zusätzlich verlangt, dass drei der fünf Bereiche mit jeweils 5 Fällen belegt sein müssen. Möglich ist es also etwa, 68 Fälle aus dem materiellen Erbrecht, 5 Fälle aus dem Bereich vorweggenommene Erbfolge, Vertrags- und Testamentsgestaltung, 5 Fälle aus dem Bereich Testamentsvollstreckung, Nachlassverwaltung, Nachlassinsolvenz und Nachlasspflegschaft und je 1 Fall aus den Bereichen Internationales Privatrecht im Erbrecht und steuerliche Bezüge zum Erbrecht nachzuweisen.

Bei Fällen, die im Grenzbereich zu einem anderen Rechtsgebiet liegen, kommt 672
es unter Berücksichtigung der Rechtsprechung des BGH darauf an, ob eine Frage aus dem Fachgebiet, hier also dem Erbrecht, **„erheblich ist oder erheblich sein kann"**.[2] Dies ist zweifelhaft, wenn der erbrechtliche Bezug praktisch nur dadurch hergestellt wird, dass ein **Testamentsvollstrecker** oder **Nachlassverwalter** handelt, der etwa eine Darlehensforderung auf dem Zivilrechtsweg geltend macht. Da die Grundsatzfrage, ob ein Fall aus dem Gebiet des Erbrechts vorliegt, nicht mit der **Gewichtungsproblematik** des § 5 Abs. 4 FAO verknüpft werden darf, lässt sich Letztere nicht als Hilfsmittel und Königsweg heranziehen.

Einige Vorprüfungsausschüsse und Rechtsanwaltskammern sind der Auffas- 673
sung, dass Tätigkeiten, die im Rahmen einer **Testamentsvollstreckung** oder **Nachlasspflegschaft** erbracht werden, überhaupt nicht als Fälle i.S. von § 5 Abs. 1 lit. m FAO gewertet werden können, weil es sich hierbei **nicht um originär anwaltliche Tätigkeiten** handele. Diese restriktive Handhabung ist schon deshalb abzulehnen, weil die Testamentsvollstreckung und Nachlassverwaltung (ebenso wie die Nachlasspflegschaft) über § 5 Abs. 1 lit. m i.V.m. § 14f Nr. 4 ausdrücklich in den Katalog der Bereiche einbezogen sind, aus denen Fälle nachgewiesen werden können und müssen. Einer gegenteiligen Auffassung ist spätestens seit Inkrafttreten des „neuen" § 5 Satz 1 (a.F. = Abs. 1) lit. m zum 1.11.2006 der Boden entzogen.

Fälle, die zur Abdeckung von § 14f Nr. 5 FAO dienen sollen, müssen einen 674
deutlichen steuerrechtlichen Bezug zum Erbrecht aufweisen. Es muss um **steuerrechtliche Spezialfragen** aus dem Erbrecht gehen. Die Erstellung von Einkommensteuererklärungen für einen Verstorbenen reicht hier nicht aus.

Ein Antragsteller, der die Anerkennung von Fällen, die zumindest auf den ers- 675
ten Blick einem anderen Rechtsgebiet als dem der beantragten Fachanwaltschaft zuzuordnen sind, begehrt, sollte sich die Mühe machen, in der Fallliste oder in einem Begleitschreiben zu erläutern, woraus er die Fachgebietsbezogenheit herleitet.

Zur Anerkennung ein und desselben Falles zum Nachweis der besonderen 676
praktischen Erfahrungen in sich überschneidenden Rechtsgebieten (z.B. im Erbrecht und Familienrecht oder im Erbrecht und Steuerrecht) siehe oben unter B. III. 6.

1 BRAK-Mitt. 2009, 297 f.
2 BGH BGHReport 2006, 819, 820 = BRAK-Mitt. 2006, 131, 133.

677 In einer interessanten Entscheidung vom **20.4.2009** setzt sich der **Bundesgerichtshof**[1] mit der Frage der Gewichtung erbrechtlicher Fälle auseinander. Dabei geht er – **etwas abweichend von seiner früheren Rechtsprechung** – davon aus, dass **Wiederholungsfälle** zwar als erbrechtliche Fälle zu zählen seien, es aber durchaus zu einer **anderen Gewichtung** der Wiederholungsfälle führen könne, wenn sich einem Rechtsanwalt in unterschiedlichen Fällen **wiederholt dieselben** erbrechtlichen Fragen stellten. Der Anwaltssenat isoliert aus dem konkret nachgewiesenen Fallaufkommen 10 Fälle, in denen es um die Erhebung der Einrede nach § 1990 BGB gegenüber verschiedenen Forderungen zweier Nachlassgläubiger ging. In allen diesen Fällen sei die erbrechtliche Problematik im Wesentlichen die gleiche und deshalb von der Antragstellerin nur einmal zu prüfen gewesen. Von den entsprechenden Fällen könne deshalb nur 1 Fall als erbrechtlicher Fall voll angerechnet werden. Die weiteren 9 Fälle hätten dagegen aufgrund der – in erbrechtlicher Hinsicht – gleich gelagerten Problematik so geringes Gewicht, dass sie als Nachweis für die praktischen Fähigkeiten im Erbrecht nur mit einem Faktor von höchstens 0,2, insgesamt also mit nicht mehr als höchstens 2 weiteren vollwertigen Fällen in Ansatz gebracht werden könnten. Dabei sei auch zu berücksichtigen, dass 2 Fälle die den Erblasser betreffende Umsatzsteuer für ein Jahr und damit im Wesentlichen denselben Lebenssachverhalt beträfen wie ein weiterer Fall, und dass 2 andere Fälle die Einkommensteuer für ein Jahr zum Gegenstand hätten und somit ebenfalls aufs Engste zusammenhingen. Mit dieser Auslegung rückt der BGH ein wenig von der Maßgabe ab, dass es bei der Gewichtung i.S. von § 5 Abs. 4 FAO stets um Bedeutung, Umfang und Schwierigkeit des **einzelnen** Falles geht.

678 Heftig umstritten war die Frage, ob auch Fälle, die der Antragsteller als **Anwaltsnotar** bearbeitet hat, Fälle i.S. von § 5 Satz 1 (a.F. = Abs. 1) FAO sind. Diese Frage wurde von manchen Fachausschüssen bejaht, von anderen verneint. Die Dritte Satzungsversammlung hat – ebenfalls in der Sitzung am 3.4.2006 – die hieraus resultierende Unsicherheit und Ungleichbehandlung beseitigt, indem sie in § 5 einen neuen Satz 2 (jetzt Abs. 2) aufgenommen hat. Dieser besagt ausdrücklich, dass als Fälle i.S. von Satz 1 (jetzt Abs. 1) auch solche gelten, die der Rechtsanwalt als Anwaltsnotar bearbeitet hat, sofern sie auch von einem Rechtsanwalt, der nicht Notar ist, **hätten bearbeitet werden können**.[2]

679 Für das Erbrecht wird der Nachweis von **20 rechtsförmlichen Verfahren** gefordert. Dies können, müssen aber nicht gerichtliche Verfahren (also z.B. Erbauseinandersetzungsklagen) sein. Rechtsförmliche Verfahren sind z.B. Widerspruchsverfahren vor den Finanzbehörden betreffend Erbschaftsteuerbescheide oder auch Genehmigungsverfahren betreffend die Errichtung einer Stiftung.

680 Reine **Erbschaftsteuererklärungen** fallen nicht unter den Begriff des rechtsförmlichen Verfahrens im Erbrecht. Der **Bundesgerichtshof**[3] verweist in seiner bereits erwähnten Entscheidung vom **20.4.2009** zu Recht darauf, dies ergebe

1 BRAK-Mitt. 2009, 177, 179 f., m. Anm. Siegmund.
2 Vgl. hierzu näher unten unter B. III. 8.b bb.
3 BRAK-Mitt. 2009, 177, 178 f., m. Anm. Siegmund.

sich schon aus der Bestimmung in § 5 Satz 1 (jetzt Abs. 1) lit. b FAO, die eine **Legaldefinition** des Begriffs „rechtsförmliche Verfahren" für das Steuerrecht enthalte, nach der nur Einspruchs- und Klageverfahren als rechtsförmliche Verfahren gelten würden. Diese Beschränkung schließe die Anerkennung bloßer Steuererklärungen als rechtsförmliche Verfahren aus. Dies müsse dann aber auch für Erbschaftsteuererklärungen unabhängig davon gelten, ob sie für das Fachgebiet Steuerrecht oder für das Fachgebiet Erbrecht veranschlagt werden sollten. Für Erbschaftsteuererklärungen könne unter dem Gesichtspunkt der Rechtsförmlichkeit des Verfahrens im Erbrecht nichts anderes gelten als im Steuerrecht. Als „einfacher" erbrechtlicher Fall kann eine Erbschaftsteuererklärung allerdings gelten, sofern ihre Bearbeitung die Klärung einer erbrechtlichen Frage erfordert.

Außerdem stellt der Anwaltssenat fest, dass unter den Begriff der rechtsförm- 681
lichen Verfahren im Erbrecht grundsätzlich auch – **nicht streitige – Verwaltungsverfahren** fallen. Welche konkreten Anforderungen an rechtsförmliche Verfahren, bei denen es sich um nicht streitige Verwaltungsverfahren handelt, zu stellen sind, lässt er offen.[1]

Maximal 10 der rechtsförmlichen Verfahren dürfen der **freiwilligen Gerichts-** 682
barkeit zuzuordnen sein. FamFG-Verfahren sind z.B. Erbscheinsanträge, Anträge auf Einrichtung einer Nachlassverwaltung oder Nachlasspflegschaft, auf Erteilung eines Testamentsvollstreckerzeugnisses und außerdem Teilungsversteigerungsanträge.

Die 20 rechtsförmlichen Verfahren müssen sich in Ermangelung einer entsprechenden Regelung nicht auf sämtliche der in § 14f Nr. 1 bis 5 FAO bestimmten Bereiche beziehen. Vielmehr würde es auch genügen, wenn nur ein einziger Bereich abgedeckt wäre.

Von manchen Praktikern wird gerügt, dass die Forderung nach 20 rechtsförm- 683
lichen Verfahren deutlich zu hoch sei, weil der Rechtsanwalt gerade im Erbrecht versuche, zum Wohle der Parteien eine außergerichtliche Einigung herbeizuführen. Der Ausschuss 1 der Satzungsversammlung hat das Thema mehrfach ausführlich diskutiert. Eine Mehrheit für die Liberalisierung der Vorschrift hat sich allerdings nicht gefunden.

n) Transport- und Speditionsrecht

Gem. **§ 5 Abs. 1 lit. n FAO** sind im Transport- und Speditionsrecht **80 Fälle**, 684
davon **mindestens 20 gerichtliche Verfahren oder Schiedsverfahren** nachzuweisen. Die Fälle müssen sich **auf den in § 14g Nr. 1 FAO bestimmten Bereich** und **auf mindestens zwei weitere Bereiche der Nrn. 2 bis 8** beziehen, dabei auf jeden dieser drei Bereiche **mindestens 3 Fälle**.

Erforderlich sind also besondere praktische Erfahrungen 685

- im Recht des nationalen und grenzüberschreitenden Straßentransports, einschließlich des Rechts der Allgemeinen Geschäftsbedingungen und der Transportversicherungsbedingungen

1 BGH BRAK-Mitt. 2009, 177, 179, m. Anm. Siegmund.

und in mindestens zweien der Bereiche

- Recht des nationalen und grenzüberschreitenden Transports zu Wasser, auf der Schiene und in der Luft
- Recht des multimodalen Transports
- Recht des Gefahrguttransports, einschließlich diesbezüglicher Straf- und Bußgeldvorschriften
- Transportversicherungsrecht
- Lagerrecht
- Internationales Privatrecht

und

- Zollrecht und Zollabwicklung im grenzüberschreitenden Verkehr sowie Verkehrssteuern.[1]

686 Auch für das Transport- und Speditionsrecht hat die Dritte Satzungsversammlung in ihrer 6. Sitzung am 3.4.2006 ein **Fallquorum** festgelegt, sodass eine Verteilung der Fälle mit 1:1:78 auf die drei geforderten Bereiche nicht mehr in Betracht kommt. Denkbar wäre es aber – bei entsprechender Spezialisierung – 3 Fälle aus dem Recht des nationalen und grenzüberschreitenden Straßentransports, 3 Fälle aus dem Recht des Gefahrguttransports und 74 Fälle aus dem Bereich des Zollrechts und der Zollabwicklung nachzuweisen. Da das **Recht des Straßentransports** grundsätzlich als **Kernbereich** des Fachgebiets angesehen wird, ist allerdings zwingend, dass dieses mit jedenfalls drei Fällen abgedeckt wird.

687 Nachzuweisen sind außerdem **mindestens 20 gerichtliche, nicht lediglich rechtsförmliche Verfahren, oder Schiedsverfahren**. Durch die ausdrückliche Aufnahme der Schiedsverfahren wurde der großen Bedeutung, die diese im Bereich des Transport- und Speditionsrechts haben, Rechnung getragen.

§ 5 Abs. 1 lit. n Satz 1 FAO sagt nichts darüber aus, wie sich die 20 Fälle auf die acht Bereiche des § 14g FAO verteilen müssen. Auch der Anteil von gerichtlichen Verfahren einerseits und Schiedsverfahren andererseits ist nicht geregelt. Es ist deshalb denkbar, dass keine gerichtlichen Verfahren, sondern nur Schiedsverfahren nachgewiesen werden.

o) Gewerblicher Rechtsschutz

688 Gem. **§ 5 Abs. 1 lit. o FAO** sind im Gewerblichen Rechtsschutz **80 Fälle** aus **mindestens drei verschiedenen Bereichen des § 14h Nr. 1 bis 5 FAO** nachzuweisen, dabei aus jedem dieser drei Bereiche **jeweils mindestens 5 Fälle**. **Höchstens 5 Fälle** dürfen **Schutzrechtsanmeldungen** sein, wobei 1 Sammelanmeldung als 1 Anmeldung zählt. **Mindestens 30 Fälle** müssen **rechtsförmliche, davon mindestens 15 gerichtliche Verfahren** sein.

---

1 Vgl. zur Konkretisierung der einzelnen Teilbereiche oben B. II. 1.n.

Erforderlich sind also besondere praktische Erfahrungen in mindestens dreien der Bereiche 689

- Patent-, Gebrauchsmuster- und Sortenschutzrecht, einschließlich des Arbeitnehmererfindungsrechts, des Rechts der europäischen Patente und des europäischen Sortenschutzrechts
- Geschmacksmusterrecht, einschließlich des Rechts der europäischen Geschmacksmuster
- Recht der Marken und sonstigen Kennzeichen, einschließlich des Rechts der europäischen Marken
- Recht gegen den unlauteren Wettbewerb

und

- urheberrechtliche Bezüge des Gewerblichen Rechtsschutzes.[1]

Inzwischen gilt auch für den Gewerblichen Rechtsschutz ein **Fallquorum**, das 690 die Vierte Satzungsversammlung in ihrer 3. Sitzung am 15.6.2009 beschlossen hat und das am 1.3.2010 in Kraft getreten ist.[2] Die von der Vierten Satzungsversammlung in ihrer 6. Sitzung am 6.12.2010 vorgenommene – durchaus umfangreiche – Umgestaltung des Katalogs der Nrn. 1 bis 4 von § 14h FAO,[3] die am 1.7.2011 in Kraft getreten ist, hat dem Anwaltsparlament keinen Anlass gegeben, dieses Fallquorum zu ändern. Auch hier ging es darum, eine **gewisse Breite** der praktischen Tätigkeit des Fachanwalts für Gewerblichen Rechtsschutz sicherzustellen, ohne die Spezialisierung auf einen der ausgewiesenen Bereiche zu verhindern. Möglich wäre also – auch wenn dies von einigen Praktikern für bedenklich gehalten wird – die Verteilung 5 Fälle aus dem Patent-, Gebrauchsmuster- und Sortenschutzrecht, 5 Fälle aus dem Geschmacksmusterrecht und 70 Fälle aus dem Recht der Marken und sonstigen Kennzeichen.

Die in § 5 Abs. 1 lit. o Satz 2 FAO ausdrücklich erwähnten **Schutzrechtsanmeldungen** sind die Anmeldung eines Patentes, eines Gebrauchsmusters, 691 eines Sortenschutzes nach dem Sortenschutzgesetz oder eines Geschmacksmusters. Diese Rechte werden durch die Eintragung in das jeweilige Register konstitutiv geschützt. Für die Anmeldung der Schutzrechte gibt es bei den jeweils zuständigen Behörden (Deutsches Patent- und Markenamt, Europäisches Patentamt, Bundessortenamt, Gemeinschaftliches Sortenamt) **standardisierte Verfahren**, deren Betreiben oft nicht mehr erfordert als das **Ausfüllen von Formularen** (vgl. z.B. die „Verordnung über den elektronischen Rechtsverkehr beim Deutschen Patent- und Markenamt [ERVDPMAV]“ vom 26.9.2006 – BGBl. I S. 2159 f.).

Deshalb wurde die **Höchstzahl** der Schutzrechtsanmeldungen, die zum Nach- 692 weis der besonderen praktischen Erfahrungen auf dem Gebiet des Gewerblichen Rechtsschutzes herangezogen werden dürfen, **auf 5 begrenzt**. Die Sat-

1 Vgl. zur Konkretisierung der einzelnen Teilbereiche oben B. II. 1.o.
2 Vgl. zur Entstehungsgeschichte der Norm Offermann-Burckart, in: Henssler/Prütting, a.a.O., § 5 FAO Rz. 149 f.
3 Vgl. hierzu oben unter B. II. 1. o.

zungsversammlung nimmt damit im Katalog des § 5 Abs. 1 FAO (ein einziges Mal) selbst Stellung zur **Definition eines Falles**, indem sie implizit anerkennt, dass auch eine Schutzrechtsanmeldung ein Fall i.S. von § 5 Abs. 1 lit. o FAO ist. Die Satzungsversammlung geht in diesem Zusammenhang sogar noch weiter, wenn sie außerdem festschreibt, dass 1 **Sammelanmeldung** nur als 1 Anmeldung zählt.

693 Eine **„Sammelanmeldung“** wird dann vorgenommen, wenn mehrere vergleichbare Gegenstände, z.B. mehrere Teile eines einheitlich gestalteten Sortiments (etwa eines Geschirrs oder Bestecks), in ähnlicher Weise geschützt werden sollen. Eine Sammelanmeldung liegt außerdem vor, wenn ähnliche Produkte von einer Dachmarke abgeleitet worden sind oder abgeleitet werden sollen.[1] Eine solche Sammelanmeldung soll auch dann als ein Fall gelten, wenn sie mehrere konkrete Rechte oder Gegenstände umfasst. Im Ausschuss 1 der Dritten Satzungsversammlung war heftig darüber gestritten worden, ob Schutzrechtsanmeldungen überhaupt als Fälle anerkannt werden sollten. Man hat sich dann schließlich auf die dargestellte **Kompromisslösung** verständigt.[2]

694 Umstritten ist, ob die Anmeldung einer **Internet-Domain** als Markenanmeldung gewertet werden kann. Für die Einordnung der Domain als Marke spricht, dass Domains nach den §§ 4, 14 und 5, 15 MarkenG zeichenrechtlichen Schutz genießen.

695 **Mindestens 30 Fälle** müssen **rechtsförmliche**, davon **mindestens 15 gerichtliche Verfahren** sein. Eine konkrete Verteilung auf die einzelnen Bereiche des § 14h FAO ist nicht vorgeschrieben, sodass es streng genommen auch ausreichen würde, wenn sich alle 30 Fälle auf ein einziges Untergebiet bezögen.

15 der Fälle müssen gerichtliche Verfahren sein, was zugleich bedeutet, dass die übrigen 15 Fälle ebenfalls gerichtliche Verfahren sein können. Rechtsförmliche Verfahren i.S. der Vorschrift sind Widersprüche gegen die Eintragung einer weiteren Marke, die Erinnerung gegen amtliche Einwendungen und die Eintragung eines Schutzrechts und auch das Anmeldungsverfahren für ein Patent.[3] Die Schutzrechtsanmeldung, die sich, wie bereits ausgeführt, oftmals auf das Ausfüllen von Formularen beschränkt, ist trotz ihrer strengen Formalisierung kein rechtsförmliches Verfahren im genannten Sinn.[4] Umstritten ist, ob zu den gerichtlichen Verfahren nur solche vor den ordentlichen Gerichten oder auch **Verfahren vor dem Bundespatentgericht**, also beispielsweise Nichtigkeitsverfahren und Rechtsbehelfsverfahren (Widerspruchsverfahren im Markenanmeldeverfahren) gehören. Die weiter gehende Betrachtungsweise ist jedenfalls dann vorzugswürdig, wenn eine streitige mündliche Verhandlung stattgefunden hat.

696 Ein Fall ist dann dem Gewerblichen Rechtsschutz zuzuordnen, wenn ein **Schwerpunkt der Bearbeitung** im Bereich des Gewerblichen Rechtsschutzes

---

1 Scharmer, in: Hartung/Römermann, a.a.O., § 5 FAO Rz. 192.
2 Protokoll der 5. Sitzung des Ausschusses 1 der Dritten Satzungsversammlung vom 4.4.2005, S. 12 ff.
3 Vgl. in diesem Sinne Scharmer, in: Hartung/Römermann, a.a.O., § 5 FAO Rz. 193.
4 Wie zuvor.

liegt. Dazu genügt, dass eine Frage aus dem Gewerblichen Rechtsschutz **erheblich ist oder wenigstens erheblich sein kann**.[1]

Der AGH Baden-Württemberg[2] versagt **kartellrechtlichen Fällen** grundsätzlich 697
die Anerkennung. Das in § 14h Nr. 3 (a.F. = Nr. 4) FAO allein genannte „Recht gegen den unlauteren Wettbewerb" erfasse nicht das „Recht gegen Wettbewerbsbeschränkungen". Das Recht gegen den unlauteren Wettbewerb sei im Gesetz gegen den unlauteren Wettbewerb, dem UWG, geregelt. Es diene dem Schutz der Wettbewerber, der Verbraucherinnen und Verbraucher sowie der sonstigen Marktteilnehmer vor unlauteren geschäftlichen Handlungen. Es schütze zugleich das Interesse der Allgemeinheit an einem unverfälschten Wettbewerb (§ 1 UWG). Dagegen sei das Kartellrecht im Gesetz gegen Wettbewerbsbeschränkungen geregelt. Es wolle Vereinbarungen zwischen Unternehmen, Beschlüsse von Unternehmensvereinigungen und aufeinander abgestimmte Verhaltensweisen, die eine Verhinderung, Einschränkung oder Verfälschung des Wettbewerbs bezweckten oder bewirkten, unterbinden (§ 1 GWB). Berücksichtigungsfähig seien allenfalls Fälle, die in eine **„Schnittmenge" von GWB und UWG** fielen. In diese Schnittmenge sei aber nicht einzuordnen ein Fall der Vertretung einer Firma, die die Imagerechte bzw. Persönlichkeitsrechte von Sportlern vermarkte und die sich wettbewerbsrechtlich behindert sehe, wenn diesen Sportlern vom Deutschen Dachverband aus unzutreffenden Gründen die Teilnahme an Großveranstaltungen verweigert werde. Hier fehle es an einer geschäftlichen Handlung i.S. von § 2 Abs. 1 Nr. 1 UWG und außerdem am konkreten Wettbewerbsverhältnis zwischen Verletzer und Verletztem. Entsprechendes gelte für Verfahren von deutschen Spitzensportlern und Olympiateilnehmern, die sich gegen Beschränkungen hinsichtlich der Teilnahme an sportlichen Großveranstaltungen gegen ihren Dachverband gewandt hätten. Und schließlich sei die Aussage eines Antragstellers, dass sich „in jedem Rechtsstreit fast zwingend wettbewerbsrechtliche bzw. kartellrechtliche Fragestellungen ergeben", zu allgemein, um einen Bearbeitungsschwerpunkt im Bereich des Gewerblichen Rechtsschutzes darzulegen.

Ein Antragsteller, der die Anerkennung von Fällen, die zumindest auf den ers- 698
ten Blick einem anderen Rechtsgebiet als dem der beantragten Fachanwaltschaft zuzuordnen sind, begehrt, sollte sich die Mühe machen, in der Fallliste oder in einem Begleitschreiben zu erläutern, woraus er die Fachgebietsbezogenheit herleitet.

Zur Anerkennung ein und desselben Falles zum Nachweis der besonderen 699
praktischen Erfahrungen in sich überschneidenden Rechtsgebieten (z.B. im Gewerblichen Rechtsschutz und Urheber- und Medienrecht) siehe oben unter B. III. 6.

1 BGH BGHReport 2006, 819, 820 = BRAK-Mitt. 2006, 131, 133.
2 BRAK-Mitt. 2011, 34, 35 f.

p) Handels- und Gesellschaftsrecht

700 Gem. **§ 5 Abs. 1 lit. p FAO** sind im Handels- und Gesellschaftsrecht **80 Fälle** aus **mindestens drei verschiedenen Gebieten der Bereiche des § 14i Nr. 1 und 2 FAO** nachzuweisen, davon **mindestens 40 Fälle, die gerichtliche Streitverfahren, Schieds- oder Mediationsverfahren und/oder die Gestaltung von Gesellschaftsverträgen oder die Gründung oder Umwandlung von Gesellschaften zum Gegenstand haben.** Von diesen 40 Fällen müssen **mindestens 10 Fälle gerichtliche Streitverfahren oder Schieds- oder Mediationsverfahren** und **mindestens 10 Fälle die Gestaltung von Gesellschaftsverträgen oder die Gründung oder Umwandlung von Gesellschaften zum Gegenstand haben**.

701 Erforderlich sind also besondere praktische Erfahrungen in mindestens drei Gebieten der Bereiche

- materielles Handelsrecht, einschließlich
  - des Rechts des Handelsstandes (§§ 1 bis 104 HGB)
  - des Rechts der Handelsgeschäfte (§§ 343 bis 406 HGB)

  sowie
  - des internationalen Kaufrechts, insbesondere des UN-Kaufrechts

und

- materielles Gesellschaftsrecht, insbesondere
  - Recht der Personengesellschaften
  - Recht der Kapitalgesellschaften
  - internationales Gesellschaftsrecht, insbesondere Grundzüge des europäischen Gesellschaftsrechts sowie der europäischen Aktiengesellschaft
  - Konzernrecht, insbesondere Recht der verbundenen Unternehmen
  - Umwandlungsrecht
  - Grundzüge des Bilanz- und Steuerrechts

  sowie
  - Grundzüge des Dienstvertrags- und Mitbestimmungsrechts.[1]

702 Das **Fallquorum** im Handels- und Gesellschaftsrecht wurde erst von der Vierten Satzungsversammlung in ihrer 3. Sitzung am 15.6.2009 beschlossen und ist am 1.3.2010 in Kraft getreten.[2] Mit der Formulierung „80 Fälle aus mindestens drei verschiedenen Gebieten **der** Bereiche des § 14i Nr. 1 und 2" ist natürlich gemeint, dass sowohl die Nr. 1 als auch die Nr. 2 abgedeckt sein müssen. Es würde also nicht ausreichen, nur Fälle aus dem Bereich des materiellen Gesellschaftsrechts nachzuweisen.

703 Die Regelung hat in der 6. Sitzung der Vierten Satzungsversammlung am 6.12.2010 eine wichtige Änderung erfahren, die am 1.7.2011 in Kraft getreten ist und eine **deutliche Erleichterung** für Antragsteller bedeutet. Nach der alten Fassung wurde verlangt, dass von den 80 insgesamt nachzuweisenden Fällen,

---

1 Vgl. zur Konkretisierung der einzelnen Teilbereiche oben B. II. 1.p.

2 Vgl. zu der wechselvollen Geschichte der Norm und früheren Auslegungsschwierigkeiten Offermann-Burckart, in: Henssler/Prütting, a. a. O., § 5 FAO Rz. 157 ff.

die aus mindestens drei verschiedenen Gebieten der Bereiche des § 14i Nr. 1 und 2 FAO stammen müssen, mindestens 20 rechtsförmliche Verfahren sowie mindestens 20 solche Fälle waren, die die Gestaltung von Gesellschaftsverträgen oder die Gründung oder Umwandlung von Gesellschaften zum Gegenstand haben. Außerdem bestimmte § 5 Satz 1 lit. p Satz 2 FAO a.F., dass von den rechtsförmlichen Verfahren 5 Fälle einen wesentlichen handelsrechtlichen und 5 Fälle einen wesentlichen gesellschaftsrechtlichen Bezug aufweisen mussten und höchstens 10 Fälle solche der freiwilligen Gerichtsbarkeit sein durften.[1] In der Praxis zeigte sich allerdings, dass die wenigsten auf das Handels- und Gesellschaftsrecht spezialisierten Anwälte in der Lage waren, diese strengen Quoren zu erfüllen. Ganz offensichtlich gibt es unter den Handels- und Gesellschaftsrechtlern im Wesentlichen entweder solche, die **forensisch tätig** sind, oder aber solche, deren Schwerpunkt in der **Vertragsgestaltung** liegt. Je nachdem, zu welcher „Spezies" ein Antragsteller gehörte, hatte er Schwierigkeiten, entweder die 20 rechtsförmlichen Verfahren oder die 20 Vertragsgestaltungen nachzuweisen. Deshalb erschien es sinnvoll, das insgesamt richtig gewählte Quorum **zusammenzuziehen** und gleichzeitig die geforderte Mindestzahl für rechtsförmliche Verfahren einerseits und Vertragsgestaltungen andererseits **auf jeweils 10 abzusenken**. Außerdem wurde klargestellt, dass es sich bei den rechtsförmlichen Verfahren um gerichtliche Streitverfahren oder um Schieds- oder Mediationsverfahren handeln muss bzw. kann. Damit entfiel zugleich die Notwendigkeit einer Festlegung der Höchstgrenze für Fälle, die solche der freiwilligen Gerichtsbarkeit sind. Auch die frühere Vorgabe, dass ein bestimmter Anteil der rechtsförmlichen Verfahren (nämlich jeweils 5 Fälle) einen wesentlichen handelsrechtlichen und einen wesentlichen gesellschaftsrechtlichen Bezug aufweisen müssen, wurde für entbehrlich gehalten.

Denkbar wäre nach der Neufassung – um ein Extrembeispiel zu bilden – der 704
Nachweis von 40 außergerichtlichen Fällen aus dem internationalen Kaufrecht, 30 gerichtlichen Streitverfahren, Schieds- oder Mediationsverfahren aus dem internationalen Kaufrecht, 5 Fällen, die die Gestaltung eines Gesellschaftsvertrags zum Gegenstand haben, und 5 Fällen, die die Umwandlung einer Gesellschaft zum Gegenstand haben.

Auch Fälle eines **Anwaltsnotars**, der mit der Gestaltung von Gesellschaftsver- 705
trägen oder der Gründung oder Umwandlung von Gesellschaften befasst ist, sind zu berücksichtigen, soweit die Vorgabe von § 5 Abs. 2 FAO erfüllt ist.[2]

Grundsätzlich gilt, dass ein Fall dann dem Handels- und Gesellschaftsrecht 706
zuzuordnen ist, wenn ein **Schwerpunkt der Bearbeitung** in diesem Bereich liegt. Dazu genügt, dass eine Frage aus dem Handels- und Gesellschaftsrecht **erheblich ist oder wenigstens erheblich sein kann**.[3] Das ist insbesondere beim

1 Zu den durch diese Formulierung bedingten Auslegungs- bzw. Anwendungsschwierigkeiten vgl. AGH Sachsen AnwBl. 2009, 306 (LS); Offermann-Burckart, in: Henssler/Prütting, a.a.O., § 5 FAO Rz. 161 f.; und Offermann-Burckart, in: Kilian/Offermann-Burckart/vom Stein, a.a.O., § 8 Rz. 318.

2 Vgl. hierzu unten unter B. III. 8. b bb.

3 BGH BGHReport 2006, 819, 820 = BRAK-Mitt. 2006, 131, 133.

Nachweis von Fällen aus den Gebieten des § 14i Nr. 2 lit. f und g FAO, also bei Fällen, die dem Bilanz- und Steuerrecht oder dem Dienstvertrags- und Mitbestimmungsrecht zuzuordnen sind, näher zu prüfen.

707 Ein Antragsteller, der die Anerkennung von Fällen, die zumindest auf den ersten Blick einem anderen Rechtsgebiet als dem der beantragten Fachanwaltschaft zuzuordnen sind, begehrt, sollte sich die Mühe machen, in der Fallliste oder in einem Begleitschreiben zu erläutern, woraus er die Fachgebietsbezogenheit herleitet.

708 Zur Anerkennung ein und desselben Falles zum Nachweis der besonderen praktischen Erfahrungen in sich überschneidenden Rechtsgebieten (z.B. im Handels- und Gesellschaftsrecht und Steuerrecht) siehe oben unter B. III. 6.

q) Urheber- und Medienrecht

709 Gem. **§ 5 Abs. 1 lit. q FAO** sind im Urheber- und Medienrecht **80 Fälle** aus **allen Bereichen des § 14j Nr. 1 bis 6 FAO** nachzuweisen, von denen sich **mindestens je 5** auf **die in § 14j Nr. 1 bis 3 genannten Bereiche** beziehen müssen. **Mindestens 20 Fälle** müssen **gerichtliche Verfahren** sein.

710 Erforderlich sind also besondere praktische Erfahrungen in den Bereichen

- Urheberrecht, einschließlich des Rechts der Wahrnehmungsgesellschaften, Leistungsschutzrechte, Urhebervertragsrecht, internationale Urheberrechtsabkommen
- Verlagsrecht, einschließlich des Musikverlagsrechts und des Musikvertragsrechts
- Recht der öffentlichen Wort- und Bildberichterstattung
- Rundfunkrecht
- wettbewerbsrechtliche und werberechtliche Bezüge des Urheber- und Medienrechts, Titelschutz

und

- Grundzüge des Mediendienste, Teledienste- und Telekommunikationsrechts, des Rechts der Unterhaltungs- und Kulturveranstaltungen sowie des Rechts der deutschen und europäischen Kulturförderung.[1]

711 Bei Verabschiedung der am 1.11.2006 in Kraft getretenen Fachanwaltschaft für Urheber- und Medienrecht hat die Satzungsversammlung die Festlegung eines **Fallquorums** von vornherein bedacht. Abgedeckt sein müssen **alle** Bereiche des § 14j Nr. 1 bis 6 FAO, wobei die ersten drei Bereiche mit jeweils mindestens 5 Fällen belegt sein müssen. Möglich ist also etwa die Verteilung 67 Fälle aus dem Urheberrecht, 5 Fälle aus dem Verlagsrecht, 5 Fälle aus dem Recht der öffentlichen Wort- und Bildberichterstattung, 1 Fall aus dem Rundfunkrecht, 1 Fall aus dem Bereich wettbewerbsrechtliche und werberechtliche Bezüge des Urheber- und Medienrechts sowie Titelschutz und 1 Fall aus dem Bereich Grundzüge des Mediendienste-, Teledienste- und Telekommunika-

---

1 Vgl. zur Konkretisierung der einzelnen Teilbereiche oben B. II. 1.q.

tionsrechts, des Rechts der Unterhaltungs- und Kulturveranstaltungen sowie des Rechts der deutschen und europäischen Kulturförderung.

Nachgewiesen werden müssen **mindestens 20 gerichtliche**, also nicht lediglich rechtsförmliche Verfahren. 712

Nach den „Berliner Empfehlungen 2009" (Ziff. II. 10.) gelten **Verfahren vor der Schiedsstelle nach § 14 Urheberwahrnehmungsgesetz** nicht als gerichtliche Verfahren. 713

Ein Fall ist dann dem Urheber- und Medienrecht zuzuordnen, wenn ein **Schwerpunkt der Bearbeitung** in diesem Bereich liegt. Dazu genügt, dass eine Frage aus dem Urheber- und Medienrecht **erheblich ist oder wenigstens erheblich sein kann**.[1] 714

Auch die **Überprüfung und/oder Beanstandung einer Telefonrechnung** gehört zu dem in § 14j Nr. 6 FAO in seinen Grundzügen umfassten Telekommunikationsrecht. 715

Ein Antragsteller, der die Anerkennung von Fällen, die zumindest auf den ersten Blick einem anderen Rechtsgebiet als dem der beantragten Fachanwaltschaft zuzuordnen sind, begehrt, sollte sich die Mühe machen, in der Fallliste oder in einem Begleitschreiben zu erläutern, woraus er die Fachgebietsbezogenheit herleitet. 716

Zur Anerkennung ein und desselben Falles zum Nachweis der besonderen praktischen Erfahrungen in sich überschneidenden Rechtsgebieten (z.B. im Urheber- und Medienrecht und Gewerblichen Rechtsschutz oder im Urheber- und Medienrecht und IT-Recht) siehe oben unter B. III. 6. 717

r) Informationstechnologierecht (IT-Recht)

Gem. **§ 5 Abs. 1 lit. r FAO** sind im Informationstechnologierecht **50 Fälle** aus **allen in § 14k FAO genannten Bereichen** nachzuweisen. Die Fälle müssen sich **auf die Bereiche des § 14k Nr. 1 und 2** sowie **auf einen weiteren Bereich des § 14k** beziehen, dabei auf jeden dieser drei Bereiche **mindestens 3 Fälle**. **Mindestens 10 Fälle** müssen **rechtsförmliche Verfahren** (z.B. Gerichtsverfahren, Verwaltungsverfahren, Schlichtungs- oder Schiedsverfahren) sein. Ebensolche Verfahren vor internationalen Stellen werden angerechnet. 718

Erforderlich sind also besondere praktische Erfahrungen in den Bereichen 719

- Vertragsrecht der Informationstechnologien, einschließlich der Gestaltung individueller Verträge und AGB
- Recht des elektronischen Geschäftsverkehrs, einschließlich der Gestaltung von Provider-Verträgen und Nutzungsbedingungen (Online-/Mobile-Business)
- Grundzüge des Immaterialgüterrechts im Bereich der Informationstechnologien, Bezüge zum Kennzeichenrecht, insbesondere Domainrecht

1 BGH BGHReport 2006, 819, 820 = BRAK-Mitt. 2006, 131, 133.

- Recht des Datenschutzes und der Sicherheit der Informationstechnologien, einschließlich Verschlüsselungen und Signaturen sowie deren berufsspezifischer Besonderheiten
- Recht der Kommunikationsnetze und -dienste, insbesondere Recht der Telekommunikation und deren Dienste
- öffentliche Vergabe von Leistungen der Informationstechnologien (einschließlich e-Government) mit Bezügen zum europäischen und deutschen Kartellrecht
- internationale Bezüge, einschließlich des Internationalen Privatrechts
- Besonderheiten des Strafrechts im Bereich der Informationstechnologien

und

- Besonderheiten der Verfahrens- und Prozessführung.[1]

720 Auch bei dieser am 1.11.2006 in Kraft getretenen Fachanwaltschaft wurde ein **Fallquorum** von vornherein festgelegt. Die Vorgabe hinsichtlich der Fallverteilung zeigt, dass die Nrn. 1 und 2, also das **Vertragsrecht der Informationstechnologien** und das **Recht des elektronischen Geschäftsverkehrs**, als **Kernbereiche** und Schwerpunkte des Fachgebiets angesehen werden. Zwingend ist für diese beiden Bereiche der Nachweis von mindestens jeweils 3 Fällen. Allerdings ist die Satzungsversammlung im Zuge ihrer „Aufräumarbeiten" am 15.6.2009, deren Ergebnisse am 1.3.2010 in Kraft getreten sind,[2] beim IT-Recht deutlich über das selbst gesetzte Ziel **hinausgeschossen**. Im Bestreben einer Klarstellung wurde aus der Formulierung „50 Fälle aus den in § 14k genannten Bereichen" die Formulierung „50 Fälle aus **allen** in § 14k genannten Bereichen". Das bedeutet nun zwingend, dass tatsächlich jeder der neun Bereiche des § 14k mit wenigstens 1 Fall abgedeckt sein muss. Dieser Klarstellung hätte es nicht bedurft, weil § 5 Abs. 1 lit. r Satz 2 FAO („die Fälle müssen sich auf die Bereiche des § 14k Nr. 1 und 2 sowie auf einen weiteren Bereich des § 14k beziehen") hinreichend deutlich machte, wie das Wörtchen „den" auszulegen sei. Jetzt hat sich ohne Not eine **erhebliche Verschärfung** ergeben, die zu einem sprachlogischen Widerspruch von § 5 Abs. 1 lit. r Satz 1 und Satz 2 FAO führt und die die Satzungsversammlung bei nächster Gelegenheit korrigieren sollte. Die in der Vorauflage[3] angedachte Fallverteilung von 44:3:3 ist bis auf weiteres nicht mehr möglich.

721 Die Vorschrift weist auch insoweit eine Eigentümlichkeit auf, als die **„Besonderheiten der Verfahrens- und Prozessführung"** (§ 14k Nr. 9 FAO) anders als bei anderen Fachgebieten nicht aus dem Katalog der Bereiche, die mit Fällen belegt sein dürfen/müssen, ausgenommen sind.

722 **10 Fälle** müssen **rechtsförmliche**, also nicht zwingend gerichtliche Verfahren sein. Auch insofern ergibt sich eine Besonderheit, als hier durch einen **Klammerzusatz** deutlich gemacht wird, was unter rechtsförmlichen Verfahren zu verstehen ist, nämlich – natürlich – Gerichtsverfahren, außerdem Verwaltungs-

---

1 Vgl. zur Konkretisierung der einzelnen Teilbereiche oben B. II. 1.r.
2 BRAK-Mitt. 2009, 179 f.
3 Rz. 494.

verfahren sowie Schlichtungs- oder Schiedsverfahren und auch entsprechende Verfahren vor internationalen Stellen. Der Klammerzusatz ist einerseits hilfreich, birgt andererseits aber die Gefahr, dass er für andere Fachgebiete, die einen solchen Zusatz nicht enthalten, zu der Diskussion verleitet, ob denn z.B. auch Schlichtungs- oder Schiedsverfahren tatsächlich erfasst seien. Der Formalismus sollte hier nicht zu weit getrieben werden.[1]

Ein Fall ist dann dem Informationstechnologierecht zuzuordnen, wenn ein **Schwerpunkt der Bearbeitung** im Bereich des IT-Rechts liegt. Dazu genügt, dass eine Frage aus dem IT-Recht **erheblich ist oder wenigstens erheblich sein kann.**[2] 723

Umstritten ist, ob dies für Fälle gilt, denen ein Sachverhalt zugrunde liegt, bei dem das Internet – wie z.B. bei Käufen über die Internetplattform ebay – nur als „Bühne" dient. Führen der Abschluss und die Abwicklung eines Vertrags, z.B. eines Kaufvertrags, im Internet zur Anwendung **besonderer Regeln**, wird man den Sachverhalt wohl dem IT-Recht zuordnen müssen. 724

Ein Antragsteller, der die Anerkennung von Fällen, die zumindest auf den ersten Blick einem anderen Rechtsgebiet als dem der beantragten Fachanwaltschaft zuzuordnen sind, begehrt, sollte sich die Mühe machen, in der Fallliste oder in einem Begleitschreiben zu erläutern, woraus er die Fachgebietsbezogenheit herleitet. 725

Zur Anerkennung ein und desselben Falles zum Nachweis der besonderen praktischen Erfahrungen in sich überschneidenden Rechtsgebieten (z.B. im IT-Recht und Urheber- und Medienrecht) siehe oben unter B. III. 6.

s) Bank- und Kapitalmarktrecht

Gem. **§ 5 Abs. 1 lit. s FAO** sind im Bank- und Kapitalmarktrecht **60 Fälle**, davon **mindestens 30 rechtsförmliche Verfahren** nachzuweisen. Die Fälle müssen sich **auf mindestens drei verschiedene Bereiche des § 14l Nr. 1 bis 9 FAO** beziehen, dabei auf jeden dieser drei Bereiche **mindestens 5 Fälle**. 726

Erforderlich sind also besondere praktische Erfahrungen in mindestens dreien der Bereiche 727

- Geschäftsverbindung zwischen Bank und Kunden, insbesondere Allgemeine Geschäftsbedingungen, Bankvertragsrecht sowie das Konto und dessen Sonderformen
- Kreditvertragsrecht und Kreditsicherung, einschließlich Auslandsgeschäft
- Zahlungsverkehr, insbesondere Überweisungs-, Lastschrift-, Wechsel- und Scheckverkehr, EC-Karte und Electronic-/Internet-Banking sowie Kreditkartengeschäft

1 Wer die Beratungen in den Ausschusssitzungen und im Plenum der Satzungsversammlung verfolgt, weiß, wie schwierig es ist, kontroverse Meinungen „unter einen Hut" zu bringen und präzise Formulierungsarbeit zu leisten.

2 BGH BGHReport 2006, 819, 820 = BRAK-Mitt. 2006, 131, 133.

- sonstige Bankgeschäfte – insbesondere i. S. von § 1 Abs. 1 Satz 2 KWG – z. B. Pfandbriefgeschäft, Finanzkommissionsgeschäft, Depotgeschäft, Garantiegeschäft, Emissionsgeschäft, Konsortialgeschäft, einschließlich Auslandsgeschäft
- Kapitalmarkt- und Kapitalanlagerecht, insbesondere Wertpapierhandel, Investmentgeschäft, alternative Anlageformen, Vermögensverwaltung, Vermögensverwahrung
- Factoring/Leasing
- Geldwäsche, Datenschutz sowie Bankentgelte
- Recht der Bankenaufsicht, Bankenrecht der Europäischen Gemeinschaft und Kartellrecht

und

- steuerliche Bezüge zum Bank- und Kapitalmarktrecht.[1]

728 Auch für das Bank- und Kapitalmarktrecht wurde von vornherein ein **Fallquorum** festgelegt, das allerdings die Schwerpunktbildung innerhalb des Themenkatalogs dem Antragsteller überlässt. Die Vierte Satzungsversammlung hat in ihrer 3. Sitzung am 15.6.2009 die Anforderungen an die praktischen Nachweise im Bank- und Kapitalmarktrecht **erheblich entschärft**, indem sie in § 5 Satz 1 (jetzt Abs. 1) lit. s FAO ein **sehr moderates neues Fallquorum** formuliert und damit festgelegt hat, dass sich die Fälle nicht mehr – wie bis dahin – auf **sämtliche** Bereiche des § 14l Nr. 1 bis 9 FAO beziehen müssen.[2] Möglich ist jetzt also die Verteilung 50 Fälle aus dem Bereich Geschäftsverbindung zwischen Bank und Kunden, 5 Fälle aus dem Bereich Kreditvertragsrecht und 5 Fälle aus dem Bereich Zahlungsverkehr.

729 Der neu gefasste § 14l FAO erwähnt in Nr. 5 jetzt auch ausdrücklich das Kapitalanlagerecht. Bisher wurde dieses unter Einschluss der zurzeit heftig diskutierten **Schrottimmobilien-Fälle** der begriffsneutralen „Geschäftsverbindung zwischen Bank und Kunden" in § 14l Nr. 1 zugeordnet.[3]

730 **30 Fälle** müssen **rechtsförmliche Verfahren** sein, zu denen gerichtliche Verfahren, Verfahren vor den Börsenschiedsgerichten (§ 49f BörsOFWB) und das Ombudsmannverfahren gehören, das in der Verfahrensordnung für die Schlichtung von Kundenbeschwerden im Deutschen Bankgewerbe geregelt ist.[4]

731 Ein Fall ist dann dem Bank- und Kapitalmarktrecht zuzuordnen, wenn ein **Schwerpunkt der Bearbeitung** in diesem Bereich liegt. Dazu genügt, dass eine Frage aus dem Bank- und Kapitalmarktrecht **erheblich ist oder wenigstens erheblich sein kann**.[5]

---

1 Vgl. zur Konkretisierung der einzelnen Teilbereiche oben B. II. 1. s.

2 Vgl. zu der früheren Situation Offermann-Burckart, in: Henssler/Prütting, a. a. O., § 5 FAO Rz. 175.

3 Vgl. insofern Protokoll der 7. Sitzung der Dritten Satzungsversammlung vom 11.6.2007, S. 19 ff., und jetzt Protokoll der 6. Sitzung der Vierten Satzungsversammlung vom 6.12.2010, S. 41 f.

4 Protokoll der 7. Sitzung der Dritten Satzungsversammlung vom 11.6.2007, S. 17.

5 BGH BGHReport 2006 819, 820 = BRAK-Mitt. 2006, 131, 133.

Ein Antragsteller, der die Anerkennung von Fällen, die zumindest auf den ersten Blick einem anderen Rechtsgebiet als dem der beantragten Fachanwaltschaft zuzuordnen sind, begehrt, sollte sich die Mühe machen, in der Fallliste oder in einem Begleitschreiben zu erläutern, woraus er die Fachgebietsbezogenheit herleitet. 732

Zur Anerkennung ein und desselben Falles zum Nachweis der besonderen praktischen Erfahrungen in sich überschneidenden Rechtsgebieten (z.B. im Bank- und Kapitalmarktrecht und Handels- und Gesellschaftsrecht, im Bank- und Kapitalmarktrecht und Steuerrecht oder im Bank- und Kapitalmarktrecht und Strafrecht) siehe unter B. III. 6. 733

t) Agrarrecht

Gem. **§ 5 Abs. 1 lit. t FAO** sind im Agrarrecht **80 Fälle** nachzuweisen, von denen sich **mindestens jeweils 10 Fälle auf die in § 14m Nr. 1 und 2 FAO benannten Bereiche** beziehen müssen. **Mindestens 20 Fälle** müssen **rechtsförmliche Verfahren (Gerichtsverfahren, außergerichtliche Rechtsbehelfsverfahren, Schlichtungs- oder Schiedsverfahren)** sein. 734

Erforderlich sind also besondere praktische Erfahrungen (mindestens) in den Bereichen 735

- agrarspezifisches Zivilrecht, einschließlich
  - agrarspezifischer Fragen des besonderen Schuldrechts (z.B. Landpachtrecht)
  - des Produkthaftungsrechts i.V.m. den Grundzügen des Lebensmittelrechts
  - des Jagd- und Jagdpachtrechts
  - der Besonderheiten des Erb- und Familienrechts
  - der Besonderheiten der Vertragsgestaltung und besonderer Vertragstypen (z.B. landwirtschaftliche Kooperationen, Maschinengemeinschaften, Absatz- und Einkaufsverträge inkl. AGB, Gesellschaften, Bewirtschaftungsverträge, Erwerb landwirtschaftlicher Betriebe)

  sowie
  - der Besonderheiten des Arbeitsrechts

und

- agrarspezifisches Verwaltungsrecht, einschließlich
  - des Rechts der Genehmigungsverfahren (z.B. BImSchG, BauGB, Anlagen zur Verarbeitung nachwachsender Rohstoffe und agrarrechtliche Besonderheiten erneuerbarer Energien)
  - der Grundzüge des Umweltrechts
  - des Natur- und Pflanzenschutzrechts
  - des Düngemittel- und Saatgutverkehrsrechts sowie des Sortenschutzrechts
  - des Tierschutz-, -zucht- und -seuchenrechts
  - der Flurbereinigung und der Flurneuordnungsverfahren
  - des Grundstücksverkehrs- und Landpachtverkehrsrechts
  - des Weinrechts, des Forstrechts sowie des Jagd- und Fischereirechts

- des landwirtschaftlichen Steuerrechts
- der Besonderheiten des Sozialversicherungsrechts

sowie

- des Staatsbeihilfenrechts, des Agrarbeihilfenrechts sowie der Cross-Compliance-Verpflichtungen.[1]

736 Auch für das Agrarrecht wurde von vornherein ein **Fallquorum** festgelegt. Der **Schwerpunkt** liegt demnach auf den Gebieten agrarspezifisches Zivilrecht (§ 14m Nr. 1 FAO) und agrarspezifisches Verwaltungsrecht (§ 14m Nr. 2 FAO). Zwingend ist für diese beiden Bereiche der Nachweis von mindestens jeweils 10 Fällen. Ausreichend wäre also auch die Verteilung 10 Fälle aus dem agrarspezifischen Zivilrecht, 10 Fälle aus dem agrarspezifischen Verwaltungsrecht und 60 Fälle aus dem agrarspezifischen EU-Recht. Ebenso kommt die Verteilung 40 Fälle aus dem agrarspezifischen Zivilrecht und 40 Fälle aus dem agrarspezifischen Verwaltungsrecht in Betracht.

737 Wie schon beim IT-Recht ist auch beim Agrarrecht das Gebiet **„agrarspezifisches Verfahrensrecht“** (mit den Unterteilungen Landwirtschaftsverfahrensrecht und Grundzüge der EU-Gerichtsbarkeit) (§ 14m Nr. 5 FAO) nicht aus dem Katalog der Bereiche, die mit Fällen belegt sein dürfen bzw. müssen, ausgenommen.

738 **20 Fälle** müssen **rechtsförmliche Verfahren** sein, wobei der Klammerzusatz klarstellt, dass hierunter außer Gerichtsverfahren und außergerichtlichen Rechtsbehelfsverfahren auch Schlichtungs- und Schiedsverfahren zu verstehen sind. Diese Ausgestaltung macht deutlich, dass man sich bei Schaffung der Fachanwaltschaft für Agrarrecht an den Bestimmungen für die Fachanwaltschaftsbezeichnung Informationstechnologierecht orientiert hat.[2]

739 Ein Fall ist dann dem Agrarrecht zuzuordnen, wenn ein **Schwerpunkt der Bearbeitung** im Bereich des Agrarrechts liegt. Dazu genügt, dass eine Frage aus dem Agrarrecht **erheblich ist oder erheblich sein kann**.[3]

Ein Antragsteller, der die Anerkennung von Fällen, die zumindest auf den ersten Blick einem anderen Rechtsgebiet als dem der beantragten Fachanwaltschaft zuzuordnen sind, begehrt, sollte sich die Mühe machen, in der Fallliste oder in einem Begleitschreiben zu erläutern, woraus er die Fachgebietsbezogenheit herleitet.

8. Die Fall-Bearbeitung

740 Nach § 5 Abs. 1 FAO setzt der Erwerb besonderer praktischer Erfahrungen voraus, dass der Antragsteller die in lit. a bis t nach Zahl, Art und Umfang näher aufgeschlüsselten Fälle „als Rechtsanwalt persönlich und weisungsfrei bearbeitet hat“. Dies impliziert dreierlei: die **persönliche eigenhändige Bear-**

1 Vgl. zur Konkretisierung der einzelnen Teilbereiche oben B. II. 1. t.

2 Protokoll der 3. Sitzung des Ausschusses 1 der Vierten Satzungsversammlung vom 6.10.2008, S. 5.

3 BGH BGHReport 2006, 819, 820 = BRAK-Mitt. 2006, 131, 133.

beitung durch den Bewerber, die **Bearbeitung in der Eigenschaft als Rechtsanwalt** und die **weisungsfreie Bearbeitung**.

a) Persönliche Bearbeitung

Der Antragsteller muss den Nachweis führen, dass er **persönlich** – und niemand sonst – je nach Fachgebiet eine bestimmte Anzahl von Mandaten bearbeitet hat. 741

Treten – etwa bei Sichtung der nach § 6 Abs. 3 Satz 2 FAO angeforderten Arbeitsproben – Zweifel auf, ob tatsächlich der Bewerber der Sachbearbeiter eines Falles war, geben die Vorprüfungsausschüsse und Kammervorstände sich meist mit der entsprechenden **anwaltlichen Versicherung** zufrieden. 742

In den „Berliner Empfehlungen 2009" heißt es hierzu in Ziff. II. 5.: 743

„In der Regel reicht zum Nachweis der persönlichen und weisungsfreien Bearbeitung der vorgelegten Fälle eine entsprechende Erklärung des Antragstellers aus."

Dies gilt natürlich nur für Fälle, in denen die aufgetretenen Zweifel nicht so nachhaltig sind, dass sie mit einer einfachen Bekräftigung nicht ausgeräumt werden können. 744

Der Rechtsanwalt, der Angestellter oder Partner einer größeren Kanzlei ist, ist im Hinblick auf einen beabsichtigten Fachanwaltsantrag gut beraten, dafür Sorge zu tragen, dass Schriftsätze, die aus seiner Feder stammen, **ohne weiteres zugeordnet** werden können. Dies kann dort, wo das Unterschriftsrecht bei einem Dritten, also z.B. einem Seniorsozius liegt, durch das Aufbringen des eigenen (eindeutig zuzuordnenden) Diktatzeichens und/oder eines Bearbeitervermerks geschehen. 745

➲ **Praxis-Tipp:** Um die Dinge auch zu einem späteren Zeitpunkt noch nachvollziehen zu können, sollte derjenige, der sich entschließt, demnächst mit der Fallsammlung zu beginnen, den Mandatsverlauf, die Sachbearbeitung und die Wahrnehmung von Terminen von vornherein **detailliert dokumentieren**. 746

Probleme können sich ergeben, wenn der Bewerber ein Mandat **nicht (vollständig) alleine** bearbeitet hat. Dabei reicht die Bandbreite von der Wahrnehmung eines einzelnen Gesprächs- oder Gerichtstermins durch einen (Kanzlei-)Kollegen (etwa im Rahmen einer Krankheits- oder Urlaubsvertretung) bis zur Bearbeitung des gesamten Falles durch ein Team von Rechtsanwälten. 747

In der 1. Auflage[1] wurde die Auffassung vertreten, dass es hier immer auf die Umstände des Einzelfalls ankomme. Ende etwa eine einfach gelagerte Arbeitsrechts-Sache mit dem Gütetermin und habe diesen nicht der Antragsteller, sondern ein Sozius wahrgenommen, so werde man den Fall im Hinblick auf die mögliche Gewichtung nicht mit 100 %, sondern nur mit 75 % (oder weniger) veranschlagen können. 748

---

1 Rz. 225.

Diese Auffassung lässt sich auf der Grundlage der neueren BGH-Rechtsprechung nicht mehr halten. In seinem schon mehrfach erwähnten Beschluss vom 6.3.2006[1] stellt der Anwaltssenat – allerdings in Zusammenhang mit dem Drei-Jahres-Zeitraum – darauf ab, dass die Sache vom Bewerber **„inhaltlich bearbeitet wurde“**. Eine **„wesentliche“ Fall-Bearbeitung** wird **nicht gefordert**. Auch eine Abgewichtung i. S. von § 5 Satz 3 (jetzt Abs. 4) FAO komme nicht in Betracht, weil Bezugspunkte für die Gewichtung nur die Bedeutung, der Umfang und die Schwierigkeit des **jeweiligen Falles**, nicht aber der Umfang und die Schwierigkeit der erfolgten Bearbeitung seien.

749 Wenn aber „Bearbeiten eines Falles“ **jede inhaltliche Befassung mit der Sache** ist und eine Abwertung selbst bei nur geringfügiger Befassung nicht in Betracht kommt, muss als vollwertig sogar ein Fall gelten, in dem der Antragsteller nicht einmal Sachbearbeiter war, sondern als Urlaubsvertretung lediglich eine einzelne Besprechung mit der Mandantschaft durchgeführt oder einen Gerichtstermin wahrgenommen hat. Die Konsequenzen einer solchen Betrachtungsweise können weitreichend sein. Aus einem einzigen Mandat lassen sich in einer Kanzlei, in der mehrere Anwälte am Erwerb derselben Fachanwaltsbezeichnung interessiert sind, durch Bearbeitung „reihum“ beliebig viele Fälle machen.

750 Es geht hier ebenso sehr um das Tatbestandsmerkmal der persönlichen Bearbeitung wie um den Fallbegriff als solchen.[2]

751 ➲ **Praxis-Tipp:** Die Fachausschüsse tun sich zum Teil schwer, der BGH-Entscheidung auch in dieser letzten Konsequenz zu folgen. Im Interesse eines reibungslosen Antragsverfahrens sollte es deshalb möglichst vermieden werden, die Fallliste mit Mandatsfragmenten aufzuwerten.

752 Weniger problematisch sind dagegen die Fälle, die von **Anwalts-Teams** bearbeitet werden. Hier handelt es sich üblicherweise um besonders umfangreiche und schwierige Mandate, die ein großes Know-how und einen hohen Arbeitseinsatz jedes einzelnen erfordern und deshalb jedem in das Mandat eingebundenen Anwalt als persönlich bearbeiteter Fall zugerechnet werden können.

753 In den „Berliner Empfehlungen 2006“ heißt es unter Ziff. II. 4.:

> „1. Es ist nicht erforderlich, dass ein Antragsteller einen Fall vollständig (also von Anfang bis Ende) bearbeitet hat. Die Bearbeitung eines nennenswerten Abschnittes reicht aus.
>
> 2. In jedem Fall ist es aber erforderlich, dass der Antragsteller selbst einen inhaltlichen Bearbeitungsschwerpunkt im Fachgebiet innerhalb des Drei-Jahres-Zeitraums vorweisen kann.“

---

1 BGH BGHReport 2006, 819, 820 f., m. krit. Anm. Offermann-Burckart = BRAK-Mitt. 2006, 131, 132 f.

2 Offermann-Burckart, Anm. zu BGH vom 6.3.2006 – BGHReport 2006, 823, 824.

b) Bearbeitung „als Rechtsanwalt"

§ 5 Abs. 1 FAO setzt voraus, dass der Antragsteller die von ihm nachgewiesenen Fälle nicht nur persönlich, also eigenhändig (und weisungsfrei), sondern auch **„als Rechtsanwalt"** bearbeitet hat. 754

Diese Formulierung erscheint auf den ersten Blick als Pleonasmus, weil es ja schließlich um den Erwerb einer Fach"anwalts"bezeichnung geht und schon § 3 FAO die dreijährige Zulassung und Tätigkeit (logischerweise) als Anwalt voraussetzt.

aa) Syndikusanwälte

Das Tatbestandsmerkmal „als Rechtsanwalt" zielt im Wesentlichen auf die bis heute nicht restlos geklärte Frage, ob bzw. in welchem Umfang ein Bewerber Fälle, mit denen er im Rahmen einer **Syndikustätigkeit** (§ 7 Nr. 8 BRAO) – z. B. als Gewerkschaftssekretär – befasst war, (auch) **in seiner Eigenschaft als Rechtsanwalt** bearbeitet hat. 755

Bedenken hiergegen ergeben sich insbesondere aus der von der Rechtsprechung vertretenen **„Doppelberufstheorie"**,[1] wonach Anwälte im Anstellungsverhältnis mit einem nicht-anwaltlichen Arbeitgeber – unabhängig von der Art ihrer Tätigkeit – nicht den Anwaltsberuf, sondern einen sog. **Zweitberuf** ausüben. Bei der Qualifizierung einer im Angestelltenverhältnis praktizierten Tätigkeit als Zweitberuf unterscheidet die Doppelberufstheorie nicht danach, ob der Betreffende Taxi fährt oder als Leiter der Rechtsabteilung eines Unternehmens rein juristisch und damit auch originär anwaltlich tätig wird. 756

Normsetzung und Rechtsprechung zu der Frage der Anerkennungsfähigkeit von „Syndikusfällen" haben sich im Laufe der Zeit mehrfach geändert. 757

(1) § 9 Abs. 2 RAFachBezG und der alte § 5 Satz 1 FAO

§ 9 Abs. 2 RAFachBezG hatte noch vorgesehen, dass die besonderen praktischen Erfahrungen auch durch **eine andere fachbezogene Tätigkeit** nachgewiesen werden konnten, „wenn diese nach Umfang, Dauer und Inhalt dem in § 9 Abs. 1 RAFachBezG verlangten Maßstab entspricht". Danach konnte z. B. ein pensionierter Verwaltungsrichter auf Fälle aus seiner richterlichen Tätigkeit zurückgreifen und – da ihm hinsichtlich der theoretischen Kenntnisse zusätzlich die „Alte-Hasen-Regelung" zugute kam – nach Eintritt in den Ruhestand und Zulassung zur Anwaltschaft die Fachanwaltsbezeichnung im Verwaltungsrecht leicht erwerben. 758

Um solche und ähnliche Fälle auszuschließen, hat die Satzungsversammlung die Ausnahmevorschrift des § 9 Abs. 2 RAFachBezG bewusst nicht in die Fachanwaltsordnung übernommen.

1 Feuerich, a. a. O., § 46 BRAO Rz. 3; Henssler, in: Henssler/Prütting, a. a. O., § 46 BRAO Rz. 11 ff.

759 Stattdessen fand sich in **§ 5 Satz 1 FAO a.F.** sogar noch die zusätzliche Anforderung, dass die Fälle nicht nur als Rechtsanwalt, sondern **„als Rechtsanwalt selbständig"** bearbeitet sein mussten.

„Selbständigkeit" in diesem Sinne zielte **nicht auf wirtschaftliche**, sondern auf **anwaltliche Unabhängigkeit**, d.h. auf die Freiheit von Weisungen.[1] Das Eingebundensein in eine Kanzleistruktur und die Zuweisung von Mandaten sowie die Überwachung der Bearbeitung durch einen Seniorsozius sollten der anwaltlichen Unabhängigkeit, so wie die §§ 1 bis 3 BRAO sie verstehen, allerdings nie entgegenstehen.[2] Tätigkeiten für einen nicht-anwaltlichen Dienstherrn wurde dagegen grundsätzlich die Anerkennungsfähigkeit i.S. von § 5 Satz 1 FAO (a.F.) versagt.

760 In Ziff. II. 5. der „Berliner Empfehlungen 2001" heißt es hierzu unter der Überschrift „Syndikusanwalt und selbständige Bearbeitung":

„5.1 Die Teilnehmer des Erfahrungsaustausches verdeutlichen, dass das Ziel der Verleihung von Fachanwaltsbezeichnungen die Qualitätsverbesserung anwaltlicher Dienstleistungen und deren Präsentation ist. Vor diesem Hintergrund ist zur Tätigkeit der Syndikusanwälte im Bereich der Fachgebiete der Fachanwaltschaften festzuhalten:

5.2 Fachanwalt kann nur werden, wer zur Anwaltschaft zugelassen ist und als Rechtsanwalt selbständig arbeitet. Die Tätigkeit in einem Unternehmen oder bei einer Organisation ist in der Regel keine selbständige Anwaltstätigkeit im Sinne der FAO.

Ist der Syndikusanwalt neben seiner Tätigkeit in einem Unternehmen/Organisation auch selbständig tätig, so zählen im Sinne des § 5 FAO grundsätzlich nur jene Fälle, die er in seiner selbstständigen Tätigkeit bearbeitet hat. Seine Tätigkeit im Unternehmen/Organisation kann im Einzelfall dazu führen, dass die vorgesehene Mindestfallzahl unterschritten werden kann.[3]

5.3 Für Rechtsanwälte, die in Wirtschaftsprüfungs- oder Steuerberatungsgesellschaften tätig sind, sind diese Empfehlungen des Berliner Erfahrungsaustausches 2001 entsprechend anzuwenden.

Da im Steuerrecht die Delegierung von Arbeiten erfahrungsgemäß besonders verbreitet ist, ist der Prüfung des Merkmals der selbständigen Bearbeitung ein besonderes Augenmerk zu widmen."

761 Der **Bundesgerichtshof** folgte einem **wechselvollen Kurs**. Er hatte zunächst in einer Entscheidung vom **13.3.2000**[4] apodiktisch festgestellt, dass der für die Verleihung der Fachanwaltsbezeichnung erforderliche Nachweis des Erwerbs besonderer praktischer Erfahrungen **nicht** anhand von Fällen geführt werden könne, die der Bewerber als Syndikus bearbeitet habe; dies gelte selbst dann, wenn der Bewerber im Zweitberuf Rechtsanwalt sei. Die Tätigkeit als Syndikus sei **keine anwaltliche**. Würden Syndikusanwälte die Fachanwaltsbezeichnung auf Grund der Kenntnisse und Erfahrungen erwerben können, die sie während ihrer Tätigkeit als Syndikus gesammelt hätten, liefe dies darauf hinaus, dass die **besondere Qualifikation und Reputation als Anwalt** aus **berufsfremden Erfahrungen** gespeist werden könne. Dann ließe sich auch das

1 BGH NJW 2000, 1645 = AnwBl. 2000, 628 = MDR 2000, 671.

2 Vgl. hierzu nur Jährig, a.a.O., S. 120 f.

3 An dieser Stelle wird allerdings in einem Klammerzusatz „(§ 5 Satz 1: ‚in der Regel')" auf das heute nicht mehr gültige Regel-Erfordernis des früheren § 5 FAO verwiesen.

4 BGH NJW 2000, 1645 = AnwBl. 2000, 628 = MDR 2000, 671.

Postulat, wonach die Verleihung der Fachanwaltsbezeichnung eine dreijährige Zulassung und Tätigkeit als Anwalt voraussetze, schwerlich aufrechterhalten. Gerade diese Voraussetzung aber sei zur Sicherung eines qualifizierten beruflichen Standards unverzichtbar.

In seinem Beschluss vom **18.6.2001**[1] relativierte der BGH diese Auffassung. 762
Zwar stellte er immer noch fest, die Ausübung des Berufs des Syndikusanwalts sei nicht als selbständige anwaltliche Tätigkeit i. S. des § 5 FAO anzusehen. Doch räumte er ein, dass bei der Gewichtung der Fälle, die der Bewerber um eine Fachanwaltsbezeichnung für den Erwerb besonderer praktischer Erfahrungen nachweisen müsse, dann, wenn er schon **eine erhebliche Zahl nicht unbedeutender Mandate** im Rahmen selbständiger Tätigkeit wahrgenommen habe, die **weiteren Erfahrungen** als Syndikusanwalt auf dem betreffenden Fachgebiet berücksichtigt werden könnten. Wörtlich heißt es – allerdings unter ausdrücklichem Hinweis auf das heute nicht mehr geltende Regel-Erfordernis von § 5 FAO a. F.:

„Belegt der Bewerber die Bearbeitung einer erheblichen Zahl nicht unbedeutender Mandate im Rahmen selbständiger anwaltlicher Tätigkeit, kann ihre Bewertung und Gewichtung bei Berücksichtigung der weiteren praktischen Erfahrungen, die der Bewerber als Syndikusanwalt auf dem betreffenden Fachgebiet gesammelt hat, zu dem Ergebnis führen, dass der Nachweis nach § 5 FAO – … – als erbracht anzusehen ist.

Insbesondere wenn die Syndikustätigkeit – wie im gegebenen Fall – weitgehend weisungsungebunden ist und die in freier anwaltlicher Tätigkeit bearbeiteten Mandate von substanziellem Gewicht sind, wird dem im Rahmen des § 5 FAO Rechnung zu tragen sein. Der Nachweis der praktischen Erfahrungen kann unter diesen Umständen auch bei deutlich geringeren Fallzahlen aus der anwaltlichen Tätigkeit – der Antragsteller hatte hier zum Zeitpunkt der Entscheidung des Anwaltsgerichtshofs 35 Fälle nachgewiesen – als geführt angesehen werden."

Der BGH unterschied jetzt also danach, ob der Antragsteller seine praktischen Erfahrungen (fast) ausschließlich im Rahmen einer Syndikustätigkeit erworben hat, oder ob er zusätzlich zu dieser Tätigkeit in seinem Fachgebiet auch noch nennenswert originär anwaltlich tätig gewesen ist. Legt man das Zahlenbeispiel aus dem vorerwähnten Beschluss zugrunde, in dem der Anwaltssenat es ausreichen lässt, dass von 100 nachzuweisenden Fällen im Arbeitsrecht 35 „selbständig als Rechtsanwalt" bearbeitet worden sind, müssten die originär anwaltlichen Fälle **nicht einmal mehr mit 50 %** zu Buche schlagen. 763

(2) Der Beschluss der Zweiten Satzungsversammlung vom 7.11.2002

Viele Kammervorstände und die Satzungsversammlung nahmen die Recht- 764
sprechung des BGH zur Anerkennung von Fällen, die ein Antragsteller im Rahmen einer Syndikustätigkeit bearbeitet hat, und insbesondere die restriktive erste Entscheidung vom 13.3.2000 mit wenig Begeisterung zur Kenntnis. Da es der **Satzungsversammlung** bei Aufnahme der Formulierung „als Rechtsanwalt selbständig" in § 5 Satz 1 FAO a. F. nicht darum gegangen war, Syndikusanwälten den Erwerb einer Fachanwaltsbezeichnung zu erschweren,

1 BGH NJW 2001, 3130 f.

beschloss sie in ihrer Sitzung am **7.11.2002** eine Neufassung. Das Wort „selbständig" wurde **ersetzt** durch die Worte **„persönlich und weisungsfrei"**.

765 Durch die geänderte Formulierung sollte **sichergestellt werden**, dass auch die Fälle, die ein Antragsteller als Syndikusanwalt bearbeitet hat, zum Nachweis der besonderen praktischen Erfahrungen herangezogen werden können, sofern dargetan wird, dass die Bearbeitung grundsätzlich frei von Weisungen durch Vorgesetzte erfolgt ist.[1]

766 Die Beschlusslage der Satzungsversammlung steht übrigens in Einklang mit der nach wie vor aktuellen Beschlusslage der Bundesrechtsanwaltskammer. Diese hat in ihrer 105. Hauptversammlung am 15.9.2005 – im Hinblick auf die **Befreiung von der Versicherungspflicht in der BfA** (jetzt: Deutschen Rentenversicherung Bund [DR-Bund]) und das **Spannungsverhältnis zu § 46 BRAO** – beschlossen:

> „Nach Ansicht der Bundesrechtsanwaltskammer folgt im Umkehrschluss aus der Regelung des § 46 BRAO, die dem Rechtsanwalt verbietet, für seinen Arbeitgeber vor Gericht tätig zu werden, dass seine sonstige Tätigkeit unter folgenden Voraussetzungen anwaltlicher Natur ist:
>
> Die konkrete Tätigkeit des bei einem nicht-anwaltlichen Arbeitgeber angestellten Rechtsanwalts muss rechtsberatend, rechtsentscheidend, rechtsgestaltend und rechtsvermittelnd sein."

Damit fällt – was für das Thema „Verleihung einer Fachanwaltsbezeichnung" völlig unerheblich ist – die Tätigkeit als Taxifahrer und auch die als Leiter der Marketingabteilung eines Unternehmens aus der Definition von Syndikustätigkeit als anwaltlicher Tätigkeit heraus.

---

1 Dass diese Interpretation der neuen Vorschrift tatsächlich dem Willen der Satzungsversammlung entsprach, ergibt sich aus der Formulierung des der Änderung zugrunde liegenden Antrags, der von der Zweiten Satzungsversammlung in ihrer 5. Sitzung am 7.11.2002 (vgl. das Protokoll, S. 28 f.) angenommen wurde. Der von RAuN Cramer aus Gevelsberg gestellte Antrag wird im Protokoll wie folgt zitiert:
„Die Bestimmung des § 5 Satz 1 FAO führe bei den Fachanwälten für Arbeitsrecht zu Problemen, da Syndikusanwälte, die für Arbeitgeber- oder Arbeitnehmerverbände tätig seien, die Bezeichnung Fachanwalt für Arbeitsrecht deshalb nicht führen dürften, weil die von ihnen bearbeiteten zahlreichen Fälle für die von ihnen vertretenen Arbeitgeber oder Arbeitnehmer im Rahmen ihrer Syndikustätigkeit nicht als selbständig bearbeitete Fälle angerechnet würden.
Dadurch würde diesen Syndikusanwälten die Fachanwaltsbezeichnung im Interesse selbständig arbeitender Kolleginnen und Kollegen verwehrt.
In der Praxis sehe es aber so aus, dass die Weisungsgebundenheit bei Syndikusanwälten, auf die von ihnen bearbeiteten Einzelfälle bezogen, praktisch selten eine Rolle spiele. Sie seien genauso Vertrauensperson der von ihnen vertretenen Arbeitnehmer oder Arbeitgeber, wie dies bei selbständig tätigen Rechtsanwälten der Fall sei.
§ 46 BRAO, der Rechtsanwälten in ständigen Dienstverhältnissen ein Vertretungsverbot im Verhältnis zu ihren Arbeitgebern auferlege, werde als Vorwand herangezogen, um Syndikusanwälten anwaltliche Tätigkeit überhaupt abzusprechen. Dabei werde übersehen, dass angestellte Rechtsanwälte bei Anwälten regelmäßig keine Mandate bearbeiten dürften, die ihnen nicht im Rahmen ihres Anstellungsverhältnisses zur Bearbeitung übertragen würden, und ihre Weisungsgebundenheit, insbesondere bei jüngeren Kolleginnen und Kollegen, weitaus größer sein dürfte als bei der Mehrheit der Syndikusanwälte."

Der Beschluss geht zurück auf eine Vereinbarung, die die Arbeitsgemeinschaft Berufsständischer Versorgungseinrichtungen e. V. (ABV) mit Vertretern der Rentenversicherung getroffen hat. Nach dieser Vereinbarung muss der (nichtanwaltliche) Arbeitgeber eines Rechtsanwalts gegenüber dem zuständigen Anwaltsversorgungswerk eine genaue Stellen- und Funktionsbeschreibung für seinen Arbeitnehmer abgeben, aus der hervorgeht, ob die genannten Kriterien (rechtsberatend, rechtsentscheidend, rechtsgestaltend und rechtsvermittelnd) erfüllt sind oder nicht. In einem von der ABV herausgegebenen Hinweisblatt werden die Tätigkeitsfelder Rechtsberatung, Rechtsentscheidung, Rechtsgestaltung und Rechtsvermittlung wie folgt definiert: 767

„– Rechtsberatung ist
  - die unabhängige Analyse von betriebsrelevanten konkreten Rechtsfragen
  - die selbständige Herausarbeitung und Darstellung von Lösungswegen und Lösungsmöglichkeiten vor dem spezifischen betrieblichen Hintergrund

  und
  - das unabhängige Bewerten der Lösungsmöglichkeiten.
- Rechtsentscheidung ist
  - das außenwirksame Auftreten als rechtskundiger Entscheidungsträger verbunden mit einer von Arbeitgeberseite umschriebenen eigenen Entscheidungskompetenz. Neben einer von allen Weisungen unabhängigen Alleinentscheidungsbefugnis ist auch eine wesentliche Teilhabe an Abstimmungs- und Entscheidungsprozessen im Unternehmen ausreichend.
- Rechtsgestaltung ist
  - das selbständige Führen von Vertrags- und Einigungsverhandlungen mit den verschiedensten Partnern des Arbeitgebers.
- Rechtsvermittlung ist
  - das mündliche Darstellen abstrakter Regelungskomplexe vor größeren Zuhörerkreisen
  - die schriftliche Aufarbeitung abstrakter Regelungskomplexe

  und
  - die Bekanntgabe und Erläuterung von Entscheidungen im Einzelfall."

Ein Rechtsanwalt, der bei einem nicht-anwaltlichen Arbeitgeber angestellt ist, erhält nur dann (noch) die Befreiung von der Versicherungspflicht in der DR-Bund, wenn sein Tätigkeitsbild **kumulativ alle vier Kriterien umfasst** (und dies vom Arbeitgeber in einer entsprechenden Arbeitsplatzbeschreibung bescheinigt wird).[1] 768

(3) Der Beschluss des BGH vom 13.1.2003

Nach der Beschlussfassung der Zweiten Satzungsversammlung vom 7.11.2002, aber **noch vor Inkrafttreten** der geänderten Fassung am **1.7.2003** hatte sich der Bundesgerichtshof erneut mit der Syndikusproblematik zu befassen.[2] Es ging 769

1 Vgl. hierzu Offermann-Burckart, a. a. O., KammerMitteilungen Rechtsanwaltskammer Düsseldorf 2005, 142 f., und Jung/Horn, Syndikusanwälte und die gesetzliche Rentenversicherung – Die gegenwärtige Situation, KammerMitteilungen Rechtsanwaltskammer Düsseldorf 2010, 317.

2 BGH NJW 2003, 883 f. = BRAK-Mitt. 2003, 80 ff. = BGHReport 2003, 464 f.

um den Fall eines Antragstellers, der überwiegend Fälle vorgelegt hatte, die seiner Syndikustätigkeit bei einem **Arbeitgeberverband** entstammten. Der Anwaltssenat lässt ein Verhältnis von 144 im Rahmen dieser Syndikustätigkeit bearbeiteten zu insgesamt 29 aus eigener Kanzlei stammenden Fällen genügen.[1] Neben den in freier anwaltlicher Tätigkeit bearbeiteten Fällen seien auch solche Fälle zu berücksichtigen, in denen der Rechtsanwalt **als Syndikus eines Arbeitgeber- oder Unternehmerverbandes** die arbeitsrechtliche Beratung und Prozessvertretung von Mitgliedern des Verbandes weisungsunabhängig durchgeführt habe. In der Entscheidung heißt es:

770 „Danach kommt es für die Frage, ob die von einem Rechtsanwalt in einer Syndikustätigkeit bearbeiteten Fälle im Rahmen des § 5 FAO zu berücksichtigen sind, nicht entscheidend auf die dienst- oder arbeitsvertragliche Grundlage der Syndikustätigkeit an.

Maßgebend ist vielmehr, ob und inwieweit hinsichtlich der betreffenden Fälle nach den konkreten Umständen eine selbständige, d. h. eigenständige und von fachlichen Weisungen freie Bearbeitung durch den Syndikus gewährleistet war, denn nur eine eigenverantwortliche und weisungsungebundene Bearbeitung ist zum Nachweis der Befähigung nach § 5 FAO geeignet (...). Ebenso wie die dienstrechliche Stellung eines Rechtsanwalts als freier Mitarbeiter eine fachliche Weisungsgebundenheit nicht ausschließt (...), steht umgekehrt die arbeitsvertragliche Bindung eines Syndikusanwalts an den Auftraggeber einer in fachlicher Hinsicht weisungsfreien Tätigkeit des Syndikus nicht von vornherein entgegen. ... Es ist deshalb für den Nachweis der besonderen praktischen Erfahrungen nach § 5 FAO stets anhand der Umstände des Einzelfalles zu prüfen, ob der Rechtsanwalt in seiner Syndikustätigkeit hinsichtlich bestimmter Aufgaben fachlich unabhängig war und in diesem Sinn ihm übertragene Fälle selbständig bearbeitet hat."

771 Andererseits bleibt der BGH aber dabei, dass der in § 5 FAO geforderte Nachweis **nicht ausschließlich** durch Syndikusfälle erbracht werden kann. Hierzu heißt es:

„Der Rechtsanwalt, der mit einer Fachanwaltsbezeichnung wirbt, nimmt damit nicht nur ein besonderes Fachwissen (§ 4 FAO) für sich in Anspruch, das in juristischen Berufen auch außerhalb einer Tätigkeit als Rechtsanwalt erworben werden kann, sondern auch eine umfassende, spezifisch anwaltliche Berufserfahrung im Fachgebiet (§ 5 FAO). Diese kann der Rechtsanwalt aber nicht ohne weiteres durch eine ausschließliche Syndikustätigkeit, die seine Zulassung zur Rechtsanwaltschaft nicht einmal erfordern würde, erwerben, sondern nur dann, wenn er – zumindest nebenberuflich – als niedergelassener Rechtsanwalt zugelassen und auch tätig ist. Deshalb fordert § 3 FAO als Voraussetzung für die Verleihung der Fachanwaltsbezeichnung nicht nur die Zulassung zur Rechtsanwaltschaft, sondern auch eine mindestens dreijährige praktische Ausübung der Tätigkeit als zugelassener Rechtsanwalt. Die Syndikustätigkeit vermittelt typischerweise keine Erfahrungen in der Organisation des Berufsalltags eines niedergelassenen Rechtsanwalts (z. B. Einrichtung eines funktionierenden Kanzleibetriebs, kostenrechtliche Abwicklung der Mandate). Ein Syndikusanwalt, dem die Fachanwaltsbezeichnung verliehen würde, ohne dass er zumindest nebenberuflich auch als Rechtsanwalt im Fachgebiet tätig war, würde in mancher Hinsicht einem Berufsanfänger gleichstehen, wenn er mit der Fachanwaltsbezeichnung erstmals selbst um Mandate werben würde.

Das widerspräche § 3 FAO und der berechtigten Erwartung des rechtsuchenden Publikums an einen Fachanwalt, die dahin geht, dass der Fachanwalt auch über eine besondere Erfahrung in der anwaltlichen Berufspraxis verfügt."

---

1 22 dieser 29 Fälle waren im laufenden Verfahren „nachgeschoben" worden.

Ob Erfahrungen mit der Einrichtung eines funktionierenden Kanzleibetriebs und etwa der kostenrechtlichen Abwicklung der Mandate tatsächlich so ausschlaggebend sind oder sein sollten, wie der Anwaltssenat dies darstellt, scheint zweifelhaft. **Organisationstechnische und gebührenrechtliche Fragestellungen** sind auch manchem „richtigen" Rechtsanwalt, der von Beginn seiner Tätigkeit an in einen funktionierenden Kanzleibetrieb mit Bürovorsteher und entsprechenden Zuständigkeiten eingebunden war, fremd. 772

(4) Die Rechtsprechung des BGH nach dem 1.7.2003

Die **Neufassung von § 5 Satz 1 (jetzt Abs. 1) FAO** ist am **1.7.2003** in Kraft getreten. Offenbar hat die **gute Absicht** der Satzungsversammlung aber nicht ausgereicht, auch den Bundesgerichtshof von der **vollständigen Anerkennungsfähigkeit von Syndikusfällen** zu überzeugen. In einem seiner Beschlüsse vom **6.3.2006**[1] lässt er – obwohl es in dem zu entscheidenden Fall des **Angestellten einer Steuerberatungsgesellschaft** nach Meinung des Anwaltssenats auf die Frage gar nicht ankommt – durchblicken, dass ihm das Bemühen der Satzungsversammlung, durch sprachliche Änderung von § 5 Satz 1 (jetzt Abs. 1) FAO auch Syndikusfälle zu erfassen, **nicht hinreichend gelungen** scheint. Der BGH bleibt bei seiner schon früher geäußerten Auffassung,[2] dass zwar grundsätzlich auch eine Tätigkeit als Syndikusanwalt zum Nachweis praktischer Erfahrungen genügen könne, ein Syndikus aber dennoch den **zusätzlichen Nachweis praktischer Erfahrungen außerhalb seiner Aufgaben als Syndikus** führen müsse. Nur so könne dem Erfordernis Rechnung getragen werden, dass ein künftiger Fachanwalt auch den **„Perspektivwechsel"** von der Sicht des Arbeitgebers oder Dienstherrn zu der des selbständigen Rechtsanwalts vollzogen habe. 773

Dass dieser Perspektivwechsel zum Nachweis besonderer praktischer Erfahrungen so maßgeblich ist, wie der BGH annimmt, scheint zweifelhaft. Er wird aber weitgehend auch schon dadurch sichergestellt, dass die meisten Buchstaben des § 5 Abs. 1 FAO den **Nachweis gerichtlicher Fälle** in beträchtlicher Zahl verlangen, die ein Syndikusanwalt auf Grund von **§ 46 Abs. 1 BRAO** ohnehin nicht im Rahmen der Tätigkeit für seinen Arbeitgeber erbringen kann. 774

Als weiterer Kritikpunkt ist anzuführen, dass der Anwaltssenat sich in Widerspruch zu seinen Ausführungen in einem anderen Beschluss vom selben Tag[3] setzt, in dem er in Zusammenhang mit den Fragen der Fall-Bearbeitung, des Drei-Jahres-Zeitraums und der Gewichtung stets auf den einzelnen Fall und **nicht auf eine Gesamtschau**, also die Einbettung des Falles in einen größeren Zusammenhang, abstellt. Bei der Frage der Anerkennung von Syndikusfällen soll es nun also doch um eine Gesamtschau gehen. Denn käme es auch hier

1 BGH BGHReport 2006, 821, 823, m. krit. Anm. Offermann-Burckart = BRAK-Mitt. 2006, 134, 136.
2 BGH (vom 13.1.2003) NJW 2003, 883 f. = BRAK-Mitt. 2003, 80 ff. = BGHReport 2003, 464.
3 BGH BGHReport 2006, 819 ff., m. Anm. Offermann-Burckart = BRAK-Mitt. 2006, 131 ff.

nur auf den konkreten Fall, also darauf an, ob dieser vom Antragsteller persönlich und weisungsfrei bearbeitet worden ist, würde sich die für einen Syndikusanwalt aufgestellte Forderung nach einem Mischungsverhältnis verbieten.[1]

775 In einem Beschluss aus demselben Jahr, nämlich vom **25.10.2006**,[2] nimmt der Bundesgerichtshof abermals Bezug auf die durch die Neufassung von § 5 Satz 1 (jetzt Abs. 1) FAO zutage getretenen **„Bemühungen" der Satzungsversammlung**. Der Begriff der persönlichen Bearbeitung möge in geringerem Maße als der Begriff der selbständigen Bearbeitung auf eine Tätigkeit außerhalb eines Anstellungsverhältnisses hindeuten. Deshalb werde die Neufassung der Regelung teilweise als Ausdruck des Willens der Satzungsversammlung gewertet, dem ausschließlich als sog. Syndikus tätigen Rechtsanwalt den Weg zur Fachanwaltsbezeichnung zu ebnen. Andere sähen dagegen in der Neufassung keine inhaltliche Änderung gegenüber dem bisherigen Rechtszustand. Welche konkreten Erleichterungen den in ständigen Dienstverhältnissen stehenden Rechtsanwälten mit der Änderung hätten zukommen sollen, lasse die neue Formulierung **nicht erkennen**. Jedenfalls seien die praktischen Anforderungen an den Erwerb der Berechtigung zur Führung einer Fachanwaltsbezeichnung **im Kern gleich geblieben**. Deshalb könne auch das Erfordernis einer weisungsfreien Bearbeitung als Rechtsanwalt nicht allein durch eine unabhängige Bearbeitung von Fällen als Rechtsanwalt in einem ständigen Dienstverhältnis erfüllt werden. Solche Fall-Bearbeitungen könnten zwar berücksichtigt werden. Es bedürfe aber nach wie vor zusätzlich noch der Bearbeitung **einer erheblichen Anzahl nicht unbedeutender Mandate** außerhalb des Anstellungsverhältnisses und einer abschließenden Bewertung und Gewichtung der von den Antragstellern jeweils vorgelegten Fälle **aus beiden beruflichen Bereichen**. Der selbständige wie der bei einem anderen Rechtsanwalt angestellte Anwalt hätten die wechselnde Perspektive des jeweiligen Mandanten einzunehmen. Gerade das präge die in § 5 Satz 1 FAO (a.F.) geforderte praktische Erfahrung. Demgegenüber nehme der Syndikusanwalt nach dem Zweck seiner Anstellung **allein die Perspektive seines Arbeitgebers** oder, bei einem Verbandssyndikus, die Perspektive der Mitglieder seines Arbeitgebers ein, weshalb er **zusätzlich** praktische Erfahrungen außerhalb seines Anstellungsverhältnisses nachweisen müsse. Im zu entscheidenden Fall hatte der Bewerber um die Fachanwaltsbezeichnung im Versicherungsrecht ausschließlich Fälle vorgelegt, die er im Rahmen der **Tätigkeit bei einem Versicherungsunternehmen** bearbeitet hatte.[3] Deshalb sind der Entscheidung auch keine Anhaltspunkte dafür zu entnehmen, welches Verhältnis von originär anwaltlichen Fällen zu im Rahmen eines Anstellungsverhältnisses mit einem nicht-anwaltlichen Dienstherrn bearbeiteten Fällen der BGH (noch) akzeptieren würde.

---

1 Offermann-Burckart, Anm. zu BGH vom 6.3.2006 – BGHReport 2006, 823, 824.

2 BGH NJW 2007, 599 = BGHReport 2007, 234, m. Anm. Offermann-Burckart = BRAK-Mitt. 2007, 27.

3 Vgl. auch BVerfG NJW 2007, 1945.

Im Rahmen eines **Nichtannahme-Beschlusses vom 20.3.2007** bestätigt das **Bundesverfassungsgericht**[1] die vorstehende Auffassung, legt den Fokus dabei aber eindeutig auf den Nachweis **gerichtlicher Fälle**. Es sei verfassungsrechtlich nicht zu beanstanden, eine i. S. von § 5 FAO persönliche Fall-Bearbeitung als Rechtsanwalt zu verneinen, wenn sich ein Syndikusanwalt **auf ein Wirken im Hintergrund beschränke** und weder eigene Schriftsätze anfertige noch selbst an den Gerichtsverhandlungen teilnehme. Der Schutz der Erwartungen des rechtsuchenden Publikums könne die Versagung der Fachanwaltsbezeichnung bei einem Bewerber rechtfertigen, der nur wenige Gerichtsverfahren geführt habe. Es sei nicht zu beanstanden, wenn die vom Antragsteller bzw. Beschwerdeführer als Beleg angeführten, in seiner Eigenschaft als Syndikusanwalt betreuten Fälle als nicht ausreichend bewertet würden, weil bei ihnen die Einreichung von Schriftsätzen und insbesondere die Wahrnehmung von Gerichtsterminen durch beauftragte Rechtsanwälte erfolgt und der Beschwerdeführer lediglich zu deren Unterstützung tätig geworden sei. Die Beanstandung des Beschwerdeführers, ein in der Assekuranz tätiger Syndikusanwalt sei wegen § 46 BRAO daran gehindert, seinen Arbeitgeber auch gerichtlich zu vertreten, während beispielsweise der Verbandssyndikus beim Arbeitgeberverband die Mitglieder vor den Arbeitsgerichten vertreten und hierdurch die für die Verleihung einer Fachanwaltsbezeichnung erforderlichen Fälle nachweisen könne, sei unerheblich. Denn die bloße Tatsache, dass für bestimmte Gruppen von Anwälten der Nachweis praktischer Erfahrungen auf einem Fachgebiet leichter zu erbringen sei als für andere, könne nicht zu einer Verringerung der Anforderungen an die Qualifikation der Bewerber aus den benachteiligten Gruppen führen. 776

In einem Beschluss vom **4.11.2009**[2] greift der Anwaltssenat auf die oben dargestellte Entscheidung vom **18.6.2001** zurück, in der er einen **Anteil von 22 %** originär anwaltlicher Fälle zum Zeitpunkt der Antragstellung (und von 35 % solcher Fälle zum Zeitpunkt der Entscheidung des AGH) für ausreichend gehalten hatte. Diese Schwelle könne, so der BGH jetzt, auch unter Geltung der heutigen stringenteren Fassung der Norm **nicht unterschritten werden**. Leider wählt der Senat sowohl im Leitsatz als auch in den Gründen eine außerordentlich **missverständliche Formulierung**, wenn er postuliert, bei einem Syndikusanwalt könnten Fall-Bearbeitungen berücksichtigt werden, die er als Syndikus erbracht habe, falls sie im Übrigen den Vorgaben der Norm entsprächen und in erheblichem Umfang der „selbständigen anwaltlichen Tätigkeit" entstammten. Diese Forderung stellt einen Widerspruch in sich dar. 777

Fest steht nach alledem nur, dass der Praxisnachweis des § 5 FAO jedenfalls zu einem (größeren oder kleineren) Teil mit Syndikusfällen geführt werden kann. 778

Leider hat die Satzungsversammlung es bislang versäumt, durch Aufnahme einer entsprechenden Formulierung in § 5 FAO die Dinge klarzustellen. Im Zuge der umfangreichen Überarbeitung der FAO in der dritten Legislaturperiode war dieser Vorschlag diskutiert worden. Er wurde mit Hinweis darauf, 779

1 NJW 2007, 1945.
2 BGH NJW 2010, 377, 379, m. Anm. Römermann = AnwBl. 2010, 64, 65 f.

dass die Dinge doch schon durch die seinerzeitige Neufassung von § 5 Satz 1 (jetzt Abs. 1) hinreichend geregelt seien, **abgelehnt.**[1] Dabei kann nicht verschwiegen werden, dass einige Mitglieder der Satzungsversammlung ebenso wie einige Mitglieder von Vorprüfungsausschüssen bis heute der Auffassung sind, Syndikusfälle seien gar nicht oder allenfalls zu einem geringen Teil und/oder mit einer geringen Gewichtung anzuerkennen.

780 Einschränkend wird man im Hinblick auf die oben darstellte Beschlussfassung der 105. Hauptversammlung der Bundesrechtsanwaltskammer allerdings fordern müssen, dass Fälle, die ein Antragsteller im Rahmen eines Beschäftigungsverhältnisses mit einem nicht-anwaltlichen Arbeitgeber erbracht hat, nur dann als Fälle i. S. von § 5 Abs. 1 FAO anerkannt werden können, wenn sie **im Rahmen einer rechtsberatenden, rechtsentscheidenden, rechtsgestaltenden und rechtsvermittelnden Tätigkeit bearbeitet wurden**.

781 In der Praxis entschärft sich das Problem – wie vom Bundesverfassungsgericht[2] aufgezeigt – nicht zuletzt dadurch, dass für viele (die meisten) Fachgebiete in § 5 Abs. 1 lit. a bis t FAO die Bearbeitung einer **nennenswerten Zahl gerichtlicher Verfahren** gefordert wird. Da ein Rechtsanwalt, der in einem ständigen Dienst- oder ähnlichen Beschäftigungsverhältnis steht, nach **§ 46 Abs. 1 BRAO** vor Gerichten oder Schiedsgerichten nicht in seiner Eigenschaft als Rechtsanwalt für den Auftraggeber tätig werden darf, kommt eine Bearbeitung gerichtlicher Verfahren im Rahmen der Syndikustätigkeit streng genommen nur dort in Betracht, wo **kein Anwaltszwang** herrscht. Besteht Anwaltszwang, muss ein externer Anwalt eingeschaltet werden, was dazu führt, dass der Syndikusanwalt allenfalls noch im Hintergrund die Fäden ziehen kann. Das reicht als selbständiges Betreiben eines gerichtlichen Verfahrens nicht aus.

bb) Anwaltsnotare

782 Früher war die Frage, ob die Fälle, die der Bewerber als **Anwaltsnotar** bearbeitet hat, zum Nachweis der besonderen praktischen Erfahrungen geeignet sind, heftig umstritten. Diese Frage stellt sich insbesondere im Erbrecht, aber auch z. B. im Bau- und Architektenrecht sowie im Handels- und Gesellschaftsrecht. Betroffen sind Antragsteller aus Bezirken, in denen das Anwaltsnotariat existiert.

Das Meinungsbild in den Fachausschüssen und Kammervorständen war gespalten. Manche erkannten Anwaltsnotar-Fälle an, andere erkannten sie nicht an. Diese Ungleichbehandlung war umso problematischer, als Bewerber oftmals **gar keine Wahl** haben, ob sie einen Fall als Rechtsanwalt oder als Notar bearbeiten. Denn der Rechtsanwalt, der zugleich über eine Notarbestellung verfügt, ist schon aus Kostengründen dem Mandanten gegenüber verpflichtet, nicht erst bei der Beurkundung, sondern schon bei der Erstellung eines Testaments den „Notarhut" aufzuziehen.

---

1 Vgl. hierzu Protokoll der 7. Sitzung des Ausschusses 1 der Dritten Satzungsversammlung vom 16.1.2006, S. 11.
2 NJW 2007, 1945.

Die Dritte Satzungsversammlung hat durch Beschlussfassung vom 3.4.2006 die auch in verfassungsrechtlicher Hinsicht (Art. 3, 12 GG) problematische Unsicherheit und Ungleichbehandlung beseitigt und in § 5 FAO einen neuen Satz 2 (jetzt Abs. 2) aufgenommen, der lautet: 783

„Als Fälle i. S. von Satz 1 (jetzt Abs. 1) gelten auch solche, die der Rechtsanwalt als Anwaltsnotar bearbeitet hat, sofern sie auch von einem Rechtsanwalt, der nicht Notar ist, hätten bearbeitet werden können."

Durch die Einschränkung im letzten Halbsatz wird deutlich gemacht, dass es sich natürlich um **originäre Anwaltstätigkeit** handeln muss. Notarielle Beglaubigungen bleiben damit ebenso unberücksichtigt wie reine Beurkundungen, denen keine Beratung vorangegangen ist.[1] 784

cc) Eigenvertretungen

„Als Rechtsanwalt" bearbeitet der Antragsteller selbstverständlich auch Fälle, die **ihn selbst betreffen**. Die Funktion des Fallzahlennachweises, die darin besteht, sicherzustellen, dass der Durchschnitt der Mandate auf dem Fachgebiet die Zahl der Aufträge deutlich übersteigt, die von nicht spezialisierten Berufskollegen im betreffenden Zeitraum bearbeitet wurden, gebietet keine andere Sichtweise.[2] Außerdem sind einem Rechtsanwalt, der einen Prozess selbst führt, gem. § 91 Abs. 2 Satz 3 ZPO ja auch die Gebühren zu erstatten, die er als Gebühren eines bevollmächtigten Anwalts erstattet verlangen könnte. 785

c) Weisungsfreie Bearbeitung

Bestandteil der Neufassung von § 5 FAO, durch die der Streit um die Syndikusanwälte beendet werden sollte, war auch die Aufnahme der Formulierung **„weisungsfrei"**, also die Forderung, dass die Bearbeitung nicht nur persönlich, d.h. eigenhändig, sondern außerdem **frei von Weisungen** erfolgen sollte. Auf die Weisungsungebundenheit stellt maßgeblich auch der BGH in seiner Entscheidung vom 13.1.2003[3] ab. 786

Die Aufnahme der Formulierung „und weisungsfrei" erfolgte in der Sitzung der Zweiten Satzungsversammlung am 7.11.2002 sehr **spontan**. Sie war nicht Bestandteil des ursprünglichen Antrags zur Änderung von § 5 Satz 1 FAO (a. F.).

Das Kriterium der Weisungsfreiheit ist mit **neuen Problemen** behaftet. Die Frage, wie Vorprüfungsausschuss und Kammervorstand bei einem Syndikusanwalt, dessen Arbeitsplatz und Eingruppierung in ein Unternehmen sie nicht kennen, **beurteilen sollen**, wo die Weisungsunabhängigkeit aufhört und eine Weisungsgebundenheit anfängt, ist bislang unbeantwortet. 787

---

1 So letztlich auch Quaas, in: Gaier/Wolf/Göcken, a. a. O., § 5 FAO Rz. 27, der die in § 5 FAO enthaltene Einschränkung für nicht nachvollziehbar hält, weil die (anrechenbare) Tätigkeit des Anwaltsnotars aus der Vorbefassung mit dem Fall, die der Beurkundung regelmäßig vorhergehe, einen „Fall" mache, sodass die „reine" Beurkundung von vornherein aus dem Fallbegriff herausfalle.

2 BGH BGHReport 2006, 819, 820 f. = BRAK-Mitt. 2006, 131, 133.

3 BGH NJW 2003, 883, 884 = BRAK-Mitt. 2003, 80, 81 = BGHReport 2003, 464, 465.

788 Außerdem ergeben sich aus dem Erfordernis weisungsfreier Bearbeitung – wenn man es denn streng anwendet – ganz neue Schwierigkeiten für solche Antragsteller, die in einem **Anstellungsverhältnis zu einer Anwaltskanzlei** stehen oder **„Jungsozien"** sind. Auch viele dieser Anwälte, die den Weisungen und der **fachlichen Oberaufsicht** ihres Arbeitgebers oder eines Seniorsozius unterliegen, können nicht im eigentlichen Wortsinn Weisungsfreiheit für sich in Anspruch nehmen.

789 In einem Beschluss vom **10.11.2008** stellt der **hessische AGH**[1] fest, dass eine weisungsfreie Bearbeitung in der Regel **nur dann zu verneinen** sei, wenn Rechtsanwälte innerhalb einer Fall-Bearbeitung im Wege der Zuarbeit (z.B. durch Erstellung wissenschaftlicher Gutachten) **eng umgrenzte Teilaspekte** behandelten, ohne eigene Entscheidungsbefugnis darüber, wie die von ihnen für den Teilaspekt gefundenen Lösungen in die Mandatsbearbeitung einflössen und welche Rechtsfolgen hieraus für die Lösung des Falles resultierten. Eine nähere Erklärung, warum nicht auch ein – sei es auch auf einen Teilaspekt bezogenes – wissenschaftliches Gutachten eines Anwalts ein (weisungsfrei bearbeiteter) Fall sein soll, bleibt der AGH schuldig.

9. Der Drei-Jahres-Zeitraum

790 Die Fall-Bearbeitung nach § 5 FAO muss „innerhalb der letzten drei Jahre vor der Antragstellung" erfolgt sein. Hierdurch soll sichergestellt werden, dass der Bewerber um eine Fachanwaltsbezeichnung nicht nur irgendwann eine bestimmte absolute Zahl von Fällen in seinem Fachgebiet bearbeitet hat, sondern dass er aktuell und **in nennenswertem Umfang** (ausgewiesen durch eine gewisse **Falldichte**) auf diesem Gebiet tätig ist.

791 Der Drei-Jahres-Zeitraum des § 5 Abs. 1 FAO gilt **auch für diejenigen**, die den **Sechs-Jahres-Zeitraum** des § 3 FAO („dreijährige Zulassung und Tätigkeit innerhalb der letzten sechs Jahre vor Antragstellung") für sich in Anspruch nehmen. Wer innerhalb der sechs Jahre pausiert, muss also darauf achten, dass er gleichwohl in den unmittelbar vor Antragstellung liegenden drei Jahren die erforderliche Fallzahl erreicht.

a) Zur Verfassungsmäßigkeit der Zeitvorgabe

792 Der **Bundesgerichtshof** hat sich erstmals in einer Entscheidung vom **18.4.2005**[2] ausdrücklich mit der Verfassungsmäßigkeit des Erfordernisses, dass die nachzuweisenden besonderen praktischen Erfahrungen innerhalb der letzten drei Jahre vor der Antragstellung gesammelt sein müssen, auseinandergesetzt. Er erhob gegen die ausschließliche Beachtlichkeit der Fall-Bearbeitung innerhalb des Drei-Jahres-Zeitraums keine Bedenken, insbesondere **keine Bedenken verfassungsrechtlicher Art**. Mit drei Jahren sei die Beurteilungszeit **relativ lang** bemessen, was die Zulassungsschranke leichter überwindbar mache als ein kürzerer Zeitraum.

1 BRAK-Mitt. 2009, 82, 84 f.
2 BRAK-Mitt. 2005, 187 f.

Der Anwaltssenat trägt dem Bedürfnis Rechnung, über den Antrag auf Grund **zeitnaher** Erkenntnisse zu entscheiden. Im Interesse des rechtsuchenden Publikums dürfe davon nicht abgewichen werden. Praktische Erfahrungen könnten nicht nur mit der Intensität und Dauer der Berufsausübung wachsen, sie könnten, falls sie zu lange zurücklägen, auch „altern". Das rechtsuchende Publikum dürfe mit Recht erwarten, dass ein Rechtsanwalt, dem die Befugnis verliehen werde, sich als Fachanwalt auf einem bestimmten Gebiet zu bezeichnen, sich auch mit seinen Erfahrungen auf der Höhe der Zeit befinde. Wenn die Drei-Jahres-Frist nicht strikt beachtet würde, könnte die Beurteilungsgrundlage nicht mehr verlässlich eingegrenzt werden. Müssten auch praktische Erfahrungen aus dem vierten Jahr vor Antragstellung berücksichtigt werden, ließe sich nicht überzeugend begründen, warum dies nicht auch für solche aus dem fünften usw. gelte. 793

Auch die letzte Neufassung von § 3 FAO, der nunmehr auf eine dreijährige Zulassung und Tätigkeit innerhalb der letzten sechs Jahre vor Antragstellung abstelle, ändere an dieser Einschätzung nichts, weil die Satzungsversammlung nach ihrem erklärten Willen das Drei-Jahres-Erfordernis des § 5 Satz 1 (jetzt Abs. 1) FAO unangetastet gelassen habe. 794

Allerdings war die **ausnahmslose Beschränkung** auf einen Zeitraum von drei Jahren insofern verfassungsrechtlich bedenklich, als sie die Anerkennung von **Mutterschutz- und Elternzeiten** und **bestimmten Härtefällen** außer Acht ließ. 795

Der **nordrhein-westfälische Anwaltsgerichtshof** hat mit Beschluss vom **22.8.2008**[1] festgestellt, dass bei verfassungskonformer Auslegung von § 5 Satz 1 FAO (a. F.) die Zeiten des Beschäftigungsverbots nach den **§§ 3, 6 MuSchG** (von derzeit 14 Wochen) **bei der Berechnung des Drei-Jahres-Zeitraums zu berücksichtigen seien**. Dem in § 3 Abs. 2 und § 6 Abs. 1 MuSchG zum Ausdruck kommenden Schutzanliegen sowie dem verfassungsrechtlichen Schutzgedanken aus **Art. 6 Abs. 4 GG** sei durch **verfassungskonforme Auslegung** von § 5 Satz 1 (jetzt Abs. 1) FAO Rechnung zu tragen. Art. 6 Abs. 4 GG enthalte ein echtes Grundrecht i. S. eines subjektiv-öffentlichen Rechts auf Schutz und Fürsorge. Die Vorschrift solle die besonderen Belastungen in Zusammenhang mit der **Schwangerschaft** und der **biologischen Mutterschaft** ausgleichen. Als geschützte Situation sei dabei auch erfasst, wenn die Mutter wirtschaftliche oder berufliche Nachteile erleide, die auf die biologische Mutterschaft, insbesondere die Inanspruchnahme von Mutterschutzzeiten zurückzuführen seien. Eine in den Drei-Jahres-Zeitraum fallende Geburt habe zur Folge, dass der betroffenen Rechtsanwältin nicht der volle Zeitraum für anwaltliche Tätigkeit zur Erlangung der erforderlichen Fallzahlen zur Verfügung stehe, sondern ein um die mit Schwangerschaft und Geburt einhergehenden Einschränkungen verminderter Zeitraum. Dieser Zeitraum könne in Orientierung an den §§ 3, 6 MuSchG generalisierend mit den dort genannten Zeiträumen bemessen werden. Die Einbeziehung weiterer Zeiträume (z. B. Elternzeit, Zeiten der Pflege naher Angehöriger, Krankheitszeiten) lehnte der Anwaltsgerichtshof noch ab. Hier seien die **Risiken für Männer und Frauen** 796

1 NJW 2009, 452 ff.

gleich. Außerdem könne eine zu starke Ausweitung des Zeitraums dazu führen, dass sich der jeweilige Antragsteller mit seinen praktischen Erfahrungen nicht mehr auf der Höhe der Zeit befinde.

797 Auch der **Bundesgerichtshof** kommt in einem Beschluss vom **20.4.2009**[1] zu dem Ergebnis, dass bei **verfassungskonformer Auslegung** der Norm nicht nur Mutterschutz-, sondern auch Elternzeiten zu berücksichtigen seien. Er wies den vorliegenden Antrag auf gerichtliche Entscheidung nur deshalb zurück, weil die zuständige Rechtsanwaltskammer dem bereits Rechnung getragen und den Nachweiszeitraum von sich aus **um 9 Monate** verlängert hatte. Das hielt der Anwaltssenat im zu entscheidenden Fall für ausreichend.

b) Der neue § 5 Abs. 3 FAO

798 Schon einige Zeit **vor** Bekanntwerden der Entscheidung des AGH NRW hatte der **Ausschuss 1 der Satzungsversammlung** begonnen, sich mit dem Thema zu befassen. Über die Erleichterungen für Mütter und Rechtsanwältinnen bzw. Rechtsanwälte in Elternzeit war man sich schnell einig. Lange wurde hingegen darüber diskutiert, ob man auch allgemeine Härtefälle berücksichtigen solle und ob es hierfür einen Katalog geben könne. Letztlich hat sich der Ausschuss für den Vorschlag der **sehr liberalen Regelung** entschieden, die die **Vierte Satzungsversammlung** in ihrer **3. Sitzung am 15.6.2009** dann auch beschlossen hat und die am **1.3.2010** in Kraft getreten ist. Nach dem neuen **§ 5 Abs. 3 FAO** verlängert sich der Zeitraum des Abs. 1 um

799
- Zeiten eines Beschäftigungsverbots nach den Mutterschutzvorschriften
- Zeiten der Inanspruchnahme von Elternzeit
- Zeiten, in denen der Antragsteller wegen besonderer Härte in seiner anwaltlichen Tätigkeit eingeschränkt war.

Härtefälle sind dabei nur auf Antrag und bei entsprechendem Nachweis zu berücksichtigen. Insgesamt ist die Verlängerung auf **36 Monate** beschränkt. Dabei können auch mehrere Elternzeiten aneinandergereiht werden.

800 **Beispiel:**
Eine Rechtsanwältin wird mehrfach hintereinander schwanger und befindet sich über mehrere Jahre bis zum 31.12.2011 fortlaufend in Elternzeit. Sie kommt in den Genuss der Verlängerung des Nachweiszeitraums auf 6 Jahre, sofern sie den Antrag nicht später als 3 Jahre nach dem Ende der letzten Elternzeit (also spätestens bis zum 31.12.2014) stellt. Wie weit der auf 6 Jahre erweiterte Referenzzeitraum zurückreicht, bestimmt sie innerhalb dieses Rahmens mit ihrer Antragstellung letztlich selbst.

801 Als **Härtefälle** kommen in Betracht die Pflege eines nahen (z. B. betagten) Angehörigen, wenn sie den Antragsteller – ähnlich wie die Betreuung eines Kleinkindes – erheblich an der **vollschichtigen Ausübung seiner Anwaltstätigkeit** hindert, oder eine eigene schwere Erkrankung, die zu **erheblichen Ausfallzeiten** führt. Nicht anzuerkennen sind die **üblichen „Wechselfälle“** des

1 BRAK-Mitt. 2009, 182, m. Anm. Greve; vgl. hierzu kritisch Zuck, Verfassungsrechtliche Rahmenbedingungen für die Auslegung und Anwendung der §§ 5, 7 FAO – zugleich zu BGH, Beschluss vom 20.4.2009, AnwZ (B) 43/08, BRAK-Mitt. 2009, 150.

anwaltlichen Berufsalltags, wie eine besondere Auslastung durch ein (z. B. strafrechtliches oder insolvenzrechtliches) Einzelmandat oder die kurzfristige Kündigung eines Mitarbeiters. Selbstverständlich stellen auch Ausfallzeiten, die der Rechtsanwalt planmäßig herbeiführt, um z. B. im Ausland einen LL.M.-Titel zu erwerben, seine Promotion zu beenden etc., keine Härte i. S. der neuen Regelung dar. Und auch Schwierigkeiten, die sich bei einem Kanzleiwechsel daraus ergeben, dass der frühere Arbeitgeber oder Partner den Zutritt zu alten Kanzleiinformationen, die zum Erstellen der Fallliste benötigt werden, verweigert, führen nicht zum Vorliegen eines Härtefalls. Die **„Beweislast"** für einen Härtefall liegt **beim Antragsteller**.

Kontrovers wurde im Ausschuss 1 die Frage diskutiert, ob auch Fälle, die **während** des Mutterschutzes, der Elternzeit und/oder eines Härtefall-Zeitraums bearbeitet werden, bei der Fallzählung zu berücksichtigen sind. Dies könne, so wurde befürchtet, zu einer Benachteiligung derjenigen Antragsteller führen, die nur den üblichen Drei-Jahres-Zeitraum zur Verfügung hätten. Allerdings votierte der Ausschuss letztlich doch für das Mitzählen der Fälle aus dem „Kulanz-Zeitraum",[1] weil die gegenteilige Handhabung nicht praktikabel erschien und man dem Umstand Rechnung tragen wollte, dass Anwälte, die z. B. wegen einer Elternzeit mehr oder weniger pausieren, häufig auch vor und insbesondere nach dieser Zeit nur eingeschränkt der Anwaltstätigkeit nachgehen können. 802

➲ **Praxis-Tipp:** Alle **zweckdienlichen Bescheinigungen** zum Nachweis der Mutterschutz- und/oder Elternzeiten, ärztliche Atteste und sonstige Unterlagen sollten schon bei Antragstellung mit eingereicht werden. 803

Der **bayerische Anwaltsgerichtshof** hat durch Urteil vom **14.1.2011**[2] entschieden, dass die Betreuung eines am Down-Syndrom leidenden Kindes keinen Härtefall i. S. von § 5 Abs. 3 Satz 1 lit. c FAO darstelle. Die Norm betreffe lediglich Fälle der auf bestimmte Zeiträume eingegrenzten Einschränkung in der anwaltlichen Tätigkeit. Dagegen sei im vorliegenden Fall die Klägerin aufgrund der Pflegebedürftigkeit ihres Sohnes dauerhaft in der anwaltlichen Tätigkeit eingeschränkt. Sie sei deshalb zu vergleichen und gleichzustellen mit Rechtsanwälten und Rechtsanwältinnen, die ihren Beruf lediglich in Teilzeit ausübten. § 5 Abs. 1 FAO unterscheide allerdings nicht zwischen **vollerwerbstätigen und teilzeitbeschäftigten Rechtsanwälten**. Vielmehr gelte für alle gleichermaßen die Frist von drei Jahren. Diese Fristsetzung diene einerseits dem Interesse des rechtsuchenden Publikums an seinem Vertrauen in die aktuellen Spezialkenntnisse eines Fachanwalts und berücksichtige andererseits auch die besonderen Belange von im Anwaltsberuf tätigen Eltern. Damit sei ausgeschlossen, dass über den Umweg des § 5 Abs. 3 Satz 1 lit. c FAO doch wieder eine Verlängerung des Referenzzeitraums erreicht werde für solche Rechtsanwälte, die dauerhaft zeitlich in ihrer Tätigkeit eingeschränkt seien. Da der Referenzzeitraum mit drei Jahren ohnehin relativ lang bemessen sei, seien daher die Verlängerungsmöglichkeiten gem. § 5 Abs. 3 FAO eng 804

---

1 Protokoll der 3. Sitzung des Ausschusses 1 der Vierten Satzungsversammlung vom 6.10.2008, S. 13.

2 BayAGH I-8/2010.

auszulegen. Im Übrigen stehe es ja auch nicht im Belieben der Klägerin, auszuwählen, welchen Drei-Jahres-Zeitraum sie als Verlängerung des ursprünglichen Referenzzeitraums wegen der Pflegebedürftigkeit ihres Sohnes haben wolle. Eine solche Wahlmöglichkeit sei den streng formalisierten und **das Vertrauen des rechtsuchenden Publikums schützenden** Regelungen der FAO fremd und wäre systemwidrig.[1] In dem konkreten Fall hätte man seitens des Vorprüfungsausschusses bzw. Kammervorstands wie des Anwaltsgerichtshofs sicher auch zu einer antragstellerfreundlicheren Handhabung gelangen können. Ein Härtefall i. S. von § 5 Abs. 3 FAO lässt sich schwerlich mit der Begründung verneinen, die – im konkreten Fall zweifellos gegebene – Härte liege nicht nur kurzfristig und vorübergehend, sondern über einen längeren Zeitraum vor. Um es pointiert zu formulieren: Mehr Härte darf nicht zu weniger Entlastung führen. Dass der Nachweiszeitraum unbegrenzt ausufert, hat die Satzungsversammlung durch Festlegung der Obergrenze von 36 Monaten verhindert. Innerhalb dieses Zeitraums muss die Berücksichtigung der besonderen Pflege eines behinderten Kindes aber möglich sein.

c) Das „Hineinragen" in den Drei-Jahres-Zeitraum

805 Zu den nahezu in jedem Antragsverfahren auftretenden Fragen gehört die, ob ein Mandat auch dann in den Drei-Jahres-Zeitraum fällt, wenn mit der Bearbeitung bereits **vor Beginn des Zeitraums begonnen wurde oder die Bearbeitung bei Antragstellung noch nicht abgeschlossen ist**.

806 In der 1. Auflage[2] wurde darauf abgestellt, dass die **„wesentliche" Fall-Bearbeitung** innerhalb des Drei-Jahres-Zeitraums liege. Danach sei es unschädlich, wenn die Erteilung des Mandats kurze Zeit vor Beginn der drei Jahre, die eigentliche Mandatsbearbeitung aber innerhalb der maßgeblichen Zeitspanne erfolgt sei. Und ebenso sei unerheblich, dass ein Mandatsverhältnis bei Antragstellung noch nicht vollständig abgeschlossen sei, allerdings kurz vor der Beendigung stehe. Dass die Bearbeitung nur irgendwie in den Drei-Jahres-Zeitraum „hineinrage", könne dagegen nicht ausreichen, weil der Zeitrahmen ansonsten der Beliebigkeit preisgegeben würde.[3]

807 Der **Bundesgerichtshof** hat dieser Auffassung in einer seiner schon mehrfach erwähnten Entscheidungen vom **6.3.2006**[4] eine **eindeutige Absage** erteilt. Es komme lediglich darauf an, ob die Sache während des maßgeblichen Zeitraums **inhaltlich bearbeitet** worden sei. Dies ergebe sich aus Wortlaut und Zweck der Regelung. Wörtlich heißt es:

---

1 Der BGH hat die Entscheidung unmittelbar vor Manuskriptschluss aufgehoben und die betroffene Rechtsanwaltskammer verpflichtet, die Fachanwaltsbezeichnung zu verleihen.

2 Rz. 237.

3 In diesem Sinne wohl auch Scharmer, in: Hartung/Römermann, a. a. O., § 5 FAO Rz. 277, der zwar ein „Hineinragen" akzeptiert, aber darauf abstellt, dass das bereits früher akquirierte oder kurz vor Antragstellung übernommene Mandat mit einem „substanziellen Teil der Mandatsbearbeitung" in den Drei-Jahres-Zeitraum falle.

4 BGH BGHReport 2006, 819, 820, m. krit. Anm. Offermann-Burckart = BRAK-Mitt. 2006, 131, 132 f.

„Das Erfordernis der Bearbeitung bestimmter Fallzahlen innerhalb des Drei-Jahres-Zeitraums soll sicherstellen, dass der Durchschnitt der Mandate auf dem Fachgebiet des Rechtsanwalts die Zahl der Aufträge deutlich übersteigt, die von nicht spezialisierten Berufskollegen im betreffenden Zeitraum auf dem Gebiet bearbeitet werden. ... Das Erfordernis, dass dieser Zeitraum vor der Antragstellung liegen muss, soll sicherstellen, dass der Rechtsanwalt sich auch mit den praktischen Erfahrungen auf der Höhe der Zeit befindet (...). Dazu genügt es, dass eine Bearbeitung innerhalb des Drei-Jahres-Zeitraums erfolgt ist. Es kann wegen der Formalisierung des Nachweises praktischer Erfahrungen ... nicht darauf ankommen, ob die wesentliche Fall-Bearbeitung innerhalb des Drei-Jahres-Zeitraums liegt (...). Eine derartige Einengung ergibt sich im Übrigen weder aus dem Wortlaut noch aus dem Zweck der Regelung und führte zu vermeidbaren Abgrenzungsschwierigkeiten (...)." 808

Auch eine **Abgewichtung** komme in diesem Zusammenhang nicht in Betracht. Denn Bezugspunkte für die Gewichtung seien „die Bedeutung, der Umfang und die Schwierigkeit des jeweiligen Falles, nicht der Umfang und die Schwierigkeit der im maßgeblichen Beurteilungszeitraum erfolgten Bearbeitung".

Auch wenn hier nicht einer Verschärfung der Anforderungen und einer Anhebung der Fallzahlen „durch die Hintertür" das Wort geredet werden soll, ist diese Auffassung doch als problematisch einzustufen. Der Anwaltssenat lässt es u. a. genügen, dass eine **mündliche Anhörung** oder der **Antrag, einen geänderten Schenkungsteuerbescheid zum Gegenstand eines Klageverfahrens zu machen**, innerhalb des Drei-Jahres-Zeitraums erfolgen. Dass der Satzungsgeber und vor ihm der Gesetzgeber (bei Schaffung von § 9 Abs. 1 RAFachBezG) solche eher **rudimentären Bearbeitungen** im Sinn hatten, als sie die Fallzahlen festschrieben, ist zu bezweifeln. Natürlich „bearbeitet" ein Rechtsanwalt einen Fall im strengen Wortsinn auch dann, wenn er ein einziges Telefonat in der Sache führt oder ihm routinemäßig die Akte vorgelegt wird. Nach der praktischen Vernunft muss unter „Bearbeiten eines Falles" i. S. von § 5 Abs. 1 FAO aber das Bearbeiten eines ganzen Falles (oder zumindest der wesentlichen Teile desselben), nicht das Bearbeiten lediglich von **Fallfragmenten**, also das bloße Arbeiten „an" einem Fall verstanden werden.[1] Wenn man den Drei-Jahres-Zeitraum und die Fallzahlen des § 5 nicht der Beliebigkeit preisgeben will, muss eine gewisse Grenzziehung möglich sein. Es geht dabei – wie schon oben in anderem Zusammenhang aufgezeigt – nicht nur um die drei Jahre, sondern auch um die Situation, dass ein Rechtsanwalt einen Fall nicht alleine bearbeitet hat, oder auch um die Bewertung von gleich gelagerten Massenfällen (etwa einer Vielzahl bis auf die Person des Klägers identischer Kündigungsschutzklagen). Allerdings ist natürlich einzuräumen, dass der **reine Wortsinn** des § 5 Abs. 1 FAO die Entscheidung trägt.[2] 809

Erwähnenswert ist in diesem Zusammenhang, dass der **BGH**[3] in einer Entscheidung vom **20.4.2009** bezogen auf Wiederholungsfälle im Erbrecht über

1 Vgl. hierzu schon oben unter B. III. 1.
2 Vgl. insgesamt Offermann-Burckart, Anm. zu BGH vom 6.3.2006 – BGHReport 2006, 823 f.
3 BRAK-Mitt. 2009, 177, 179 f., m. Anm. Siegmund; vgl. hierzu näher oben unter B. III. 7. m.

das Hilfsmittel der Gewichtung eine gewisse **Relativierung** versucht, wodurch er sich allerdings in Widerspruch zu seiner andernorts[1] geäußerten Auffassung setzt, dass es für die Gewichtung nur auf die Bedeutung, den Umfang und die Schwierigkeit des jeweiligen Falles ankomme.

810 Die Teilnehmer des Sechsten Erfahrungsaustauschs zu den Fachanwaltschaften am 9. und 10.10.2006 haben sich – wie schon an anderer Stelle ausgeführt – durch die neuere BGH-Rechtsprechung u. a. zu folgenden Empfehlungen veranlasst gesehen:

„Die Gesamtschau der Bearbeitung der Fälle muss erkennen lassen, dass der Antragsteller im Fachgebiet über besondere praktische Erfahrungen verfügt, die erheblich das Maß dessen übersteigen, das üblicherweise durch die berufliche Ausbildung und praktische Erfahrung im Beruf vermittelt wird (§ 2 Abs. 2 FAO)."

Und konkret bezogen auf den Drei-Jahres-Zeitraum:

„In jedem Fall ist es aber erforderlich, dass der Antragsteller selbst einen inhaltlichen Bearbeitungsschwerpunkt[2] im Fachgebiet innerhalb des Drei-Jahres-Zeitraums vorweisen kann."

811 Angesichts der erheblichen Relativierung des Fallbegriffs, die der Bundesgerichtshof vorgenommen hatte, war es den Teilnehmern an dem damaligen Erfahrungsaustausch wichtig, der Bestimmung des **§ 2 Abs. 2 FAO** zu mehr Beachtung zu verhelfen. Die Vorschrift bestimmt, dass (besondere theoretische Kenntnisse und) besondere praktische Erfahrungen nur vorliegen, wenn sie auf dem Fachgebiet **deutlich über „dem Durchschnitt" liegen**.

d) Das „Nachschieben von Fällen"

812 Umstritten ist außerdem die Frage, ob nach Antragstellung (und etwa auch noch im Verlauf eines Rechtsmittelverfahrens) ein **„Nachschieben von Fällen"** möglich ist. Da der Nachweis der besonderen praktischen Erfahrungen **bei Antragstellung** erbracht werden muss, könnte man sich auf den Standpunkt stellen, dass zu einem späteren Zeitpunkt nachgewiesene Fälle für das laufende Antragsverfahren unerheblich sind.

Die **wenig sinnvolle Konsequenz** einer solchen Verfahrensweise wäre allerdings, dass ein erst nachträglich komplettierter Antrag zurückgewiesen werden müsste, obwohl der Bewerber zum Zeitpunkt der Entscheidung die Voraussetzungen der Fachanwaltsordnung erfüllt. Der Antragsteller müsste dann unter nochmaliger Vorlage der bereits bei der Entscheidung über den ersten Antrag vorhandenen Unterlagen einen **neuen Antrag** stellen, was zu **unnötiger Zeitverzögerung** (und doppeltem Entstehen der Verwaltungsgebühr) führen würde. Die Vorprüfungsausschüsse und Kammervorstände sind sich deshalb weitgehend darüber einig, dass ein „Nachschieben" von Fällen grundsätzlich möglich ist.

---

1 BGH BGHReport 2006, 819, 820, m. krit. Anm. Offermann-Burckart = BRAK-Mitt. 2006, 131, 132.

2 Vgl. hierzu auch BGH NJW 2001, 3130 f., und NJW 2007, 599 = BGHReport 2007, 234, m. Anm. Offermann-Burckart = BRAK-Mitt. 2007, 27.

Allerdings muss – schon im Interesse der Gleichbehandlung aller Antragsteller – gewährleistet sein, dass der Drei-Jahres-Zeitraum bei Berücksichtigung „nachgemeldeter" Fälle **nicht künstlich verlängert** wird. Das bedeutet, dass bei einem Nachschieben von Fällen der gesamte Drei-Jahres-Zeitraum **nach hinten verlagert** wird, was zwangsläufig dazu führt, dass Fälle vom Beginn dieses Zeitraums aus der Bewertung herausfallen. Wenn vorne mehr Fälle wegfallen, als hinten nachgeliefert werden, steht der Antragsteller also letztlich doch mit leeren Händen da. 813

Beispiel: 814
Ein Bewerber um die Fachanwaltsbezeichnung Familienrecht wird vom Vorprüfungsausschuss darauf hingewiesen, dass er in den letzten 3 Jahren vor Antragstellung nicht 120, sondern nur 110 familienrechtliche Fälle bearbeitet habe. Der Antragsteller verfügt nicht über einen „Fundus" von Fällen, aus dem er weitere Nachweise liefern könnte. Er einigt sich aber mit dem Ausschuss darauf, innerhalb der nächsten drei Monate die fehlenden Mandate nachzuweisen.

Da der Drei-Jahres-Zeitraum des § 5 Abs. 1 FAO durch diesen „Deal" nicht verlängert werden darf, fallen Fälle, die der Antragsteller im ersten Quartal des Referenzzeitraums bearbeitet hat, weg. Hat er in diesem ersten Quartal 5 Fälle bearbeitet, muss er ergänzend nicht nur die ursprünglich fehlenden 10, sondern zusätzlich die jetzt entfallenen 5 Fälle, insgesamt also 15 weitere Mandate, nachweisen.

Deshalb lohnt es sich nur dann, mit dem Ausschuss über eine Nachfrist zu verhandeln, wenn sichergestellt ist, dass innerhalb dieser Frist genügend viele Mandate anfallen werden. Es reicht nicht, nur das ursprünglich vorhandene Defizit auszugleichen. 815

In dem hier beschriebenen Sinne heißt es in Ziff. II. 7.1 bis 3 der „Berliner Empfehlungen 2001" unter der Überschrift „§ 5 FAO ‚Zeitraum für Fälle'/ ‚Nachschieben von Fällen'": 816

„7.1 Der Drei-Jahres-Zeitraum des § 5 Satz 1 FAO (a. F.) rechnet ab Antragstellung. Die Wortauslegung dieser Vorschrift erlaubt keine Einbeziehung von weiteren Fällen nach Antragstellung bis zur Entscheidung des Vorprüfungsausschusses. Da der Drei-Jahres-Zeitraum mit einer bestimmten Fallzahl gekoppelt ist, spricht eine am Sinn und Zweck der Vorschrift orientierte Auslegung dafür, soweit im Einzelfall notwendig, auch nachgemeldete Fälle bis zur Empfehlung des Vorprüfungsausschusses zu berücksichtigen, wenn gleichzeitig jene Fälle unberücksichtigt bleiben, die dann (bezogen auf den Zeitpunkt des Eingangs der letzten Nachmeldung) älter als drei Jahre sind.

7.2 Zugunsten des Antragstellers wird damit der Zeitpunkt der letzten Nachmeldung als Antragstellung gewertet.

7.3 Es muss aus Gleichheitsgründen gegenüber anderen Antragstellern sichergestellt werden, dass keine Verlängerung der Dreijahresfrist zur Verfügung gestellt wird, da sonst das Fallquorum tatsächlich gesenkt wird."

Dass auch der **Bundesgerichtshof** das „Nachschieben" von Fällen (sogar bis zum Zeitpunkt der letzten mündlichen Verhandlung im Rahmen eines Rechtsmittelverfahrens) nach altem Verfahrensrecht für möglich hielt, zeigen die 817 bereits erwähnten Beschlüsse vom **18.6.2001**[1] und vom **13.1.2003.**[2] Der BGH bezog einmal 13 und einmal 22 in dem Zeitraum zwischen der Antragstellung und der Entscheidung der Vorinstanz (also des Anwaltsgerichtshofs) nachträglich vorgelegte Fälle **ausdrücklich** in seine Entscheidungen mit ein.[3]

818 Am **1.9.2009** ist das „Gesetz zur Modernisierung von Verfahren im anwaltlichen und notariellen Berufsrecht, zur Errichtung einer Schlichtungsstelle der Rechtsanwaltschaft sowie zur Änderung sonstiger Vorschriften" in Kraft getreten.[4] Seither gelten (u. a.) für die Behandlung von Fachanwaltsanträgen die **allgemeinen Grundsätze des Verwaltungsverfahrensgesetzes** (und – für den Fall, dass es zu einer Auseinandersetzung vor dem AGH und/oder dem BGH kommt – **der Verwaltungsgerichtsordnung**). Das ändert – schon im Hinblick auf den **Rechtsgedanken aus § 51 VwVfG** – allerdings nichts daran, dass der Vorstand der Rechtsanwaltskammer grundsätzlich auf der Basis seiner letzten Befassung mit dem Antrag, also der zu diesem Zeitpunkt vorliegenden Unterlagen und Erkenntnisse entscheidet. Interessant ist in diesem Zusammenhang die Auffassung von **Quaas**, der selbst Mitglied des Anwaltssenats des BGH ist. Seiner Meinung nach sollte ein unbegrenztes Nachschieben von Fällen, gar noch während des gerichtlichen Verfahrens, schon **aus Gründen der Gleichbehandlung** der Bewerber **vermieden** werden. Habe die Rechtsanwaltskammer einem Antragsteller für die Nachmeldung weiterer erforderlicher Fälle mehrmals eine Ausschlussfrist (§ 24 Abs. 4 Satz 3 FAO) gesetzt, die dieser unter Verstoß gegen seine Mitwirkungspflicht versäumt habe, könne ihm nicht mehr die Möglichkeit eröffnet werden, im gerichtlichen Verfahren Fälle nachzureichen. Die Anwaltsgerichte (gemeint: Anwaltsgerichtshöfe) würden deshalb gut daran tun, bei erst nach Antragstellung bearbeiteten Fällen die Sache zur erneuten Beurteilung an den Prüfungsausschuss „zurückzuverweisen".[5] Diese Auffassung dürfte nicht mit dem seit Inkrafttreten des „Gesetzes zur Modernisierung von Verfahren im anwaltlichen und notariellen Berufsrecht, zur Errichtung einer Schlichtungsstelle der Rechtsanwaltschaft sowie zur Änderung sonstiger Vorschriften"[6] geltenden Rechtslage übereinstimmen.[7]

---

1 BGH NJW 2001, 3130 f.

2 BGH NJW 2003, 883 f. = BRAK-Mitt. 2003, 80 ff. = BGHReport 2003, 464 f.

3 Hierzu heißt es etwa in dem Beschluss vom 18.6.2001 (NJW 2001, 3130 f.): „Unstreitig konnte der Antragsteller ohne Berücksichtigung seiner Syndikustätigkeit zum Zeitpunkt der Antragstellung nur 22 Fälle, zum Zeitpunkt der Entscheidung des Anwaltsgerichtshofs 35 Fälle aus anwaltlicher Tätigkeit aufweisen."
Und weiter:
„Der Nachweis der praktischen Erfahrungen kann unter diesen Umständen auch bei deutlich geringeren Fallzahlen aus der anwaltlichen Tätigkeit – der Antragsteller hatte hier zum Zeitpunkt der Entscheidung des Anwaltsgerichtshofs 35 Fälle nachgewiesen – als geführt angesehen werden."

4 BGBl. 2009 I S. 2449 ff.

5 Quaas, in: Gaier/Wolf/Göcken, a. a. O., § 5 FAO Rz. 21, unter Berufung auf AGH Berlin, BRAK-Mitt. 2009, 81 (LS).

6 BGBl. 2009 I S. 2449 ff.

7 Vgl. hierzu ausführlich unten unter E. I. 10.

IV. Das Fachgespräch

Ginge es nach dem **Willen der Satzungsversammlung**, wäre **seit dem 1.1.2003** weitere Voraussetzung für den Erwerb einer Fachanwaltsbezeichnung – neben einer dreijährigen Zulassung und Tätigkeit sowie dem Nachweis der besonderen theoretischen Kenntnisse und der besonderen praktischen Erfahrungen – der **erfolgreiche Verlauf eines Fachgesprächs**. Der entsprechende Grundsatz findet sich in **§ 7 Abs. 1 Satz 1 FAO**, der lautet: 819

„Zum Nachweis der besonderen theoretischen Kenntnisse oder der praktischen Erfahrungen führt der Ausschuss ein Fachgespräch.

Auch wenn das Fachgespräch nach der neuen Systematik zu den Gliederungspunkten B. II. und III. gehört, wird es wegen seiner **Sonderstellung** und der **besonderen Probleme**, die es der Rechtsprechung und damit auch der Praxis nach wie vor bereitet, hier in einer eigenen Ziffer behandelt. 820

Kein anderes Thema war so häufig Gegenstand von Auseinandersetzungen zwischen Antragstellern und Fachausschüssen bzw. Kammervorständen und von Entscheidungen der Anwaltsgerichtshöfe und des Anwaltssenats des Bundesgerichtshofs wie das Fachgespräch. 821

Um die wechselvolle und bis heute nicht zum Stillstand gekommene Entwicklung des Fachgesprächs zu verstehen, muss man seine Geschichte ausführlicher beleuchten. 822

1. Die frühere Regelung und die Rechtsprechung

§ 7 Abs. 1 FAO a. F. lautete: 823

„Kann der Ausschuss der Rechtsanwaltskammer seine Stellungnahme gegenüber dem Vorstand hinsichtlich der besonderen theoretischen Kenntnisse oder der besonderen praktischen Erfahrungen nach dem Gesamteindruck der vorgelegten Zeugnisse und schriftlichen Unterlagen nicht abgeben, lädt er zu einem Fachgespräch. Hat der Ausschuss Fälle zu Ungunsten des Antragstellers gewichtet, besteht ein Anspruch auf das Fachgespräch."

Das Fachgespräch stellte also eine **Ausnahme** dar, die in **zwei Fällen** zum Tragen kam: Einmal sollte das Fachgespräch nach § 7 Abs. 1 Satz 1 FAO a. F. **Klarheit in Zweifelsfällen** schaffen, in denen der Vorprüfungsausschuss nach Auswertung der vorgelegten schriftlichen Unterlagen weder zu einem eindeutig positiven noch zu einem eindeutig negativen Votum gelangte. Daneben räumte § 7 Abs. 1 Satz 2 FAO a. F. dem Antragsteller, der glaubte, einige der von ihm nachgewiesenen Fälle seien **zu seinen Ungunsten gewichtet** worden, einen **Anspruch** auf Durchführung eines Fachgesprächs ein. Hierdurch unterschied § 7 Abs. 1 FAO a. F. sich von der Vorläuferbestimmung in § 10 Abs. 1 RAFachBezG, die nur den ersten Fall kannte.[1] 824

1 § 10 Abs. 1 RAFachBezG lautete:
„Kann der Ausschuss der Rechtsanwaltskammer seine Stellungnahme gegenüber dem Vorstand nicht allein auf Grund der vom Rechtsanwalt vorgelegten schriftlichen Unterlagen abgeben, lädt er diesen zu einem Fachgespräch."

Das Fachgespräch hatte hauptsächlich den Zweck, in **Grenzfällen** für Klarheit zu sorgen und dem Vorprüfungsausschuss dort, wo die schriftlichen Unterlagen Raum für begründete Zweifel ließen, eine zusätzliche Entscheidungshilfe zu geben.

825 Das Fachgespräch alter Prägung war **heftig umstritten**. So wurde bereits in Zweifel gezogen, ob die Bundesrechtsanwaltsordnung überhaupt eine **hinreichende Ermächtigungsgrundlage** für § 7 FAO a.F. beinhalte. **§ 59b Abs. 2 Nr. 2b BRAO** ermächtige die Satzungsversammlung zwar zur „Regelung der Voraussetzungen für die Verleihung der Fachanwaltsbezeichnung und des Verfahrens der Erteilung", gebe aber keinerlei Aufschluss über die Art der Voraussetzungen. Und **§ 43c Abs. 2 BRAO** bestimme, dass der Ausschuss der Kammer „die von dem Rechtsanwalt vorzulegenden Nachweise über den Erwerb der besonderen Kenntnisse und Erfahrungen geprüft" habe, sehe also nur die Prüfung der vorgelegten Nachweise, nicht aber die des Rechtsanwalts selbst vor.[1]

826 Außerdem wurde bemängelt, dass es Fälle gebe, in denen Fachanwaltsbewerber zu einem Fachgespräch geladen worden seien, obwohl sie die erforderlichen Nachweise bereits erbracht hätten. Das Ergebnis des Fachgesprächs sei dann – obwohl die Anordnung zu Unrecht erfolgt sei – als zusätzliche Bewertungsgrundlage herangezogen und der Bewerber mitunter mit dem Hinweis auf unzulängliche Antworten im Rahmen des Fachgesprächs abgelehnt worden. Die Vermittlung eines positiven Eindrucks im Fachgespräch sei damit häufig zur **„Quasi-Voraussetzung"** für den Erwerb des Fachanwaltstitels geworden.[2]

827 Zur **weitgehenden Bedeutungslosigkeit** wurde das Fachgespräch alter Prägung letztlich durch die **Rechtsprechung des Bundesgerichtshofs** degradiert, der seit Ende der 90er Jahre des vorigen Jahrhunderts der aufgezeigten Argumentation folgte.

828 Zunächst hatte der BGH in verschiedenen Entscheidungen[3] noch festgestellt, dass das Ergebnis eines Fachgesprächs (i.S. des § 10 RAFachBezG), dem der Bewerber sich unterzogen habe, der Beurteilung **ungeachtet der Frage** zugrunde zu legen sei, ob die Ladung zu dem Fachgespräch berechtigt gewesen sei. Wörtlich heißt es etwa in einem Beschluss vom **14.2.1994**:[4]

„Soweit der Antragsteller mit seinem Vorbringen, er habe den Nachweis der besonderen theoretischen Kenntnisse nach § 8 RAFachBezG und der besonderen praktischen Erfahrungen nach § 9 RAFachBezG bereits durch die Vorlage der entsprechenden Unterlagen erbracht gehabt, sodass die Ladung zu einem Fachgespräch nicht nachvollziehbar sei, offensichtlich geltend machen will, das Fachgespräch sei ohne ausreichenden Grund angeordnet worden und dessen Ergebnis habe demgemäß nicht verwertet werden dürfen, kann er damit keinen Erfolg haben. Dabei braucht nicht entschieden zu werden,

---

1 So z.B. Holl, a.a.O., § 7 FAO Rz. 8 ff.; Zimmerling/Brehm, Rechtsschutzfragen der „Fachanwaltszulassung", AnwBl. 1998, 119 f.

2 So z.B. Jährig, a.a.O., S. 132; und auch Holl, a.a.O., § 7 FAO Rz. 13.

3 BGH (vom 14.2.1994) BRAK-Mitt. 1994, 104 f.; (vom 24.10.1994) BRAK-Mitt. 1995, 75 f.; (vom 26.1.1998) BRAK-Mitt. 1998, 153 f.

4 BGH BRAK-Mitt. 1994, 104.

ob die eingereichten Unterlagen (...) allein geeignet gewesen wären, den Nachweis besonderer Kenntnisse des Antragstellers auf dem Gebiet des Arbeitsrechts zu erbringen und daher den Prüfungsausschuss zu einer positiven Empfehlung der Bewerbung des Antragstellers hätten veranlassen müssen. Selbst wenn dies der Fall und deshalb die Ladung zu einem Fachgespräch mangels vernünftiger Zweifel am Nachweis der besonderen Kenntnisse nicht angezeigt gewesen wäre, hätte das Ergebnis dieses Gesprächs dennoch der Beurteilung zugrunde gelegt werden dürfen. Der Antragsteller ist der Ladung gefolgt und hat sich dem Fachgespräch unterzogen. Damit hatte sich eine neue zusätzliche Beurteilungsgrundlage ergeben, die ungeachtet der Berechtigung der Ladung zum Fachgespräch verwertbar war (vgl. zu einer ähnlichen Fallgestaltung BVerwG, Urt. v. 18.3.1982 – 7 C 69/81, NJW 1982, 2885, 2887).

Angesichts dessen bedarf es keines weiteren Eingehens auf die vom Antragsteller für klärungsbedürftig gehaltene Frage, unter welchen Voraussetzungen ein Bewerber zu einem Fachgespräch geladen werden dürfe."

Durch Beschluss vom **21.6.1999**[1] gab der BGH diese Rechtsprechung dann aber **ausdrücklich auf** und stellte stattdessen fest, dass das Ergebnis eines zu Unrecht angeordneten Fachgesprächs **in der Regel nicht zum Nachteil des Fachanwaltsbewerbers verwertet** werden dürfe. 829

In der Entscheidung heißt es: 830

„Es kann offen bleiben, ob die Anordnung eines Fachgesprächs stets einer uneingeschränkten gerichtlichen Überprüfung unterliegt. Nach der Rechtsprechung des Senats ist das Ergebnis eines solchen Gesprächs, soweit es um prüfungsspezifische Wertungen geht, nur eingeschränkt kontrollierbar (...). Soweit die Entscheidung über die Anordnung eines Fachgesprächs eine umfassende Bewertung und Gewichtung der vom Antragsteller vorgelegten Nachweise erfordert, mag es gerechtfertigt sein, auch diese Entscheidung nur einer beschränkten gerichtlichen Kontrolle zu unterwerfen, zumal es sich nicht um die Bewertung einer Berufszugangsprüfung handelt (...).

Weder § 43c BRAO noch die Vorschriften des RAFachBezG gewähren der Rechtsanwaltskammer jedoch in dem hier maßgeblichen Punkt einen der richterlichen Nachprüfung entzogenen persönlichen Beurteilungsspielraum. Die Frage, ob die vom Bewerber vorgelegten Unterlagen die besonderen theoretischen Kenntnisse nachweisen, ist eine Rechtsfrage und daher gerichtlich uneingeschränkt überprüfbar. Hatte der Rechtsanwalt die gesetzlich geforderten Nachweise bereits durch die schriftlichen Unterlagen erbracht, ist für die Anordnung eines Fachgesprächs kein Raum (...)."

Und weiter:

„... denn das Fachgespräch kann, weil es nicht hätte angeordnet werden dürfen, nicht zum Nachteil des Rechtsanwalts verwertet werden.

Der Senat hat allerdings bisher die Einbeziehung eines für den Bewerber ungünstig ausgegangenen Fachgesprächs in die Beurteilung auch dann gebilligt, wenn es zu Unrecht durchgeführt worden war (...). Maßgebend war dafür hauptsächlich die Erwägung, der Antragsteller habe mit seiner Teilnahme an dem Fachgespräch freiwillig eine Beurteilungsgrundlage geliefert. An dieser Auffassung hält der Senat jedoch nach erneuter Überprüfung nicht fest. Die für den Bewerber negative Entscheidung greift in dessen anwaltliche Berufsausübung ein, berührt also dessen Grundrecht aus Art. 12 Abs. 1 GG. Eingriffe in die Freiheit der Berufsausübung sind nur durch Gesetz oder auf Grund eines Gesetzes möglich; ferner können sie auf vorkonstitutionellem Gewohnheitsrecht und – im Rahmen der gesetzlichen Ermächtigung – auf autonomem Satzungsrecht von Be-

1 BGH NJW 1999, 2677 f. = BRAK-Mitt. 1999, 271 f. = MDR 1999, 1227 ff.

rufsverbänden beruhen (...). Demnach braucht der Rechtsanwalt nicht hinzunehmen, dass berufsregulierende Maßnahmen auf der Grundlage von Erkenntnissen getroffen werden, die gesetzlich nicht gedeckt waren. Der Rechtsanwalt kann die besonderen Kenntnisse und praktischen Erfahrungen gem. §§ 8, 9 RAFachBezG in der Regel bereits durch schriftliche Unterlagen nachweisen; das Gesetz hat die Voraussetzungen zum Erwerb der Fachanwaltsbezeichnung in dieser Hinsicht weitgehend formalisiert (...). Ist der gesetzlich vorgesehene Nachweis erbracht, steht dem Rechtsanwalt ein rechtlich durchsetzbarer Anspruch auf Verleihung der Fachanwaltsbezeichnung zu.

Dieser Anspruch kann nicht mittels eines rechtswidrig erlangten Erkenntnismittels wieder beseitigt werden. Eine solche Rechtsfolge lässt sich insbesondere nicht mit der Erwägung rechtfertigen, der Rechtsanwalt habe sich freiwillig dem Fachgespräch gestellt. Vielmehr führt eine solche Betrachtungsweise zu einem für den Bewerber unzumutbaren Entscheidungskonflikt. Verweigert er die Teilnahme, muss er damit rechnen, dass sein Antrag ohne weiteres abgelehnt wird (vgl. § 10 Abs. 3 RAFachBezG), wogegen er den Rechtsweg beschreiten müsste. Stellt er sich dem Fachgespräch, geht er das Risiko ein, eine schon erlangte Rechtsposition zu verlieren.

Es widerspräche zudem eindeutig dem Inhalt und Zweck der gesetzlichen Regelung über den Erwerb der Fachanwaltsbezeichnung, wenn deren Verleihung bei Durchführung eines Fachgesprächs generell von dessen Ergebnis abhängig wäre, ohne Rücksicht darauf, ob die Durchführung des Fachgesprächs hätte angeordnet werden dürfen. § 10 RAFachBezG gestattet die Ladung zu einem Fachgespräch nur dort, wo die schriftlichen Unterlagen des Bewerbers den gesetzlichen Anforderungen nicht ganz genügen, es jedoch möglich erscheint, dass der Rechtsanwalt das danach im Bereich der Fachkenntnisse oder der besonderen praktischen Erfahrungen vorhandene (geringe) Defizit durch einen positiven Eindruck im Fachgespräch auszugleichen vermag (...)."

831 Durch diese Rechtsprechung entkleidete der BGH § 7 FAO a.F. letztlich seines Sinngehalts. Sinn und Zweck der Vorschrift war es – wie bereits ausgeführt –, dem Vorprüfungsausschuss (und dem Kammervorstand) in Zweifelsfällen eine **zusätzliche Entscheidungshilfe** an die Hand zu geben. Schon in der **amtlichen Begründung zu § 10 Abs. 1 RAFachBezG**[1] heißt es dementsprechend:

„Die Bestimmung eröffnet dem Ausschuss die Möglichkeit, in Zweifelsfällen ein kurzes Fachgespräch mit dem Antragsteller durchzuführen. Hierdurch wird gewährleistet, dass der Ausschuss seine gegenüber dem Vorstand der Rechtsanwaltskammer abzugebende Stellungnahme (§ 42b Abs. 2 BRAO) auch dann auf einer sicheren Grundlage abgeben kann, wenn die vorgelegten schriftlichen Unterlagen – insbesondere zum Nachweis der besonderen theoretischen Kenntnisse – hierfür nicht ausreichen. Nach den bisher gewonnenen praktischen Erfahrungen hat sich die Durchführung des Fachgespräches in der Regel zu Gunsten des Bewerbers ausgewirkt."

832 Nach der BGH-Rechtsprechung kam das Führen eines Fachgesprächs (abgesehen von den Fällen des § 7 Abs. 1 Satz 2 FAO a.F.) nicht mehr in wirklichen Zweifelsfällen, sondern **nur noch dann in Betracht**, wenn der Antrag nach Auswertung der schriftlichen Unterlagen (auf Grund Fehlens des hinreichenden Nachweises der besonderen theoretischen Kenntnisse und/oder der besonderen praktischen Erfahrungen) **eigentlich hätte abgelehnt werden können**, der Ausschuss wegen grundsätzlich positiver Ansätze allerdings glaubte, dem Bewerber eine **weitere Chance** einräumen zu sollen.

1 BT-Drucks. 12/1710, S. 8.

2. Die Neuregelung

Um der Herabwürdigung des Fachgesprächs zur Bedeutungslosigkeit zu entgehen, entschloss sich die **Zweite Satzungsversammlung** in ihrer Sitzung am **25./26.4.2002**, durch **Neufassung von § 7 FAO (und § 24 FAO)** das **bisherige Regel-Ausnahme-Verhältnis zu verkehren** und an die Stelle eines fakultativen bzw. nur in Ausnahmefällen durchzuführenden Fachgesprächs das **obligatorische Fachgespräch** zu setzen. 833

Der neu gefasste, am **1.1.2003** in Kraft getretene **§ 7 Abs. 1 Satz 1 FAO** lautet demzufolge: 834

„Zum Nachweis der besonderen theoretischen Kenntnisse oder der praktischen Erfahrungen führt der Ausschuss ein Fachgespräch."

Allerdings kann der Ausschuss gem. **§ 7 Abs. 1 Satz 2 FAO n.F.** hiervon absehen, 835

„wenn er seine Stellungnahme gegenüber dem Vorstand hinsichtlich der besonderen theoretischen Kenntnisse oder der besonderen praktischen Erfahrungen nach dem Gesamteindruck der vorgelegten Zeugnisse und schriftlichen Unterlagen auch ohne ein Fachgespräch abgeben kann."

Nach dem **erklärten Willen** der Satzungsversammlung soll diese Formulierung sicherstellen, dass sich **de facto** an dem bisherigen Regel-Ausnahme-Verhältnis (Ausnahme: Fachgespräch; Regel: kein Fachgespräch) **nichts ändert**. Wenn die vom Antragsteller vorgelegten Unterlagen einen **eindeutig positiven Eindruck** vermitteln, **„kann“** (und soll) auf das Führen eines Fachgesprächs **verzichtet** werden. Dies impliziert auch der neue **§ 24 Abs. 2 FAO**, der vorsieht, dass der Berichterstatter eine begründete Stellungnahme u.a. darüber abgibt, „ob ein Fachgespräch entbehrlich ist". In den Fällen aber, die nach Auswertung der schriftlichen Unterlagen nicht eindeutig positiv (und auch nicht eindeutig negativ) zu bewerten sind, soll es zum Fachgespräch kommen. 836

In der 1. Auflage[1] wurde die Neuregelung als **nicht unbedenklich** eingestuft. Diejenigen, die bereits an einer ausreichenden Ermächtigungsgrundlage für § 7 FAO a.F. gezweifelt hätten, würden – trotz der vom Bundesjustizministerium erteilten Genehmigung – ihre Bedenken gegenüber § 7 n.F. erst recht vorbringen. Und trotz der berechtigten Kritik an der Rechtsprechung des Bundesgerichtshofs sei dem (obligatorischen) Fachgespräch das Misstrauen entgegenzubringen, das alle – naturgemäß von den **subjektiven Einschätzungen der Prüfer** geprägten – mündlichen „Examen" begleite. Allerdings wurde auch darauf hingewiesen, dass die „Horrorszenarien", die insbesondere von den Veranstaltern von Fachanwalts-Lehrgängen hinsichtlich des Verlaufs von Fachgesprächen gelegentlich entwickelt würden, weitgehend unberechtigt seien. Die ganz überwiegende Zahl der Fachgespräche verlaufe in kollegialer und durchaus wohlwollender Atmosphäre, was auch die insgesamt niedrigen Quoten der Ablehnung von Fachanwaltsanträgen zeigten. 837

Der Umgang der Praxis mit der geänderten Bestimmung war von Anfang an sehr **unterschiedlich**. Während viele Fachausschüsse keinen Anlass sahen, 838

1 Rz. 257 f.

ihre bisherige Übung, nur selten ein Fachgespräch anzuberaumen, zu ändern, gab es auch Ausschüsse, die nach Inkrafttreten der Neufassung fast jeden Antragsteller ins Fachgespräch baten, um das Bild ihrer Erkenntnisse „abzurunden". Die aus diesen Divergenzen resultierende Ungleichbehandlung der Bewerber war (und ist) im Hinblick auf **Art. 3 GG** höchst problematisch.[1]

839 Problematisch ist auch die Formulierung von § 7 FAO n. F., die es in das **Belieben des Vorprüfungsausschusses** stellt, ob ein Gespräch geführt wird oder nicht. Dies bedeutet eine Abkehr von dem bisherigen streng formalisierten Prüfungsverfahren, die zu einer Verschiebung der Gewichte der einzelnen Nachweise führen kann. In der Praxis wird ein einmal erfolgtes Fachgespräch nicht als **nur einer von mehreren Prüfungsbestandteilen** verstanden, der – wie dies etwa in den juristischen Universitäts- und Staatsprüfungen der Fall ist – mit einem bestimmten Faktor in das Gesamtergebnis einfließt. Vielmehr wird dem Fachgespräch meist **die entscheidende Bedeutung** beigemessen, weil ein ungünstig verlaufenes Gespräch in der Regel dazu führt, dass der Ausschuss ein negatives Votum abgibt und der Kammervorstand den Fachanwaltsantrag ablehnt. Denn hat sich der Ausschuss in einem – wirklichen oder vermeintlichen – Zweifelsfall erst einmal dazu entschlossen, das als nicht eindeutig positiv eingestufte Ergebnis der Auswertung der schriftlichen Unterlagen durch ein Fachgespräch abzusichern, wird dieses Gespräch fast zwangsläufig zum **„Maß aller Dinge"**.[2] Das Fachgespräch tritt damit nicht nur als eine Art vierte Voraussetzung neben die drei anderen (dreijährige Zulassung und Tätigkeit als Rechtsanwalt, Nachweis der besonderen theoretischen Kenntnisse, Nachweis der besonderen praktischen Erfahrungen), sondern wird **zu der entscheidenden Voraussetzung**.

840 Allerdings ist jede Aufregung **überflüssig**, weil die Rechtsprechung, insbesondere die des Bundesgerichtshofs, der Satzungsversammlung ohnehin **„einen Strich durch die Rechnung"** gemacht hat.

3. Die Rechtsprechung des BGH nach dem 1.1.2003

841 Im Gegensatz zu mehreren Anwaltsgerichtshöfen pflegt der **Bundesgerichtshof** einen nicht sehr „zart fühlenden" Umgang mit der Beschlussfassung der Satzungsversammlung. Ohne dem Anwaltsparlament ausdrücklich zu bescheinigen, dass es sich **über seinen Kompetenzrahmen hinweggesetzt** habe,[3] geht er davon aus, dass **sich an der bisherigen Rechtslage nichts geändert habe**.

842 In seinem Beschluss vom **7.3.2005**[4] führt der Anwaltssenat zunächst in Bezug auf § 7 FAO a. F. aus, das Fachgespräch trete nicht als eigenständige, auf den gesamten Umfang des Fachgebiets bezogene Prüfung der fachlichen Qualifikation des Bewerbers durch den Fachausschuss neben die in § 6 FAO geforderten

1 Kleine-Cosack, a. a. O., AnwBl. 2005, 593, 599.
2 Vgl. in diesem Sinne schon Offermann-Burckart, in: Kilian/Offermann-Burckart/vom Stein, a. a. O., § 16 Rz. 201.
3 So Kleine-Cosack, a. a. O., AnwBl. 2005, 593, 599.
4 BGH BRAK-Mitt. 2005, 123, 124, m. Anm. Offermann-Burckart.

Nachweise, sondern erlange Bedeutung **nur als ergänzende Beurteilungsgrundlage** für die Fälle, in denen die Voraussetzungen nach den §§ 4 bis 6 FAO **nicht bereits durch die schriftlichen Unterlagen** nachgewiesen seien, der Nachweis besonderer theoretischer Kenntnisse und praktischer Erfahrungen im Rahmen eines Fachgesprächs **aber noch aussichtsreich erscheine**.

Weiter heißt es dann in einem **obiter dictum** bezogen auf die Neuregelung: 843

„Dies gilt – bei verfassungskonformer Auslegung der Bestimmung – weiterhin auch für die ab 1.1.2003 geltende Neufassung des § 7 FAO (...), in der die Erteilung eines Hinweises auf den Prüfungsstoff in der Ladung – und damit auch die Stoffbegrenzung im Fachgespräch selbst – jetzt zwingend vorgeschrieben, jedoch nicht mehr ausdrücklich geregelt ist, worauf sich das Fachgespräch beschränken soll. Auf Grund der fortbestehenden Funktion des Fachgesprächs, lediglich die bei der Prüfung der Nachweise nach § 6 FAO festgestellten Defizite auszugleichen (...), gilt auch für die Neufassung des § 7 FAO die Begrenzung des Prüfungsstoffs im Fachgespräch auf die Bereiche, in denen der Nachweis der besonderen theoretischen Kenntnisse und/oder praktischen Erfahrungen durch die vorgelegten Unterlagen nicht oder nicht voll gelungen ist und in denen der Fachausschuss deshalb diesbezüglichen Klärungsbedarf sieht (...). Diese begrenzte Funktion des Fachgesprächs beruht letztlich darauf, dass § 43c Abs. 1 und 2 BRAO – die Rechtsgrundlage für die Regelungen der FAO – nicht auf eine individuelle Ermittlung des Wissens und der Fähigkeiten des einzelnen Bewerbers im Fachgebiet durch eine umfassende (schriftliche oder mündliche) Prüfung des Rechtsanwalts ausgerichtet ist, sondern die Kompetenz des Fachausschusses auf eine Prüfung der von dem Rechtsanwalt vorzulegenden Nachweise beschränkt (...). Die mündliche Prüfung im Fachgespräch dient deshalb auch nach der Neufassung des § 7 FAO weiterhin nur einer ergänzenden, auf Defizite der vorgelegten Nachweise bezogenen Beurteilung und ist deshalb auch nach der neuen Bestimmung in § 7 Abs. 1 Satz 2 FAO n. F. entbehrlich, wenn der Fachausschuss seine Stellungnahme auf Grund der vorgelegten Zeugnisse und schriftlichen Unterlagen auch ohne ein Fachgespräch abgeben kann."

Der Senat greift damit zwar die Formulierung in § 7 Abs. 1 Satz 1 FAO n. F. 844
auf, verkehrt aber de facto das soeben eingeführte **Regel-Fachgespräch** wieder in ein **„Ausnahme-Fachgespräch"** mit **streng formaler Anbindung**. Der frühe Vorstoß des BGH ist nicht zuletzt deshalb bemerkenswert, weil der zu entscheidende Fall gleich in doppelter Hinsicht keinen Anlass gab, sich mit der Neufassung von § 7 FAO zu befassen. Denn zum einen war er noch **nach altem Recht** zu entscheiden. Und zum anderen ging es nicht um ein Fachgespräch, das der Vorprüfungsausschuss gefordert hatte, sondern um ein Fachgespräch, auf das sich Antragsteller und zuständige Rechtsanwaltskammer in einem ersten Termin vor dem AGH **vergleichsweise geeinigt** hatten.

Der Verweis des Bundesgerichtshofs auf **§ 43c Abs. 1 und 2 BRAO** als der Rechtsgrundlage für die Regelung der Fachanwaltsordnung erfolgt in formeller wie materieller Hinsicht zu Recht. Betrachtet man die Entstehungsgeschichte des § 43c BRAO und der Fachanwaltsordnung, die den früheren §§ 42a bis 42d BRAO und dem RAFachBezG nachgefolgt sind,[1] und zieht man die amtliche Begründung zu § 43c BRAO (und auch zu § 59b BRAO) zu Rate,[2] findet man die Auffassung des Senats bestätigt. Durch die Neuregelungen sollten die früheren Normen aufgegriffen werden, „ohne dass inhaltliche Änderungen

1 Vgl. hierzu näher oben unter A. I. 4.
2 BT-Drucks. 12/4993, S. 29 (u. S. 35).

gegenüber dem geltenden Recht vorgesehen wären". Das bedeutet, dass trotz der etwas missverständlichen Formulierung in § 59b Abs. 2 Nr. 2b BRAO, wonach die Satzungsversammlung auch für die „Regelung der Voraussetzungen für die Verleihung der Fachanwaltsbezeichnung" zuständig ist, eine Verschärfung der grundsätzlichen Voraussetzungen – darunter das Fachgespräch nur für den Fall, dass der Ausschuss nach Auswertung der Antragsunterlagen eine Stellungnahme gegenüber dem Kammervorstand nicht abgeben kann – nicht von der Kompetenz des Anwaltsparlaments umfasst ist und also nicht in der Fachanwaltsordnung erfolgen kann.

845 Genau eine solche **Verschärfung** stellt aber das Regel-Fachgespräch im neuen § 7 FAO in der ihm von der Satzungsversammlung beigemessenen Ausprägung dar. Es ist deshalb erstaunlich, dass die Vorschrift überhaupt **vom Bundesjustizministerium genehmigt** wurde. Wenn der Bundesgerichtshof feststellt, dass letztlich alles beim Alten geblieben sei, ist dies also zunächst konsequent.[1]

846 Allerdings wurde die Rechtsprechung des BGH, was die praktische Handhabung des Fachgesprächs angeht, in den letzten Jahren immer problematischer, um nicht zu sagen **sprunghafter**.

847 In einer seiner Entscheidungen vom **6.3.2006**[2] bekräftigt der Anwaltssenat die Auffassung aus dem Jahr 2005 noch einmal. Dann allerdings taucht in einem Beschluss vom **16.4.2007**[3] eine neue, noch deutlich **restriktivere Formel** auf, indem es plötzlich heißt, die mündliche Prüfung im Fachgespräch diene auch nach der Neufassung des § 7 „nur einer ergänzenden, **auf Unklarheiten in und Zweifeln an den vorgelegten Nachweisen bezogenen Beurteilung**". Auch ein freiwilliges Fachgespräch könne „fehlende Nachweise für die Fachanwaltsbezeichnung" nicht ersetzen. Eine solche Ersetzungsmöglichkeit ginge über die in § 43c Abs. 2 BRAO vorgesehene Prüfung der Nachweise hinaus. Außerdem unterliefe eine solche Regelung die Vorgaben der FAO für die Ersetzung einzelner Nachweise.

848 Wenn aber das Fachgespräch nur zur Klärung von „Unklarheiten in und Zweifeln an" den vorgelegten Nachweisen dienen kann, bedarf es einiger **Phantasie**, um Fälle zu ersinnen, in denen überhaupt noch ein Fachgespräch möglich ist. Solche Unklarheiten und Zweifel könnten z.B. Vermutungen sein, dass der Antragsteller trotz vorgelegter Teilnahmebescheinigungen den Fachanwalts-Lehrgang nicht oder nicht in vollem Umfang besucht hat, oder dass er die Klausuren nicht selbst verfasst oder sich bei dem Erstellen der Klausuren unlauterer Hilfsmittel bedient hat. Das könnten auch Zweifel sein, ob der Antragsteller die nachgewiesenen Fälle tatsächlich selbst bearbeitet hat. Die erstgenannten Unklarheiten, die in der Praxis aber äußerst selten zutage treten, lassen sich – zumindest ansatzweise – durch ein Fachgespräch ausräumen, weil dieses den Vorprüfungsausschuss in die Lage versetzt, festzustellen, ob der Bewerber über die Kenntnisse verfügt, die im Lehrgang vermit-

1 Offermann-Burckart, Anm. zu BGH vom 7.3.2005 – BRAK-Mitt. 2005, 126 f.
2 BGHReport 2006, 819, 821 = BRAK-Mitt. 2006, 131, 134.
3 BGH BRAK-Mitt. 2007, 166, 168, m. krit. Anm. Offermann-Burckart.

telt und in den Klausuren abgefragt wurden. Bedenken hinsichtlich der Fallnachweise sind einem Fachgespräch dagegen kaum noch zugänglich, zumal der BGH an anderer Stelle selbst darauf hinweist, dass praktische Erfahrungen im Rahmen eines Fachgesprächs letztlich nicht überprüft werden könnten.[1] Hier kann es also allenfalls darum gehen, zu ermitteln, ob der Bewerber einen Fall, dessen Sachbearbeitung er sich berühmt, überhaupt kennt und in seinen Grundzügen darstellen kann.

Man hätte annehmen können, die **„Inhaltsleere"** der aus dem Jahr 2007 stammenden Formel sei dem Bundesgerichtshof selbst bewusst geworden, rückt er doch in einer Entscheidung vom **25.2.2008**[2] von diesem Postulat wieder ab. Er kehrt – übrigens ohne Erwähnung der 2007er-Entscheidung – zu der bis dahin vertretenen **„Ergänzungsfunktions"-Auffassung**[3] zurück.[4] Der Anwaltssenat hatte dabei endlich einmal Gelegenheit, sich mit einem Fall zu befassen, in dem die Anordnung und Durchführung eines Fachgesprächs **für zulässig erklärt** wurden und deshalb Aussagen zum Fachgespräch gewissermaßen **von der positiven Seite her** möglich waren. Er bestätigt erstmals ausdrücklich, dass das Gespräch **auch zum Ausgleich fehlender Fall-Bearbeitungen**, also zum Nachweis besonderer praktischer Erfahrungen geführt werden darf, und dass die Themen dabei **aus dem gesamten nicht durch Fall-Bearbeitungen abgedeckten**, für die jeweilige Fachanwaltsbezeichnung in den §§ 8 ff. FAO vorgesehenen Stoff gewählt werden können. Überdies könnten Bereiche, die für ein Fachgebiet **„elementar"** seien (wie das allgemeine Steuerverfahrensrecht für das Steuerrecht) in einem entsprechenden Fachgespräch nicht ausgeklammert werden.[5] Es ging um einen Sachverhalt, in dem der Antragsteller im Steuerrecht zwar eine Fallliste mit insgesamt 51 Fällen vorgelegt hatte, in dem aber das in § 5 Satz 1 lit. b FAO (a.F.) geforderte Fallquorum („jeweils mindestens 5 Fälle in mindestens drei der in § 9 Nr. 3 FAO genannten Steuerarten") nicht erfüllt war. So wies die Liste im Bereich der Körperschaftsteuer lediglich 4 Fall-Bearbeitungen aus, im Bereich der Gewerbesteuer nur 2 und im (in § 9 Nr. 3 FAO allerdings nicht ausdrücklich genannten) Bereich der Kraftfahrzeugsteuer ebenfalls nur 2. Die Entscheidung führt **nun aber nicht zu dem anderen Extrem**, dass ein Antragsteller, dem es nicht gelingt, bestimmte Fallquoren zu erfüllen, Anspruch auf ein die Defizite ausgleichendes Fachgespräch hätte. Für eine solche **„Ersetzungsfunktion"** des Fachgesprächs fehlen in der FAO sämtliche Voraussetzungen.[6] 849

1 Wie zuvor.
2 BGH AnwBl. 2008, 465, 466, m. Anm. Gehrmann, AnwBl. 2008, 467 = BRAK-Mitt. 2008, 113, 134, m. Anm. Scharmer.
3 Scharmer, Anm. zum Beschluss des BGH vom 25.2.2008, BRAK-Mitt. 2008, 135.
4 Zu euphorisch Gehrmann, AnwBl. 2008, 467, der hierin schon die Renaissance des Fachgesprächs erkennen will und auf der Grundlage der neuen Entscheidung die Rolle der Vorprüfungsausschüsse (in Abgrenzung zu der des Kammervorstands) in diesem Zusammenhang sehr weit reichend interpretiert.
5 BGH BRAK-Mitt. 2008, 133, 134, m. Anm. Scharmer.
6 Vgl. zu dem im Rahmen des „Klausurenkonzepts" des Ausschusses 1 der Satzungsversammlung unterbreiteten Vorschlag, bis zu 10 % der Fälle durch ein entsprechend ausgerichtetes Fachgespräch zu ersetzen, unten unter I. I.

850 Und ohnehin taucht schon wenig später in dem BGH-Beschluss vom **21.7.2008**[1] erneut die **„Unklarheiten in und Zweifel an den vorgelegten Nachweisen-Formel“** auf. Fehlende Nachweise, so der Anwaltssenat jetzt wieder einschränkungslos, könnten **nicht durch ein Fachgespräch ersetzt** werden. So dürfe bei einer nicht erfolgreichen Lehrgangsteilnahme nicht ein Fachgespräch mit dem Ziel geführt werden, eine oder mehrere nicht bestandene Klausuren auszugleichen, um auf diesem Weg das Defizit der nicht erfolgreichen Lehrgangsteilnahme durch ein Fachgespräch zu ersetzen. Dies folge aus der **begrenzten „Ergänzungsfunktion“** des Fachgesprächs, die letztlich darauf beruhe, dass § 43c Abs. 1 und 2 BRAO nicht auf eine individuelle Ermittlung des Wissens und der Fähigkeiten des einzelnen Bewerbers im Fachgebiet durch eine umfassende (schriftliche oder mündliche) Prüfung ausgerichtet seien.[2]

851 Die Vorprüfungsausschüsse und Kammervorstände reagieren mit ständig wachsender Verunsicherung auf die wechselnde Rechtsprechung des Bundesgerichtshofs. Schon im Erfahrungsaustausch 2006 wurde eingehend und kontrovers über die Frage diskutiert, ob Defizite bei den theoretischen und/oder praktischen Nachweisen durch ein Fachgespräch ausgeglichen werden könnten bzw. in der Praxis würden. Exakt die Hälfte der versammelten Vertreter von Vorprüfungsausschüssen meinten, dies sei möglich und werde von ihnen auch so praktiziert, die andere Hälfte vertrat die gegenteilige Auffassung.

852 Inzwischen resümiert kein Geringerer als **Quaas**,[3] der selbst Mitglied des Anwaltssenats ist:

> „Sind aber auf der Grundlage der Rechtsprechung des BGH keine Fallkonstellationen denkbar, in denen ein Fachgespräch zulässigerweise angeordnet werden kann, fragt sich, welche Rechtfertigung es geben kann, selbst in Fällen offensichtlich (vom Fachausschuss) erkannter Mängel bezüglich des Nachweises der besonderen theoretischen Kenntnisse oder besonderen praktischen Erfahrungen von der Durchführung des Fachgespräches absehen zu müssen.“

853 Die Erfahrungen aus der jüngeren Praxis zeigen, dass immer weniger Vorprüfungsausschüsse überhaupt noch den „Mut“ aufbringen, zum Fachgespräch zu laden. Dass dies nicht nur zum Vorteil der Antragsteller gereicht, liegt auf der Hand.

854 ➲ **Praxis-Tipp:** Bei der Anberaumung eines Fachgesprächs gilt – wie überall – der Grundsatz „Wo kein Kläger, da kein Richter“. Deshalb sollten Ausschüsse und Vorstände nicht vorschnell „die Flinte ins Korn werfen“ und dem Bewerber bei marginalen Mängeln seines Antrags die Möglichkeit

1 BGH NJW 2008, 3496, 3497, m. Anm. Römermann = AnwBl. 2008, 711, 712 = BRAK-Mitt. 2008, 218, 220.

2 Vgl. zur fehlenden Prüfungskompetenz der Rechtsanwaltskammern bei der Klausurbewertung auch AGH Bayern BRAK-Mitt. 2008, 221, m. Anm. Offermann-Burckart, wo die Frage, ob ein Fachgespräch als „Königsweg“ hätte dienen können, unbeantwortet bleibt.

3 In: Gaier/Wolf/Göcken, a. a. O., § 7 FAO Rz. 14.

eines Fachgesprächs einräumen.[1] Und der Antragsteller sollte – im Fall eines objektiv vorhandenen Defizits – diese Chance unbedingt ergreifen.

Auf Grund der eindeutigen BGH-Rechtsprechung bietet § 7 FAO trotz der gegenläufigen Intention der Satzungsversammlung aber nicht die Möglichkeit, Zweifel am Vorliegen der formalen Voraussetzungen zu beseitigen oder gar „das Bild abzurunden". Das negative Ergebnis eines zu Unrecht anberaumten Fachgesprächs darf nicht verwertet werden. Der Antragsteller braucht der Ladung zu einem (seiner Meinung nach) zu Unrecht anberaumten Fachgespräch **nicht zu folgen** und kann stattdessen **auf der sofortigen Entscheidung des Kammervorstands bestehen**. 855

Die Frage, ob es – selbst wenn der Bewerber das Fachgespräch für unzulässig hält – nicht **taktisch klüger** und schon **aus Zeitgründen vorzugswürdig** ist, sich dem Fachgespräch zu stellen, hängt von den Umständen des Einzelfalls, insbesondere davon ab, wie sicher der Bewerber sich fachlich fühlt, und/oder ob er sich möglicherweise für einen „Prüfungsversager" hält. Wie oben schon ausgeführt, sind die Fachgespräche grundsätzlich besser als ihr Ruf. Außerdem kann bei negativem Verlauf der Ablehnungsbescheid der Kammer ja immer noch mit der Begründung angegriffen werden, das Fachgespräch sei zu Unrecht anberaumt worden. 856

Wer zum Fachgespräch geladen wird, sollte also Ruhe bewahren und das Gespräch eher als Chance denn als Risiko betrachten. Beim Fachgespräch handelt es sich nicht um eine mündliche Prüfung, sondern – wie der Name schon sagt – um ein **kollegiales Gespräch**. 857

Ganz unvorbereitet sollte man dieses Gespräch natürlich nicht antreten. Aktuelle Entscheidungen und Entwicklungen der Gesetzgebung müssen ebenso bekannt sein wie die wichtigsten Rechtsgrundlagen. Die Vorprüfungsausschüsse reagieren zu Recht irritiert, wenn selbst gängige Vorschriften erst nach einem Blick in das Inhaltsverzeichnis der einschlägigen Gesetzessammlung gefunden werden. 858

Zu den näheren Einzelheiten des Fachgesprächs (Ladung, Inhalt, Protokoll etc.) vgl. unten unter D. II. 859

V. Beschränkung auf drei Fachanwaltsbezeichnungen

Eine negative Voraussetzung für den Erwerb einer Fachanwaltsbezeichnung ergibt sich aus § 43c Abs. 1 Satz 3 BRAO, der bestimmt, dass die Erlaubnis für höchstens drei Rechtsgebiete erteilt werden darf. 860

---

1 A. A. wohl Quaas, in: Gaier/Wolf/Göcken, a. a. O., § 7 FAO Rz. 14, der bei erkannten Defiziten, die der Antragsteller aber möglicherweise ausgleichen kann, den Ausschuss für verpflichtet hält, dem Bewerber eine entsprechende Auflage zur Nachbesserung zu erteilen und dann – je nach Reaktion – den Antrag positiv oder negativ zu votieren. Die Möglichkeit, für den Fall, dass der Bewerber nicht nachbessern kann, ein Fachgespräch anzuberaumen, zieht Quaas nicht in Betracht.

1. § 43c Abs. 1 Satz 3 BRAO n.F.

861 Bis Ende August 2009 lag die Obergrenze zulässig erteilter Fachanwaltsbezeichnungen bei zweien, was – insbesondere nach der **deutlichen Erhöhung der Zahl der Fachanwaltschaften** – immer wieder Anlass zu Diskussionen war.

862 Die **Heraufsetzung der Obergrenze von zwei auf drei** erfolgte durch das „Gesetz zur Modernisierung von Verfahren im anwaltlichen und notariellen Berufsrecht, zur Errichtung einer Schlichtungsstelle der Rechtsanwaltschaft sowie zur Änderung sonstiger Vorschriften",[1] das am **1.9.2009** in Kraft getreten ist. Die von manchen geforderte und im Referenten-Entwurf vorgesehene **völlige Freigabe** der Zahl der zulässigerweise verliehenen und geführten Fachanwaltsbezeichnungen **lehnte der Gesetzgeber ab**. Für die anwaltliche Praxis und die Rechtsuchenden könne es **relevante und sinnvolle Mehrfachqualifikationen** etwa in den Bereichen des Gewerblichen Rechtsschutzes, des Urheber- und Medienrechts und des Informationstechnologierechts geben.

863 Gleiches gelte etwa für den Bereich Versicherungs-, Verkehrs- und Speditionsrecht. Deshalb solle die Zahl der zulässigen Fachanwaltsbezeichnungen auf drei erhöht werden. Diese Erhöhung sei aber für wohl alle denkbaren praxisrelevanten Sachverhalte **ausreichend**, zumal eine **inflationäre Häufung** von Fachanwaltstiteln geeignet sein könne, diese besondere Qualifikation zu **entwerten**.[2] In der Praxis zeigt sich, dass mit der maßvollen Anhebung der Obergrenze alle gut leben können. Die Zahl von Rechtsanwälten, die drei Fachanwaltsbezeichnungen führen, ist bislang denkbar gering. Sie lag zum 1.1.2011 bei lediglich 191,[3] was einem Anteil von nur 0,45 % an der Gesamtzahl der Fachanwälte entspricht.

864 Vergessen wurde übrigens eine Anpassung der Obergrenze von **Fachgebietsbezeichnungen**, die **verkammerte Rechtsbeistände** führen dürfen. In **§ 209 Abs. 1 Satz 4 BRAO** ist nach wie vor von „höchstens zwei" Gebieten die Rede.

2. Zur Verfassungsmäßigkeit der Beschränkung

865 Die **Verfassungsmäßigkeit der früheren Beschränkung auf zwei Rechtsgebiete** in § 43c Abs. 1 Satz 3 BRAO a.F. war mehrfach Gegenstand gerichtlicher Überprüfung, ist allerdings weder vom **Bundesgerichtshof** noch vom **Bundesverfassungsgericht** in Zweifel gezogen worden.

866 In seinem Beschluss vom **4.4.2005** führt der **BGH**[4] aus, die Einschränkung der Werbefreiheit durch die Regelung des § 43c Abs. 1 Satz 3 BRAO sei durch **Gründe des Gemeinwohls** gerechtfertigt, hierfür **geeignet** und auch **erforderlich**. Mit der Beschränkung auf zwei Fachgebiete solle nach den Gesetzesmaterialien bei dem geforderten **hohen Niveau der Kenntnisse eines Fachanwalts** die Glaubwürdigkeit eines solchen Fachhinweises gewahrt werden. Die Fachanwaltsbezeichnung, die die besondere Qualifikation des Rechts-

1 BGBl. 2009 I S. 2449 ff.
2 BR-Drucks. 700/08 vom 26.9.2008, S. 57.
3 BRAK-Mitt. 2011, 71, 72.
4 BRAK-Mitt. 2005, 188 f.

anwalts für das Fachgebiet ausweisen solle, könne vom rechtsuchenden Publikum nur dahin verstanden werden, dass der Fachanwalt über einen vertieften Wissensstand auf seinem Fachgebiet nicht nur zum Zeitpunkt des Erwerbs der Fachanwaltsbezeichnung, sondern **auch bei seiner späteren Tätigkeit** verfüge. Die erforderliche Qualitätssicherung könne nicht allein durch die in § 15 FAO vorgesehene Fortbildung gewährleistet werden. Sie setze vielmehr eine verstärkte Tätigkeit auf dem Fachgebiet und den damit verbundenen Erfahrungsgewinn voraus. Deshalb könne es auch nicht darauf ankommen, dass ein Rechtsanwalt die formalen Voraussetzungen für den Erwerb von auch mehr als zwei Fachgebieten erfülle, entscheidend sei vielmehr eine **dauerhafte intensive Befassung mit den Spezialgebieten** auch nach der Verleihung der Fachanwaltsbezeichnung. Eine solche intensive Betätigung erscheine aber angesichts des Umfangs und der Komplexität des modernen Rechts nur in begrenztem Umfang möglich. Letztlich folge schon aus der Natur der Spezialisierung, dass sie nur für einige Tätigkeitsfelder zu leisten sei, die zudem bei den jeweiligen Fachanwaltschaften weit bemessen seien. Mit der Beschränkung der Fachanwaltsbezeichnung auf zwei Fachgebiete werde bezweckt, dass der Rechtsanwalt auf diesen Gebieten vertieft tätig werde und damit die Qualitätsvorstellungen der Öffentlichkeit erfülle. Die Regelung diene daher der **wahrheitsgemäßen Information der Rechtsuchenden**, dem **Vertrauensverhältnis zwischen Anwalt und Mandant** und letztlich der **Funktionsfähigkeit der Rechtspflege**.

Durch **Nichtannahmebeschluss** vom **13.10.2005**[1] bestätigt das **Bundesverfassungsgericht** die Auffassung des BGH. Mit der Beschränkung auf zwei Fachanwaltsbezeichnungen solle bei dem geforderten hohen Niveau der Kenntnisse die **Glaubwürdigkeit des Fachhinweises** gewahrt werden. Durch die – in zulässiger Weise typisierende – restriktive Regelung werde gewährleistet, dass der Rechtsanwalt nicht nur über die erforderlichen theoretischen Kenntnisse verfüge, sondern auf den betreffenden Fachgebieten **mit der gebotenen Intensität tätig werden** und **seinen Kenntnisstand auch in dieser Hinsicht vertiefen** könne. Wörtlich führt das BVerfG aus: 867

„Zudem würde das Vertrauen der Öffentlichkeit in die qualitative Aussagekraft der Fachanwaltsbezeichnungen leiden, wenn einzelne Rechtsanwälte eine Vielzahl von Fachanwaltsbezeichnungen führen dürften. Es könnte der Eindruck entstehen, dass Fachanwaltsbezeichnungen lediglich nach rein formalen Kriterien vergeben würden und keine Rückschlüsse auf besondere Kenntnisse und Erfahrungen des betreffenden Rechtsanwalts zuließen."

Bemerkenswert ist der letzte Satz der zitierten Passage, der, wörtlich genommen, in Widerspruch zu der oben dargestellten BGH-Rechtsprechung[2] steht, indem er anders als der BGH **(auch) auf Qualität** und nicht nur auf das Durchlaufen des rein formalisierten Fachanwalts-Verfahrens abstellt. 868

Die dargestellte Rechtsprechung steht in Einklang mit der **Spezialisten-Entscheidung**,[3] die schon die Tatsache, dass zwei Fachanwaltsbezeichnungen 869

1 BVerfG BRAK-Mitt. 2005, 274 f.
2 Vgl. oben unter B. II. 2.g ee.
3 BVerfG NJW 2004, 2656 ff. = AnwBl. 2004, 586 ff., m. Anm. Hamacher = BRAK-Mitt. 2004, 231 ff.

statt nur einer geführt werden dürfen, als eine Art Qualitätsminderung gegenüber dem auf ein einziges eng umgrenztes Rechtsgebiet festgelegten „Spezialisten" betrachtet.

870 Die Frage, ob sich auf Grund der auch schon zum Zeitpunkt der Entscheidungen eingetretenen und weiter absehbaren deutlichen Ausweitung der Fachanwaltsbezeichnungen an der Bewertung etwas ändern könnte, ließen Bundesgerichtshof und Bundesverfassungsgericht außer Betracht. Entsprechendes galt für die Frage, ob für einander besonders „nahe stehende" Fachanwaltsbezeichnungen, wie etwa das Familien- und das Erbrecht oder das Versicherungs- und das Verkehrsrecht, eigene Grundsätze gelten müssten.

871 Was für die Verfassungsmäßigkeit einer Obergrenze von nur zwei zulässigen Bezeichnungen gilt, muss für eine höher angesetzte Obergrenze natürlich erst recht gelten.[1]

3. Kein „Ruhen" einer Fachanwaltsbezeichnung

872 Als Ausweg aus dem (früheren) Dilemma des § 43c Abs. 1 Satz 3 BRAO (a. F.) wurde gelegentlich vorgeschlagen bzw. beantragt, eine weitere Fachanwaltsbezeichnung um den Preis des **Ruhens** einer der bereits geführten zu erhalten.

873 Der **AGH NRW**[2] lehnte eine „lediglich interne Zubilligung" einer Fachanwaltsbezeichnung ebenso ab wie das Ruhenlassen eines bereits geführten Titels. Und das **OLG Naumburg** stellte in einem Urteil vom **26.2.2007**[3] fest, die Internet-Werbung eines Rechtsanwalts mit dem Hinweis, dass er eine Spezialisierung als Fachanwalt auf einem bestimmten Rechtsgebiet erworben habe, diese Bezeichnung aber nicht führe, weil das Berufsrecht lediglich zwei Fachanwaltstitel pro Berufsträger zulasse, sei irreführend.

874 Dem Ruhen einer Fachanwaltsbezeichnung steht die Argumentation des BGH[4] entgegen, wonach der durch eine Fachanwaltschaft implizierten Qualität eine **verstärkte Tätigkeit** auf dem Fachgebiet und der damit verbundene Erfahrungsgewinn sowie eine dauerhafte intensive Befassung mit dem Spezialgebiet auch noch nach der Verleihung des Titels geschuldet sind. Den Gegnern dieser Auffassung ist allerdings einzuräumen, dass bei „amtierenden" Fachanwälten lediglich die Absolvierung ausreichender Fortbildung i. S. von § 15 FAO und nicht etwa die dauerhafte aktive Befassung mit dem Fachgebiet überprüft wird. Tatsächlich räumen manche Fachanwälte ein, dass sich die von ihnen bearbeiteten Schwerpunktbereiche im Laufe der Zeit verlagert hätten und die Fachanwaltsbezeichnung eigentlich nur noch **pro forma** aufrechterhalten werde.

1 In diesem Sinne auch Quaas, in: Gaier/Wolf/Göcken, a. a. O., § 43c BRAO Rz. 37.
2 Beschl. vom 16.12.2005 – 1 ZU 85/05; BVerfG BRAK-Mitt. 2005, 274 f.
3 NJW 2007, 1537 ff.
4 BRAK-Mitt. 2005, 188, 189.

4. Verzicht auf eine Bezeichnung

Wer bereits drei Fachanwaltstitel führt und noch einen weiteren erwerben will, muss zunächst den **Verzicht** auf einen der bereits geführten erklären.[1] Dies kann – und sollte aus Vorsichtsgründen – **unter der Bedingung** erfolgen, dass der weitere Fachanwaltsantrag positiv beschieden wird. Der Kammervorstand wird bei positiver Entscheidung über den neuen Antrag die Erlaubnis zum Führen der Fachanwaltsbezeichnung, auf die verzichtet wurde, **widerrufen**[2] und gleichzeitig die neue Fachanwaltschaft verleihen.[3] 875

5. Zum Sonderproblem des Wiederauflebens einer Fachanwaltsbezeichnung

Nach Inkrafttreten des neuen § 43c Abs. 1 Satz 3 BRAO mit der von zwei auf drei zulässige(n) Bezeichnungen angehobenen Obergrenze stellte sich **erstmals vehement** das Problem, ob eine Fachanwaltsbezeichnung, auf die ihr Inhaber verzichtet (oder die er sonst verloren hat), **wieder aufleben kann**. Insgesamt sind **verschiedene Fälle** zu unterscheiden: 876

a) Freiwilliger Verzicht auf einen Fachanwaltstitel im Hinblick auf die Obergrenze von § 43c Abs. 1 Satz 3 BRAO a.F.

Zu der im Gefolge des Inkrafttretens von § 43c Abs. 1 Satz 3 BRAO n.F. aufgetauchten Frage, ob eine von ursprünglich zwei geführten Fachanwaltsbezeichnungen, auf die ein Rechtsanwalt unter der Geltung des § 43c Abs. 1 Satz 3 BRAO a.F. verzichtet hatte, um eine weitere (also praktisch eine „dritte") Bezeichnung erwerben zu können, ohne nochmaliges Durchlaufen eines förmlichen Antragsverfahrens wieder auflebe, vertraten die Rechtsanwaltskammern zunächst **unterschiedliche Auffassungen**. Es stritten juristische gegen pragmatische Argumente. 877

Bei **streng dogmatischer Betrachtung** ist wohl davon auszugehen, dass ein Fachanwaltstitel, auf den wirksam verzichtet wurde, **nicht automatisch wieder auflebt**. Dies ergibt sich aus **§ 43 Abs. 2 VwVfG**, wonach sich ein Verwaltungsakt u.a. durch Verzicht des Begünstigten **(endgültig) erledigt**[4] – und zwar unabhängig davon, ob der Begünstigte (hier: der Fachanwalt) lediglich einseitig verzichtet, oder die Behörde (hier: die Rechtsanwaltskammer) nach dem Ver- 878

---

1 Vgl. hierzu nur Scharmer, in: Hartung/Römermann, a.a.O., § 1 FAO Rz. 26.

2 Der förmliche Widerruf ist keine zwingende Voraussetzung. Viele Rechtsanwaltskammern belassen es auch bei der Verzichtserklärung des Antragstellers.

3 Es ist ein Fall bekannt geworden, in dem ein Rechtsanwalt die zunächst abgegebene Verzichtserklärung nach Erhalt der weiteren Fachanwaltsbezeichnung wegen Irrtums angefochten und zugleich erklärt hat, der Verzicht sei nur unter innerem Vorbehalt erfolgt, weil ein anderer Weg zum Erhalt einer dritten Fachanwaltschaft nicht gesehen worden sei. Der zuständige Kammervorstand hat sich auf diese Argumentation nicht eingelassen und geltend gemacht, einerseits liege auf Grund der eigenen Einlassung des Mitglieds gerade kein Irrtum vor und andererseits seien der innere Vorbehalt und die mangelnde Ernsthaftigkeit der Verzichtserklärung unerheblich. Der Betreffende hat die Angelegenheit letztlich nicht weiter verfolgt.

4 BVerwG NVwZ 1990, 464; VGH Mannheim NVwZ 1995, 280; Kopp/Ramsauer, Kommentar zum Verwaltungsverfahrensgesetz, § 43 VwVfG Rz. 41.

zicht den begünstigenden VA (hier: die Fachanwaltserlaubnis) auch noch ausdrücklich widerrufen hat.[1] Auch ein **Wiederaufgreifen des Verfahrens** gem. **§ 51 VwVfG** kommt **nicht in Betracht**, weil sich der ursprüngliche Verwaltungsakt (also die Verleihung der Fachanwaltsbezeichnung) durch den Verzicht erledigt hat und ein eventuell noch zusätzlich erfolgter ausdrücklicher Widerruf seitens der Rechtsanwaltskammer **auf diesem Verzicht** und nicht etwa auf § 43c Abs. 1 Satz 3 BRAO a.F. unmittelbar beruhte. Und eine **Anfechtung der seinerzeitigen Verzichtserklärung wegen Irrtums** scheidet aus, weil Wille und Erklärung zum Zeitpunkt des Verzichts **nicht auseinander fielen**[2] und der Erklärende sich allenfalls unrichtige Vorstellungen über die Absichten des Gesetzgebers machte.

879 Die Auswirkungen dieser engen Auffassung sind für ehemalige Inhaber einer Fachanwaltschaft weniger dramatisch, als es zunächst den Anschein haben mag. Denn weil es für den Fachanwalts-Lehrgang (bzw. den Erwerb besonderer theoretischer Kenntnisse auf sonstige Weise) kein Verfallsdatum gibt, muss bei einem erneuten Antrag (sofern zwischenzeitliche Fortbildung betrieben wurde) de facto **nur noch einmal der Fallnachweis erbracht werden**.

880 Allerdings zeigten sich viele Rechtsanwaltskammern sofort nach Inkrafttreten von § 43c Abs. 1 Satz 3 BRAO n.F. **großzügig** und erteilten frühere Erlaubnisse ohne neues Prüfungsverfahren wieder. Vereinzelt hatten Kammern ihren Mitgliedern bei deren Verzicht auch entsprechende Zusagen gemacht. Was die Voraussetzung des nochmaligen Nachweises praktischer Fälle (aus den aktuell letzten drei Jahren) anging, wurde z.T. argumentiert, auch „amtierende" Fachanwälte müssten im Rahmen von § 15 FAO zwar Fortbildung, aber nicht aktive Tätigkeit, also die konkrete Bearbeitung bestimmter Fallzahlen, nachweisen. Letztlich sind – auch vor dem Hintergrund der insgesamt geringen Zahlen – **alle** Kammern **auf diese liberale Handhabung eingeschwenkt**, um eine ungerechte Benachteiligung eigener Mitglieder aus „lediglich" dogmatischen Gründen zu vermeiden.

881 Dass sich das Thema bei einer eventuellen – ohnehin nicht zu erwartenden – erneuten Anhebung der Obergrenze abermals stellen würde, darf bezweifelt werden. Denn die Zahl von Fachanwälten, die drei Bezeichnungen führen, ist so gering, dass kaum vorstellbar ist, ein „dreifacher Fachanwalt" würde auf einen seiner drei Titel verzichten, um einen weiteren („vierten") zu erwerben.

b) Freiwilliger Verzicht auf die Anwaltszulassung und spätere Wiederzulassung

882 Dasselbe Problem wie unter lit. a stellt sich auch bei Rechtsanwälten mit Fachanwaltstitel, die aufgrund freiwilligen Verzichts **vorübergehend aus der Anwaltschaft ausscheiden** und nach Wiedererlangung der Zulassung die frühere Fachanwaltsbezeichnung fortführen wollen. Die rechtliche Situation ist – unabhängig davon, ob ausdrücklich nur die Anwaltszulassung oder zugleich

1 BVerwG NVwZ 1990, 464.
2 Vgl. Heinrichs, in: Palandt/Heinrichs, Kommentar zum Bürgerlichen Gesetzbuch, § 119 BGB Rz. 7 ff.

mit der Zulassung förmlich auch die Fachanwaltserlaubnis widerrufen wird – praktisch die gleiche wie zuvor. Die Handhabung durch die regionalen Rechtsanwaltskammern ist **unterschiedlich**.

Aus **dogmatischen Gründen** kommt ein Wiederaufleben, wie gezeigt, eigentlich nicht in Betracht[1]. Das gilt unabhängig davon, ob der (frühere) Fachanwalt überhaupt bedacht hat, zugleich mit dem Verzicht auf die Zulassung auch auf die Fachanwaltsbezeichnung zu verzichten. 883

Sofern Rechtsanwaltskammern hier den großzügigen gegenteiligen Standpunkt einnehmen, gilt natürlich „Wo kein Kläger, da kein Richter". 884

➲ **Praxis-Tipp:** Um sich keine Chance zu verbauen, sollte derjenige, der an eine spätere Rückkehr in die Anwaltschaft denkt und für diesen Fall auch die frühere Spezialisierung wieder aufnehmen will, in der Zwischenzeit **Fortbildung in Art und Umfang von § 15 FAO betreiben**. Auch die Rechtsanwaltskammern, die insgesamt zu einer großzügigen Handhabung tendieren, machen ihre positive Entscheidung vom Nachweis durchgängiger und ausreichender Fortbildung abhängig. 885

c) (Unfreiwilliger) Verlust der Anwaltszulassung und spätere Wiederzulassung

Die gegen das automatische Wiederaufleben einer Fachanwaltsbezeichnung nach freiwilligem Verzicht erhobenen Bedenken gelten im Fall des **unfreiwilligen Ausscheidens aus der Anwaltschaft** (z. B. auf Grund Widerrufs der Zulassung wegen Vermögensverfalls – § 14 Abs. 2 Nr. 7 BRAO oder wegen Verhängung eines Berufsverbots) natürlich erst recht. 886

1 So jetzt auch AGH NRW, Urt. v. 27.7.2011 – 1 AGH 22/11 (nicht rechtskräftig).

C. Die Entscheidungsgremien

Gem. § 43c Abs. 2 BRAO entscheidet über einen Fachanwaltsantrag „der Vorstand der Rechtsanwaltskammer, nachdem ein Ausschuss der Kammer die von dem Rechtsanwalt vorzulegenden Nachweise über den Erwerb der besonderen Kenntnisse und Erfahrungen geprüft hat". 887

An der Bescheidung des Antrags sind also **zwei Gremien** beteiligt: Ein **fachkundiger** Ausschuss, der eine **Vorprüfung des Antrags** vornimmt (und deshalb meist auch als „Vorprüfungsausschuss" bezeichnet wird) und der **Vorstand der zuständigen Rechtsanwaltskammer**, der die **eigentliche Entscheidung** trifft. 888

I. Die Vorprüfungsausschüsse

Der Vorstand der (für den Antragsteller zuständigen) Rechtsanwaltskammer, dem es auf Grund seiner jeweils zufälligen, nicht an Spezialisierungen ausgerichteten Zusammensetzung häufig an der erforderlichen Fachkompetenz zur durchgängigen Beurteilung eines Fachanwaltsantrags fehlen wird, darf und **muss** sich zur Vorbereitung seiner Entscheidung eines **sachkundigen Ausschusses bedienen**. 889

1. Allgemeines

Zahl und Zusammensetzung der Vorprüfungsausschüsse sind vom Grundsatz her in **§ 43c Abs. 3 BRAO** und in der näheren Ausprägung in **§ 17 FAO** geregelt. 890

a) Zahl der Ausschüsse

Während § 43c Abs. 3 Satz 1 BRAO bestimmt, dass der Vorstand der Rechtsanwaltskammer **für jedes Fachgebiet** „einen Ausschuss" bildet, besagt § 17 Abs. 1 FAO, dass er für jedes Fachgebiet **„mindestens einen Ausschuss"** bildet, für ein und dasselbe Fachgebiet also **auch mehrere** Ausschüsse berufen kann. Dies wird für unbedenklich gehalten, sofern auch bei der Bildung mehrerer Ausschüsse die Vorschriften der §§ 17 ff. FAO beachtet werden und sich keine negativen Konsequenzen für einen Antragsteller ergeben können.[1] 891

Es entspricht allerdings dem **Regelfall**, dass die einzelnen Rechtsanwaltskammern für jedes Fachgebiet nur einen Vorprüfungsausschuss bilden. Nur in wenigen Kammerbezirken gibt es für die besonders begehrten Fachanwaltschaften Arbeitsrecht, Familienrecht und auch Strafrecht zwei oder sogar drei Ausschüsse. Das hat für Bewerber den Vorteil der schnelleren Bearbeitung ihrer Anträge. **Ungleichbehandlungen**, die bei einer Beteiligung verschieden zusammengesetzter Gremien niemals ganz auszuschließen sind, dürften weit- 892

---

1 Vgl. hierzu Scharmer, in: Hartung/Römermann, a. a. O., § 17 FAO Rz. 6.

gehend dadurch vermieden werden, dass die **eigentliche Entscheidungsbefugnis** beim Kammervorstand liegt.

b) Zusammensetzung der Ausschüsse

893 Nach § 43c Abs. 3 Satz 2 BRAO gehören einem Vorprüfungsausschuss **mindestens drei** Rechtsanwälte an, die auch Mitglieder mehrerer Ausschüsse sein können. § 17 Abs. 3 FAO bestimmt darüber hinaus, dass jeder Ausschuss aus **mindestens drei Mitgliedern** „und **höchstens drei stellvertretenden Mitgliedern**" besteht.

894 Wie viele Mitglieder jede Kammer in ihre Vorprüfungsausschüsse beruft, hängt maßgeblich von der **Anzahl der zu bearbeitenden Anträge** (und der Zahl der für die einzelnen Fachgebiete errichteten Ausschüsse) ab. Kleine Kammern mit nur wenigen Mitgliedern und einer überschaubaren Anzahl von Fachanwaltsanträgen begnügen sich zumeist mit der Berufung von drei Mitgliedern, während größere Kammern, die eine entsprechend größere Anzahl von Anträgen zu bewältigen haben, auf die Mitarbeit einer höheren Zahl von fachkundigen Kollegen in den Vorprüfungsausschüssen angewiesen sind.

895 Es besteht auch die Möglichkeit, die Zahl der Ausschussmitglieder in ein und demselben Kammerbezirk variabel, also für jeden Ausschuss unterschiedlich zu gestalten, um so der größeren oder geringeren Nachfrage für das eine oder andere Fachgebiet gerecht zu werden.

896 Die Entscheidung darüber, ob auch stellvertretende Mitglieder berufen werden, scheint in das **Belieben** der Rechtsanwaltskammern gestellt zu sein. Zwar heißt es in § 17 Abs. 1 FAO, der Kammervorstand bestelle die Mitglieder „sowie die stellvertretenden Mitglieder" der Ausschüsse, doch ist an keiner Stelle gesagt, wie viele Stellvertreter ein Ausschuss **mindestens** haben muss. Nur **nach oben** ist eine Grenze festgelegt, indem § 17 Abs. 3 bestimmt, jeder Ausschuss bestehe aus „höchstens drei stellvertretenden Mitgliedern".

Da § 23 FAO eine **Reihe von Mitwirkungsverboten** vorsieht und es immer vorkommen kann, dass ein ordentliches Ausschussmitglied wegen Arbeitsüberlastung, Krankheit oder längerfristiger Abwesenheit **an der Ausübung seiner Tätigkeit im Ausschuss gehindert** ist, dürfte die Berufung mindestens eines stellvertretenden Mitglieds für jeden Ausschuss **unerlässlich** sein.

897 Bilden, was nach § 43c Abs. 3 Satz 4 BRAO möglich ist, mehrere Rechtsanwaltskammern **gemeinsame Ausschüsse**, soll gem. § 17 Abs. 2 FAO „**jede** Rechtsanwaltskammer in **jedem** Ausschuss **mit mindestens einem Mitglied** vertreten sein".

2. Gemeinsame Ausschüsse

898 Wie soeben erwähnt, sieht **§ 43c Abs. 3 Satz 4 BRAO** ausdrücklich die Möglichkeit vor, dass mehrere Rechtsanwaltskammern gemeinsame Vorprüfungsausschüsse bilden. Dabei soll gem. **§ 17 Abs. 2 FAO** jede Kammer in jedem Ausschuss mit mindestens einem Mitglied vertreten sein.

Das Nähere regelt **§ 18 FAO**, der insbesondere vorschreibt, dass zwischen den beteiligten Kammern eine **schriftliche, von ihren Präsidenten zu unterzeichnende Vereinbarung** zu treffen ist. In dieser Vereinbarung müssen **u. a.** folgende Punkte geregelt werden 899

- die Fachgebiete, für die gemeinsame Ausschüsse gebildet werden (§ 18 lit. a FAO)
- die Zahl der Mitglieder der Ausschüsse sowie deren Stellvertreter (§ 18 lit. b FAO)

und

- die Bezeichnung derjenigen Kammer, deren Geschäftsstelle die Geschäftsführung des Ausschusses übernimmt (§ 18 lit. e FAO).

Gemeinsame Ausschüsse unterhalten z. B. die Rechtsanwaltskammern Bamberg und Nürnberg, die Kammern Braunschweig, Celle und Oldenburg, die Kammern Freiburg, Karlsruhe, Stuttgart und Tübingen sowie die Kammern Koblenz und Zweibrücken. Es gibt auch Kammern, die für einige Gebiete gemeinsame und für andere Gebiete getrennte Ausschüsse unterhalten. 900

Die Bildung gemeinsamer Ausschüsse hat neben allgemeinen **„Synergieeffekten"** und einer Bündelung des Sachverstands auch den Vorteil, dass die Besorgnis der Bewerber, ihre Anträge würden ausschließlich von konkreten **Konkurrenten** begutachtet, gedämpft werden kann. Gewisse Nachteile können sich aus **organisatorischen Schwierigkeiten** und einer größeren räumlichen Entfernung der Ausschussmitglieder, die die Durchführung regelmäßiger Sitzungen erschwert, ergeben. 901

3. Bestellung der Ausschussmitglieder

Die Bestellung der Ausschussmitglieder erfolgt gem. § 43c Abs. 3 Satz 1 2. Hs. BRAO und § 17 Abs. 1 2. Hs. FAO **durch den Vorstand der jeweiligen Rechtsanwaltskammer**. 902

Der Vorstand hat gem. **§ 77 Abs. 1 BRAO** die Möglichkeit, eine **eigene Abteilung für Fachanwaltsangelegenheiten** zu bilden und dieser auch die Kompetenz zur Bestellung der Mitglieder der Vorprüfungsausschüsse zu übertragen. Die Bestellung kann dann von der Abteilung **selbständig** vorgenommen werden, weil sie gem. **§ 77 Abs. 5 BRAO** innerhalb ihrer Zuständigkeit die Rechte (und Pflichten) des Vorstands besitzt. 903

Gem. **§ 19 Abs. 1 FAO** gelten für die Bestellung die **§§ 65 bis 68 Abs. 1 BRAO entsprechend**. Außerdem bestimmt **§ 43c Abs. 3 Satz 3 BRAO** die **entsprechende Anwendung der §§ 75 und 76 BRAO**. 904

Aus Letzterem folgt, dass die Mitglieder der Vorprüfungsausschüsse (wie die Mitglieder des Kammervorstands) ihre Tätigkeit **unentgeltlich** ausüben, allerdings für den mit ihrer Tätigkeit verbundenen Aufwand eine **angemessene Entschädigung** sowie eine **Reisekostenvergütung** erhalten und (ebenfalls wie die Mitglieder des Kammervorstands) einer **umfassenden Verschwiegenheitsverpflichtung unterliegen**, die sich auf alles erstreckt, was ihnen im Rahmen ihrer Ausschussarbeit über Antragsteller, aber auch über sonstige Rechts- 905 anwälte, wie z. B. Sozien von Antragstellern oder Bevollmächtigte auf der Gegenseite, sowie über andere Personen (z. B. Mandanten von Antragstellern oder gegnerische Parteien) zur Kenntnis gelangt (§ 76 BRAO).

a) Persönliche Geeignetheit

906 Die Anwendbarkeit von **§ 65 BRAO** bedeutet, dass in einen Vorprüfungsausschuss nur ein Rechtsanwalt berufen werden kann, der auch die **Voraussetzungen zur Wählbarkeit in den Kammervorstand** erfüllt. Er muss demzufolge

- Mitglied der Kammer sein (§ 65 Nr. 1 BRAO)

und

- den Beruf eines Rechtsanwalts seit mindestens fünf Jahren ohne Unterbrechung ausüben (§ 65 Nr. 2 BRAO).

907 Die früher in § 65 Nr. 2 BRAO a. F. verankerte zusätzliche Voraussetzung, wonach wählbar nur derjenige war, der das **35. Lebensjahr vollendet** hatte, wurde durch das „Gesetz zur Stärkung der Selbstverwaltung der Rechtsanwaltschaft" vom 16.3.2007[1] aufgehoben.

908 Über die beiden vorgenannten Voraussetzungen hinaus darf keiner der **Ausschlussgründe des § 66 BRAO** vorliegen. Nicht zum Mitglied des Kammervorstands und eines Vorprüfungsausschusses kann gewählt bzw. ernannt werden ein Rechtsanwalt,

- gegen den ein anwaltsgerichtliches Verfahren eingeleitet oder ein Berufs- oder Vertretungsverbot (§§ 150, 161a BRAO) verhängt worden ist (§ 66 Nr. 1 BRAO)
- gegen den die öffentliche Klage wegen einer Straftat, welche die Unfähigkeit zur Bekleidung öffentlicher Ämter zur Folge haben kann, erhoben ist (§ 66 Nr. 2 BRAO)

oder

- gegen den in den letzten fünf Jahren ein Verweis oder eine Geldbuße oder in den letzten zehn Jahren ein Vertretungsverbot (§ 114 Abs. 1 Nr. 4 BRAO) verhängt oder in den letzten fünfzehn Jahren auf die Ausschließung aus der Rechtsanwaltschaft erkannt worden ist (§ 66 Nr. 3 BRAO).

909 Ein zum Ausschussmitglied ernannter Rechtsanwalt, der die „Wählbarkeit" aus einem der vorbezeichneten Gründe nach seiner Berufung verliert, scheidet gem. **§ 20 Nr. 2 und 3 FAO n. F.** automatisch aus dem Ausschuss aus. Bislang bestimmte § 20 Nr. 3 FAO a. F. lediglich, dass ein solcher Anwalt vom Kammervorstand abberufen werden **konnte**. Die Verschärfung erfolgte in der 6. Sitzung der Vierten Satzungsversammlung am 6.12.2010. Sie ist am 1.7.2011 in Kraft getreten.

910 Zusätzlich zu den Voraussetzungen von § 65 BRAO sieht § 19 Abs. 2 FAO vor, dass zum Mitglied oder stellvertretenden Mitglied eines Vorprüfungsausschusses **in der Regel** nur bestellt werden soll, „wer berechtigt ist, die Fach-

1 BGBl. 2007 I S. 358 ff.

anwaltsbezeichnung für das jeweilige Fachgebiet zu führen". Durch diese – an sich selbstverständliche – Regelung soll sichergestellt werden, dass die Mitglieder der Vorprüfungsausschüsse tatsächlich über die für die Ausübung ihrer Tätigkeit **erforderliche Fachkompetenz** verfügen und den Antragstellern **„auf Augenhöhe" begegnen**.

Auch wenn es sich bei § 19 Abs. 2 FAO nur um eine **Soll-Vorschrift** handelt, 911
sind kaum Fälle bekannt, in denen einem Vorprüfungsausschuss für ein bestimmtes Rechtsgebiet Rechtsanwälte angehören, die nicht selbst über die entsprechende Fachanwaltsbezeichnung verfügen.[1] Hinnehmbar ist etwa, dass das Mitglied eines Fachausschusses für Steuerrecht zwar nicht Fachanwalt für Steuerrecht, aber Steuerberater ist.

Eine durchaus gewichtige Rolle spielt die Ausgestaltung von § 19 Abs. 2 FAO 912
als Soll-Vorschrift dann, wenn es um die Bildung der Vorprüfungsausschüsse **für neu geschaffene** Fachanwaltsbezeichnungen geht. Getreu der Frage, ob zunächst die Henne oder das Ei da war, müssen hier die Ausschüsse zwangsläufig aus anfänglichen Nicht-Fachanwälten rekrutiert werden. Und auch nachdem ein neuer Ausschuss sich konstituiert und die Arbeit aufgenommen hat, kann es noch eine Weile dauern, bis sämtliche Mitglieder (z.B. nach Absolvieren eines Fachanwalts-Lehrgangs) auch die besonderen theoretischen Kenntnisse in der von der Fachanwaltsordnung geforderten Weise belegen können.

b) Recht zur Ablehnung der Bestellung

Gem. des ebenfalls für entsprechend anwendbar erklärten **§ 67 BRAO** kann 913
die Berufung in einen Vorprüfungsausschuss **nur ablehnen**,

- wer das 65. Lebensjahr vollendet hat (§ 67 Nr. 1 BRAO)
- wer in den letzten vier Jahren Mitglied des Kammervorstands gewesen ist (§ 67 Nr. 2 BRAO)

oder

- wer aus gesundheitlichen Gründen nicht nur vorübergehend die Tätigkeit im Vorstand (bzw. im Vorprüfungsausschuss) nicht ordnungsgemäß ausüben kann (§ 67 Nr. 3 BRAO).

Da § 19 Abs. 1 FAO die „entsprechende" Anwendung der §§ 65 ff. BRAO vor- 914
sieht, stellt sich die Frage, ob einer Mitgliedschaft im Kammervorstand in den letzten vier Jahren (§ 67 Nr. 2 BRAO) eine Mitgliedschaft in einem Vorprüfungsausschuss in den letzten vier Jahren gleichsteht.

1 Scharmer, in: Hartung/Römermann, a.a.O., § 19 FAO Rz. 19, geht in diesem Zusammenhang davon aus, dass sich die Soll-Vorschrift nach allgemeinen Auslegungsgrundsätzen zu einer Muss-Vorschrift verdichte, wenn nicht gewichtige Gründe des Einzelfalls entgegenstünden. Die Vorschrift gehe also im Grundsatz davon aus, dass einem Fachausschuss nur Fachanwälte angehören sollten, und verwirkliche damit das Prinzip, dass über die Verleihung eines Qualifikationsnachweises nur Personen entscheiden sollten, die die Qualifikation selbst besäßen.

915 Allerdings ist die praktische Relevanz der analogen Anwendbarkeit von § 67 BRAO gering, weil der Kammervorstand in besonderem Maße auf die **aktive Mitarbeit** der zu Mitgliedern eines Vorprüfungsausschusses berufenen Rechtsanwälte angewiesen ist und eine Bestellung deshalb letztlich nur im Einvernehmen mit dem zu Ernennenden in Betracht kommt.

c) Dauer der Bestellung

916 Gem. **§ 19 Abs. 1 FAO i.V.m. § 68 Abs. 1 BRAO** werden die Mitglieder der Vorprüfungsausschüsse für **vier Jahre** bestellt, wobei (auch mehrfache) **Wiederberufung zulässig** ist.

d) Ausscheiden aus dem Ausschuss

917 Gem. **§ 20 FAO** scheidet ein Mitglied aus dem Vorprüfungsausschuss aus, wenn

- das Mitglied nicht mehr Mitglied der Kammer ist (§ 20 Nr. 1 FAO)
- gegen das Mitglied ein Berufs- oder Vertretungsverbot (§§ 150, 161a BRAO) verhängt worden ist (§ 20 Nr. 2 FAO)
- das Mitglied seine Wählbarkeit aus den in § 66 Nr. 2 und 3 BRAO angegebenen Gründen verloren hat (§ 20 Nr. 3 FAO)
- das Mitglied das Amt niederlegt (§ 20 Nr. 4 FAO)

oder

- das Mitglied vom Vorstand der Kammer, für die es bestellt ist, abberufen wird (§ 20 Nr. 5 FAO).

918 § 20 FAO hat durch Beschlussfassung in der 6. Sitzung der Vierten Satzungsversammlung am 6.12.2010 eine grundlegende Änderung erfahren, die zum **1.7.2011** in Kraft getreten ist. Grund für eine aktuelle Befassung mit der Norm war der Umstand, dass in § 20 Nr. 1 FAO a.F. auf § 66 Nr. 1 und 4 Bundesrechtsanwaltsordnung Bezug genommen wurde, obwohl der frühere § 66 Nr. 1 BRAO bereits mit Wirkung ab dem 1.1.1999 aufgehoben und die früheren Nrn. 2 bis 4 zu den Nrn. 1 bis 3 geworden waren. Gegenüber der früheren Rechtslage wurde eine **Verschärfung** vorgenommen, weil in den Fällen des § 20 Nr. 2 und 3 FAO jetzt nicht mehr nur die Möglichkeit einer Abberufung durch den Kammervorstand, sondern das automatische Ausscheiden aus dem Vorprüfungsausschuss vorgesehen ist. Beweggrund für diese Verschärfung waren die **hohen Anforderungen**, die nach Meinung der Satzungsversammlung **an die Integrität der Mitglieder von Fachanwalts-Ausschüssen** zu stellen sind.

919 Die in **§ 20 Nr. 5 FAO** vorgesehene **Abberufung** von Ausschussmitgliedern wird der Vorstand ausnahmsweise dann in Betracht zu ziehen haben, wenn es – auch nach „Ermahnung" – nicht tolerierbare Bearbeitungsrückstände gibt oder z.B. berechtigte Zweifel an der Neutralität bzw. Objektivität bestehen.

e) Die Situation bei Trennung gemeinsamer Ausschüsse

920 Die Bestellung endet **nicht automatisch**, wenn Rechtsanwaltskammern, die bislang gemeinsame Ausschüsse unterhalten haben, ihre Zusammenarbeit

durch Kündigung oder Aufhebung der entsprechenden Vereinbarung beenden. Ein solcher Beendigungsgrund ist in der Fachanwaltsordnung nicht vorgesehen. Trennen Kammern ihre Ausschüsse, bleiben die **„Rumpfausschüsse"**, zusammengesetzt aus den Mitgliedern der jeweiligen einzelnen Kammer, bestehen.

Die Kammern haben in einem solchen Fall aber die Möglichkeit, die Mitglieder dieser „Rumpfausschüsse" – und sei es auch nur für die Dauer einer **logischen Sekunde** – gem. § 20 Nr. 5 FAO abzuberufen. Im Fall einer Wiederberufung derselben Mitglieder beginnt die vierjährige Bestellungsdauer dann erneut. 921

4. Aufgaben und Arbeitsweise der Ausschüsse

Die Vorprüfungsausschüsse haben die Aufgabe, die Entscheidung des Kammervorstands über die in seinen Zuständigkeitsbereich fallenden Fachanwaltsanträge **vorzubereiten**. Den Ausschüssen obliegen im Einzelnen die Prüfung der vom Antragsteller vorgelegten Unterlagen, eventuell das Anfordern weiterer zur Vorbereitung einer abschließenden Entscheidung erforderlicher Unterlagen, ggf. das Führen eines Fachgesprächs und die Abgabe eines **abschließenden Votums** gegenüber dem Kammervorstand. 922

a) Funktionen und Aufgabenverteilung im Ausschuss

Gem. **§ 17 Abs. 4 FAO** wählt der Vorprüfungsausschuss aus seinen Mitgliedern den **Vorsitzenden**, einen **stellvertretenden Vorsitzenden** und einen **Schriftführer**. 923

Zu den Aufgaben des Ausschussvorsitzenden gehört gem. **§ 17 Abs. 5 FAO** zwingend die **Feststellung des Vertretungsfalls**, also die Beauftragung eines stellvertretenden Ausschussmitglieds mit der Wahrnehmung der Aufgaben eines verhinderten Mitglieds, und darüber hinaus häufig (sofern dies in der Geschäftsordnung des Ausschusses vorgesehen ist) die Benennung des für die Bearbeitung des jeweiligen Antrags zuständigen Berichterstatters. 924

b) Die Arbeitsweise der Ausschüsse

Die konkrete Arbeitsweise eines Vorprüfungsausschusses ist in der von **§ 17 Abs. 6 FAO** als zwingend vorgeschriebenen **Geschäftsordnung** zu regeln, die insbesondere Bestimmungen über das **Verfahren zur Bestellung von Berichterstattern** und über das **Abstimmungsverfahren** enthalten muss. 925

Nähere Vorgaben für Form und Inhalt der Geschäftsordnung bzw. ihr Zustandekommen enthält die Fachanwaltsordnung nicht.

Auch das Verfahren zur Bestellung von Berichterstattern ist nicht geregelt. Es kommt hier eine Zuordnung nach Eingangsnummern, nach Buchstaben oder nach dem sog. rollierenden Verfahren oder schlicht die Verteilung durch den Vorsitzenden im Einzelfall in Betracht. 926

927 Da der Vorprüfungsausschuss keine eigenständige Entscheidungskompetenz besitzt, muss wohl nicht im strengen Wortsinn den Anforderungen an den **„gesetzlichen Richter“** (Art. 101 Abs. 1 Satz 2 GG) genügt werden.[1] Dennoch wäre eine mehr oder weniger willkürliche Verteilung eingehender Anträge z.B. durch den Ausschussvorsitzenden kaum geeignet, Vertrauen in die Ausschussarbeit zu begründen. Den Vorzug verdient deshalb das **rollierende System**, das sich auch in der Geschäftsverteilung der Gerichte mehr und mehr durchsetzt. Es sieht vor, dass eingehende Anträge in der immer gleichen Reihenfolge auf die einzelnen Ausschussmitglieder verteilt werden. Bei einem dreiköpfigen Ausschuss erhält etwa das Mitglied A den ersten eingehenden Antrag, das Mitglied B den zweiten, das Mitglied C den dritten, das Mitglied A den vierten und immer so weiter. Auf diese Weise sind eine gleichmäßige Auslastung aller Ausschussmitglieder und die schnellstmögliche Bearbeitung der Anträge sichergestellt.

928 Nach einer interessanten Entscheidung des **Bundesverfassungsgerichts** vom **12.2.1998**[2] muss bei jeder Berichterstatterbestellung zusätzlich die Gefahr einer **konkreten Konkurrenzsituation** zwischen Berichterstatter und Antragsteller berücksichtigt werden. Zwar hat das BVerfG festgestellt, dass allein die Zugehörigkeit der Prüfer zur regionalen Fachanwaltschaft im selben Gerichtsbezirk bei einer gewissen räumlichen Ausdehnung noch keine Gefahr der Voreingenommenheit begründe, doch heißt es in der Entscheidung relativierend:

> „Zwar sind die Rechtsanwaltskammern angesichts der Bedeutung des Anerkennungsverfahrens gehalten, unter Berücksichtigung der objektiven Wertentscheidung des Art. 12 Abs. 1 GG in der Verfahrensgestaltung auf die Gefahr einer Konkurrenzsituation zwischen Prüfer und Geprüftem Rücksicht zu nehmen. Werden die Prüfungsausschüsse von Fachanwälten gebildet, die in räumlicher Nähe zum Bewerber praktizieren, lässt sich die Besorgnis nicht völlig ausschließen, dass aus prüfungsfremden Motiven besonders hohe Anforderungen gestellt werden. Dem kann jedoch – ... – u.a. dadurch Rechnung getragen werden, dass auf hinreichende Entfernung zwischen dem Kanzleisitz des Prüfers und des Prüflings geachtet wird, sodass eine signifikante Überschneidung des Einzugsbereiches nicht zu befürchten ist. Allein die Zugehörigkeit zur Fachanwaltschaft im selben Gerichtsbezirk birgt angesichts der räumlichen Ausdehnung des OLG-Bezirks N. hier keine beachtliche Gefahr der Voreingenommenheit der Prüfer. Insoweit fehlte es dem Vortrag der Beschwerdeführerin schon im Verfahren vor dem AGH an Substanz.“

929 Ausschüssen größerer Rechtsanwaltskammern und insbesondere gemeinsamen Ausschüssen mehrerer Kammern wird es keine Schwierigkeiten bereiten, bei der Berichterstatterbestellung auf die Wahrung einer gewissen **räumlichen Distanz** zwischen Berichterstatter und Antragsteller zu achten. Dies kann auch bei Anwendung des rollierenden Systems gelingen, indem etwa vorgesehen wird, dass das Ausschussmitglied, das eigentlich an der Reihe wäre, dann zu überspringen ist, wenn der Antragsteller seine Kanzlei im selben Amtsgerichts-Bezirk oder auch im selben Landgerichts-Bezirk unterhält. Idealerweise wird bei gemeinsamen Ausschüssen mehrerer Kammern die Zuordnung

1 Strenger noch die 2. Auflage Rz. 615.
2 BVerfG BRAK-Mitt. 1998, 145 f. = MDR 1998, 499 f., m. Anm. Hartung.

sogar grundsätzlich in der Weise vorgenommen, dass Anträge von einem Berichterstatter geprüft werden, der nicht der Heimatkammer des Antragstellers angehört. Kleinere Kammern stoßen in diesem Zusammenhang allerdings auf erhebliche Schwierigkeiten.[1]

Eine räumliche Nähe zwischen Berichterstatter und Antragsteller kann sich 930
– entgegen der Annahme des BVerfG – aber auch durchaus positiv auswirken, weil man sich – z. B. von gemeinsamen Auftritten bei Gericht – kennt, und der Berichterstatter den Antragsteller bereits als ausgewiesenen Spezialisten auf seinem Fachgebiet erlebt hat.

Ebenfalls frei sind die Ausschüsse bei der Wahl des **Abstimmungsverfahrens**, 931
also der Frage, ob die Beschlussfassung im schriftlichen oder im mündlichen Wege, d. h. im Umlaufverfahren oder im Rahmen von Sitzungen, erfolgen soll. Die Geschäftsordnungen vieler Vorprüfungsausschüsse sehen grundsätzlich beide Möglichkeiten vor, wobei negative Entscheidungen meist nur im Anschluss an ausführliche mündliche Beratungen ergehen.

Wann der **Vertretungsfall** vorliegt, ist in der Fachanwaltsordnung nicht näher 932
geregelt. Auch wenn im Rahmen der Vorprüfung des Fachanwaltsantrags wegen der fehlenden Entscheidungskompetenz des Ausschusses die strengen Anforderungen an den „gesetzlichen Richter" (siehe oben Rz. 927) wohl nicht gelten, sollte die Feststellung des Vertretungsfalls nicht in das Belieben des Ausschussvorsitzenden gestellt sein. Ein Vertretungsfall ist jedenfalls gegeben, wenn eines der **Mitwirkungsverbote** des § 23 FAO[2] vorliegt. Ansonsten kann auf die Grundsätze zurückgegriffen werden, die in Zusammenhang mit dem Geschäftsverteilungsplan nach **§ 21e GVG** gelten. Der Eintritt des im Geschäftsverteilungsplan bestimmten Vertreters setzt die Verhinderung des eigentlich Berufenen voraus. Diese kann auf tatsächlichen Gründen (Urlaub, Krankheit, Kur, Nichterreichbarkeit) oder eben auf Rechtsgründen (z. B. Ablehnung wegen Befangenheit) beruhen, nicht jedoch auf rein subjektiv-persönlichen Gründen (wie etwa einer Verweigerung der Mitwirkung wegen eines gestörten Verhältnisses im Ausschuss oder zum Kammervorstand[3]). Die Verhinderung muss ihrem Wesen nach vorübergehend sein.[4] Liegt eine dauernde Verhinderung (etwa wegen einer ernsthaften Erkrankung) vor, hat der Kammervorstand durch Abberufung des bisherigen Mitglieds und Neuberufung eines anderen Mitglieds eine ordnungsgemäße Besetzung des Vorprüfungsausschusses sicherzustellen.

Ein Vertreter muss andererseits nur dann aktiviert werden, wenn die Verhin- 933
derung eines ordentlichen Mitglieds zwar vorübergehend, aber dennoch von einer gewissen Dauer ist, oder – z. B. wegen eines hohen Antragsaufkommens – auch die nur kurzfristige Verhinderung eines ordentlichen Mitglieds von den übrigen Mitgliedern nicht aufgefangen werden kann, und/oder wenn bei einer

1 Vgl. hierzu Quaas, in: Gaier/Wolf/Göcken, a. a. O., § 17 FAO Rz. 15.
2 Vgl. hierzu näher unten unter C. I. 5.
3 Vgl. hierzu OVG Hamburg NJW 1987, 1215.
4 Vgl. zum Ganzen Lückemann, in: Zöller, Kommentar zur Zivilprozessordnung, § 21e GVG Rz. 39.

Ausschusssitzung ohne die Mitwirkung des verhinderten Mitglieds die Beschlussfähigkeit nicht gewährleistet wäre.

934 Die Frage, wann der Ausschuss **beschlussfähig** ist, ist in der FAO ebenfalls nicht geregelt. Hier sollte auf die Vorschrift des **§ 71 BRAO** zurückgegriffen werden, wonach der Vorstand der Rechtsanwaltskammer beschlussfähig ist, wenn mindestens die Hälfte seiner Mitglieder anwesend ist oder sich an einer schriftlichen Abstimmung beteiligt.

935 Aus der Vorgabe des § 17 Abs. 3 FAO, wonach jeder Ausschuss aus mindestens drei ordentlichen Mitgliedern bestehen muss, schließen zu wollen, dass – auch bei kleinen Ausschüssen – Beschlussfähigkeit nur gegeben ist, wenn mindestens drei ordentliche Mitglieder anwesend sind, ginge wohl zu weit.

936 An die Stelle eines ordentlichen Mitglieds tritt im Vertretungsfall der **Stellvertreter**. Gibt es für einen Ausschuss mehrere stellvertretende Mitglieder, muss in der Geschäftsordnung auch geregelt sein, **in welcher Reihenfolge** diese als Vertreter herangezogen werden.

937 **Fachgespräche** sollten sinnvollerweise mit der Mehrheit der ordentlichen Mitglieder des Ausschusses geführt werden. Auch hierzu enthält die FAO keine nähere Bestimmung. Allerdings dürfte die von einigen Vorprüfungsausschüssen bekannt gewordene Praxis, Fachgespräche aus Gründen der Arbeitsökonomie in möglichst kleiner Besetzung zu führen, problematisch sein. Auch im Hinblick auf das Fachgespräch gilt, dass an die Stelle eines ordentlichen Mitglieds im Vertretungsfall der Stellvertreter tritt.

938 Wie die Geschäftsordnung eines Vorprüfungsausschusses aussehen könnte, ergibt sich aus der **„Muster-Geschäftsordnung“** im Anhang unter J. III.

c) Die Aufgaben der Ausschüsse im Einzelnen

939 Im Detail sind Aufgaben und Arbeitsweise eines Vorprüfungsausschusses in **§ 24 FAO** geregelt. § 24 ist die **zentrale Verfahrensvorschrift** für die Arbeit der Ausschüsse. Er regelt das ausschussinterne Procedere, beginnend mit der anfänglichen Vollständigkeitsprüfung durch den Vorsitzenden (Abs. 1), über das schriftliche (Abs. 2) oder mündliche (Abs. 3) Beratungsverfahren, die Möglichkeit der Auflagenerteilung (Abs. 4), die Ladung zum Fachgespräch und dessen Durchführung (Abs. 5 bis 7) bis hin zur Beschlussfassung (Abs. 8) und abschließenden Stellungnahme gegenüber dem Kammervorstand (Abs. 9).

940 Der besseren Übersichtlichkeit wegen werden die konkrete Arbeitsweise der Ausschüsse und die sonstigen Vorgaben von § 24 FAO unten unter D. im Rahmen des Antragsverfahrens dargestellt.

5. Mitwirkungsverbote

941 **§ 23 FAO** regelt – nicht sehr systematisch – unter der Überschrift „Mitwirkungsverbote“ Ausschließungs- und Ablehnungsgründe sowie besondere Umstände, auf Grund derer ein Ausschussmitglied von der Mitwirkung an der Entscheidung ausgeschlossen ist.

a) Ausschließungs- und Ablehnungsgründe

Hinsichtlich der **Ausschließung und Ablehnung** eines Ausschussmitglieds verweist **§ 23 Abs. 1 Satz 1 FAO** auf einige der Ausschließungs- und Ablehnungsgründe der Zivilprozessordnung. Entsprechend anwendbar sind die **§§ 41 Nr. 2 und 3**[1] **sowie 42 Abs. 1 und 2 ZPO**. 942

Ein Ausschussmitglied ist danach an der Mitwirkung an einer Entscheidung gehindert, 943

- wenn der Antragsteller sein Ehegatte ist, auch wenn die Ehe nicht mehr besteht (§ 41 Nr. 2 ZPO)
- wenn der Antragsteller sein Lebenspartner ist, auch wenn die Lebenspartnerschaft nicht mehr besteht (§ 41 Nr. 2a ZPO)[2]

oder

- wenn es mit dem Antragsteller in gerader Linie verwandt oder verschwägert, in der Seitenlinie bis zum dritten Grad verwandt oder bis zum zweiten Grad verschwägert ist oder war (§ 41 Nr. 3 ZPO).

Die Ablehnung eines Ausschussmitglieds kommt in Betracht 944

- in den Fällen, in denen das Mitglied von der Ausübung seines Amtes kraft Gesetzes ausgeschlossen ist (§ 23 Abs. 1 Satz 1 FAO i.V.m. § 41 Nr. 2, 2a[3] und 3 ZPO)

sowie

- wegen Besorgnis der Befangenheit, die besteht, wenn ein Grund vorliegt, der geeignet ist, Misstrauen gegen die Unparteilichkeit des Ausschussmitglieds zu rechtfertigen (§ 23 Abs. 1 Satz 1 FAO i.V.m. § 42 Abs. 2 ZPO).

Die Besorgnis der Befangenheit besteht grundsätzlich **nicht schon auf Grund eines Konkurrenzverhältnisses** zwischen dem Antragsteller und einem Ausschussmitglied.[4] 945

b) Besondere Mitwirkungsverbote

Darüber hinaus ist ein Ausschussmitglied gem. **§ 23 Abs. 1 Satz 2 FAO** von der Mitwirkung ausgeschlossen, 946

> „wenn es mit dem Antragsteller in Sozietät oder zur gemeinschaftlichen Berufsausübung in sonstiger Weise oder zu einer Bürogemeinschaft verbunden ist oder in den letzten fünf Jahren vor Antragstellung war".

Die Verbindung „in Sozietät" schließt auch die in einer sog. Außen- oder Scheinsozietät ein.

1 Richtiger müsste es heißen „§§ 41 Nr. 2 bis 3 … ZPO", weil § 41 ZPO schon vor geraumer Zeit eine neue Nr. 2a erhalten hat, die die Lebenspartnerschaften erfasst.

2 Auch wenn in § 23 Abs. 1 FAO ausdrücklich nur § 41 Nr. 2 und 3 ZPO, also nicht auch die (neue) Nr. 2a in Bezug genommen ist, muss man von der Erstreckung auch auf die Lebenspartnerschaft ausgehen.

3 Wie zuvor.

4 Vgl. hierzu die Erwägungen in BVerfG BRAK-Mitt. 1998, 145 f. = MDR 1998, 499 f., m. Anm. Hartung.

947 Die Formulierung „zu gemeinschaftlicher Berufsausübung in sonstiger Weise" umfasst vielfältige Erscheinungsformen wie das Anstellungsverhältnis und die freie Mitarbeiterschaft sowie die Verbindung in einer Partnerschaftsgesellschaft, einer Anwalts-GmbH oder einer Anwalts-AG.

948 Fraglich ist, ob darunter auch der Zusammenschluss zu einer **verfestigten Kooperation** und die **Mitgliedschaft in einer Europäischen Wirtschaftlichen Interessenvereinigung (EWIV)** gehören. Da die Zusammenarbeit und die persönliche Verbundenheit in einem solchen Zusammenschluss – je nach Ausgestaltung – ebenso eng oder sogar enger sein können als z.B. in einer Bürogemeinschaft (oder einer Außensozietät), spricht viel dafür, § 23 Abs. 1 Satz 2 2. Alt. FAO auf diese Fälle zu erstrecken.[1]

949 Jedenfalls besteht auch bei den letztgenannten Konstellationen für ein betroffenes Ausschussmitglied Anlass zu besonders sorgfältiger Prüfung, ob es sich auf Grund eines aktuellen oder früheren Näheverhältnisses für befangen hält.

950 Ein weiteres Mitwirkungsverbot ergibt sich aus **§ 23 Abs. 1 Satz 3 FAO**, wonach auch ausgeschlossen ist, wer an Bewertungen nach § 4a (nicht: § 6 Abs. 2 Buchst. c), also an **Klausurbewertungen** beteiligt war.

951 Eine Beteiligung als **Dozent an einem Fachlehrgang**, den der Antragsteller besucht hat, führt dagegen nicht zu einem Mitwirkungsverbot.

c) Das Ablehnungsgesuch

952 Gem. § 23 Abs. 2 Satz 1 FAO muss der Antragsteller ein Ablehnungsgesuch **innerhalb von zwei Wochen** nach Zugang der Mitteilung über die Zusammensetzung des Vorprüfungsausschusses geltend machen. Ist die Zusammensetzung im **Internet** veröffentlicht, ergibt sich hieraus **keine Verkürzung** der Frist bzw. Fingierung des Fristablaufs.

953 Erlangt der Antragsteller (weil ihm die Zusammensetzung des Ausschusses zunächst nicht bekannt war, oder er erst später auf besondere Umstände aufmerksam geworden ist) erst im weiteren Verfahren Kenntnis davon, dass in der Person eines Ausschussmitglieds ein Ablehnungsgrund besteht, muss er dies unverzüglich, also **ohne schuldhaftes Zögern (§ 121 BGB)**, geltend machen.

954 Verzichtet der Antragsteller in Kenntnis der maßgeblichen Umstände auf ein Ablehnungsgesuch, stellt dies eine **rügelose Einlassung** dar. Der Kammervorstand braucht nicht von Amts wegen eine entsprechende Prüfung einzuleiten.[2]

d) Die Entscheidung über ein Ablehnungsgesuch

955 Gem. **§ 23 Abs. 3 Satz 1 FAO** entscheidet über ein Ablehnungsgesuch oder über die Berechtigung einer Selbstablehnung der **Vorstand der Rechtsanwaltskammer** (oder seine zuständige Abteilung) nach Anhörung sowohl des Ausschussmitglieds als auch des Antragstellers.

---

1 Anders Scharmer, in: Hartung/Römermann, a.a.O., § 23 FAO Rz. 7.
2 Vgl. hierzu Scharmer, in: Hartung/Römermann, a.a.O., § 23 FAO Rz. 18.

Die Entscheidung ist nach **§ 23 Abs. 3 Satz 2 FAO unanfechtbar**. Dem Antragsteller steht also **kein eigenständiges Rechtsmittel** gegen die Zurückweisung eines Ablehnungsgesuchs zu. Er hat lediglich die Möglichkeit, im Rahmen einer eventuellen späteren Klage auf Verleihung der beantragten Fachanwaltschaft[1] auch die **Besetzungsrüge** vorzubringen. Gelangt der Anwaltsgerichtshof zu der Überzeugung, dass die Besetzung des Vorprüfungsausschusses zu beanstanden war, und dass die negative Beeinflussung der Gesamtentscheidung durch die Beteiligung eines z. B. befangenen Ausschussmitglieds nicht auszuschließen ist, wird er die Angelegenheit zur nochmaligen Prüfung und Entscheidung an den Kammervorstand zurückverweisen.[2] 956

II. Der Kammervorstand

Die eigentliche Entscheidung über die Erteilung oder Ablehnung der Erlaubnis zum Führen einer Fachanwaltsbezeichnung trifft gem. **§ 43c Abs. 2 BRAO** der **Vorstand der Rechtsanwaltskammer** auf der Basis der gem. § 24 Abs. 9 FAO vom Vorprüfungsausschuss abgegebenen Stellungnahme. Der Vorstand ist bei seiner Entscheidung nicht an die Auffassung des Vorprüfungsausschusses gebunden.[3] 957

Anstelle des Gesamtvorstands kann gem. **§ 77 Abs. 1 und 5 BRAO** auch eine entsprechend **beauftragte Abteilung** tätig werden.[4] 958

§ 43c Abs. 2 BRAO hat durch das „Gesetz zur Modernisierung von Verfahren im anwaltlichen und notariellen Berufsrecht, zur Errichtung einer Schlichtungsstelle der Rechtsanwaltschaft sowie zur Änderung sonstiger Vorschriften"[5] insofern eine Änderung erfahren, als das Erfordernis eines „dem Antragsteller zuzustellenden Bescheids" weggefallen ist. Es gilt jetzt **§ 34 BRAO**, der die Zustellung des Bescheids, durch den die Kammer über den Antrag entscheidet, lediglich für den Fall ausdrücklich vorsieht, dass die Erlaubnis versagt wird. Allerdings werden es sich die Rechtsanwaltskammern sicher auch in Zukunft nicht nehmen lassen, dem positiv beschiedenen Antragsteller nicht nur eine entsprechende Nachricht, sondern eine förmliche **Fachanwalts-Urkunde** zukommen zu lassen. 959

Gem. **§ 33 Abs. 3 Nr. 1 BRAO** ist örtlich zuständig die Rechtsanwaltskammer, deren Mitglied der Rechtsanwalt ist. Das gilt auch dann, wenn mehrere Kammern gemeinsame Vorprüfungsausschüsse unterhalten. Hier entsteht also nicht etwa eine Zuständigkeit derjenigen Kammer, deren Geschäftsstelle entsprechend § 18 lit. e FAO die Geschäftsführung des jeweiligen Ausschusses übernommen hat. 960

---

1 Vgl. hierzu unten unter E.
2 Vgl. insofern BVerfG BRAK-Mitt. 1998, 145, 146 = MDR 1998, 499, 500, m. Anm. Hartung.
3 Vgl. hierzu näher unter D. IV. 2.
4 Vgl. hierzu schon oben unter C. I. 3.
5 BGBl. 2009 I S. 2449 ff.

961 **Frage:** Wie wird verfahren, wenn ein Bewerber nach Antragstellung und bereits begonnener Bearbeitung des Antrags in einen anderen Kammerbezirk wechselt?

Antwort: Nach altem Recht galt, dass nach einem Wechsel aus dem Bezirk einer Rechtsanwaltskammer in den einer anderen der Antrag auf Gewährung der Fachanwaltsbezeichnung an die nunmehr zuständige Kammer zu richten war.[1] Seit Inkrafttreten des „Gesetzes zur Modernisierung von Verfahren im anwaltlichen und notariellen Berufsrecht, zur Errichtung einer Schlichtungsstelle der Rechtsanwaltschaft sowie zur Änderung sonstiger Vorschriften“[2] am 1.9.2009 ist gem. **§ 32 BRAO** das **Verwaltungsverfahrensgesetz** anwendbar. Es gilt deshalb jetzt **§ 3 Abs. 3 VwVfG**, wonach die bisher zuständige Behörde das Verwaltungsverfahren **fortführen kann**, wenn dies unter Wahrung der Interessen der Beteiligten **der einfachen und zweckmäßigen Durchführung des Verfahrens dient** und die nunmehr zuständige Behörde **zustimmt**.

962 ➲ **Praxis-Tipp:** Ein noch nicht beschiedener Fachanwaltsantrag und die dazugehörigen Unterlagen sind **Bestandteil der Personalakte** und werden deshalb im Fall eines Kammerbezirkwechsels an die aufnehmende Kammer übersandt (sofern der Bewerber – wie üblich – einer Weiterleitung seiner Personalakte an die neue Kammer zugestimmt hat). Wer, weil es z. B. Schwierigkeiten im Fachanwaltsverfahren bei der abgebenden Kammer gab, eine Weiterleitung des Fachanwaltsvorgangs nicht wünscht und lieber bei der aufnehmenden Kammer einen ganz neuen Antrag stellen will, sollte den Alt-Antrag förmlich zurücknehmen und ausdrücklich einer Übersendung dieses Teils der Personalakte widersprechen.

---

1 Vgl. hierzu die 2. Auflage Rz. 645.
2 BGBl. 2009 I S. 2449 ff.

D. Das Antragsverfahren

Auch wenn die positive oder negative Bescheidung eines Fachanwaltsantrags natürlich vom Vorhandensein oder Fehlen der besonderen theoretischen Kenntnisse und der besonderen praktischen Erfahrungen sowie vom Vorliegen der sonstigen in der Fachanwaltsordnung normierten Voraussetzungen abhängt, darf die Bedeutung der in der FAO geregelten **Formalien** und ihrer Beachtung für den – insbesondere raschen – Erfolg eines Antrags nicht unterschätzt werden. Hier sollen die folgenden Ausführungen die erforderliche Hilfestellung bieten. 963

I. Der Antrag

Das eigentliche Antragsverfahren ist in den **§§ 6 und 7 sowie 22 und 24 der Fachanwaltsordnung** geregelt. 964

1. Vor der Antragstellung

Da das Verleihungsverfahren weitgehend formalisiert ist, hat jeder am Erwerb einer Fachanwaltsbezeichnung Interessierte die Möglichkeit, die **Erfolgsaussichten** eines entsprechenden Antrags selbst zu prüfen und einzuschätzen. 965

Die Voraussetzungen für die Verleihung einer Fachanwaltsbezeichnung sind, wie im Vorhergehenden aufgezeigt, 966

- eine mindestens dreijährige Zulassung und Tätigkeit innerhalb der letzten sechs Jahre vor Antragstellung
- der Nachweis der besonderen theoretischen Kenntnisse, der üblicherweise durch den Nachweis der erfolgreichen Teilnahme an einem Fachanwalts-Lehrgang erfolgt

und

- der Nachweis der besonderen praktischen Erfahrungen, der durch den Nachweis der Bearbeitung einer bestimmten Anzahl von Fällen in einer bestimmten Zusammensetzung erfolgt.

Hinzu kommt unter bestimmten Voraussetzungen die erfolgreiche Teilnahme an einem Fachgespräch. Diese Hürde scheint vielen höher, als sie tatsächlich ist. Für jemanden, der erfolgreich an einem Fachanwalts-Lehrgang teilgenommen oder vergleichbare Qualifikationen vorzuweisen hat, und der erhebliche praktische Erfahrungen auf seinem Fachgebiet unter Beweis stellen kann, dürfte ein solches Gespräch keine ernsthafte Herausforderung sein. Anders lautende Einschüchterungsversuche sollten überhört werden! Die Durchfallquoten sind – gemessen an sonstigen Prüfungen wie etwa den juristischen Examina – weit unterdurchschnittlich.[1] 967

---

1 Vgl. zur nur noch eingeschränkten Rolle des Fachgesprächs aber oben unter B. IV.

968 ➲ **Praxis-Tipp:** Da die Voraussetzungen für eine Erlaubniserteilung mehr oder weniger objektiv festliegen, sollte jeder Antragstellung die gewissenhafte und **selbstkritische Prüfung** vorausgehen, ob „schon jetzt" hinreichende Erfolgsaussichten bestehen. Wer z.B. selbst daran zweifelt, dass sein „Fallkonto" ausreicht, sollte mit einer Antragstellung lieber noch einige Wochen oder Monate warten, bis er sicher sein kann, eventuelle Defizite ausgeglichen zu haben.

Dies bedeutet nach allen Erfahrungen einen geringeren Zeitverlust als langwierige „Nachverhandlungen" mit dem Vorprüfungsausschuss oder gar ein zurückgewiesener Antrag. Da § 4 Abs. 2 und Abs. 3 Satz 2 FAO auch nach den zwischenzeitlich in Kraft getretenen Verschärfungen[1] **kein endgültiges Verfallsdatum** für Fachanwalts-Lehrgänge oder sonstige Theorienachweise vorsehen, brauchen eventuelle Zeitverzögerungen insofern nicht gefürchtet zu werden.

969 ➲ **Praxis-Tipp:** Vorprüfungsausschuss und Kammervorstand können sich nur mit „richtigen", also definitiv gestellten Anträgen auf Verleihung einer Fachanwaltserlaubnis befassen. Es hat deshalb keinen Sinn, die Kammer um einen **verbindlichen Vorbescheid** z.B. zu den Fragen zu bitten, ob bestimmte außerhalb eines Lehrgangs erworbene Kenntnisse den Anforderungen des § 4 Abs. 3 FAO genügen, oder ob bestimmte Fälle oder Fallgruppen als „Fälle" i.S. von § 5 Abs. 1 FAO anerkannt werden.

970 Die Erteilung solcher Vorbescheide, die in verwaltungsrechtlicher Hinsicht zu einer Bindung des Kammervorstands führen würden, ist in der Fachanwaltsordnung nicht vorgesehen. Allerdings kann es durchaus sinnvoll sein, mit der Kammergeschäftsstelle und/oder dem Vorsitzenden des zuständigen Vorprüfungsausschusses die eine oder andere Zweifelsfrage zu diskutieren. Die Mitarbeiter der Geschäftsstellen und die Ausschussvorsitzenden sind zu Gesprächen gerne bereit – immer unter dem Hinweis natürlich, dass mündliche Auskünfte unverbindlich sind. Sinnvoll ist es auch, bei berechtigten Zweifeln nachzufragen, ob eine bestimmte Fortbildungsmaßnahme als Nachweis i.S. von § 4 Abs. 2 i.V.m. § 15 FAO akzeptiert wird. Es wäre zu ärgerlich, wenn der spätere Antrag nur deshalb zurückgewiesen würde, weil eine Maßnahme nicht anerkannt und deshalb eine – nachträglich nicht zu heilende – Fortbildungslücke festgestellt wird.

2. Richtiger Zeitpunkt der Antragstellung

971 Der „richtige" Zeitpunkt für den Antrag auf Erteilung einer Fachanwaltserlaubnis ist also erst gekommen, wenn nach ehrlicher Selbsteinschätzung sämtliche der vorerwähnten Voraussetzungen vorliegen.

972 ➲ **Praxis-Tipp:** Von einer bewusst **vorzeitigen Antragstellung** (also einer Antragstellung z.B. vor Erreichen der dreijährigen Zulassungsdauer oder der erforderlichen Fallzahl) ist **abzuraten**. Sie bewirkt nach allen Erfahrungen keinerlei Zeitersparnis und führt – sofern der Antrag nicht ohnehin wegen

---

1 Vgl. hierzu näher oben unter B. II. 5.

Fehlens der Voraussetzungen zurückgewiesen wird – nur zu allgemeiner Verwirrung.

Da der Antrag (sofern sich Kammervorstand und Vorprüfungsausschuss über- 973
haupt auf ihn einlassen), wie oben ausgeführt,[1] erst als in dem Zeitpunkt gestellt gilt, in dem sämtliche Voraussetzungen vorliegen, stellen sich im Hinblick auf den Drei-Jahres-Zeitraum des § 5 Abs. 1 FAO fast zwangsläufig Schwierigkeiten ein, weil nicht vom Zeitpunkt der frühzeitigen Antragstellung, sondern erst von dem Zeitpunkt an zurückgerechnet wird, in dem die Voraussetzungen tatsächlich vorliegen.[2] So macht es keinen Sinn, z.B. im Arbeitsrecht eine Liste mit nur 90 statt der in § 5 Abs. 1 lit. c FAO geforderten 100 Fälle vorzulegen und mitzuteilen, die restlichen 10 Fälle würden in Kürze nachgereicht. Erfolgt diese Nachreichung nach zwei Monaten, verlagert sich der Drei-Jahres-Zeitraum entsprechend nach hinten, was dazu führt, dass die in den ersten beiden Monaten bearbeiteten Fälle nicht mehr mitzählen. Fallen „vorne" 13 Fälle heraus, besteht abermals ein Defizit, das der Antragsteller ausgleichen müsste.

Dies alles führt zu unnötigen „Verhandlungen" mit dem Vorprüfungsaus- 974
schuss, meist auch zur Erteilung von Auflagen nach § 24 Abs. 4 FAO und hat damit eher Zeitverlust als Zeitgewinn zur Folge.

Man sollte sich hier nicht durch Hinweise auf eine angeblich überlange Ver- 975
fahrensdauer, durch Begehrlichkeiten von Sozien oder durch das Drängen der Herausgeber von Branchenfernsprechbüchern mit nahe bevorstehenden Redaktionsschluss-Terminen verunsichern lassen.

Ein zum richtigen Zeitpunkt gestellter, mit allen erforderlichen Unterlagen 976
versehener Antrag ist der schnellste und sicherste Weg zum Ziel!

3. Adressat des Antrags

Gem. **§ 22 Abs. 1 FAO** ist der Antrag, die Führung einer Fachanwaltsbezeich- 977
nung zu gestatten, bei der Rechtsanwaltskammer einzureichen, der der Antragsteller angehört.

Dies gilt auch dann, wenn mehrere Kammern gemeinsame Ausschüsse unter- 978
halten. Zuständig für die Entgegennahme eines Antrags ist in jedem Fall die Heimatkammer und nicht etwa die Kammer, deren Geschäftsstelle die Geschäftsführung des fachlich zuständigen Ausschusses übernommen hat. Geht der Antrag in der Geschäftsstelle der falschen Kammer ein, wird diese allerdings die Unterlagen nicht zurückschicken, sondern unmittelbar an die „Partner-Kammer" weiterleiten.

4. Form des Antrags

Auch wenn dies weder in § 22 Abs. 1 FAO noch an anderer Stelle ausdrück- 979
lich geregelt ist, ist der Antrag auf Verleihung einer Fachanwaltsbezeichnung

1 Siehe oben unter B. I. 1.
2 Siehe hierzu oben unter B. III. 9. d.

schriftlich zu stellen. Das wurde nach altem Recht u.a. aus § 37 BRAO a.F. hergeleitet, der für Anträge auf gerichtliche Entscheidung beim Anwaltsgerichtshof Schriftform vorschrieb.[1] Durch das „Gesetz zur Modernisierung von Verfahren im anwaltlichen und notariellen Berufsrecht, zur Errichtung einer Schlichtungsstelle der Rechtsanwaltschaft sowie zur Änderung sonstiger Vorschriften"[2] ist § 37 BRAO aufgehoben worden. Gleichzeitig gilt seit der Reform gem. **§ 32 (jetzt Abs. 1) BRAO** das **Verwaltungsverfahrensgesetz**, das die Einleitung von Verwaltungsverfahren grundsätzlich nicht von einem schriftlichen Antrag abhängig macht. Allerdings erlaubt die h.M. unter bestimmten Voraussetzungen die Annahme eines Schriftformerfordernisses **aus der Natur der Sache**.[3] Es würde keinen Sinn machen, in § 6 FAO die Unterlagen aufzulisten, die zur Prüfung der Voraussetzungen nach den §§ 4, 4a und 5 FAO erforderlich sind, zugleich aber die Antragstellung z.B. per Telefonanruf zuzulassen. Keine Bedenken bestehen gegen eine Antragstellung per Telefax oder E-Mail.

980 Auch sonstige Formerfordernisse sieht die Fachanwaltsordnung nicht vor. Einige Rechtsanwaltskammern verwenden allerdings besondere Antragsformulare und/oder legen Wert auf in einer bestimmten Weise gestaltete Falllisten. Entsprechende Hinweise sind meist auf der Homepage der jeweiligen Kammer zu finden.

981 ➲ **Praxis-Tipp:** Der Antrag auf Erteilung einer Fachanwaltserlaubnis sollte ausdrücklich und unmissverständlich und nicht – wie dies gelegentlich geschieht – verklausuliert nur unter vagem Hinweis auf „beigefügte Unterlagen" gestellt werden.

982 ➲ **Praxis-Tipp:** Antragsteller, die sich für die Zusammensetzung des zuständigen Vorprüfungsausschusses interessieren, sollten bereits mit dem Antrag um die entsprechende schriftliche Mitteilung nach **§ 22 Abs. 3 FAO** bitten. Inzwischen veröffentlichen die meisten Rechtsanwaltskammern die Zusammensetzung der Ausschüsse auch im Internet.

983 Wer nach Bekanntgabe der Zusammensetzung ein Ablehnungsgesuch (z.B. wegen Befangenheit) erwägt, muss an die kurze Frist des **§ 23 Abs. 2 1. Hs. FAO** (zwei Wochen!) denken. Eine mit der Bekanntgabe der Ausschusszusammensetzung im Internet begründete Fristverkürzung bzw. Fingierung des Fristablaufs kommt nicht in Betracht. Auch der bloße Hinweis, die Zusammensetzung sei im Internet abrufbar, dürfte nicht genügen, um die Frist in Gang zu setzen.[4]

5. Unterlagen, die dem Antrag beigefügt werden müssen

984 Gem. **§ 22 Abs. 2 FAO** sind dem Antrag die nach **§ 6 FAO** erforderlichen Unterlagen beizufügen. Es sind dies diejenigen Unterlagen, die geeignet sind,

1 Vgl. in diesem Sinne Scharmer, in: Hartung/Römermann, a.a.O., § 22 FAO Rz. 7.
2 BGBl. 2009 I S. 2449 ff.
3 Vgl. hierzu nur Kopp/Ramsauer, a.a.O., § 22 Rz. 32 m.w.Nachw.
4 Vgl. hierzu bereits oben unter C. I. 5. c.

den Nachweis der besonderen theoretischen Kenntnisse und der besonderen praktischen Erfahrungen zu erbringen.

a) Zeugnisse, Bescheinigungen oder andere geeignete Unterlagen

Nach **§ 6 Abs. 1 FAO** sind zur Prüfung der Voraussetzungen nach **§ 4 „Zeugnisse, Bescheinigungen oder andere geeignete Unterlagen"** vorzulegen. Die Formulierung ist bewusst **weit** gewählt, um dem Bewerber die Möglichkeit zu geben, die erforderlichen Nachweise auf jede ihm geeignet erscheinende Art zu erbringen. 985

Der heutige § 6 FAO trennt – anders als die Ursprungsfassung, in der es noch hieß „Zum Nachweis der besonderen theoretischen Kenntnisse und praktischen Erfahrungen sind Zeugnisse, Bescheinigungen oder andere geeignete Unterlagen vorzulegen." – sprachlich genau zwischen den „Zeugnissen, Bescheinigungen oder anderen geeigneten Unterlagen", durch die die **besonderen theoretischen Kenntnisse** nachzuweisen sind, und den in Abs. 3 erwähnten „Falllisten" zum Nachweis der besonderen praktischen Erfahrungen. 986

Zu den Zeugnissen, Bescheinigungen und anderen geeigneten Unterlagen i. S. von § 6 Abs. 1 FAO gehört insbesondere das **Zeugnis über die erfolgreiche Teilnahme an einem Fachanwalts-Lehrgang**, für das § 6 Abs. 2 FAO besondere zusätzliche Voraussetzungen aufstellt. 987

Zeugnisse, Bescheinigungen oder andere geeignete Unterlagen sind daneben die Bescheinigung über die bestandene Steuerberaterprüfung, fachspezifisch einschlägige Stagenzeugnisse aus der Referendarzeit (z. B. das Zeugnis eines Bewerbers für die Fachanwaltschaft Verwaltungsrecht über den Besuch der Verwaltungshochschule in Speyer oder das Zeugnis eines Bewerbers für die Fachanwaltschaft Steuerrecht über die in einer Steuerrechtskanzlei abgeleistete Wahlstage), Dissertationen oder sonstige wissenschaftliche Veröffentlichungen im Fachgebiet, Bescheinigungen über Dozententätigkeiten oder eine Tätigkeit als Prüfer im ersten oder zweiten juristischen Staatsexamen, „Leumundszeugnisse" anderer Juristen[1] und vieles andere mehr. 988

In den Fällen, in denen gem. § 4 Abs. 2 oder Abs. 3 Satz 2 FAO **zwischenzeitliche Fortbildung** nachgewiesen werden muss, also etwa dann, wenn der Fachanwalts-Lehrgang im Jahr 2011 bestritten wurde, der Antrag aber erst 2013 gestellt wird, gehören zu den Bescheinigungen oder anderen geeigneten Unterlagen i. S. von § 6 FAO auch Bescheinigungen über die hörende oder dozierende Teilnahme an anwaltlichen Fortbildungsveranstaltungen (oder wissenschaftliche Publikationen, die der Bewerber verfasst hat) (hier: aus dem Jahr 2012). 989

➲ **Praxis-Tipp:** Auch wenn es aufwändig sein mag, eine Vielzahl u. U. schon älterer Unterlagen zusammenzustellen, sollte der Antragsteller hier nicht mit der Vorlage möglichst „plastischen" Materials **geizen**. Je überzeugender die Selbstdarstellung ausfällt, desto einfacher und schneller werden Vorprüfungsausschuss und Kammervorstand zu positiven Entscheidungen gelangen. 990

1 Vgl. hierzu BGH NJW 2000, 3648 f. = MDR 2000, 1340 f.; und oben B. II. 3.f.

991 Zeugnisse, Bescheinigungen und andere Unterlagen, die dem Nachweis von außerhalb eines Fachanwalts-Lehrgangs erworbenen theoretischen Kenntnissen dienen sollen, müssen besonders aussagekräftig sein und belegen, dass die durch sie nachgewiesenen Kenntnisse – wie von § 4 Abs. 3 Satz 1 FAO gefordert – dem im jeweiligen Fachlehrgang zu vermittelnden Wissen entsprechen.

In Ziff. II. 10.2 der „Berliner Empfehlungen 2001" heißt es zum Stichwort „Bescheinigungen":

„Bei Zeugnissen und Bescheinigungen und anderen Unterlagen ist besonders darauf zu achten, ob und in welchem Umfang sie bezogen auf die einzelnen Voraussetzungen der §§ 4, 5 FAO aussagekräftig und inhaltlich nachvollziehbar sind. Dies gilt in besonderem Maße auch für Bescheinigungen von Personen, mit denen der Antragsteller beruflich (in welcher Form auch immer) zusammenarbeitet oder sonst zu tun hat (z. B. frühere oder aktuelle Arbeitgeber, Kollegen, Richter)."

992 Nicht vorgelegt zu werden brauchen – in der Regel – die Zeugnisse über das erste und zweite Staatsexamen, die Zulassungsurkunde, ein Lebenslauf und sonstige persönliche Angaben, weil diese in der bei der zuständigen Rechtsanwaltskammer geführten Personalakte bereits vorhanden sind.

b) Zeugnisse über die erfolgreiche Teilnahme an einem Fachanwalts-Lehrgang

993 Für den **(Regel-)Fall**, dass die besonderen theoretischen Kenntnisse durch eine erfolgreiche Lehrgangsteilnahme i. S. von § 4 Abs. 1 FAO dargelegt werden sollen, sieht **§ 6 Abs. 2 FAO** die Vorlage von Zeugnissen des Lehrgangsveranstalters vor, „die zusammen folgende Nachweise umfassen müssen:"

- dass die Voraussetzungen der §§ 4 Abs. 1 und 4a FAO erfüllt sind (Abs. 2 lit. a)
- dass, wann und von wem im Lehrgang alle das Fachgebiet in § 2 Abs. 3, §§ 8 bis 14m FAO betreffenden Bereiche unterrichtet worden sind (Abs. 2 lit. b)[1]

und

- die Aufsichtsarbeiten und ihre Bewertungen (Abs. 2 lit. c).

994 Welche Voraussetzungen die Fachanwalts-Lehrgänge und die in ihrem Rahmen gestellten Klausuren im Einzelnen erfüllen müssen, wurde oben unter B. II. 2. behandelt. Hier geht es (nur noch) um die Unterlagen (Zeugnisse), durch die das Vorliegen dieser Voraussetzungen nachgewiesen wird

995 ➲ **Praxis-Tipp:** Im Hinblick auf § 6 Abs. 2 lit. a und b FAO ist darauf zu achten, dass die Zeugnisse bzw. Bescheinigungen der Lehrgangsveranstalter **ausführlich und aussagekräftig** sind. Aus ihnen muss dezidiert hervorgehen, dass alle nach der jeweiligen Spezialvorschrift (§§ 8 bis 14m FAO) relevanten Bereiche des Fachgebiets, einschließlich seiner verfassungs- und europarechtlichen Bezüge (§ 2 Abs. 3 FAO), gelehrt worden sind, und durch welche(n) Dozenten dies wann und in welchem zeitlichen Umfang

1 Die Formulierung ist sprachlich verunglückt. Richtiger müsste es heißen: „dass, wann und von wem im Lehrgang alle Bereiche unterrichtet wurden, die für das Fachgebiet in § 2 Abs. 3 sowie den §§ 8 bis 14m festgelegt sind".

geschehen ist. **Zweifel**, die nach Auswertung der Bescheinigungen bzw. Zeugnisse verbleiben, gehen zunächst einmal **zu Lasten des Bewerbers**.

Besonders hohe Anforderungen sind an die Bescheinigungen über die Teilnahme an einem Fernlehrgang zu stellen, weil in ihnen auch nachvollziehbare Aussagen über den **Umrechnungsschlüssel** und die **zeitliche Kongruenz** mit einem Präsenzlehrgang getroffen werden müssen.[1] 996

Wer Bedenken hat, ob die vom jeweiligen Veranstalter ausgestellte Bescheinigung den Anforderungen des § 6 Abs. 2 lit. a und b FAO genügt, sollte dies mit dem Veranstalter besprechen und sich nicht scheuen, ggf. eine neue konkretere Bescheinigung anzufordern. Das ist Bestandteil der meist gut bezahlten Dienstleistung des Veranstalters! 997

Gem. § 6 Abs. 2 lit. c FAO müssen die **Aufsichtsarbeiten (der Aufgabentext und die Bearbeitung durch den Antragsteller) und ihre Bewertungen** vorgelegt werden. Ist die abschließende Bewertung auf einem gesonderten Blatt erfolgt, gehört auch dieses zu den Unterlagen i. S. von § 6 FAO. 998

➲ **Praxis-Tipp:** Wer seine Klausuren nicht unmittelbar nach der jeweiligen Korrektur oder spätestens zusammen mit der Bescheinigung über die Lehrgangsteilnahme erhält, sollte sofort beim Veranstalter nachfragen und auf der Übersendung bestehen. Die Erfahrung lehrt, dass nicht zeitnah übersandte Klausuren oft nur unzureichend archiviert werden und später nicht mehr auffindbar sind oder sogar definitiv vernichtet wurden. 999

Der Sinn des **§ 6 Abs. 2 lit. c FAO** liegt nach Ansicht des Bundesgerichtshofs darin, dem Ausschuss hinsichtlich der Aufsichtsarbeiten die Prüfung zu ermöglichen, ob die Angaben in dem Zeugnis des Lehrgangsveranstalters über die Gegenstandsbereiche und Bewertungen der Klausuren **zutreffend sind** und den Anforderungen des § 4a FAO n. F. i. V. m. den §§ 8 bis 14m FAO entsprechen.[2] Ist der Antragsteller nicht in der Lage, die Aufsichtsarbeiten (die beim Lehrgangsveranstalter nicht mehr auffindbar oder sogar vernichtet worden sind) vorzulegen, gehen Zweifel daran, ob die Klausuren den Vorgaben der FAO entsprechen, oder daran, ob er die Klausuren eigenhändig geschrieben hat, grundsätzlich zu seinen Lasten. Solche Zweifel müssen dann auch **Anlass zur Anberaumung eines Fachgesprächs** sein können, weil das Vorliegen der besonderen theoretischen Kenntnisse noch nicht hinreichend nachgewiesen ist. 1000

c) Die Fallliste

Der „Prüfung der Voraussetzungen nach § 5" dient gem. **§ 6 Abs. 3 Satz 1 FAO** die Vorlage von **Falllisten**, die regelmäßig folgende Angaben enthalten müssen: 1001

- Aktenzeichen
- Gegenstand

1 Vgl. hierzu näher oben unter B. II. 2. b.
2 BGH BRAK-Mitt. 2003, 25, 27.

- Zeitraum
- Art und Umfang der Tätigkeit

und

- Stand des Verfahrens.

1002 In einem Beschluss vom **21.5.2004**[1] macht der **Bundesgerichtshof** Vorgaben für die Gestaltung der Liste. Er führt aus:

„Die aufgelisteten Fälle sind möglichst genau zu dokumentieren (...). Der Gegenstand der Angelegenheit sollte so aussagekräftig wie in wenigen Worten machbar dargestellt werden. Nach dem Sinn der Regelung muss die Liste nachvollziehbar sein, um der Rechtsanwaltskammer die Prüfung zu ermöglichen, ob die aufgenommenen Fälle dem angegebenen Fachgebiet entstammen, ein zusammenhängender Lebenssachverhalt nicht unzulässig mehrfach erfasst ist, ob die Anzahl der erforderlichen gerichtlichen Fälle erreicht wird und ob die Frist von drei Jahren eingehalten ist."

1003 Da außerdem vorgesehen sei, dass die Angaben in der Liste anhand von Arbeitsproben nachgeprüft würden, müssten die Angaben in der Liste so detailliert sein, dass die Feststellung der Identität des zu überprüfenden Falles mit der Arbeitsprobe möglich sei. Eine Liste dürfe aber nicht allein deshalb zurückgewiesen werden, weil „eine erkennbare chronologische Reihenfolge oder andere sachlich gebotene **Ordnung** der Listenfälle" nicht feststellbar sei. Eine solche – sicherlich wünschenswerte und die Arbeit der Rechtsanwaltskammer erleichternde – Ordnung sei in § 6 Abs. 3 FAO **nicht gefordert** und ergebe sich auch nicht unabdingbar aus der Sache, sofern die Überprüfung der Liste mit einem **zumutbaren Arbeitsaufwand** überhaupt möglich sei.

1004 ➲ **Praxis-Tipp:** Die Fallliste ist das **„A und O"** des Antrags. Auch wenn es natürlich mühevoll ist, die während des langen Zeitraums von drei Jahren bearbeiteten Fälle dezidiert zu erfassen und z. B. noch nach längerer Zeit Art und Umfang der entfalteten Tätigkeit darzustellen, sollte hier – im Interesse einer umso zügigeren Antragsbearbeitung – **akribisch** vorgegangen werden.

1005 Wer weiß, dass er bei Vorliegen der Voraussetzungen eine Fachanwaltsbezeichnung beantragen wird, sollte **so früh wie möglich** mit der Erstellung der Fallliste beginnen. Es erleichtert die eigene Arbeit erheblich, schon zu Anfang des Drei-Jahres-Zeitraums des § 5 Abs. 1 FAO eine den Anforderungen von § 6 Abs. 3 Satz 1 entsprechende Liste zu erstellen und in diese Liste dann **sukzessive** jeden einschlägigen Fall aufzunehmen.

1006 ➲ **Praxis-Tipp:** Oberstes Gebot bei der Gestaltung der Fallliste sollte ihre **Übersichtlichkeit** sein. Die Aufstellung muss die mit dem Antrag befassten Mitglieder des Vorprüfungsausschusses in die Lage versetzen, die praktischen Erfahrungen des Bewerbers, mit dessen Mandatsaufkommen und Arbeitsweise sie nicht vertraut sind, auf Anhieb und lediglich anhand der „Papierform" zu beurteilen.

1007 Hilfreich ist, wenn in der Fallliste die **Grobunterteilungen** der §§ 8 bis 14m FAO aufgegriffen werden – im Arbeitsrecht also z. B. deutlich unter-

1 BGH NJW 2004, 2748 f.

schieden wird zwischen Fällen, die dem Individualarbeitsrecht, und solchen, die dem kollektiven Arbeitsrecht zuzuordnen sind.

In Ziff. II. 13. der „Berliner Empfehlungen 2001" werden folgende Forderungen aufgestellt: 1008

„13.1 Falllisten nach § 6 Abs. 3 FAO müssen all die Informationen enthalten, die zur Beurteilung besonderer praktischer Erfahrungen notwendig sind. Eine konkrete Beschreibung des Falles und der zu bearbeitenden Rechtsfragen reicht in der Regel zu dessen hinreichender Konkretisierung aus. Es kann vom Antragsteller verlangt werden, anonymisierte Arbeitsproben (§ 6 Abs. 3 FAO) bestimmten Fällen und Rechtsfragen zuzuordnen.

Die eigenständige anwaltliche Tätigkeit muss aus der Fallbeschreibung erkennbar sein.

Reichen diese Informationen zur Beurteilung des Erwerbs der besonderen praktischen Erfahrungen nicht aus, so können Namen der Gegner oder Mandanten verlangt werden."

Speziell bezogen auf das Familienrecht wird in Ziff. II. 13.2.2 noch ergänzt:

„Fälle, die aus einem (gemeint: ein und demselben) familiären Verhältnis herrühren, müssen von den Antragstellern zweifelsfrei gekennzeichnet werden."

Die Teilnehmer an dem Erfahrungsaustausch 2006 waren darüber einig, dass die Fallschilderungen in der Liste **nicht zu knapp** gehalten sein sollten. Insbesondere derjenige, der eine **höhere Gewichtung** des einen oder anderen Falles nach § 5 Satz 3 (jetzt Abs. 4) FAO erhoffe, müsse aufzeigen, worin die besondere Bedeutung, der besondere Umfang und/oder die besondere Schwierigkeit der Angelegenheit bestanden hätten. 1009

Eine Reihe von Rechtsanwaltskammern halten **Formblätter oder Schemata** bereit, die die Erstellung der Fallliste erleichtern. Diese sind meist von Ausschuss zu Ausschuss unterschiedlich. 1010

➲ **Praxis-Tipp:** Die **Homepages** vieler Kammern geben Auskunft darüber, wie nach den Vorstellungen des Vorstands und/oder der einzelnen Ausschüsse die Fallliste konkret gestaltet sein soll. Je enger man sich an die Vorgaben hält, desto größer sind die Aussichten auf ein zügiges Verfahren. 1011

Da die „technischen" Anforderungen der einzelnen Ausschüsse und Kammern sehr differieren, sind allgemein verbindliche Vorgaben kaum möglich. Dennoch hat die Verfasserin versucht, für jedes Fachgebiet ein Muster-Schema zu entwerfen. Die Muster sind auf der der diesem Buch beigefügten CD-ROM als Word-Dokumente und zusätzlich im RTF-Format enthalten, sodass eine direkte Weiterbearbeitung unschwer möglich ist. Selbstverständlich kann für die Akzeptanz dieser Falllisten durch einzelne Vorprüfungsausschüsse bzw. Kammervorstände keine Gewähr übernommen werden! 1012

Die Fallliste muss zu den in ihr aufgeführten Mandaten folgende Angaben enthalten: 1013

aa) Aktenzeichen

Unter „Aktenzeichen" ist sowohl das **kanzleiinterne Aktenzeichen** des Antragstellers als auch – bei gerichtshängig gewordenen Sachen – das **Aktenzei-** 1014

chen des Gerichts (und z. B. bei Steuererklärungen die **Steuernummer**) zu verstehen.

bb) Gegenstand

1015 Der Gegenstand jeder Angelegenheit sollte **in möglichst aussagekräftigen Stichworten** kurz skizziert werden.

Es reicht in diesem Zusammenhang nicht aus, lediglich Schlagwörter, wie z. B. „Beratung in Scheidungssache" oder „Klage vor dem Sozialgericht", zu verwenden. Vielmehr muss kurz dargestellt werden, was konkret Gegenstand der Beratung oder des Klageverfahrens war.

cc) Zeitraum

1016 Die Benennung des **Zeitraums der Mandatsbearbeitung** ist von größter Bedeutung, da hiervon die Frage abhängt, ob der Fall in zeitlicher Hinsicht den Anforderungen von § 5 Abs. 1 FAO genügt, also – zumindest teilweise[1] – in den maßgeblichen Drei-Jahres-Zeitraum vor Antragstellung fällt.

Entscheidend sind die Angaben, wann das Mandat **angenommen** wurde, und wann es **abgeschlossen** war bzw. ob es noch **andauert**.

dd) Art und Umfang der Tätigkeit

1017 Die Ausführungen zu „Art und Umfang der Tätigkeit" **korrespondieren zum Teil** mit denen zum „Gegenstand" des Falles und können – um Wiederholungen zu vermeiden – ggf. auch mit diesen **gemeinsam abgehandelt** werden.

1018 Der Antragsteller sollte auf seine **Funktion** in der Sache (also z. B. darauf, ob er Verteidiger oder Nebenklagevertreter war) eingehen und **seine Tätigkeit umreißen**. Der Vorprüfungsausschuss muss erkennen können, welche Bearbeitungsschritte vom Antragsteller unternommen wurden.[2]

1019 Angesichts der schon häufiger zitierten Entscheidung des BGH vom 6.3.2006[3] macht es allerdings nicht mehr viel Sinn, zu verlangen, dass der Antragsteller offenlegt, ob er den Fall völlig selbständig bearbeitet hat, oder zu welchen Anteilen Kollegen an der Bearbeitung mitgewirkt haben.[4] Denn wenn jede Arbeit an einem Fall Fall-Bearbeitung i. S. von § 5 Abs. 1 FAO ist, kommt es auf die **Bearbeitungsanteile** letztlich nicht an.

1020 Die Rechtsprechung des BGH darf nun aber nicht dazu führen – und hat, soweit ersichtlich, bislang auch nicht dazu geführt –, dass in einer Anwaltskanzlei, in der verschiedene Rechtsanwälte am Erwerb derselben Fachanwaltsbezeichnung interessiert sind, die Mandatsbearbeitung so vonstatten geht,

1 Vgl. hierzu ausführlich oben unter B. III. 9. c.
2 Quaas, in: Gaier/Wolf/Göcken, a. a. O., § 6 FAO Rz. 18.
3 BGHReport 2006, 819 ff., m. krit. Anm. Offermann-Burckart = BRAK-Mitt. 2006, 131 ff.
4 Anders noch die 2. Auflage Rz. 692.

dass sich mehrere einen Fall gewissermaßen **„teilen“** und in den Falllisten verschiedener Antragsteller **dieselben Mandate** auftauchen. Außerdem darf in der Fallliste natürlich **kein falscher Eindruck** erweckt werden. Wer in einer bestimmten Sache nur einen einzelnen Gerichtstermin in Vertretung eines verhinderten Sozius wahrgenommen hat, sollte nicht den unzutreffenden Eindruck erwecken, das Mandat von Anfang bis Ende umfassend bearbeitet zu haben. **Glaubwürdigkeitsdefizite**, die bei einzelnen Fragestellungen zutage treten, können sich negativ auf den zügigen und reibungslosen Ablauf des Antragsverfahrens auswirken und dem Vorprüfungsausschuss Anlass zu Nachfragen und z. B. zur **Bitte um Vorlage weiterer Aktenstücke** geben.

ee) Stand des Verfahrens

Hier ist anzugeben, ob die Mandatsbearbeitung **abgeschlossen** ist, oder ob sie 1021
noch **andauert** und – wenn ja – in **welchem Stadium** sie sich befindet.

Das in § 6 Abs. 3 Satz 1 FAO genannte Kriterium „Stand des Verfahrens“ 1022
impliziert, dass nicht nur vollständig abgeschlossene, sondern auch noch laufende Mandate zum Nachweis der besonderen praktischen Erfahrungen dienen und als Fälle i. S. von § 5 Abs. 1 FAO gewertet werden können.

In der 1. Auflage[1] wurde in diesem Zusammenhang allerdings die Auffassung 1023
vertreten, dass noch laufende Mandate nur zu einem gewissen Prozentsatz (also z. B. als halber Fall) gewertet werden könnten, was nach der in § 5 vorgesehenen Gewichtung ja möglich sei. Dabei spiele eine Rolle, wie weit die Mandatsbearbeitung insgesamt gediehen sei. Es mache einen erheblichen Unterschied, ob in einer Angelegenheit bereits ein Urteil erstritten worden sei, das nur noch nicht rechtskräftig sei, oder ob man sich erst im Stadium der Beratung und Überlegung befinde, ob überhaupt Klage erhoben werden solle.

Diese Meinung konnte vor dem Hintergrund der **Rechtsprechung des BGH** 1024
vom **6.3.2006**[2] nicht aufrechterhalten werden.

ff) Rubrum

In der Aufzählung des § 6 Abs. 3 Satz 1 FAO ist **nicht** die Angabe des 1025
Rubrums, also die Nennung der Namen von eigener Partei und Gegenseite, enthalten, die von einigen Vorprüfungsausschüssen gleichwohl verlangt wird.

Der Vorteil einer Bekanntgabe des Rubrums liegt aus Sicht der Ausschüsse in 1026
der weitaus besseren **Identifizierbarkeit und Unterscheidbarkeit** der aufgeführten Fälle. Bei Angelegenheiten, die nicht gerichtshängig geworden sind, kann eine „kreative“ Vergabe kanzleiinterner Aktenzeichen darüber hinwegtäuschen, dass es sich bei mehreren in der Liste angegebenen Sachen letztlich doch um dieselbe Angelegenheit, z. B. um ein Beratungsmandat handelt, das sich auf verschiedene Aspekte eines einheitlichen Lebenssachverhalts be-

1 Rz. 355.
2 BGHReport 2006, 819, 820, m. krit. Anm. Offermann-Burckart = BRAK-Mitt. 2006, 131, 132 f. – Vgl. hierzu ausführlich oben unter B. III. 9. c.

zieht. Z.B. im Familienrecht, wo aus einer einzigen Angelegenheit zahlreiche Folgesachen erwachsen können, sehen sich die Ausschüsse mitunter vor schwierige Rechercheaufgaben gestellt.

1027 Im Interesse einer möglichst zügigen und komplikationslosen Bearbeitung des Antrags wurde deshalb in der 1. Auflage[1] zu einer Angabe auch des Rubrums geraten.

1028 Dem wurde und wird von manchen Autoren widersprochen, weil hierin die Aufforderung zum **Bruch der anwaltlichen Schweigepflicht** (und damit zum Verstoß gegen die §§ 203 StGB, 43a Abs. 2 BRAO und 2 BORA) zu sehen sei. Der Rechtsanwalt dürfe die Namen seiner Mandanten nicht preisgeben, auch nicht gegenüber dem Kammervorstand oder Beauftragten des Kammervorstands, selbst wenn diese ihrerseits einer Verschwiegenheitsverpflichtung nach § 76 BRAO unterlägen.[2] Dass auch die Mitglieder der Vorprüfungsausschüsse der umfassenden Verschwiegenheitsverpflichtung des § 76 BRAO unterliegen, ergibt sich unmittelbar aus § 43c Abs. 3 Satz 3 BRAO, wonach die §§ 75 und 76 auf die Mitglieder der Ausschüsse entsprechend anzuwenden sind.[3]

1029 In dem schon erwähnten Beschluss vom **21.5.2004**[4] stellt der **Bundesgerichtshof** klar, dass weder in der Fallliste noch in den vom Ausschuss angeforderten Arbeitsproben **Mandantennamen preisgegeben werden müssten**. Die Funktion der Liste, in erster Linie eine **Plausibilitätsprüfung** zu ermöglichen, erfordere die Namensangaben nicht. Zwar könne anhand der angegebenen Parteinamen ohne weiteres festgestellt werden, ob in der Fallliste identische oder zusammenhängende Sachverhalte mehrfach erfasst seien. Dies lasse sich jedoch auch anders erreichen, so durch Angaben der Nummern des Prozessregisters, sofern dies geführt werde, durch Abkürzung der Parteinamen, etwa unter Hinzufügung einer Ortsbezeichnung, ferner durch eine eingehendere Darstellung des Sachverhalts mit Angaben, die eine Identifizierung und Unterscheidung der jeweiligen Fälle ermöglichten. Auch eine präzise Angabe der Daten der Mandatsaufnahme und ihrer Beendigung sowie des Stands des Verfahrens werde regelmäßig die Feststellung erleichtern, ob ein einheitlicher Lebenssachverhalt nur einmal als ein Fall in die Liste aufgenommen worden sei.

1030 Interessant ist, wie der Anwaltssenat in der Entscheidung dann fortfährt. Wörtlich heißt es:

> „Der Antragsgegnerin ist allerdings zuzugeben, dass die knappen Angaben des Antragstellers, denen zudem auch innerkanzleiliche Aktenzeichen nicht beigefügt sind, nicht in allen Fällen die Prüfung zulassen, ob etwa dargestellte Beratungsfälle mit gleichfalls aufgeführten gerichtlichen Verfahren zusammenhängen oder ob etwa ein einheitlicher Lebenssachverhalt in mehrere Fälle aufgespalten ist. Bei einer Reihe der aufgeführten Beratungsfälle ist jedenfalls ein solcher Zusammenhang nicht völlig auszuschließen,

---

1 Rz. 357 ff.

2 Vgl. Scharmer, in: Hartung/Römermann, a.a.O., § 6 FAO Rz. 45 ff.; so wohl auch Vossebürger, a.a.O., § 6 FAO Rz. 10.

3 Verfehlt deshalb Stobbe, in: Henssler/Prütting, a.a.O., 2. Aufl., § 6 FAO Fn. 27, der darauf hinweist, dass für Ausschussmitglieder, die nicht zugleich dem Kammervorstand angehörten, eine dem § 76 BRAO entsprechende Regelung in der FAO fehle.

4 BGH NJW 2004, 2748, 2749.

bei einigen liegt er mindestens nahe (...). Die anwaltliche Versicherung des Antragstellers ist kein ausreichender Gegenbeweis, dies liefe dem Zweck des in der Fachanwaltsordnung vorgesehenen Überprüfungsverfahrens zuwider."

Der Senat hatte der betroffenen Rechtsanwaltskammer aufgegeben, zunächst 1031
abstrakt zu erklären, welche Angaben sie zur Unterscheidung der Fälle verlange, „wenn – wie hier – die Parteinamen nicht angegeben werden". Letztlich wurde die Sache nur deshalb zu Gunsten des Antragstellers entschieden, weil die Kammer – aus hier nicht bekannten Gründen – dieser Aufforderung nicht nachgekommen war.

Zu der Frage, ob die Angabe von Mandantennamen nicht nur nicht geboten, sondern im Hinblick auf die Verschwiegenheitsverpflichtung des Antragstellers sogar **verboten** ist, **äußert sich der BGH** nicht. Im Gegenteil lässt sich **zwischen den Zeilen der Entscheidung herauslesen**, dass er gegen eine Preisgabe von Mandantennamen **grundsätzlich keine Bedenken** erhebt. Dies ergibt sich aus den Betrachtungen, die der Senat darüber anstellt, dass eine Angabe von Parteinamen die **Plausibilitätsprüfung erleichtere**. Und noch deutlicher lässt es sich aus der Formulierung herauslesen, die Antragsgegnerin möge **zunächst** abstrakt erklären, „welche Angaben sie zur Unterscheidung der Fälle verlangt, wenn – wie hier – die Parteinamen nicht angegeben werden (...)."

Durch die Wendung „wenn – wie hier –" macht der Senat deutlich, dass er 1032
auch den alternativen Weg, nämlich den der Angabe von Parteinamen für möglich und somit zulässig hält.

Auch die Vorprüfungsausschüsse und Kammervorstände stehen nach wie vor 1033
mehrheitlich auf dem Standpunkt, dass die Preisgabe von Mandantennamen im Rahmen des Verfahrens auf Erteilung einer Fachanwaltserlaubnis erwünscht und auch **unproblematisch** sei, weil **§ 76 Abs. 1 BRAO** sowohl für die Mitglieder der Vorprüfungsausschüsse als auch für die des Kammervorstands und ebenso für die Mitarbeiter der Kammergeschäftsstelle, die in die Antragsbearbeitung einbezogen sind, eine **strenge und umfassende Schweigepflicht** normiere.[1]

Für die Auffassung, dass die Offenbarung der Mandantennamen im Hinblick 1034
auf die Verschwiegenheitsverpflichtung des Kammervorstands (und der Ausschussmitglieder) unproblematisch ist, spricht die Überlegung, dass der Vorstand und seine „Hilfspersonen" auch in anderen Angelegenheiten, die vertraulicher Behandlung bedürfen, die **originären Ansprechpartner der Rechtsanwälte** sind. So obliegt es z.B. dem Vorstand gem. § 73 Abs. 2 Nr. 1 BRAO, die Kammermitglieder in allen Fragen ihrer Berufspflichten zu beraten und zu belehren. Mitglieder, die etwa wissen wollen, ob sie bei der Übernahme eines bestimmten Mandats gegen das Verbot der Vertretung widerstreitender Interessen verstoßen würden, oder die eine Beratung darüber benötigen, wie sie sich in einem bestimmten Mandatsverhältnis weiter zu verhalten haben, dürfen und sollen sich mit ihren Fragen vertrauensvoll an den Kammervorstand wenden. Dies aber kann häufig nur unter Preisgabe von Interna aus dem Mandatsverhältnis und unter Benennung der Mandantschaft geschehen.

1 Vgl. in diesem Sinne auch Quaas, in: Gaier/Wolf/Göcken, a.a.O., § 6 FAO Rz. 20.

Wären die Rechtsanwälte wegen ihrer Schweigepflicht grundsätzlich gehindert, sich dem Kammervorstand zu offenbaren, würden dessen **Beratungs- und Belehrungsaufgaben** vielfach **ins Leere laufen**.

1035 Andererseits ist zu berücksichtigen, dass **§ 56 Abs. 1 BRAO**, der den Rechtsanwalt verpflichtet, in Aufsichts- und Beschwerdesachen dem Vorstand der Rechtsanwaltskammer Auskunft zu geben sowie auf Verlangen die Handakte vorzulegen, nach dem ausdrücklichen Gesetzeswortlaut **(Abs. 1 Satz 2)** seine **Grenze** dort findet, wo der Anwalt durch entsprechende Auskunftserteilung die Verpflichtung zur Verschwiegenheit verletzen würde.

Die grundsätzliche Offenbarungspflicht nach § 56 Abs. 1 BRAO wird demgegenüber mit der Wahrnehmung **eigener berechtigter Interessen des Rechtsanwalts** begründet, der in der Lage sein müsse, sich im Rahmen eines gegen ihn gerichteten berufsrechtlichen Aufsichtsverfahrens, insbesondere gegen Vorwürfe des eigenen Mandanten, angemessen zu verteidigen.[1]

1036 Von einer Wahrnehmung berechtigter Interessen, hinter denen das Interesse des Mandanten an der Wahrung der Verschwiegenheit zurückzutreten hätte, wird man bei einer Offenbarung von Mandantennamen im Rahmen des Verfahrens auf Erteilung einer Fachanwaltserlaubnis nicht ausgehen können.

1037 Bislang ist **kein Fall** bekannt geworden, in dem ein Fachanwaltsbewerber, der in der Fallliste Mandantennamen angegeben (oder nicht anonymisierte Arbeitsproben vorgelegt) hat, wegen Verletzung der Verschwiegenheitsverpflichtung belangt worden wäre. Und auch der BGH scheint – wie soeben ausgeführt – hierin kein grundsätzliches Problem zu sehen.

1038 ➲ **Praxis-Tipp:** Ein Antragsteller, der auf seiner Verschwiegenheit beharrt und Mandantennamen nicht preisgeben will, sollte **sich jedoch nicht beirren lassen**. Auch wenn immer wieder Vorprüfungsausschüsse die Angabe vollständiger Rubren (und die Vorlage von Arbeitsproben, denen sämtliche Angaben, also insbesondere auch die vollständigen Daten der Mandanten, zu entnehmen sind) fordern, hat er das Recht in Gestalt des Bundesgerichtshofs auf seiner Seite.[2]

1039 Ein – in der Praxis wohl nur selten beschrittener – „Königsweg" ist es, von Mandanten, deren Fälle zum Nachweis der besonderen praktischen Erfahrungen verwendet werden sollen, die diesbezügliche **Entbindung von der Schweigepflicht** bzw. die Genehmigung zu erbitten, ihre Namen nennen und ggf. die entsprechenden Akten vorlegen zu dürfen. Die meisten Mandanten werden hiermit einverstanden sein.

---

1 Vgl. hierzu nur Feuerich, a. a. O., § 56 BRAO Rz. 28 ff.

2 Der Vorsitzende des Ausschusses 1 der Dritten Satzungsversammlung hatte Anfang 2006 Berichte über Meinungsverschiedenheiten in diesem Bereich zum Anlass für ein informelles Schreiben an die Vorstände aller Rechtsanwaltskammern genommen, in dem darauf hingewiesen wurde, dass nach Auffassung des Ausschusses 1 die Zurückweisung eines Antrags wegen fehlender Namensnennungen nicht in Betracht komme, und in dem die Kammervorstände gebeten wurden, ihre Fachausschüsse entsprechend zu informieren.

gg) Muster einer Fallliste

Nach dem im Vorhergehenden Ausgeführten könnte eine **„ideale Fallliste“** z. B. wie das auf den nächsten drei Seiten abgebildete Muster aussehen.[1] 1040

d) Arbeitsproben

Gem. **§ 6 Abs. 3 Satz 2 FAO** sind auf Verlangen des Ausschusses **anonymisierte Arbeitsproben** vorzulegen. Unter „Arbeitsprobe“ ist in der Regel die **Handakte** zu verstehen. Auch Gutachten, Vertragswerke u.Ä. gehören hierzu. Die Arbeitsproben können im Original oder in Fotokopie vorgelegt werden. Auch eine Übermittlung auf CD-Rom oder als **elektronische Akte** (per E-Mail) kommt in Betracht. In einem Urteil vom **2.5.2011** stellt der **nordrhein-westfälische AGH**[2] fest, in der FAO, namentlich ihrem § 5 sei die Vorlage von Arbeitsproben in Papierform nicht ausdrücklich vorgeschrieben. § 126b BGB lasse die CD-Rom als Schriftform genügen. Nach § 50 Abs. 5 BRAO sei die E-Handakte zugelassen; die Kommunikation in elektronischer Form habe sich heute durchgesetzt, und zwar bereits teilweise auch im Verkehr mit den Gerichten auf der gesetzlichen Grundlage des § 298a ZPO. Es gebe auch keine berufsrechtliche Pflicht zur Führung von Papierhandakten. Ebenso bestehe keine ernsthafte Gefahr einer Vireninfektion. Schließlich bestünden für eine Täuschung durch den Kläger bzw. Antragsteller keine Anhaltspunkte. Auch sei die Gefahr leichterer Täuschung nicht gegeben. Papierdokumente könnten ebenso gefälscht werden.[3] 1041

Dass durch die elektronische Übermittlung der **Aussagewert** und die **„Beweiskraft“** der Akte verloren gehen, ist kaum vorstellbar. Ein erhöhter Aufwand, der in der Geschäftsstelle der zuständigen Rechtsanwaltskammer oder im Büro des Berichterstatters hierdurch entsteht, kann durch eine Erhöhung der Aufwandsentschädigung einerseits und der Gebühr für die Bearbeitung von Fachanwaltsanträgen andererseits ausgeglichen werden. 1042

Die **ausdrückliche Erwähnung** von **„anonymisierten“** Arbeitsproben wird von denjenigen, die die Auffassung vertreten, der Fachanwaltsbewerber sei auf Grund seiner **Schweigepflicht** gehindert, Mandantennamen zu offenbaren, als weiterer Beleg für ihren Standpunkt, d.h. dahingehend verstanden, dass die Arbeitsproben **auf jeden Fall** zu anonymisieren sind.[4] Für die Vertreter der gegenteiligen Auffassung bedeutet der Zusatz nicht eine zwingende Vorgabe, sondern lediglich den Hinweis auf die Möglichkeit, Arbeitsproben nicht nur offen, sondern eben auch anonymisiert vorzulegen. 1043

---

1 Muster einer Fallliste. Weitere Muster sind auf der der diesem Buch beigefügten CD-ROM als Word-Dokumente und zusätzlich im RTF-Format enthalten, so dass eine direkte Weiterbearbeitung unschwer möglich ist. Selbstverständlich kann für die Akzeptanz dieser Falllisten durch einzelne Vorprüfungsausschüsse bzw. Kammervorstände keine Gewähr übernommen werden!

2 1 AGH 85/10.

3 Auch § 26 Abs. 1 Satz 2 Nr. 3 VwVfG steht einer Vorlage von Arbeitsproben, also von „Urkunden und Akten“, in elektronischer Form nicht entgegen. Vgl. in diesem Sinne Ritgen, in: Knack/Henneke, Kommentar zum Verwaltungsverfahrensgesetz, § 26 VwVfG Rz. 30.

4 So Scharmer, in: Hartung/Römermann, a. a. O., § 6 FAO Rz. 49.

Bau- und Architektenrecht (§§ 5 Abs. 1 Satz 1 lit. l, 14e FAO)

Gesamtzahl der Fälle: mindestens 80

A. Gerichtliche (nicht lediglich rechtsförmliche) Verfahren – mindestens 40					
I. Selbständige Beweisverfahren – mindestens 6					
1. Verfahren aus dem Bereich des § 14e Nr. 1 (Bauvertragsrecht) (Verfahren und Fälle aus den Rubriken A. I. 1., A. II. 1. und B. I. zusammen mindestens 5)					
lfd. Nr.	**Aktenzeichen** (Kanzlei und Gericht) **Parteibezeichnung** (nicht zwingend)	**Zeitraum**	**Gegenstand**	**Art und Umfang der Tätigkeit**	**Sachstand**
2. Verfahren aus dem Bereich des § 14e Nr. 2 (Recht der Architekten und Ingenieure) (Verfahren und Fälle aus den Rubriken A. I. 2., A. II. 2. und B. II. zusammen mindestens 5)					
lfd. Nr.	**Aktenzeichen** (Kanzlei und Gericht) **Parteibezeichnung** (nicht zwingend)	**Zeitraum**	**Gegenstand**	**Art und Umfang der Tätigkeit**	**Sachstand**
3. Sonstige Verfahren					
lfd. Nr.	**Aktenzeichen** (Kanzlei und Gericht) **Parteibezeichnung** (nicht zwingend)	**Zeitraum**	**Gegenstand**	**Art und Umfang der Tätigkeit**	**Sachstand**

II. Sonstige gerichtliche Verfahren – je nach Belegung der Rubrik A. I. 34 oder weniger					
1. Verfahren aus dem Bereich des § 14e Nr. 1 (Bauvertragsrecht) (Verfahren und Fälle aus den Rubriken A. I. 1., A. II. 1. und B. I. zusammen mindestens 5)					
lfd. Nr.	**Aktenzeichen** (Kanzlei und Gericht) **Parteibezeichnung** (nicht zwingend)	**Zeitraum**	**Gegenstand**	**Art und Umfang der Tätigkeit**	**Sachstand**
2. Verfahren aus dem Bereich des § 14e Nr. 2 (Recht der Architekten und Ingenieure) (Verfahren und Fälle aus den Rubriken A. I. 2., A. II. 2. und B. II. zusammen mindestens 5)					
lfd. Nr.	**Aktenzeichen** (Kanzlei und Gericht) **Parteibezeichnung** (nicht zwingend)	**Zeitraum**	**Gegenstand**	**Art und Umfang der Tätigkeit**	**Sachstand**
3. Sonstige Verfahren					
lfd. Nr.	**Aktenzeichen** (Kanzlei und Gericht) **Parteibezeichnung** (nicht zwingend)	**Zeitraum**	**Gegenstand**	**Art und Umfang der Tätigkeit**	**Sachstand**
B. Außergerichtliche Fälle – je nach Belegung der Rubrik A. 40 oder weniger					
I. Fälle aus dem Bereich des § 14e Nr. 1 (Bauvertragsrecht) (Verfahren und Fälle aus den Rubriken A. I. 1., A. II. 1. und B. I. zusammen mindestens 5)					
lfd. Nr.	**Aktenzeichen** (Kanzlei etc.) **Parteibezeichnung** (nicht zwingend)	**Zeitraum**	**Gegenstand**	**Art und Umfang der Tätigkeit**	**Sachstand**

II. Fälle aus dem Bereich des § 14e Nr. 2 (Recht der Architekten und Ingenieure) (Verfahren und Fälle aus den Rubriken A. I. 2., A. II. 2. und B. II. zusammen mindestens 5)					
lfd. Nr.	**Aktenzeichen** (Kanzlei etc.) **Parteibezeichnung** (nicht zwingend)	**Zeitraum**	**Gegenstand**	**Art und Umfang der Tätigkeit**	**Sachstand**
III. Sonstige Fälle					
lfd. Nr.	**Aktenzeichen** (Kanzlei etc.) **Parteibezeichnung** (nicht zwingend)	**Zeitraum**	**Gegenstand**	**Art und Umfang der Tätigkeit**	**Sachstand**

Anhang:

Fälle, die nach Auffassung des Antragstellers wegen ihrer Bedeutung, ihres Umfangs und/oder ihrer Schwierigkeit (§ 5 Abs. 4 FAO) mit einem höheren Faktor als dem Faktor 1,0 zu werten sind. (Der besseren Übersichtlichkeit wegen sollte hier auf die laufende Nummer der obigen Aufstellung Bezug genommen werden.)			
lfd. Nr. (von oben)	**Aktenzeichen** (Kanzlei etc.) **Parteibezeichnung** (nicht zwingend)	**Bewertungsfaktor** (z.B. 1,5; 2,0; 2,5; 3,0)	**(ausführliche) Begründung für die Höherbewertung**

In seiner schon in Zusammenhang mit der Fallliste[1] behandelten Entscheidung vom **21.5.2004**[2] stellt der **BGH** klar, dass ein Antrag **jedenfalls nicht deshalb** zurückgewiesen werden darf, weil (in der Fallliste eine namentliche Benennung der Parteien fehlt und) anonymisierte Arbeitsproben vorgelegt werden. Die Angabe der Namen der beratenen oder vertretenen Parteien (und Gegenparteien) könne nicht gefordert werden, weil § 6 Abs. 3 FAO sie nicht vorsehe. Dass sich die in § 6 Abs. 3 Satz 2 FAO vorgesehene Befugnis der Rechtsanwaltskammer, Arbeitsproben anzufordern, ausdrücklich nur auf solche in anonymisierter Form beziehe, spreche sogar dagegen. 1044

Dass von der Frage, ob Mandantennamen preisgegeben, also nicht anonymisierte Arbeitsproben vorgelegt werden **müssen**, die Frage zu unterscheiden ist, ob Namen preisgegeben werden **dürfen**, wurde oben in Zusammenhang mit dem Rubrum dargestellt. 1045

Das Anonymisieren erfolgt üblicherweise, indem durch **Schwärzen oder Abdecken von Namen und Anschriften** (insbesondere der eigenen Mandantschaft) alle Daten unkenntlich gemacht werden, die Rückschlüsse auf die Mandantschaft und das konkrete Mandatsverhältnis zulassen. 1046

➲ **Praxis-Tipp:** Die Arbeitsproben sollen u. a. Aufschluss über die **persönliche Bearbeitung** durch den Antragsteller geben. Tragen die in den vorzulegenden Arbeitsproben enthaltenen Schriftsätze ganz oder teilweise Unterschriften, die nicht vom Antragsteller, sondern z.B. von einem Senior-Sozius herrühren, sollte den Arbeitsproben die anwaltliche Versicherung des Bewerbers[3] beigefügt sein, die Fälle eigenhändig bearbeitet und die in den Handakten enthaltenen Schriftsätze selbst verfasst zu haben. 1047

Hilfreich ist in diesem Zusammenhang auch eine entsprechende schriftliche Erklärung des- bzw. derjenigen, von dem/denen die Unterschriften herrühren. 1048

Wer mit der Fallsammlung i.S. von § 5 Abs. 1 FAO beginnt und noch keine Unterschriftsvollmacht hat, ist zudem gut beraten, die von ihm verfassten Schriftsätze mit **entsprechenden Identifikationsmerkmalen** (z.B. einem aus den Initialen des Namens bestehenden Diktatzeichen) zu versehen, die eine einwandfreie Zuordnung zu seiner Person ermöglichen. Können **Zweifel** an der eigenhändigen Bearbeitung durch den Antragsteller nicht ausgeräumt werden, geht dies **zu seinen Lasten**.[4] 1049

➲ **Praxis-Tipp:** Es kommt vor, dass ein Vorprüfungsausschuss anhand der Fallliste Arbeitsproben anfordert, die aus einer **früheren Tätigkeit** des Antragstellers in einer anderen Kanzlei herrühren und deren Überlassung dem Antragsteller von dieser Kanzlei (von der er sich möglicherweise im Streit getrennt hat) jetzt verweigert wird. 1050

1 Vgl. oben unter D. I. 5.c ff.
2 BGH NJW 2004, 2748, 2749.
3 Vgl. hierzu schon oben unter B. III. 8. a.
4 Vgl. zum Ganzen bereits oben unter B. III. 8.a.

1051 Um dem vorzubeugen, sollte ein Rechtsanwalt, der auf die Erlangung einer Fachanwaltsbezeichnung hinarbeitet, mit seinem anwaltlichen Arbeitgeber, seinen Sozien etc. **vereinbaren**, dass ihm auch nach einem eventuellen Ausscheiden aus der Kanzlei bei Bedarf die von ihm bearbeiteten Aktenstücke zur Vorlage im Rahmen des Antragsverfahrens – vorübergehend – überlassen werden.

1052 Dies gilt auch im Hinblick auf Unterlagen, die Fälle dokumentieren, die der Antragsteller als Syndikusanwalt für einen nicht-anwaltlichen Arbeitgeber bearbeitet hat.

1053 Wenn eine solche Vereinbarung nicht getroffen wurde, und der Bewerber bei Erstellung der Fallliste weiß oder ahnt, dass es mit der Vorlage bestimmter Vorgänge Schwierigkeiten geben könnte, sollte er bereits im Antrag hierauf hinweisen und den Ausschuss unter Erläuterung der Gründe bitten, nach Möglichkeit nicht auf Vorlage bestimmter näher bezeichneter Vorgänge zu bestehen. **Zweifel**, die sich hieraus an einer eigenhändigen Bearbeitung dieser Vorgänge durch den Antragsteller ergeben, gehen **zu seinen Lasten**.

e) Zeitpunkt der Vorlage von Unterlagen

1054 Mit Ausnahme der (anonymisierten) Arbeitsproben, die gem. § 6 Abs. 3 Satz 2 FAO erst „auf Verlangen des Fachausschusses" vorzulegen sind, müssen die vorerwähnten Zeugnisse, Bescheinigungen und anderen geeigneten Unterlagen (also üblicherweise die Bescheinigung über die erfolgreiche Teilnahme an einem Lehrgang sowie die Klausuren und ihre Bewertungen) und die Fallliste gem. **§ 22 Abs. 2 FAO** bereits **dem Antrag beigefügt** werden. Den Antragsteller trifft insofern eine **„Bringschuld"**.

1055 Wird, wie dies gelegentlich geschieht, zunächst nur der Antrag auf Erteilung einer Fachanwaltserlaubnis als solcher gestellt und darauf hingewiesen, dass die Unterlagen zum Nachweis der besonderen theoretischen Kenntnisse und praktischen Erfahrungen **nachgereicht** werden, gilt der Antrag **als erst in dem Zeitpunkt gestellt**, in dem die Unterlagen **vollständig** vorliegen.

1056 ➲ **Praxis-Tipp:** Von einer „Blanko-Antragstellung", also der Beantragung einer Fachanwaltsbezeichnung ohne Beifügung der erforderlichen Unterlagen, ist abzuraten. Ein Blanko-Antrag kann wegen des fehlenden Nachweises der besonderen Kenntnisse und Erfahrungen zurückgewiesen werden oder führt zu der bereits in Zusammenhang mit einem zu früh gestellten Antrag[1] aufgezeigten Verwirrung.

1057 Anders als die sonstigen in § 6 FAO erwähnten Unterlagen sind die (anonymisierten) Arbeitsproben gem. § 6 Abs. 3 Satz 2 FAO **erst auf Verlangen des Ausschusses** vorzulegen. Der Ausschuss soll **anhand der Fallliste selbst entscheiden**, ob und – wenn ja – zu welchen Mandaten er Unterlagen sehen will.

1058 Es gibt allerdings auch (einige wenige) Vorprüfungsausschüsse, die wünschen, dass der Antragsteller schon seinem Antrag einige Akten oder Aktenauszüge

1 Vgl. oben unter B. I. 1. und D. I. 2.

beifügt. Für den Bewerber hat dies den Vorteil, dass er selbst eine Auswahl treffen und z.B. solche Arbeitsproben vorlegen kann, die er hinsichtlich seiner Qualifikation für besonders aussagekräftig hält, oder die er gerade griffbereit hat und entbehren kann. Dort, wo diese Handhabung praktiziert wird, werden Bewerber unmittelbar nach Antragstellung von der Kammergeschäftsstelle um die Vorlage von Arbeitsproben gebeten.

➲ **Praxis-Tipp:** Wer glaubt, in seinem Fachgebiet einige besonders aussagekräftige Fall-Bearbeitungen (z.B. ein umfassendes Rechtsgutachten etc.) vorweisen zu können, sollte sich nicht scheuen, auch ohne ausdrückliche Aufforderung ein entsprechendes Aktenstück oder mehrere (jedoch nicht zu viele) Aktenstücke bereits mit seinem Antrag und den Unterlagen nach § 6 FAO einzureichen. Sinnvoll ist die unaufgeforderte Vorlage selbst ausgewählter Akten auch dort, wo der Antragsteller in der Fallliste geltend macht, dass bestimmte Fälle mit einem höheren Faktor als 1 zu bewerten sind. Werden gleich die entsprechenden Aktenstücke mit vorgelegt, kann sich der Vorprüfungsausschuss auf Anhieb ein umfassendes Bild machen. 1059

6. Die Verwaltungsgebühr

Nach **§ 24 Abs. 10 FAO** wird für das Verfahren zur Verleihung einer Fachanwaltsbezeichnung eine **Verwaltungsgebühr** erhoben. Höhe und Fälligkeit dieser Gebühr müssen sich aus einer entsprechenden **Gebührenordnung** ergeben, deren Verabschiedung gem. **§ 89 Abs. 2 Nr. 2 BRAO** der Kammerversammlung obliegt. 1060

Die Höhe der von den einzelnen Rechtsanwaltskammern erhobenen Verwaltungsgebühren für die Bearbeitung von Fachanwaltsanträgen variiert, wobei die meisten Kammern sich in einem Spektrum zwischen 150 und 400 Euro bewegen. 1061

Es besteht auch die Möglichkeit, für die Prüfung des Antrags eine **Grundgebühr** und für die Durchführung eines Fachgesprächs eine **weitere Gebühr** zu veranschlagen. Auch „Sondergebühren", etwa für den Fall der elektronischen Übermittlung der Arbeitsproben, die in der Kammergeschäftsstelle oder beim Berichterstatter durch das erforderliche Ausdrucken einen **erhöhten Verwaltungsaufwand** verursacht, sind denkbar. 1062

Die Einzahlung der Verwaltungsgebühr ist **keine Verleihungsvoraussetzung**. Deshalb ist es, nicht zuletzt im Hinblick auf den neuen § 32 Abs. 2 BRAO[1] bedenklich, dass – wie man hört – einige Rechtsanwaltskammern erst dann mit der Bearbeitung eines Antrags beginnen, wenn der Eingang der Gebühr festgestellt wurde. 1063

➲ **Praxis-Tipp:** Um hier keine unnötige Verzögerung zu riskieren, ist es aber ratsam, die Bearbeitungsgebühr bereits unmittelbar mit Antragstellung – etwa durch Beifügung eines Verrechnungsschecks – zu entrichten. 1064

1 Vgl. hierzu näher unten unter D. V.

1065 Unterbleibt die Einzahlung der Gebühr, ist der Kammervorstand nicht auf den Klageweg verwiesen, sondern kann aus einem entsprechenden, **mit der Bescheinigung der Vollstreckbarkeit versehenen Gebührenbescheid** unmittelbar die Zwangsvollstreckung betreiben (**§ 84 BRAO**).

II. Die Behandlung des Antrags

1066 Die Art und Weise der Prüfung eines Fachanwaltsantrags ergibt sich aus **§ 24 FAO**, der insofern – wie bereits erwähnt – die **zentrale Verfahrensvorschrift** ist.

1. Die Vollständigkeitsprüfung durch den Vorsitzenden

1067 Gem. **§ 24 Abs. 1 FAO** prüft der Vorsitzende des zuständigen Vorprüfungsausschusses zunächst die **Vollständigkeit** der ihm von der Rechtsanwaltskammer zugeleiteten Antragsunterlagen.

1068 In der Praxis erfolgt eine **erste Sichtung** bereits durch die **Geschäftsstelle der Kammer**. So wird beispielsweise ein Antrag, dem keinerlei Unterlagen beigefügt sind, und der lediglich den Hinweis enthält, die Unterlagen zum Nachweis der besonderen theoretischen Kenntnisse und praktischen Erfahrungen würden „demnächst" nachgereicht, nicht unmittelbar an den Ausschuss weitergeleitet. Hier sehen es üblicherweise die Kammergeschäftsstellen als ihre Aufgabe an, zunächst mit dem Antragsteller Kontakt aufzunehmen und für einen möglichst zügigen Fortgang der Angelegenheit Sorge zu tragen.

1069 Zu den Aufgaben, die zu Beginn eines Antragsverfahrens von der Kammergeschäftsstelle erledigt werden, gehört es auch, den Antrag um die bei der Kammer vorhandenen erforderlichen Angaben (insbesondere um das Datum der Erstzulassung des Antragstellers) zu ergänzen.

1070 **Unzulässige Anträge**, also der Antrag auf Verleihung einer vierten Fachanwaltsbezeichnung ohne Verzicht auf eine der bereits geführten[1] oder der Antrag auf eine nicht existierende, also nicht im Katalog des § 1 FAO enthaltene Fachanwaltsbezeichnung[2], werden nicht an den Fachausschuss weitergeleitet, sondern **unmittelbar vom Kammervorstand** – negativ – beschieden.

1071 Die Prüfungstätigkeit des Ausschussvorsitzenden ist eine **kursorische**. Er hat zunächst lediglich festzustellen, ob dem Antrag überhaupt die nach § 6 FAO erforderlichen Unterlagen (also z.B. die Bescheinigung über eine erfolgreiche Lehrgangsteilnahme und die Fallliste) beigefügt sind, nicht jedoch, ob diese inhaltlich den Anforderungen des § 4 i.V.m. den §§ 8 ff. FAO und des § 5 FAO entsprechen. Das ist Aufgabe des Berichterstatters.

1072 Hält der Vorsitzende die Unterlagen für vollständig, leitet er den Antrag an den **Berichterstatter** weiter.

1 Vgl. hierzu näher oben unter B. V.

2 Vgl. AGH NRW, Beschl. vom 19.3.2004 – 1 ZU 56/03, in dem es um die Verleihung der Bezeichnung „Fachanwalt für Privates Baurecht" (vor Inkrafttreten der Fachanwaltschaft für Bau- und Architektenrecht) ging.

Stellt er dagegen fest, dass Unterlagen (z.B. die – aussagekräftige – Bescheinigung über eine Lehrgangsteilnahme) fehlen, wird er den Antragsteller **zur Ergänzung auffordern**.

Eine solche Aufforderung dient (ebenso wie eine entsprechende Aufforderung 1073
durch die Kammergeschäftsstelle) lediglich der Vorbereitung des eigentlichen Prüfungsverfahrens und stellt noch keine Auflagenerteilung i.S. von § 24 Abs. 4 Satz 2 FAO dar.[1]

2. Die Prüfung durch den Berichterstatter

Der Berichterstatter[2] prüft **formell und inhaltlich (§ 24 Abs. 2 Satz 1 FAO)**, 1074
also im Detail, ob die vom Antragsteller vorgelegten Unterlagen geeignet sind, den Nachweis der besonderen theoretischen Kenntnisse und praktischen Erfahrungen zu erbringen. Nach den Gepflogenheiten der meisten Vorprüfungsausschüsse obliegt es dem Berichterstatter auch, selbständig die weiteren **„prozessleitenden Verfügungen"** zu treffen, also z.B. den Antragsteller – **unterhalb der Schwelle einer Auflagenerteilung** nach § 24 Abs. 4 Satz 2 FAO – um **Vorlage weiterer Nachweise** zu bitten oder anhand der Fallliste **Arbeitsproben anzufordern**. Üblicherweise geschieht dies, indem der Berichterstatter sich schriftlich an den Antragsteller wendet. Manche Ausschussmitglieder bevorzugen die telefonische Kontaktaufnahme.

➲ **Praxis-Tipp:** Glaubt der Antragsteller, eine Bitte des Berichterstatters um 1075
Vorlage weiterer Nachweise, also z.B. um eine Ergänzung der Fallliste, sei unberechtigt, sollte er den Berichterstatter bzw. den Ausschuss nicht im Unklaren darüber lassen, dass er Nachbesserungen ablehnt. Stattdessen sollte er den Ausschuss um eine **verbindliche Auflagenerteilung** oder um **abschließende Entscheidung** bitten.

In der Praxis kommt es immer wieder vor, dass an dieser Stelle **Kommunikationsschwierigkeiten** zwischen Antragsteller und Ausschuss auftre- 1076
ten. Der Antragsteller lehnt (gewissermaßen mit „geheimem Vorbehalt") die Ergänzung seiner Nachweise ab und geht davon aus, der Ausschuss werde entscheiden; der Ausschuss dagegen wartet auf das Eintreffen weiterer Unterlagen. Hierdurch kann es zu unnötigen Irritationen auf beiden Seiten und vor allem zu erheblicher Verzögerung der Antragsbearbeitung kommen.

Allerdings werden in Zukunft auch die Vorprüfungsausschüsse und Kam- 1077
mervorstände ein (noch) stärkeres Augenmerk auf die zügige Behandlung jedes Antragsverfahrens richten. Denn am 28.12.2010 ist das „Gesetz zur Umsetzung der Dienstleistungsrichtlinie in der Justiz und zur Änderung weiterer Vorschriften"[3] in Kraft getreten, durch das ein neuer § 32 Abs. 2 in die Bundesrechtsanwaltsordnung eingefügt wurde, dessen Satz 1 vorschreibt, dass der Kammervorstand über Anträge, auch über Anträge auf

1 Vgl. hierzu Scharmer, in: Hartung/Römermann, a.a.O., § 24 FAO Rz. 7.
2 Zur Bestellung des Berichterstatters vgl. oben unter C. I. 4.b.
3 BGBl. 2010 I S. 2248 ff.

Verleihung einer Fachanwaltsbezeichnung, **innerhalb einer Frist von drei Monaten** zu entscheiden hat.[1]

1078 Die Anforderung von Arbeitsproben entspricht dem **Regelfall**. Sie wird nur dort unterbleiben, wo es zur Praxis des Ausschusses gehört, die Vorlage von Aktenstücken bereits unmittelbar bei Antragstellung zu erbitten. Auch in solchen Fällen können selbstverständlich weitere Arbeitsproben anhand der Fallliste nachgefordert werden. Üblicherweise fordern die Vorprüfungsausschüsse **fünf bis zehn** Arbeitsproben an.

1079 ➲ **Praxis-Tipp:** Fordert der Berichterstatter Arbeitsproben an, die der Antragsteller aus irgendwelchen Gründen (z.B. weil sie ihm von einer früheren Kanzlei nicht zur Verfügung gestellt werden[2]) nicht vorlegen kann, sollte der Bewerber dies den Berichterstatter umgehend wissen lassen und versuchen, sich mit ihm ersatzweise auf die Vorlage anderer Arbeitsproben **zu verständigen**.

1080 Nach Sichtung der vom Antragsteller vorgelegten (und der ergänzend angeforderten) Unterlagen hat der Berichterstatter **verschiedene Entscheidungsmöglichkeiten**.

1081 **1. Möglichkeit:**

Er hält den Antrag für schlüssig und entscheidungsreif, ist also der Meinung, dass der Bewerber die besonderen theoretischen Kenntnisse (inkl. des Absolvierens einer eventuell gem. § 4 Abs. 2 FAO erforderlichen Fortbildung) und praktischen Erfahrungen nachgewiesen hat und auch die sonstigen Voraussetzungen, also das Erfordernis der dreijährigen Zulassung und Tätigkeit innerhalb der letzten sechs Jahre vor Antragstellung (§ 3 FAO) erfüllt sind. Der Berichterstatter schlägt dem Ausschuss vor, positiv zu votieren.

Hält der Berichterstatter die schriftlichen Unterlagen für in positiver Hinsicht aussagekräftig, kann er dem Ausschuss nicht – wie in § 7 Abs. 1 Satz 1 FAO n.F. eigentlich vorgesehen – vorschlagen, zur Abrundung des Bildes dennoch ein Fachgespräch zu führen. Dem steht die nach Inkrafttreten der Neufassung ergangene, oben unter B. IV. 3. dargestellte Rechtsprechung des Bundesgerichtshofs[3] entgegen.

1082 **2. Möglichkeit:**

Der Berichterstatter hält weitere schriftliche Nachweise für erforderlich und schlägt dem Ausschuss vor, diese – ggf. im Wege förmlicher Auflagenerteilung nach § 24 Abs. 4 Satz 1 und 2 FAO – anzufordern.

Dort, wo der Berichterstatter vom Ausschuss legitimiert ist, selbst ergänzende Nachweise und insbesondere Arbeitsproben anzufordern, wird die 2. Möglichkeit zu diesem frühen Zeitpunkt kaum in Betracht kommen. Wenn sich dagegen der Ausschuss von vornherein die Entscheidung über die Anforderung von ergänzenden Nachweisen und insbesondere von Arbeitsproben vorbehält, ist diese Ent-

---

1 Vgl. hierzu noch näher unten unter D. V.

2 Siehe hierzu schon oben unter D. I. 5.d.

3 BRAK-Mitt. 2005, 123, 124, m. Anm. Offermann-Burckart; und auch BGHReport 2006, 819, 821 = BRAK-Mitt. 2006, 131, 134.

scheidungsalternative die Regel. Aufgrund des neuen § 32 Abs. 2 Satz 1 BRAO[1] muss es noch stärker als bisher das Anliegen der Vorprüfungsausschüsse sein, durch „kurze Wege", z. B. weitgehende Legitimation des Berichterstatters zu eigenverantwortlichem Handeln, und durch möglichst präzise (Zeit-)Vorgaben gegenüber dem Antragsteller einen zügigen Verlauf und raschen Abschluss des Verfahrens zu gewährleisten.

3. Möglichkeit: 1083

Der Berichterstatter ist der Meinung, dass die besonderen theoretischen Kenntnisse und/oder praktischen Erfahrungen noch nicht vollständig nachgewiesen sind und/oder „Unklarheiten in und Zweifel an den vorgelegten Nachweisen" bestehen, die vorhandenen Defizite und/oder Unklarheiten und Zweifel auch nicht durch die Vorlage weiterer Unterlagen ausgeglichen bzw. ausgeräumt werden können, jedoch nicht so gravierend sind, dass ein negatives Votum unausweichlich ist. Er schlägt dem Ausschuss vor, den Bewerber zum Fachgespräch zu laden.

Wie dargestellt,[2] betrachtet der BGH das Fachgespräch weiterhin als Ausnahme, das nicht zur Klärung von Zweifelsfragen, sondern nur zur Ausräumung eindeutig vorhandener und benennbarer Defizite geführt werden darf.

4. Möglichkeit: 1084

Der Berichterstatter gelangt zu dem Ergebnis, dass der Antragsteller die Voraussetzungen für den Erwerb einer Fachanwaltsbezeichnung eindeutig nicht erfüllt, also auch weitere Unterlagen und/oder ein Fachgespräch die vorhandenen Defizite nicht ausgleichen können. Er schlägt dem Ausschuss vor, negativ zu votieren.

Dies ist z. B. der Fall, wenn der Antragsteller noch nicht drei Jahre zur Anwaltschaft zugelassen ist, wenn die von ihm nachgewiesenen theoretischen Kenntnisse außerhalb eines Lehrgangs erworben wurden und nicht den Anforderungen von § 4 Abs. 3 Satz 1 FAO entsprechen, wenn eine gem. § 4 Abs. 2 FAO erforderliche Fortbildung nicht oder nicht in vollem Umfang erbracht wurde, oder wenn die Fallliste in erheblichem Maße lückenhaft ist.

3. Die Befassung der Ausschussmitglieder mit dem Votum des Berichterstatters

Nachdem der Berichterstatter eine Entscheidung getroffen hat, hängt das 1085
konkrete weitere Procedere davon ab, ob der Ausschuss im schriftlichen oder mündlichen Verfahren[3] beschließt.

Im **schriftlichen Verfahren** gibt der Berichterstatter gem. **§ 24 Abs. 2 Satz 1** 1086
FAO „eine begründete Stellungnahme darüber ab, ob der Antragsteller die besonderen theoretischen Kenntnisse und praktischen Erfahrungen nachgewiesen hat, ob ein Fachgespräch entbehrlich ist oder ob er weitere Nachweise

1 Vgl. hierzu unten unter D. V.
2 Siehe oben unter B. IV. 3.
3 Vgl. hierzu oben unter C. I. 4.b.

für erforderlich hält". Die Stellungnahme des Berichterstatters ist gem. § 24 Abs. 2 Satz 2 FAO „den anderen Ausschussmitgliedern und anschließend dem Vorsitzenden jeweils zur Abgabe einer schriftlichen Stellungnahme zuzuleiten".

1087 Die Anforderungen an die Ausführlichkeit der einzelnen Stellungnahmen hängt davon ab, ob der Berichterstatter ein positives, ein die Anforderung weiterer Unterlagen oder die Durchführung eines Fachgesprächs anregendes oder ein negatives Votum abgibt, und ob die anderen Ausschussmitglieder bzw. der Vorsitzende sich dem Votum des Berichterstatters anschließen oder nicht. Ein positives Votum des Berichterstatters und zustimmende Stellungnahmen der anderen Ausschussmitglieder können kurz gehalten sein. Ein differenzierendes oder ein negatives Ausgangsvotum und/oder von der Entscheidung des Berichterstatters abweichende Stellungnahmen anderer Ausschussmitglieder sollten möglichst ausführlich und nachvollziehbar begründet werden.

1088 Wird der Ausschuss nicht im Umlaufverfahren, sondern im **mündlichen Verfahren** tätig, tritt er zu einer **Sitzung** zusammen, in der der Berichterstatter seine Stellungnahme mündlich vorträgt und begründet. Anschließend geben die einzelnen Ausschussmitglieder ihre ebenfalls mündlichen Stellungnahmen zum Votum des Berichterstatters ab. Auch hier gilt, dass die jeweiligen Stellungnahmen dann besonders ausführlich und fundiert sein müssen, wenn der Berichterstatter die Anforderung weiterer Unterlagen oder ein Fachgespräch vorschlägt oder sogar negativ votiert, und/oder wenn einzelne Ausschussmitglieder von der Einschätzung des Berichterstatters abweichen. Als „mündliche Beratung" i. S. von **§ 24 Abs. 3 FAO** gilt auch eine Telefonkonferenz.

1089 Gem. § 24 Abs. 3 FAO ist bei mündlicher Beratung ein **Inhaltsprotokoll** zu führen, „das die Voten der Ausschussmitglieder und deren wesentliche Begründung wiedergibt".

1090 Der Bitte eines Antragstellers, in der – **nicht öffentlichen** – Sitzung des Ausschusses, in der über seinen Antrag beraten wird, persönlich gehört zu werden, wird normalerweise nicht entsprochen. Das Verfahren auf Erteilung einer Fachanwaltserlaubnis ist – abgesehen vom Fachgespräch – ein schriftliches.

4. Die weitere Tätigkeit des Ausschusses

1091 Wie bereits ausgeführt, geben die übrigen Mitglieder des Vorprüfungsausschusses – je nach gewählter Verfahrensart – eine schriftliche oder mündliche Stellungnahme ab.

1092 Im Umlaufverfahren folgt die Weiterleitung der Stellungnahmen des Berichterstatters und der einzelnen Ausschussmitglieder regelmäßig einem zuvor festgelegten Schlüssel, wonach der Berichterstatter sein Votum zunächst an ein bestimmtes Ausschussmitglied weiterleitet, dieses Mitglied das Votum des Berichterstatters zusammen mit seinem eigenen Votum dem nächsten Ausschussmitglied zukommen lässt und so fort. Der **Vorsitzende** ist gem. **§ 24 Abs. 2 Satz 2 FAO** das **„letzte Glied"** in dieser Kette. Es besteht aber auch die Möglichkeit, das Votum des Berichterstatters gleichzeitig allen anderen

Ausschussmitgliedern zuzuleiten.[1] Der Vorsitzende muss dann anhand der Rückläufe feststellen, ob die erforderliche Mehrheit der Ausschussmitglieder dem Votum zugestimmt hat. Manche Kammern stellen den Mitgliedern ihrer Vorprüfungsausschüsse einen geschützten Intranet-Bereich zur Verfügung, um „Diskussionen" im schriftlichen Verfahren zu erleichtern.

Für den Fall, dass sich im schriftlichen Verfahren ein **Dissens** zwischen Aus- 1093
schussmitgliedern ergibt, dass also eine positive, differenzierende oder negative Entscheidung nicht einstimmig erfolgt, ist üblicherweise die mündliche Beratung, d.h. die Fortsetzung des Verfahrens im Rahmen einer Sitzung vorgesehen.

Der Ausschuss hat nach Vorliegen der Einzelstellungnahmen **verschiedene** 1094
Entscheidungs- und Verfahrensmöglichkeiten.

1. Möglichkeit: 1095

Er hält die Voraussetzungen der Fachanwaltsordnung (das Erfordernis der dreijährigen Zulassung und Tätigkeit innerhalb der letzten sechs Jahre vor Antragstellung sowie den Nachweis der besonderen theoretischen Kenntnisse und praktischen Erfahrungen) für erfüllt. Der Ausschuss wird – unter Beachtung der Förmlichkeiten von § 24 Abs. 8 und 9 FAO – gegenüber dem Kammervorstand abschließend und positiv votieren.

Dies ist der Regelfall.

Hält der Ausschuss die schriftlichen Unterlagen für in positiver Hinsicht aus- 1096
sagekräftig, hat er – trotz der gegenteiligen Formulierung in § 7 Abs. 1 Satz 1 FAO n.F. – nicht die Möglichkeit, zur Abrundung des Bildes dennoch ein Fachgespräch zu führen.[2]

2. Möglichkeit: 1097

a) Der Ausschuss ist der Auffassung, dass der Antragsteller nicht genügend Fälle i.S. von § 5 Abs. 1 FAO nachgewiesen hat, weil Fälle „zu Ungunsten" des Antragstellers (gar nicht oder nur mit einem geringeren als dem Faktor 1) gewertet wurden. Für diesen Fall bestimmt **§ 24 Abs. 4 Satz 1 FAO**, dass dem Antragsteller Gelegenheit zu geben ist, „Fälle nachzumelden".

Einen Anspruch auf ein Fachgespräch, wie der frühere § 7 Abs. 1 Satz 2 FAO 1098
ihn vorsah, hat der Antragsteller bei Gewichtung von Fällen zu seinen Ungunsten nicht mehr. Die Zweite Satzungsversammlung hat sich bei der Entscheidung, § 7 Abs. 1 Satz 2 a.F. ersatzlos zu streichen, von der Überlegung leiten lassen, dass ein Defizit an nachgewiesenen Fällen, also an praktischen Erfahrungen, letztlich nicht durch ein Fachgespräch ausgeglichen werden könne. Nicht ganz konsequent ist in diesem Zusammenhang allerdings die Formulierung des neuen § 7 Abs. 1 Satz 1, wonach der Ausschuss ein Fachgespräch „zum Nachweis der besonderen theoretischen Kenntnisse oder der praktischen Erfahrungen" führt.

1 Vgl. Feuerich, a.a.O., § 72 BRAO Rz. 6, zum Umlaufverfahren bei Vorstandsbeschlüssen.
2 Vgl. hierzu ausführlich oben unter B. IV. 3.

1099 Unklar ist bislang, ob der Erteilung von Auflagen gem. § 24 Abs. 4 FAO **Vorrang** vor der **Führung eines Fachgesprächs** zukommt, oder ob der Ausschuss insofern eine **Wahlmöglichkeit** hat. In die erstgenannte Richtung tendiert der Anwaltsgerichtshof Baden-Württemberg, der in einem Beschluss vom 9.6.2005[1] ausführt, es erscheine nahe liegend, den Ausschuss für verpflichtet zu halten, dem Antragsteller eine entsprechende Auflage zu erteilen, wenn nicht von vornherein ausgeschlossen sei, dass es dem Antragsteller gelinge, diese zu erfüllen. Ob sich daraus bereits die Unzulässigkeit eines stattdessen anberaumten Fachgesprächs ergibt, lässt der AGH allerdings offen.

1100 Die Aufforderung, Fälle nachzumelden, erfolgt **schriftlich** und – wie sich aus § 24 Abs. 4 Satz 3 („Meldet der Antragsteller innerhalb einer angemessenen Ausschlussfrist keine Fälle nach ...") ergibt – zwar nicht zwingend, aber **üblicherweise unter Fristsetzung**.

1101 **b)** Sieht der Ausschuss zusätzliche oder andere Defizite (die nicht bereits durch Kontaktaufnahme des Berichterstatters mit dem Antragsteller ausgeräumt werden konnten), hält er also z. B. die Bescheinigung über eine erfolgreiche Lehrgangsteilnahme oder den Nachweis außerhalb eines Lehrgangs erworbener Kenntnisse für lückenhaft, kann und wird er gem. **§ 24 Abs. 4 Satz 2 FAO** dem Antragsteller zur ergänzenden Antragsbegründung **„Auflagen erteilen"**. Auch dies geschieht **in schriftlicher Form** und – wie sich aus § 24 Abs. 4 Satz 3 und insbesondere Satz 4 ergibt – (zwar nicht zwingend, aber üblicherweise) unter **Fristsetzung**.

1102 Die Erteilung einer Auflage zur ergänzenden Antragsbegründung führt zur **Verlängerung** der in § 32 Abs. 2 Satz 1 BRAO n. F. vorgesehenen **Drei-Monats-Frist**.[2] In der amtlichen Begründung heißt es hierzu ausdrücklich, von der für eine Fristverlängerung nach **§ 42a Abs. 2 Satz 3 VwVfG** erforderlichen **„Schwierigkeit der Angelegenheit"** sei auch dann auszugehen, wenn – etwa im Verfahren über die Befugnis zur Führung einer Fachanwaltsbezeichnung – zur Aufklärung oder Ergänzung des Sachverhalts eine weitere Mitwirkungshandlung der Antragstellerin oder des Antragstellers erforderlich werde. Die Frist könne in diesen Fällen um die für die Beibringung der erforderlichen Informationen oder Unterlagen erforderliche Zeit **zuzüglich** eines für die abschließende Prüfung und Entscheidungsfindung erforderlichen Zeitraums verlängert werden.[3] Es würde ja auch wenig Sinn machen, einen Fachanwaltsantrag mit „heilbaren" Defiziten nur im Hinblick auf die Drei-Monats-Frist zurückzuweisen, statt dem Antragsteller Gelegenheit zur Nachbesserung zu geben. Allerdings kommt nach § 42a Abs. 2 Satz 3 VwVfG nur eine **einmalige** Fristverlängerung in Betracht. Schlägt ein (erster) Nachbesserungsversuch des Antragstellers fehl, müssen also streng genommen der Vorprüfungsausschuss negativ votieren und der Kammervorstand abschlägig entscheiden. Es ist müßig, an dieser Stelle über den Grundsatz „Wo kein Kläger, da kein Richter" zu philosophieren.

1 AGH Baden-Württemberg BRAK Mitt. 2005, 237, 238.
2 Vgl. hierzu unten unter D. V.
3 BT-Drucks. 17/3356 vom 21.10.2010, S. 17 f.

Gem. § 24 Abs. 4 Satz 4 FAO muss der Ausschuss den Antragsteller darauf hinweisen, dass **nach Aktenlage** entschieden werden kann und entschieden wird, wenn er die Auflagen nicht innerhalb der ihm gesetzten Frist erfüllt. 1103

3. Möglichkeit: 1104

Der Ausschuss sieht Defizite beim Nachweis der besonderen theoretischen Kenntnisse und/oder praktischen Erfahrungen, die durch ein Nachmelden von Fällen und/oder die Erfüllung sonstiger Auflagen nicht ausgeglichen werden können, die aber auch nicht so gravierend sind, dass er ein negatives Votum für unausweichlich hält. Er wird in einem solchen Fall den Antragsteller unter Beachtung der entsprechenden Förmlichkeiten[1] zu einem Fachgespräch laden.

Nach der neueren BGH-Rechtsprechung[2] ist dies – entgegen dem Wortlaut der §§ 7 Abs. 1 und 24 Abs. 1 Satz 1 FAO und dem darin zum Ausdruck gebrachten Willen der Satzungsversammlung – nach wie vor die Ausnahme. Ein Fachgespräch soll insbesondere dazu dienen, „Unklarheiten in und Zweifel an den vorgelegten Nachweisen" auszuräumen. Allerdings kann hier den Vorprüfungsausschüssen nach dem Motto „Wo kein Kläger, da kein Richter" nur empfohlen werden, im Interesse des Antragstellers einen gewissen „Mut" an den Tag zu legen und dem Bewerber bei behebbaren Mängeln seines Antrags die Möglichkeit des Fachgesprächs einzuräumen. 1105

4. Möglichkeit: 1106

Hält der Ausschuss die Voraussetzungen für die Erteilung einer Fachanwaltserlaubnis so eindeutig für nicht erfüllt, dass auch durch die Gelegenheit zur Nachbesserung des Antrags und/oder ein Fachgespräch nichts mehr zu „retten" ist, entscheidet er unmittelbar und gibt – unter Beachtung von § 24 Abs. 8 und 9 FAO – ein negatives Votum gegenüber dem Kammervorstand ab.

5. Das Procedere bei der Nachmeldung von Fällen bzw. der ergänzenden Antragsbegründung

Hat der Ausschuss den Antragsteller entsprechend der in **§ 24 Abs. 4 Satz 1 oder Satz 2 FAO** vorgesehenen Handhabung gebeten, **Fälle nachzumelden** oder seine **Antragsbegründung zu ergänzen**, gibt es für den weiteren Verfahrensablauf zwei Alternativen. 1107

1. Alternative: 1108

Der Antragsteller entspricht der Aufforderung des Ausschusses und meldet Fälle nach (§ 24 Abs. 4 Satz 1 FAO) oder ergänzt seine Antragsbegründung durch Vorlage weiterer Unterlagen (§ 24 Abs. 4 Satz 2 FAO). Auch bei den „weiteren Unterlagen" i. S. von § 24 Abs. 4 Satz 2 FAO kann es sich um Fallnachweise handeln – dann nämlich, wenn der Vorprüfungsausschuss das Fehlen von Fällen, die zum Erreichen der absoluten Fallzahl oder eines bestimmten Fallquorums erforderlich sind, moniert hat.

1 Siehe hierzu ausführlich unten unter D. III. 1.
2 Vgl. hierzu ausführlich oben unter B. IV. 3.

1109 Jetzt beginnt das im Vorhergehenden beschriebene Verfahren hinsichtlich der nachgelieferten Unterlagen erneut: Zunächst prüft und votiert der Berichterstatter, danach der Ausschuss. Es existieren abermals **verschiedene Entscheidungsmöglichkeiten**.

1110 **1. Möglichkeit:**

Der Ausschuss gelangt nach Auswertung der nachgereichten Unterlagen zu dem Ergebnis, dass die Voraussetzungen für die Verleihung einer Fachanwaltsbezeichnung nunmehr erfüllt sind. Er wird gegenüber dem Kammervorstand – unter Beachtung von § 24 Abs. 8 und 9 FAO – positiv votieren.

Das Führen eines Fachgesprächs zur Abrundung des Bildes kommt nicht in Betracht.

1111 **2. Möglichkeit:**

Der Ausschuss hält eine erneute Nachbesserung für erforderlich und möglich und verfährt nochmals auf der Grundlage von § 24 Abs. 4 Satz 1 und/oder Satz 2 FAO.

Das ist in der Praxis die Ausnahme.[1]

1112 **3. Möglichkeit:**

Der Ausschuss sieht auch nach der Nachmeldung von Fällen und/oder der ergänzenden Antragsbegründung noch Defizite, die aber durch ein Fachgespräch ausgeglichen werden können. Er lädt den Antragsteller – unter Beachtung der entsprechenden Förmlichkeiten[2] – zum Fachgespräch.

1113 **4. Möglichkeit:**

Der Ausschuss hält die nachgemeldeten Fälle und/oder die ergänzende Antragsbegründung für unzureichend und einen Ausgleich der Defizite durch ein Fachgespräch für ausgeschlossen. Er wird in diesem Fall – unter Beachtung von § 24 Abs. 8 und 9 FAO – eine negative Stellungnahme gegenüber dem Kammervorstand abgeben.

1114 **2. Alternative:**

Der Antragsteller kommt der Bitte um Nachmeldung von Fällen (§ 24 Abs. 4 Satz 1 FAO) nicht nach und/oder erfüllt die ihm zur ergänzenden Antragsbegründung erteilten Auflagen (§ 24 Abs. 4 Satz 2 FAO) nicht. Der Ausschuss hat **drei Entscheidungsmöglichkeiten**.

1115 **1. Möglichkeit:**

Er kann, was nur in seltenen Fällen geschehen dürfte, nochmals nachfassen.[3]

1116 **2. Möglichkeit:**

Hat der Ausschuss den Antragsteller gem. § 24 Abs. 4 Satz 4 FAO auf die Folgen eines nutzlosen Verstreichens der ihm gesetzten Frist hingewiesen, kann er unmittelbar nach Aktenlage entscheiden. Diese Entscheidung wird im Zweifel nega-

---

1 Aus „Gründen äußerster Vorsicht" sollte sich der Ausschuss durch den Antragsteller einen „Dispens" von der Drei-Monats-Frist des neuen § 32 Abs. 2 Satz 1 BRAO erteilen lassen.

2 Siehe hierzu ausführlich unten unter D. III. 1.

3 Wie Fn. 1.

tiv ausfallen, d.h. der Ausschuss wird – unter Beachtung von § 24 Abs. 8 und 9 FAO – dem Kammervorstand empfehlen, den Antrag zurückzuweisen.

➲ **Praxis-Tipp:** Der Antragsteller, der eine ihm zur Nachmeldung von Fällen und/oder zur ergänzenden Antragsbegründung gesetzte Frist nutzlos verstreichen lässt oder – etwa wegen zeitlicher oder tatsächlicher Schwierigkeiten – verstreichen lassen muss, kann nicht (erst recht nicht nach Inkrafttreten des neuen § 32 Abs. 2 Satz 1 BRAO) darauf vertrauen, dass der Ausschuss von sich aus nochmals nachfasst. Wenn der Bewerber erkennt, dass er die Frist nicht einhalten kann, sollte er sich deshalb sofort mit dem Ausschuss in Verbindung setzen und – am besten schriftlich – um Fristverlängerung bitten.[1] 1117

➲ **Praxis-Tipp:** Der – gelegentlich geäußerten – Bitte eines Antragstellers, das Verfahren auszusetzen und eine Weile ruhen zu lassen, bis es ihm z.B. gelingt, Fälle nachzumelden, kann grundsätzlich nicht entsprochen werden. Ein „Ruhen" des Verfahrens ist in der Fachanwaltsordnung nicht vorgesehen.[2] Ein solches Ruhen würde im Hinblick auf den Drei-Jahres-Zeitraum des § 5 Abs. 1 FAO auch zu erheblichen Problemen führen. 1118

Wer erkennt, dass er die ihm vom Ausschuss erteilten Auflagen innerhalb absehbarer Zeit nicht erfüllen kann, sollte den Antrag zurücknehmen und zu einem späteren Zeitpunkt erneut stellen. 1119

Allerdings kommt es durchaus vor, dass ein Ausschuss sich mit einem Bewerber auf das „Liegenlassen" des Antrags etwa für ein halbes Jahr verständigt. Dass der Antragsteller sich in einem solchen Fall später nicht auf § 32 Abs. 2 Satz 1 FAO (und die darin zugrunde gelegte Drei-Monats-Frist) berufen kann, ergibt sich bereits aus dem Grundsatz des „venire contra factum proprium". Ein Ausschuss oder Kammervorstand, der hier unsicher ist, kann den Antragsteller natürlich auch bitten, eine entsprechende Erklärung abzugeben.

3. Möglichkeit: 1120

Hält der Ausschuss die Defizite nicht für zu gravierend, hat er auch jetzt noch die Möglichkeit, den Antragsteller – unter Beachtung der entsprechenden Förmlichkeiten[3] – zum Fachgespräch zu laden.

---

1 In den „Berliner Empfehlungen 2001" heißt es unter Ziff. II. 14. zum Stichwort „Mitwirkungspflichten des Antragstellers":
„14.1 Der Antragsteller ist zur Mitwirkung verpflichtet; er hat bezüglich seines Antrages eine ‚Bringschuld'.
14.2 § 24 Abs. 4 FAO ermöglicht es dem Vorprüfungsausschuss auch dann zu entscheiden, wenn auf die Bitte einer ergänzenden Antragsbegründung nicht reagiert wird."
Dieser Hinweis bezieht sich auf § 24 Abs. 4 FAO a.F., ist aber auch für die Neufassung zutreffend.

2 Vgl. hierzu Ziff. II. 14.3 der „Berliner Empfehlungen 2001", der lautet:
„Ruhen des Verfahrens ist in der FAO nicht vorgesehen. Wegen der verschiedenen Fristen (z.B. §§ 3, 5 Satz 1 [a.F.] FAO) ist von einem Ruhen des Verfahrens auch deutlich abzuraten."

3 Siehe hierzu ausführlich unten unter D. III. 1.

III. Das Fachgespräch

1121 Wegen seiner – trotz allem – großen Bedeutung wird dem Fachgespräch hier ein eigener Gliederungspunkt gewidmet.

1122 Die **Formalien des Fachgesprächs** sind weiterhin – wenig systematisch – nicht nur in der eigentlichen Verfahrensvorschrift des **§ 24 FAO** (und zwar in § 24 Abs. 5 bis 7), sondern auch und insbesondere in **§ 7 Abs. 2 FAO** geregelt.

1123 Nach § 7 Abs. 1 Satz 1 FAO dient das Fachgespräch dem – ergänzenden – „Nachweis der besonderen theoretischen Kenntnisse oder der praktischen Erfahrungen".

1124 Dass und warum sich die Erwartungen, die die Satzungsversammlung an den neu gefassten § 7 FAO und die – vermeintliche – Umkehrung des Regel-Ausnahme-Verhältnisses geknüpft hatte, nicht erfüllt haben, wurde oben unter B.IV. ausführlich dargestellt.

1125 In diesem Zusammenhang taucht noch die weitere Frage auf, ob – in solchen Fällen, in denen das im Hinblick auf die zutage getretenen Defizite überhaupt in Betracht kommt – ein Fachgespräch auch als **Alternative** zur Nachforderung von Fällen und/oder zur Erteilung von Auflagen (§ 24 Abs. 4 Satz 1 und 2 FAO) gewählt werden kann, oder ob zunächst immer der Weg über das rein schriftliche Verfahren gegangen werden muss. In letztgenanntem Sinn äußert sich der AGH Baden-Württemberg mit Beschluss vom 9.6.2005.[1] Sei nicht von vornherein ausgeschlossen, dass es dem Antragsteller gelingen könne, Defizite auszugleichen (konkret: in der Fallliste Fälle des Individualarbeitsrechts zu benennen, in denen kollektives Arbeitsrecht eine nicht unerhebliche Rolle spiele), erscheine es „nahe liegend", den Ausschuss für verpflichtet zu halten, dem Antragsteller gem. § 24 Abs. 4 Satz 2 FAO eine dahingehende Auflage zu erteilen.

1126 Diese Einschätzung mag man vor dem Hintergrund der sehr restriktiven Rechtsprechung des Bundesgerichtshofs zum Fachgespräch für vertretbar halten. Sie schränkt den denkbaren Anwendungsbereich von Fachgesprächen allerdings noch weiter ein.

1. Terminierung und Ladung

1127 Den **Termin** für das Fachgespräch **bestimmt der Vorsitzende**, zweckmäßigerweise in Absprache mit dem Ausschuss.

1127a Dem Vorsitzenden obliegt es gem. **§ 24 Abs. 5 FAO** auch, den Antragsteller zu laden. In der Praxis kommt es allerdings häufig vor, dass die Ladung vom Berichterstatter verfasst und unterzeichnet wird. Es ist bislang kein Fall bekannt geworden, in dem ein Gericht die Wirksamkeit der Ladung und damit die Verwertbarkeit des Fachgesprächs allein an dieser Formalie hätte scheitern lassen.

---

1 AGH Baden-Württemberg BRAK-Mitt. 2005, 237 f.

Die Ladung erfolgt gem. § 24 Abs. 5 mit einer **Frist von mindestens einem Monat**. Die Monatsfrist dient dem **Schutz des Antragstellers**, der ausreichend Zeit und Gelegenheit zur Vorbereitung auf das Fachgespräch haben soll.[1] Die Monatsfrist des § 24 Abs. 5 FAO **passst auf den ersten Blick nicht recht** zu der (neuen) Drei-Monats-Frist des **§ 32 Abs. 2 Satz 1 BRAO n.F.** Deshalb ist von einigen Kammervertretern bereits die Forderung erhoben worden, die Satzungsversammlung möge § 24 Abs. 5 FAO ändern und die Monatsfrist entsprechend verkürzen. Den Antragstellern wäre damit ein Bärendienst erwiesen! Eine Abkürzung der Monatsfrist dürfte aber auch nicht erforderlich sein, weil das, was in der **amtlichen Begründung**[2] zur Verlängerung der Frist um die für die Beibringung weiterer Informationen oder Unterlagen erforderliche Zeit (zuzüglich des für die abschließende Prüfung und Entscheidungsfindung erforderlichen Zeitraums) gesagt wird, natürlich entsprechend für den **zusätzlichen Zeitaufwand** gelten muss, der durch die Anberaumung und Durchführung eines Fachgesprächs entsteht. Und sollte ein Vorprüfungsausschuss hier dennoch unsicher sein, bietet sich als „Königsweg" an, den Antragsteller um Abgabe der **Erklärung** zu bitten, dass er aus einer Überschreitung des Drei-Monats-Zeitraums **keine Rechte** herleitet. 1128

➲ **Praxis-Tipp:** Erkennt der Antragsteller, dass er an dem für das Fachgespräch anberaumten Termin verhindert ist, sollte er sich umgehend mit dem Ausschuss in Verbindung setzen und um einen anderen Termin bitten. 1129

Gem. § 7 Abs. 2 Satz 1 FAO sind bei der Ladung zum Fachgespräch **„Hinweise auf die Bereiche zu geben, die Gegenstand des Fachgespräches sein werden"**. § 7 Abs. 2 Satz 1 FAO a.F. sah demgegenüber Hinweise auf die Bereiche vor, „in denen der Fachausschuss den Nachweis anhand der eingereichten Unterlagen nicht als geführt ansieht". 1130

Nach dem erklärten Willen der Satzungsversammlung soll sich das Fachgespräch nur auf **eingrenzbare Teilbereiche des Fachgebiets** (also der §§ 8 bis 14m FAO) beziehen und soll der Antragsteller Gelegenheit haben, sich **inhaltlich gezielt auf das Gespräch vorzubereiten**. 1131

In seinem Beschluss vom **7.3.2005** nimmt der **BGH**[3] – obwohl mit einem Fall befasst, auf den noch die alte Fassung des § 7 FAO Anwendung fand – Stellung auch zu der Neuregelung, die zwar die Erteilung eines Hinweises auf den Prüfungsstoff in der Ladung (und damit auch die Stoffbegrenzung im Fachgespräch selbst) jetzt zwingend vorschreibe, jedoch nicht mehr ausdrücklich regele, worauf sich das Fachgespräch beschränken solle. Auf Grund der fortbestehenden Funktion des Fachgesprächs, lediglich die bei der Prüfung der Nachweise nach § 6 FAO festgestellten Defizite auszugleichen, gelte aber auch für die Neufassung des § 7 FAO die **Begrenzung des Prüfungsstoffs** im Fachgespräch auf die Bereiche, in denen der Nachweis der besonderen theoretischen Kenntnisse und/oder praktischen Erfahrungen durch die vorgelegten 1132

1 Vgl. Scharmer, in: Hartung/Römermann, a.a.O., § 24 FAO Rz. 24.
2 BT-Drucks. 17/3356 vom 21.10.2010, S. 17 f.
3 BRAK-Mitt. 2005, 123, 124, m. Anm. Offermann-Burckart. – Vgl. hierzu ausführlich oben unter B. IV. 3.

Unterlagen nicht oder nicht voll gelungen sei und in denen der Fachausschuss deshalb diesbezüglichen Klärungsbedarf sehe.

1133 Der in der Ladung zu benennende Prüfungsstoff darf sich also auch weiterhin nur auf die **defizitären Bereiche** beziehen. Zweckmäßigerweise sollte deshalb in der Ladung konkret aufgeführt werden, welche Unzulänglichkeiten erkannt wurden. Eine solche Klarstellung kann auch dem Berichterstatter bzw. dem Ausschuss nochmals zur Reflektion der eigenen Entscheidung dienen.

1134 Eine Ladung, durch die ein Bewerber um die Fachanwaltschaft Arbeitsrecht zu einem Fachgespräch über den „gesamten Bereich des Arbeitsrechts" geladen wird (so der der BGH-Entscheidung zugrunde liegende Fall) entspricht nicht den Vorgaben des § 7 Abs. 2 Satz 1 FAO. Auch wenn der Bundesgerichtshof zusätzlich den Inhalt des Fachgesprächs bemängelt, lässt er erkennen, dass schon ein **im Anschluss an eine unzureichende Ladung** geführtes (und negativ verlaufenes) Gespräch der Entscheidung des Ausschusses und des Kammervorstands nicht zugrunde gelegt werden darf. Der Anwaltssenat stellt nämlich ausdrücklich fest, sowohl die Ladung des Antragstellers zum Fachgespräch als auch dessen Durchführung seien wegen der fehlenden Stoffbegrenzung rechtswidrig gewesen. Daran ändere nicht einmal der Umstand etwas, dass das Fachgespräch in dem konkreten Fall nicht von der Rechtsanwaltskammer bzw. dem Vorprüfungsausschuss angeordnet, sondern in einem gerichtlichen Vergleich vereinbart worden sei.

2. Inhalt des Fachgesprächs

1135 Gem. **§ 7 Abs. 2 Satz 2 FAO** sollen sich die Fragen, die dem Bewerber im Rahmen des Fachgesprächs gestellt werden, an den **„in der Praxis überwiegend vorkommenden Fällen"** in den dem Antragsteller gem. § 7 Abs. 2 Satz 1 zu benennenden Bereichen ausrichten.

1136 Um den Ausschuss bei der Gestaltung des Fachgesprächs nicht zu sehr einzuschränken und insbesondere dem Umstand Rechnung zu tragen, dass Fachgespräche einer gewissen Eigendynamik folgen, ist § 7 Abs. 2 Satz 2 nicht als Muss-, sondern als **Soll-Vorschrift** formuliert.

1137 Allerdings darf sich – entsprechend dem im Vorhergehenden zur Ladung Gesagten – auch nach der Neufassung des § 7 FAO das Fachgespräch **nur auf die Bereiche beziehen**, in denen der Nachweis der besonderen theoretischen Kenntnisse und/oder praktischen Erfahrungen „durch die vorgelegten Unterlagen nicht oder nicht voll gelungen ist und in denen der Fachausschuss deshalb diesbezüglichen Klärungsbedarf sieht".[1]

1138 Zu weit dürfte aber die Forderung gehen, dass das Fachgespräch einen **inhaltlichen Bezug** zu den eingereichten Unterlagen aufweisen muss. Dies verlangt etwa der AGH Berlin in einem Beschluss vom 18.3.2004.[2] Der AGH stellt – allerdings noch auf der Grundlage von § 7 FAO a.F. – fest, es sei den Fach-

1 Wie zuvor.
2 AGH Berlin BRAK-Mitt. 2004, 179 ff.

ausschüssen verwehrt, **echte Prüfungsgespräche** durchzuführen, in denen einem Rechtsanwalt ohne erkennbaren Bezug zu den von ihm eingereichten Unterlagen Fälle mit der Aufforderung vorgelegt würden, hierzu gestellte Prüfungsfragen zu beantworten. Unter Berücksichtigung des formalisierten Charakters des Zulassungsverfahrens und der Tatsache, dass der Gesetzgeber ersichtlich die Schwelle für den Erwerb der Fachanwaltsbezeichnung nicht habe sehr hoch ansetzen wollen, sei der zulässige Inhalt von Fachgesprächen auf die Nachweisprüfung beschränkt.

Diese restriktive Auslegung geht deutlich über Wortlaut und Sinngehalt auch des alten § 7 FAO hinaus. Sie macht im Hinblick darauf, dass das Fachgespräch zum Ausgleich erkannter Defizite dienen soll, auch keinen Sinn. Ein Defizit, das z.B. darin liegt, dass keine Fälle aus einem bestimmten Teilbereich des Fachgebiets nachgewiesen wurden, kann denklogisch gerade nicht durch ein Fachgespräch ausgeglichen werden, das lediglich Bezug auf die eingereichten Unterlagen nimmt. Denn hier soll das Gespräch ja gerade das kompensieren, was fehlt. 1139

Im Einzelfall dürfte es für den Fachausschuss nicht einfach sein, festzustellen, wo ganz konkret Defizite bestehen, und wo die Grenze verläuft zwischen einer Mangelhaftigkeit der Nachweisführung, die die Ablehnung des Antrags erzwingt, und einer – etwas geringfügigeren – Mangelhaftigkeit, die immerhin noch den Ausgleich durch ein positiv verlaufendes Fachgespräch möglich erscheinen lässt. Die Rechtsprechung liefert hier bislang wenig Hilfestellung, weil zwar eine Reihe von Fällen bekannt sind, in denen die Durchführung eines Fachgesprächs als rechtswidrig und damit unbeachtlich gewertet wurde, es aber an veröffentlichten (!) Fällen fehlt, in denen Ladung und Durchführung des Fachgesprächs bestätigt wurden. Eine der wenigen Ausnahmen stellt hier die Entscheidung des **Bundesgerichtshofs** vom **25.2.2008**[1] dar, in der der Anwaltssenat das Fachgespräch sogar als möglichen Ausgleich fehlender Fall-Bearbeitungen zugelassen hat.[2] 1140

In der Vergangenheit wurden Fachgespräche oftmals anberaumt, um tatsächliche oder vermeintliche Defizite in bestimmten Teilbereichen eines Fachgebiets, z.B. im kollektiven Arbeitsrecht, auszugleichen. Diese Notwendigkeit und Möglichkeit dürfte künftig kaum noch bestehen, nachdem die Satzungsversammlung für alle Fachgebiete, bei denen das erforderlich war, konkrete Fallquoren festgelegt hat. Zweifel und Meinungsverschiedenheiten darüber, wie viele bzw. wenige Fälle aus bestimmten Teilbereichen des Fachgebiets nachzuweisen sind, sind damit beseitigt worden. 1141

Die Teilnehmer des Sechsten Erfahrungsaustauschs zu den Fachanwaltschaften am 9. und 10.10.2006 in Berlin haben kontrovers diskutiert, ob es überhaupt möglich ist, **fehlende Voraussetzungen** nach den §§ 4 bis 6 FAO durch ein Fachgespräch **auszugleichen**. Konkret ging es um die Frage, ob der Aus- 1142

1 BGH AnwBl. 2008, 465 ff., m. Anm. Gehrmann, AnwBl. 2008, 467 ff. = BRAK-Mitt. 2008, 113 ff., m. Anm. Scharmer.
2 Zur schwierigen „Einsortierung" dieser Entscheidung in die BGH-Rechtsprechung zum Fachgespräch vgl. ausführlich oben unter B. IV. 3.

gleich einer nicht geschriebenen oder nicht bestandenen Klausur und/oder einer bestimmten Zahl von Fällen in Betracht kommt. Als Hauptargument **für** diese Möglichkeit wurde angeführt, dass andernfalls für ein Fachgespräch praktisch gar kein Raum mehr bliebe, weil erkannte Defizite dann ja zwingend zur Ablehnung des Antrags führten müssten. **Gegen** die Möglichkeit des Ausgleichs sprachen insbesondere die erheblichen Unsicherheiten bei der Grenzziehung, also z. B. bei der Frage, wie viele Klausuren oder Fälle maximal durch ein Gespräch kompensiert werden können. Allerdings gilt hier, worauf bereits hingewiesen wurde, der Grundsatz „Wo kein Kläger, da kein Richter". Für einen Antragsteller, dessen Fallnachweise nicht eindeutig die Voraussetzungen des § 5 Abs. 1 FAO erfüllen, ist es allemal angenehmer, die Chance eines Fachgesprächs zu erhalten, als von vornherein mit seinem Antrag abgewiesen zu werden.

1143 Die Teilnehmer an dem vorerwähnten Erfahrungsaustausch sahen sich auf Grund der besonderen Problematik veranlasst, von dem ansonsten praktizierten Modus, „Empfehlungen" auszusprechen, abzuweichen und folgenden Beschluss zur Abstimmung zu stellen:

„Der Erfahrungsaustausch ist sich einig, dass die Nichterfüllung der formalen Voraussetzungen der §§ 4 bis 6 FAO nicht durch ein Fachgespräch ausgeglichen werden kann."

1144 47 Teilnehmer stimmten für diesen Beschluss, 45 dagegen, 2 enthielten sich. Die Dauer und Heftigkeit der Diskussion und das knappe Abstimmungsergebnis zeigen, wie unterschiedlich der Umgang mit dem Fachgespräch in den einzelnen Vorprüfungsausschüssen und Kammervorständen damals war. Und bis heute hat die BGH-Rechtsprechung hier nicht zu einer Klarstellung, sondern allenfalls zu weiteren Unsicherheiten geführt. Dies ist im Hinblick auf eine Gleichbehandlung der Antragsteller äußerst problematisch.[1]

3. Dauer des Fachgesprächs

1145 Nach **§ 7 Abs. 2 Satz 3 FAO** soll die auf den einzelnen Antragsteller entfallende Befragungszeit **nicht weniger als 45 und nicht mehr als 60 Minuten** betragen.

1146 Aus der Formulierung in **§ 7 Abs. 2 Satz 3 FAO** („Die auf den einzelnen Antragsteller entfallende Befragungszeit …") folgt, dass – vergleichbar der Situation in den juristischen Staatsexamen – **auch mehrere Bewerber** zu einem gemeinsamen Fachgespräch gebeten werden dürfen. Allerdings kommt dies in der Praxis kaum vor. Sammeltermine scheitern schon an der geringen Zahl der Fachgespräche, die überhaupt geführt werden, und daran, dass jedes Fachgespräch ja individuell auf die Defizite des einzelnen Bewerbers zugeschnitten sein muss. Die weitergehende Frage, ob eine Ladung mehrerer Antragsteller zu einem „Sammel-Fachgespräch" – zumindest ohne ausdrückliche Einwilligung der Bewerber – zu einem **Verstoß gegen die Verschwiegenheitsverpflichtung** (§ 76 BRAO) gegenüber den Antragstellern führen würde, wurde bislang noch nirgends problematisiert. Eine entsprechende Überlegung liegt deshalb

1 Vgl. hierzu ausführlich schon oben unter B. IV. 3.

nahe, weil es sich bei dem Fachgespräch (anders als beim mündlichen Examen) ja nicht um eine zwingende, für alle einheitlich geltende Voraussetzung des Verleihungsverfahrens, sondern nur um eine Art „letzten Ausweg" handelt, und die Anberaumung eines Fachgesprächs impliziert, dass der Vorprüfungsausschuss Defizite erkannt hat.

4. Sonstige Formvorschriften

Gem. **§ 7 Abs. 2 Satz 4 FAO** ist über das Fachgespräch ein **Inhaltsprotokoll** zu führen. Dieses dient u.a. dem Zweck, den Kammervorstand in die Lage zu versetzen, den Verlauf des Gesprächs nachzuvollziehen. Das Inhaltsprotokoll hat die Aufgabe, den tatsächlichen Verlauf des Fachgesprächs zu dokumentieren. Es soll die Überprüfung ermöglicht werden, ob die Stellungnahme des Ausschusses gegenüber dem Kammervorstand und die – daran nicht gebundene – Entscheidung des Vorstands über die Verleihung der Fachanwaltsbezeichnung hinsichtlich des Ergebnisses des Fachgesprächs auf zutreffenden tatsächlichen Grundlagen beruhen. Ein **Wortprotokoll** wird nicht verlangt.[1] 1147

Der Bundesgerichtshof verweist in diesem Zusammenhang zu Recht darauf, dass ein Wortprotokoll nach der Rechtsprechung des Bundesverwaltungsgerichts auch für Prüfungen, die den Zugang zu einem Beruf regeln, nicht vorausgesetzt werde und im Übrigen den tatsächlichen Ablauf des mündlichen Prüfungsgeschehens auch nicht umfassend zum Ausdruck bringen könne. Bei der Protokollierung des Fachgesprächs seien vielmehr zwei widerstreitende Belange gegeneinander abzuwägen und zu einem sinnvollen Ausgleich zu bringen: einerseits das Bestreben nach einer Verbesserung der Beweislage in der mündlichen Prüfung durch eine möglichst umfassende und genaue Protokollierung des Prüfungsgeschehens und andererseits die damit verbundenen praktischen Schwierigkeiten und auch nachteiligen Folgen für den Prüfungsablauf und die Prüfungsatmosphäre, die umso größer seien, je mehr die Dokumentation des mündlichen Prüfungsgeschehens – etwa durch den Einsatz technischer Aufnahmevorrichtungen – perfektioniert werde. 1148

Allerdings ist zu verlangen, dass jede dem „Prüfling" unterbreitete Frage bzw. Fallkonstellation im Protokoll aufgeführt und die entsprechende Antwort bzw. Falllösung des Antragstellers **nachvollziehbar dokumentiert** werden. Insbesondere bei vom Ausschuss für falsch gehaltenen Antworten bzw. Lösungswegen muss dargestellt werden, was der „Prüfling" gesagt hat, und warum der Ausschuss dies für nicht vertretbar hält. Die pauschale Behauptung, der Bewerber habe „selbst fundamentale Grundkenntnisse im Bereich des kollektiven Arbeitsrechts vermissen lassen", reicht nicht aus, weil sie weder den Kammervorstand noch ein mit der Überprüfung befasstes Gericht in die Lage versetzt, nachzuvollziehen, wo konkret die Defizite des Bewerbers lagen. 1149

➲ **Praxis-Tipp:** Sollte der Bewerber im Verlauf des Fachgesprächs das Gefühl haben, dass es an einer hinreichenden Dokumentation durch die Ausschussmitglieder fehlt (weil er etwa beobachtet, dass niemand mitschreibt), sollte er sich nicht scheuen, hierauf hinzuweisen. 1150

1 BGH BRAK-Mitt. 2005, 123, 124.

1151 Der Bewerber hat ein Recht auf umfassende **Einsicht in seine Antragsunterlagen**, die ja Bestandteil der Personalakte sind (**§ 58 BRAO**). Selbstverständlich gilt das Einsichtsrecht auch für das **Protokoll**.

Das Einsichtsrecht besteht schon im laufenden Verfahren. Der Antragsteller muss also nicht abwarten, bis der Kammervorstand seine Entscheidung gefällt hat.

1152 Andererseits hat er aber keinen Anspruch darauf, dass der Fachausschuss ihm vor Abgabe des Votums gegenüber dem Kammervorstand seine Beurteilung des Fachgesprächs mitteilt und er Gelegenheit erhält, zu der Einschätzung des Ausschusses **Stellung zu nehmen**.

1153 Zwar führt das Bundesverfassungsgericht in einem Beschluss vom 12.2.1998[1] aus, dass dem Rechtsanwalt, der zum Fachgespräch geladen werde, schon vom Fachausschuss mitgeteilt werden müsse, warum der Ausschuss den Nachweis praktischer Erfahrungen nicht als geführt ansehe. Doch folgt daraus nach Ansicht des Bundesgerichtshofs[2] nicht, dass der Ausschuss dem Bewerber auch seine Beurteilung des Fachgesprächs vorab bekannt zu geben habe, um ihm Gelegenheit zu geben, seine Einwände gegen die Beurteilung noch vor der abschließenden Entscheidung des Vorstands vorzubringen. Denn für berufsbezogene Abschlussprüfungen wie die juristischen Staatsprüfungen sehe das BVerfG[3] es als erforderlich, aber auch ausreichend an, dass die Prüflinge nach Erlass des Prüfungsbescheids das Recht hätten, ihre Einwände gegen die Bewertung der Leistungen in einem Widerspruchsverfahren[4] wirksam vorzubringen.

1154 Aus dieser Entscheidung habe das Bundesverwaltungsgericht[5] hergeleitet, dass auch bei juristischen Staatsprüfungen, deren gerichtlicher Überprüfung nach den landesrechtlichen Regelungen ein förmliches Widerspruchsverfahren nicht vorgeschaltet sei, ein Anspruch des Prüflings darauf bestehe, dass die Prüfungsbehörde die Prüfungsentscheidung unter Berücksichtigung substanziiert vorgebrachter Einwände des Prüflings vorgerichtlich in einem verwaltungsinternen Kontrollverfahren „überdenkt". Weder das BVerfG noch das BVerwG hätten dagegen die Prüfungsbehörde für verpflichtet gehalten, den Prüflingen bereits vor der förmlichen Prüfungsentscheidung die Bewertungen von Prüfungsleistungen bekannt zu geben, um ihnen Gelegenheit zu geben, bereits in diesem Verfahrensstadium Einwände gegen die Bewertungen vorzubringen.

1155 Allerdings gehört es zur Praxis vieler Vorprüfungsausschüsse, den „durchgefallenen" Kandidaten mit einem negativen Ergebnis zu konfrontieren und ihm eine **zweite Chance einzuräumen**.

1 BVerfG BRAK-Mitt. 1998, 145 f.
2 BRAK-Mitt. 2005, 123, 125.
3 BVerfGE 84, 34, 47.
4 Allerdings ist zu beachten, dass das Widerspruchsverfahren heutzutage in vielen Bundesländern weitgehend abgeschafft ist und also auch für Fachanwaltsverfahren nur noch vereinzelt gilt. Vgl. hierzu näher unten unter E. I. 2.
5 BVerwGE 92, 132.

➲ **Praxis-Tipp:** Wer nach dem Fachgespräch ein deutlich negatives Gefühl hat, sollte – sofern der Terminplan des Ausschusses dies zulässt – die „Prüfungskommission" hierauf ansprechen und Bereitschaft signalisieren, das Fachgespräch zu wiederholen. 1156

Eine offizielle Bekanntgabe des Ausgangs des Gesprächs ist nicht üblich und scheidet in der Regel schon deshalb aus, weil die beteiligten Ausschussmitglieder zunächst über das Ergebnis beraten müssen. 1157

Nach **§ 24 Abs. 6 FAO** ist das Fachgespräch **nicht öffentlich**. Allerdings können **Mitglieder des Vorstands** der Rechtsanwaltskammer und **stellvertretende Ausschussmitglieder** sowohl an dem Gespräch als auch an der anschließenden Beratung des Ausschusses als Zuhörer teilnehmen. 1158

Der Antragsteller kann **nicht** die Anwesenheit einer **Vertrauensperson**, insbesondere eines **bevollmächtigten Interessenvertreters** verlangen. In einer Entscheidung vom **10.11.2010** stellt der **AGH Rheinland-Pfalz**[1] fest, die Einlassung des Antragstellers, sein anwaltlicher Vertreter solle deshalb am Fachgespräch teilnehmen, um **als Zeuge** über Fragen und Antworten sowie den Verlauf des Prüfungsgesprächs Notizen zu fertigen, rechtfertige eine Anwesenheit des Vertreters nicht. Eine solche Teilnahme wäre nur dann zu erwägen, wenn in Ermangelung einer Dokumentation von Fragen und Antworten dem Rechtsanwalt ein hinreichend wirksamer Rechtsschutz versagt bliebe. In Fällen fehlender oder unzulänglicher Dokumentation sei der Gesetz- und Normengeber gehalten, verfahrensmäßige Vorkehrungen zu treffen, um dem Prüfling ausreichende Beweismöglichkeiten zu eröffnen. Dazu könne die Herstellung einer beschränkten Öffentlichkeit gehören, die eine zusätzliche Garantie für einen einwandfreien Ablauf des Fachgesprächs biete.[2] Allerdings gewährleiste § 24 Abs. 6 Satz 2 FAO diese beschränkte Öffentlichkeit dadurch, dass die Mitglieder des Kammervorstands und stellvertretende Ausschussmitglieder sowohl am Fachgespräch als auch an der Beratung teilnehmen dürften. Diese beschränkte Öffentlichkeit biete neben der gesetzlich angeordneten Protokollierung in der Form eines Inhaltsprotokolls erfahrungsgemäß eine **zusätzliche Garantie** für einen einwandfreien Prüfungsablauf. § 24 Abs. 6 Satz 2 FAO verschaffe dem Antragsteller damit die Möglichkeit, **zu verlangen**, dass das Fachgespräch in Gegenwart eines Mitglieds des Kammervorstands oder eines stellvertretenden Ausschussmitglieds stattzufinden habe. Auf diese Weise werde der Antragsteller in die Lage versetzt, die tatsächlichen Vorgänge im Rahmen des Fachgesprächs, aber auch dessen Ablauf mit prozessüblichen Beweismitteln nachzuweisen. Gegen eine über § 24 Abs. 6 FAO hinausgehende Erweiterung des Zuhörerkreises spreche weiter, dass die einem Fachgespräch innewohnende Atmosphäre, die aus der Sicht des beteiligten Rechtsanwalts, aber auch aus der der Ausschussmitglieder einer Prüfungssituation ähnele, negativ beeinflusst werden könne und die **notwendige Unbefangenheit** der an dem Gespräch teilnehmenden Personen beeinträchtigt 1159

1 2 AGH 11/10.
2 BVerwG DVBl 1994, 641 f.

würde. Die Teilnahme eines den Verlauf des Fachgesprächs prüfenden Dritten, der ähnlich einer Tonbandaufzeichnung Fragen und Antworten protokolliere, sei geeignet, den Gesprächsverlauf negativ zu beeinflussen, insbesondere die für eine solche Situation unerlässliche Unbefangenheit zu nehmen.

1160 ➲ **Praxis-Tipp:** Auch wenn sicher kein Rechtsanspruch auf die Teilnahme einer Vertrauensperson an dem Fachgespräch besteht, mag der Vorprüfungsausschuss bzw. der Kammervorstand gut beraten sein, einer solchen Teilnahme – als vertrauensbildender Maßnahme – zuzustimmen. Dabei ist zu berücksichtigen, dass z. B. auch die mündlichen Prüfungen im ersten und zweiten juristischen Staatsexamen einer „interessierten" Öffentlichkeit zugänglich sind und dass inzwischen auch die Verfahren vor dem AGH und dem BGH öffentlich sind.

5. Ergebnis des Fachgesprächs

1161 Hinsichtlich des Ergebnisses eines Fachgesprächs gibt es **verschiedene Möglichkeiten**.

1162 **1. Möglichkeit:**

Der Antragsteller „besteht" das Fachgespräch, d. h. die noch vorhandenen Defizite wurden ausgeglichen und der Nachweis der besonderen theoretischen Kenntnisse (und/oder der praktischen Erfahrungen) ist nunmehr umfassend geführt. Der Ausschuss gibt dann – unter Beachtung der Förmlichkeiten von § 24 Abs. 8 und 9 FAO – eine positive Stellungnahme gegenüber dem Kammervorstand ab.

Dies ist nach allen Erfahrungen der Regelfall.

1163 **2. Möglichkeit:**

Das Fachgespräch verläuft eher negativ. Allerdings hält der Ausschuss es wegen grundsätzlich guter Ansätze für angezeigt, dem Antragsteller eine zweite Chance zu geben. Der Ausschuss wird dann – auch wenn dies in der Fachanwaltsordnung nicht ausdrücklich vorgesehen ist – dem Bewerber vorschlagen, ein weiteres Fachgespräch zu führen.[1]

1164 Stimmt der Antragsteller dem zu, wird ein neuer Termin anberaumt. Lehnt der Antragsteller ein weiteres Fachgespräch ab, wird der Ausschuss gegenüber dem Kammervorstand – unter Beachtung von § 24 Abs. 8 und 9 FAO – ein negatives Votum abgeben.

1165 **3. Möglichkeit:**

Der Bewerber „fällt durch", d. h. das Fachgespräch verläuft so negativ, dass auch die Einräumung einer zweiten Chance nicht in Betracht kommt. In diesem Fall wird der Ausschuss – unter Beachtung von § 24 Abs. 8 und 9 FAO – dem Kammervorstand empfehlen, den Antrag zurückzuweisen.

1 Aus „Gründen äußerster Vorsicht" sollte sich der Ausschuss durch den Antragsteller einen „Dispens" von der Drei-Monats-Frist des neuen § 32 Abs. 2 Satz 1 BRAO erteilen lassen.

6. Unentschuldigtes Fernbleiben des Antragstellers

Für den Fall, dass der Antragsteller **zwei Termine** für ein Fachgespräch, zu dem er ordnungsgemäß geladen wurde, **ohne ausreichende Entschuldigung versäumt**, sieht **§ 24 Abs. 7 FAO** die Entscheidung des Ausschusses **nach Aktenlage** vor. 1166

Versäumt der Antragsteller ein Fachgespräch, trifft ihn die **Verpflichtung**, hierfür eine **ausreichende Entschuldigung** (z.B. den Hinweis auf eine Erkrankung) beizubringen. 1167

➲ **Praxis-Tipp:** Um Schwierigkeiten zu vermeiden, sollten kurzfristig aufgetretene Verhinderungsgründe stichhaltig – z.B. durch Vorlage eines **ärztlichen Attestes** – belegt werden. 1168

Der Antragsteller sollte sich außerdem **sofort** mit dem Ausschussvorsitzenden in Verbindung setzen, wenn er absieht, dass er den für ein Fachgespräch anberaumten Termin nicht wird einhalten können. Dies ist nicht nur eine Vorsichtsmaßnahme im Hinblick auf die Rechtsfolge des § 24 Abs. 7 FAO, sondern entspricht auch dem Gebot der Höflichkeit gegenüber den – ehrenamtlich tätigen – Ausschussmitgliedern, die sich terminlich auf das Fachgespräch eingestellt und entsprechende Vorbereitung betrieben haben.

Bleibt der Antragsteller zweimal unentschuldigt dem Fachgespräch fern, gibt es **zwei Entscheidungsmöglichkeiten**. 1169

1. Möglichkeit: 1170

Der Ausschuss lässt trotz allem „Milde walten“ und beraumt einen nochmaligen Termin an oder führt sonstige „Nachverhandlungen“ mit dem Antragsteller.

Dieser Fall ist selten. Keinesfalls sollte der Antragsteller sich hierauf verlassen.[1]

2. Möglichkeit: 1171

Der Ausschuss betrachtet den ausreichenden Nachweis der besonderen theoretischen Kenntnisse und/oder praktischen Erfahrungen als nicht erbracht und gibt gegenüber dem Kammervorstand – unter Beachtung der Förmlichkeiten von § 24 Abs. 8 und 9 FAO – eine negative Stellungnahme ab.

7. Rechtsmittel

Nach altem Recht galt, dass der Antragsteller schon gegen die – seiner Auffassung nach unberechtigte – **Ladung zum Fachgespräch** Antrag auf gerichtliche Entscheidung nach **§ 223 BRAO a.F.** stellen konnte, weil die Ladung zum Fachgespräch die Feststellung implizierte, dass der Vorprüfungsausschuss den Nachweis der besonderen theoretischen Kenntnisse und/oder praktischen Erfahrungen aufgrund der eingereichten Unterlagen als nicht erbracht ansah.[2] 1172

1 Wie zuvor.

2 Vgl. die 2. Auflage Rz. 814, unter Verweis auf BGH NJW 1997, 1307 = AnwBl. 1997, 223 = BRAK-Mitt. 1997, 128; Vossebürger, a.a.O., § 7 FAO Rz. 15.

1173 Nach Inkrafttreten des „Gesetzes zur Modernisierung von Verfahren im anwaltlichen und notariellen Berufsrecht, zur Errichtung einer Schlichtungsstelle der Rechtsanwaltschaft sowie zur Änderung sonstiger Vorschriften"[1] am 1.9.2009 und der Einführung von **§ 32 BRAO**, der (jetzt in Abs. 1) die Geltung der Bestimmungen des **Verwaltungsverfahrensgesetzes** und der **Verwaltungsgerichtsordnung** für Verwaltungsverfahren nach der BRAO vorsieht, haben sich die Dinge grundlegend geändert. Denn die Ladung zum Fachgespräch, die der Ladung zum Prüfungsgespräch in den Staatsexamen vergleichbar ist, stellt keine einen Einzelfall regelnde und auf unmittelbare Rechtswirkung nach außen gerichtete Entscheidung und damit **keinen Verwaltungsakt i.S. von § 35 Satz 1 VwVfG** dar. Die Ladung zum Fachgespräch ist (lediglich) Bestandteil des Nachweisverfahrens und damit eine **reine Verfahrenshandlung**. Die **abschließende Regelung** erfolgt erst mit der Entscheidung über die Verleihung des Fachanwaltstitels.[2]

IV. Die Entscheidung von Vorprüfungsausschuss und Kammervorstand

1174 Über jeden Fachanwaltsantrag wird eine **zweifache** Entscheidung getroffen: Zunächst gibt der Vorprüfungsausschuss gegenüber dem Vorstand der Rechtsanwaltskammer ein **begründetes Votum** ab. Auf der Grundlage dieses Votums trifft dann der Vorstand die **eigentliche Entscheidung**.

1. Die Entscheidung des Vorprüfungsausschusses

1175 Die verschiedenen Entscheidungen, die der Ausschuss im Laufe des Verfahrens treffen kann, wurden im Vorhergehenden dargestellt. Wenn das Vorprüfungsverfahren abschließend durchlaufen ist, **verdichten sich die Entscheidungsvarianten auf zwei**, nämlich auf die Abgabe entweder einer positiven oder einer negativen Stellungnahme gegenüber dem Kammervorstand.

1176 Gem. **§ 24 Abs. 8 FAO** beschließt der Ausschuss über seine abschließende Stellungnahme mit der **Mehrheit seiner Stimmen**. Bei **Stimmengleichheit** gibt die **Stimme des Vorsitzenden den Ausschlag**.[3]

1177 Nach **§ 24 Abs. 9 Satz 1 FAO** gibt der Vorsitzende die **abschließende Stellungnahme** des Ausschusses dem Vorstand der für den Antragsteller zuständigen Rechtsanwaltskammer **schriftlich** bekannt.

1178 Adressat des Votums ist also stets – auch dort, wo mehrere Kammern gemeinsame Ausschüsse unterhalten – die Heimatkammer des Bewerbers.

1179 Der **Umfang des Votums**, das der Ausschuss gegenüber dem Kammervorstand abgibt, hängt üblicherweise von der Art der Entscheidung ab. Eine **negative**

1 BGBl. 2009 I S. 2449 ff.
2 Vgl. in diesem Sinne Quaas, in: Gaier/Wolf/Göcken, a.a.O., § 7 FAO Rz. 22.
3 Zum Vertretungsfall und zur Beschlussfähigkeit des Ausschusses vgl. oben unter C. I. 4.b.

Stellungnahme bedarf **ausführlicherer Begründung** als eine positive. Die „abschließende Stellungnahme" des Ausschusses muss **nicht zwangsläufig** in einem positiven oder negativen Votum bestehen. Vielmehr kann der Ausschuss den Kammervorstand auch bitten, über eine **Rechtsfrage** von grundsätzlicher, insbesondere fächerübergreifender Bedeutung zu entscheiden und davon dann den endgültigen Beschluss abhängig zu machen. Das kommt etwa in Betracht, wenn der Ausschuss unsicher ist, ob ein bestimmter Fachanwalts-Lehrgang die Anforderungen des § 4 Abs. 1 FAO erfüllt, oder ob Fälle, die der Antragsteller im Rahmen eines Anstellungsverhältnisses mit einem nichtanwaltlichen Arbeitgeber bearbeitet hat, anerkennungsfähig sind oder nicht.

Gem. **§ 24 Abs. 9 Satz 2 FAO** kann der Vorstand den Ausschussvorsitzenden 1180 oder seinen Stellvertreter auffordern, die Stellungnahme **mündlich zu erläutern**. Dies geschieht gelegentlich. Außerdem stehen die Kammervorstände in regelmäßigem Dialog mit den Vorprüfungsausschüssen, wenn es darum geht, zu grundsätzlichen Problemstellungen eine bestimmte Entscheidungspraxis festzulegen.

2. Die Entscheidung des Kammervorstands

Auf der Grundlage der Stellungnahme des Ausschusses trifft der Vorstand der 1181 zuständigen Rechtsanwaltskammer die **abschließende Entscheidung** über den Antrag. Der Kammervorstand ist an das Votum des Ausschusses **nicht gebunden**.[1] Er kann vielmehr sowohl in positiver als auch in negativer Hinsicht von ihm abweichen.

Es kommt durchaus vor, dass der Vorstand einer Rechtsanwaltskammer trotz 1182 negativen Votums des Vorprüfungsausschusses einen Fachanwaltsantrag positiv bescheidet. Dies geschieht z.B. dann, wenn der Vorstand glaubt, dass der Ausschuss bestimmte Defizite überbewertet habe, oder der Vorstand eine konkrete (Rechts-)Frage (z.B. die nach der Anerkennungsfähigkeit bestimmter Fallgruppen) grundsätzlich anders entscheidet als der Ausschuss.

Der Kammervorstand hat auch die Möglichkeit, den Antrag im Falle eines 1183 negativen Votums nochmals an den Ausschuss **zurückzuverweisen** mit der Bitte um erneute, möglicherweise wohlwollendere Prüfung und/oder mit dem Vorschlag, ein Fachgespräch zu führen oder zu wiederholen. Allerdings muss der Vorstand dabei jetzt die Zeitvorgabe des **§ 32 Abs. 2 Satz 1 BRAO n.F.** im Auge haben. Notfalls kann er sich vom Antragsteller für den Fall einer Fristüberschreitung **„Dispens"** erteilen lassen.[2]

Fälle, in denen der Kammervorstand einen Antrag trotz positiver Stellung- 1184 nahme des Ausschusses zurückweist, dürften kaum vorkommen. Allerdings hat es im Bezirk der Rechtsanwaltskammer Köln vor Jahren einen recht spektakulären Fall gegeben, in dem so verfahren wurde. Der Bewerber um die Fachanwaltsbezeichnung Arbeitsrecht hatte zum Nachweis besonderer praktischer Erfahrungen auf dem Gebiet des kollektiven Arbeitsrechts ein um-

1 BGH NJW 2000, 3648 f. = MDR 2000, 1340 f.
2 Vgl. hierzu noch näher unten unter D. V.

fangreiches Rechtsgutachten vorgelegt, das er im Auftrag eines Arbeitgeberverbands erstellt haben wollte. Dieses Gutachten war auch Gegenstand der Erörterungen im Plenum des Kammervorstands. Zufällig befand sich unter den Mitgliedern des Vorstands ein Rechtsanwalt, der das Gutachten eindeutig als aus der Feder eines Sozius stammend erkannte. Mit dieser Feststellung konfrontiert, räumte der Antragsteller sofort ein, dass er tatsächlich nicht der Urheber des Gutachtens sei. Es war ihm von einem befreundeten Mitarbeiter des Arbeitgeberverbands zur Verfügung gestellt worden, um seinem Fachanwaltsantrag zum Erfolg zu verhelfen.

1185 Dass hier der Kammervorstand trotz positiven Votums des Ausschusses negativ entschied, liegt auf der Hand. Darüber hinaus musste wegen des Täuschungsversuchs natürlich ein berufsrechtliches Aufsichtsverfahren eingeleitet werden, das mit dem Ausspruch einer Rüge endete. Von einer Abgabe des Vorgangs an die Generalstaatsanwaltschaft (zwecks Einleitung eines anwaltsgerichtlichen Verfahrens) sah der Kammervorstand nur deshalb ab, weil der Antragsteller sofort geständig war und sich reuevoll zeigte. Nach Verstreichen einer angemessenen „Schamfrist" wurde übrigens dem Bewerber auf Grund eines neuen Antrags die Berechtigung zum Führen der Bezeichnung „Fachanwalt für Arbeitsrecht" verliehen.

Eine andere Kammer berichtete unlängst von dem Fall eines Antragstellers, dessen Fallliste sich bei näherer Betrachtung, d.h. nach Anforderung von Arbeitsproben, die nicht vorgelegt werden konnten, und nach weiteren „Ermittlungen", als völlig aus der Luft gegriffen erwies.

1186 Sind die Voraussetzungen nach der FAO erfüllt, hat der Antragsteller einen **Anspruch** auf Verleihung der Fachanwaltsbezeichnung. Der Kammervorstand hat insofern **keinen Ermessens- oder Beurteilungsspielraum**.[1] Er kann also die Erlaubniserteilung nicht z.B. deshalb verweigern, weil der Bewerber in berufsrechtlicher Hinsicht mehrfach auffällig geworden ist. Ebenso wenig kann der Vorstand die Erlaubnis von der Zahlung rückständigen Kammerbeitrags oder auch nur der Entrichtung der Antragsgebühr oder der Abgabe einer Stellungnahme im Rahmen eines berufsrechtlichen Aufsichtsverfahrens abhängig machen.

1187 Auch wenn der Vorstand nicht an das Votum des Vorprüfungsausschusses gebunden ist, kann seine Ablehnung des Antrags gleichwohl **fehlerhaft** sein, wenn er bei der Entscheidungsfindung die vom Ausschuss für dessen ablehnendes Votum gegebene Begründung in einem für den Antragsteller wesentlichen Punkt verkennt, den Antrag etwa wegen Fehlens der besonderen praktischen Erfahrungen ablehnt, obwohl der Ausschuss sein negatives Votum auf das Fehlen der besonderen theoretischen Kenntnisse gegründet hatte.[2]

1188 Der Vorstand trifft seine abschließende Entscheidung durch einen Bescheid, der ein **Verwaltungsakt i.S. von § 35 Satz 1 VwVfG** ist (vgl. § 32 Abs. 1 BRAO, der jetzt die Anwendbarkeit des Verwaltungsverfahrensgesetzes vor-

1 BGH NJW 1997, 1307, 1308 = AnwBl. 1997, 223 = BRAK-Mitt. 1997, 128, 129.
2 BGH BRAK-Mitt. 1995, 73, 74 f.

sieht). Eine **Zustellung** des Bescheids ist gem. **§ 34 BRAO n.F.** nur dann vorgeschrieben, wenn der Vorstand die Erlaubnis zum Führen der Fachanwaltsbezeichnung versagt. Es gelten dann die Verwaltungszustellungsgesetze der Länder.[1]

Ein negativer, also ablehnender Bescheid muss eine **ausführliche Begründung** 1189 enthalten, der im Detail zu entnehmen ist, welche Umstände den Kammervorstand zur Ablehnung des Antrags bewogen haben (§ 39 VwVfG). Außerdem sollten negative Bescheide mit einer **Rechtsmittelbelehrung** versehen sein.

V. Dauer des Antragsverfahrens

Manchmal klagen Antragsteller darüber, dass sich das Verfahren auf Verlei- 1190 hung einer Fachanwaltsbezeichnung **lange hinziehe**, man insbesondere nach der Antragstellung zunächst mehrere Wochen, mitunter sogar mehrere Monate nichts vom Vorprüfungsausschuss höre. Auch wenn die meisten Ausschüsse und Kammervorstände bemüht sind, die Antragsverfahren so zügig wie möglich abzuarbeiten, gibt es immer wieder einmal bedauerliche **„Ausreißer“**. Das liegt z.T. auch an den Anträgen, insbesondere an den Falllisten, die häufig so unübersichtlich gestaltet sind, dass der Berichterstatter es schwer hat, sich ein Bild zu machen und z.B. festzustellen, ob die erforderlichen Fallquoren erfüllt sind. Das erschwert dann natürlich ein eventuell erforderliches Nachfordern von Fällen und die Erteilung konkreter Auflagen.

1. Die Drei-Monats-Frist des § 32 Abs. 2 Satz 1 BRAO

Seit dem 28.12.2010 sind die Vorstände der Rechtsanwaltskammern verpflich- 1191 tet, über Anträge, darunter auch Fachanwaltsanträge, **innerhalb von drei Monaten** abschließend zu entscheiden. Das ergibt sich aus einem neuen **§ 32 Abs. 2 Satz 1 BRAO**, der durch das „Gesetz zur Umsetzung der Dienstleistungsrichtlinie in der Justiz und zur Änderung weiterer Vorschriften" vom 22.12.2010[2] eingeführt wurde. Bedenkt man die **erforderlichen Verfahrensschritte** bei der Bearbeitung eines Fachanwaltsantrags, insbesondere den Umstand, dass jeder Antrag im Normalfall Gegenstand sowohl einer Sitzung des Vorprüfungsausschusses als auch des Kammervorstands ist, ist eine dreimonatige Bearbeitungsdauer durchaus nicht lang.

Streng genommen bedeutet die neue Regelung allerdings **keine radikale Ände-** 1192 **rung** gegenüber dem früheren Rechtszustand. Denn schon nach dem alten, inzwischen aufgehobenen **§ 223 Abs. 2 BRAO** war Antrag auf gerichtliche Entscheidung zulässig, wenn ein Antrag auf Vornahme eines Verwaltungsakts ohne zureichenden Grund „innerhalb von drei Monaten" nicht beschieden wurde.

1 BT-Drucks. 700/08 vom 26.9.2008, S. 55; Siegmund, in: Gaier/Wolf/Göcken, a.a.O., § 34 BRAO Rz. 7 ff.
2 BGBl. 2010 I S. 2248 ff.

1193 In Anwendung dieser Vorschrift hat etwa der **AGH Baden-Württemberg**[1] entschieden, dass die Bearbeitung eines Antrags auf Verleihung eines Fachanwaltstitels (im Erbrecht) über fast fünf Monate – drei Monate bis zur ersten Verfügung des Berichterstatters und weitere fast zwei Monate nach Beantwortung der Nachfragen – eine rechtswidrige Verzögerung darstelle, die auch nicht dadurch gerechtfertigt werden könne, dass die zuständige Rechtsanwaltskammer die Antragsprüfung durch einen gemeinsamen Prüfungsausschuss bei einer anderen Rechtsanwaltskammer vornehmen lasse. Verneint wurde eine rechtswidrige Verzögerung durch den **AGH Rheinland-Pfalz**[2] im Fall einer fast viermonatigen Bearbeitungsdauer „jedenfalls bei einer gerade neu eingeführten Fachanwaltschaft".

1194 Allerdings war nach altem Recht auch bei Spruchreife der Sache nur ein Bescheidungsurteil möglich (§ 41 Abs. 4 BRAO a. F.), während jetzt ein Verpflichtungsurteil in Betracht kommt (§§ 75, 113 Abs. 5 VwGO).[3]

Wie sich schon aus der Verweisung auf **§ 42a Abs. 2 Satz 2 VwVfG** in § 32 Abs. 2 Satz 2 BRAO ergibt, **beginnt der Lauf** der dreimonatigen Entscheidungsfrist erst, wenn **sämtliche zur Entscheidung über den Antrag erforderlichen Unterlagen** vorliegen.[4] Wann dies der Fall ist, kann im Einzelfall durchaus streitig sein. Natürlich ist der Antrag nicht vollständig, wenn die Bescheinigung der Lehrgangsteilnahme, Nachweise ausreichender Fortbildung und/oder die Fallliste fehlen. Legt aber z. B. der Antragsteller im Bau- und Architektenrecht eine Fallliste vor, die nur 70 statt der in § 5 Abs. 1 lit. l FAO geforderten 80 Fälle umfasst, und macht er dabei geltend, die Zahl 80 errechne sich durch die Höhergewichtung einiger Fälle, die nicht mit dem Faktor 1, sondern mit dem Faktor 2 zu veranschlagen seien, stellt sich bei einer gegenteiligen Auffassung des Vorprüfungsausschusses die Frage, ob der Antrag von vornherein überhaupt vollständig war oder nicht. Grundsätzlich hat die Behörde, hier also die Rechtsanwaltskammer, keinen Beurteilungsspielraum, ob eine vollständige Vorlage der Unterlagen gegeben ist.[5]

1195 Die Frist kann – **einmal** – **verlängert werden**, wenn **zur Aufklärung oder Ergänzung des Sachverhalts** weitere **Mitwirkungshandlungen** des Antragstellers erforderlich sind. Sie verlängert sich dann um die für die Beibringung der erforderlichen Informationen oder Unterlagen erforderliche Zeit zuzüglich eines für die abschließende Prüfung und Entscheidungsfindung erforderlichen Zeitraums.[6] In diesem Fall ist von einer besonderen **„Schwierigkeit der Angelegenheit"** auszugehen, die **§ 42a Abs. 2 Satz 3 VwVfG** für eine Fristverlängerung verlangt. Allerdings ist die Fristverlängerung gem. § 42a Abs. 2 Satz 4 VwVfG vom Vorprüfungsausschuss bzw. Berichterstatter **gesondert zu begründen** und dem Antragsteller rechtzeitig vor Ablauf der gesetzlichen Frist mitzuteilen.

1 AnwBl. 2008, 713 f.
2 AnwBl. 2007, 793 f.
3 AGH NRW vom 2.5.2011 – 1 AGH 85/10; Deckenbrock, in: Henssler/Prütting, a. a. O., Vor § 112a ff. BRAO Rz. 8.
4 BT-Drucks. 17/3356 vom 21.10.2010, S. 18.
5 Schemmer, in: Bader/Ronellenfitsch, Kommentar zum Verwaltungsverfahrensgesetz, § 42a VwVfG Rz. 12.
6 BT-Drucks. 17/3356 vom 21.10.2010, S. 17 f.

Die Vorprüfungsausschüsse sind deshalb künftig gezwungen, stärker als bisher mit konkreten Auflagen und Zeitvorgaben zu arbeiten. Kollegialiter verabredete „Stillhalte-Abkommen" zwischen Berichterstatter und Antragsteller, wie sie in der Praxis durchaus häufig sind, sollten von der schriftlichen Zusage des Antragstellers abhängig gemacht werden, keine Rechte aus dem Verstreichen der Drei-Monats-Frist herzuleiten.

Wie schon oben unter D. III. 1. erwähnt, ist auch das **Zusammenspiel** zwischen der Drei-Monats-Frist des § 32 Abs. 2 Satz 1 BRAO und der einmonatigen Ladungsfrist zum Fachgespräch gem. § 24 Abs. 5 FAO problematisch. Dabei ist zu bedenken, dass die Monatsfrist **im Interesse des Antragstellers** liegt. 1196

2. Folgen eines nutzlosen Verstreichens der Drei-Monats-Frist

Die Folgen einer nicht gebotenen und/oder nicht begründeten Überschreitung der Drei-Monats-Frist sind weniger weit reichend, als sich dies auf den ersten Blick vermuten ließe. 1197

a) Keine Genehmigungsfiktion

§ 42a VwVfG, auf den § 32 Abs. 2 BRAO z. T. Bezug nimmt, sieht in **Abs. 1 Satz 1** vor, dass eine beantragte Genehmigung nach Ablauf einer für die Entscheidung festgelegten Frist **als erteilt gilt**, wenn dies **durch Rechtsvorschrift angeordnet** und der Antrag hinreichend bestimmt ist. 1198

Schon an einer Bezugnahme auch auf § 42a Abs. 1 VwVfG und erst recht an einer durch Rechtsvorschrift angeordneten Fiktion der Genehmigung fehlt es für das Fachanwaltsverfahren (und die sonstigen Zulassungsverfahren nach der BRAO). 1199

Ein – unbegründetes – Überschreiten der Drei-Monats-Frist führt also nicht dazu, dass der Antragsteller automatisch berechtigt wäre, den beantragten Fachanwaltstitel zu führen.[1] 1200

b) Untätigkeitsklage

Der Antragsteller hat aber die Möglichkeit, **Untätigkeitsklage (§ 75 VwGO)** zu erheben. Diese Möglichkeit wurde ihm früher durch § 223 Abs. 2 BRAO a. F. eingeräumt. 1201

Bei der Untätigkeitsklage handelt es sich nicht um eine Klageart im eigentlichen Sinne. Vielmehr sieht **§ 75 VwGO** für (Anfechtungs- und) Verpflichtungsklagen abweichend von den §§ 68 ff., 74 VwGO den **unmittelbaren Klageweg** vor. Ist über einen Antrag auf Vornahme eines Verwaltungsakts ohne zureichenden Grund **in angemessener Frist** sachlich nicht entschieden worden, muss der Kläger nicht den Bescheid über seinen Antrag (und/oder das Ergebnis eines Widerspruchsbescheids) abwarten, sondern kann unmittelbar auf Erlass des Bescheids, hier also auf die Erteilung der beantragten Fachanwaltserlaubnis, klagen.

---

1 Vgl. hierzu die amtliche Begründung BT-Drucks. 17/3356 vom 21.10.2010, S. 18.

1202 Die Klage kann nicht vor Ablauf von drei Monaten seit dem Antrag auf Vornahme des Verwaltungsakts (oder seit der Einlegung des Widerspruchs) erhoben werden, außer wenn wegen besonderer Umstände des Falles eine kürzere Frist geboten ist (§ 75 Abs. 1 Satz 2 VwGO).[1]

1203 Ist die Sache **spruchreif,**[2] kann der angerufene Anwaltsgerichtshof unmittelbar über den Antrag entscheiden, im Fachanwaltsverfahren also die Rechtsanwaltskammer verpflichten, die Erlaubnis zum Führen der beantragten Bezeichnung zu erteilen.[3] Andernfalls gibt er der zuständigen Rechtsanwaltskammer auf, die weiteren notwendigen Ermittlungen anzustellen und sodann zu entscheiden. Die Kosten des Verfahrens trägt in beiden Fällen die Anwaltskammer.

1204 Die Beurteilung, ob Spruchreife vorliegt, kann problematisch sein. Das Gericht muss Spruchreife herbeiführen und dabei ggf. auch eigene Sachverhaltsfeststellungen treffen, mit denen sich die ursprünglich zuständige Behörde nicht befasst hat.[4] Nur sofern es des besonderen Sachverstands spezieller Fachbehörden bedarf, muss das Gericht nicht selbst vollständige Sachverhaltsaufklärung betreiben.[5] In Fachanwaltsangelegenheiten fragt sich, wie weit die Entscheidungskompetenz und Sachkunde des Anwaltsgerichtshofs reichen.

1205 In einer interessanten Entscheidung vom 2.5.2011 hat der AGH NRW der Untätigkeitsklage eines Antragstellers im Medizinrecht stattgegeben und – in Ermangelung eines Votums des Vorprüfungsausschusses bzw. einer Entscheidung des Kammervorstands – das Vorliegen der besonderen theoretischen Kenntnisse und praktischen Erfahrungen selbst geprüft.[6]

1206 Zur Begründung verweist der Senat auf dreierlei: Zum ersten darauf, dass die **Entscheidung** nach den §§ 43c BRAO, 24 FAO eine **gebundene Entscheidung** sei, bei der der Kammervorstand keinen Ermessens- oder Beurteilungsspielraum habe und die im gerichtlichen Verfahren vollumfänglich überprüfbar sei. Zum zweiten darauf, dass das Gericht sich darum bemühen müsse, die Entscheidung der Verwaltung zu überprüfen, soweit wie dies beim jeweiligen Stand des Verwaltungsverfahrens möglich sei, damit künftigen gerichtlichen Auseinandersetzungen vorgebeugt werde und weitere zeitliche Verzögerungen des Rechtsschutzes vermieden würden, was wiederum dazu führe, dass nur in Ausnahmefällen auf besonders qualifizierte Fachgremien oder mit besonderen Spezialkenntnissen ausgestattete Behörden oder Ausschüsse zurückgegriffen werden könne. Und zum dritten darauf, dass sich auch aus § 7 FAO bei Zugrundelegung der Rechtsprechung des BGH keine Ausnahme herleiten lasse.

---

1 Vgl. zum Ganzen Deckenbrock, in: Henssler/Prütting, a. a. O., § 112c BRAO Rz. 17.
2 Vgl. hierzu näher unten unter E. I. 10.
3 Vgl. hierzu AGH NRW vom 2.5.2011 – 1 AGH 85/10.
4 Redeker/von Oertzen, Kommentar zur Verwaltungsgerichtsordnung, § 113 VwGO Rz. 57 m. zahlr. w. Nachw.
5 Redeker/von Oertzen, a. a. O., § 113 VwGO Rz. 57a.
6 BRAK-Mitt. 2011, 204, m. Anm. Offermann-Burckart.

Obwohl der Entscheidung im Ergebnis zuzustimmen ist, stellt sich doch die Frage, ob der Senat eines Anwaltsgerichtshofs, dem drei Rechtsanwälte und zwei Berufsrichter angehören, stets und zwingend auch über die nötige Sachkenntnis verfügt, die die Beurteilung eines Fachanwaltsantrags anhand der Vorgaben der FAO voraussetzt und deren Notwendigkeit Grund für die Zwischenschaltung von Vorprüfungsausschüssen ist. Immerhin bestimmt § 19 Abs. 2 FAO für die Zusammensetzung der Ausschüsse, dass diesen „in der Regel" nur solche Anwälte angehören sollen, die selbst berechtigt sind, die Fachanwaltsbezeichnung für das jeweilige Fachgebiet zu führen. Was, wenn sich die Mitglieder des erkennenden Senats nicht in der Lage sehen, in einem Rechtsgebiet (etwa in den nicht allseits geläufigen Gebieten des Transport- und Speditionsrechts oder des Agrarrechts) zu entscheiden, ob ein Fall diesem Gebiet überhaupt zuzuordnen oder ein bestimmtes Fallquorum abgedeckt ist? Diese Beurteilung fällt – wie an anderer Stelle gezeigt – mitunter schon den Experten schwer. 1207

Die Situationen bei der Überprüfung der Richtigkeit einer (Zwischen-)Entscheidung des Kammervorstands und bei einer völlig „autarken" Antragsprüfung durch den Anwaltsgerichtshof sind auch nicht wirklich vergleichbar. Denn im ersten Fall haben sich Vorprüfungsausschuss und Kammervorstand ja bereits (z.B. zu der Frage der Erfüllung eines Fallquorums) positioniert, und der AGH kann sich darauf beschränken, die Plausibiliät dieser Positionierung zu überprüfen. Die Beurteilung der Antragsunterlagen von Grund auf, also ohne „Vorab-Einschätzung" eines Vorprüfungsausschusses, ist demgegenüber etwas ganz anderes und deutlich schwierigeres. Es gibt allerdings auch schon andere Fachanwalts-Entscheidungen, die materiell sehr in die Tiefe gehen und sich z.B. dezidiert mit der Frage auseinandersetzen, ob und in welchem Umfang bestimmte Fälle zum Nachweis besonderer praktischer Erfahrungen in einem Rechtsgebiet geeignet sind.[1] 1208

c) Sonstige Folgen

Zweifelhaft ist, ob der Antragsteller gegenüber einem „säumigen" Kammervorstand **Schadensersatzansprüche** geltend machen kann. Dazu wäre jedenfalls der Nachweis erforderlich, dass durch die verspätete Bescheidung des Fachanwaltsantrags ein konkreter Schaden entstanden ist, dem Antragsteller etwa ein bestimmtes Mandat nicht erteilt wurde, das er als Fachanwalt erhalten hätte.[2] 1209

1 Vgl. etwa BGH BRAK-Mitt. 2009, 177, m. Anm. Siegmund, zum Fallbegriff im Erbrecht.

2 Allerdings hat kurz vor Manuskriptschluss das LG Köln in einem noch nicht veröffentlichten, inzwischen aber rechtskräftigen Feststellungsurteil vom 9.8.2011 (5 O 69/11) entschieden, dass einem Fachanwaltsbewerber, dessen Antrag rechtswidrigerweise von der Rechtsanwaltskammer nicht (fristgerecht) beschieden wurde, dem Grunde nach ein Schadensersatzanspruch zusteht. Bei der Festlegung des Gegenstandswertes ging das Landgericht von einem Schaden in Höhe von 2.000 Euro pro Verzögerungsmonat aus. Grundlage der Entscheidung war das Urteil des AGH NRW vom 2.5.2011 (1 AGH 85/10) BRAK-Mitt. 2011, 204, m. Anm. Offermann-Burckart.

1210 Außerdem hat der Antragsteller die Möglichkeit, über den zu zögerlich arbeitenden Vorstand **Beschwerde bei der zuständigen Aufsichtsbehörde**, der Landesjustizverwaltung (§ 62 Abs. 2 Satz 1 BRAO), zu führen. Im Rahmen der **Staatsaufsicht** obliegt es der Justizverwaltung, zu überprüfen, ob die Rechtsanwaltskammer ihre Aufgaben ordnungsgemäß erfüllt (§ 62 Abs. 2 Satz 2 BRAO).

1211 ➲ **Praxis-Tipp:** Ein Antragsteller sollte es keinesfalls klaglos hinnehmen, dass sein Antrag „auf die lange Bank geschoben" wird. Hat er das Gefühl, dass die Dinge nicht so zügig vorangehen, wie der Gesetzgeber dies ausdrücklich vorsieht, sollte er sich zunächst mit der Geschäftsstelle der zuständigen Rechtsanwaltskammer in Verbindung setzen. Das ist meist der einfachste und Erfolg versprechendste Weg, um die Dinge zu beschleunigen.

VI. Neuer Antrag nach Zurückweisung

1212 Der Bewerber, dessen Antrag abgelehnt wurde, kann **jederzeit** einen **neuen Antrag** stellen. Die Fachanwaltsordnung sieht **keine Wartefrist** vor (und begrenzt auch nicht die Anzahl der „Versuche").

1213 Vorprüfungsausschuss und Kammervorstand entscheiden dann über den neuen Antrag. Allerdings waren sich die Teilnehmer an dem Erfahrungsaustausch Ende 2001 in Berlin darüber einig, dass – insbesondere, wenn der neue Antrag unmittelbar dem Ablehnungsbescheid folge – die Erkenntnisse aus dem früheren Antragsverfahren in dem neuen Verfahren verwertet werden dürften. In Ziff. II. 8. der „Berliner Empfehlungen 2001" heißt es hierzu unter der Überschrift „Kurzfristig erneut gestellter Antrag nach vorheriger Ablehnung":

> „Wird nach Ablehnung ein inhaltlich im Wesentlichen identischer Antrag gestellt, so ist dieser zu behandeln. Die Erkenntnisse aus dem bisherigen Antragsverfahren sind weiter zu verwenden. Wurde z.B. ein Antragsteller im Fachgespräch negativ beurteilt, so kann dieses Ergebnis, soweit eine zwischenzeitliche wesentliche Veränderung nicht eingetreten ist, zur Bewertung im neuen Antragsverfahren herangezogen werden."

1214 Ob diese Entschätzung zutreffend ist, und ob ein Ausschuss, der im Rahmen eines neuen Antragsverfahrens erst gar kein Fachgespräch mehr anberaumt, weil ein früheres Fachgespräch negativ verlaufen ist, den Anforderungen der Fachanwaltsordnung genügen würde, muss bezweifelt werden. Allerdings entspricht eine solche Verfahrensweise auch nicht wirklich der Praxis der Ausschüsse.

1215 ➲ **Praxis-Tipp:** Dennoch ist ein Antragsteller, der einem ersten negativ beschiedenen Antrag sehr bald einen zweiten Antrag folgen lässt, natürlich gut beraten, diesen Antrag mit neuen zusätzlichen Nachweisen zu versehen und dabei insbesondere den Beanstandungen Rechnung zu tragen, die zur Ablehnung des ersten Antrags geführt haben.

E. Rechtsmittel bei Zurückweisung des Antrags

Der Rechtsschutz gegen Entscheidungen in Fachanwaltssachen hat sich gegenüber der Vorauflage[1] grundlegend **geändert**. § 223 BRAO und der darin geregelte Antrag auf gerichtliche Entscheidung existieren nicht mehr. Stattdessen sehen die durch die **BRAO-Novelle 2009**, also das „Gesetz zur Modernisierung von Verfahren im anwaltlichen und notariellen Berufsrecht, zur Errichtung einer Schlichtungsstelle der Rechtsanwaltschaft sowie zur Änderung sonstiger Vorschriften"[2] eingeführten **§§ 112a ff. BRAO** u.a. die Anwendung der **Verwaltungsgerichtsordnung** (§ 112c BRAO) vor. 1216

I. Verpflichtungsklage beim AGH

Gegen einen ablehnenden Bescheid kann der Antragsteller **Verpflichtungsklage** erheben (**§§ 112c Abs. 1 Satz 1 BRAO, 42 VwGO**). 1217

1. Klagebefugnis

Gem. **§ 42 Abs. 2 VwGO** ist die Klage nur zulässig, wenn der Kläger geltend macht, durch die Ablehnung des Verwaltungsakts, also der Verleihung der Fachanwaltsbezeichnung, **in seinen Rechten verletzt** zu sein. 1218

2. Vorverfahren erforderlich?

Ob es eines Vorverfahrens, also eines **Widerspruchs** bedarf (**§§ 68 ff. VwGO**), hängt von **länderspezifischen Besonderheiten** ab. § 68 Abs. 1 Satz 2 VwGO ermächtigt die Länder, das Widerspruchsverfahren abzuschaffen.[3] 1219

Kein Widerspruchsverfahren war zum Zeitpunkt des Manuskriptschlusses vorgeschrieben in Bayern, Hessen, Nordrhein-Westfalen und Sachsen-Anhalt. Dagegen musste zu diesem Zeitpunkt ein Widerspruchsverfahren durchgeführt werden in Baden-Württemberg, Hamburg, Rheinland-Pfalz, Schleswig-Holstein und Thüringen. Allerdings stand das Vorverfahren in Schleswig-Holstein und Thüringen vor der Abschaffung. Bei den **Bürokratieabbaugesetzen**, die in verschiedenen Bundesländern zur (jedenfalls weitgehenden) Beseitigung des Vorverfahrens geführt haben oder noch führen, handelt es sich um **Zeitgesetze**, die automatisch (z.B. in Nordrhein-Westfalen zum 31.10.2012) auslaufen und deren Verlängerung von den Ergebnissen einer **Evaluierung** der gemachten Erfahrungen abhängt. 1220

---

1 Vgl. die 2. Auflage Rz. 839 ff.
2 BGBl. 2009 I S. 2449 ff.
3 Vgl. hierzu nur Dolde/Porsch, in: Schoch/Schmidt-Aßmann/Pietzner, Kommentar zur Verwaltungsgerichtsordnung, Band I, Vorb § 68 VwGO Rz. 11.

1221 ➲ **Praxis-Tipp:** Da die Dinge hier sehr im Fluss sind, sollte bei den geringsten Unklarheiten über die Voraussetzung eines Vorverfahrens bei der zuständigen Kammer Rücksprache gehalten werden!

1222 In den Bundesländern, in denen das Vorverfahren (noch) gilt, muss vor Klageerhebung zunächst innerhalb eines Monats nach Bekanntgabe des Ablehnungsbescheids **Widerspruch** erhoben werden (§§ 69, 70 VwGO). **Widerspruchsbehörde** ist die Rechtsanwaltskammer, die den Antrag abgelehnt hat. Hilft die Rechtsanwaltskammer dem Widerspruch nicht ab, ist der Weg ins Klageverfahren frei.

3. Zuständiges Gericht

1223 **Sachlich zuständig** ist im ersten Rechtszug gem. **§ 112a Abs. 1 BRAO** der **Anwaltsgerichtshof**.

Gem. **§ 112b Satz 1 BRAO** ist **örtlich zuständig** der Anwaltsgerichtshof, der für den Oberlandesgerichts-Bezirk errichtet ist, in dem der Verwaltungsakt erlassen wurde oder zu erlassen wäre. Üblicherweise ist gem. **§ 100 Abs. 2 BRAO** für die **Rechtsanwaltskammern eines Bundeslandes** ein **gemeinsamer Anwaltsgerichtshof** zuständig.

1224 Wechselt der Antragsteller bzw. Kläger vor Entscheidung des Anwaltsgerichtshofs in den Bezirk eines anderen AGH, bleibt es – trotz Fehlens einer eindeutigen gesetzlichen Regelung – bei der Zuständigkeit des ursprünglich angerufenen Gerichts.[1]

4. Klagefrist

1225 Gem. **§ 74 VwGO** muss die Klage **innerhalb eines Monats** nach Zustellung des Widerspruchsbescheids oder – bei Entbehrlichkeit eines Widerspruchsbescheids, also nicht vorgeschriebenem Vorverfahren (siehe oben unter E. I. 2.) – innerhalb eines Monats nach Bekanntgabe des Verwaltungsakts erhoben werden. Enthält der Ablehnungsbescheid keine Rechtsmittelbelehrung, gilt die **Jahresfrist** des **§ 58 Abs. 2 VwGO**.

5. Klagegegner

1226 Gem. **§ 112d Abs. 1 Nr. 1 1. Alt. BRAO** ist die Klage gegen die Rechtsanwaltskammer zu richten, die den Verwaltungsakt, also die Erlaubnis zum Führen der beantragten Fachanwaltsbezeichnung, zu erlassen hätte.

6. Prozessbevollmächtigte

1227 Gem. **§ 112c Abs. 1 Satz 2 BRAO** steht der Anwaltsgerichtshof **einem Oberverwaltungsgericht gleich**, was bedeutet, dass sich ein Kläger vor dem AGH durch eine der in **§ 67 Abs. 2 Satz 1 VwGO** bezeichneten Personen, also z.B.

---

1 Quaas, in: Gaier/Wolf/Göcken, a.a.O., § 24 FAO Rz. 22.

einen Rechtsanwalt, vertreten lassen muss (§ 67 Abs. 4 Satz 1 und 3 VwGO). Natürlich kann der Rechtsanwalt sich auch selbst vertreten.

➲ **Praxis-Tipp:** Da der Anwalt meist ein schlechter Streiter in eigenen Angelegenheiten ist, kann es allerdings hilfreich sein, einen Kollegen mit der Vertretung im gerichtlichen Verfahren zu beauftragen. 1228

7. Klageschrift

Gem. **§ 82 Abs. 1 VwGO** muss die Klage den Kläger, den Beklagten und den Gegenstand des Klagebegehrens bezeichnen. Sie soll einen **bestimmten Antrag** enthalten. Die zur Begründung dienenden Tatsachen und Beweismittel sollen angegeben, die angefochtene Verfügung (und ggf. der Widerspruchsbescheid) sollen in Urschrift oder in Abschrift beigefügt werden. 1229

8. Begründetheit der Klage

Die Klage ist gem. **§ 113 Abs. 5 VwGO** begründet, wenn die Versagung der Fachanwaltserlaubnis **rechtswidrig war und der Kläger dadurch in seinen Rechten verletzt** ist. 1230

➲ **Praxis-Tipp:** Die Klage sollte so stichhaltig begründet sein, dass der AGH in die Lage versetzt wird, eigene Feststellungen zum Vorhandensein oder Fehlen der besonderen theoretischen Kenntnisse und praktischen Erfahrungen bzw. der sonstigen in der Fachanwaltsordnung aufgestellten Voraussetzungen zu treffen. 1231

Insbesondere sollte der Kläger nicht nur – wie dies häufig geschieht – stereotyp sein Vorbringen aus dem Antragsverfahren wiederholen. 1232

Klug kann es sein, Formalien, etwa die Besetzung und/oder Beschlussfähigkeit des Kammervorstands anzugreifen. Da der **Amtsermittlungsgrundsatz** gilt (§ 86 VwGO),[1] muss der Anwaltsgerichtshof dem entsprechenden Vorbringen nachgehen. 1233

Inwieweit auch die richtige Zusammensetzung des Vorprüfungsausschusses in der entscheidenden Sitzung (z.B. im Hinblick auf ein Mitwirkungsverbot) eine Rolle spielt, war bislang noch nicht Gegenstand gerichtlicher Überprüfung. Hier ist zu berücksichtigen, dass die Vorprüfungsausschüsse keine eigene Entscheidungsgewalt, sondern nur die Funktion haben, dem Kammervorstand die nötigen Grundlagen für **seine** Entscheidung zu vermitteln. Andererseits macht die Festschreibung von Mitwirkungsverboten und die Einräumung eines Ablehnungsgesuchs in § 23 FAO aber nur dann einen Sinn, wenn ihre Nichtbefolgung mit Konsequenzen verbunden ist. 1234

➲ **Praxis-Tipp:** Erfolgte die Ablehnung des Antrags, weil nach Auffassung des Vorprüfungsausschusses und des Kammervorstands die nach § 5 Abs. 1 FAO erforderliche Fallzahl nicht nachgewiesen war, und hat der Bewerber 1235

1 Deckenbrock, in: Henssler/Prütting, a.a.O., § 112c BRAO Rz. 32.

in dem Zeitraum zwischen Fachanwaltsantrag und Klageerhebung weitere Fälle aus seinem Fachgebiet bearbeitet, sollte er diese dem AGH vorlegen.[1] Eine Einbeziehung der neuen Fälle führt allerdings dazu, dass der Drei-Jahres-Zeitraum von § 5 Abs. 1 FAO sich nach hinten verlagert und „vorne" Fälle wegfallen.[2]

1236 Gegenstand der Klage kann nur der ablehnende Bescheid des Kammervorstands, nicht bereits ein negatives Votum des Vorprüfungsausschusses sein.[3] Hat der Antragsteller erfahren, dass der Ausschuss gegenüber dem Kammervorstand eine negative Stellungnahme abgegeben hat, muss er zunächst die Entscheidung des Vorstands abwarten, die, wie ausgeführt, nicht zwingend ebenfalls negativ ist. Formlose Interventionen (also ein Gespräch mit dem Berichterstatter oder dem Ausschussvorsitzenden oder auch einem Vertreter des Kammervorstands) sind natürlich jederzeit möglich. Das gesamte Antragsverfahren verläuft in der Regel in „kollegialer Atmosphäre".

9. Das Verfahren vor dem AGH

1237 Auf das Verfahren vor dem Anwaltsgerichtshof finden die entsprechenden Vorschriften der VwGO Anwendung. So gilt gem. **§ 101 VwGO** der **Grundsatz der mündlichen Verhandlung**. Gem. § 101 Abs. 2 VwGO kann der AGH nur mit Einverständnis der Beteiligten ohne mündliche Verhandlung entscheiden. Die mündliche Verhandlung ist – anders als dies früher der Fall war[4] – **öffentlich** (§§ 55 VwGO, 169 Satz 1 GVG).

1238 Gem. **§ 102 Abs. 1 VwGO** sind die Beteiligten mit einer **Ladungsfrist von mindestens zwei Wochen** zu laden. Diese Frist kann nur in dringenden Fällen abgekürzt werden. Gem. **§ 102 Abs. 2 VwGO** ist bei der Ladung darauf hinzuweisen, dass beim Ausbleiben eines Beteiligten auch ohne ihn verhandelt und entschieden werden kann. Gem. § 95 Abs. 1 VwGO kann der AGH das persönliche Erscheinen eines Beteiligten anordnen.

10. Die Entscheidung des AGH

1239 Da es sich bei dem Verfahren zur Verleihung einer Fachanwaltsbezeichnung um ein **weitgehend formalisiertes** handelt, haben die Anwaltsgerichtshöfe (und der Bundesgerichtshof) bei der Überprüfung von Entscheidungen der Kammervorstände **wesentlich weiter gehende Möglichkeiten** als die Verwaltungsgerichte sie bei der Überprüfung „normaler" Prüfungsentscheidungen haben. Wenn die Voraussetzungen nach der Fachanwaltsordnung erfüllt sind, hat der Kammervorstand **keinen Ermessens- oder Beurteilungsspielraum** (mehr).[5]

---

1 Siehe hierzu näher unten unter E. I. 10.
2 Vgl. hierzu oben unter B. III. 9. d.
3 Feuerich, a. a. O., § 43c BRAO Rz. 41.
4 Vgl. die 2. Auflage Rz. 853.
5 Vgl. hierzu schon oben unter D. IV. 2. In diesem Sinne auch Quaas, in: Gaier/Wolf/Göcken, a. a. O., § 24 FAO Rz. 20.

1240 In einer Entscheidung des BGH vom 18.11.1996[1] heißt es – noch unter der Geltung des RAFachBezG und alten Verfahrensrechts – hierzu:

„Die Entscheidung des Vorstands der Rechtsanwaltskammer über den Antrag auf Erteilung der Erlaubnis (§ 43c Abs. 2 BRAO) ist in vollem Umfang rechtlich gebunden. Darin, dass die Kammer die Befugnis zum Führen der Fachanwaltsbezeichnung verleihen kann (§ 43c Abs. 1 Satz 1 BRAO), liegt nur eine Aussage über die ihr vom Gesetzgeber verliehene Rechtsmacht. Einen eigenen Ermessens- oder Beurteilungsspielraum hat sie damit nicht erhalten. Vielmehr hat jeder Anwalt, der den gesetzlich vorgeschriebenen Nachweis erbringt, einen Anspruch darauf, dass ihm die Erlaubnis erteilt wird, die Fachanwaltsbezeichnung zu führen.

Die Bestimmungen des RAFachBezG haben die Feststellung der von dem Bewerber nachzuweisenden Kenntnisse und Erfahrungen in hohem Maße formalisiert.“[2]

1241 Der AGH kann deshalb z. B. feststellen, ob ein vom Antragsteller besuchter Fachanwalts-Lehrgang zum Erwerb und Nachweis der besonderen theoretischen Kenntnisse im Fachgebiet geeignet war, oder ob Vorprüfungsausschuss und Kammervorstand bei Begutachtung der Voraussetzungen von § 5 FAO richtig „gezählt“ haben.

1242 Feuerich hat seine in der 1. Auflage[3] kritisierte Auffassung, die Entscheidung des Kammervorstands über Fachanwaltsanträge unterliege entsprechend den von der Rechtsprechung entwickelten Grundsätzen zur Überprüfung von Prüfungsentscheidungen[4] – soweit es nicht um uneingeschränkt nachprüfbare Rechtsfragen gehe – nur einer eingeschränkten gerichtlichen Überprüfung dahingehend, ob die Entscheidung auf der Grundlage des Beurteilungsspielraums, den die Fachanwaltsordnung gewähre, getroffen worden sei[5], inzwischen aufgegeben. Zutreffend führt er nunmehr aus, die Entscheidung des Kammervorstands sei rechtlich in vollem Umfang gebunden und unterliege der uneingeschränkten richterlichen Überprüfung. Nur soweit es um prüfungsspezifische Wertungen der vorgelegten Nachweise und des Ergebnisses eines Fachgesprächs gehe, komme eine nur beschränkte gerichtliche Kontrolle nach den Grundsätzen zur Überprüfung von Prüfungsentscheidungen in Betracht.[6]

1243 Mündliche Prüfungen, also auch Fachgespräche, entziehen sich schon auf Grund der **Unwiederholbarkeit der Prüfungssituation**, die im Rahmen eines gerichtlichen Verfahrens kaum zu rekonstruieren ist, weitgehend der gerichtlichen Nachprüfung.[7] Die Überprüfung muss sich hier im Wesentlichen auf die Einhaltung der Formalien, also z. B. auf die Fragen einer form- und fristgerechten Ladung oder einer hinreichend langen Gesprächsdauer, beschränken. In vollem Umfang überprüfbar ist aber auch, ob das Fachgespräch die

---

1 BGH NJW 1997, 1307 ff. = AnwBl. 1997, 223 f. = BRAK-Mitt. 1997, 128 ff.
2 So auch BGH (vom 21.6.1999) NJW 1999, 2677 f. = BRAK-Mitt. 1999, 271 f. = MDR 1999, 1227 ff.
3 Rz. 486.
4 Vgl. hierzu Kopp/Schenke, Kommentar zur Verwaltungsgerichtsordnung, § 114 VwGO Rz. 23 ff., 31 ff.; Rennert, in: Eyermann, Kommenar zur Verwaltungsgerichtsordnung, § 114 VwGO Rz. 68 jew. m. zahlr. w. Nachw.
5 Feuerich, in: Feuerich/Braun, a. a. O., § 43c BRAO Rz. 35.
6 Feuerich, a. a. O., § 43c BRAO Rz. 41.
7 Vgl. hierzu Rennert, a. a. O., § 114 VwGO Rz. 68.

„richtigen" Inhalte hatte, ob also exakt die Ausschnitte eines Fachgebiets Prüfungsgegenstand waren, bezüglich derer die vom Antragsteller vorgelegten Unterlagen Defizite aufwiesen und die in der Ladung entsprechend benannt waren.[1]

1244 Die früher[2] geäußerte Überzeugung, nach Einführung des obligatorischen Fachgesprächs würden sich die Überprüfungsmöglichkeiten der Gerichte in demselben Maße reduzieren, wie der Beurteilungsspielraum der Kammervorstände wachse, geht angesichts der neueren BGH-Rechtsprechung von einer falschen Prämisse aus.

1245 Schon oben unter B. II. 2. g ff. und B. III. 1 d. wurde ausführlich dargestellt, dass die Kammervorstände nicht befugt sind, eine inhaltliche, also qualitative Überprüfung der vom Antragsteller vorgelegten Unterlagen (insbesondere der Klausuren und Arbeitsproben) vorzunehmen und einen Antrag z. B. deshalb abzulehnen, weil die Qualität der Fall-Bearbeitung zu wünschen übrig lässt. Ein solches Prüfungsrecht steht demzufolge auch dem AGH nicht zu.

1246 Die Entscheidung des Anwaltsgerichtshofs hängt davon ab, ob die Versagung der Fachanwaltserlaubnis **rechtswidrig (und der Kläger dadurch in seinen Rechten verletzt) ist** und – falls dies zutrifft – die Sache **spruchreif** ist (§ 113 Abs. 5 VwGO). Insgesamt hat er verschiedene Entscheidungsmöglichkeiten.

1247 **1. Möglichkeit:**

Der AGH ist – wie der Kammervorstand – der Auffassung, dass der Kläger die Voraussetzungen für den Erwerb der beantragten Fachanwaltsbezeichnung nicht erfüllt. Er weist die Klage ab, wobei er auch entscheiden muss, ob Berufung zum BGH[3] zugelassen wird(§ 112e Satz 1 BRAO).

Auch wenn nicht sämtliche Entscheidungen in Fachanwaltsangelegenheiten in Umlauf geraten und eine bundesweite Statistik über die Erfolgs- bzw. Misserfolgsquote fehlt, dürfte die Klageabweisung (früher: die Zurückweisung des Antrags auf gerichtliche Entscheidung) der Regelfall sein. Allerdings ist die Erfolgsquote deutlich höher als die von Rechtsmitteln gegen „normale" Prüfungsentscheidungen.

1248 **2. Möglichkeit:**

Der AGH ist – anders als der Kammervorstand – der Meinung, dass der Kläger die Voraussetzungen für die Verleihung der beantragten Fachanwaltsbezeichnung erfüllt. Er gibt der Klage statt und verpflichtet die Kammer, dem Kläger die Fachanwaltserlaubnis zu erteilen. Das ist nur möglich, wenn Spruchreife vorliegt, die negative Entscheidung der Anwaltskammer also falsch war, und einzig die Erteilung der Erlaubnis in Betracht kommt.

Das kann zunächst der Fall sein, wenn die Kammer von falschen Tatsachen ausgegangen ist, also z. B. angenommen hat, dass – bei Vorliegen aller sonstigen Voraussetzungen der FAO – der Bewerber eine nach § 4 Abs. 2 FAO erforderliche Fortbildung nicht absolviert hat, und sich diese Annahme im Rahmen des

1 Vgl. hierzu BGH BRAK-Mitt. 2005, 123, 124, m. Anm. Offermann-Burckart, und Quaas, in: Gaier/Wolf/Göcken, a. a. O., § 24 FAO Rz. 20.

2 1. Auflage Rz. 486.

3 Vgl. hierzu unten unter E. II.

Klageverfahrens als falsch herausstellt. Spruchreife liegt entsprechend dem eingangs Ausgeführten aber auch vor, wenn der AGH der Auffassung ist, ein von der Kammer nicht anerkannter Lehrgang genüge doch zum Erwerb und Nachweis der besonderen theoretischen Kenntnisse oder vom Antragsteller nachgewiesene Fälle seien zu Unrecht nicht gewertet worden.

Eine solche Entscheidung des AGH stellt in der Praxis die Ausnahme dar.

3. Möglichkeit: 1249

Der AGH hält die ablehnende Entscheidung des Kammervorstands für nicht haltbar, weil z. B. der Sachverhalt nicht hinreichend aufgeklärt, dem Kläger etwa keine Gelegenheit zur ergänzenden Antragsbegründung gegeben worden ist, oder weil Aspekte, die zu Gunsten des Klägers sprechen, unberücksichtigt geblieben sind. Der AGH verpflichtet die Rechtsanwaltskammer, den Kläger unter Beachtung der Rechtsauffassung des Gerichts (neu) zu bescheiden.

Auch wenn statistisches Material fehlt, zeigt die Erfahrung, dass dies gar nicht 1250
selten vorkommt. Die Erfolgsquote der Klagen gegen (früher: der Anträge auf gerichtliche Entscheidung über) Ablehnungsbescheide von Rechtsanwaltskammern in Fachanwaltsangelegenheiten ist jedenfalls höher als die der Angriffe gegen Entscheidungen im „normalen" Prüfungswesen.

Außerdem besteht die Möglichkeit, dass Rechtsanwaltskammer und Kläger 1251
einen „Vergleich" schließen, in dessen Rahmen die Kammer sich bereit erklärt, den Antrag einer erneuten Überprüfung unter Berücksichtigung bestimmter weiterer Aspekte zu unterziehen, oder der Kläger nach ursprünglicher Weigerung einverstanden ist, weitere Unterlagen vorzulegen (ergänzende Antragsbegründung gem. § 24 Abs. 4 Satz 2 FAO) oder sich einem Fachgespräch zu unterziehen.

Für die Entscheidung des Anwaltsgerichtshofs (und auch für die des Bundes- 1252
gerichtshofs) galt nach altem Recht der **Tag der letzten mündlichen Verhandlung** als maßgeblicher Zeitpunkt.[1] Dem tritt – unter der Geltung des neuen Verfahrensrechts – **Quaas**[2] entgegen, der selbst Mitglied des Anwaltssenats des BGH ist und fordert, ein unbegrenztes Nachschieben von Fällen, gar noch während des gerichtlichen Verfahrens, solle schon aus Gründen der Gleichbehandlung der Bewerber „vermieden werden". Habe die Rechtsanwaltskammer einem Antragsteller für die Nachmeldung weiterer erforderlicher Fälle mehrmals eine Ausschlussfrist gesetzt, die dieser unter Verstoß gegen seine Mitwirkungspflicht versäumt habe, könne ihm nicht mehr die Möglichkeit eröffnet werden, im gerichtlichen Verfahren Fälle nachzureichen. Die Anwaltsgerichte täten deshalb gut daran, bei erst nach Antragstellung bearbeiteten Fällen die Sache zur erneuten Beurteilung an den Prüfungsausschuss zurückzuverweisen.

Diese Auffassung dürfte **nicht in Einklang mit der aktuellen Rechtslage** stehen. 1253
Denn bei der Verpflichtungsklage sind grundsätzlich die Sach- und Rechtslage

1 So etwa BVerfGE 97, 81 f. = NJW 1995, 3068.

2 In: Gaier/Wolf/Göcken, a. a. O., § 5 FAO Rz. 21, unter Berufung auf AGH Berlin BRAK-Mitt. 2009, 81 (LS).

im Zeitpunkt der letzten mündlichen Verhandlung bzw. der **Zeitpunkt der Entscheidung** maßgeblich. Änderungen von Umständen zu Gunsten und zu Lasten des Betroffenen sind bis zum Termin der mündlichen Verhandlung zu berücksichtigen.[1] Das bedeutet, dass der AGH die zuständige Rechtsanwaltskammer auch dann verpflichtet, die Fachanwaltserlaubnis zu erteilen, wenn der Antragsteller bzw. Kläger erst am Tag der letzten mündlichen Verhandlung die fehlenden Nachweise vorlegt.

1254 Das Gericht muss sogar **Spruchreife herbeiführen** und dabei ggf. auch **eigene Sachverhaltsfeststellungen treffen**, mit denen sich die ursprünglich zuständige Behörde nicht befasst hat.[2] Nur sofern es des besonderen Sachverstands spezieller Fachbehörden bedarf, muss das Gericht nicht selbst vollständige Sachverhaltsaufklärung betreiben.[3] Legt der Antragsteller bzw. Kläger im Termin der letzten mündlichen Verhandlung Fälle vor, kann zweifelhaft sein, wie weit die Entscheidungskompetenz und Sachkunde des Anwaltsgerichtshofs reichen.[4]

1255 Kein Zweifel besteht natürlich darüber, dass der Bewerber, der seinen Antrag erst in der Rechtsmittelinstanz komplettiert, die **Kosten des Verfahrens** trägt.

1256 ➲ **Praxis-Tipp:** Wer mit einem Ablehnungsbescheid des Kammervorstands konfrontiert ist und seine weitere Vorgehensweise erwägt, sollte prüfen, worum es ihm in erster Linie geht: Geht es auch oder sogar ganz wesentlich darum, dem Vorstand (und dem Vorprüfungsausschuss) aufzuzeigen, dass die Entscheidung falsch war, dann ist die Klage der richtige Weg. Geht es allerdings in erster Linie darum, so rasch wie möglich die begehrte Fachanwaltsbezeichnung zu erhalten, muss überlegt werden, ob das Stellen eines neuen Antrags bei der Kammer nicht die schnellere und erfolgversprechendere Maßnahme ist. Unabhängig von den niemals wirklich einzuschätzenden Erfolgsaussichten eines Verfahrens vor dem AGH (und dem BGH) nimmt dieses Verfahren einige Zeit (kaum unter einem halben Jahr ohne BGH, kaum unter einem Jahr mit BGH) in Anspruch.

1257 Wer sich mit Vorprüfungsausschuss und Kammervorstand „nur" darüber streitet, ob die in § 5 Abs. 1 FAO geforderte Fallzahl erreicht wurde, und wer das geltend gemachte Defizit in Kürze ohnehin ausgleichen kann, ist deshalb besser beraten, statt Klage zu erheben, einen neuen Fachanwaltsantrag zu stellen. Das kann jederzeit, also auch unmittelbar nach Erhalt des Ablehnungsbescheids, geschehen. Es ist dabei allerdings das oben Ausgeführte[5] zu beachten.

---

1 Deckenbrock, in: Henssler/Prütting, a.a.O., § 112c BRAO Rz. 51; Gerhardt, in: Schoch/Schmidt-Aßmann/Pietzner, a.a.O., § 113 VwGO Rz. 66 ff.; Kopp/Schenke, a.a.O., § 113 VwGO Rz. 31 ff.

2 Redeker/von Oertzen, a.a.O., § 113 VwGO Rz. 57 m. zahlr. w. Nachw.

3 Redeker/von Oertzen, a.a.O., § 113 VwGO Rz. 57a.

4 Vgl. hierzu ausführlich oben unter D. V. 2. b.

5 Siehe hierzu D. VI.

Frage: Kann ein Bewerber, der gegen die Ablehnung seines Fachanwaltsantrags klagt, noch während des laufenden Klageverfahrens einen neuen Fachanwaltsantrag stellen? 1258

Antwort: Nein. Solange das erste Antragsverfahren nicht rechtskräftig abgeschlossen ist, kommt ein neuer Fachanwaltsantrag nicht in Betracht. Wer nach Anrufung des AGH glaubt, mit einem neuen Antrag doch schneller und sicherer zum Ziel zu gelangen, muss zunächst die Klage zurücknehmen.[1] Das gilt selbstverständlich nur, sofern es sich um dieselbe Fachanwaltschaft handelt. Ein Antrag auf Verleihung einer anderen, weiteren Fachanwaltsbezeichnung kann jederzeit gestellt werden.

II. Berufung zum BGH

1. Zulassung der Berufung im Urteil des AGH

Weist der Anwaltsgerichtshof die Klage ab, steht dem Kläger die Berufung zu, sofern der AGH sie **zugelassen** hat (**§ 112e Satz 1 BRAO**). Der AGH **muss** die Berufung – auch ohne entsprechenden Antrag – zulassen, wenn einer der **Berufungszulassungsgründe des § 124 Abs. 2 Nr. 2 und 3 VwGO** vorliegt (§ 112e BRAO i. V. m. § 124a Abs. 1 Satz 1 VwGO).[2] Die Berufung ist danach (nur) zuzulassen, wenn 1259

- die Rechtssache **grundsätzliche Bedeutung** hat

oder

- das Urteil **von einer Entscheidung** des Bundesgerichtshofs (der hier gem. § 112e Satz 2 2. Alt. BRAO an die Stelle des Oberverwaltungsgerichts tritt), des gemeinsamen Senats der obersten Gerichtshöfe oder des Bundesverfassungsgerichts **abweicht** und auf dieser Abweichung beruht.

Die Zulassung ist im Urteil auszusprechen und bedarf keiner Begründung. Der Bundesgerichtshof ist selbst dann an die Zulassung **gebunden**, wenn offensichtlich kein Zulassungsgrund vorliegt.[3] 1260

➲ **Praxis-Tipp:** Die Chancen auf eine Zulassung der Berufung stehen gut, wenn es im Rahmen des Klageverfahrens um die Klärung grundsätzlicher Fragen geht, mit denen sich der Anwaltssenat des Bundesgerichtshofs bislang noch nicht befasst hat. Hierauf sollte möglichst schon in der Klageschrift hingewiesen werden. 1261

2. Keine Zulassung der Berufung im Urteil des AGH

Hat der AGH die Berufung nicht zugelassen, kann die Zulassung **innerhalb eines Monats** nach Zustellung des vollständigen Urteils **beim Anwaltsgerichts-** 1262

---

1 Vgl. zur Unzulässigkeit weiterer Anträge in derselben Sache bei Anhängigkeit eines Verwaltungsverfahrens OVG Niedersachsen, Beschl. v. 22.9.1999 – 12 M 3651/99 und Kopp/Ramsauer, a. a. O., § 22 VwVfG Rz. 15a.
2 Vgl. Deckenbrock, in: Henssler/Prütting, a. a. O., § 112e BRAO Rz. 7.
3 Deckenbrock, in: Henssler/Prütting, a. a. O., § 112e BRAO Rz. 7.

hof (iudex a quo) **beantragt** werden (§ 112e BRAO i. V. m. § 124a Abs. 4 VwGO). Eine Einreichung des Antrags beim BGH genügt, wie dies auch bei der sofortigen Beschwerde nach § 42 BRAO a. F. der Fall war, nicht.[1] Der schriftliche Antrag muss das angefochtene Urteil bezeichnen. **Innerhalb von zwei Monaten** nach Zustellung des vollständigen Urteils sind die **Gründe darzulegen**, aus denen die Berufung zuzulassen ist (§ 124a Abs. 4 Satz 4 VwGO).

1263 Über den Antrag entscheidet der **Bundesgerichtshof** durch Beschluss. Er **muss** die Berufung zulassen, wenn **einer der fünf Zulassungsgründe des § 124 Abs. 2 VwGO** dargelegt ist und vorliegt (§ 112e BRAO i. V. m. § 124a Abs. 5 VwGO), also wenn

- **ernstliche Zweifel an der Richtigkeit des Urteils** bestehen
- die Rechtssache **besondere tatsächliche oder rechtliche Schwierigkeiten** aufweist
- die Rechtssache **grundsätzliche Bedeutung** hat
- das Urteil **von einer Entscheidung** des Bundesgerichtshofs (siehe oben Rz. 1261), des gemeinsamen Senats der obersten Gerichtshöfe oder des Bundesverfassungsgerichts **abweicht** und auf dieser Abweichung beruht

oder

- ein der Beurteilung des Berufungsgerichts unterliegender **Verfahrensmangel** geltend gemacht wird und vorliegt, auf dem die Entscheidung beruhen kann.[2]

Mit der **Ablehnung des Antrags** wird das Urteil des AGH **rechtskräftig** (§ 124a Abs. 5 Satz 4 VwGO).

3. Weiteres Verfahren

1263a Hat der AGH die Berufung zugelassen (oben Ziff. 1), ist diese **innerhalb eines Monats** nach Zustellung des vollständigen Urteils bei dem AGH (iudex a quo) schriftlich einzulegen.

1264 Lässt der BGH die Berufung zu (oben Ziff. 2), wird das Antragsverfahren **als Berufungsverfahren fortgesetzt**. Der Einlegung einer Berufung bedarf es nicht mehr **(§ 124a Abs. 5 Satz 5 VwGO)**. Allerdings ist die Berufung **innerhalb eines Monats** nach Zustellung des Beschlusses über die Zulassung zu **begründen (§ 124a Abs. 6 VwGO)**.

Für das weitere Procedere und die Entscheidung des Anwaltssenats des Bundesgerichtshofs gilt das oben unter E. I. 9. u. 10. Ausgeführte entsprechend. Zu Spruchreife und maßgeblichem Beurteilungszeitraum siehe ausführlich oben unter E. I. 10.

1 Schmidt-Räntsch, in: Gaier/Wolf/Göcken, a. a. O., § 112e BRAO Rz. 58.
2 Vgl. hierzu im einzelnen Deckenbrock, in: Henssler/Prütting, a. a. O., § 112e BRAO Rz. 10 ff.

F. Werbung mit Fachanwaltsbezeichnungen

Wer das Fachanwaltsverfahren erfolgreich durchlaufen und den Titel „Fachanwalt/Fachanwältin für …" verliehen bekommen hat, kann **mit diesem Titel werben**. 1265

1. Zulässige Bezeichnungen

Dies geschieht üblicherweise durch Verwendung des **vollständigen Titels**, also z.B. der Bezeichnung „Fachanwalt für Informationstechnologierecht". **Abkürzungen** (wie z.B. „FA IT-Recht" oder auch „FA InsoR") sieht man selten. Allerdings sind sie, sofern die Abkürzung so gewählt wird, dass eine Irreführung des rechtsuchenden Publikums ausbleibt, grundsätzlich zulässig. 1266

Unzulässig ist die Werbung mit **„erfundenen"** und auch die mit **sprachlich abgewandelten** Fachanwaltsbezeichnungen. So darf sich selbst ein „Fachanwalt für Gewerblichen Rechtsschutz" nicht als „Fachanwalt für Markenrecht" bezeichnen, weil es diesen Titel nach § 1 FAO nicht gibt und die Bezeichnung eine **unzutreffende Alleinstellung** suggeriert.[1] Auch **Zusätze** zum Fachanwaltstitel, wie z.B. „Erster Fachanwalt für … in …" können irreführend sein.[2] 1267

2. Fachanwaltsbezeichnungen in Berufsausübungsgemeinschaften

Für die Verwendung des Begriffs **„Fachanwälte"** durch **(überörtliche) Sozietäten** hat der **Bundesgerichtshof** folgende Grundsätze aufgestellt: 1268

Die Verwendung des Begriffs „Fachanwälte" als Zusatz zu der Kurzbezeichnung einer überörtlichen Anwaltssozietät auf einem Praxisschild oder auf dem Briefkopf setze voraus, dass eine **den Plural rechtfertigende Zahl** von Sozietätsmitgliedern Fachanwälte seien. Nicht erforderlich sei dagegen, dass **an jedem Standort**, an dem der Zusatz verwendet werde, ein oder mehrere Fachanwälte tätig seien. Verwende eine Sozietät in ihrer Kurzbezeichnung eine auf eine Zusatzqualifikation hinweisende Bezeichnung, müsse sie dort, wo die Mitglieder der Sozietät namentlich aufgeführt seien, die (Zusatz-) Qualifikation **jedes einzelnen Sozietätsmitglieds** benennen.[3]

Nach dieser – durchaus liberalen – Entscheidung wäre es also auch zulässig, dass eine Sozietät aus zehn Rechtsanwälten, von denen nur zwei eine Fachanwaltsbezeichnung führen, unterhalb der Kopfzeile den Hinweis „Rechtsanwälte Fachanwälte" verwendet. Und das würde für sämtliche Standorte der Sozietät selbst dann noch gelten, wenn beide Fachanwälte am selben Ort und 1269

---

1 LG Frankfurt a.M., Urteil vom 13.1.2010 – 2-06 O 521/09 – LS in BRAK-Mitt. 2010, 103.
2 OLG Bremen NJW 2007, 1539 ff.
3 BGH NJW 2007, 2334 ff.; so schon BGH NJW 1994, 2288.

an allen weiteren Standorten jeweils nur Nicht-Fachanwälte ansässig wären. Der BGH geht nach der allgemeinen Lebenserfahrung davon aus, dass ein **interessierter Verbraucher** zwischen der **als Teil des Kanzleinamens firmenähnlich verwendeten Kurzbezeichnung** der in einer überörtlichen Sozietät tätigen Berufsträger einerseits und der Qualifikation der einzelnen Sozien an einem konkreten Standort andererseits **zu unterscheiden wisse**. Werde der Kurzbezeichnung ein Zusatz zur Qualifikation der Berufsträger wie „Rechtsanwälte und Notare" oder „Wirtschaftsprüfer und Steuerberater" hinzugesetzt, verstehe der Verkehr dies als Hinweis darauf, dass sich in der entsprechenden Kanzlei Berufsträger dieser Qualifikation zusammengeschlossen hätten. Der interessierte Verbraucher werde auch annehmen, dass er **Näheres zur Spezialisierung der einzelnen Anwälte** der Liste der Sozietätsmitglieder entnehmen könne. Sei eine solche Kanzlei – für den Verbraucher erkennbar – an mehreren Standorten tätig, so habe er **keinen Anlass, anzunehmen**, dass alle in dem Zusatz zur Kurzbezeichnung genannten Qualifikationen an sämtlichen Standorten vertreten seien. Vielmehr werde der Interessent, soweit es ihm darauf ankomme, anhand der näheren Angaben über die Sozietätsmitglieder prüfen, welche Qualifikationen die an einem bestimmten Standort der Sozietät tätigen Berufsträger hätten.

1270 Äußerst problematisch wäre in dem vorstehenden Beispiel aber wohl der Hinweis „Rechtsanwälte Fachanwälte für Arbeitsrecht", wenn tatsächlich nur zwei von acht (oder mehr) Anwälten über die entsprechende Fachanwaltsbezeichnung verfügten. Denn dann würde dem rechtsuchenden Publikum suggeriert, dass es sich bei der (überörtlichen) Sozietät um eine auf Arbeitsrecht spezialisierte Kanzlei handelt.

1271 Außerdem verlangt der BGH, dass bei **namentlicher Aufführung der Mitglieder der Sozietät**, die in **§ 10 Abs. 2 Satz 1 BORA** für Briefbögen vorgeschrieben ist, die **(Zusatz-)Qualifikation jedes einzelnen Sozietätsmitglieds** benannt wird. Jedem Sozietätsmitglied müsse in der Namensleiste auf dem Briefbogen, dem Praxisschild, das die Namen der am jeweiligen Standort tätigen Mitglieder aufführe, oder in der Liste der Sozietätsmitglieder in einer Praxisbroschüre oder auf der Internetseite der Kanzlei jeweils konkret und eindeutig **seine** berufliche Qualifikation zugeordnet sein.

1272 Führen sämtliche z.B. in der Randleiste genannten Mitglieder einer Sozietät dieselbe Fachanwaltsbezeichnung, muss es allerdings ausreichen, dass dies **einmal** an besonderer Stelle des Briefbogens kenntlich gemacht wird.

1273 Immer wieder taucht auch der Begriff **„Fachkanzlei für ..."** auf. Führen alle Mitglieder einer Sozietät den Fachanwaltstitel im Arbeitsrecht, wird man die Bezeichnung der Kanzlei als „Fachkanzlei für Arbeitsrecht" wohl für zulässig halten müssen. Problematisch wäre der Hinweis „Fachkanzlei für Arbeitsrecht" aber jedenfalls dann, wenn von mehreren Sozien nur einige (weniger als die Hälfte) „Fachanwälte für Arbeitsrecht" sind.

3. Zusätzliche Angabe von „Teilbereichen der Berufstätigkeit"

1274 Nach **§ 7 BORA** dürfen Rechtsanwälte unter bestimmten Voraussetzungen sog. **„Teilbereiche der Berufstätigkeit"** ohne und mit qualifizierenden/m Zusatz benennen.[1] Auch Fachanwälte dürfen zusätzlich zu ihrer Fachanwaltsbezeichnung (und natürlich unabhängig davon bezogen auf andere Rechtsgebiete) Teilbereiche der Berufstätigkeit benennen, um etwa auf eine ganz **besondere Spezialisierung** innerhalb des Fachgebiets hinzuweisen oder dem rechtsuchenden Publikum zu verdeutlichen, welche **konkreten Bereiche** das Fachgebiet umfasst. Zulässig sind also z. B. die Aussagen „Fachanwalt für Familienrecht – Scheidung, Unterhalt, Sorgerecht, Familienmediation" oder „Fachanwalt für Medizinrecht – Arzthaftungssachen".

Die Bezeichnungen **„Spezialist"** oder auch **„Experte"** (z. B. „Fachanwalt für Miet- und Wohnungseigentumsrecht – Spezialist in WEG-Angelegenheiten") darf trotz vorhandenen Fachanwaltstitels nur derjenige führen, der tatsächlich hoch spezialisiert und mehr oder weniger ausschließlich in dem so bezeichneten Teilgebiet tätig ist.[2] Für einen Rechtsanwalt, der nicht nur eine, sondern zwei oder drei Fachanwaltsbezeichnungen führt, kommt ein Spezialistenhinweis deshalb kaum noch in Betracht. 1275

4. Werbung mit den „Voraussetzungen" eines Fachanwaltstitels

Benennungen von „Teilbereichen der Berufstätigkeit" sind gem. **§ 7 Abs. 2 BORA** unzulässig, „soweit sie die Gefahr einer Verwechslung mit Fachanwaltschaften begründen oder sonst irreführend sind". Unzulässig ist es deshalb, damit zu werben, dass man die **Voraussetzungen für einen (weiteren) Fachanwaltstitel** erfülle, der nur deshalb nicht geführt werde, weil die zahlenmäßige Obergrenze des § 43c Abs. 1 Satz 3 BRAO erreicht sei. 1276

Dies hat das **OLG Naumburg** durch Urteil vom **26.2.2007**[3] für den Fall eines Rechtsanwalts entschieden, der sich nicht „Fachanwalt für Insolvenzrecht" nannte, auf seiner Internetseite aber damit warb, die entsprechende Qualifikation erworben zu haben und die Bezeichnung nur deshalb nicht zu „führen", weil das Berufsrecht (seinerzeit) lediglich zwei Fachanwaltstitel pro Berufsträger zulasse. Das Gericht ging davon aus, dass das „Führen" einer Fachanwaltsbezeichnung i. S. des § 43c BRAO bereits dann vorliege, wenn ein Anwalt öffentlich und zu Werbezwecken für sich in Anspruch nehme, auf einem Gebiet die in einem formalisierten Verfahren nachgewiesene Qualifikation eines Fachanwalts zu besitzen. 1277

Das **OLG Düsseldorf** hatte sich in seinem Urteil vom **31.3.2009**[4] mit dem Fall eines Rechtsanwalts zu befassen, der erfolgreich einen Fachanwalts-Lehrgang im Erbrecht absolviert hatte, den Fachanwaltstitel im Erbrecht aber nicht erwerben konnte bzw. wollte, weil er bereits zwei Fachanwaltsbezeichnungen führte und – unter der Geltung des alten § 43c Abs. 1 Satz 3 BRAO – auf keine dieser beiden Bezeichnungen verzichten wollte, sondern stattdessen mit dem 1278

1 Vgl. hierzu schon oben unter A. II. und ausführlich Offermann-Burckart, in: Kilian/Offermann-Burckart/vom Stein, a. a. O., § 8 Rz. 36; Offermann-Burckart, Anwaltsrecht in der Praxis, § 9 Rz. 150 ff.
2 Vgl. hierzu ausführlich oben unter A. II.
3 OLG Naumburg NJW 2007, 1537.
4 KammerMitteilungen Rechtsanwaltskammer Düsseldorf 2009, 169 f.

Hinweis warb „(inkl. Vorauss.) Fachanwalt für Erbrecht". Das OLG stellte fest, durch diesen Hinweis werde bei einem durchschnittlichen Betrachter der Eindruck erweckt, der so Werbende führe die Fachanwaltsbezeichnung „Fachanwalt für Erbrecht". Der vorangestellte – überdies sehr klein geschriebene – Zusatz „(incl. Vorauss.)" beseitige diesen Eindruck nicht. Zumindest für einen erheblichen Teil der angesprochenen Verkehrskreise bleibe nämlich vollständig unklar, was damit gemeint sein solle. Der Zusatz wirke eher wie irgendeine ihrem Gehalt nach undeutliche Erläuterung der Fachanwaltsbezeichnung, die – so der erweckte Anschein – dem Rechtsanwalt verliehen worden sein müsse, weil er sich so nenne. So seien Erklärungsansätze denkbar, die Fachanwaltsbezeichnung in Beziehung zu den übrigen genannten Bezeichnungen (darunter das Familienrecht) zu setzen, etwa dergestalt, dass die voranstehende Bezeichnung als „Fachanwalt für Familienrecht" gleichzeitig die Voraussetzungen für die Verleihung des Fachanwalts für Erbrecht enthalte und Letzterer so gleichsam ein Annex zu Ersterem wäre. Für eine nicht unerhebliche Anzahl nicht juristisch oder gar anwaltsrechtlich vorgebildeter Adressaten werde der Zusatz darüber hinaus schlicht unverständlich bleiben. Welches Ergebnis die Bemühungen um eine Erklärung des Zusatzes auch immer haben würden, er wirke jedenfalls nicht als eine Klarstellung dahin, dass der Anwalt sich zwar „Fachanwalt für Erbrecht" nenne, in Wirklichkeit aber gar nicht Träger dieser Fachanwaltsbezeichnung sei, sondern allenfalls ein Kandidat für ihre Verleihung. Das gelte unabhängig von der grafischen Gestaltung des Briefkopfes und von Einzelheiten des Schriftbildes.

1279 Seit § 43c Abs. 1 Satz 3 BRAO nicht mehr nur zwei, sondern **drei** Fachanwaltsbezeichnungen zulässt, ist das **Bedürfnis**, auf eine nicht mehr geführte oder nicht zu erwerbende Bezeichnung hinzuweisen, deutlich **kleiner geworden**.

5. „Erfolgreicher Absolvent des Fachanwalts-Lehrgangs ..."

1280 **Unterschiedlich** beantworten die regionalen Rechtsanwaltskammern die Frage nach der Zulässigkeit oder Unzulässigkeit des Hinweises **„Erfolgreicher Absolvent des Fachanwalts-Lehrgangs XY"**.[1] Auch hier geht es wieder um die Frage nach der **Gefahr einer Verwechslung** mit einer tatsächlich geführten Fachanwaltsbezeichnung oder der **Gefahr sonstiger Irreführung** (§ 7 Abs. 2 BORA).

1281 Bei der Beurteilung, ob der Hinweis auf das erfolgreiche Absolvieren eines Fachanwalts-Lehrgangs zu einer **Irreführung des rechtsuchenden Publikums** führen kann, handelt es sich letztlich um eine Gefühls- bzw. Glaubensfrage. Dabei sprechen gute Gründe für die Einschätzung, dass das rechtsuchende Publikum versteht, ein Rechtsanwalt, der nur mit dem erfolgreichen Durchlaufen eines Lehrgangs und eben nicht mit der entsprechenden Fachanwaltsbezeichnung wirbt, werde die „Endstufe" wohl noch nicht erreicht haben. Wer würde annehmen, dass jemand, der den LKW-Führerschein erworben hat, in Bewerbungsunterlagen nicht etwa auf das Vorhandensein dieses Führer-

1 Vgl. hierzu schon oben unter A. II.

scheins, sondern nur auf das Ablegen der entsprechenden Theorieprüfung hinweist?

➲ **Praxis-Tipp:** Da die Auffassungen der Rechtsanwaltskammern hierzu unterschiedlich sind, sollte derjenige, der keine Auseinandersetzung mit seiner Heimatkammer riskieren will, entsprechende Nachfrage halten (oder sich notfalls für eine streitige Auseinandersetzung wappnen). 1282

Unbedenklich ist, wenn ein Rechtsanwalt, dem ein Fachanwaltstitel verliehen wurde, ergänzend darauf hinweist, dass er Absolvent eines bestimmten, besonders renommierten Fachanwalts-Lehrgangs ist. Bei diesem Hinweis handelt es sich um eine in (Form und) Inhalt sachliche Unterrichtung über die berufliche Tätigkeit i.S. von § 43b BRAO. 1283

6. Kein Fachanwalt a.D.

Wer freiwillig (z.B. aus Gesundheits- oder Altersgründen) oder auch unfreiwillig (z.B. auf Grund Widerrufs der Zulassung wegen Vermögensverfalls) aus der Anwaltschaft ausscheidet, verliert automatisch, also ohne, dass es eines entsprechenden Widerrufs durch die Rechtsanwaltskammer bedürfte, auch seine(n) Fachanwaltstitel.[1] 1284

Einen **„Fachanwalt a.D.“** gibt es im Gegensatz zum „Rechtsanwalt a.D.“ (§ 17 Abs. 2 BRAO) nicht.[2] Würde ein Rechtsanwalt, der aus einer Sozietät ausgeschieden ist, aber nach wie vor auf dem Briefbogen geführt wird, dort als „Fachanwalt für Arbeitsrecht a.D.“ auftauchen, könnte dies beim rechtsuchenden Publikum den falschen Eindruck erwecken, die Kanzlei sei (nach wie vor) auf Arbeitsrecht spezialisiert. 1285

1 Vgl. hierzu noch näher unten unter H. II. 2. a.
2 Vgl. hierzu unten unter G. V.

G. Die Fortbildungspflicht nach § 15 FAO

Die Formel „Einmal Fachanwalt – immer Fachanwalt" gilt seit Einführung der Fortbildungspflicht nicht mehr. Nach **§ 15 FAO**, der bis heute zu den **umstrittensten Vorschriften** der Fachanwaltsordnung und des anwaltlichen Berufsrechts überhaupt gehört, muss, wer eine Fachanwaltsbezeichnung führt, „jährlich auf diesem Gebiet wissenschaftlich publizieren oder mindestens an einer anwaltlichen Fortbildungsveranstaltung dozierend oder hörend teilnehmen", wobei die Gesamtdauer der Fortbildung je Fachgebiet 10 Zeitstunden nicht unterschreiten darf. 1286

Die Fortbildungspflicht der Fachanwälte dient dazu, **im Interesse des rechtsuchenden Publikums** den besonders **hohen Qualitätsstandard**, der zum Zeitpunkt der Verleihung einer Fachanwaltsbezeichnung vorhanden und nachgewiesen sein muss, zu **konservieren**.[1] Dabei ist zu berücksichtigen, dass gem. **§ 43a Abs. 6 BRAO** jeder Rechtsanwalt ausdrücklich verpflichtet ist, sich fortzubilden. Allerdings knüpft das anwaltliche Berufsrecht an einen „Verstoß" gegen die Fortbildungspflicht bei Nicht-Fachanwälten **keine Konsequenzen**. 1287

Durch die sowohl von der Bundesrechtsanwaltskammer als auch vom Deutschen Anwaltverein eingeführten Fortbildungszertifikate hat die Diskussion um die allgemeine anwaltliche Fortbildung eine neue Dimension erhalten. Angesichts des stärker werdenden Konkurrenzdrucks in den eigenen Reihen und von außen erkennt die Anwaltschaft das Qualitätsargument und damit die Dokumentation von Fortbildung zunehmend als wichtiges **Marketinginstrument**. Die Fachanwälte haben hier auf Grund der festgeschriebenen und in der Öffentlichkeit durchaus wahrgenommenen Fortbildungspflicht immer schon „die Nase vorne" gehabt. 1288

§ 15 FAO korrespondiert mit **§ 43c Abs. 4 Satz 2 BRAO**, wonach die Erlaubnis zum Führen einer Fachanwaltsbezeichnung widerrufen werden kann, „wenn eine in der Berufsordnung vorgeschriebene Fortbildung unterlassen wird". 1289

I. Die Neufassung von § 15 FAO durch Beschluss der Zweiten Satzungsversammlung vom 25./26.4.2002

§ 15 FAO sah früher nur Fortbildung in Form von dozierender oder hörender Teilnahme an **Fortbildungsveranstaltungen** vor. Kritiker dieser engen Regelung machten geltend, dass es sich bei der Verpflichtung zur Teilnahme an Seminaren u. Ä. um eine reine **„Gehorsamsprüfung"** handele, deren Erfolg keineswegs garantiert sei. Wer in einer Fortbildungsveranstaltung nur Dinge erfahre, die ihm bereits bekannt seien, oder wer, ohne wirklich zuzuhören und mitzudenken, nur seine Zeit absitze, tue weniger für die Wahrung eines hohen Qualitätsstandards als derjenige, der in derselben Zeit intensiv und mit 1290

1 Vgl. hierzu Jährig, a. a. O., S. 136 f.

wachem Verstand an einem schwierigen Schriftsatz arbeite oder einen wissenschaftlichen Aufsatz lese oder selbst verfasse.[1] In ihrer 4. Sitzung am 25. und 26.4.2002 hat die Zweite Satzungsversammlung § 15 deshalb etwas gelockert und zusätzlich die Möglichkeit **wissenschaftlicher Publikationen** als Fortbildungsnachweis aufgenommen.

II. Die Neufassung von § 15 FAO durch Beschluss der Vierten Satzungsversammlung vom 15.6.2009

1291 Einige **wichtige Änderungen und Klarstellungen** erfuhr § 15 FAO auch durch die Beschlussfassung der Vierten Satzungsversammlung in ihrer 3. Sitzung am 15.6.2009. In § 15 Abs. 1 Satz 1 FAO wurde das Wort „jährlich" durch **„kalenderjährlich"** ersetzt. In § 15 Abs. 1 Satz 2 FAO ist jetzt klargestellt, dass Fortbildungsveranstaltungen **nicht zwingend in Präsenzform** durchgeführt werden müssen, dass **an Nicht-Präsenzveranstaltungen aber strenge Anforderungen gestellt** werden, auf die unten unter G. IV. 1. c noch näher eingegangen wird. Und schließlich enthält § 15 Abs. 2 FAO jetzt die klare Aussage, dass die Gesamtdauer der Fortbildung **je Fachgebiet** 10 Zeitstunden nicht unterschreiten darf.

1292 Die vom Ausschuss 1 vorgeschlagene **Erhöhung der Fortbildungsdauer** von **10 auf 15** Zeitstunden verfehlte in der Sitzung am 15.6.2009 die für eine Satzungsänderung erforderliche 2/3-Mehrheit knapp, sodass insofern alles beim Alten blieb. Das hat der Satzungsversammlung in späteren Diskussionen immer wieder den Vorwurf eingebracht, zwar bei der Schaffung der Voraussetzungen für den Erwerb einer Fachanwaltschaft, nicht aber bei der Schaffung der Voraussetzungen für ihren Erhalt Strenge walten zu lassen.

III. Zur Verfassungsmäßigkeit von § 15 FAO

1293 Die **Verfassungsmäßigkeit** der Fortbildungsverpflichtung und der an sie geknüpften Konsequenz eines eventuellen Widerrufs der Fachanwaltsbezeichnung ist – bei aller Kritik – **nur gelegentlich in Zweifel gezogen** worden. Vereinzelt wurde problematisiert, ob § 15 FAO in § 59b Abs. 2 Nr. 2 i. V. m. § 43c Abs. 4 BRAO eine **ausreichende Ermächtigungsgrundlage** habe, und ob es sich im Hinblick auf **Art. 12 GG** um einen **verhältnismäßigen Eingriff** handele.[2]

1294 **Kleine-Cosack**[3] vertritt die Auffassung, am Maßstab des Art. 12 Abs. 1 GG oder auch des Art. 3 Abs. 1 GG könne es schlicht unverhältnismäßig sein, „den Betroffenen auf einen Lehrgang zu schicken, zumal viele Lehrgänge nichts taugen und letztlich nur auf die Präsenz abgestellt wird, welche schon bei einem zehnstündigen Veranstaltungsschlaf erfüllt ist". **Hartung**[4] gibt zu

1 In diesem Sinne Hartung, Anm. zu BGH vom 3.9.1999 – MDR 2000, 300.

2 Vgl. hierzu Holl, a. a. O., § 15 FAO Rz. 5 ff.; und näher Offermann-Burckart, Die Fortbildungspflicht nach der Fachanwaltsordnung, FA-Spezial, Beilage zu Fachanwalt Arbeitsrecht 10/2005, 1.

3 A. a. O., Anh. I 2 § 15 FAO Rz. 12.

4 Die anwaltliche Fortbildungspflicht, MDR 2001, 1038, 1041.

bedenken, dass die auf hohen Fallzahlen beruhenden besonderen **praktischen Erfahrungen** eines versierten Anwalts für den Mandanten im Zweifel **wichtiger** seien als die wenigen theoretischen Kenntnisse, die in zehn Zeitstunden pro Jahr vermittelt werden könnten. Das gelte umso mehr, als der erfahrene Fachanwalt das durch die Teilnahme an Fortbildungsveranstaltungen zu erwerbende Wissen ohnehin schon habe und für sich in Anspruch nehmen könne, durch eine Teilnahme an Fortbildungsveranstaltungen kaum etwas dazuzulernen.

Demgegenüber sah **Kilger**[1] die Fortbildungspflicht der Fachanwälte schon vor 1295
zehn Jahren als **Formalerfordernis**, das das **Vertrauen des Verbrauchers stärken** solle und könne. Zwar könne der einzelne Fortbildungskurs für den tatsächlichen Fortbildungsstand des betreffenden Anwalts irrelevant sein. Doch werde man typischerweise von dem, der sich der Prüfung zum Fachanwalt unterzogen und seine Spezialisierung kundgemacht habe, genügend Eigeninteresse zur Fortbildung auf dem relevanten Fachgebiet und damit den Besuch der richtigen Fortbildungskurse erwarten können. Außerdem laufe der Anwalt, der sich „allem Politischen, Gesellschaftlichen, Allgemeinen" fernhalte, Gefahr, „seinen Mandanten auf Dauer wunderliche, wirklichkeitsferne und damit wertlose Ratschläge zu erteilen".

Quaas[2] bezweifelt, dass § 15 FAO in der BRAO eine **hinreichende gesetzliche** 1296
Ermächtigungsgrundlage hat. Für die insoweit zunächst in Betracht kommende allgemeine Kompetenznorm des **§ 59b Abs. 2 Nr. 2b BRAO** werde behauptet, sie lasse lediglich (untergesetzliche) Regelungen der Voraussetzungen der Verleihung, des Verfahrens der Erteilung, der Rücknahme und des Widerrufs der Fachanwaltserlaubnis zu, wozu die Festlegung von Fortbildungsinhalten nicht gehöre. Dafür könne sprechen, dass es sich bei dem Katalog des § 59b Abs. 2 Nr. 2 BRAO um eine abschließende Regelung handele, wie dies auch aus der Entstehungsgeschichte der Satzungsermächtigung hervorgehe. Und mit eben dieser Begründung habe das Bundesministerium der Justiz die Befugnis der Satzungsversammlung verneint, die allgemein nach § 43a Abs. 6 BRAO bestehende Grundpflicht des Rechtsanwalts, sich fortzubilden, einer konkretisierenden Satzungsbestimmung zu unterwerfen. Wenn aber die Satzungsversammlung die Fortbildungspflicht des Rechtsanwalts nicht regeln dürfe, woraus sei dann ihre Kompetenz abzuleiten, über die Fortbildungspflicht der Fachanwälte zu entscheiden?

In seiner Entscheidung vom **6.11.2000**[3], in der er sich erstmals mit der Fort- 1297
bildungspflicht für Fachanwälte zu befassen hatte, bestätigt der **Bundesgerichtshof** die Verfassungsmäßigkeit von § 15 FAO (und § 43c Abs. 4 Satz 2 BRAO), indem er ausführt:

„§ 14 (jetzt § 15) FAO beruht auf einer ausreichenden gesetzlichen Grundlage.

…

1 Fortbildung des Rechtsanwalts, AnwBl. 1995, 435, 437.
2 In: Gaier/Wolf/Göcken, a. a. O., § 15 FAO Rz. 3 f.
3 BGH NJW 2001, 1571 f.

§ 43c Abs. 4 Satz 2 BRAO lässt zwar den Umfang der Fortbildungspflicht offen. Das macht die Regelung in § 14 (jetzt § 15) FAO aber nicht unwirksam.

Gegen Berufsausübungsregelungen in Gestalt von Satzungen öffentlich-rechtlicher Berufsverbände bestehen grundsätzlich keine verfassungsrechtlichen Bedenken. Das zulässige Ausmaß von Beschränkungen der Berufsfreiheit hängt von Umfang und Inhalt der den Berufsverbänden vom Gesetzgeber erteilten Ermächtigung ab. Dieser muss bei der Überantwortung der Rechtsetzungskompetenz die durch Satzungsrecht möglichen Einschränkungen deutlich vorgeben, wenn die Berufsangehörigen in ihrer freien beruflichen Betätigung empfindlich beeinträchtigt werden (...).

Dadurch, dass Rechtsanwälte, welche die ihnen verliehene Erlaubnis zur Führung einer Fachanwaltsbezeichnung behalten wollen, dazu angehalten werden, auf ihrem Fachgebiet jährlich an mindestens einer Fortbildungsveranstaltung dozierend oder hörend teilzunehmen, wobei die Gesamtdauer der Fortbildung zehn Zeitstunden nicht unterschreiten darf, werden sie in ihrer beruflichen Betätigung im Allgemeinen nicht empfindlich beeinträchtigt, zumal jeder Rechtsanwalt zur Fortbildung verpflichtet ist (vgl. § 43a Abs. 6 BRAO)."

1298 In einer weiteren Entscheidung vom **2.4.2001**[1] relativiert der **BGH** diese Auffassung allerdings insofern, als er nunmehr den Widerruf einer Fachanwaltserlaubnis wegen **einmaligen Verstoßes** gegen § 15 FAO für verfassungsrechtlich bedenklich hält. In der Entscheidung heißt es:

„Eine Auslegung von § 15 FAO als ‚Muss-Vorschrift' verstieße gegen Art. 12 Abs. 1 Satz 2 GG. Die Ermächtigung zum Widerruf der Fachanwaltserlaubnis ist eine Regelung über die Berufsausübung. Solche Regelungen haben nur Bestand, wenn sich für sie ausreichende Gründe des Gemeinwohls anführen lassen und dem Verhältnismäßigkeitsgrundsatz genügt ist (...). Als ‚Muss-Vorschrift' wäre § 14 (jetzt § 15) FAO unverhältnismäßig. Es ist schon zweifelhaft, ob der Widerruf als zwingende Folge einer (einmaligen) Verletzung des Fortbildungsgebots ein geeignetes Mittel ist, um die Leistungsfähigkeit der Fachanwaltschaften zu gewährleisten. Das hätte zur Voraussetzung, dass die berufsrechtliche Sanktionierung der unterlassenen Fortbildung geeignet ist, diesem Ziel zu dienen. Wenn die Rechtsanwälte angehalten werden, mindestens zehn Stunden im Jahr hörend oder dozierend an einer Fortbildungsveranstaltung teilzunehmen, ist diese Maßnahme zwar geeignet zur Erreichung des angestrebten Ziels. Es ist jedoch nicht näher bestimmt, was als Fortbildungsveranstaltung gelten kann und es findet – über die bloße Teilnahme hinaus – keine Erfolgskontrolle statt (Hartung, MDR 2000, 300, spricht davon, dass die Rechtsanwälte die zehnstündige Fortbildung ‚über sich ergehen' lassen müssen). Ein einheitlicher Qualitätsstandard der Fachanwälte kann auch dann erreicht werden, wenn der Widerruf nicht automatisch beim einmaligen Nichterbringen der Fortbildungsnachweise erfolgt. Ein derartiger Automatismus wäre mit einer pflichtgemäßen Ermessensausübung nicht vereinbar. Auch wenn der formalisierte Nachweis gem. § 15 FAO fehlt, kann es im Einzelfall zulässig und geboten sein, weitere Umstände zu berücksichtigen und abzuwägen, die nach dem Zweck der Ermächtigung für die Widerrufsentscheidung relevant sein können (...). Relevant sind solche Umstände, die ähnlich wie die Teilnahme an einer zehnstündigen Fortbildungsveranstaltung eine Qualitätssicherung gewährleisten. In Betracht kommt insbesondere eine zeitnahe wissenschaftliche Betätigung."

1299 Grundsätzlich bleibt der BGH allerdings auch in dieser neueren Entscheidung dabei, dass § 15 FAO und § 43c Abs. 4 Satz 2 BRAO mit Art. 12 GG vereinbar sind. Allerdings ist der Anwaltssenat großzügiger als die Satzungsversamm-

1 BGH NJW 2001, 1945 f. = BRAK-Mitt. 2001, 187 f.

lung, die sich bei Schaffung der Fortbildungsregel ausdrücklich dafür ausgesprochen hatte, dass ein Widerruf bereits bei **einmaligem** Verstoß gegen die Fortbildungspflicht möglich sein solle.[1]

Die Diskussion des Themas wurde letztlich schon durch den **Nichtannahmebeschluss** des **Bundesverfassungsgerichts** vom **4.1.2002**[2] beendet. Die Kammer stellt lapidar und ohne nähere Begründung fest: 1300

„Es ist verfassungsrechtlich nicht zu beanstanden, dass in der angegriffenen Entscheidung angenommen wird, der Bundesrechtsanwaltsordnung lasse sich die Befugnis der Satzungsversammlung zur Regelung der Fortbildungspflicht entnehmen. § 43c Abs. 4 Satz 2 BRAO setzt eine solche Befugnis voraus, die sich aus § 59b Abs. 2 Nr. 2 BRAO herleiten lässt. Für eine Verletzung von Grundrechten oder grundrechtsgleichen Rechten ist daher nichts ersichtlich."

Das klingt ein wenig nach der „Henne-Ei-Theorie", ist im Ergebnis aber nur zu begrüßen. § 15 FAO erweist sich damit als die in einer Berufsordnung des Rechtsanwalts einzig „gesetzlich" geregelte **Maßnahme der Qualitätssicherung** anwaltlicher Berufsausübung.[3] 1301

IV. Die Verpflichtung im Einzelnen

Die **Art und Dauer** sowie der **Nachweis** der Fortbildung sind in § 15 FAO geregelt. Zu den Konsequenzen einer fehlenden Fortbildung sagt die Fachanwaltsordnung selbst nichts. Sie ergeben sich, wie bereits ausgeführt, aus § 43c Abs. 4 Satz 2 BRAO. 1302

1. Art der Fortbildung

Früher sah § 15 FAO (a. F.) Fortbildung nur in Form der dozierenden oder hörenden Teilnahme an entsprechenden Veranstaltungen vor. Die zum **1.1.2003** in Kraft getretene Fassung hat die Fortbildungsmöglichkeiten um die wissenschaftliche Publizierung auf dem Fachgebiet erweitert. 1303

a) Wissenschaftliche Publikationen

Die Möglichkeit, ausreichende Fortbildung im Fachgebiet auch durch entsprechende **Publikationen** nachzuweisen, war in der Vergangenheit – vor der entsprechenden Neufassung des § 15 FAO – umstritten.[4] In der zweiten seiner oben zitierten Entscheidungen[5] zieht der BGH eine „zeitnahe wissenschaftliche Betätigung" als Nachweis ausreichender Fortbildung i. S. von § 15 FAO a. F. ausdrücklich in Betracht. Durch die Änderung von § 15 und die definitive 1304

1 Protokoll der 2. Sitzung der Ersten Satzungsversammlung vom 1. bis 3.2.1996, S. 11 f.
2 BVerfG MDR 2002, 299, m. krit. Anm. Hartung.
3 Quaas, in: Gaier/Wolf/Göcken, a. a. O., § 15 FAO Rz. 5; Scharmer, in: Hartung/Römermann, a. a. O., § 15 FAO Rz. 11.
4 Verneinend: Feuerich, in: Feuerich/Braun, a. a. O., § 15 FAO Rz. 2; Holl, a. a. O., § 15 FAO Rz. 30 ff.; und Jährig, a. a. O., S. 137; bejahend: Hartung, a. a. O., MDR 2000, 300.
5 BGH NJW 2001, 1945 f. = BRAK-Mitt. 2001, 187 f.

Akzeptanz wissenschaftlicher Publikationen ist der Streit gegenstandslos geworden.

1305 Allerdings muss – etwa i. S. von § 4 Abs. 3 FAO – die **Gleichwertigkeit** des Verfassens einer wissenschaftlichen Arbeit mit der zehnstündigen Teilnahme an einer anwaltlichen Fortbildungsveranstaltung gewährleistet sein. Da selbst weniger umfangreiche Veröffentlichungen die umfassende Beschäftigung mit dem Gegenstand der Untersuchung und erhebliche Sorgfalt beim Abfassen des Textes voraussetzen, dürfte die Zeitspanne von nur zehn Zeitstunden praktisch immer überschritten werden.

1306 ➲ **Praxis-Tipp:** Um unnötigen Nachfragen zu begegnen, sollte derjenige, der Fortbildung durch Publikationstätigkeit(en) nachweisen will, dem Kammervorstand unaufgefordert mitteilen, **wie viel Zeit** das Erarbeiten und Verfassen des(r) wissenschaftlichen Beitrags(Beiträge) erfordert hat. Außerdem muss er dem Vorstand den(die) Beitrag(Beiträge) zur Verfügung stellen. Zur Ansicht überlassene Bücher etc. werden von den Kammern selbstverständlich zurückgesandt.

1307 Voraussetzung ist ferner, dass eine Veröffentlichung **wissenschaftlichen Anforderungen** genügt. An **juristische Laien** gerichtete Beiträge in Mandantenrundschreiben, Tageszeitungen etc., die nur einige allgemeine Informationen und Ratschläge zu bestimmten Rechtsproblemen enthalten, können nicht als Nachweis ausreichender Fortbildung i. S. von § 15 Abs. 1 FAO dienen.

1308 Allerdings dürfen die Anforderungen an den Begriff der „Wissenschaftlichkeit" **nicht überzogen** werden. Zu Recht wies schon Henssler[1] darauf hin, dass auch solche Publikationen, die lediglich **kompilierenden Charakter** hätten und die **Rechtsprechungsentwicklung** oder aber eine **aktuelle Gesetzesänderung** schilderten, ausreichen könnten, obwohl in solchen Beiträgen typischerweise keine eigenständigen, wissenschaftlich weiterführenden Überlegungen enthalten seien. Nach dem Normzweck genüge es, wenn sie einen Wissensstand sicherstellten, der demjenigen vergleichbar sei, der auf einer einschlägigen Fortbildungsveranstaltung vermittelt werde.

1309 Die Restriktionen bei Vossebürger[2], der „mindestens" Aufsätze in Fachzeitschriften, Monographien und Vergleichbarem fordert und Urteils- und Buchbesprechungen grundsätzlich nicht ausreichen lässt, überzeugen demgegenüber nicht. Denn auch eine **Urteilsanmerkung**[3] oder eine Buchbesprechung setzen die **intensive Befassung** mit der behandelten Materie voraus und beschränken sich in aller Regel nicht auf den konkreten Gegenstand der Abhandlung, sondern beziehen die aktuelle wissenschaftliche Diskussion mit ein.

1310 Dies bestätigt der **AGH Schleswig-Holstein** in einem Beschluss vom **14.12.2005**[4], wonach auch kurze Beiträge zu obergerichtlichen und höchstrichterlichen Urteilen in einer Berater-Fachzeitschrift den Anforderungen an

1 A. a. O., 2. Aufl., § 15 FAO Rz. 6.
2 A. a. O., 2. Aufl., § 15 FAO Rz. 2.
3 A. A. wohl Quaas, in: Gaier/Wolf/Göcken, a. a. O., § 15 FAO Rz. 9.
4 AGH Schleswig-Holstein BRAK-Mitt. 2006, 34 ff.

den Begriff der Wissenschaftlichkeit i.S. von § 15 FAO genügen. Wissenschaftliche Tätigkeit seien schon die **Prüfung** und danach die **Auswahl** der zu veröffentlichenden und zu besprechenden Urteile aus den dem Antragsteller von der Redaktion der Fachzeitschrift zur Verfügung gestellten Entscheidungen sowie die Wiedergabe des Inhalts in der notwendig gestrafften Form und die Herausstellung des Problems sowie sodann die Analyse mit Zustimmung oder Ablehnung, mit dem Vergleich mit anderen Entscheidungen bis hin zu den daraus zu ziehenden Konsequenzen für die Praxis und einem Beraterhinweis.

b) Dozierende Teilnahme an einer anwaltlichen Fortbildungsveranstaltung

Durch die Neufassung von § 15 FAO aus dem Jahr 2002 hat der Begriff „Fortbildungsveranstaltung" den ausdrücklichen Zusatz **„anwaltliche"** erhalten, um deutlich zu machen, dass die Veranstaltung dem **fachlichen Niveau eines Rechtsanwalts** entsprechen muss. 1311

Es muss sich ferner um eine Veranstaltung handeln, die nicht das Basiswissen erneut vermittelt bzw. wiederholt, sondern **dem Ausbau, der Vertiefung und der Aktualisierung bereits vorhandener Kenntnisse dient**.[1] Zum Teil wird sogar gefordert, dass die Fortbildungsveranstaltung, die ja dem Erhalt des hohen, bei Verleihung der Fachanwaltsbezeichnung vorliegenden Qualitätsstandards dienen solle, „in ihrem Niveau erheblich das Maß dessen übersteigt, das üblicherweise durch die berufliche Ausbildung und praktische Erfahrung im Beruf vermittelt wird".[2] 1312

Sicher nicht ausreichend ist die dozierende Teilnahme an einem Volkshochschulkurs oder einer sonstigen Veranstaltung, die sich im Wesentlichen an ein **Laienpublikum** richtet. Problematisch ist deshalb auch die Anerkennung von Vorträgen vor Mandanten, wie sie häufig z.B. von Steuerrechtlern oder Insolvenzrechtlern durchgeführt werden. Dagegen ist nicht erforderlich, dass sich die Fortbildungsveranstaltung ausdrücklich und ausschließlich an (Fach-) Anwälte wendet. Als **Fachpublikum** kommen auch **andere Berufsträger**, z.B. Steuerberater, in Betracht. 1313

Eine **„kanzleiinterne Arbeitsgemeinschaft"** von zwei Rechtsanwälten, die es sich zur Gewohnheit gemacht haben, wichtige Gerichtsentscheidungen aus ihrem Fachgebiet jeweils im Wechsel vertieft und unter Hinzuziehung weiterführender Literatur aufzubereiten und einander gegenseitig vorzutragen, genügt nicht den Anforderungen an eine Fortbildungsveranstaltung. Es fehlt bei solchen Kurzvorträgen vor kleinstem Publikum an der wissenschaftlichen 1314

1 Vgl. hierzu Jährig, a.a.O., S. 137 m.w.Nachw.

2 So Holl, a.a.O., § 15 FAO Rz. 23. Differenzierend Scharmer in der aktuellen Auflage des Kommentars, § 15 FAO Rz. 28, der Fortbildungsveranstaltungen von herausgehobenem Niveau fordert, allerdings zugibt, dass eine Konkretisierung unter diesem Gesichtspunkt im Einzelfall schwierig sein könne. Es empfehle sich deshalb, als Orientierung den Titel der Veranstaltung heranzuziehen und sich bei Zweifelsfällen das Skript, die Power-Point-Folien oder zumindest die Gliederung des Seminars vorlegen zu lassen.

Vertiefung, an der Breite der Diskussion der Teilnehmer und auch an der Nachweisbarkeit.

1315 Unterschiedlich wird die Frage beantwortet, ob die (dozierende) Tätigkeit als **Leiter von Referendar-Arbeitsgemeinschaften** als Fortbildung i.S. von § 15 Abs. 1 FAO anerkannt werden kann. Dies wird z.T. unter Hinweis darauf verneint, dass sich der Vortrag „nur" an Referendare und damit nicht an ein wirkliches Fachpublikum richte. Wer das Niveau der heutigen Referendarausbildung und insbesondere auch das Anspruchsdenken der Referendare kennt, weiß, dass dieser Einwand unberechtigt ist.

Allerdings kommt bei regelmäßiger Tätigkeit als AG-Leiter mit immer **wiederkehrenden gleichen Inhalten** nur eine einmalige Anerkennung in Betracht.

1316 Dies gilt im Übrigen für die Anerkennung jedweder Fortbildungsveranstaltung und unabhängig davon, ob es sich um dozierende oder hörende Teilnahme handelt. Streng genommen müssten die Rechtsanwaltskammern überprüfen, ob Fortbildungsveranstaltungen nicht nur ein angemessenes Niveau aufweisen, sondern in hinreichendem Umfang auch **immer wieder neues** Wissen vermitteln. Dies dürfte allerdings an praktischen Schwierigkeiten scheitern, weil kein Kammervorstand in der Lage ist, zu kontrollieren, wo im Einzelfall die Grenze zwischen altem und neuem Stoff verläuft, und ob unterschiedlich betitelte Veranstaltungen tatsächlich einen unterschiedlichen Inhalt haben.

1317 Für eine Dozententätigkeit an der Universität gilt im Wesentlichen das zur Referendarausbildung Gesagte – allerdings mit den erforderlichen Abstrichen. Dozententätigkeit im Rahmen von **universitären Weiterbildungsstudiengängen** (etwa einem **LL.M.-Studiengang**) sollte – auch wenn es sich nicht um eine originär anwaltliche Veranstaltung handelt – akzeptiert werden.

1318 Abgesehen von dem einem Fachanwalt „würdigen" Niveau muss die Fortbildungsveranstaltung einen **erkennbaren Bezug zum jeweiligen Fachgebiet** aufweisen. Deshalb kann die Teilnahme an Veranstaltungen wie dem **Deutschen Juristentag** oder dem **Deutschen Anwaltstag** nur in Ausnahmefällen akzeptiert werden.

Da Fachanwälte über ein möglichst breit gestreutes Wissensspektrum verfügen sollen, sind die Rechtsanwaltskammern bei der Anerkennung von Fortbildungsveranstaltungen, die zwar einen Bezug zu einem bestimmten Fachgebiet erkennen lassen, sich aber in erster Linie auf Randbereiche dieses Gebietes erstrecken, grundsätzlich großzügig. Zum Teil halten Rechtsanwaltskammern die Teilnahme an **Querschnittsveranstaltungen**, z.B. auch an Veranstaltungen, die Fachanwälten für Bau- und Architektenrecht oder für Verkehrsrecht fachgebietsspezifisches technisches Know-how oder Fachanwälten für Medizinrecht bestimmte medizinische Kenntnisse vermitteln, sogar für besonders wünschenswert. Auch **Mediationsseminare** (etwa bezogen auf familienrechtliche oder gesellschaftsrechtliche Mediation) sind Fortbildung in dem jeweiligen Gebiet. Und schließlich sind **Veranstaltungen im ausländischen Recht** – nicht zuletzt im Hinblick auf § 2 Abs. 3 FAO – anerkennungsfähig.

Das Angebot an anwaltlichen Weiterbildungsveranstaltungen ist noch größer als das an Fachanwalts-Lehrgängen.[1] Die Anbieter von Fachanwalts-Lehrgängen führen üblicherweise auch die entsprechenden Fortbildungsveranstaltungen durch. Darüber hinaus gibt es für Fortbildungsveranstaltungen weitere Anbieter, wie z. B. die regionalen Rechtsanwaltskammern. 1319

Hinsichtlich einer **„Zertifizierung"** von Fortbildungsveranstaltungen oder verbindlichen Vorab-Erklärungen der Kammern, diese oder jene Maßnahme akzeptieren zu wollen, gilt das oben unter B. II. 2. a Gesagte entsprechend. 1320

➲ **Praxis-Tipp:** Die Kammervorstände (bzw. die Kammergeschäftsstellen) sind aber durchweg – ggf. nach Rücksprache mit dem jeweiligen Vorprüfungsausschuss – zu der vorläufigen Einschätzung bereit, ob eine bestimmte Veranstaltung, z. B. eine solche, die nur Randbereiche des Fachgebiets behandelt, grundsätzlich als einschlägige Fortbildung anerkannt wird oder nicht. 1321

Dozierende Teilnahme bedeutet Teilnahme als Vortragender. Die Tätigkeit als **Prüfer im ersten oder zweiten juristischen Staatsexamen**, als **Mitglied eines Vorprüfungsausschusses** etc. ist keine Vortragstätigkeit i. S. von § 15 Abs. 1 FAO. 1322

In zeitlicher Hinsicht wird **nur die Dauer der eigentlichen Vortragstätigkeit**, nicht dagegen der zeitliche Aufwand der Vorbereitung veranschlagt. 1323

Allerdings wird das Erstellen von eine Fortbildungsveranstaltung begleitenden **Skripten** als **wissenschaftliche Publikationstätigkeit** i. S. von § 15 Abs. 1 1. Alt. FAO zu werten sein, sofern die Skripten den oben unter F. III. 1.a dargestellten Anforderungen gerecht werden. Dies ergibt sich aus einer Art „Erst-recht-Schluss". Denn ein wesentlicher Teil der gedanklichen Leistung, also etwa die intensive Befassung mit aktuellen rechtlichen Problemen und der neuesten Rechtsprechung, findet während der Erarbeitung des Manuskripts zu einem Vortrag statt.[2] 1324

In den „Berliner Empfehlungen 2001" heißt es unter Ziff. II. 15. – insbesondere zur dozierenden Teilnahme an Fortbildungsveranstaltungen –: 1325

„15.1 Vortrags- oder Dozententätigkeit gilt nur dann und insoweit als Fortbildung, wenn diese den Qualitätsstandard einer üblichen Fortbildungsveranstaltung i. S. des § 15 FAO erreicht. Dies ist nachzuweisen; auf die Zuhörerschaft kommt es dabei erst in zweiter Linie an. Die Vorbereitungszeiten sind nicht mit anzurechnen.

15.2 Tätigkeiten im Vorprüfungsausschuss, in sonstigen Prüfungen (z. B. juristischen Staatsprüfungen) gelten genauso wenig als Fortbildungsveranstaltung des § 15 FAO wie die regelmäßige Durchsicht der Fachliteratur oder die Bearbeitung eines umfangreichen Falles.

15.3 Es ist Sache der Rechtsanwaltskammern, die Fortbildungsveranstaltungen anzuerkennen."

---

1 Vgl. hierzu oben unter B. II. 2.a.

2 Vgl. in diesem Sinne Schmidt/Gräser-Hermann, Fortbildung des Fachanwalts durch Veröffentlichungen, AnwBl. 2001, 560, 561.

c) Hörende Teilnahme an einer anwaltlichen Fortbildungsveranstaltung

1326 Hier gilt im Wesentlichen das bereits im Vorhergehenden Gesagte. Bei der **hörenden Teilnahme** an einer Fortbildungsveranstaltung stellt sich (in stärkerem Maße als bei der dozierenden) die Frage, ob **körperliche Präsenz erforderlich** oder z. B. auch die **Teilnahme an einem Fernlehrgang möglich** ist.[1] Letzteres wurde bis vor kurzem in der Literatur und von der Mehrzahl der Rechtsanwaltskammern – ohne nähere und vor allem ohne einleuchtende Begründung – stets abgelehnt.[2] Anlass für die negative Einstellung zu Fernlehrgängen war in erster Linie die häufig **fehlende Überprüfbarkeit** einer entsprechenden Teilnahme.

1327 Dass die Auffassung, die nach § 15 FAO erforderliche Fortbildung könne nicht auch durch Teilnahme an einem Fernlehrgang absolviert werden, einer gerichtlichen Überprüfung standhielte, musste schon im Hinblick auf die Entscheidung des BGH vom 2.4.2001[3] bezweifelt werden.

1328 Als besondere Form von Fernlehrgängen waren angesichts des technischen Fortschritts in jüngerer Zeit zunehmend die in verschiedenen Spielarten denkbaren **Online-Seminare** in den Fokus getreten. In einer ersten hierzu ergangenen Entscheidung vom **17.3.2005** lehnte der **AGH Schleswig-Holstein**[4] die Anerkennung eines Online-Seminars als Fortbildungsveranstaltung ab. Ein Fachanwalt für Steuerrecht hatte bei seiner Rechtsanwaltskammer nachgefragt, ob eine Online-Veranstaltung, die er zu buchen beabsichtige, als Fortbildung i. S. von § 15 FAO anerkannt werde. Die Kammer hatte dies verneint. Gegen die negative Auskunft hatte der Fachanwalt Antrag auf gerichtliche Entscheidung gestellt.

1329 Der Anwaltsgerichtshof problematisierte nicht etwa, ob die Teilnahme an einem Online-Seminar hörende Teilnahme an einer anwaltlichen Fortbildungsveranstaltung sei, sondern ob Fortbildung durch ein Online-Seminar die hörende Teilnahme an einer anwaltlichen Fortbildungsveranstaltung „ersetzt". Mit dieser Frage, die verneint wurde, nahm das Gericht das Ergebnis seiner Prüfung bereits vorweg. Kernpunkt der Überlegungen des AGH war, dass Online-Seminare schon gar nicht dem **Veranstaltungsbegriff** in § 15 FAO genügten. Unter „Fortbildungsveranstaltung" verstehe man eine von einem Veranstalter zeitlich und örtlich organisierte und durchgeführte Tagung, an der eine Vielzahl von Rechtsanwälten zum Zwecke der beruflichen Fortbildung teilnehme. Die gemeinschaftliche Teilnahme bewirke, dass eine Kommunikation nicht nur zwischen dem Dozenten und den Teilnehmern, sondern auch zwischen den Teilnehmern untereinander stattfinde. Es erfolge also nicht ein

---

1 Vgl. zu der Frage, ob Fachanwalts-Lehrgänge i. S. von § 4 FAO als Fernlehrgänge absolviert werden können, oben B. II. 2.b.

2 So z. B. Scharmer, in: Hartung/Römermann, a. a. O., § 15 FAO Rz. 31, der darauf abstellt, dass § 15 FAO anders als § 4 nicht die Einschränkung enthalte, dass lediglich „in der Regel" eine Teilnahme nachgewiesen werden müsse. Die maßgebliche Überlegung, die gegen die Akzeptanz von Fernlehrgängen spreche, sei die fehlende Überprüfbarkeit sowohl dem Grunde als auch der Zeitdauer nach.

3 BGH NJW 2001, 1945 f. = BRAK-Mitt. 2001, 187 f.

4 1 AGH 1/05 – Leitsätze abgedruckt in BRAK-Mitt. 2005, 197.

einseitiger Informationsfluss von dem Referenten zu den Veranstaltungsteilnehmern, wie es z.B. bei einer Vorlesung an einer Universität der Fall sei, an der die Studenten nur hörend teilnähmen. Vielmehr sei eine Fortbildungsveranstaltung entsprechend einer juristischen Seminarveranstaltung dadurch gekennzeichnet, dass die Teilnehmer nicht nur gedanklich beteiligt seien, sondern Diskussionsbeiträge leisteten, Fälle diskutierten und untereinander auch Erfahrungen austauschten. Diese Möglichkeit der spontanen Beteiligung sei nur bei gleichzeitiger körperlicher Anwesenheit der Teilnehmer gewährleistet.

Außerdem fehlte nach Ansicht des AGH eine ausreichende Kontrollmöglichkeit. 1330 Anlässlich des Besuchs einer Präsenzveranstaltung sei ein hörender Teilnehmer stets verpflichtet, sich namentlich in die Teilnehmerlisten einzutragen, sodass jedenfalls seine körperliche Anwesenheit nachgewiesen sei. Diesen Nachweis könne der Teilnehmer an einem Online-Seminar nicht erbringen. Das gelte auch dann, wenn er belege, dass er sich z.B. durch Fragen und Diskussionsbeiträge online in eine solche Fortbildungsveranstaltung eingeschaltet habe. Denn ein Nachweis für eine durchgehende Teilnahme an einem bestimmen Online-Seminar sei damit nicht erbracht.[1]

Durch Beschluss vom **6.3.2006** hat der **Bundesgerichtshof**[2] die Entscheidung 1331 des AGH Schleswig-Holstein aufgehoben, ohne sich allerdings mit dem Thema Online-Fortbildung zu befassen. Der Anwaltssenat beschränkt sich auf die Feststellung, dass der Antrag auf gerichtliche Entscheidung unzulässig gewesen sei, weil **präventive Auskünfte von Rechtsanwaltskammern** über die Rechtmäßigkeit künftigen Verhaltens nicht in die Rechte des Rechtsanwalts eingriffen und deshalb nicht nach § 223 BRAO (a.F.) angreifbar seien.[3]

Die Satzungsversammlung hat den Streit jetzt beendet, indem sie durch Be- 1332 schluss vom 15.6.2009 einen **neuen Satz 2 in § 15 Abs. 1 FAO eingefügt** hat, der klarstellt, dass Fortbildungsveranstaltungen nicht zwingend in Präsenz-

1 In der 2. Auflage Rz. 914, wurde kritisiert, dass der Beschluss den Begriff „Fortbildungsveranstaltung" überfrachte und ihn in einer Weise umschreibe, die die Satzungsversammlung ursprünglich nicht im Blick gehabt habe. Konsequent zu Ende gedacht, würde die Auffassung des Anwaltsgerichtshofs bedeuten, dass etwa auch der Besuch einer hochkarätigen Universitätsveranstaltung, bei der nicht die Gelegenheit zur Diskussion bestehe, nicht als Fortbildung i.S. von § 15 FAO anerkannt werden könne, und dass Veranstaltungsteilnehmern, die die Möglichkeit zur Diskussion mit dem Referenten und anderen Veranstaltungsteilnehmern nicht nutzten, eine Nachweisführung versagt bliebe. Es entstehe auch ein Ungleichgewicht zur Fortbildung durch wissenschaftliche Publikationen, bei deren Erstellung der Fachanwalt in aller Regel „ganz allein mit sich" sei und keinerlei gedanklichen Austausch mit Kollegen pflege. Allerdings hat sich, wie sogleich zu zeigen sein wird, die Satzungsversammlung bei ihrer aktuellen Beschlussfassung zu § 15 FAO der Argumentation des AGH Schleswig-Holstein angeschlossen.

2 AnwZ (B) 38/05.

3 Die schleswig-holsteinische Rechtsanwaltskammer hatte dies dennoch zum Anlass genommen, förmlich festzustellen, dass ein Online-Seminar (im Umfang von 2 Stunden mit 13 Teilnehmern) als Fortbildung für einen Fachanwalt anzuerkennen sei, wenn die Kontrolle der „Online-Präsenz" gesichert sei. Dieser Beschluss wurde sogar im Anwaltsblatt (2006, 583 f.) veröffentlicht.

form durchgeführt werden müssen, dass für Nicht-Präsenzveranstaltungen aber **zwei Vorgaben** gelten: Zum einen muss sichergestellt sein, dass die Referenten und die Teilnehmer an einer Nicht-Präsenzveranstaltung **untereinander kommunizieren** können, dass also Fragen und Diskussionsbeiträge möglich sind. Zum anderen muss durch geeignete technische Vorkehrungen (z. B. die Verwendung einer Fingerprint-Maus) der **Nachweis der durchgängigen Teilnahme erbracht** werden (können).

1333 Wie die Anbieter von Fortbildungsveranstaltungen versichern, sind beide Vorgaben technisch verhältnismäßig leicht und mit für Anbieter wie Nutzer vertretbarem Kostenaufwand zu realisieren. Es wird schon seit längerem mit einer sog. „Bio-Maus" experimentiert, die biometrische Daten erfasst und den Fingerabdruck des Benutzers identifiziert.[1]

Online-Fortbildung im Modus des Selbststudiums, wie sie vor der Neufassung des § 15 FAO von einer Rechtsanwaltskammer ausdrücklich anerkannt wurde, genügt den vorstehenden Anforderungen auch dann nicht, wenn eine Abfrage des vermittelten Wissens im Multiple-Choice-Verfahren erfolgt.

1334 Die **anwaltliche Versicherung** der Teilnahme **reicht bei Nicht-Präsenzveranstaltungen ebenso wie bei Präsenzveranstaltungen nicht aus**. Entsprechendes gilt für die Abgabe einer **eidesstattlichen Versicherung**, zumal die Rechtsanwaltskammern nicht zu den Stellen gehören dürften, die zur Entgegennahme eidesstattlicher Versicherungen überhaupt zuständig sind. Außerdem setzt § 15 Abs. 3 FAO den **Nachweis**, nicht die schlichte Glaubhaftmachung von Fortbildung voraus.

d) Fortbildung auf andere Art

1335 Nachdem in § 15 FAO das wissenschaftliche Publizieren und der Besuch von Nicht-Präsenzveranstaltungen ausdrücklich als Möglichkeit der Fortbildung aufgenommen wurden, bleibt für eine Fortbildung in anderer als der in der Norm ausdrücklich erwähnten Weise praktisch **kein Raum** mehr.

1336 Weder eine **Tätigkeit als Mitglied eines Vorprüfungsausschusses** noch eine solche als **Prüfer im ersten oder zweiten juristischen Staatsexamen** stellt Fortbildung dar.[2]

1337 Das **regelmäßige Sichten und Studieren der einschlägigen Fachliteratur**, das natürlich „Fortbildung" im eigentlichen Wortsinne ist, muss bereits aus Gründen der fehlenden Nachweisbarkeit ausscheiden.[3] **Fernkurse**, bei denen Unterrichtsmaterialien zum Zwecke des Selbststudiums verschickt werden,

---

1 Allerdings reicht die Verwendung einer Bio-Maus alleine jetzt nicht mehr aus. Der in der 2. Auflage Rz. 916, beschriebene Modus, bei dem der Teilnehmer einen videoverfilmten Fortbildungskurs auf DVD erhält und dann selbst bestimmen kann, wann und in welchen Teilabschnitten er den Vortrag an seinem Computer verfolgt, genügt den Anforderungen, die § 15 Abs. 1 Satz 2 FAO an die Interaktivität der Veranstaltungen stellt, nicht.

2 So auch Ziff. II. 15.2 der „Berliner Empfehlungen 2001".

3 Wie zuvor.

finden selbst dann keine Akzeptanz, wenn sie (freiwillige, nicht kontrollierte) Leistungstests enthalten (siehe oben Rz. 1333).

Die – von dem einen oder anderen Fachanwalt immer wieder ins Feld geführte – 1338
regelmäßige und umfangreiche **Bearbeitung von Mandaten** aus dem Fachgebiet entspricht der üblichen anwaltlichen Tätigkeit, stellt aber keine Fortbildung i. S. von § 15 Abs. 1 FAO dar.

Auch die **sibyllinische Formulierung** des BGH,[1] wonach bei der Entscheidung 1339
über einen möglichen Widerruf der Fachanwaltserlaubnis wegen unterbliebener Fortbildung **auch Umstände relevant** sein sollen, die ähnlich wie die Teilnahme an einer zehnstündigen Fortbildungsveranstaltung eine Qualitätssicherung gewährleisten, kann – schon wegen ihrer Unbestimmtheit – hier zu keiner anderen Einschätzung führen. Der BGH spielt beispielhaft („insbesondere") auf zeitnahe wissenschaftliche Betätigungen an. Die Möglichkeit wissenschaftlicher Publikationen kannte § 15 FAO zum Zeitpunkt der Entscheidung noch nicht.

Immer wieder wird die Forderung aufgestellt, der Fachanwalt müsse seine 1340
hohe und aktuell gehaltene Qualität nicht nur durch den Nachweis ausreichender Fortbildung, sondern auch dadurch dokumentieren, dass er die Bearbeitung einer **bestimmten Anzahl praktischer Fälle** im jeweils letzten Jahr belege. Der Ausschuss 1 der Satzungsversammlung hat über dieses Thema mehrfach ausführlich diskutiert, entsprechende Vorschläge aber jeweils mit großer Mehrheit abgelehnt. Man sah hier erhebliche organisatorische Schwierigkeiten sowohl für die Fachanwälte als auch für die mit der Überprüfung zu betrauenden Rechtsanwaltskammern, die in keinem angemessenen Verhältnis zu dem zu erzielenden Erfolg stünden. Außerdem wurde angeführt, dass bei einer entsprechenden Nachweispflicht die Schere zwischen den Qualitäts-Dokumentationspflichten von Nicht-Fachanwälten, für die nur der nicht sanktionsbewehrte § 43a Abs. 6 BRAO gelte, und Fachanwälten noch weiter als bisher auseinandergehen werde. Dies sei aus Sicht der Fachanwälte weder mit Art. 12 GG noch mit Art. 3 GG vereinbar.

2. Dauer der Fortbildung

Gem. § 15 Abs. 2 FAO darf die Gesamtdauer der Fortbildung **je Fachgebiet** 1341
zehn Zeitstunden (nicht Unterrichtseinheiten von 45 Minuten) nicht unterschreiten.

Unerheblich ist, ob sich die zehn Zeitstunden auf **eine einzige wissenschaftliche Publikation** oder auf **mehrere Veröffentlichungen** beziehen, oder ob sie aus **einer einzigen Fortbildungsveranstaltung** resultieren oder sich aus **mehreren Veranstaltungen** summieren. Auch die **Kombination** von Publikation und Fortbildungsveranstaltung ist möglich.

➲ **Praxis-Tipp:** Was den **„Lernerfolg"** angeht, ist es sicher sinnvoller, mehrere 1342
kürzere Fortbildungsveranstaltungen oder eine Veranstaltung, die sich über

1 NJW 2001, 1945, 1946 = BRAK-Mitt. 2001, 187, 188.

zwei Tage erstreckt, zu besuchen, als im Rahmen von „Crash-Kursen" die zehn Zeitstunden en bloc „abzusitzen".

1343 Allerdings ist ein in der 5. Sitzung der Zweiten Satzungsversammlung am 7.11.2002 unterbreiteter Vorschlag, in § 15 FAO aufzunehmen, dass eine Fortbildungsveranstaltung sich über mindestens zwei Tage erstrecken müsse, mit breiter Mehrheit abgelehnt worden. Auch **Ein-Tages-Seminare** sind demnach – sofern die zehn Zeitstunden erreicht werden – zu akzeptieren.

Pausenzeiten, die sich zum Teil beträchtlich addieren können, sind **in Abzug zu bringen**.[1]

1344 Außerdem sind die Veranstalter von Seminaren gehalten, durch geeignete Maßnahmen auch die **individuelle Anwesenheit** der einzelnen Teilnehmer **bei Beginn und Ende** sowie **während der Veranstaltung** zu **kontrollieren** und z.B. ein verspätetes Erscheinen, zwischenzeitliches Fehlen oder vorzeitiges Verlassen zu vermerken. Wer also einen Teil einer Fortbildungsveranstaltung zum Einkaufsbummel oder zum kollegialen Gespräch an der Kaffeebar nutzt, muss mit **Zeitabzug** rechnen.

1345 Wer Fortbildung durch Publikationstätigkeit nachweist, sollte der zuständigen Kammer stets auch **mitteilen**, **wie viel Zeit** das Verfassen der jeweiligen Beiträge beansprucht hat.

1346 Die **Vorbereitung auf die dozierende Teilnahme** an einer Fortbildungsveranstaltung bleibt, wie bereits ausgeführt, bei der Bewertung der Fortbildungsdauer außer Betracht. Umfasst diese Vorbereitung allerdings die **Erstellung eines zur späteren Veröffentlichung vorgesehenen Skripts**, muss dies Berücksichtigung finden.[2]

3. Überschneidungen von Veranstaltungsinhalten

1347 Wer zwei oder drei Fachanwaltsbezeichnungen führt, muss **für jedes Gebiet** Fortbildung im Umfang von 10 Zeitstunden, insgesamt also **20** oder **30** Zeitstunden, nachweisen. Das war früher nicht unumstritten,[3] wird durch den in der 3. Sitzung der Vierten Satzungsversammlung am 15.6.2009 neu gefassten und am 1.3.2010 so in Kraft getretenen **§ 15 Abs. 2 FAO** jetzt aber klargestellt, in dem es heißt, die Gesamtdauer der Fortbildung dürfe „je Fachgebiet" 10 Zeitstunden nicht unterschreiten.

1348 Das gilt natürlich auch beim Besuch von **Kombinationsveranstaltungen**, die als Fortbildung für mehrere Gebiete geeignet sind. Absolviert etwa ein Steuer-

1 Offermann-Burckart, in: Henssler/Prütting, a.a.O., § 15 FAO Rz. 9; Quaas, in: Gaier/Wolf/Göcken, a.a.O., § 15 FAO Rz. 15.

2 Vgl. hierzu schon oben unter G. IV. 1. b.

3 So aber schon „Berliner Empfehlungen 2006", wo es unter Ziff. II. 9. heißt: „Ein Rechtsanwalt, der zwei Fachanwaltsbezeichnungen führt, muss pro Fachanwaltstitel Fortbildung im Umfang von mindestens je 10 Zeitstunden absolvieren." In der 2. Auflage Rz. 933, wurde die Gerichtsfestigkeit dieser Auffassung in Frage gestellt. Durch die vom Bundesjustizministerium genehmigte Neufassung von § 15 Abs. 2 FAO sind Zweifel jetzt beseitigt.

strafrechtler, der „Fachanwalt für Steuerrecht" und „Fachanwalt für Strafrecht" ist, eine Fortbildungsveranstaltung, die sich mit Fragen des Steuerstrafrechts befasst, muss er sich entscheiden, ob diese als Fortbildung auf dem einen oder dem anderen Gebiet gelten soll. Das jeweils nicht abgedeckte Gebiet muss zusätzlich belegt werden.

Mitunter kommt es vor, dass kombinierte Veranstaltungen klar in bestimmte 1349
Teilbereiche gegliedert sind, sich also z. B. 5 Zeitstunden nur auf den Bereich des Familienrechts und weitere 5 Zeitstunden nur auf den Bereich des Erbrechts beziehen, ohne dass es hier zu erkennbaren thematischen Überschneidungen käme. In einem solchen Fall ist eindeutig, dass 5 Stunden ausschließlich für das Familienrecht und 5 Stunden ausschließlich für das Erbrecht zu verbuchen sind und eine Anrechnungsmöglichkeit nicht besteht.[1]

Akzeptiert wird von den meisten Rechtsanwaltskammern der **Besuch eines** 1350
Fachanwalts-Lehrgangs (bzw. eines Teils desselben) für ein Rechtsgebiet auch als Nachweis ausreichender Fortbildung **in einem anderen Gebiet**.

In den „Berliner Empfehlungen 2009" heißt es hierzu unter Ziff. II. 14.:

„Fortbildung in einem Gebiet kann bei Überschneidung der Themen durch den Besuch eines Fachlehrgangs in einem anderen Gebiet nachgewiesen werden. ‚Doppelverwertung' ist hier ausnahmsweise möglich."

Beispiel: 1351
Wer Fachanwalt für Familienrecht ist und im Jahr 2012 einen Fachanwalts-Lehrgang im Erbrecht besucht, kann die Lehrgangsstunden, die auf die familienrechtlichen Bezüge des Erbrechts entfallen, (auch) als Fortbildungsnachweis im Familienrecht verwenden.

➲ **Praxis-Tipp:** Da hierzu aber auch die gegenteilige Auffassung vertreten 1352
wird, sollte vorsichtshalber die entsprechende Handhabung der eigenen Rechtsanwaltskammer erfragt werden.

4. Beginn und Zeitraum der Fortbildungspflicht

§ 15 Abs. 1 FAO stellt seit seiner Neufassung durch Beschluss der Vierten 1353
Satzungsversammlung vom 15.6.2009 klar, dass es sich um **kalenderjährliche** Fortbildung handeln muss. Die bis dahin geltende Forderung nach „jährlicher" Fortbildung hatte mitunter die Frage aufkommen lassen, ob – wie **aus Gründen der Verwaltungsvereinfachung** allgemein üblich – auch wirklich auf Kalenderjahre abgestellt werden könne oder ob es um einen **von der Verleihung der Fachanwaltsbezeichnung abhängigen Zwölf-Monats-Zeitraum** gehe.[2]

Früher verzichteten die meisten Rechtsanwaltskammern für das Jahr, in dem 1354
die Fachanwaltsbezeichnung erworben wurde, auf jeglichen Fortbildungsnachweis, sodass die Fortbildungspflicht erst mit dem auf die Verleihung der Bezeichnung folgenden Kalenderjahr begann.[3] Seit Inkrafttreten des **neuen § 4**

1 Vgl. zur „Anrechnungsproblematik" ausführlich oben unter B. II. 2.f.
2 Vgl. hierzu die 2. Auflage Rz. 937.
3 Vgl. hierzu die 2. Auflage Rz. 938 f.

Abs. 2 FAO zum 1.1.2011[1] wäre eine solche Großzügigkeit **systemfremd**. Denn § 4 Abs. 2 FAO schreibt jetzt für angehende (wie für „promovierte") Fachanwälte **durchgängige Fortbildung seit Beginn des Fachanwalts-Lehrgangs** (oder einer Nachweisführung i. S. von § 4 Abs. 3 FAO) vor. Eine – auch nur kurzzeitige – Unterbrechung dieser Fortbildungspflicht kommt nicht mehr in Betracht.

1355 ➲ **Praxis-Tipp:** Selbstverständlich findet **keine Addition** der Fortbildungspflicht nach § 4 Abs. 2 und der nach § 15 FAO im selben Jahr statt. Wer also (im Hinblick auf § 4 Abs. 2) zehnstündige Fortbildung im Februar 2012 betreibt und im Juni 2012 die Erlaubnis zum Führen einer Fachanwaltsbezeichnung erhält, muss nicht etwa in der zweiten Jahreshälfte 2012 als jetzt „promovierter" Fachanwalt nach § 15 FAO nochmals Fortbildung nachweisen.

1356 ➲ **Praxis-Tipp:** Wer zu Beginn eines Kalenderjahres den Entschluss fasst, die erforderliche Fortbildung in der zweiten Jahreshälfte oder sogar erst gegen Ende des Jahres zu betreiben, sollte sich vorsichtshalber schon frühzeitig über die im Verlauf des Jahres angebotenen Veranstaltungen informieren. Sonst kann es geschehen, dass – insbesondere dort, wo (wie z. B. im Sozialrecht) das Angebot an Veranstaltungen nicht groß ist – zum gewünschten Zeitpunkt nichts Passendes mehr angeboten wird und dann entweder auf Notlösungen zurückgegriffen oder – mit möglichen negativen Konsequenzen – ganz auf Fortbildung verzichtet werden muss.

1357 Inzwischen bieten fast alle Veranstalter von Weiterbildungskursen Jahres- oder zumindest Halbjahres-Übersichten an, die eine rechtzeitige Orientierung und Buchung ermöglichen.

1358 Umstritten ist die Frage, ob beim Absolvieren der erforderlichen Fortbildung ein **„Nachdienen"** oder auch ein **„Vordienen"** möglich ist.[2] § 15 FAO geht im Interesse der Wahrung eines gleichbleibenden Qualitätsstandards der Fachanwälte von einer **kontinuierlich betriebenen** Fortbildung aus. Es ist also grundsätzlich nicht vorgesehen, z. B. im Jahr 2012 statt 10 Zeitstunden 30 Stunden Fortbildung zu absolvieren und dafür in den Jahren 2013 und 2014 ganz auf Fortbildung zu verzichten. Ebenso wenig besteht die Möglichkeit, in den Jahren 2012 bis 2014 keine Fortbildungsveranstaltungen zu besuchen (oder wissenschaftlich zu publizieren) und die versäumte Fortbildung dann im Jahr 2015 en bloc nachzuholen.

1359 Da allerdings der **BGH** in seiner Entscheidung vom **2.4.2001**[3] festgestellt hat, dass eine **einmalige Nichterfüllung** der Fortbildungspflicht in der Regel **noch nicht** zum Verlust der Fachanwaltsbezeichnung führt, und dass bei der **Ermessensentscheidung**, die die Rechtsanwaltskammer hinsichtlich eines möglichen Widerrufs der Befugnis zu treffen hat, sämtliche Umstände des Einzelfalls zu berücksichtigen sind, muss sowohl ein Nachdienen als auch ein Vor-

---

1 Vgl. hierzu ausführlich oben unter B. II. 5. b.
2 Verneinend Holl, a. a. O., § 15 FAO Rz. 36; bejahend wohl Hartung, a. a. O., MDR 2000, 300.
3 BGH NJW 2001, 1945 f. = BRAK-Mitt. 2001, 187 f.

dienen letztlich möglich sein.[1] Der Rechtsklarheit dient die – im Ergebnis begrüßenswerte – Rechtsprechung des Bundesgerichtshofs leider nicht. Allerdings neigen die Rechtsanwaltskammern nach allen Erfahrungen ohnehin zu einer verhältnismäßig großzügigen Handhabung. Nur in wenigen Fällen kommt es tatsächlich zu einem Widerruf der Fachanwaltserlaubnis wegen unterbliebener Fortbildung. Meist gelingt eine „Einigung".

Bei wissenschaftlichen Publikationen kommt es grundsätzlich auf den **Zeitpunkt (also das Jahr)** der **Veröffentlichung**, nicht auf denjenigen der Manuskripterstellung an.[2] Allerdings muss mit Rücksicht auf das soeben Gesagte auch hier eine gewisse Flexibilität gelten. Dies umso mehr, als der Autor oft nur begrenzt Einfluss darauf hat, wann ein Manuskript tatsächlich veröffentlicht wird, und er so ganz unverschuldet in zeitliche Schwierigkeiten geraten kann. Außerdem wird bei besonders umfangreichen Veröffentlichungen, deren Erstellung sich über einen längeren Zeitraum hingezogen hat, auch die Möglichkeit einer Anerkennung für mehrere (zumindest zwei) Jahre in Betracht zu ziehen sein. 1360

5. Nachweis gegenüber der Rechtsanwaltskammer

Gem. § 15 Abs. 3 FAO ist das Absolvieren ausreichender Fortbildung der zuständigen Rechtsanwaltskammer **„unaufgefordert"** nachzuweisen. Der Fachanwalt kann und sollte also nicht abwarten, bis er von seiner Kammer um die Vorlage des entsprechenden Nachweises gebeten wird. Vielmehr trifft ihn auch hier eine **„Bringschuld"**, d.h. er ist verpflichtet, von sich aus aktiv zu werden. 1361

Allerdings knüpfen die Kammervorstände, sofern überhaupt Fortbildung betrieben wird und nachgewiesen werden kann, an eine Verletzung der Pflicht zum unaufgeforderten Nachweis bislang **keine Sanktionen**. Die Verletzung dieser Pflicht wird also nicht als Verstoß gegen § 43 BRAO i.V.m. § 15 FAO gewertet und demzufolge auch nicht mit der Verhängung einer **aufsichtsrechtlichen Maßnahme** (z.B. einer Rüge) geahndet. 1362

Es gibt aber Rechtsanwaltskammern, die bei einer verschuldeten Versäumung des Fortbildungsnachweises „Strafgebühren" erheben. 1363

Die vorgelegten Nachweise müssen so **aussagekräftig** sein, dass sie den Kammervorstand in die Lage versetzen, ohne Einholung weiterer Informationen festzustellen, ob der jeweilige Fachanwalt seiner Fortbildungspflicht nach § 15 FAO genügt hat.

Wer Fortbildung durch wissenschaftliche Publikationen nachweist, muss deshalb, wie bereits ausgeführt,[3] die Publikation(en) vorlegen und zugleich nachvollziehbar mitteilen, wie viel Zeit ihr Erstellen in Anspruch genommen hat. 1364

---

1 A.A. Scharmer, in: Hartung/Römermann, a.a.O., § 15 FAO Rz. 64 f.
2 Offermann-Burckart, in: Henssler/Prütting, a.a.O., § 15 FAO Rz. 6; Vossebürger, a.a.O., § 15 FAO Rz. 3a.
3 Siehe oben unter G. IV. 1. a.

1365 Nachweise über die Teilnahme an Fortbildungsveranstaltungen sollten den Veranstalter, das Thema, den oder die Dozenten, das Datum, den Ort und vor allem die Dauer (inkl. der Pausenzeiten) der Veranstaltung bezeichnen. Da die Pausenzeiten in Abzug zu bringen sind, reicht der Hinweis, die Veranstaltung habe am Soundsovielten von 10.00 Uhr bis 19.00 Uhr gedauert, nicht aus. Außerdem sollte den Nachweisen klar zu entnehmen sein, dass der Fachanwalt die jeweilige Fortbildungsveranstaltung nicht nur gebucht, sondern auch tatsächlich (und zwar von Beginn bis Ende) **besucht** hat.

1366 Der BGH[1] hat in diesem Zusammenhang festgestellt,

> „dass die Vorlage eines auf eine Veranstaltung, die möglicherweise als Fortbildungsveranstaltung i.S. von § 14 (jetzt: § 15) FAO anerkannt werden könnte, hinweisenden Informationsblattes zum Nachweis der Teilnahme auch dann nicht genügt, wenn der Rechtsanwalt zusätzlich versichert, er habe daran teilgenommen."

1367 So unglaublich dies klingt: Die Rechtsanwaltskammern sind immer wieder mit Fällen konfrontiert, in denen sich herausstellt, dass ein „Strohmann" zu einer Fortbildungsveranstaltung geschickt wurde. Sogar die Unterschrift des eigentlich zur Fortbildung Verpflichteten wurde bei solchen Gelegenheiten schon „imitiert". Wenn der Kammervorstand hiervon erfährt, ist er gehalten, nicht nur die Anerkennung des Fortbildungsnachweises zu versagen, sondern ein **berufsrechtliches Aufsichtsverfahren** – und zwar sowohl gegen den Stroh- als auch gegen den Hintermann – einzuleiten. Auf Grund der Schwere des Verstoßes muss dann üblicherweise sogar die Generalstaatsanwaltschaft eingeschaltet werden. Von solchen „kreativen Überlegungen" zum Nachweis der Fortbildungspflicht kann deshalb nur dringend abgeraten werden.

1368 Bei berechtigten Zweifeln daran, dass – trotz vorgelegten Nachweises – eine Veranstaltung auch tatsächlich besucht wurde, sind die Rechtsanwaltskammern gehalten, weiter gehende Ermittlungen anzustellen und etwa die Unterschrift in einer Teilnehmerliste mit Unterschriftsproben in der Personalakte zu vergleichen. Selbstverständlich ist, dass Veranstalter wie Kammern auch bei solchen Überprüfungen alle **datenschutzrechtlichen Belange** wahren und z.B. nicht Anwesenheits- und Teilnehmerlisten insgesamt (die ja auch völlig Unbeteiligte betreffen würden) aushändigen bzw. anfordern.

1369 ➲ **Praxis-Tipp:** Seriöse Anbieter machen die Erteilung von Fortbildungsnachweisen von der Eintragung und Unterschriftsleistung in einer Anwesenheitsliste abhängig, wobei nach der Mittagspause meist eine neue Liste ausliegt. Man sollte das Vorhandensein dieser Listen beachten und nicht annehmen, das „Schwänzen" nach der Mittagspause falle nicht auf. Fehlt es an einer lückenlosen Eintragung in der Liste wird ein – professionell arbeitender – Anbieter trotz entrichteten Teilnahmebeitrags keine (vollständige) Anwesenheitsbescheinigung ausstellen.

1370 ➲ **Praxis-Tipp:** Leider legen nicht alle Veranstalter von Fortbildungskursen bei der Anwesenheitskontrolle die erforderliche Sorgfalt an den Tag. Die

1 BRAK-Mitt. 2001, 188, 189.

Rechtsanwaltskammern haben, wenn sie von Missständen erfahren, die Möglichkeit, dem Besuch einer Maßnahme die Anerkennung zu versagen. Korrektes Verhalten des Veranstalters in diesem Punkt ist deshalb keine „Schikane", sondern liegt im ureigenen Interesse jedes Teilnehmers. Wer Missstände feststellt, sollte den Veranstalter hierauf ansprechen und – wenn nicht für Abhilfe gesorgt wird – das nächste Mal bei der Konkurrenz buchen.

6. Unbedingte Fortbildungspflicht

§ 15 FAO lässt seinem Wortlaut nach **keinerlei Ausnahmen** von der für sämtliche Fachanwälte geltenden Fortbildungspflicht zu. Dies entspricht auch der Intention der Satzungsversammlung, die **im Interesse der Wahrung eines hohen Qualitätsstandards** die Pflicht zur Fortbildung für alle Fachanwälte – unabhängig von Art und Umfang ihrer Tätigkeit, Alter, Gesundheitszustand, Situation der Kanzlei etc. – festschreiben wollte. 1371

Auch Fachanwälte, die die Erlaubnis **vor Inkrafttreten der Fachanwaltsordnung** erlangt haben, sind an § 15 FAO gebunden. Die Fortbildungspflicht gilt also z.B. auch für Fachanwälte, die seit 1951 berechtigt sind, die Bezeichnung „Fachanwalt für Steuerrecht" zu führen, oder die nach § 210 BRAO a.F. auf Grund des Erwerbs des Titels vor dem 1.8.1991[1] die für die Verleihung erforderlichen Kenntnisse nicht nachweisen mussten.[2] 1372

In seiner Entscheidung vom **6.11.2000**[3] bestätigt der **BGH** die **ausnahmslose Geltung** von § 15 FAO (a.F.), indem er die Fortbildungspflicht auch für einen **hochbetagten (84jährigen) „Fachanwalt für Steuerrecht"** feststellt, dem die Fachanwaltsbezeichnung noch vor Inkrafttreten des „Gesetzes zur Änderung des Berufsrechts der Notare und der Rechtsanwälte" vom 29.1.1991[4] verliehen worden war. Wörtlich heißt es in der Entscheidung: 1373

> „Wenn es Fachanwälte unterschiedlichen Ranges gäbe, nämlich solche, von denen erwartet werden darf, dass sie sich ständig fortbilden, und andere, bei denen diese Gewähr nicht gegeben ist, würde der mit der Einführung der Fachanwaltschaft verfolgte gesetzgeberische Zweck weitgehend verfehlt."

Ein **Regulativ** beinhaltet insofern § 43c Abs. 4 Satz 2 BRAO, der die Entscheidung, ob an die Nichterfüllung der Fortbildungspflicht die Konsequenz eines Widerrufs der Fachanwaltserlaubnis geknüpft wird, **in das Ermessen** der zuständigen Rechtsanwaltskammer stellt. 1374

---

1 Tag des Inkrafttretens des „Gesetzes zur Änderung des Berufsrechts der Notare und der Rechtsanwälte" vom 29.1.1991 (vgl. oben unter A. I. 4.) und damit der §§ 42a bis 42d BRAO a.F.

2 Vgl. hierzu auch Offermann-Burckart, in: Henssler/Prütting, a.a.O., § 15 FAO Rz. 8.

3 BGH NJW 2001, 1571 f.

4 BGBl. 1991 I S. 150 ff.

V. Die Konsequenz nicht nachgewiesener bzw. fehlender Fortbildung

1375 Gem. **§ 43c Abs. 4 Satz 2 BRAO** kann die Erlaubnis zum Führen einer Fachanwaltsbezeichnung widerrufen werden, wenn die in der Fachanwaltsordnung vorgeschriebene Fortbildung unterlassen wird.

Aus der Verwendung des Wortes **„kann"** folgt, dass es sich hier nicht um eine Muss-Vorschrift, sondern um eine **Ermessens-Bestimmung** handelt. Zwar ist einerseits der Widerruf der Fachanwaltserlaubnis die **regelmäßige Folge** eines Verstoßes gegen die Fortbildungspflicht, da andernfalls § 15 FAO **ins Leere laufen** und die Erfüllung der Fortbildungsverpflichtung zur Beliebigkeit verkommen würde. Doch müssen andererseits, wie sich aus der Rechtsprechung des Bundesgerichtshofs[1] ergibt, bei der Ermessensentscheidung des Kammervorstands die **Umstände des Einzelfalls** sorgfältig berücksichtigt werden.[2] Liegt kein besonderer Grund für ein Versäumen der Fortbildungspflicht vor, ist regelmäßig von einer **Ermessensreduzierung auf Null** auszugehen, da der Hinweis auf eine Fachanwaltsbezeichnung nur berechtigt ist, wenn der Rechtsanwalt ständig über die erforderlichen Kenntnisse verfügt.[3]

1376 Ein zeitliches Problem kann sich für die Anwaltskammern aus **§ 25 Abs. 2 FAO** ergeben, der die Rücknahme und den Widerruf einer Fachanwaltserlaubnis nur innerhalb eines Jahres seit Kenntnis des Vorstands der Rechtsanwaltskammer von den sie rechtfertigenden Tatsachen zulässt. Streng genommen muss die Kammer auf unterbliebene Fortbildung also rasch reagieren.

1377 In seiner oben[4] bereits zitierten Entscheidung vom **2.4.2001** geht der **BGH**[5] allerdings davon aus, dass der Vorschrift des § 25 Abs. 2 FAO **keine durchgreifenden Argumente** dafür zu entnehmen seien, dass bereits die einmalige Nichterfüllung der Fortbildungs- und Nachweispflicht den Widerruf der Fachanwaltserlaubnis nach sich ziehen müsse, und dass ein einheitlicher Qualitätsstandard der Fachanwälte auch dann erreicht werden könne, wenn der Widerruf nicht automatisch beim einmaligen Nichterbringen der Fortbildungsnachweise erfolge. Vielmehr könne es, auch wenn der formalisierte Nachweis gem. § 15 FAO fehle, im Einzelfall zulässig und geboten sein, weitere Umstände zu berücksichtigen und abzuwägen, die nach dem Zweck der Ermächtigung für die Widerrufsentscheidung relevant sein könnten. Relevant seien dabei solche Umstände, „die ähnlich wie die Teilnahme an einer zehnstündigen Fortbildungsveranstaltung eine Qualitätssicherung gewährleisten".

---

1 NJW 2001, 1945 f. = BRAK-Mitt. 2001, 187 f.

2 Vgl. hierzu Grunewald, Die Entwicklung der Rechtsprechung im anwaltlichen Berufsrecht in den Jahren 1999 und 2000, NJW 2002, 188, 192; Offermann-Burckart, in: Henssler/Prütting, a. a. O., § 15 FAO Rz. 11 f.; Vossebürger, a. a. O., § 15 FAO Rz. 6.

3 Kellner, Die Fortbildungspflicht der Rechtsanwälte und Fachanwälte, NJW 2002, 1372, 1375; Offermann-Burckart, in: Henssler/Prütting, a. a. O., § 15 FAO Rz. 12. Quaas, in: Gaier/Wolf/Göcken, a. a. O., § 43c BRAO Rz. 53, spricht von einem sog. „intendierten Ermessen" und verweist zur näheren Erläuterung dieser Rechtsfigur auf BVerwGE 72, 1, 6; 105, 55, 57; und Kopp/Ramsauer, a. a. O., § 40 VwVfG Rz. 45.

4 Unter G. III.

5 NJW 2001, 1945 f. = BRAK-Mitt. 2001, 187 f.

In dem zu entscheidenden Fall ging es um einen „Fachanwalt für Steuerrecht", der zugleich ordentlicher Professor für Steuerrecht war und seit 1967 ein wissenschaftliches Institut für Wirtschafts- und Steuerrecht geleitet hatte. Nach Auffassung des BGH hätte – was nicht geschehen war – die Vorinstanz (also der AGH) prüfen müssen, ob der Betroffene vor dem Hintergrund dieser Tätigkeit eine zeitnahe wissenschaftliche Betätigung vorzuweisen hatte. Die Möglichkeit, Fortbildung auch durch wissenschaftliche Publikationen nachzuweisen, sah § 15 FAO (a. F.) zum Zeitpunkt des Beschlusses noch nicht ausdrücklich vor. 1378

In den „Berliner Empfehlungen 2001" heißt es unter Ziff. II. 16. wesentlich rigider: 1379

„Bei der Entscheidung über den Widerruf hat die Rechtsanwaltskammer ihr Ermessen auszuüben. Dabei spielt die Versäumung der Fortbildungspflicht eine hervorragende Rolle. Aus Gleichheitsgründen scheint es notwendig, Verstöße gegen die Fortbildungspflicht streng zu ahnden."

Ermessensfehlerhaft wäre es sicher, an eine **schuldlose Nichterfüllung** der Fortbildungspflicht, also an eine Nichterfüllung aus Gründen, die der Fachanwalt nicht zu vertreten hat, den Widerruf der Fachanwaltserlaubnis zu knüpfen. Gründe für ein schuldloses Unterbleiben der Fortbildung sind z. B. eine lange oder auch eine plötzlich (am Tag der eigentlich gebuchten Fortbildungsveranstaltung) auftretende **Krankheit**, schwerwiegende **Störungen in der Kanzleiorganisation**, die selbst eine nur vorübergehende Abwesenheit unmöglich machen, das **Nichtzustandekommen** einer bereits gebuchten Weiterbildungsveranstaltung oder – unvorhersehbare – **Defizite im Veranstaltungsangebot**.[1] 1380

➲ **Praxis-Tipp:** Wer absehen kann, dass er – aus welchen Gründen auch immer – nicht in der Lage sein wird, noch im laufenden Kalenderjahr die erforderliche Fortbildung zu absolvieren, sollte sich umgehend mit dem Kammervorstand bzw. der Kammergeschäftsstelle in Verbindung setzen und diese Tatsache und die Gründe hierfür offen legen. Die Kammer wird (sofern es sich nicht bereits um eine wiederholte Nichterfüllung der Fortbildungspflicht handelt) in der Regel zu einem **„Stillhalte-Abkommen"** bereit sein und außerdem brauchbare Ratschläge geben, wie es weitergehen kann. 1381

Eine dauerhafte – tatsächliche oder angebliche – Verhinderung zur Erfüllung der Fortbildungspflicht kann allerdings auch im Lichte der Rechtsprechung des BGH[2] nicht vor einem Widerruf der Fachanwaltserlaubnis bewahren. Wer etwa geltend macht, aus gesundheitlichen Gründen (z. B. wegen schwerwiegender altersbedingter Konzentrationsmängel oder Thrombosegefahr bei längerem Sitzen) zwar noch zu geringfügiger Anwaltstätigkeit, aber weder zu wissenschaftlichen Publikationen noch zur Teilnahme an Fortbildungsveranstal- 1382

---

1 Vgl. zum Ganzen Hartung, a. a. O., MDR 2000, 300; Jährig, a. a. O., S. 140; und Vossebürger, a. a. O., § 25 FAO Rz. 2.

2 Vgl. hierzu die oben unter G. IV. 6. zitierte Textpassage aus der BGH-Entscheidung vom 6.11.2000 (NJW 2001, 1571, 1572).

tungen in der Lage zu sein, wird mit einem Widerruf der Erlaubnis rechnen müssen.

1383 ➲ **Praxis-Tipp:** Wer glaubt (z.B. aus Alters- oder Gesundheitsgründen) dauerhaft nicht mehr zur Erfüllung der Fortbildungspflicht in der Lage zu sein, sollte einem Widerruf der Fachanwaltserlaubnis durch **eigenen Verzicht** auf die Bezeichnung zuvorkommen.

1384 Die Bezeichnung **„Fachanwalt a.D.“**, nach der von Fachanwälten, die vor der Entscheidung eines Verzichts auf die Bezeichnung stehen, gelegentlich gefragt wird, ist in Gesetz und Berufsordnung nicht vorgesehen. Sie würde wohl auch die **Gefahr einer Irreführung** des rechtsuchenden Publikums in sich bergen.

1385 Ungeklärt ist, in welchem Verhältnis ein Widerruf nach § 43c Abs. 4 Satz 2 BRAO zur Verhängung sonstiger aufsichtsrechtlicher Maßnahmen (etwa einer Rüge nach § 74 BRAO) steht. § 43c Abs. 4 Satz 2 BRAO i.V.m. § 25 FAO ist als **lex specialis** gegenüber § 74 BRAO zu werten[1], weshalb die Kammervorstände im Falle fehlender Fortbildung nicht – gewissermaßen als „Vorstufe“ zu einem Widerruf der Fachanwaltsbezeichnung – zunächst die Rüge als mildere Sanktionsmöglichkeit wählen können.

1386 Die Gegenmeinung geht davon aus, dass der Kammervorstand nicht nur rechtlich in der Lage, sondern unter Verhältnismäßigkeitsgesichtspunkten sogar verpflichtet sei, auf eine Verletzung der Obliegenheit nach § 15 FAO zunächst mit einer Rüge zu reagieren, bevor er zu der wesentlich schärferen Sanktion eines Widerrufs der Fachanwaltsbezeichnung greife. Dabei müsse berücksichtigt werden, dass die Rüge das mildere Mittel gegenüber dem Widerruf der Fachanwaltsbezeichnung sei. Eine Rüge zeige keine Außenwirkung und werde gem. § 205a Abs. 5 BRAO nach fünf Jahren aus den Personalakten des Rechtsanwalts getilgt. Dagegen sei der Widerruf der Fachanwaltsbezeichnung nach außen erkennbar und dauerhaft.[2]

1387 Darüber, dass die Erteilung einer Rüge zusätzlich oder auch alternativ zum Widerruf der Fachanwaltsbezeichnung möglich ist, mag man diskutieren. Es würde aber sicher eine **Überfrachtung des Fürsorgegedankens** bedeuten, den Kammervorstand vor jedem Widerruf der Fachanwaltserlaubnis zunächst zu einer Art „Warnschuss“ zu verpflichten. Die Verpflichtung zur Vorschaltung einer Rüge scheitert im Übrigen schon daran, dass eine berufsrechtliche Sanktion schuldhaftes Verhalten voraussetzt, das bei einer Verletzung der Fortbildungspflicht nach § 15 FAO nicht zwingend gegeben sein muss und der ganz anderen Intention der Fortbildungspflicht auch wesensfremd ist.

1388 Selbstverständlich muss dem Betroffenen vor Ausspruch des Widerrufs **rechtliches Gehör** gewährt werden, was voraussetzt, dass der Widerruf angedroht und dem Fachanwalt Gelegenheit zur Stellungnahme eingeräumt wird.

---

1 So etwa Jährig, a.a.O., S. 140 f.; Kleine-Cosack, a.a.O., § 25 FAO Rz. 3; und Offermann-Burckart, in: Henssler/Prütting, a.a.O., § 15 FAO Rz. 11.

2 In diesem Sinne Scharmer, in: Hartung/Römermann, a.a.O., § 25 FAO Rz. 11 f., unter Berufung auf AGH Hamburg, Beschl. vom 17.6.2003 – I ZU 9/02.

H. Rücknahme und Widerruf der Fachanwaltsbezeichnung

Rücknahme und Widerruf der Erlaubnis zum Führen einer Fachanwaltsbezeichnung sind vom Grundsatz her in **§ 43c Abs. 4 BRAO** geregelt. Die dazugehörigen Verfahrensvorschriften enthält **§ 25 FAO**, der die **Formalien** regelt, die die Rechtsanwaltskammer zu beachten hat, wenn sie eine Fachanwaltserlaubnis zurücknehmen oder widerrufen will. 1389

I. Rücknahme der Erlaubnis zum Führen einer Fachanwaltsbezeichnung

Gem. **§ 43c Abs. 4 Satz 1 BRAO** kann die Erlaubnis zum Führen einer Fachanwaltsbezeichnung **mit Wirkung für die Zukunft zurückgenommen** werden, wenn **nachträglich** Tatsachen bekannt werden, bei deren Kenntnis die Erlaubnis hätte versagt werden müssen. 1390

Als Grund für die Rücknahme einer Fachanwaltserlaubnis (Stichwort: Rücknahme eines rechtswidrigen begünstigenden Verwaltungsaktes) kommt in Betracht, dass die Verleihung der Erlaubnis durch **Täuschung**, also z. B. durch Vorlage gefälschter Zeugnisse oder durch die wahrheitswidrige Behauptung, bestimmte Fälle eigenhändig bearbeitet zu haben,[1] erschlichen wurde. Denkbar ist auch, dass nicht erst die Fachanwaltserlaubnis, sondern bereits die Zulassung zur Anwaltschaft das Ergebnis von Manipulationen (z. B. der Vorlage eines gefälschten Examenszeugnisses) ist. 1391

In der Praxis sind derartige Fälle naturgemäß selten.

II. Widerruf der Erlaubnis zum Führen einer Fachanwaltsbezeichnung

Nach **§ 43c Abs. 4 Satz 2 BRAO** kann die Erlaubnis zum Führen einer Fachanwaltsbezeichnung **widerrufen** werden, wenn eine in der Berufsordnung (also der Fachanwaltsordnung) vorgeschriebene Fortbildung unterlassen wird. 1392

1. Nichterfüllung der Fortbildungspflicht

Das Unterlassen der in der Berufsordnung (konkret: in § 15 FAO) vorgesehenen Fortbildungspflicht ist der **einzige Widerrufsgrund**, den die BRAO **ausdrücklich** benennt. Wie im Vorhergehenden bereits ausgeführt, stellt § 43c Abs. 4 Satz 2 BRAO den Widerruf der Fachanwaltserlaubnis wegen fehlender Fortbildung **in das Ermessen** der zuständigen Rechtsanwaltskammer. Ein Widerruf auf Grund unterbliebener Fortbildung ohne – erkennbare – Ausübung des Ermessens wäre wegen Ermessensnichtgebrauch per se fehlerhaft. Zu den Überlegungen, die der Kammervorstand bei seiner Ermessensentscheidung anzustellen hat, vgl. oben unter G. V. 1393

---

1 Siehe hierzu den oben unter D. IV. 2. geschilderten Fall.

2. Weitere Widerrufsgründe

1394 Dass die Bundesrechtsanwaltsordnung keine weiteren Gründe für einen Widerruf der Fachanwaltserlaubnis benennt, bedeutet nicht, dass es keine weiteren Gründe gäbe.

a) Ausscheiden aus der Anwaltschaft/Ruhen der Zulassung

1395 **Scheidet** ein Fachanwalt (z.B. auf Grund eigenen Verzichts oder auf Grund des Widerrufs der Zulassung etwa wegen Vermögensverfalls) aus der Anwaltschaft **aus**, versteht sich – ohne dass es eines **gesonderten Widerrufs** bedürfte – von selbst, dass er **auch kein Fachanwalt mehr** ist.

1396 Es stellt sich aber die Frage, ob die Erlaubnis zum Führen einer Fachanwaltsbezeichnung mit Ausscheiden aus der Anwaltschaft endgültig erlischt, oder ob sie im Falle einer **späteren erneuten Zulassung** wieder **auflebt**.

1397 In Ziff. II. 18. der „Berliner Empfehlungen 2001" heißt es sehr weitgehend:

> „Mit der Rücknahme der Zulassung zur Anwaltschaft entfällt auch die Befugnis zum Führen der Bezeichnung Fachanwalt. Dies sollte aus Gründen der Klarheit im Zusammenhang mit dem Zulassungswiderruf zum Ausdruck kommen."

Allerdings hatten die Teilnehmer an dem Erfahrungsaustausch Ende 2001 bei dieser Formulierung den hier erwähnten Fall einer späteren Wiederzulassung nicht im Auge.

1398 Früher sprach sich die Mehrheit der Rechtsanwaltskammern dafür aus, dass die Fachanwaltserlaubnis nach einer Phase der Nichtzulassung bei späterer Wiederzulassung auch dann nicht wieder auflebe, wenn zwischenzeitlich Fortbildung in dem von § 15 FAO geforderten Umfang betrieben worden sei. Begründet wurde dies damit, dass von einem Fachanwalt nicht nur regelmäßige Fortbildung, sondern vor allem kontinuierliche Betätigung auf seinem Fachgebiet verlangt werde. Nur so könne der bei Verleihung der Bezeichnung gegebene hohe Qualitätsstandard gewahrt bleiben.[1]

1399 **In neuem Licht** erscheint das Thema seit der Diskussion über die Möglichkeit des **„Wiederauflebens"** eines Fachanwaltstitels, auf den – unter der Geltung von **§ 43c Abs. 1 Satz 3 BRAO a.F.** – der Inhaber zweier Fachanwaltschaften verzichtet hatte, um eine weitere Bezeichnung erwerben zu können. Die **dogmatischen Bedenken**, die eigentlich eindeutig gegen ein solches Wiederaufleben sprachen, wurden oben unter B. V. 5. eingehend behandelt. Dennoch

---

1 Bei dieser Argumentation wurde übersehen, dass Fachanwälte zwar jährliche Fortbildung in einem bestimmten Umfang, nicht aber die fortlaufende Tätigkeit in ihrem Fachgebiet nachweisen müssen. Es gibt bekanntermaßen Fachanwälte, die zwar zum „Titelerhalt" noch regelmäßig Fortbildung betreiben, ihre berufliche Tätigkeit im Laufe der Zeit allerdings von ihrem (früheren) Fachgebiet weg verlagert haben und auf diesem Gebiet nur noch am Rande oder auch gar nicht mehr tätig sind. Wie schon an anderer Stelle erwähnt, hat der Ausschuss 1 der Satzungsversammlung die Frage, ob im Rahmen von § 15 FAO auch gefordert werden solle, dass jeder Fachanwalt die regelmäßige Bearbeitung bestimmter Fallzahlen in seinem Gebiet nachweist, zwar diskutiert, aber mehrfach mit großer Mehrheit verneint.

entschieden sich letztlich alle Rechtsanwaltskammern für eine großzügige Handhabung.

Nicht alle, aber einige (jedenfalls mehr als früher) wollen diese Großzügigkeit künftig auch gegenüber Rechtsanwälten an den Tag legen, die nach vorübergehender Nichtzulassung in die Anwaltschaft zurückkehren. Die dargestellten dogmatischen Bedenken gelten indes auch hier. 1400

Im Fall eines **vorübergehenden Ruhens der Anwaltszulassung** (z. B. wegen politischer Betätigung) sprechen sich die Rechtsanwaltskammern – **dogmatisch korrekt** – einheitlich für eine Beibehaltung der Fachanwaltserlaubnis aus.[1] 1401

b) Vertretungsverbot/vorläufiges Vertretungsverbot

Ein dem vorübergehenden Ausscheiden aus der Anwaltschaft vergleichbarer Fall ist der der **Verhängung eines Vertretungsverbots bzw. eines vorläufigen Vertretungsverbots**. 1402

Lässt sich ein Rechtsanwalt **Berufspflichtverletzungen schwerster Art** (z. B. Untreue, Betrug, Parteiverrat, Begünstigung) zuschulden kommen, kann gegen ihn gem. **§§ 114 Abs. 1 Nr. 4, 114a, 204 Abs. 5 BRAO** das Verbot verhängt werden, auf bestimmten Rechtsgebieten als Vertreter und Beistand für die Dauer von einem Jahr bis zu fünf Jahren tätig zu werden. Die **§§ 150, 155, 161a BRAO** sehen daneben die Verhängung eines vorläufigen Vertretungsverbots für den Fall vor, dass dringende Gründe für die Annahme vorhanden sind, dass gegen einen Rechtsanwalt (wegen schwerster Verfehlungen) auf Ausschließung aus der Anwaltschaft erkannt werden wird. 1403

Das Rechtsgebiet, auf dem das (vorläufige) Vertretungsverbot verhängt wird, ist regelmäßig das **Gebiet, auf dem der Anwalt die Berufspflichtverletzung begangen hat**. Berührt das pflichtwidrige Verhalten verschiedene Rechtsgebiete, ist das Vertretungsverbot für das Gebiet auszusprechen, auf dem der Schwerpunkt der Verfehlung liegt.[2] Gegen einen Rechtsanwalt, der sich im Rahmen einer Strafverteidigung der Begünstigung schuldig gemacht hat, wird also im Zweifel ein ein- bis fünfjähriges Vertretungsverbot auf dem Gebiet des Strafrechts verhängt. Ist dieser Rechtsanwalt „Fachanwalt für Strafrecht" stellt sich die Frage, welche Auswirkungen das Vertretungsverbot auf die Befugnis zum Führen der Fachanwaltsbezeichnung hat. 1404

Hierzu werden in der Literatur inzwischen **vier Meinungen** vertreten: Die **restriktivste** geht davon aus, dass im Vertretungsverbot und im vorläufigen Vertretungsverbot ein **weiterer Widerrufsgrund** zu sehen ist.[3] Eine **vermit-** 1405

1 Auch hier ergibt sich allerdings ein Widerspruch zu der Argumentation, bei vorübergehender Nichtzulassung fehle es an praktischer Betätigung, weil es doch egal sein muss, ob jemand auf seinem Fachgebiet nicht tätig ist, weil er vorübergehend nicht zur Anwaltschaft zugelassen ist oder weil seine Zulassung vorübergehend ruht. Denn an kontinuierlichen berufspraktischen Erfahrungen fehlt es im einen wie im anderen Fall.

2 Vgl. hierzu Feuerich, a. a. O., § 114 BRAO Rz. 30.

3 So zwischenzeitlich Offermann-Burckart, in: Henssler/Prütting, a. a. O., § 43c BRAO Rz. 39.

telnde Meinung erwägt, ein **auf die Dauer des Vertretungsverbots** – und damit der Unzulässigkeit des Tätigwerdens des Rechtsanwalts auf dem ihm untersagten Rechtsgebiet – **beschränkter Widerruf** könnte insoweit pflichtgemäßem Ermessen entsprechen, sofern man eine analoge Anwendung des § 36 Abs. 2 Nr. 1 VwVfG für möglich halte. In einem solchen Fall solle indessen zusätzlich erwogen werden, ob man dem „befristeten Widerruf" der Erlaubnis nicht eine Auflage beifüge, wonach der Rechtsanwalt für die Dauer des Vertretungsverbots seiner Fortbildungsverpflichtung nach § 15 FAO unbeschadet des Umstands nachzukommen habe, dass ihm die Fachanwaltserlaubnis für die Dauer des Vertretungsverbotes widerrufen worden sei.[1] Eine **andere vermittelnde Meinung** fordert nicht, dass die Fachanwaltsbezeichnung widerrufen wird, besagt aber, dass sie während der Dauer des Vertretungsverbots nicht geführt werden darf.[2] Die **liberalste Auffassung** geht davon aus, dass ein (vorläufiges) Vertretungsverbot gänzlich ohne Auswirkung auf die Befugnis zum Führen einer Fachanwaltsbezeichnung bleibt. Die Fachanwaltsbezeichnung sei dem Rechtsanwalt verliehen worden, weil er die besonderen theoretischen Kenntnisse und praktischen Erfahrungen gem. § 2 FAO erworben und dies nachgewiesen habe. An diesem Tatbestand ändere sich grundsätzlich nichts, auch wenn sich der Fachanwalt in seinem Rechtsgebiet womöglich schwere Pflichtverletzungen habe zuschulden kommen lassen. Verletzungen der allgemeinen anwaltlichen Berufspflichten seien durch das Vertretungsverbot hinreichend sanktioniert und könnten deshalb nicht als Grundlage einer weiteren berufsrechtlichen Maßnahme herangezogen werden.[3]

1406 Ein Widerruf der Fachanwaltserlaubnis wegen Verhängung eines befristeten Vertretungsverbots wäre – insbesondere auch aus Sicht des rechtsuchenden Publikums – die **„sauberste" Lösung**, erscheint aber schon im Hinblick auf den **Verhältnismäßigkeitsgrundsatz** zweifelhaft. Dabei ist zu beachten, dass **§ 114a BRAO** die Wirkungen des Vertretungsverbots **begrenzt**. Ein Rechtsanwalt, gegen den ein Vertretungsverbot (§ 114 Abs. 1 Nr. 4 BRAO) verhängt ist, darf auf dem ihm untersagten Rechtsgebiet lediglich nicht als Vertreter und Beistand oder im schriftlichen Verkehr vor einem Gericht, vor Behörden,

---

1 Quaas, in: Gaier/Wolf/Göcken, a. a. O., § 43c BRAO Rz. 55.

2 So wohl immer noch Feuerich, a. a. O., § 43c BRAO Rz. 42, wo es – zunächst – heißt, werde gegen den Fachanwalt auf seinem Fachgebiet ein Vertretungsverbot wirksam, dürfe dieser für die Zeit des Bestehens des Verbots diese Fachanwaltsbezeichnung nicht führen. Infolge der Wirkungen des Vertretungsverbots wäre die Führung der Fachanwaltsbezeichnung auf dem untersagten Rechtsgebiet irreführend. Entsprechendes gelte für das vorläufige Vertretungsverbot. Missverständlich fährt Feuerich dann jedoch fort:
„Um die Irreführung sicher auszuschließen, ist die Erlaubnis zum Führen der Fachanwaltsbezeichnung zu widerrufen, da der Rechtsanwalt schuldhaft gegen seine Pflichten gerade auf dem Gebiet verstoßen hat, auf dem die Mandanten ihm ein besonderes Maß an Vertrauen in seine Zuverlässigkeit entgegenbringen durften. Nach Entfallen des Vertretungsverbots ist es dem ehemaligen Fachanwalt unbenommen, sich erneut um die Gestattung der Führung der Fachanwaltsbezeichnung zu bemühen (...)."

3 So Kleine-Cosack, a. a. O., § 25 FAO Rz. 5; und Scharmer, in: Hartung/Römermann, a. a. O., § 43c BRAO Rz. 76 ff., § 25 FAO Rz. 8 ff., unter Aufgabe der in der Vorauflage vertretenen Ansicht.

vor einem Schiedsgericht oder gegenüber anderen Personen tätig werden oder Vollmachten oder Untervollmachten erteilen. Untersagt ist also **jegliche Betätigung mit Außenwirkung**. Dagegen ist es dem so bestraften Anwalt nicht verwehrt, auch auf dem untersagten Rechtsgebiet **seinen Mandanten zu beraten** und im Zusammenhang mit der Wahrnehmung eines Mandats auf einem anderen Rechtsgebiet **notwendige Prüfungen von Rechtsfragen** auf dem untersagten Gebiet vorzunehmen. Auch die **Erstattung eines Gutachtens** für einen Kollegen ist ihm möglich.[1] Ein Fachanwalt für Strafrecht, gegen den ein mehrjähriges Vertretungsverbot auf dem Gebiet des Strafrechts verhängt wurde, kann also nicht mehr als Pflichtverteidiger beigeordnet werden, darf nicht an Hauptverhandlungen teilnehmen und nicht einmal Akteneinsicht beantragen. Er kann allerdings nach wie vor Mandanten auf dem Gebiet des Strafrechts beraten und z. B. strafrechtliche Gutachten verfassen. Deshalb wäre es unbillig – und in Ermangelung einer klaren Rechtsgrundlage wohl auch nicht möglich –, an die verhängte Strafe den Widerruf des Fachanwaltstitels zu knüpfen. Dass ein „Fachanwalt für Strafrecht", der nur sehr eingeschränkt tätig werden darf, aber gleichwohl mit seinem Fachanwaltstitel wirbt, beim rechtsuchenden Publikum möglicherweise einen **falschen Anschein erweckt** und somit gegen das Verbot irreführender Werbung verstößt, ist eine andere Frage. Der „reduzierte" Fachanwalt könnte gut beraten sein, für die Dauer des Vertretungsverbots den Titel nicht offiziell (also auf dem Briefbogen und in sonstigen Kanzleiverlautbarungen) zu führen. Ansonsten setzt er sich möglicherweise **wettbewerbsrechtlichen Unterlassungsansprüchen** von Kollegen (und ggf. auch der zuständigen Rechtsanwaltskammer) aus. Die Gerichte hatten sich mit der Fragestellung bislang noch nicht zu befassen.

III. Verfahren

Das Verfahren von Rücknahme und Widerruf einer Fachanwaltserlaubnis ist, wie bereits erwähnt, in **§ 25 FAO** geregelt. 1407

1. Zuständigkeit

Gem. **§ 25 Abs. 1 FAO** ist für die Rücknahme und den Widerruf der Erlaubnis der Vorstand der Rechtsanwaltskammer zuständig, der der Rechtsanwalt im Zeitpunkt der Entscheidung angehört. 1408

Es kommt also nicht darauf an, welche Kammer die Erlaubnis erteilt hat. Fällt das Rücknahme- oder Widerrufsverfahren zeitlich mit dem Wechsel des betroffenen Fachanwalts von einer Rechtsanwaltskammer zu einer anderen zusammen, und ist dieser Wechsel abgeschlossen, bevor die endgültige Entscheidung über die Rücknahme oder den Widerruf der Fachanwaltserlaubnis erfolgt ist, verliert grundsätzlich die „Altkammer" ihre Zuständigkeit zu Gunsten der aufnehmenden Kammer. Allerdings gilt auch hier wieder 1409

1 BGH BRAK-Mitt. 1983, 93; Dittmann, in: Henssler/Prütting, a. a. O., § 114a BRAO Rz. 2 f.

§ 3 Abs. 3 VwVfG,[1] wonach die bisher zuständige Rechtsanwaltskammer das Verfahren fortführen kann, wenn dies unter Wahrung der Interessen der Beteiligten der einfachen und zweckmäßigen Durchführung des Verfahrens dient und die nunmehr zuständige Kammer zustimmt. Anders als beim Verleihungsverfahren dürfte die Fortführung eines Widerrufsverfahrens durch die frühere Heimatkammer allerdings selten zweckmäßig sein und schon gar nicht den Interessen des betroffenen Rechtsanwalts dienen. Bei einer so belastenden und einschneidenden Maßnahme wie dem Widerruf einer Fachanwaltserlaubnis sollte in der Regel die Kammer tätig werden, der der betroffene Fachanwalt aktuell angehört.

2. Frist

1410 Nach **§ 25 Abs. 2 FAO** sind die Rücknahme und der Widerruf **„nur innerhalb eines Jahres seit Kenntnis** des Vorstandes der Rechtsanwaltskammer von den sie rechtfertigenden Tatsachen zulässig". Diese den **§§ 48 Abs. 4, 49 Abs. 2 Satz 2 VwVfG** nachgebildete Vorschrift soll der **Rechtssicherheit** und dem **Rechtsfrieden** dienen. In den Fällen, in denen Anlass besteht, über die Rücknahme oder den Widerruf einer Fachanwaltsbezeichnung nachzudenken, sollen eine zügige Abwicklung sichergestellt und rasche Klarheit sowohl für den betroffenen Fachanwalt als auch für das rechtsuchende Publikum geschaffen werden.

1411 ➲ **Praxis-Tipp:** Ein Rechtsanwalt, der seiner Fortbildungspflicht nicht genügt, und dem vom Kammervorstand ein großzügiger – ins übernächste Jahr reichender – Aufschub gewährt wird, kann sich, wenn er seine Zusage des ausreichenden Nachdienens nicht einhält, nicht auf einen „Fristablauf" i. S. von § 25 Abs. 2 FAO berufen.

1412 Der BGH[2] hat hierzu ausdrücklich festgestellt, dass bei einer **späteren Widerrufsentscheidung**, die innerhalb eines Jahres nach Kenntnis der für den Widerruf maßgeblichen Tatsache erfolge, „eine frühere Tatsache, die für sich allein den Widerruf nicht gerechtfertigt hätte, bekräftigend mit berücksichtigt werden" könne. Zwar diene die Jahresfrist des § 25 Abs. 2 FAO auch dem Interesse des Rechtsanwalts an Rechtsklarheit. Die Rechtsanwaltskammer könne indes verhindern, dass das Unterbleiben des Widerrufs nach der ersten Zuwiderhandlung gegen die Fortbildungs- und Nachweispflicht bereits als Verzicht auf das Widerrufsrecht gedeutet werde, „indem sie den Rechtsanwalt deswegen ‚verwarnt' und sich für den (ersten, zweiten, dritten …) Wiederholungsfall den Widerruf vorbehält".

1413 Wechselt der betroffene Fachanwalt während des Rücknahme- bzw. Widerrufsverfahrens in einen anderen Kammerbezirk, ist hinsichtlich des Beginns der Frist auf den Zeitpunkt abzustellen, in dem der Vorstand der „Altkammer" die entsprechende Kenntnis erlangt hat. Der Vorstand der aufnehmenden Rechtsanwaltskammer muss sich also die **Kenntnis des anderen Vor-**

---

1 Vgl. hierzu näher oben unter C. II.
2 NJW 2001, 1945, 1946 = BRAK-Mitt. 2001, 187, 188.

stands zurechnen lassen. Größere praktische Probleme wirft dies nicht auf, weil die Anwaltskammern sich beim Wechsel eines Mitglieds gegenseitig über diejenigen personenbezogenen Informationen unterrichten, die für die Berufsaufsicht erforderlich sind (so jetzt § 36 Abs. 2 Satz 1 BRAO, der weiter reicht als der frühere § 36a Abs. 2 BRAO a. F.).

Nach Ablauf der Jahresfrist des § 25 Abs. 2 FAO lebt allerdings – sofern man überhaupt der „lex-specialis-Lösung"[1] folgt, das **Rügerecht** des Kammervorstands nach § 74 BRAO wieder auf. Versäumt es also der Vorstand, einen Fachanwalt wegen des Unterbleibens von Fortbildung zumindest zu „verwarnen",[2] hat er – bis zum Ablauf von drei Jahren nach der Pflichtverletzung – immerhin noch die Möglichkeit, das Fehlverhalten durch Verhängung einer **aufsichtsrechtlichen Maßnahme** zu sanktionieren. 1414

3. Rechtliches Gehör

Gem. **§ 25 Abs. 3 Satz 1 FAO** ist der betroffene Rechtsanwalt vor der abschließenden Entscheidung über die Rücknahme oder den Widerruf seiner Fachanwaltsbezeichnung **zu hören** (Art. 103 Abs. 1 GG). Die Anhörung sollte schon aus Gründen der Rechtssicherheit und der Nachweisbarkeit im schriftlichen Verfahren – unter förmlicher Zustellung der entsprechenden Aufforderung – erfolgen. 1415

Der BGH hat in seiner vorerwähnten Entscheidung vom 6.11.2000[3] trotz grundsätzlichen Bejahens einer ausnahmslosen Fortbildungspflicht den Widerrufsbescheid der Rechtsanwaltskammer deshalb aufgehoben, weil der betroffene Fachanwalt nicht hinreichend über die auch für ihn geltende Fortbildungspflicht belehrt worden und ihm nicht die Möglichkeit eingeräumt worden sei, besserer Einsicht gemäß zu handeln und doch noch Fortbildung zu betreiben. Der BGH wertet dies als **Ermessensfehler**. Allerdings dürfte hier auch und gerade das Fehlen hinreichenden rechtlichen Gehörs eine Rolle gespielt haben. 1416

4. Form

Gem. **§ 25 Abs. 3 Satz 2 FAO** ist der Rücknahme- bzw. Widerrufsbescheid **mit Gründen zu versehen** und dem Rechtsanwalt zuzustellen. Da es um eine Zustellung in einem Verwaltungsverfahren geht, gelten die Verwaltungszustellungsgesetze der Länder,[4] nicht die Vorschriften der ZPO.[5] 1417

1 Siehe hierzu oben unter G. V.
2 Vgl. hierzu BGH NJW 2001, 1945, 1946 = BRAK-Mitt. 2001, 187, 188.
3 BGH NJW 2001, 1571 f.
4 BT-Drucks. 700/08 vom 26.9.2008, S. 55.
5 So aber Quaas, in: Gaier/Wolf/Göcken, a. a. O., § 25 FAO Rz. 10, unter Hinweis auf die Verweisungsvorschrift des § 112c Abs. 1 Satz 1 BRAO, die nur für Zustellungen im gerichtlichen Verfahren gilt, in denen über § 56 Abs. 2 VwGO dann tatsächlich die Vorschriften der ZPO Anwendung finden.

IV. Rechtsmittel

1418 Der Bescheid, durch den eine Fachanwaltserlaubnis zurückgenommen oder widerrufen wird, ist ein **belastender Verwaltungsakt i.S. von § 35 Satz 1 VwVfG**, gegen den gem. **§§ 112a Abs. 1, 112c Abs. 1 Satz 1 BRAO, 42 VwGO Anfechtungsklage** beim **Anwaltsgerichtshof** erhoben werden kann.[1] Die Klage ist zulässig, wenn der Kläger geltend macht, durch den Rücknahme- oder Widerrufsbescheid in seinen Rechten verletzt zu sein (§ 42 Abs. 2 VwGO). Maßgeblicher Zeitpunkt für die Beurteilung der Rechtmäßigkeit des Widerrufs der Fachanwaltserlaubnis ist der Abschluss des entsprechenden Widerrufsverfahrens, nicht etwa die letzte mündliche Verhandlung.[2]

1419 Weist der AGH die Klage ab, ist – sofern die Berufung **zugelassen** wurde – **Berufung zum BGH** möglich. Sie ist innerhalb eines Monats nach Zustellung des vollständigen Urteils bei dem AGH (iudex a quo) schriftlich einzulegen.[3]

1420 Lässt der AGH die Berufung **nicht** zu, kann der Betroffene innerhalb eines Monats nach Zustellung des vollständigen Urteils die **Zulassung der Berufung beantragen**. Der (schriftliche) Antrag ist wiederum beim AGH zu stellen.[4]

1421 Für Anfechtungsklage und Berufung gilt das oben unter E. Gesagte entsprechend. Im Klageverfahren wird u.a. überprüft, ob die Rechtsanwaltskammer ihr Ermessen überhaupt und in der richtigen Weise ausgeübt hat.

---

1 Quaas, in: Gaier/Wolf/Göcken, a.a.O., § 25 FAO Rz. 11. Zu den näheren Einzelheiten vgl. entsprechend oben unter E. I.

2 Vgl. hierzu BGH vom 29.6.2011 – AnwZ (BrfG) 11/10.

3 Deckenbrock, in: Henssler/Prütting, a.a.O., § 112e BRAO Rz. 17; vgl. hierzu ausführlich oben unter E. II. 1.

4 Deckenbrock, in: Henssler/Prütting, a.a.O., § 112e BRAO Rz. 18; vgl. hierzu ausführlich oben unter E. II. 2.

I. Ausblick

Es ist Aufgabe der **Satzungsversammlung**, (die anwaltliche Berufsordnung und) die Fachanwaltsordnung regelmäßig fortzuschreiben und sie dabei den geänderten Gegebenheiten und Erfordernissen anzupassen. 1422

I. Die Bestimmungen der Fachanwaltsordnung

In der 1. Auflage[1] wurden Spekulationen darüber angestellt, wie sich die Änderungen von § 5 Satz 1 (jetzt Abs. 1) FAO (Ausgestaltung als Muss-Vorschrift, Ersetzung des Wortes „selbständig" durch die Worte „persönlich und weisungsfrei") und insbesondere die von § 7 Abs. 1 FAO („vermeintliche" Einführung des obligatorischen Fachgesprächs) in der Zukunft auswirken würden. 1423

Dabei wurde zum Teil – wie gezeigt[2] – die Rechnung ohne die Rechtsprechung, insbesondere ohne den Bundesgerichtshof gemacht. Dieser negiert das obligatorische Fachgespräch und behält trotz der Satzungsänderung seine bisherige, äußerst restriktive Rechtsprechung bei. Und auch die Einbeziehung der Syndikusanwälte wird nicht so umfassend akzeptiert bzw. nachvollzogen, wie die Schöpfer der neuen Sprachregelung sich dies vorgestellt haben. 1424

In ihrer dritten und vierten Legislaturperiode hat die Satzungsversammlung nochmals größere Änderungen am Text der Fachanwaltsordnung vorgenommen, u. a. in Form der Einführung von Fallquoren und der Klarstellung, ob für alle oder nur für einige der in den §§ 8 ff. FAO aufgelisteten Bereiche Fallnachweise erbracht werden müssen, in den meisten Buchstaben des § 5 FAO. Die Novellierungen tragen zur Vermeidung mancher Auseinandersetzung zwischen Antragsteller und Vorprüfungsausschuss bzw. Kammervorstand bei. Eine wichtige – auch verfassungsrechtlich gebotene – Liberalisierung hat die Vierte Satzungsversammlung in § 5 Abs. 3 FAO n. F. vorgenommen, indem sie den Drei-Jahres-Zeitraum für Rechtsanwälte in Mutterschutz- und/oder Elternzeit oder bestimmten Härtefall-Situationen lockerte. Und hilfreich sind auch die diversen Klarstellungen, die § 15 FAO in der vierten Legislaturperiode erfahren hat. 1425

Ein Thema, das die Mitglieder des Ausschusses 1 und des Plenums der Satzungsversammlung seit langem umtreibt, ist die Frage, wie man den hohen **Qualitätsstandard**, den der Fachanwaltstitel voraussetzen sollte und dessen Vorliegen er jedenfalls suggeriert, in der Praxis gewährleisten kann. Dieses Problem gewinnt vor dem Hintergrund der aktuellen Rechtsprechung insbesondere des Bundesgerichtshofs zunehmend an Bedeutung. In dem Maße, in dem nahezu ausschließlich auf die Formalisierung des Fachanwaltsverfahrens 1426

---

1 1. Auflage Rz. 601; 2. Auflage Rz. 1008 ff.

2 Siehe hierzu oben unter B. III. 8. b aa und unter B. IV.

verwiesen und inzwischen sogar schon der Drei-Jahres-Zeitraum und die „Fall-Bearbeitung" relativiert werden, wird die Frage drängender, wie sich überhaupt noch ein der Außenwirkung jeder Fachanwaltsbezeichnung gerecht werdendes Niveau sicherstellen lässt. Es geht hier **nicht um den closed-shop-Gedanken**, sondern darum, die Glaubwürdigkeit eines Fachhinweises zu wahren, wie der BGH dies in seiner Entscheidung vom 4.4.2005 zur Verfassungsmäßigkeit von § 43c Abs. 1 Satz 3 BRAO[1] selbst (noch) fordert.

1427 Die Anforderungen an die Verleihung einer Fachanwaltsbezeichnung müssen moderat genug sein, um auch jungen Anwälten, Einzelanwälten, Anwälten auf dem Lande etc. den Erwerb des Titels zu ermöglichen. Sie müssen andererseits aber hoch genug sein, um das Führen einer Fachanwaltsbezeichnung nicht zur Irreführung und damit zum Verstoß gegen Wettbewerbsrecht ausarten zu lassen. Diese Balance ist gefährdet, wenn **Anbieter von Fachanwalts-Lehrgängen** die **Klausuranforderungen niedrig halten**, um ihre **Marktchancen** zu wahren. Sie ist gefährdet, wenn als Fall-Bearbeitung auch die Bearbeitung eines Fallfragments gilt, ohne dass dies zu einer Abwertung i. S. von § 5 Abs. 4 FAO führen darf. Sie ist gefährdet, wenn bei der Fallzählung und Fall-Gewichtung die Zusammensetzung der Fälle außer Betracht bleiben muss. Und sie ist gefährdet, wenn ein Fachgespräch nur bei offen zutage tretenden Defiziten der Unterlagen möglich und auf exakt diese Defizite beschränkt ist.

1428 Natürlich trifft es zu, dass die Satzungsversammlung nur befugt ist, die Formalien des Verleihungsverfahrens festzulegen. Diese Beschränkung führt – in der Ausprägung, die sie durch die Rechtsprechung inzwischen erfahren hat – aber zu einigen beinahe abenteuerlichen Konsequenzen. Da etwa die Vorprüfungsausschüsse und Kammervorstände nur den grundsätzlichen Inhalt, nicht auch die Qualität von Fachanwalts-Lehrgängen (und den in diesen gestellten Klausuren) prüfen dürfen, liegt die Festlegung des Niveaus von Fachanwälten eher **in der Hand der Fortbildungsinstitute** als in der Hand der Anwaltschaft selbst. Je mehr Wettbewerber auf den Veranstaltungsmarkt drängen, desto größer ist die Gefahr, dass sie sich in ihren Anforderungen unterbieten und mit einem möglichst leichten Zugang zum Testat der besonderen theoretischen Kenntnisse werben. Schwer begreiflich ist – insbesondere aus Sicht des rechtsuchenden Publikums – auch, dass selbst Fall-Bearbeitungen, die ganz offenkundige schwerwiegende Mängel aufweisen, zum Nachweis der besonderen praktischen Erfahrungen herangezogen werden müssen. Abhilfe kann hier allerdings nicht die Satzungsversammlung, sondern **nur der Gesetzgeber** schaffen, der gewisse Änderungen im System der Fachanwaltsverleihung vornehmen müsste.

1429 Die Satzungsversammlung und ihr für das Thema „Fachanwaltschaften" zuständiger Ausschuss 1 diskutieren seit langem über das Spannungsfeld zwischen dem hohen Qualitätsanspruch der Fachanwaltsbezeichnungen einerseits und den fehlenden Überprüfungsmöglichkeiten der Vorprüfungsausschüsse und Kammervorstände andererseits.

1 BGH BRAK-Mitt. 2005, 188, 189.

Die Dritte Satzungsversammlung beschloss deshalb mit großer Mehrheit (nämlich mit 88 Ja-Stimmen bei 5 Nein-Stimmen und 5 Enthaltungen) einen Appell an den Gesetzgeber mit folgendem Wortlaut: 1430

„Die Satzungsversammlung regt eine Änderung des § 43c Abs. 2 BRAO dahingehend an, dass die Rechtsanwaltskammern bei der Entscheidung über den Antrag auf Erteilung einer Fachanwaltsbezeichnung eine inhaltliche Prüfungskompetenz zum Vorliegen der besonderen theoretischen Kenntnisse und besonderen praktischen Erfahrungen haben. Das Nähere regelt die Satzung."[1]

Die damalige Bundesministerin der Justiz reagierte **indifferent** und teilte dem Präsidenten der Bundesrechtsanwaltskammer als dem Vorsitzenden der Satzungsversammlung mit Schreiben vom 6.8.2007 mit: 1431

„Die Diskussion über eine mögliche Änderung des Rechts der Fachanwaltschaften verfolge ich aufmerksam. Die Auffassungen, ob und gegebenenfalls wie die Zugangsregelungen zur Fachanwaltschaft geändert werden sollten, gehen, wie auch die kontroverse Diskussion innerhalb der Satzungsversammlung zeigt, weit auseinander. Die Auswirkungen, die Änderungen des Fachanwaltsrechts auf den Anwaltsmarkt insgesamt haben können, können erheblich sein. Auch die Rechtsuchenden, für die die mit dem System der Fachanwaltschaften geförderte berufliche Spezialisierung und die durch die Fachanwaltsbezeichnungen bewirkte Information und Orientierung große Bedeutung haben, sind von Änderungen betroffen. Angesichts der noch nicht abgeschlossenen Überlegungen halte ich die Zeit für eine Gesetzesänderung noch nicht für gekommen. Ich bin aber gerne bereit, Änderungsvorschläge im Rahmen einer künftigen BRAO-Novellierung aufzugreifen."[2]

Die **Vierte Satzungsversammlung** hat sich in ihrer 5. Sitzung am **25./26.6. 2010** intensiv mit einer vom Ausschuss 1 vorgeschlagenen **Änderung von § 43c BRAO** und der Vorstellung eines **neuen Klausurenkonzepts** beschäftigt. 1432

Die **Eckpunkte** des Konzeptes sind:

- Abkoppelung der Klausuren von den Lehrgangsanbietern
- Erstellen der Klausuren (nebst Lösungsskizzen und Bewertungsschemata) von Aufgabenkommissionen, die bei der BRAK angesiedelt sind
- Vereinheitlichung der Klausuraufgaben für alle Fachanwaltsanwärter bundesweit
- Bewertung der Klausuren durch die Vorprüfungsausschüsse
- Möglichkeit der Ersetzung einer nicht bestandenen Klausur und bis zu 10 % der Fälle durch ein Fachgespräch.

Die Umsetzung dieses oder eines ähnlichen „Klausurenmodells" würde eine Erweiterung von § 43c BRAO voraussetzen, in dem eine **echte Prüfungskompetenz** für die Rechtsanwaltskammern verankert werden müsste. 1433

Die Vierte Satzungsversammlung hat sich deshalb **mit großer Mehrheit** dafür ausgesprochen, das Bundesministerium der Justiz zu bitten, über die Bundesregierung einen Gesetzentwurf in den deutschen Bundestag einzubringen mit dem Ziel, § 43c BRAO **wie folgt** zu ändern:

1 Protokoll der 7. Sitzung der Dritten Satzungsversammlung vom 11.6.2007, S. 13.
2 Schreiben vom 6.8.2007, SV-Mat. 20/2007.

„§ 43c BRAO Fachanwaltschaft

(1) Dem Rechtsanwalt, der besondere Kenntnisse und Erfahrungen in einem Rechtsgebiet erworben hat, kann durch die Rechtsanwaltskammer, der er angehört, die Befugnis verliehen werden, eine Fachanwaltsbezeichnung zu führen. Die Befugnis darf für höchstens drei Rechtsgebiete erteilt werden.

(2) Über den Antrag des Rechtsanwalts auf Erteilung der Erlaubnis entscheidet der Vorstand der Rechtsanwaltskammer, nachdem er geprüft hat, ob der Rechtsanwalt auf dem Fachgebiet über besondere Kenntnisse und Erfahrungen verfügt. Die Entscheidung ist dem Rechtsanwalt durch Bescheid zuzustellen. Das Nähere regelt die Satzung.

(3) (unverändert)

(4) (unverändert)."

1434 Das Klausurenmodell, das – anders als gelegentlich kolportiert – keinesfalls auf ein „Zentralabitur" oder gar „drittes Staatsexamen" hinausliefe, dient nicht dazu, den Erwerb einer Fachanwaltsbezeichnung schwerer zu machen. Das Gegenteil ist richtig – beinhaltet das Klausurenkonzept doch auch die Möglichkeit der **Ersetzung eines gewissen Teils der Fälle** und damit die **Absenkung** einer von manchen als besonders hoch empfundenen Hürde. Bei der Abkoppelung vor allem der Bewertung der Klausuren von den Lehrgangsanbietern[1] geht es um nicht mehr und nicht weniger als um **Qualität** und vor allem auch um **Gleichbehandlung** der Antragsteller. Den Antragstellern soll die – heute berechtigte – Sorge erspart bleiben, an einen Anbieter zu geraten, dessen Klausuren „schwerer" als die anderer Anbieter sind. Und das Publikum soll sicher sein können, dass jeder Fachanwalt den Qualitätsnachweis geliefert hat, den der Titel suggeriert.[2]

1435 Bei Manuskriptschluss befand sich die Anregung der Satzungsversammlung zur Änderung von § 43c BRAO im Stadium der **Diskussion mit dem Bundesjustizministerium**.

1436 Immer wieder hat die Satzungsversammlung schließlich darüber debattiert, ob das Erfordernis, bestimmte **Fallzahlen** nachzuweisen, erhalten bleiben soll. Auch wenn der Fallbegriff durch die jüngere Rechtsprechung des Bundesgerichtshofs stark relativiert wurde, gewissen Manipulationsmöglichkeiten Vorschub leistet und – insbesondere für jüngere Einzelkämpfer – eine durchaus nennenswerte Hürde darstellt, ist – schlicht formuliert – bislang niemandem etwas Besseres eingefallen, um den Nachweis besonderer praktischer Erfahrungen erbringen zu lassen. Denn Praxiserfahrungen können nun einmal nicht durch Theorienachweise belegt werden. Wie soeben dargestellt, sieht das vom Ausschuss 1 in der letzten Legislaturperiode der Satzungsversammlung vorgelegte Klausurenkonzept allerdings eine gewisse Erleichterung bei den Fallnachweisen vor. Dabei ist die Quote der **bis zu 10 %** von Fällen, die ersetzt werden können, keineswegs so niedrig, wie es auf den ersten Blick

1 Als Kompromiss wäre hier etwa auch denkbar, die Erstellung der Klausuren bei den Anbietern zu belassen und „nur" die Auswahl der jeweils zu stellenden Klausuren den Aufgabenkommissionen und die Korrektur den Vorprüfungsausschüssen zu übertragen.

2 Vgl. hierzu Offermann-Burckart, Zwischenruf – Die Fakten bitte!, AnwBl. 2010, XII ff.

scheint. Denn die Erfahrungen aus der Praxis zeigen, dass es Antragstellern meist „nur“ schwerfällt, eine ganz bestimmte Art von Fällen nachzuweisen, also eines der in § 5 Abs. 1 lit. a bis t FAO festgelegten Fallquoren zu erfüllen. Mit der Absenkung der Fallzahlen um 10 % bzw. der Möglichkeit, 10 % der Fälle auf andere Weise zu ersetzen, wäre also vielen Antragstellern, die aktuell an der Fallhürde scheitern, geholfen. Ein weit gehendes oder sogar vollständiges Absehen von Fallnachweisen kommt dagegen nicht in Betracht, wenn man nicht die Bezeichnung „Fach“anwalt ad absurdum führen will.

Nicht zur Disposition steht auch in Zukunft die **Fortbildungspflicht des § 15** 1437
FAO.

Zwar ist richtig, dass manch einer besser begreift und behält, wenn er liest statt zu hören, dass nicht jede Fortbildungsveranstaltung ein Highlight ist, und dass der Besuch einer Veranstaltung noch nicht gleichgesetzt werden kann mit der Aufnahme oder auch nur Wahrnehmung des vermittelten Stoffs. Doch ist ebenso richtig, dass das Angebot von Fortbildungsveranstaltungen inzwischen so groß ist, dass jeder Fachanwalt das für sich Interessante und Geeignete finden kann. Richtig ist ferner, dass selbst „alte Hasen“ von **wertvollen Denkanstößen** berichten, die ihnen Fortbildungsveranstaltungen vermittelt hätten. Und richtig und entscheidend ist schließlich, dass die verbriefte und geprüfte Fortbildungspflicht der Fachanwälte ein **unschlagbares Marketinginstrument** darstellt. In Zeiten immer größeren Wettbewerbsdrucks auch von außen und von Total Quality Management (TQM) kann ein solches Marketinginstrument gar nicht hoch genug eingeschätzt werden. Das Argument starker zeitlicher Belastung, das immer wieder angeführt wird, wurde jetzt dadurch entkräftet, dass der neue § 15 Abs. 1 FAO ausdrücklich auch Fortbildung im Rahmen von Nicht-Präsenzveranstaltungen zulässt, wodurch mühsame Anreisen und Kanzleiabwesenheiten entfallen können und zeitliche Flexibilität gewährleistet ist. Und wer keine Veranstaltung absolvieren will, hat die Möglichkeit, den ebenfalls zumutbaren Ausgleich über wissenschaftliche Publikationen zu schaffen.

Im Übrigen hat die Diskussion über die Fortbildung aller Rechtsanwälte und 1438
auch über die Einführung einer verbindlichen und sanktionierten Fortbildungspflicht längst begonnen.[1] Huff[2] sieht es als klassische Aufgabe der Rechtsanwaltskammern an, die Fortbildung der Anwälte zu überwachen. Dabei solle allerdings die Freiwilligkeit der Art und Weise der Fortbildung auf jeden Fall gewahrt bleiben, was etwa – wie bei Ärzten – durch ein „Kreditpunktesystem“ geschehen könne. Sowohl Bundesrechtsanwaltskammer als

1 Vgl. hierzu Brouwer, 5. Europäische Konferenz „Qualitätssicherung durch überprüfbare Pflichtfortbildung?“ – Steigt die Qualität der anwaltlichen Arbeit durch überprüfbare Pflichtfortbildung?, BRAK-Mitt. 2005, 100; Eichele/Odenkirchen, Qualitätssicherung durch überprüfbare Pflichtfortbildung, BRAK-Mitt. 2005, 103; Franz, Qualitätssicherung aus Sicht des Bundesministeriums der Justiz, BRAK-Mitt. 2005, 106; van Bühren, BRAKMagazin 03/2005, 3; Creutz, BRAKMagazin 03/2005, 4; und Offermann-Burckart, Zwischen Qualitätssicherung, Marketing und Berufsfreiheit, AnwBl. 2008, 763.

2 Die Anwälte und ihre Fachkompetenz, KammerMitteilungen Rechtsanwaltskammer Düsseldorf 2005, 70, 71 m. w. Nachw.

auch Deutscher Anwaltverein bieten inzwischen den Erwerb von Fortbildungszertifikaten an.[1]

1439 Auch heute schon haben die Rechtsanwaltskammern in besonders gelagerten Fällen einer **Schlechterfüllung des Anwaltsvertrags**, etwa, wenn ein Rechtsanwalt in krasser Nichtkenntnis der aktuellen Rechtslage Fehler macht, die Möglichkeit, **aufsichtsrechtliche Sanktionen** zu verhängen.[2]

II. Der Kanon der Fachanwaltsbezeichnungen

1440 In der 1. Auflage[3] wurde vor dem Hintergrund der kontrovers geführten Diskussion über eine Beibehaltung oder Erweiterung der damals (mit dem Versicherungsrecht) acht Fachanwaltsbezeichnungen die **Forderung nach einem Konzept** aufgestellt, „das für die Zukunft verbindliche Kriterien festlegt, anhand derer ermittelt werden kann, ob die Belegung eines Rechtsgebiets mit einer Fachanwaltsbezeichnung sinnvoll und erforderlich ist oder nicht".

1441 Diese Forderung ist von der Dritten Satzungsversammlung in sehr befriedigender Weise erfüllt worden. Es existieren jetzt ein **Kriterienkatalog** und ein **Anwendungsmodus** hierzu,[4] die es ermöglichen, jedes Rechtsgebiet **weitgehend objektiv** auf seine Fachanwaltstauglichkeit zu testen. Die konsequente Anwendung des Kriterienkatalogs und des Anwendungsmodus hat in der Dritten Satzungsversammlung zur Einführung elf weiterer Fachanwaltsbezeichnungen geführt.

1442 Auch die Vierte Satzungsversammlung hat sich zu dem Kriterienkatalog bekannt und ihn konsequent zur Anwendung gebracht. Dass in der vierten Legislaturperiode nur noch **eine weitere** Fachanwaltsbezeichnung, nämlich die für Agrarrecht, geschaffen wurde, ist als – durchaus erwünschte – **Konsequenz** dieser Entwicklung zu werten. Die in der Vorauflage[5] gewagte Progno-

1 Vgl. hierzu schon oben unter A. II.

2 So z.B. Feuerich, a.a.O., § 43a BRAO Rz. 98 f., und Henssler, a.a.O., § 43a BRAO Rz. 240, der die Auffassung vertritt, es könne auch eine berufsrechtliche Sanktion verhängt werden, wenn eine Verletzung der Fortbildungspflicht eindeutig feststellbar sei, wenn also z.B. der Anwalt offensichtlich über Gesetzesänderungen und über wesentliche Wandlungen der Rechtsprechung nicht informiert gewesen sei. Gegenstand berufsrechtlicher Kontrolle sei in solchen Fällen nicht die inhaltliche Richtigkeit oder Zweckmäßigkeit der Amtshandlung, sondern die – in der Regel zeitlich vorhergehende – Verletzung einer Berufspflicht, die sich in der Fehlleistung bei der Erfüllung zivilrechtlicher Pflichten lediglich manifestiere, indem sie diese auslöse. Da die Anwaltschaft selbst ein hochrangiges Interesse an der Qualitätssicherung und der von ihr erbrachten Dienstleistung habe, sollten die für die Ahndung berufsrechtlicher Verstöße zuständigen Institutionen sich nicht scheuen, bei offen zutage liegenden Verletzungen der Fortbildungspflicht das ihnen zur Verfügung stehende Instrumentarium anwaltsgerichtlicher Maßnahmen anzuwenden. A.A. Ahlers, Ahndung schuldhafter Verletzung der Fortbildungspflicht, BRAK-Mitt. 1995, 46; Kilger, Fortbildung des Rechtsanwalts, AnwBl. 1995, 435, 438; Kleine-Cosack, Neuordnung des anwaltlichen Berufsrechts, NJW 1994, 2249, 2252.

3 Rz. 612 ff.

4 Vgl. hierzu ausführlich oben unter A. IV. 4.

5 Rz. 1019.

se, dass das Bedürfnis nach neuen Fachanwaltschaften weitgehend befriedigt sei, hat sich damit als richtig erwiesen. Außer mit dem Agrarrecht hat sich der Ausschuss 1 der Vierten Satzungsversammlung nur noch mit dem Vorschlag zur Einführung einer **Fachanwaltschaft für Energierecht** befasst, der letztlich aber daran scheiterte, dass das Energierecht nicht als hinreichend spezifizierbar erschien und deshalb bei der „Verprobung" anhand des Kriterienkatalogs durchfiel.

Der in der 2. Auflage[1] erwähnte Vorschlag, eine „Fachanwaltschaft bei den Revisionsgerichten" einzuführen, wurde in der vierten Legislaturperiode nicht weiter verfolgt. Und auch zu der Idee eines **Fachanwalts für Verbraucherrecht**[2] gab es keinen konkreten Antrag. Es scheint also das „Ende der Fahnenstange" – vorerst – erreicht zu sein. 1443

1 Rz. 1019.
2 Vgl. hierzu schon oben unter A. IV. 5.

J. Anhang

I. Die FAO

Nachfolgend ist der Text der Fachanwaltsordnung[1] in seiner aktuellen, ab dem 1.7.2011 geltenden Fassung abgedruckt. In dieser Fassung sind sämtliche Beschlüsse der Vierten Satzungsversammlung bereits enthalten. Die Neufassung von § 4 Abs. 2 und der neue § 4 Abs. 3 Satz 2 FAO gelten seit dem 1.1.2011: 1444

Die Rechtsanwältinnen und Rechtsanwälte in der Bundesrepublik Deutschland sowie die weiteren Mitglieder der Rechtsanwaltskammern geben sich durch die Versammlung ihrer frei gewählten Vertreterinnen und Vertreter folgende Fachanwaltsordnung, in der der Begriff Rechtsanwalt neutral als Berufsbezeichnung verwendet ist:

Fachanwaltsordnung
in der Fassung vom 1.7.20111

Inhaltsübersicht

---

1 Entnommen der Internetseite der Bundesrechtsanwaltskammer (www.brak.de).

Erster Teil
Fachanwaltschaft

Erster Abschnitt:
Fachgebiete

§ 1 Zugelassene Fachanwaltsbezeichnungen

Fachanwaltsbezeichnungen können gemäß § 43c Abs. 1 Satz 2 Bundesrechtsanwaltsordnung für das Verwaltungsrecht, das Steuerrecht, das Arbeitsrecht und das Sozialrecht verliehen werden. Weitere Fachanwaltsbezeichnungen können für das Familienrecht, das Strafrecht, das Insolvenzrecht, das Versicherungsrecht, das Medizinrecht, das Miet- und Wohnungseigentumsrecht, das Verkehrsrecht, das Bau- und Architektenrecht, das Erbrecht, das Transport- und Speditionsrecht, den gewerblichen Rechtsschutz, das Handels- und Gesellschaftsrecht, das Urheber- und Medienrecht, das Informationstechnologierecht, das Bank- und Kapitalmarktrecht sowie das Agrarrecht verliehen werden.

Zweiter Abschnitt: Voraussetzungen für die Verleihung

§ 2 Besondere Kenntnisse und Erfahrungen

(1) Für die Verleihung einer Fachanwaltsbezeichnung hat der Antragsteller nach Maßgabe der folgenden Bestimmungen besondere theoretische Kenntnisse und besondere praktische Erfahrungen nachzuweisen.

(2) Besondere theoretische Kenntnisse und besondere praktische Erfahrungen liegen vor, wenn diese auf dem Fachgebiet erheblich das Maß dessen übersteigen, das üblicherweise durch die berufliche Ausbildung und praktische Erfahrung im Beruf vermittelt wird.

(3) Die besonderen theoretischen Kenntnisse müssen die verfassungs- und europarechtlichen Bezüge des Fachgebiets umfassen.

§ 3 Anforderungen an die anwaltliche Tätigkeit

Voraussetzung für die Verleihung einer Fachanwaltsbezeichnung ist eine dreijährige Zulassung und Tätigkeit innerhalb der letzten sechs Jahre vor Antragstellung.

§ 4 Erwerb der besonderen theoretischen Kenntnisse

(1) Der Erwerb besonderer theoretischer Kenntnisse setzt in der Regel voraus, dass der Antragsteller an einem auf die Fachanwaltsbezeichnung vorbereitenden anwaltsspezifischen Lehrgang teilgenommen hat, der alle relevanten Bereiche des Fachgebiets umfasst. Die Gesamtdauer des Lehrgangs muss, Leistungskontrollen nicht eingerechnet, mindestens 120 Zeitstunden betragen. Im Fachgebiet Steuerrecht kommen für Buchhaltung und Bilanzwesen 40 Zeitstunden hinzu. Im Fachgebiet Insolvenzrecht kommen für betriebswirtschaftliche Grundlagen 60 Zeitstunden hinzu.

(2) Wird der Antrag auf Verleihung der Fachanwaltschaft nicht in dem Kalenderjahr gestellt, in dem der Lehrgang begonnen hat, ist ab diesem Jahr Fortbildung in Art und Umfang von § 15 FAO nachzuweisen. Lehrgangszeiten sind anzurechnen.

(3) Außerhalb eines Lehrgangs erworbene besondere theoretische Kenntnisse müssen dem im jeweiligen Fachlehrgang zu vermittelnden Wissen entsprechen. § 4 Abs. 2 gilt entsprechend.

§ 4a Schriftliche Leistungskontrollen

(1) Der Antragsteller muss sich mindestens drei schriftlichen Leistungskontrollen (Aufsichtsarbeiten) aus verschiedenen Bereichen des Lehrgangs erfolgreich unterzogen haben.

(2) Eine Leistungskontrolle muss mindestens eine Zeitstunde ausfüllen und darf fünf Zeitstunden nicht überschreiten. Die Gesamtdauer der bestandenen Leistungskontrollen darf fünfzehn Zeitstunden nicht unterschreiten.

§ 5 Erwerb der besonderen praktischen Erfahrungen

(1) Der Erwerb besonderer praktischer Erfahrungen setzt voraus, dass der Antragsteller innerhalb der letzten drei Jahre vor der Antragstellung im Fachgebiet als Rechtsanwalt persönlich und weisungsfrei bearbeitet hat:

a) Verwaltungsrecht: 80 Fälle, davon mindestens 30 gerichtliche Verfahren. Mindestens 60 Fälle müssen sich auf drei verschiedene Bereiche des besonderen Verwaltungsrechts beziehen, dabei auf jeden dieser drei Bereiche mindestens 5 Fälle. Von den drei Bereichen muss einer zu den in § 8 Nr. 2 aufgeführten Bereichen gehören.

b) Steuerrecht: 50 Fälle aus allen in § 9 genannten Bereichen. Dabei müssen mit jeweils mindestens 5 Fällen alle in § 9 Nr. 3 genannte Steuerarten erfasst sein. Mindestens 10 Fälle müssen rechtsförmliche Verfahren (Einspruchs- oder Klageverfahren) sein.

c) Arbeitsrecht: 100 Fälle aus allen der in § 10 Nrn. 1 a) bis e) und 2 a) und b) bestimmten Gebiete, davon mindestens 5 Fälle aus dem Bereich des § 10 Nr. 2 und mindestens die Hälfte gerichts- oder rechtsförmliche Verfahren. Als Fälle des kollektiven Arbeitsrechts gelten auch solche des Individualarbeitsrechts, in denen kollektives Arbeitsrecht eine nicht unerhebliche Rolle spielt. Beschlussverfahren sind nicht erforderlich.

d) Sozialrecht: 60 Fälle aus mindestens drei der in § 11 Nr. 2 bestimmten Gebiete, davon mindestens 20 gerichtliche Verfahren.

e) Familienrecht: 120 Fälle. Mindestens 60 der Fälle müssen gerichtliche Verfahren sein; dabei zählen gewillkürte Verbundverfahren sowie Verfahren des notwendigen Verbundes mit einstweiligen Anordnungen doppelt.

f) Strafrecht: 60 Fälle, dabei 40 Hauptverhandlungstage vor dem Schöffengericht oder einem übergeordneten Gericht.

g) Insolvenzrecht:

1. Mindestens 5 eröffnete Verfahren aus dem ersten bis sechsten Teil der InsO als Insolvenzverwalter; in zwei Verfahren muss der Schuldner bei Eröffnung mehr als fünf Arbeitnehmer beschäftigen;
2. 60 Fälle aus mindestens sieben der in § 14 Nr. 1 und 2 bestimmten Gebiete.
3. Die in Nr. 1 bezeichneten Verfahren können wie folgt ersetzt werden:
   a) Jedes Verfahren mit mehr als fünf Arbeitnehmern durch drei Verfahren als Sachwalter nach § 270 InsO, als vorläufiger Insolvenzverwalter oder als Vertreter des Schuldners in der Verbraucherinsolvenz bis zum Abschluss des Gerichtsverfahrens.
   b) Jedes andere Verfahren durch zwei der in Buchstabe a) genannten Verfahren.
4. Außerdem sind für jedes zu ersetzende Verfahren weitere acht Fälle aus den in § 14 Nr. 1 und 2 bestimmten Gebieten nachzuweisen.

Verwalter in Konkurs-, Gesamtvollstreckungs- und Vergleichsverfahren stehen dem Insolvenzverwalter gleich.

h) Versicherungsrecht: 80 Fälle, davon mindestens 10 gerichtliche Verfahren. Die Fälle müssen sich auf mindestens drei verschiedene Bereiche des § 14a beziehen, dabei auf jeden dieser drei Bereiche mindestens 5 Fälle.

i) Medizinrecht: 60 Fälle, davon mindestens 15 rechtsförmliche Verfahren (davon mindestens 12 gerichtliche Verfahren). Die Fälle müssen sich auf mindestens 3 verschiedene Bereiche des § 14b Nr. 1 bis 8 beziehen, dabei auf jeden dieser drei Bereiche mindestens 3 Fälle.

j) Miet- und Wohnungseigentumsrecht: 120 Fälle, davon mindestens 60 gerichtliche Verfahren. Mindestens 60 Fälle müssen sich auf die in § 14c Nr. 1 bis 3 bestimmten Bereiche beziehen, dabei auf jeden dieser drei Bereiche mindestens 5 Fälle.

k) Verkehrsrecht: 160 Fälle, davon mindestens 60 gerichtliche Verfahren. Die Fälle müssen sich auf mindestens 3 verschiedene Bereiche des § 14d Nr. 1 bis 4 beziehen, dabei auf jeden dieser drei Bereiche mindestens 5 Fälle.

l) Bau- und Architektenrecht: 80 Fälle, davon mindestens 40 gerichtliche Verfahren (davon mindestens 6 selbstständige Beweisverfahren). Mindestens jeweils 5 Fälle müssen sich auf die Bereiche des § 14e Nr. 1 und 2 beziehen.

m) Erbrecht: 80 Fälle, davon mindestens 20 rechtsförmliche Verfahren (davon höchstens 10 Verfahren der freiwilligen Gerichtsbarkeit). Die Fälle müssen sich auf alle in § 14f Nr. 1 bis 5 bestimmten Bereiche beziehen, dabei aus drei Bereichen mindestens jeweils 5 Fälle.

n) Transport- und Speditionsrecht: 80 Fälle, davon mindestens 20 gerichtliche Verfahren oder Schiedsverfahren. Die Fälle müssen sich auf den in § 14g Nr. 1 bestimmten

Bereich und mindestens zwei weitere Bereiche der Nr. 2 bis 8 beziehen, dabei auf jeden dieser drei Bereiche mindestens 3 Fälle.

o) Gewerblicher Rechtsschutz: 80 Fälle aus mindestens drei verschiedenen Bereichen des § 14h Nr. 1 bis 5, dabei aus jedem dieser drei Bereiche jeweils mindestens 5 Fälle. Höchstens fünf Fälle dürfen Schutzrechtsanmeldungen sein, wobei eine Sammelanmeldung als eine Anmeldung zählt. Mindestens 30 Fälle müssen rechtsförmliche, davon mindestens 15 gerichtliche Verfahren sein.

p) Handels- und Gesellschaftsrecht: 80 Fälle aus mindestens drei verschiedenen Gebieten der Bereiche des § 14i Nr. 1 und 2, davon mindestens 40 Fälle, die gerichtliche Streitverfahren, Schieds- oder Mediationsverfahren und/oder die Gestaltung von Gesellschaftsverträgen oder die Gründung oder Umwandlung von Gesellschaften zum Gegenstand haben. Von diesen 40 Fällen müssen mindestens 10 Fälle gerichtliche Streitverfahren oder Schieds- oder Mediationsverfahren und mindestens 10 Fälle die Gestaltung von Gesellschaftsverträgen oder die Gründung oder Umwandlung von Gesellschaften zum Gegenstand haben.

q) Urheber- und Medienrecht: 80 Fälle aus allen Bereichen des § 14j Nr. 1 bis 6. Von diesen Fällen müssen sich mindestens je 5 auf die in § 14j Nr. 1 bis 3 genannten Bereiche beziehen. Mindestens 20 Fälle müssen gerichtliche Verfahren sein.

r) Informationstechnologierecht (IT-Recht): 50 Fälle aus allen in § 14k genannten Bereichen. Die Fälle müssen sich auf die Bereiche des § 14k Nr. 1 und 2 sowie auf einen weiteren Bereich des § 14k beziehen, dabei auf jeden dieser drei Bereiche mindestens 3 Fälle. Mindestens 10 Fälle müssen rechtsförmliche Verfahren (z.B. Gerichtsverfahren, Verwaltungsverfahren, Schlichtungs- oder Schiedsverfahren) sein. Ebensolche Verfahren vor internationalen Stellen werden angerechnet.

s) Bank- und Kapitalmarktrecht: 60 Fälle, davon mindestens 30 rechtsförmliche Verfahren. Die Fälle müssen sich auf mindestens drei verschiedene Bereiche des in § 14l Nr. 1 bis 9 beziehen, dabei auf jeden dieser drei Bereichen mindestens 5 Fälle.

t) Agrarrecht: 80 Fälle. Von diesen Fällen müssen sich mindestens jeweils 10 Fälle auf die in § 14m Nr. 1 und 2 benannten Bereiche beziehen. Mindestens 20 Fälle müssen rechtsförmliche Verfahren (Gerichtsverfahren, außergerichtliche Rechtsbehelfsverfahren, Schlichtungs- oder Schiedsverfahren) sein.

(2) Als Fälle im Sinne von Abs. 1 gelten auch solche, die der Rechtsanwalt als Anwaltsnotar bearbeitet hat, sofern sie auch von einem Rechtsanwalt, der nicht Notar ist, hätten bearbeitet werden können.

(3) Der Zeitraum des § 5 Abs. 1 verlängert sich

a) um Zeiten eines Beschäftigungsverbotes nach den Mutterschutzvorschriften;

b) um Zeiten der Inanspruchnahme von Elternzeit;

c) um Zeiten, in denen der Antragsteller wegen besonderer Härte in seiner anwaltlichen Tätigkeit eingeschränkt war. Härtefälle sind auf Antrag und bei entsprechendem Nachweis zu berücksichtigen.

Eine Verlängerung ist auf 36 Monate beschränkt.

(4) Bedeutung, Umfang und Schwierigkeit einzelner Fälle können zu einer höheren oder niedrigeren Gewichtung führen.

§ 6 Nachweise durch Unterlagen

(1) Zur Prüfung der Voraussetzungen nach § 4 sind Zeugnisse, Bescheinigungen oder andere geeignete Unterlagen vorzulegen.

(2) Soweit besondere theoretische Kenntnisse durch eine erfolgreiche Lehrgangsteilnahme (§ 4 Abs. 1, § 4a) dargelegt werden sollen, hat der Antragsteller Zeugnisse des Lehrgangsveranstalters vorzulegen, die zusammen folgende Nachweise umfassen müssen:

a) dass die Voraussetzungen der §§ 4 Abs. 1 und 4a erfüllt sind,

b) dass, wann und von wem im Lehrgang alle das Fachgebiet in § 2 Abs. 3, §§ 8 bis 14m betreffenden Bereiche unterrichtet worden sind,

c) die Aufsichtsarbeiten und ihre Bewertungen.

(3) Zur Prüfung der Voraussetzungen nach § 5 sind Falllisten vorzulegen, die regelmäßig folgende Angaben enthalten müssen: Aktenzeichen, Gegenstand, Zeitraum, Art und Umfang der Tätigkeit, Stand des Verfahrens. Ferner sind auf Verlangen des Fachausschusses anonymisierte Arbeitsproben vorzulegen.

§ 7 Fachgespräch

(1) Zum Nachweis der besonderen theoretischen Kenntnisse oder der praktischen Erfahrungen führt der Ausschuss ein Fachgespräch. Er kann jedoch davon absehen, wenn er seine Stellungnahme gegenüber dem Vorstand hinsichtlich der besonderen theoretischen Kenntnisse oder der besonderen praktischen Erfahrungen nach dem Gesamteindruck der vorgelegten Zeugnisse und schriftlichen Unterlagen auch ohne ein Fachgespräch abgeben kann.

(2) Bei der Ladung zum Fachgespräch sind Hinweise auf die Bereiche zu geben, die Gegenstand des Fachgespräches sein werden. Die Fragen sollen sich an in diesen Bereichen in der Praxis überwiegend vorkommenden Fällen ausrichten. Die auf den einzelnen Antragsteller entfallende Befragungszeit soll nicht weniger als 45 und nicht mehr als 60 Minuten betragen. Über das Fachgespräch ist ein Inhaltsprotokoll zu führen.

§ 8 Nachzuweisende besondere Kenntnisse im Verwaltungsrecht

Für das Fachgebiet Verwaltungsrecht sind nachzuweisen

1. besondere Kenntnisse in den Bereichen
   a) allgemeines Verwaltungsrecht,
   b) Verfahrensrecht,
   c) Recht der öffentlich-rechtlichen Ersatzleistung.
2. besondere Kenntnisse in zwei Bereichen des besonderen Verwaltungsrechts, von denen einer aus folgenden Gebieten gewählt sein muss:
   a) öffentliches Baurecht,
   b) Abgabenrecht, soweit die Zuständigkeit der Verwaltungsgerichte gegeben ist,
   c) Wirtschaftsverwaltungsrecht (Gewerberecht, Handwerksrecht, Wirtschaftsförderungsrecht, Gaststättenrecht, Berg- und Energierecht),
   d) Umweltrecht (Immissionsschutzrecht, Abfallrecht, Wasserrecht, Natur- und Landschaftsschutzrecht),
   e) öffentliches Dienstrecht.

§ 9 Nachzuweisende besondere Kenntnisse im Steuerrecht

Für das Fachgebiet Steuerrecht sind besondere Kenntnisse nachzuweisen in den Bereichen

1. Buchführung und Bilanzwesen einschließlich des Rechts der Buchführung und des Jahresabschlusses,
2. Allgemeines Abgabenrecht einschließlich Bewertungs- und Verfahrensrecht,
3. Besonderes Steuer- und Abgabenrecht in den Gebieten:
   a) Einkommen-, Körperschaft- und Gewerbesteuer,
   b) Umsatzsteuer- und Grunderwerbsteuerrecht,
   c) Erbschaft- und Schenkungsteuerrecht.
4. Steuerstrafrecht sowie Grundzüge des Verbrauchsteuer- und internationalen Steuerrechts einschließlich des Zollrechts.

§ 10 Nachzuweisende besondere Kenntnisse im Arbeitsrecht

Für das Fachgebiet Arbeitsrecht sind besondere Kenntnisse nachzuweisen in den Bereichen:

1. Individualarbeitsrecht
   a) Abschluss, Inhalt und Änderung des Arbeits- und Berufsausbildungsvertrages,
   b) Beendigung des Arbeits- und Berufsausbildungsverhältnisses einschließlich Kündigungsschutz,
   c) Grundzüge der betrieblichen Altersversorgung,
   d) Schutz besonderer Personengruppen, insbesondere der Schwangeren und Mütter, der Schwerbehinderten und Jugendlichen,
   e) Grundzüge des Arbeitsförderungs- und des Sozialversicherungsrechts,
2. Kollektives Arbeitsrecht
   a) Tarifvertragsrecht,
   b) Personalvertretungs- und Betriebsverfassungsrecht,
   c) Grundzüge des Arbeitskampf- und Mitbestimmungsrechts,
3. Verfahrensrecht.

§ 11 Nachzuweisende besondere Kenntnisse im Sozialrecht

Für das Fachgebiet Sozialrecht sind besondere Kenntnisse nachzuweisen in den Bereichen:

1. allgemeines Sozialrecht einschließlich Verfahrensrecht,
2. besonderes Sozialrecht
   a) Arbeitsförderungs- und Sozialversicherungsrecht (Krankenversicherung, Unfallversicherung, Rentenversicherung, Pflegeversicherung),
   b) Recht der sozialen Entschädigung bei Gesundheitsschäden,
   c) Recht des Familienlastenausgleichs,
   d) Recht der Eingliederung Behinderter,
   e) Sozialhilferecht,
   f) Ausbildungsförderungsrecht.

§ 12 Nachzuweisende besondere Kenntnisse im Familienrecht

Für das Fachgebiet Familienrecht sind nachzuweisen besondere Kenntnisse in den Bereichen

1. materielles Ehe-, Familien- und Kindschaftsrecht unter Einschluss familienrechtlicher Bezüge zum Erb-, Gesellschafts-, Sozial-, Schuld-, Steuer- und Vollstreckungsrecht und zum öffentlichen Recht, der nichtehelichen Lebensgemeinschaft und der eingetragenen Lebenspartnerschaft,
2. familienrechtliches Verfahrens- und Kostenrecht,
3. Internationales Privatrecht im Familienrecht,
4. Theorie und Praxis familienrechtlicher Mandatsbearbeitung und Vertragsgestaltung.

§ 13 Nachzuweisende besondere Kenntnisse im Strafrecht

Für das Fachgebiet Strafrecht sind besondere Kenntnisse nachzuweisen in den Bereichen:

1. Methodik und Recht der Strafverteidigung und Grundzüge der maßgeblichen Hilfswissenschaften,
2. materielles Strafrecht einschließlich Jugend-, Betäubungsmittel-, Verkehrs-, Wirtschafts- und Steuerstrafrecht;
3. Strafverfahrensrecht einschließlich Jugendstraf- und Ordnungswidrigkeitenverfahren sowie Strafvollstreckungs- und Strafvollzugsrecht.

§ 14 Nachzuweisende besondere Kenntnisse im Insolvenzrecht

Für das Fachgebiet Insolvenzrecht sind besondere Kenntnisse nachzuweisen in den Bereichen:

1. Materielles Insolvenzrecht
   a) Insolvenzgründe und Wirkungen des Insolvenzantrags
   b) Wirkungen der Verfahrenseröffnung
   c) Das Amt des vorläufigen Insolvenzverwalters oder des Insolvenzverwalters
   d) Sicherung und Verwaltung der Masse
   e) Aussonderung, Absonderung und Aufrechnung im Insolvenzverfahren
   f) Abwicklung der Vertragsverhältnisse
   g) Insolvenzgläubiger
   h) Insolvenzanfechtung
   i) Arbeits- und Sozialrecht in der Insolvenz
   j) Steuerrecht in der Insolvenz
   k) Gesellschaftsrecht in der Insolvenz
   l) Insolvenzstrafrecht
   m) Grundzüge des internationalen Insolvenzrechts
2. Insolvenzverfahrensrecht
   a) Insolvenzeröffnungsverfahren
   b) Regelverfahren
   c) Planverfahren
   d) Verbraucherinsolvenz
   e) Restschuldbefreiungsverfahren
   f) Sonderinsolvenzen
3. Betriebswirtschaftliche Grundlagen
   a) Buchführung, Bilanzierung und Bilanzanalyse
   b) Rechnungslegung in der Insolvenz
   c) Betriebswirtschaftliche Fragen des Insolvenzplans, der Sanierung, der übertragenden Sanierung und der Liquidation.

§ 14a Nachzuweisende besondere Kenntnisse im Versicherungsrecht

Für das Fachgebiet Versicherungsrecht sind besondere Kenntnisse nachzuweisen in den Bereichen:

1. allgemeines Versicherungsvertragsrecht und Besonderheiten der Prozessführung,
2. Recht der Versicherungsaufsicht,
3. Grundzüge des internationalen Versicherungsrechts,
4. Transport- und Speditionsversicherungsrecht,
5. Sachversicherungsrecht (insbesondere das Recht der Fahrzeug-, Gebäude-, Hausrat-, Reisegepäck-, Feuer-, Einbruchdiebstahl- und Bauwesenversicherung),
6. Recht der privaten Personenversicherung (insbesondere das Recht der Lebens-, Kranken-, Reiserücktritts-, Unfall- und Berufsunfähigkeitsversicherung),
7. Haftpflichtversicherungsrecht (insbesondere das Recht der Pflichtversicherung, privaten Haftpflicht-, betrieblichen Haftpflicht-, Haftpflichtversicherung der freien Berufe, Umwelt- und Produkthaftpflicht, Bauwesenversicherung),
8. Rechtsschutzversicherungsrecht,
9. Grundzüge des Vertrauensschaden- und Kreditversicherungsrechts.

§ 14b Nachzuweisende besondere Kenntnisse im Medizinrecht

Für das Fachgebiet Medizinrecht sind besondere Kenntnisse nachzuweisen in den Bereichen:

1. Recht der medizinischen Behandlung, insbesondere
   a) zivilrechtliche Haftung,
   b) strafrechtliche Haftung,
2. Recht der privaten und gesetzlichen Krankenversicherung, insbesondere Vertragsarzt- und Vertragszahnarztrecht, sowie Grundzüge der Pflegeversicherung,
3. Berufsrecht der Heilberufe, insbesondere
   a) ärztliches Berufsrecht,
   b) Grundzüge des Berufsrechts sonstiger Heilberufe,
4. Vertrags- und Gesellschaftsrecht der Heilberufe, einschließlich Vertragsgestaltung,
5. Vergütungsrecht der Heilberufe,
6. Krankenhausrecht einschließlich Bedarfsplanung, Finanzierung und Chefarztvertragsrecht,
7. Grundzüge des Arzneimittel- und Medizinprodukterechts,
8. Grundzüge des Apothekenrechts,
9. Besonderheiten des Verfahrens- und Prozessrechts.

§ 14c Nachzuweisende besondere Kenntnisse im Miet- und Wohnungseigentumsrecht

Für das Fachgebiet Miet- und Wohnungseigentumsrecht sind besondere Kenntnisse nachzuweisen in den Bereichen:

1. Recht der Wohnraummietverhältnisse,
2. Recht der Gewerberaummietverhältnisse und Pachtrecht,
3. Wohnungseigentumsrecht,
4. Maklerrecht, Nachbarrecht und Grundzüge des Immobilienrechts,
5. Miet- und wohnungseigentumsrechtliche Bezüge zum öffentlichen Recht, einschließlich Steuerrecht,
6. Miet- und wohnungseigentumsrechtliche Besonderheiten des Verfahrens- und Vollstreckungsrechts.

§ 14d Nachzuweisende besondere Kenntnisse im Verkehrsrecht

Für das Fachgebiet Verkehrsrecht sind besondere Kenntnisse nachzuweisen in den Bereichen:

1. Verkehrszivilrecht, insbesondere das Verkehrshaftungsrecht und das Verkehrsvertragsrecht,
2. Versicherungsrecht, insbesondere das Recht der Kraftfahrtversicherung, der Kaskoversicherung sowie Grundzüge der Personenversicherungen,
3. Verkehrsstraf- und Ordnungswidrigkeitenrecht,
4. Recht der Fahrerlaubnis,
5. Besonderheiten der Verfahrens- und Prozessführung.

§ 14e Nachzuweisende besondere Kenntnisse im Bau- und Architektenrecht

Für das Fachgebiet Bau- und Architektenrecht sind besondere Kenntnisse nachzuweisen in den Bereichen:

1. Bauvertragsrecht,
2. Recht der Architekten und Ingenieure,

3. Recht der öffentlichen Vergabe von Bauaufträgen,
4. Grundzüge des öffentlichen Baurechts,
5. Besonderheiten der Verfahrens- und Prozessführung.

§ 14f Nachzuweisende besondere Kenntnisse im Erbrecht

Für das Fachgebiet Erbrecht sind besondere Kenntnisse nachzuweisen in den Bereichen:

1. materielles Erbrecht unter Einschluss erbrechtlicher Bezüge zum Schuld-, Familien-, Gesellschafts-, Stiftungs- und Sozialrecht,
2. Internationales Privatrecht im Erbrecht,
3. vorweggenommene Erbfolge, Vertrags- und Testamentsgestaltung,
4. Testamentsvollstreckung, Nachlassverwaltung, Nachlassinsolvenz und Nachlasspflegschaft,
5. steuerrechtliche Bezüge zum Erbrecht,
6. Besonderheiten der Verfahrens- und Prozessführung.

§ 14g Nachzuweisende besondere Kenntnisse im Transport- und Speditionsrecht

Für das Fachgebiet Transport- und Speditionsrecht sind besondere Kenntnisse nachzuweisen in den Bereichen:

1. Recht des nationalen und grenzüberschreitenden Straßentransports einschließlich des Rechts der allgemeinen Geschäftsbedingungen und der Transportversicherungsbedingungen,
2. Recht des nationalen und grenzüberschreitenden Transports zu Wasser, auf der Schiene und in der Luft,
3. Recht des multimodalen Transports,
4. Recht des Gefahrguttransports, einschließlich diesbezüglicher Straf- und Bußgeldvorschriften,
5. Transportversicherungsrecht,
6. Lagerrecht,
7. Internationales Privatrecht,
8. Zollrecht und Zollabwicklung im grenzüberschreitenden Verkehr sowie Verkehrssteuern,
9. Besonderheiten der Prozessführung und Schiedsgerichtsbarkeit.

§ 14h Nachzuweisende besondere Kenntnisse im gewerblichen Rechtsschutz

Für das Fachgebiet gewerblicher Rechtsschutz sind besondere Kenntnisse nachzuweisen in den Bereichen:

1. Patent-, Gebrauchsmuster- und Sortenschutzrecht, einschließlich des Arbeitnehmererfindungsrechts, des Rechts der europäischen Patente und des europäischen Sortenschutzrechts,
2. Geschmacksmusterrecht, einschließlich des Rechts der europäischen Geschmacksmuster,
3. Recht der Marken und sonstigen Kennzeichen, einschließlich des Rechts der europäischen Marken,
4. Recht gegen den unlauteren Wettbewerb,
5. Urheberrechtliche Bezüge des gewerblichen Rechtsschutzes,
6. Verfahrensrecht und Besonderheiten des Prozessrechts.

§ 14i Nachzuweisende besondere Kenntnisse im Handels- und Gesellschaftsrecht

Für das Fachgebiet Handels- und Gesellschaftsrecht sind besondere Kenntnisse nachzuweisen in den Bereichen:

1. Materielles Handelsrecht
   a) Recht des Handelsstandes (§§ 1–104 HGB),
   b) Recht der Handelsgeschäfte (§§ 343–406 HGB)
   c) internationales Kaufrecht, insbesondere UN-Kaufrecht.
2. Materielles Gesellschaftsrecht, insbesondere
   a) das Recht der Personengesellschaften,
   b) das Recht der Kapitalgesellschaften,
   c) internationales Gesellschaftsrecht, insbesondere Grundzüge des europäischen Gesellschaftsrechts sowie der europäischen Aktiengesellschaft,
   d) Konzernrecht, insbesondere das Recht der verbundenen Unternehmen,
   e) Umwandlungsrecht,
   f) Grundzüge des Bilanz- und Steuerrechts,
   g) Grundzüge des Dienstvertrags- und Mitbestimmungsrechts.
3. Bezüge des Handels- und Gesellschaftsrechts zum Arbeitsrecht, Kartellrecht, Handwerks- und Gewerberecht, Erb- und Familienrecht, Insolvenz- und Strafrecht sowie Bezüge des Rechts der Aktiengesellschaften zum Wertpapiererwerbs- und Übernahmerecht.
4. Besonderheiten der Verfahrens- und Prozessführung.

§ 14j Nachzuweisende Kenntnisse im Urheber- und Medienrecht

Für das Fachgebiet Urheber- und Medienrecht sind besondere Kenntnisse nachzuweisen in den Bereichen:

1. Urheberrecht einschließlich des Rechts der Wahrnehmungsgesellschaften, Leistungsschutzrechte, Urhebervertragsrecht, internationale Urheberrechtsabkommen,
2. Verlagsrecht einschließlich Musikverlagsrecht, Musikvertragsrecht,
3. Recht der öffentlichen Wort- und Bildberichterstattung,
4. Rundfunkrecht,
5. wettbewerbsrechtliche und werberechtliche Bezüge des Urheber- und Medienrechts, Titelschutz,
6. Grundzüge des Mediendienste-, Teledienste- und Telekommunikationsrechts, des Rechts der Unterhaltungs- und Kulturveranstaltungen sowie des Rechts der deutschen und europäischen Kulturförderung,
7. Verfahrensrecht und Besonderheiten des Prozessrechts.

§ 14k Nachzuweisende besondere Kenntnisse im Informationstechnologierecht

Für das Fachgebiet Informationstechnologierecht sind besondere Kenntnisse nachzuweisen in den Bereichen:

1. Vertragsrecht der Informationstechnologien, einschließlich der Gestaltung individueller Verträge und AGB,
2. Recht des elektronischen Geschäftsverkehrs, einschließlich der Gestaltung von Provider-Verträgen und Nutzungsbedingungen (Online-/Mobile Business),
3. Grundzüge des Immaterialgüterrechts im Bereich der Informationstechnologien, Bezüge zum Kennzeichenrecht, insbesondere Domainrecht,
4. Recht des Datenschutzes und der Sicherheit der Informationstechnologien einschließlich Verschlüsselungen und Signaturen sowie deren berufsspezifischer Besonderheiten,

5. Das Recht der Kommunikationsnetze und -dienste, insbesondere das Recht der Telekommunikation und deren Dienste,
6. Öffentliche Vergabe von Leistungen der Informationstechnologien (einschließlich e-Government) mit Bezügen zum europäischen und deutschen Kartellrecht,
7. Internationale Bezüge einschließlich Internationales Privatrecht,
8. Besonderheiten des Strafrechts im Bereich der Informationstechnologien,
9. Besonderheiten der Verfahrens- und Prozessführung.

§ 14l Nachzuweisende besondere Kenntnisse im Bank- und Kapitalmarktrecht

Für das Fachgebiet Bank- und Kapitalmarktrecht sind besondere Kenntnisse nachzuweisen in den Bereichen:

1. Geschäftsverbindung zwischen Bank und Kunden, insbesondere
   a) Allgemeine Geschäftsbedingungen,
   b) Bankvertragsrecht,
   c) das Konto und dessen Sonderformen,
2. Kreditvertragsrecht und Kreditsicherung einschließlich Auslandsgeschäft,
3. Zahlungsverkehr, insbesondere
   a) Überweisungs-, Lastschrift-, Wechsel- und Scheckverkehr,
   b) EC-Karte und Electronic-/Internet-Banking,
   c) Kreditkartengeschäft,
4. sonstige Bankgeschäfte – insbesondere im Sinne von § 1 Abs. 1 Satz 2 KWG – z. B. Pfandbriefgeschäft, Finanzkommissionsgeschäft, Depotgeschäft, Garantiegeschäft, Emissionsgeschäft, Konsortialgeschäft einschließlich Auslandsgeschäft,
5. Kapitalmarkt- und Kapitalanlagerecht, insbesondere Wertpapierhandel, Investmentgeschäft, alternative Anlageformen, Vermögensverwaltung, Vermögensverwahrung,
6. Factoring/Leasing,
7. Geldwäsche, Datenschutz, Bankentgelte,
8. Recht der Bankenaufsicht, Bankenrecht der europäischen Gemeinschaft und Kartellrecht,
9. Steuerliche Bezüge zum Bank- und Kapitalmarktrecht,
10. Besonderheiten des Verfahrens- und Prozessrechts.

§ 14m Nachzuweisende besondere Kenntnisse im Agrarrecht

Für das Fachgebiet Agrarrecht sind besondere Kenntnisse nachzuweisen in den Bereichen:

1. agrarspezifisches Zivilrecht
   a) agrarspezifische Fragen des besonderen Schuldrechts (z. B. Landpachtrecht),
   b) Produkthaftungsrecht i. V. m. Grundzügen des Lebensmittelrechts,
   c) Jagd- und Jagdpachtrecht,
   d) Besonderheiten des Erb- und Familienrechts,
   e) Besonderheiten der Vertragsgestaltung und besondere Vertragstypen (z. B. landwirtschaftliche Kooperationen, Maschinengemeinschaften, Absatz- und Einkaufsverträge inkl. AGB, Gesellschaften, Bewirtschaftungsverträge, Erwerb landwirtschaftlicher Betriebe),
   f) Besonderheiten des Arbeitsrechts.
2. agrarspezifisches Verwaltungsrecht
   a) Recht der Genehmigungsverfahren (z. B. BImSchG, BauGB, Anlagen zur Verarbeitung nachwachsender Rohstoffe und agrarrechtliche Besonderheiten erneuerbarer Energien),

b) Grundzüge des Umweltrechts,
c) Natur- und Pflanzenschutzrecht,
d) Düngemittel- und Saatgutverkehrsrecht, Sortenschutzrecht,
e) Tierschutz-, -zucht und -seuchenrecht,
f) Flurbereinigung und Flurneuordnungsverfahren,
g) Grundstücksverkehrs- und Landpachtverkehrsrecht,
h) Weinrecht, Forstrecht, Jagd- und Fischereirecht,
i) landwirtschaftliches Steuerrecht,
j) Besonderheiten des Sozialversicherungsrechts,
k) Staatsbeihilfenrecht, Agrarbeihilfenrecht, Cross-Compliance-Verpflichtungen.

3. agrarspezifisches Ordnungswidrigkeiten- und Strafrecht
4. agrarspezifisches EU-Recht einschließlich seiner Umsetzung in nationales Recht
   a) EG-Vertrag (Landwirtschaft, Umwelt),
   b) EG-Wettbewerbsrecht, Kartellrecht,
   c) EU-Verordnungen, Richtlinien,
5. agrarspezifisches Verfahrensrecht
   a) Landwirtschaftsverfahrensrecht,
   b) Grundzüge der EU-Gerichtsbarkeit.

§ 15 Fortbildung[1]

(1) Wer eine Fachanwaltsbezeichnung führt, muss kalenderjährlich auf diesem Gebiet wissenschaftlich publizieren oder an anwaltlichen Fortbildungsveranstaltungen hörend oder dozierend teilnehmen. Bei Fortbildungsveranstaltungen, die nicht in Präsenzform durchgeführt werden, müssen die Möglichkeit der Interaktion des Referenten mit den Teilnehmern sowie der Teilnehmer untereinander während der Dauer der Fortbildungsveranstaltung sichergestellt sein und der Nachweis der durchgängigen Teilnahme erbracht werden.

(2) Die Gesamtdauer der Fortbildung darf je Fachgebiet 10 Zeitstunden nicht unterschreiten.

(3) Die Erfüllung der Fortbildungsverpflichtung ist der Rechtsanwaltskammer unaufgefordert nachzuweisen.

§ 16 Übergangsregelung

(1) Anträge sind nach dem zum Zeitpunkt der Antragstellung geltenden Recht zu entscheiden, wenn dies für den Antragsteller günstiger ist. Die Fortbildungsregelung des § 4 Abs. 2 in der Fassung vom 3.4.2006 gilt ab 1.1.2007. Die Fortbildungsregelungen des § 4 Abs. 2 in der Fassung vom 15.6.2009 und des § 4 Abs. 3 Satz 2 gelten ab dem 1.1. des auf das Inkrafttreten folgenden Kalenderjahres.

(2) Erfüllen ein Fachanwaltslehrgang oder Leistungskontrollen, die vor In-Kraft-Treten der Fachanwaltsordnung oder der Einführung neuer Fachanwaltsbezeichnungen absolviert worden sind, die Voraussetzungen dieser Fachanwaltsordnung nicht, kann der Nachweis der besonderen theoretischen Kenntnisse durch die erfolgreiche Teilnahme an einem Ergänzungslehrgang mit vergleichbaren Leistungskontrollen oder durch nachträglich geleistete Aufsichtsarbeiten zu den durch Leistungskontrollen nicht belegten Gebieten geführt werden.

1 Der ursprüngliche § 15 FAO (BRAK-Mitt. 1996, 251) wurde durch Bescheid des Bundesministeriums der Justiz vom 7.3.1997 (BAnZ vom 8.3.1997 = BRAK-Mitt. 1997, 81) aufgehoben.

Zweiter Teil
Verfahrensordnung

§ 17 Zusammensetzung der Ausschüsse

(1) Der Vorstand der Rechtsanwaltskammer bildet für jedes Fachgebiet mindestens einen Ausschuss und bestellt dessen Mitglieder sowie die stellvertretenden Mitglieder.

(2) Bilden mehrere Rechtsanwaltskammern gemeinsame Ausschüsse, so soll jede Rechtsanwaltskammer in jedem Ausschuss mit mindestens einem Mitglied vertreten sein.

(3) Jeder Ausschuss besteht aus mindestens drei Mitgliedern und höchstens drei stellvertretenden Mitgliedern.

(4) Der Ausschuss wählt aus seinen Mitgliedern den Vorsitzenden, einen stellvertretenden Vorsitzenden und einen Schriftführer.

(5) Der Vorsitzende des Ausschusses stellt den Vertretungsfall fest.

(6) Der Ausschuss gibt sich eine Geschäftsordnung, die insbesondere das Verfahren zur Bestellung von Berichterstattern und das Abstimmungsverfahren regelt.

§ 18 Gemeinsame Ausschüsse

Wollen mehrere Rechtsanwaltskammern gemeinsame Ausschüsse bilden, so ist hierüber eine schriftliche, von den Präsidenten der Kammern zu unterzeichnende Vereinbarung zu treffen. Die Vereinbarung ist nach Maßgabe der Geschäftsordnung der jeweiligen Rechtsanwaltskammer zu veröffentlichen. In der Vereinbarung ist mindestens zu regeln:

a) Die Fachgebiete, für die gemeinsame Ausschüsse gebildet werden.

b) Die Zahl der Mitglieder der Ausschüsse sowie deren Stellvertreter.

c) Die Zuständigkeit für die Bestimmung der Mitglieder, deren Stellvertreter und des Vorsitzenden.

d) Anstelle der gemeinsamen Bestellung der Ausschussmitglieder und der Vorsitzenden kann die Vereinbarung auch einer der vertragsschließenden Kammern die Zuständigkeit für die Bestellung der Mitglieder und des Vorsitzenden in alleiniger Verantwortung zuweisen.

e) Die Bezeichnung derjenigen Kammer, deren Geschäftsstelle die Geschäftsführung des Ausschusses übernimmt.

f) Bestimmungen über die Entschädigung der Ausschussmitglieder, soweit eine von § 103 Abs. 4 Bundesrechtsanwaltsordnung abweichende Regelung vorgesehen wird.

g) Bestimmungen über das Recht, die Vereinbarung zu kündigen.

§ 19 Bestellung der Ausschussmitglieder

(1) Die §§ 65 bis 68 Abs. 1 Bundesrechtsanwaltsordnung gelten entsprechend.

(2) Zum Mitglied oder stellvertretenden Mitglied eines Ausschusses soll in der Regel nur bestellt werden, wer berechtigt ist, die Fachanwaltsbezeichnung für das jeweilige Fachgebiet zu führen.

(3) Scheidet ein Mitglied oder stellvertretendes Mitglied vorzeitig aus, erfolgt eine Neubestellung für die restliche Dauer der Amtszeit des Ausgeschiedenen.

§ 20 Vorzeitiges Ausscheiden aus dem Ausschuss

Ein Mitglied scheidet aus dem Ausschuss aus, wenn

1. das Mitglied nicht mehr Mitglied der Kammer ist;
2. gegen das Mitglied ein Berufs- oder Vertretungsverbot (§§ 150, 161a BRAO) verhängt worden ist;

3. das Mitglied seine Wählbarkeit aus den in § 66 Nr. 2 und 3 BRAO angegebenen Gründen verloren hat;
4. das Mitglied das Amt niederlegt;
5. das Mitglied vom Vorstand der Kammer, für die es bestellt ist, abberufen wird.

§ 21 Entschädigung

Mitglieder und stellvertretende Mitglieder des Ausschusses können von ihrer Rechtsanwaltskammer eine Aufwandsentschädigung erhalten.

§ 22 Antragstellung

(1) Der Antrag, die Führung einer Fachanwaltsbezeichnung zu gestatten, ist bei der Rechtsanwaltskammer einzureichen, der der Antragsteller angehört.

(2) Dem Antrag sind die nach § 6 erforderlichen Unterlagen beizufügen.

(3) Die Rechtsanwaltskammer hat dem Antragsteller auf Antrag die Zusammensetzung des Ausschusses sowie deren Änderung schriftlich mitzuteilen.

§ 23 Mitwirkungsverbote

(1) Für die Ausschließung und die Ablehnung eines Ausschussmitglieds durch den Antragsteller gelten die §§ 41 Nr. 2 und 3, 42 Abs. 1 und 2 Zivilprozessordnung entsprechend. Ein Ausschussmitglied ist darüber hinaus von der Mitwirkung ausgeschlossen, wenn es mit dem Antragsteller in Sozietät oder zur gemeinschaftlichen Berufsausübung in sonstiger Weise oder zu einer Bürogemeinschaft verbunden ist oder in den letzten fünf Jahren vor Antragstellung war. Ausgeschlossen ist auch, wer an Bewertungen nach § 6 Abs. 2 Buchstabe c beteiligt war.

(2) Ein Ablehnungsgesuch ist innerhalb zwei Wochen nach Zugang der Mitteilung über die Zusammensetzung des Ausschusses geltend zu machen; im weiteren Verfahren unverzüglich nach Kenntnis des Ablehnungsgrundes.

(3) Der Vorstand der Rechtsanwaltskammer oder die zuständige Abteilung entscheidet über das Ablehnungsgesuch sowie die Berechtigung einer Selbstablehnung nach Anhörung des Ausschussmitgliedes und des Antragstellers. Die Entscheidung ist unanfechtbar.

§ 24 Weiteres Verfahren

(1) Der Vorsitzende prüft die Vollständigkeit der ihm von der Rechtsanwaltskammer zugegangenen Antragsunterlagen.

(2) Im schriftlichen Verfahren gibt der Berichterstatter nach formeller und inhaltlicher Prüfung der Nachweise eine begründete Stellungnahme darüber ab, ob der Antragsteller die besonderen theoretischen Kenntnisse und praktischen Erfahrungen nachgewiesen hat, ob ein Fachgespräch entbehrlich ist oder ob er weitere Nachweise für erforderlich hält. Die Stellungnahme des Berichterstatters ist den anderen Ausschussmitgliedern und anschließend dem Vorsitzenden jeweils zur Abgabe einer schriftlichen Stellungnahme zuzuleiten; Abs. 4 gilt entsprechend.

(3) Bei mündlicher Beratung ist ein Inhaltsprotokoll zu führen, das die Voten der Ausschussmitglieder und deren wesentliche Begründung wiedergibt.

(4) Gewichtet der Ausschuss Fälle zu Ungunsten des Antragstellers, hat er dem Antragsteller Gelegenheit zu geben, Fälle nachzumelden. Im Übrigen kann er dem Antragsteller zur ergänzenden Antragsbegründung Auflagen erteilen. Meldet der Antragsteller innerhalb einer angemessenen Ausschlussfrist keine Fälle nach oder erfüllt er die Auflagen nicht, kann der Ausschuss seine Stellungnahme nach Aktenlage abgeben. Auf diese Rechtsfolge ist der Antragsteller bei der Fristsetzung hinzuweisen.

(5) Der Vorsitzende lädt den Antragsteller unter Beachtung des § 7 Abs. 2 mit einer Frist von mindestens einem Monat zum Fachgespräch.

(6) Das Fachgespräch ist nicht öffentlich. Mitglieder des Vorstandes der Rechtsanwaltskammer und stellvertretende Ausschussmitglieder können am Fachgespräch und der Beratung als Zuhörer teilnehmen.

(7) Versäumt der Antragsteller zwei Termine für das Fachgespräch, zu dem ordnungsgemäß geladen ist, ohne ausreichende Entschuldigung, entscheidet der Ausschuss nach Lage der Akten.

(8) Der Ausschuss beschließt über seine abschließende Stellungnahme mit der Mehrheit seiner Stimmen. Bei Stimmengleichheit entscheidet die Stimme des Vorsitzenden.

(9) Der Vorsitzende gibt die abschließende Stellungnahme des Ausschusses dem Vorstand der für den Antragsteller zuständigen Rechtsanwaltskammer schriftlich bekannt. Auf Aufforderung des Vorstandes hat der Vorsitzende oder sein Stellvertreter die Stellungnahme mündlich zu erläutern.

(10) Für das Verfahren wird eine Verwaltungsgebühr (§ 89 Abs. 2 Nr. 2 Bundesrechtsanwaltsordnung) erhoben.

§ 25 Rücknahme und Widerruf

(1) Zuständig für die Rücknahme und den Widerruf der Erlaubnis ist der Vorstand der Rechtsanwaltskammer, welcher der Rechtsanwalt im Zeitpunkt dieser Entscheidung angehört.

(2) Die Rücknahme und der Widerruf sind nur innerhalb eines Jahres seit Kenntnis des Vorstandes der Rechtsanwaltskammer von den sie rechtfertigenden Tatsachen zulässig.

(3) Vor der Entscheidung ist der Rechtsanwalt zu hören. Der Bescheid ist mit Gründen zu versehen. Er ist dem Rechtsanwalt zuzustellen.

Dritter Teil
Schlussbestimmungen

§ 26 In-Kraft-Treten und Ausfertigung

(1) Diese Fachanwaltsordnung tritt drei Monate nach Übermittlung an das Bundesministerium der Justiz in Kraft, so weit nicht das Bundesministerium der Justiz die Satzung oder Teile derselben aufhebt, frühestens jedoch mit dem ersten Tag des dritten Monats, der auf die Veröffentlichung in den BRAK-Mitteilungen folgt.

(2) Der Zeitpunkt des In-Kraft-Tretens ist in den BRAK-Mitteilungen bekannt zu machen.

(3) Die Fachanwaltsordnung ist durch den Vorsitzenden und den Schriftführer der Satzungsversammlung auszufertigen.

II. Die „Berliner Empfehlungen" zur Auslegung und Fortschreibung der FAO

1445 Nachfolgend sind die als „Berliner Empfehlungen 2001", „Berliner Empfehlungen 2006" und „Berliner Empfehlungen 2009" bezeichneten Beschlüsse abgedruckt, die die Teilnehmer an dem Fünften, Sechsten und Siebten Erfahrungsaustausch am 30. 11. und 1.12.2001, am 9./10.10.2006 und am 23./24.11.2009 in Berlin[1] gefasst haben.

1 Vgl. hierzu näher oben unter A. III. 2. a. E.

Rechtsverbindlichkeit erlangen diese Empfehlungen, wie bereits erwähnt, nicht. Da allerdings die Mitglieder der Vorprüfungsausschüsse und der Kammervorstände – im Interesse einer Gleichbehandlung der Antragsteller – darauf bedacht sind, dass die Vorschriften der Fachanwaltsordnung nach Möglichkeit in allen Kammerbezirken einheitlich ausgelegt und angewandt werden, kommt den „Berliner Empfehlungen“ in der Praxis eine nicht zu unterschätzende Bedeutung zu. Das ist auch der Grund dafür, warum im Verlauf der Abhandlung immer wieder auf diese Empfehlungen Bezug genommen wurde. Die „Berliner Empfehlungen 2001“ sind auf der Basis der vor dem 1.1.2003 geltenden Fassung der FAO, die „Berliner Empfehlungen 2006“ auf der Basis der FAO vom 1.11.2006 und die „Berliner Empfehlungen 2009“ auf der Basis der vor dem 1.3.2010 geltenden Fassung der FAO zu Stande gekommen. 1446

1. Berliner Empfehlungen 2001 1447

I. Einleitung

Auf Einladung der BRAK und in Zusammenarbeit mit den Vorbereitungsausschüssen der Kammern wurde am 30. 11. und 1.12.2001 in Berlin ein Erfahrungsaustausch über die FAO durchgeführt. Den nachstehend festgehaltenen Ergebnissen liegen zustimmende Beschlüsse der Teilnehmer dieses Erfahrungsaustausches zugrunde.

Das Papier unterscheidet Auslegungen zur bestehenden FAO (II), Anregungen an BRAK und RAKn (III) und Anregungen zur Änderung der FAO an die Satzungsversammlung (IV).

II. Auslegung

1. § 4 Abs. 1 FAO „relevante Bereiche des Fachgebietes“

Die relevanten Bereiche des Fachgebietes, die im Rahmen des anwaltsspezifischen Lehrgangs erarbeitet werden müssen, ergeben sich aus den §§ 8–14 FAO.

2. § 4 Abs. 2 FAO „Beginn der Fortbildungspflicht“

Auf Grund des § 15 FAO beginnt die Fortbildungspflicht mit der Führung der Fachanwaltsbezeichnung. Aus § 4 Abs. 2 FAO ergibt sich ausschließlich eine Fortbildung für den Fall, dass der Lehrgangsbeginn länger als vier Jahre vor der Antragstellung lag. Allein die über die vier Jahre hinausgehende Frist ist durch Fortbildung im Umfang des § 15 FAO zu überbrücken. Innerhalb dieser Vierjahresfrist besteht keine Fortbildungspflicht nach FAO.

3. § 4 Abs. 3 FAO „Anforderungsprofil der Ersatznachweise“

3.1 Ein verallgemeinerungsfähiges Anforderungsprofil bezüglich der Ersatznachweise verbietet sich; die Voraussetzungen sind im Einzelfall zu prüfen. Maßstab sind die Kenntnisse, die im jeweiligen Fachlehrgang oder Teillehrgang vermittelt werden. Gegebenenfalls ersetzen außerhalb eines Lehrgangs erworbene besondere theoretische Kenntnisse auch nur den entsprechenden Teillehrgang.

3.2 Der erfolgreiche Abschluss des Steuerberaterexamens genügt als Nachweis im Sinne von § 4 Abs. 3 FAO. Einzelleistungen ohne erfolgreichen Abschluss genügen in der Regel nicht.

Entsprechendes gilt für die Diplom-Finanzwirte (FH) oder gleichwertige Abschlüsse.

4. § 4 Abs. 1 FAO „Lehrgang", „Anbieter", „Zertifizierung"

Es obliegt den Vorbereitungsausschüssen zu überprüfen, ob die Lehrgänge die besonderen theoretischen Kenntnisse vermitteln.

Für eine „allgemeine" Zertifizierung (durch wen auch immer) fehlt in der FAO die Rechtsgrundlage. (Vgl. zu einer möglichen zukünftigen Praxishandhabung III. 1.)

5. § 5 FAO „Syndikusanwalt und selbstständige Bearbeitung"

5.1 Die Teilnehmer des Erfahrungsaustausches verdeutlichen, dass das Ziel der Verleihung von Fachanwaltsbezeichnungen die Qualitätsverbesserung anwaltlicher Dienstleistungen und deren Präsentation ist. Vor diesem Hintergrund ist zur Tätigkeit der Syndikusanwälte im Bereich der Fachgebiete der Fachanwaltschaften fest zu halten:

5.2 Fachanwalt kann nur werden, wer zur Anwaltschaft zugelassen ist und als Rechtsanwalt selbstständig arbeitet. Die Tätigkeit in einem Unternehmen oder bei einer Organisation ist in der Regel keine selbstständige Anwaltstätigkeit im Sinne der FAO.

Ist der Syndikusanwalt neben seiner Tätigkeit in einem Unternehmen/Organisation auch selbstständig tätig, so zählen im Sinne des § 5 FAO grundsätzlich nur jene Fälle, die er in seiner selbstständigen Tätigkeit bearbeitet hat. Seine Tätigkeit im Unternehmen/Organisation kann im Einzelfall dazu führen, dass die vorgesehene Mindestfallzahl unterschritten werden kann (§ 5 Satz 1: „in der Regel").[1]

5.3 Für Rechtsanwälte, die in Wirtschaftsprüfungs- oder Steuerberatungsgesellschaften tätig sind, sind diese Empfehlungen des Berliner Erfahrungsaustausches 2001 entsprechend anzuwenden.

Da im Steuerrecht die Delegierung von Arbeiten erfahrungsgemäß besonders verbreitet ist, ist der Prüfung des Merkmals der selbstständigen Bearbeitung ein besonderes Augenmerk zu widmen.

6. § 5 FAO „Fall"

6.1 Fall im Sinne der FAO ist die juristische Aufarbeitung eines einheitlichen Lebenssachverhaltes, der sich von anderen Lebenssachverhalten dadurch unterscheidet, dass die zu beurteilenden Tatsachen und die Beteiligten verschieden sind. Eventuelle Besonderheiten bei der Bestimmung des Begriffes Lebenssachverhalt sind für die einzelnen Fachgebiete zu definieren (vgl. 6.3). Stellen Rechtsmittelverfahren besondere und neue Anforderungen gegenüber der bisherigen Tätigkeit im Fall, so kann dies nach § 5 letzter Satz FAO durch Gewichtung berücksichtigt werden.

6.2 Die mündliche oder telefonische Beratung rechnet als Fall. Ihr Inhalt muss hinreichend dokumentiert sein. Es kann berücksichtigt werden, ob die mündliche oder telefonische Beratung abgerechnet worden ist.

6.3 Einzelne Fachgebiete

6.3.1 Verwaltungsrecht (§ 5a FAO)

6.3.1.1 In der Regel werden mindestens 15 Fälle aus jedem der drei Bereiche gefordert.

6.3.1.2 Aufgrund der Falldefinition gem. 6.1 werden Rechtsmittel- und Eilverfahren nicht mehr als gesonderte Fälle angesehen.

6.3.2 Insolvenzrecht (§ 5g FAO)

6.3.2.1 Jedes vorläufige und jedes eröffnete Insolvenzverfahren kann eine Mehrzahl von Fällen des § 5g Ziff. 2 FAO beinhalten.

---

1 An dieser Stelle ist ausdrücklich darauf hinzuweisen, dass das frühere Regel-Erfordernis in § 5 Satz 1 FAO a. F. aufgegeben und durch eine Muss-Bestimmung ersetzt wurde.

6.3.2.2 Bei der Berechnung der Fälle gem. § 5g Ziff. 2 FAO zählen Gutachten, vorläufiges Insolvenzverfahren und eröffnetes Insolvenzverfahren jeweils als eigene Fälle.

6.3.2.3 Jedes zum Nachweis des § 5g Ziff. 1 FAO ersetzte Verfahren ist nicht mehr zum Nachweis eines Falles gem. Ziff. 2 geeignet, jedoch können Einzelbereiche aus diesen Verfahren zum weiteren Nachweis eines Falles verwendet werden.

6.3.2.4 Es wird klargestellt, dass durch das Ausschöpfen der Ersetzungsmöglichkeiten des § 5g Ziff. 3, 4 FAO die Fachanwaltsbezeichnung auch dann verliehen werden kann, wenn der Antragsteller in keinem Insolvenzverfahren als Verwalter bestellt wurde.

6.3.3 Familienrecht (§ 5e FAO)

6.3.3.1 Die Teilnehmer des Erfahrungsaustausches aus dem Bereich des Familienrechts haben festgestellt, dass die Definition des Falles in den einzelnen RAKn sehr unterschiedlich gehandhabt wurde. Im Interesse einer Gleichbehandlung aller Antragsteller ist eine Vereinheitlichung geboten.

6.3.3.2 Als einheitlicher Lebenssachverhalt im Familienrecht betrachten die Teilnehmer jeweils Vorgänge aus folgenden Bereichen:

a) das Scheidungsverfahren einschließlich notwendiger Verbundsachen
b) Unterhalt (minderjährige Kinder und Ehegatten)
c) Vermögensauseinandersetzung einschließlich Güterrecht und Schuldenregelungen
d) Hausrat und Ehewohnung
e) die die Kinder betreffenden Sachen wie elterliche Sorge und Umgang.

6.3.3.3 Außergerichtliche Beratungen aus diesen Bereichen zählen nur als ein Fall.

6.3.4 Arbeitsrecht

6.3.4.1 In Umsetzung der Entscheidung des BGH vom 6.11.2000 (AnwZ [B] 75/99) bietet sich die Verwendung des Begriffs des substanziellen Bearbeitungsschwerpunkts an. Hinsichtlich der Fallzahl gehen die Meinungen auf Grund regionaler Differenzen auseinander. Für Gesamtbayern wird ein regelmäßiges Anforderungsprofil von entweder 5 Beschlussverfahren oder 10 Fällen indirekter Anwendung kollektiven Rechts mitgeteilt.

6.3.4.2 Sozialrechtliche Fälle zählen nur dann als arbeitsrechtliche Fälle, wenn die Bearbeitung im Rahmen arbeitsrechtlicher Fragestellungen stattfindet. Die gerichtliche Zuständigkeit des Sozialgerichts kann nicht den Ausschlag geben.

6.3.4.3 Massenverfahren

Die Lösung muss individuell durch die Unterscheidung zwischen Fallzahl und Fallgewichtung getroffen werden.

6.3.5 Steuerrecht

6.3.5.1 Um als Fall im Sinne von § 5b FAO gewertet zu werden, muss ein Schwerpunkt der Bearbeitung im Bereich des Steuerrechts liegen.

6.3.5.2 Steuererklärungen eines Jahres aus einem Bereich des § 9 Ziff. 3 FAO für einen Mandanten gelten als ein Fall.

7. § 5 FAO „Zeitraum für Fälle"/„Nachschieben von Fällen"

7.1 Der Dreijahreszeitraum des § 5 Satz 1 FAO rechnet ab Antragstellung. Die Wortauslegung dieser Vorschrift erlaubt keine Einbeziehung von weiteren Fällen nach Antragstellung bis zur Entscheidung des Vorprüfungsausschusses. Da der Dreijahreszeitraum mit einer bestimmten Fallzahl gekoppelt ist, spricht eine am Sinn und Zweck der Vorschrift orientierte Auslegung dafür, soweit im Einzelfall notwendig, auch nachgemeldete Fälle bis zur Empfehlung des Vorprüfungsausschusses zu berücksichtigen, wenn gleichzeitig jene Fälle unberücksichtigt bleiben, die dann (bezogen auf den Zeitpunkt des Eingangs der letzten Nachmeldung) älter als drei Jahre sind.

7.2 Zugunsten des Antragstellers wird damit der Zeitpunkt der letzten Nachmeldung als Antragstellung gewertet.

7.3 Es muss aus Gleichheitsgründen gegenüber anderen Antragstellern sichergestellt werden, dass keine Verlängerung der Dreijahresfrist zur Verfügung gestellt wird, da sonst das Fallquorum tatsächlich gesenkt wird.

8. § 5 FAO – kurzfristig erneut gestellter Antrag nach vorheriger Ablehnung

Wird nach Ablehnung ein inhaltlich im Wesentlichen identischer Antrag gestellt, so ist dieser zu behandeln. Die Erkenntnisse aus dem bisherigen Antragsverfahren sind weiter zu verwenden. Wurde z. B. ein Antragsteller im Fachgespräch negativ beurteilt, so kann dieses Ergebnis, soweit eine zwischenzeitliche wesentliche Veränderung nicht eingetreten ist, zur Bewertung im neuen Antragsverfahren herangezogen werden.

9. § 5 letzter Satz FAO „Gewichtung"

9.1 Strafrecht

Bei Nebenklagevertretungen ist sowohl bei den Fällen als auch bei den Hauptverhandlungstagen zu gewichten, wobei im Regelfall von einem Gewicht von 25 bis 50 % auszugehen ist.

9.2 Familienrecht

Der Gewichtung kommt besondere Bedeutung zu.

9.3 Steuerrecht

Einheitliche Fragestellungen oder Bearbeitungsmerkmale bei mehreren Fällen sind bei der Gewichtung nach § 5 letzter Satz zu berücksichtigen.

10. § 6 Abs. 1 FAO „Bescheinigungen"

10.1 Mit den in § 6 Abs. 1 FAO genannten Nachweisen müssen die besonderen theoretischen Kenntnisse und praktischen Erfahrungen gem. §§ 4, 5 FAO nachgewiesen werden.

10.2 Bei Zeugnissen und Bescheinigungen und anderen Unterlagen ist besonders darauf zu achten, ob und in welchem Umfang sie bezogen auf die einzelnen Voraussetzungen der §§ 4, 5 FAO aussagekräftig und inhaltlich nachvollziehbar sind. Dies gilt in besonderem Maße auch für Bescheinigungen von Personen, mit denen der Antragsteller beruflich (in welcher Form auch immer) zusammenarbeitet oder sonst zu tun hat (z. B. frühere oder aktuelle Arbeitgeber, Kollegen, Richter).

11. § 6 Abs. 2 FAO „Bewertung von Leistungskontrollen"/„Klausuren durch RAKn"

Jeder Vorprüfungsausschuss kann die Geeignetheit einer Klausur und die Richtigkeit einer Korrektur im Hinblick auf §§ 4 Abs. 1, 6 Abs. 2 FAO überprüfen. Eine zentrale Klausurstellung und ebenso solche Korrektur ist auf Grund der bestehenden Rechtslage nicht möglich.

12. § 6 Abs. 2 FAO „Klausuren"

12.1 § 6 Abs. 2 FAO verbietet Hilfsmittel (z. B. Kommentare) bei Klausuren nicht. Die Hilfsmittel sollten einheitlich vorgegeben, auf der Klausur vermerkt und deren Verwendung bei der Benotung berücksichtigt werden.

12.2 Die Klausuren müssen verschiedene, nicht zwingend alle Bereiche der festgelegten besonderen Kenntnisse in den §§ 8–14 FAO erfassen.

12.3 § 6 Abs. 2 FAO schließt eine Anfertigung der Klausuren z. B. unter einer Prüfungsziffer nicht aus. Es bleibt dem Klausurensteller überlassen, ob er offen oder anonymisiert schreiben lässt. Korrektoren sollten darauf achten, nicht Klausuren von ihnen bekannten Teilnehmern zu korrigieren. § 23 FAO sollte entsprechend angewendet werden.

12.4 Klausuraufgaben dürfen nicht mehrfach gestellt werden.

13. § 6 Abs. 3 FAO „Falllisten“

13.1 Falllisten nach § 6 Abs. 3 FAO müssen all die Informationen enthalten, die zur Beurteilung besonderer praktischer Erfahrungen notwendig sind. Eine konkrete Beschreibung des Falles und der zu bearbeitenden Rechtsfragen reicht in der Regel zu dessen hinreichender Konkretisierung aus. Es kann vom Antragsteller verlangt werden, anonymisierte Arbeitsproben (§ 6 Abs. 3 FAO) bestimmten Fällen und Rechtsfragen zuzuordnen.

Die eigenständige anwaltliche Tätigkeit muss aus der Fallbeschreibung erkennbar sein.

Reichen diese Informationen zur Beurteilung des Erwerbs der besonderen praktischen Erfahrungen nicht aus, so können Namen der Gegner oder Mandanten verlangt werden.

13.2 Einzelne Fachgebiete

13.2.1 Verwaltungsrecht

Die Antragsteller sollen gebeten werden, mit dem Antrag 6 anonymisierte Arbeitsproben aus verschiedenen Gebieten einschließlich Rechtsmittelrecht vorzulegen.

13.2.2 Familienrecht

Fälle, die aus einem familiären Verhältnis herrühren, müssen von den Antragstellern zweifelsfrei gekennzeichnet werden.

14. § 6 Abs. 3 FAO „Mitwirkungspflichten des Antragstellers“

14.1 Der Antragsteller ist zur Mitwirkung verpflichtet; er hat bezüglich seines Antrages eine „Bringschuld“.

14.2 § 24 Abs. 4 FAO ermöglicht es dem Vorprüfungsausschuss auch dann zu entscheiden, wenn auf die Bitte einer ergänzenden Antragsbegründung nicht reagiert wird.

14.3 Ruhen des Verfahrens ist in der FAO nicht vorgesehen. Wegen der verschiedenen Fristen (z. B. §§ 3, 5 Satz 1 FAO) ist von einem Ruhen des Verfahrens auch deutlich abzuraten.

15. § 15 FAO „Fortbildung“

5.1 Vortrags- oder Dozententätigkeit gilt nur dann und insoweit als Fortbildung, wenn diese den Qualitätsstandard einer üblichen Fortbildungsveranstaltung im Sinne des § 15 FAO erreicht. Dies ist nachzuweisen; auf die Zuhörerschaft kommt es dabei erst in zweiter Linie an. Die Vorbereitungszeiten sind nicht mit anzurechnen.

15.2 Tätigkeiten im Vorprüfungsausschuss, in sonstigen Prüfungen (z. B. juristischen Staatsprüfungen) gelten genauso wenig als Fortbildungsveranstaltung des § 15 FAO wie die regelmäßige Durchsicht der Fachliteratur oder die Bearbeitung eines umfangreichen Falles.

15.3 Es ist Sache der RAKn, die Fortbildungsveranstaltungen anzuerkennen.

15.4 Die Fortbildungsverpflichtung ist pro Kalenderjahr zu sehen. Eine fehlende Fortbildung im Jahr der Ernennung stellt keinen Verstoß gegen § 15 FAO dar.

16. § 15 FAO „Widerruf“

Bei der Entscheidung über den Widerruf hat die RAK ihr Ermessen auszuüben. Dabei spielt die Versäumung der Fortbildungspflicht eine hervorragende Rolle. Aus Gleichheitsgründen scheint es notwendig, Verstöße gegen die Fortbildungspflicht streng zu ahnden.

17. § 19 FAO „Besetzung des Fachausschusses“

Bei der Besetzung des Fachausschusses sollten auch die regional räumlichen Unterschiede des jeweiligen Kammerbezirkes berücksichtigt werden; dies gilt auch für die Bestellung der stellvertretenden Mitglieder.

18. § 43c BRAO „Gesonderte Rücknahme der Fachanwaltszulassung bei Zulassungswiderruf"

Mit der Rücknahme der Zulassung zur Anwaltschaft entfällt auch die Befugnis zum Führen der Bezeichnung Fachanwalt. Dies sollte aus Gründen der Klarheit im Zusammenhang mit dem Zulassungswiderruf zum Ausdruck kommen.

III. Anregungen an BRAK und RAKn

1. Zu § 4 Abs. 1 FAO

Die Teilnehmer des Erfahrungsaustausches regen an, bei der BRAK für jede Fachanwaltschaft eine Arbeitsgruppe anzusiedeln (maximal vier Fachanwältinnen/Fachanwälte), die Lehrgangsangebote regelmäßig auf ihren Inhalt und ihre Geeignetheit anhand der von den Lehrgangsveranstaltern zur Verfügung gestellten Materialien hin überprüfen, das Ergebnis den Vorbereitungsausschüssen zur Verfügung stellen und den Lehrgangsveranstaltern gegebenenfalls Bedenken mitteilen.

2. Zu § 6 Abs. 2 FAO

2.1 Die RAKn mögen dafür Sorge tragen, dass die Lehrgangsklausuren

- mit einer bewertenden Beurteilung und nicht nur mit dem Wort bestanden/nicht bestanden versehen werden;
- der Korrigierende lesbar unterzeichnet;
- die für die Klausur zugelassenen Hilfsmittel angegeben werden und
- die Klausur mit einem Stempel des Veranstalters versehen wird.

2.2 Die RAKn werden gebeten, von den Vorprüfungsausschüssen nicht anerkannte Klausuraufgaben oder Klausurbewertungen an die Lehrgangsveranstalter mit der Bitte um Stellungnahme weiterzugeben. Die Antwort sollte an den jeweiligen Vorprüfungsausschuss weitergegeben werden. Es wird angeregt, die anderen Vorprüfungsausschüsse über die jeweiligen RAKn zu informieren. Dies sollte wegen der dadurch erreichten Zeitnähe baldmöglichst über Internet/Intranet geschehen.

3. Zu § 15 FAO

Es erscheint sinnvoll und notwendig, dass die RAKn auf Anfragen von Teilnehmern und Lehrgangsveranstaltern versuchen, vorab die Geeignetheit als Fortbildungsveranstaltung zu klären. Auf ein gleichartiges Verhalten gegenüber allen Anbietern ist zu achten. (III)

IV. Anregungen zur Änderung der FAO an Satzungsversammlung

1. Zu § 5a FAO

1.1 Der Satzungsversammlung wird empfohlen klarzustellen, dass nach § 5a FAO „mindestens 15 Fälle aus jedem der drei Bereiche" gefordert werden.

1.2 Der Vorschlag des Ausschusses 1 der Satzungsversammlung zur Änderung des § 5a FAO[1] (Prot. 5. Sitzung AS 1 v. 5.9.2001, SV-Mat. 38/2001, S. 7) wird als Verschärfung und Komplizierung nicht befürwortet.

2. Die Fachanwaltsbezeichnung für Insolvenzrecht sollte (§ 1 FAO) wie folgt lauten: „Fachanwalt für Insolvenz- und Sanierungsrecht".

---

1 „... Verwaltungsrecht 80 Fälle, davon mindestens 30 gerichtliche Verfahren. Die Fälle müssen mindestens aus drei verschiedenen Bereichen des besonderen Verwaltungsrechts gewählt sein. Von den 80 Fällen müssen jeweils mindestens 15 und von den 30 gerichtlichen Verfahren jeweils mindestens fünf zu je zwei verschiedenen der in § 8 Abs. 2 FAO aufgeführten Bereiche des besonderen Verwaltungsrechts gehören. ..."

3. Es erscheint sinnvoll, statt der dreijährigen ununterbrochenen Zulassung und Tätigkeit als Rechtsanwalt von einer dreijährigen Zulassung und Tätigkeit innerhalb der letzten 6 Jahre vor Antragstellung auszugehen. Damit werden Nachteile z. B. auf Grund von Schwangerschaften und Weiterbildungsmaßnahmen vermieden (§ 3 FAO).

4. Falls es nicht gelingt, das Regelfachgespräch einzuführen (vgl. IV.8.), sollen

a) die Fallzahlen angehoben werden (§ 5c FAO)

b) der Rückgriff auf das Fachgespräch als Brücke für fehlende Flächendeckung nach dem Muster des RAFachBezG wieder eingeführt werden (hierzu BGH vom 6.11. 2000, AnwZ [B] 75/99).

5. Die Zahl der Fälle gem. § 5e FAO sollte auf 180 angehoben werden. Sie sollten aus allen Bereichen des § 12 FAO herrühren, mindestens die Hälfte der Fälle sollten gerichtliche Verfahren sein.

6. Bei den Ersetzungsmöglichkeiten des § 5g Ziff. 3a FAO sollte auch die Bestellung als Treuhänder im vereinfachten Insolvenzverfahren und im Restschuldbefreiungsverfahren sowie die Beratung von Gläubigern in den Katalog aufgenommen werden.

7. Der in § 5g Ziff. 5 FAO verwendete Terminus „Abschluss des Gerichtsverfahrens" ist dahin zu ändern, dass es sich um den Abschluss des vereinfachten Insolvenzverfahrens handelt.

8. Auf Grund der Rechtsprechung des BGH erscheint es sinnvoll, für § 7 Abs. 1 FAO eine Regelung zu finden, die den Vorprüfungsausschüssen ein Fachgespräch immer dann ermöglicht, wenn sie dies für ihre abschließende Empfehlung für notwendig oder sinnvoll halten.

9. Es wird empfohlen, § 9 Ziff. 3b FAO zu streichen und § 5b FAO entsprechend anzupassen.

10. Ersetzung des Wortes „Arbeitsförderungsgesetz" durch das Wort „Arbeitsförderungsrecht" in § 10 FAO.

2. Berliner Empfehlungen 2006 1448

I. Einleitung

Bei den nachfolgend abgedruckten Beschlüssen wird unterschieden zwischen Auslegungen zur bestehenden FAO und Anregungen an BRAK und **Rechtsanwaltskammern (II.)** sowie Anregungen zur Änderung der FAO an die **Satzungsversammlung (III.)**.

II. Auslegung

1. § 4 Abs. 1 FAO – Anerkennung von Inhouse-Veranstaltungen als Fachanwaltslehrgang

Der Anerkennung eines Fachanwaltslehrgangs steht grundsätzlich nicht seine Durchführung als Inhouse-Veranstaltung entgegen.

2. § 4 Abs. 1 FAO – Überschneidende Rechtsgebiete

Bei inhaltlicher Übereinstimmung können Blöcke und Klausuren aus einem Fachanwaltslehrgang für ein Rechtsgebiet auf einen Lehrgang für ein anderes Rechtsgebiet angerechnet werden. Dabei ist § 4 Abs. 2 FAO zu beachten.

3. § 4 Abs. 3 FAO – Nachweis der besonderen theoretischen Kenntnisse ohne Fachanwaltslehrgang

Die Anerkennung anderweitiger Nachweise im Sinne von § 4 Abs. 3 FAO hängt davon ab, dass diese das Niveau eines Fachanwaltslehrgangs erreichen und alle Bereiche des Fachgebiets (§§ 8 ff. FAO) abgedeckt sind.

4. § 5 FAO – Der Fallbegriff unter Berücksichtigung der Entscheidung des BGH vom 6.3.2006 (AnwZ [B] 36/05)

Die Entscheidung des BGH vom 6.3.2006 (BRAK-Mitt. 2006, 131) zwingt zu einer sorgfältigen Prüfung des Einzelfalls, gleichwohl gilt:

Die Gesamtschau der Bearbeitung der Fälle muss erkennen lassen, dass der Antragsteller im Fachgebiet über besondere praktische Erfahrungen verfügt, die erheblich das Maß dessen übersteigen, das üblicherweise durch die berufliche Ausbildung und praktische Erfahrung im Beruf vermittelt wird (§ 2 Abs. 2 FAO).

Die Empfehlungen zu II. Ziff. 6 der Berliner Empfehlungen 2001 bleiben aufrechterhalten. Es ist nicht erforderlich, dass ein Antragsteller einen Fall vollständig (also von Anfang bis Ende) bearbeitet hat. Die Bearbeitung eines **nennenswerten Abschnitts** reicht aus.

In jedem Fall ist es aber erforderlich, dass der Antragsteller selbst einen inhaltlichen **Bearbeitungsschwerpunkt** im Fachgebiet innerhalb des Drei-Jahres-Zeitraums vorweisen kann.

5. § 5 FAO – Überschneidende Rechtsgebiete

Derselbe Fall kann, soweit die in den einzelnen Buchstaben des § 5 Satz 1 FAO festgestellten Voraussetzungen erfüllt sind, zum Nachweis der besonderen praktischen Erfahrungen in **zwei Fachgebieten** verwendet werden.

6. § 5 FAO letzter Satz – Praxis bei der Gewichtung von Fällen

Die Gewichtung der Fälle kann weder nach Falltypen allgemein vorgegeben noch generell begrenzt werden.

7. § 7 Abs. 1 FAO – Voraussetzungen eines Prüfungsgesprächs

Der Erfahrungsaustausch ist sich einig, dass die Nichterfüllung der formalen Voraussetzungen der §§ 4 bis 6 FAO nicht durch ein Fachgespräch ausgeglichen werden kann.

8. § 14d Nr. 2 FAO – Verkehrsrechtlicher Bezug

Fälle im Sinne von § 5 Satz 1 lit. k) in Verbindung mit § 14d Nr. 2 FAO müssen einen eindeutigen verkehrsrechtlichen Bezug aufweisen.

9. § 15 FAO – Zwei Fachanwaltsbezeichnungen

Ein Rechtsanwalt, der zwei Fachanwaltsbezeichnungen führt, muss pro Fachanwaltstitel Fortbildung im Umfang von mindestens je 10 Zeitstunden absolvieren.

III. Anregungen zur Änderung der FAO an die Satzungsversammlung

1. § 4 FAO – Nachweis der besonderen theoretischen Kenntnisse

Der 6. Berliner Erfahrungsaustausch empfiehlt der Satzungsversammlung, über eine Änderung des bisherigen Modus im Hinblick auf eine Qualitätsverbesserung der Leistungsnachweise nachzudenken. Die Durchführung des **Lehrgangs** und die Erstellung und Korrektur der **Klausuren** sollten institutionell **getrennt** werden.

2. § 4 FAO – Qualitätsanforderungen

Es wird der Satzungsversammlung empfohlen, den Kammervorständen eine Qualitätsprüfung im Sinne einer inhaltlichen Kontrolle der Voraussetzungen der Verleihung der Fachanwaltschaft zu ermöglichen und auf die hierfür erforderliche Gesetzesänderung hinzuwirken.

3. § 4a FAO – Schriftliche Leistungskontrollen

Der 6. Berliner Erfahrungsaustausch empfiehlt der Satzungsversammlung klarzustellen, dass sich die Voraussetzungen des § 4a nicht auch auf § 4 Abs. 3 FAO, d.h. auf außerhalb eines Lehrgangs erworbene besondere theoretische Kenntnisse beziehen.

4. § 5 FAO – Der Fallbegriff unter Berücksichtigung der Entscheidung des BGH vom 6.3.2006 (Anwz [B] 36/05)

Es wird der Satzungsversammlung empfohlen, im Hinblick auf den Beschluss des BGH vom 6.3.2006 (BRAK-Mitt. 2006, 131) die Fallzahlen des § 5 Satz 1 FAO zu überdenken und gegebenenfalls zu erhöhen.

5. § 5 FAO – Rechtsförmliche Verfahren

Der Satzungsversammlung wird empfohlen, für die Fachgebiete, für die § 5 Satz 1 FAO den Nachweis rechtsförmlicher Verfahren fordert, nach der Möglichkeit einer jeweiligen „Legaldefinition“ entsprechend der in § 5 Satz 1 lit. b) FAO zu suchen.

III. Muster-Geschäftsordnung für Vorprüfungsausschüsse

Nachfolgend ist der – natürlich völlig unverbindliche – Vorschlag für die Geschäftsordnung eines Ausschusses abgedruckt.

§ 1 Vorsitzender, stellvertretender Vorsitzender, Schriftführer

(1) Der Ausschuss wählt aus seinen ordentlichen Mitgliedern den Vorsitzenden, einen stellvertretenden Vorsitzenden und den Schriftführer.

(2) Die Wahlentscheidungen werden mit einfacher Stimmenmehrheit gefasst. Bei Stimmengleichheit wird ein zweiter Wahlgang durchgeführt. Endet auch dieser mit Stimmengleichheit, entscheidet das Los.

(3) Wahlberechtigt ist auch der Stellvertreter.

§ 2 Bestimmung des Berichterstatters

(1) Die Bestimmung des Berichterstatters erfolgt durch den Vorsitzenden nach dem rollierenden System. Anträge werden in der Reihenfolge ihres zeitlichen Eingangs auf die ordentlichen Mitglieder des Ausschusses in der Reihenfolge des Anfangsbuchstabens ihres Nachnamens verteilt. Gleichzeitig, d.h. am selben Tag eingehende Anträge werden nach diesem Modus in der Reihenfolge des Anfangsbuchstabens des Nachnamens des Antragstellers verteilt.

(2) Der Vorsitzende stellt die Bestimmung des Stellvertreters zum Berichterstatter fest.

§ 3 Verfahren der Antragsprüfung

(1) Der Vorsitzende prüft die Vollständigkeit der ihm von der Kammergeschäftsstelle zugegangenen Antragsunterlagen. Stellt er fest, dass Unterlagen, die gem. § 6 FAO mit dem Antrag vorzulegen sind, fehlen, fordert er den Antragsteller zur Nachreichung auf.

(2) Der Vorsitzende leitet die Antragsunterlagen an den nach § 2 zu bestimmenden Berichterstatter weiter.

(3) Der Berichterstatter prüft die Antragsunterlagen darauf, ob sich aus ihnen das Vorliegen der Voraussetzungen für die Verleihung der Fachanwaltschaft i.S. der §§ 2 ff. FAO ergibt. Er kann den Antragsteller zur Nachreichung von Unterlagen und zur Vorlage von Arbeitsproben (§ 6 Abs. 3 Satz 2 FAO) auffordern.

§ 4 Beratung und Beschlussfassung

(1) Der Ausschuss trifft seine Entscheidungen in Sitzungen. Der Vorsitzende kann im Einzelfall das schriftliche Verfahren anordnen.

(2) Der Ausschuss ist beschlussfähig, wenn die Hälfte seiner ordentlichen Mitglieder anwesend ist. An die Stelle eines ordentlichen Mitglieds tritt im Vertretungsfall der Stellvertreter.

(3) Der Vorsitzende stellt den Vertretungsfall fest. Dabei sind die Mitwirkungsverbote des § 23 FAO zu beachten.

(4) Der Berichterstatter trägt dem Ausschuss seine Stellungnahme vor. Im schriftlichen Verfahren gibt er diese schriftlich ab. Die Grundsätze von § 24 Abs. 2 FAO sind zu beachten.

(5) Die Abstimmung im Ausschuss erfolgt per Handzeichen. Im schriftlichen Verfahren erfolgt die Abstimmung per schriftlicher Mitteilung gegenüber dem Vorsitzenden.

(6) Abschließende Stellungnahmen werden mit der Mehrheit der Stimmen des Ausschusses gefasst (§ 24 Abs. 8 FAO). Abs. 2 ist zu berücksichtigen. Bei Stimmengleichheit entscheidet die Stimme des Vorsitzenden.

(7) Sonstige Beschlüsse werden mit einfacher Mehrheit der Stimmen der anwesenden Mitglieder gefasst. Abs. 2 ist zu berücksichtigen. Bei Stimmengleichheit entscheidet die Stimme des Vorsitzenden.

(8) Der Stellvertreter hat nur dann ein Stimmrecht, wenn der Vertretungsfall vom Vorsitzenden festgestellt ist (§ 2 Abs. 2).

(9) Bei mündlicher Beratung ist ein Inhaltsprotokoll zu führen, das die Voten der Ausschussmitglieder, deren wesentliche Begründung und die Beschlussfassung wiedergibt.

§ 5 Anordnungen des Ausschusses

(1) Der Ausschuss verbindet die an den Antragsteller gerichtete Aufforderung, Unterlagen nachzureichen (§ 3 Abs. 3), Arbeitsproben vorzulegen (§ 6 Abs. 3 Satz 2 FAO), Fälle nachzumelden (§ 24 Abs. 4 Satz 1 FAO) oder Auflagen zur ergänzenden Antragsbegründung zu erfüllen (§ 24 Abs. 4 Satz 2 FAO) mit einer angemessenen Ausschlussfrist.

(2) Der Ausschuss entscheidet nach Aktenlage, wenn der Antragsteller der Aufforderung nicht fristgerecht nachkommt. Hierauf weist er den Antragsteller bei der Fristsetzung hin.

(3) Beschließt der Ausschuss, ein Fachgespräch zu führen, lädt der Vorsitzende den Antragsteller unter Beachtung von § 7 Abs. 2 FAO mit einer Frist von mindestens einem Monat ein. Für die Entscheidung bei zweimaliger Terminsversäumung gilt § 24 Abs. 7 FAO.

§ 6 Fachgespräche

(1) Fachgespräche werden mindestens von der Mehrheit der ordentlichen Mitglieder des Ausschusses geführt. Dabei gilt § 4 Abs. 2 Satz 2.

(2) Der Stellvertreter kann am Fachgespräch und an der anschließenden Beratung als Zuhörer teilnehmen.

(3) Für die Beschlussfassung in der Beratung gilt § 4 Abs. 5.

(4) Im Übrigen gelten § 7 und § 24 Abs. 5 und 7 FAO.

§ 7 Abgabe der abschließenden Stellungnahme gegenüber dem Kammervorstand

Der Vorsitzende gibt die abschließende Stellungnahme des Ausschusses dem Vorstand der Rechtsanwaltskammer schriftlich bekannt.

§ 8 Sitzungen

(1) Der Vorsitzende lädt zu den Sitzungen des Ausschusses schriftlich ein.

(2) Die Häufigkeit der Sitzungen orientiert sich am Antragsaufkommen. Es soll die Terminsplanung des Kammervorstands berücksichtigt werden.

(3) An den Sitzungen des Ausschusses kann der Stellvertreter als Zuhörer teilnehmen. Mitglieder des Vorstands und der Geschäftsführung der Rechtsanwaltskammer können als Zuhörer teilnehmen oder vom Ausschuss hinzugezogen werden. Für Fachgespräche gilt die Einschränkung des § 24 Abs. 6 Satz 2 FAO.

(4) Der Vorsitzende bestimmt im Einzelfall Tag und Ort der Sitzung. Die Sitzungen können in der Kammergeschäftsstelle oder an jedem anderen Ort, an dem die Einhaltung der Verschwiegenheitsverpflichtung (§ 76 BRAO) gewährleistet ist, stattfinden.

3. Berliner Empfehlungen 2009 1449

I. Einleitung

Bei den nachfolgend abgedruckten Beschlüssen wird unterschieden zwischen Auslegungen zur bestehenden FAO bzw. Anregungen an BRAK und Rechtsanwaltskammern (II.) sowie Anregungen zur Änderung der FAO an die Satzungsversammlung (III.).

II. Auslegung

1. Anforderungen an Fernlehrgänge gem. § 4 FAO unter besonderer Berücksichtigung der 120 Zeitstunden

Fernlehrgänge können dann anerkannt werden, wenn aus den Zeugnissen gemäß § 6 Abs. 2 FAO ersichtlich ist, dass das Zeitvolumen 120 Stunden entspricht und der Umrechnungsschlüssel aus den Unterlagen nachvollziehbar ersichtlich ist.[1]

2. Möglichkeit, nach § 4 Abs. 2 i. V. m. § 15 FAO nachzuweisende Fortbildung nachzuholen

Fortbildung im Sinne von § 4 Abs. 2 FAO kann nur in bestimmten Härtefällen nachgeholt werden. Härtefälle sind nur auf Antrag und bei entsprechendem Nachweis zu berücksichtigen.

3. Fortbildungspflicht im Jahr der Antragstellung gemäß §§ 4 Abs. 2, 15 FAO anteilig oder ganz am Jahresende?

Fortbildung nach § 4 Abs. 2 FAO ist für das Jahr der Antragstellung bis zum 31.12. nachzuweisen.

4. Festlegung des „Lehrgangsendes" i. S. von § 4 Abs. 2 FAO bei nachgeschriebenen Klausuren

Der Fachlehrgang endet mit dem Schreiben der letzten bestandenen Klausur. Das Datum der Teilnahmebescheinigung ist nicht maßgeblich.

5. Erklärung über die persönliche und weisungsfreie Bearbeitung i. S. des § 5 Satz 1 FAO

In der Regel reicht zum Nachweis der persönlichen und weisungsfreien Bearbeitung der vorgelegten Fälle eine entsprechende Erklärung des Antragstellers aus.

6. Abgrenzung gerichtlicher und außergerichtlicher Fälle

Gerichtliche Verfahren sind Verfahren, die bei Gericht anhängig geworden sind.

Als gerichtliche Verfahren gelten dementsprechend auch Fälle, die durch Strafbefehl erledigt werden, sowie gerichtliche Mahnverfahren.

7. Werden Mahnverfahren als gerichtliche Verfahren gewertet, und wie sind reine Mahnverfahren zu gewichten?

Bei Mahnverfahren ist typischerweise die Annahme gerechtfertigt, dass der entsprechende Fall von geringerer Bedeutung, geringerem Umfang und geringerer Schwierigkeit

---

1 In ihrer 122. Sitzung am 3.12.2009 hat die Hauptversammlung der Bundesrechtsanwaltskammer festgestellt, dass die mit diesem Beschluss gefassten Anforderungen an Fernlehrgänge gem. § 4 FAO unter besonderer Berücksichtigung der 120 Zeitstunden nicht ausreichend sind.

ist. Deshalb ist eine Abgewichtung gerechtfertigt, sofern der Antragsteller nicht Gegenteiliges darlegt.

8. Mehrfachverwertung fachübergreifender Fälle in der Fallliste oder Verbrauch?

Derselbe Fall kann, soweit die in den einzelnen Buchstaben des § 5 Satz 1 FAO festgestellten Voraussetzungen erfüllt sind, zum Nachweis der besonderen praktischen Erfahrungen in bis zu drei Fachgebieten verwendet werden.

9. Werden im Bau- und Architektenrecht das selbstständige Beweisverfahren und das anschließende Hauptsacheverfahren als zwei Verfahren gewertet?

Im Bau- und Architektenrecht kann bei selbstständigem Beweisverfahren und anschließendem Hauptsacheverfahren eine höhere Gewichtung in Betracht kommen.

10. Anerkennung von Verfahren vor der Schiedsstelle nach § 14 Urheberwahrnehmungsgesetz als gerichtliche Verfahren?

Verfahren vor der Schiedsstelle nach § 14 Urheberwahrnehmungsgesetz gelten nicht als gerichtliche Verfahren.

11. Inwiefern wird die Tätigkeit des Rechtsanwalts als Nebenklägervertreter oder Zeugenbeistand anerkannt?

Die Tätigkeit als Zeugenbeistand wird als Fall i. S. von § 5 Satz 1 lit. f FAO anerkannt.

Die Tätigkeit als Zeugenbeistand kann als Hauptverhandlungstag i. S. von § 5 Satz 1 lit. f FAO anerkannt werden.

12. Kann die Geltendmachung von Prämien im Mahnverfahren als versicherungsrechtlicher Fall angesehen werden?

Auch die Geltendmachung von Prämien für den Versicherer gehört zum Versicherungsvertragsrecht und ist somit grundsätzlich ein versicherungsrechtlicher Fall.

Allerdings ist in diesen Fällen stets die Möglichkeit einer Abgewichtung zu berücksichtigen.

13. Definition des rechtsförmlichen Verfahrens

Rechtsförmliche Verfahren sind Rechtsangelegenheiten, für die bestimmte gesetzlich festgelegte Verfahrens- oder Formvorschriften existieren.

Erbscheinsanträge sind rechtsförmliche Verfahren i. S. von § 5 Satz 1 lit. m FAO.

14. Handhabung der Fortbildungsverpflichtung für Fachanwälte

Fortbildung in einem Gebiet kann bei Überschneidung der Themen durch den Besuch eines Fachlehrgangs in einem anderen Gebiet nachgewiesen werden. „Doppelverwertung" ist hier ausnahmsweise möglich.

III. Anregungen zur Änderung der FAO an die Satzungsversammlung

1. Qualitätsprüfung

Unter Bezugnahme auf III. Ziff. 2. der Beschlüsse zum Berliner Erfahrungsaustausch 2006 wird der Satzungsversammlung erneut empfohlen klarzustellen, den Kammervorständen eine Qualitätsprüfung im Sinne einer inhaltlichen Kontrolle der Voraussetzungen der Verleihung der Fachanwaltschaft zu ermöglichen und auf die hierzu erforderliche Gesetzesänderung hinzuwirken.

2. Ergänzung des § 14j Ziff. 2 FAO um das Musikvertragsrecht

Der 7. Berliner Erfahrungsaustausch empfiehlt der Satzungsversammlung, in § 14j Ziff. 2 FAO das Musikvertragsrecht zu ergänzen.

III. Muster-Geschäftsordnung für Vorprüfungsausschüsse

Nachfolgend ist der – natürlich völlig unverbindliche – Vorschlag für die Geschäftsordnung eines Ausschusses abgedruckt. 1450

§ 1 Vorsitzender, stellvertretender Vorsitzender, Schriftführer

(1) Der Ausschuss wählt aus seinen ordentlichen Mitgliedern den Vorsitzenden, einen stellvertretenden Vorsitzenden und den Schriftführer.

(2) Die Wahlentscheidungen werden mit einfacher Stimmenmehrheit gefasst. Bei Stimmengleichheit wird ein zweiter Wahlgang durchgeführt. Endet auch dieser mit Stimmengleichheit, entscheidet das Los.

(3) Wahlberechtigt ist auch der Stellvertreter.

§ 2 Bestimmung des Berichterstatters

(1) Die Bestimmung des Berichterstatters erfolgt durch den Vorsitzenden nach dem rollierenden System. Anträge werden in der Reihenfolge ihres zeitlichen Eingangs auf die ordentlichen Mitglieder des Ausschusses in der Reihenfolge des Anfangsbuchstabens ihres Nachnamens verteilt. Gleichzeitig, d. h. am selben Tag eingehende Anträge werden nach diesem Modus in der Reihenfolge des Anfangsbuchstabens des Nachnamens des Antragstellers verteilt.

(2) Der Vorsitzende stellt die Bestimmung des Stellvertreters zum Berichterstatter fest.

§ 3 Verfahren der Antragsprüfung

(1) Der Vorsitzende prüft die Vollständigkeit der ihm von der Kammergeschäftsstelle zugegangenen Antragsunterlagen. Stellt er fest, dass Unterlagen, die gem. § 6 FAO mit dem Antrag vorzulegen sind, fehlen, fordert er den Antragsteller zur Nachreichung auf.

(2) Der Vorsitzende leitet die Antragsunterlagen an den nach § 2 zu bestimmenden Berichterstatter weiter.

(3) Der Berichterstatter prüft die Antragsunterlagen darauf, ob sich aus ihnen das Vorliegen der Voraussetzungen für die Verleihung der Fachanwaltschaft i. S. der §§ 2 ff. FAO ergibt. Er kann den Antragsteller zur Nachreichung von Unterlagen und zur Vorlage von Arbeitsproben (§ 6 Abs. 3 Satz 2 FAO) auffordern.

§ 4 Beratung und Beschlussfassung

(1) Der Ausschuss trifft seine Entscheidungen in Sitzungen. Der Vorsitzende kann im Einzelfall das schriftliche Verfahren anordnen.

(2) Der Ausschuss ist beschlussfähig, wenn die Hälfte seiner ordentlichen Mitglieder anwesend ist. An die Stelle eines ordentlichen Mitglieds tritt im Vertretungsfall der Stellvertreter.

(3) Der Vorsitzende stellt den Vertretungsfall fest. Dabei sind die Mitwirkungsverbote des § 23 FAO zu beachten.

(4) Der Berichterstatter trägt dem Ausschuss seine Stellungnahme vor. Im schriftlichen Verfahren gibt er diese schriftlich ab. Die Grundsätze von § 24 Abs. 2 FAO sind zu beachten.

(5) Die Abstimmung im Ausschuss erfolgt per Handzeichen. Im schriftlichen Verfahren erfolgt die Abstimmung per schriftlicher Mitteilung gegenüber dem Vorsitzenden.

(6) Abschließende Stellungnahmen werden mit der Mehrheit der Stimmen des Ausschusses gefasst (§ 24 Abs. 8 FAO). Abs. 2 ist zu berücksichtigen. Bei Stimmengleichheit entscheidet die Stimme des Vorsitzenden.

(7) Sonstige Beschlüsse werden mit einfacher Mehrheit der Stimmen der anwesenden Mitglieder gefasst. Abs. 2 ist zu berücksichtigen. Bei Stimmengleichheit entscheidet die Stimme des Vorsitzenden.

(8) Der Stellvertreter hat nur dann ein Stimmrecht, wenn der Vertretungsfall vom Vorsitzenden festgestellt ist (§ 2 Abs. 2).

(9) Bei mündlicher Beratung ist ein Inhaltsprotokoll zu führen, das die Voten der Ausschussmitglieder, deren wesentliche Begründung und die Beschlussfassung wiedergibt.

§ 5 Anordnungen des Ausschusses

(1) Der Ausschuss verbindet die an den Antragsteller gerichtete Aufforderung, Unterlagen nachzureichen (§ 3 Abs. 3), Arbeitsproben vorzulegen (§ 6 Abs. 3 Satz 2 FAO), Fälle nachzumelden (§ 24 Abs. 4 Satz 1 FAO) oder Auflagen zur ergänzenden Antragsbegründung zu erfüllen (§ 24 Abs. 4 Satz 2 FAO), mit einer angemessenen Ausschlussfrist.

(2) Der Ausschuss entscheidet nach Aktenlage, wenn der Antragsteller der Aufforderung nicht fristgerecht nachkommt. Hierauf weist er den Antragsteller bei der Fristsetzung hin.

(3) Beschließt der Ausschuss, ein Fachgespräch zu führen, lädt der Vorsitzende den Antragsteller unter Beachtung von § 7 Abs. 2 FAO mit einer Frist von mindestens einem Monat ein. Für die Entscheidung bei zweimaliger Terminsversäumung gilt § 24 Abs. 7 FAO.

§ 6 Fachgespräche

(1) Fachgespräche werden mindestens von der Mehrheit der ordentlichen Mitglieder des Ausschusses geführt. Dabei gilt § 4 Abs. 2 Satz 2.

(2) Der Stellvertreter kann am Fachgespräch und an der anschließenden Beratung als Zuhörer teilnehmen.

(3) Für die Beschlussfassung in der Beratung gilt § 4 Abs. 5.

(4) Im Übrigen gelten § 7 und § 24 Abs. 5 und 7 FAO.

§ 7 Abgabe der abschließenden Stellungnahme gegenüber dem Kammervorstand

Der Vorsitzende gibt die abschließende Stellungnahme des Ausschusses dem Vorstand der Rechtsanwaltskammer schriftlich bekannt.

§ 8 Sitzungen

(1) Der Vorsitzende lädt zu den Sitzungen des Ausschusses schriftlich ein.

(2) Die Häufigkeit der Sitzungen orientiert sich am Antragsaufkommen. Es soll die Terminsplanung des Kammervorstands berücksichtigt werden.

(3) An den Sitzungen des Ausschusses kann der Stellvertreter als Zuhörer teilnehmen. Mitglieder des Vorstands und der Geschäftsführung der Rechtsanwaltskammer können als Zuhörer teilnehmen oder vom Ausschuss hinzugezogen werden. Für Fachgespräche gilt die Einschränkung des § 24 Abs. 6 Satz 2 FAO.

(4) Der Vorsitzende bestimmt im Einzelfall Tag und Ort der Sitzung. Die Sitzungen können in der Kammergeschäftsstelle oder an jedem anderen Ort, an dem die Einhaltung der Verschwiegenheitsverpflichtung (§ 76 BRAO) gewährleistet ist, stattfinden.

Stichwortverzeichnis

Zahlen ohne Zusatz verweisen auf die Randziffern,
Zahlen mit den Zusätzen „S.“ u. „Fn.“ auf eine Fußnote
(und die zugehörige Seitenzahl).